KB154971

문화대혁명, 또 다른 기억

어느 조반파 노동자의 문혁 10년

靑春無痕: 一個造反派工人的十年文革

Copyright ⓒ The Chinese University of Hong Kong 2006
Originally published by The Chinese University Press
The Chinese University of Hong Kong
Sha Tin, New Territories, Hong Kong

문화대혁명, 또 다른 기억 : 어느 조반파 노동자의 문혁 10년

초판 1쇄 발행 _ 2008년 10월 10일
초판 2쇄 발행 _ 2016년 7월 10일

지은이 · 천이난 | 옮긴이 · 장윤미

펴낸곳 · (주)그린비출판사 | 등록번호 · 제25100-2015-000097호
주소 · 서울시 은평구 증산로 1길 6, 2층 | 전화 · 702-2717 | 팩스 · 703-0272

ISBN 978-89-7682-507-0 04900
         978-89-7682-506-3 (세트)
이 도서의 국립중앙도서관 출판시 도서목록(CIP)은 e-CIP홈페이지(http://www.nl.go.kr/ecip)에서
이용하실 수 있습니다.(CIP제어번호: 2008003026)

이 책의 한국어판 저작권은 신원에이전시를 통해
中文大學出版社와 독점계약한 도서출판 그린비에 있습니다.
저작권법에 의해 한국 내에서 보호를 받는 저작물이므로 무단 전재와 무단 복제를 금합니다.
책값은 뒤표지에 있습니다. 잘못 만들어진 책은 서점에서 바꿔 드립니다.

그린비 출판사 나를 바꾸는 책, 세상을 바꾸는 책
홈페이지 · www.greenbee.co.kr | 전자우편 · editor@greenbee.co.kr

문화대혁명

또 다른 기억

천이난(陳益南) 지음 — 장윤미 옮김

응B
그린비

| 일러두기 |

1 이 책은 천이난(陳益南)의 회고록 『靑春無痕 : 一個造反派工人的十年文革』(中文大學出版社, 2006)을 완역하였다. 다만 한국어판에서는 새롭게 화보를 구성하였는데, 지은이의 사진 13컷 과 옮긴이의 사진 2컷(맨 마지막 두 컷)이며, 본문 11장 뒤에 있다.

2 이 책에 관한 전반적인 이해를 돕기 위해 중국 및 후난성 '배경지도', '당조직도', '용어 해 설'을 본문 앞에 두었으며, 책 말미의 '옮긴이 후기'에서는 문화대혁명의 전개과정 등을 소개 하고 있다. 따라서 이 책의 시대상과 문혁에 대한 배경지식 등을 알고 싶어 하는 독자들은 이 들을 먼저 보고 본문을 보는 것도 이 책을 읽는 한 방법이다.

3 이 책의 각주는 모두 옮긴이 주이며, 본문 안에 있는 옮긴이의 간단한 설명은 대괄호(〔 〕) 안 에 두었다.

4 단행본·전집·정기간행물 등에는 겹낫표(『 』)를, 영화·단편 등에는 낫표(「 」)를 사용했다.

5 외국 인명이나 지명, 작품명은 2002년에 〈국립국어원〉에서 펴낸 '외래어 표기법'을 따라 표 기했다.

한국어판 서문

졸저 『문화대혁명, 또 다른 기억』이 한국어로 번역 출판되어 한국 독자들에게 선보인다는 소식을 듣고는 매우 기뻤다. 심지어 암암리에 일종의 인연이라고까지 생각했다.

창사(長沙)는 중국 중부 지역에 위치한 아름다운 도시로 후난성(湖南省)의 성 소재지이다. 이 책에서 서술하고 있는 '문혁'(문화대혁명)이란 과거사가 주로 이곳에서 발생했다. 그러나 기묘한 사실은 멀리 있는 절친한 이웃나라 한국이 뜻밖에 이 도시에서 감동적이고도 비장한 역사의 한 페이지를 남겼다는 사실이다. 71년 전 중·한 양국 인민들이 일본 침략자들에 용감하게 저항할 당시, 한국 민족의 영웅인 김구 선생이 이끄는 대한민국 항일 임시정부(1937)가 일찍이 창사에 머물렀었고, 이곳에서 8개월간 불요불굴 각고분투의 세월을 보냈다. 이로써 창사라는 천 년 고성에 얻기 힘든 영광과 긍지를 보태게 되었다.

중국의 '문혁'은 매우 복잡하고 곡절 많은 정치운동이다. 격정으로 가득한 수억의 사람들이 참여했고, 또한 장장 10년이란 세월에 달한다는 이 두 가지 사실만으로도 역사적으로 전례가 없는 특징을 보여 준다. 일찍이 전 세계를 뒤흔들었던 이 역사에 대해 지난 30여 년간 많은 서술과 연구들이 있었다.

그러나 많은 관련 언론과 저술들은 현재 '문혁'에 대한 중국과 해외의 각종 서술과 연구들 대부분에 매우 커다란 편견이 존재하고 있음을 보여 준다. 그 특징 중 가장 많은 것은 종종 '문혁'의 어떤 단면이나 어떤 시기만을 서술하고 있으며, 또한 이러한 단면이나 특정 시기를 종종 '문혁' 역사의 전부로 오독한다는 점이다. 주지하다시피 단편적인 정보의 기초 위에서는 사실의 본질을 확인하기 어려울 뿐 아니라 한 사건의 성격을 규정하기도 매우 어렵다. 현재 여러 가지 이유로 인해 '문혁'의 발생지 중국에서 '문혁' 역사에 대한 연구가 아직 전면적으로 진행되지 않고 있으며 심층 연구는 더욱 말할 나위도 없다. 따라서 현재 중국의 젊은 세대이건 중국 밖에 있는 사람들이건 간에 모두 불완전한 정보 속에서 '문혁'을 이해하고 인식할 수밖에 없다. 이는 분명 불가피하게 역사적 유감을 초래할 수밖에 없다.

'문혁' 역사를 연구하는 사람들에게 종종 나타나는 또 다른 중대한 오류는 '문혁'의 가장 중요한 구성 부분을 소홀히 다루고 오해한다는 점이다. 바로 '문혁' 중 웅장하고 비범한 기세를 보인 민중의 조반(造反)운동과 그 조직의 형성·발전·종결의 진실한 내용이다.

'문혁' 중엔 지식인과 노간부, 무고한 일반인들을 해치는 사건이 많이 일어났으며, 위아래로 권력의 각축과 이데올로기에 근거한 많은 정치적인 박해가 발생했다. 그러나 이러한 피해와 박해 사건은 결코 '문혁'의 주류적 특징이 아니며 문혁의 본질은 더더욱 아니다. 왜냐하면 이러한 사건은 결코 '문혁'의 독특한 산물이 아니며 '문혁' 이전의 수년 동안 이미 존재했고 발생했던 일이다. 심지어 '문혁' 이후 수년 동안에도 여전히 이러한 사건이 출현했음을 종종 볼 수 있었다.

유독 기세 드높은 민중의 조반운동과 그 조직의 형성과 존재가 '문혁'만이 독특하게 가지고 있는 중요한 내용이다.

왜냐하면 오로지 각급 관료 당권파에 반대하면서도 또한 집정당 최고 지도자가 활기찬 민중 조반 활동을 직접 호소하고 지지한 일은 결코 역사적으로 전례가 없었기 때문이다. 중국 현대사에서 드물었던 언론과 결사의 자유는 '문혁' 시기 불꽃같이 타오르던 민중의 조반운동 속에서 비절차적인 방식으로 갑자기 짧은 시간 안에 보편적으로 실현되었다. 당시 집정당 중앙 최고층을 제외하고는 모든 관료계층이 민중의 감독을 두려워했고 감히 쉽사리 권력으로 못된 짓을 할 수 없었다. 강대한 민중 조반운동이 만들어 낸 분위기는 단기적으로 형성되었고 유지되었다. 이른바 수억 명이 '문혁'이란 개념에 참여했는데, 이러한 사실은 확실히 서로 다른 신분의 대다수 중국인이 잇달아 말려들어 가 거대한 규모의 민중성 조반 물결의 토대를 형성했기 때문이다.

어떤 이는 '문혁' 중의 민중 조반운동이 결코 자발적인 **조반**이 아니며 일종의 **조반을 받든 것**이라 여긴다. 즉 집정당 영수 마오쩌둥의 호소를 받들어 조반을 일으켰다는 것이다. 따라서 '문혁' 중의 조반운동은 마치 파시스트 독일에서 있었던 나치 군중운동과 마찬가지로 적극적인 의미가 없다고 본다.

이러한 관점은 분명 잘못된 것이다. 왜냐하면 이러한 관점을 가진 사람들은 '문혁' 중의 조반운동이 실제로 어떤 일이 발생했는지 분명히 알지도 못하고 진정으로 이해하지도 못하고 있기 때문이다. 그들은 나치 돌격대가 소탕하려 했던 목표가 파시스트주의에 찬성하지 않는 다른 정견을 가진 집단이었지만, '문혁' 중 조반파가 공격하고 창끝을 겨눴던 대상과 방향은 마오쩌둥 등 극소수의 집정당 중앙 고위층을 제외한 높은 자리에 있던 전체 국가의 각급 집정당 관료계층이었다는 사실을 구분하지 못한다('영도간부'라고 불렸던 당권 집단). 민중의 조반 물결에서 마오쩌둥과 집정당의 기치가 높이 들어 올려졌지만 자본주의에 반대하는 구호와 교조 역시 자주 조반선언에 들어갔다. 그러나 많은 조반실천 활동에서 나타난 것은 오히려 민중과 관료 간의 갖가지 모순과 투쟁이었다. 이러한 투쟁 방향과 대상이야말로 '문혁' 조반 물결의 본질이다.

분명 수억의 민중이 잇달아 참여한 조반운동의 파도는 결국 아무것도 남기지 못한 것 같다. '문혁'이 끝나고 정치체제는 다시 이전의 원래 궤도로 돌아갔다. 하지만 일찍이 땅에 떨어졌던 황관(皇冠)은 필경 과거의 신성함을 다시 회복하기 어렵다. 또한 깨우쳐진 사고 역시 이전의 우매한 상태로 다시 떨어지기란 더욱 어렵다. 최소한 새로운 상황이 생기고 민중 조반운동을 거친 뒤 중국 대륙의 모든 크고 작은 관료들은 인민의 눈 속에 더 이상 영원히 도전할 수 없는 신권을 가진 지위는 아니었다. 허나 '문혁' 이전에는 설령 가장 작은 집정당 지부 서기 등급의 관료라 할지라도 그가 관할하는 민중 앞에선 마치 황제와 같은 위엄을 가지고 신처럼 영원히 정확하게 보였으며, 어떠한 비판 의견에도 직면하지 않았다. 왜냐하면 그 한 사람의 의도에 따라 '반당'이라는 명목으로 그에게 사소한 불만이라도 제기한 적이 있는 인민들을 '우파분자'로 몰아 다른 사람보다 몇 등급이나 아래에 있는 천민의 궁지로 몰아넣을 수 있었기 때문이다.

『문화대혁명, 또 다른 기억』이란 책은 당시 '문혁' 조반운동의 모든 과정을 겪은 한 젊은 노동자가 자신이 직접 겪고 직접 들은 것을 제공한 개인적인 사례이다. 그 안에서 그 당시의 역사를 사회 기층이라는 개인의 관점에서 진실된 파노라마처럼 전개하고 회고하며, 이로써 독자들이 축소된 정보 속에서 전체를 인식하는 데 도움을 줌으로써 '문혁'의 갖가지 복잡함을 깨달을 수 있도록 노력했다.

이 책을 읽고 난 뒤 독자들이 중국 '문혁' 중에 일어난 민중 조반운동의 진상에 대해 기본적인 인식을 얻을 수 있으리라 믿는다. 독자들은 다음과 같은 점을 이해할 수 있을 것이다. 왜 '문혁' 중 대규모의 민중 조반 물결이 일어났는가? 이것은 또 어떠한 조반인가? 조반에 적극 참여한 민중들은 모두 어떠한 사람들인가? 민중 조반의 목적은 무엇을 위해서인가? 조반운동은 어떠한 형태의 다원성을 지녔는가? 조반운동의 앞뒤로 또 어떠한 사건들이 발생했는가? 민중 조반은 '문혁' 중 역사적으로 어떠한 지위를 차지하는가? 정치적 역량으로서 '문혁' 중의 조반파는 어떻게 형성되고 끝나게 되었는가?

한국 현대사에 대한 배움을 통해 나는 1990년대 이전 민주를 쟁취하는 과정에서 한국 민중들이 직접 행사한 정치적 표출 역시 자주 대규모 폭발의 가두시위와 항의, 급진적인 학생운동의 방식으로 나타났다는 사실을 얕게나마 이해하게 되었다. 물론 중국 '문혁'의 조반운동을 한국 민중의 민주쟁취 운동과 그 사회적인 기초나 형성 원인 측면에서 모두 비교할 수는 없다. 하지만 사회 기층의 민중으로서 자신의 생존과 사회 이상을 위해 역사적으로 중요한 시기에 집정 당국에 급진적인 요구를 제기하면서 벌인 활동 방식 면에서는 중국 '문혁'의 민중 조반운동과 한국 민중의 민주쟁취 운동 사이에 실질적인 측면에서 일종의 유사점이 있는 것 같다. 따라서 중국 '문혁' 중 발생한 민중 조반운동을 이해하는 데에 있어 한국 독자들은 아마 불과 지면을 통해서일지라도 비교적 쉽게 알고 인식하며 깨닫고 이해할 수 있는 유리한 사고를 가졌으리라 생각된다.

　지면을 빌려 한국의 장윤미 선생에게 진심으로 감사의 마음을 전한다. 그녀의 부지런한 번역 작업이 있었기에 『문화대혁명, 또 다른 기억』이 다행히 한국의 독자들과 마주할 수 있게 되었다.

　또한 이 책을 읽는 모든 한국 친구들에게도 감사를 드린다! 여러분의 일독으로 이 세상에서 중국 '문혁' 중에 일어난 조반운동의 진상을 이해하는 일군의 사람을 보탤 수 있게 되었다.

2008년 4월 28일

陳益南

머리말

역사상 유례없던 문혁 동안 오늘날 보기에 이해하기 어렵고 보통 사람은 생각해 낼 수 없는 많은 일들이 발생했고, 천태만상의 다양한 구호와 사조가 생겨났으며 형형색색의 집단들이 출현했다. 이른바 '조반파' (造反派)는 문혁 중 나타난 가장 기괴한 정치적 집단이다.

그들이 기괴하다고 말하는 것은 원래 문혁 발동자의 도움으로 생겨난 것으로, 순리대로 말하자면 그들은 일종의 총애받은 '어용 세력'이다. 그러나 유독 전체 문혁 기간 동안 그들 신상엔 수차례의 숙정과 수시로 진압당한 이야기가 생겨났고, '반혁명분자' 모자의 위협이 누차 그들을 따라다녔다. 결국 그들은 마오쩌둥의 사망과 '사인방'의 실각과 함께 철저히 끝장나 버린다.

또 그들이 기괴하다고 말하는 것은 당시 그들이 결연한 충성심으로 마오쩌둥과 당 중앙을 옹호한다고 말했지만, 또한 각급 지방 당 위원회(성·시위원회)에 대해 조반하고 당의 모든 지방 조직을 거의 쓸어버려 전면적인 마비상태에 놓이게 만들었다는 점이다. 또한 이러한 조반 행동은 일순간 마오쩌둥과 일부 중앙 지도자들의 승낙과 지지와 찬양을 받았다.

유사 이래 조반을 일으킨 사람들은 탐관에게 반대하면서 동시에 황제에게 반대했다. 자신의 힘이 어떻든 간에 '하늘 찌를 한 무리 향 장안에 스며들어, 온 성안 모두가 황금갑옷 둘렀네'(衝天香陣透長安, 滿城盡帶黃金甲)라고 하며 '권력자의 자리'에 곧장 돌진해 남의 지위를 빼앗을 수 있다는 기대는 많거나 적거나 모두 조반자들의 몽상이었다. 문혁 중 '조반' 꼬리표가 붙여진 이들은 '중앙을 보위하고 지방에만 반대한다'는 방침과 관념을 철칙처럼 가지고 있었다. 조반파 세력이 최고조에 이르러 적지 않은 독립 무장세력을 보유했던 1967년 여름에도 어느 조반조직이나 조반파 우두머리도 중앙과 마오쩌둥 주석에 반대한다는 생각은 절대로 감히 하지 못했다. 오히려 그들 모두 확고하게 자신을 마오쩌둥과 중앙의 가장 충실한 '혁명 세력'이라고 여기고 있었으며, 심지어 마오쩌둥에 대한 어떠한 불경스런 관념이나 언행도 모두 당시 그들의 엄준한 비판을 받아야 했다.

따라서 중국 문화대혁명 중에서 '조반파'의 지위는 겉으로 보기에 매우 복잡해 알기가 어렵고, 사람들에게 갖가지 인상을 준다.

문혁 중 조반당해 비판투쟁을 받았던 당정 관료들의 눈에는 조반파의 행위가 '반혁명죄행'으로 보였고, 조반파는 혼란을 일으키는 '반혁명분자'나 마찬가지였다.

또한 문혁 중 고난을 당했던 사회적 명망가와 가장 낮은 층의 이른바 '흑오류'(黑五類) 사람들의 눈에는 조반파는 또 극좌노선의 나치 돌격대식의 죄악세력으로 보였다.

문혁운동을 멀리서 관찰하는 외국인들이나 오늘날 문혁 역사를 잘 알지 못하는 상당히 많은 젊은 사람들은 조반파 전체를 문혁 십 년의 수혜자나 권력의 신귀족으로 여기든가, 아니면 순전히 말도 안되는 짓

거리를 제멋대로 하는 건달 무뢰한 같은 사회 파괴적 세력으로 본다.

이 모든 것은 중국 문화대혁명이 장장 십 년에 달해 그 곡절이 복잡하고 역사상 전례가 없던 상황이 발생했기 때문이다.

사실 갖가지 이유로 인해 적지 않은 사람들이 문혁 역사에 대해 모두 일종의 편견을 갖고 있고, 그 중에는 으레 그러려니 여기는 사람들이 더욱 많다. 갖가지 보고 들은 것에 한계가 있기 때문에 그들이 이 시기 역사의 '코끼리'를 보고 '만진' 것은 단순히 '코끼리'의 꼬리이거나 혹은 코 혹은 귀에 불과했다.

필자는 십 년 문혁의 전 과정에 말려들어 갔던 전(前) 조반파 노동자로, 『문화대혁명, 또 다른 기억』이란 책은 삼십여 년 전 자신이 직접 사회 기층에서 겪었던 조반의 모든 단계와 주요 과정의 상황과 그 자세한 사정에 대해 서술하고 있다. 이렇게 함으로써 중국 문화대혁명의 역사를 전면적으로 자세히 이해하고 연구하고 싶어 하는 모든 독자들에게 또 다른 관점과 시각에서 그 시대의 복잡성을 펼쳐 보여 준다.

2005년 7월 16일
천이난

차 례

몽골

네이멍구 자치구

신장 위구르자치구

헤이룽장

지린

라오닝

북한

한국

간쑤

닝샤
회족자치구

베이징

톈진

허베이

산시

산둥

청하이

티베트(시장 자치구)

산시

허난

장쑤

후베이

안후이

상하이

인도

쓰촨

후난

저장

장시

푸젠

미얀마

구이저우

윈난

광시
장족자치구

광저우

베트남

라오스

타이

하이난

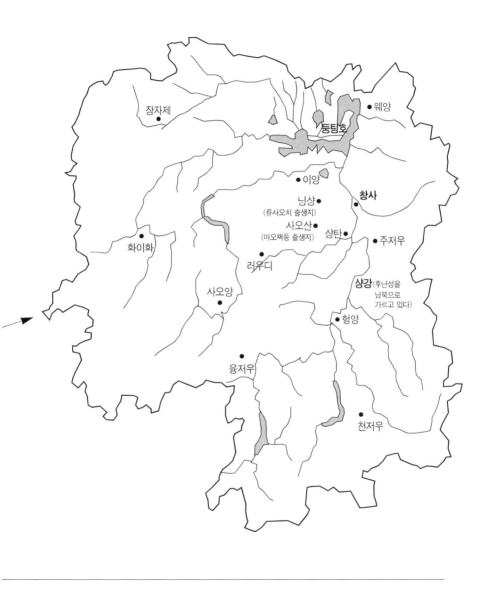

장자제
둥팅호
웨양
이양
닝샹
(류사오치 출생지)
창사
사오산
(마오쩌둥 출생지)
샹탄
주저우
화이화
러우디
상강(후난성을
남북으로
가르고 있다)
사오양
헝양
융저우
천저우

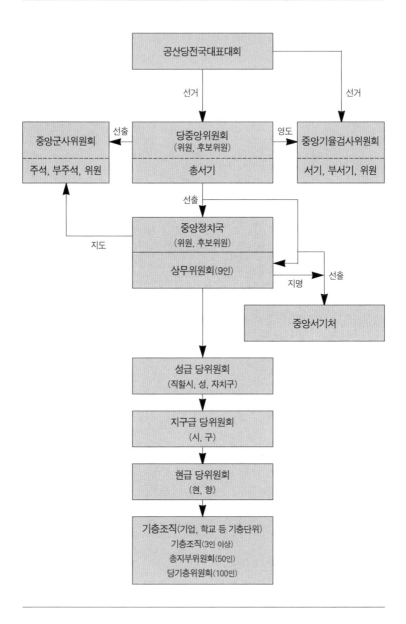

노(老)홍위병 문화대혁명 초기 50일 동안 주로 위로부터 내려온 공작조의 지시를 받아 결성된 홍위병들로, '보황파' 또는 '보수파' 라 부르기도 한다. 반면 공작조에 대립해 결성된 홍위병들은 일반적으로 '조반파' 라 부른다.

루산(廬山) 회의 1959년 8월 중국 장시성 북부 루산에서 열린 중국공산당 제8기 8중전회를 가리킨다. 이 회의에서 당시 국방장관이던 펑더화이(彭德懷)는 마오쩌둥의 대약진 정책을 비판하다 이후 마오쩌둥에 의해 해임된다.

린뱌오(林彪, 1906~1971) 후베이성 황강 출신. 1925년 공산당에 입당하였고, 1937년 9월 일본군을 최초로 격파한 중국군 지휘자로 명성을 날렸다. 1949년 이후 중앙군사위원회 부주석·최연소 원수·국방장관 등을 역임하였을 뿐 아니라, 문화대혁명 당시에는 마오쩌둥의 후계자로 지명되기까지 한 실력자였다.

● 린뱌오 사건 : 당 규약에 '마오쩌둥 주석의 친밀한 전우이자 후계자' 로 명기되었던 린뱌오는 9대 공산당 대회가 개최된 지 불과 1년 뒤에 마오쩌둥과의 관계가 악화된다. 2년 뒤인 1971년 9월 마오쩌둥 암살 쿠데타를 도모하다 발각되어 소련으로 처자와 함께 공군기를 타고 망명을 기도하였으나, 몽골 상공에서 추락사하는 사건이 발생한다. 이것이 중국 정부가 공식적으로 밝힌 '린뱌오 사건' 의 개요이다. 그러나 린뱌오가 마오쩌둥을 암살할 계획을 세웠는지, 아니면 린뱌오가 자신을 살해하려는 마오쩌둥의 음모를 깨달았는지는 불확실하며, 실제로 어떠한 일이 전개되었는지는 역사의 미제로 남아 있다.

반우파투쟁 1956년부터 시작된 백화제방(百花齊放)·백가쟁명(百家爭鳴) 방침으로 당과 공산체제에 대한 비판이 거세지자, 마오쩌둥을 위시한 당 중앙은 태도를 돌변해 우파분자를 색출하는 반우파투쟁에 착수한다.

비림비공(批林批孔) 운동 1973년 말부터 전 국방장관인 린뱌오와 그가 즐겨 인용한 공자를 함께 비판한 운동. 실제로는 저우언라이(周恩來)를 암묵적으로 비판하는 사상적·정치적 운동이었다.

비등반우(批鄧反右) 운동 덩샤오핑(鄧小平)을 비판하고 우경화에 반대하는 운동을 지칭한다.

사인방(四人幇) 중앙정치무대에 등장한 네 명의 문혁파 급진주의자들로 장칭(江靑), 장춘차오(張春橋), 왕홍원(王洪文), 야오원위안(姚文元) 등 상하이 그룹을 지칭한다.

● 장칭(江靑, 1914~1991) : 산둥성 주청(儲城) 출신. 유년기에 어머니와 함께 가출해 지주의 하녀로 입주했는데, 그 지주의 아들이 캉성(康生)이었다. 1933년 공산당에 입당했으며, 영화배우로 활약하기도 했다. 1937년 캉성의 소개로 옌안(延安)으로 와서 1938년 마오쩌둥과 결혼하였다. 문화대혁명 당시 핵심으로 활약했고, 사인방 몰락 이후 종신형을 선고받았으며, 이후 자살하였다.

● 장춘차오(張春橋, 1917~2005) : 산둥성 쥐예(巨野) 출신. 1933년 국민당 특무기관인 부흥사의 하부조직 발기인으로 참가했다. 1938년 옌안으로 가서 공산당에 입당하고, 1949년 이후 상하이 『해방일보』 사장 겸 총편집인을 역임했다. 문화대혁명 시기 사인방의 한 사람으로 활동하고 1981년 무기징역을 선고받았다. 2005년 사망.

● 왕홍원(汪洪文, 1934~1992) : 지린성 창춘(長春) 출신. 1952년 공산당에 입당했으며, 상하이의 국면(國綿) 제17공장 노동자로 있다가 문화대혁명이 시작되자 상하이시 노동자혁명조반 총사령부를 조직해서 책임자의 한 명이 되었다. 1973년 중앙정치국 상무

위원 및 당 부주석에 취임하였다. 1976년 마오쩌둥이 사망하자 체포되어 1981년 무기

징역 판결을 받고 투옥 중 병사하였다.

● 야오원위안(姚文元, 1932~2005) : 저장성 주지(諸暨) 출신. 1948년 공산당에 입당했

으며, 1958년 상하이시 당위 이론잡지인 『해방』의 편집위원으로 활동했다. 문화대혁

명 당시 사인방의 이론가로서 활약했고, 중앙정치국 위원을 역임하기도 했다.

삼가촌(三家村) 삼가촌이란 말은 덩퉈(鄧拓)·우한(吳晗)·랴오모사(廖沫沙)의 세 문인

이 1961년 10월부터 1962년 7월까지 우난성(吳南星)이란 가명으로 베이징시 당위원

회의 기관지인 『전선』(前線)의 고정기고란인 「삼가촌찾기」에 세태를 풍자하는 글을 연

재함으로써 비롯되었다. 이들 문학작품은 류사오치, 덩샤오핑의 조정·완화 정책의 영

향 아래 나타난 것이었다.

삼결합(三結合) 문화대혁명의 혼란이 수습되는 과정에서 부각된 혁명위원회의 구성

방식을 말한다. 탈권 초기에는 조반파가 전권을 장악하려 했지만, 이후 혁명대중 외에

군 대표와 혁명간부가 결합된 방식으로 개조되었다.

삼우일풍(三右一風) 반대 삼우(三右)란 우경보수·우경분열·우경투항을, 일풍(一風)이

란 우경번안풍(右傾飜案風)을 가리킨다. 즉 '삼우일풍 반대'란 이러한 우경화 추세에

반대한다는 뜻이다.

샤하이(下海) 개혁개방 시기 시장화로 인해 많은 사람들이 돈벌이에 뛰어든 현상을 가

리킨다. 특히 대부분 정부기구 개혁으로 일자리를 잃은 정부기관 관료들이 경제계로

진출한 흐름을 일컫는다.

성무련(省無聯) 코뮌 건설을 위해 문화대혁명 이념을 실현하려 한, 후난성의 급진적

조반파조직이다. 1968년에 1월에 발표한 「중국은 어디로 가는가」에 이들의 이념이

잘 나타나 있다.

「신편 역사극 해서파관을 논하다」 베이징시 부시장이던 우한(吳晗)이 쓴 역사극 「해서파관」(海瑞罷官)을 야오원위안이 비평한 글. 그는 명나라 시기의 명관 해서(海瑞)가 억울하게 파직당한다는 줄거리가 1959년 루산회의에서의 펑더화이 사건을 풍자하고 있다고 공격하는데, 펑더화이는 대약진의 책임을 물어 마오쩌둥을 공격하였다가 실각한 바 있다. 이 글은 문화대혁명의 발단에 직접적인 계기가 된다.

양·위·푸 사건 군의 질서회복 움직임이 나타나는 가운데 돌연 1968년 3월 22일 린뱌오가 중대한 오류를 범했다며 총참모장 대리 양청우(楊成武)와 푸충비(傅崇碧), 위리진(余立金) 등을 해임하는 사건이 발생한다. 이는 린뱌오와 군 주류파의 일원인 양청우와의 대립, 질서재건을 꾀한 군 주류파와 장칭 등 중앙문혁 그룹과의 대립을 보여 주는 것이다. 이 사건 이후 군에 대한 린뱌오의 영향력이 크게 강화된다.

옌안정풍(延安整風) 혁명기인 1937년에서 1945년 사이 중국공산당은 옌안에서 자리를 잡고 혁명정신을 바탕으로 대중과 더불어 생활하는 옌안정신을 창출한다. 그리고 옌안정풍 운동을 통해 당의 관료주의와 분파주의의 폐해를 일소하고 마오쩌둥을 중심으로 한 통일적 영도체계를 수립하였다.

왕·관·치(王·關·戚) 중앙문혁소조의 핵심 성원이었던 왕리(王力)·관평(關鋒)·치번위(戚本禹)를 가리킨다. 이들이 1968년 1월 실각함으로써 문혁은 질서의 시기로 돌입하게 된다.

우경번안풍(右傾飜案風) 반격 우경번안풍이란 정치·사회·경제·교육 등 각 분야에서 나타난 전반적인 과거 질서로의 복귀 및 부활 등의 우경화 풍조를 가리킨다. 따라서 '우경번안풍 반격'은 이러한 우경화 풍조에 반대하는 것을 말한다.

우한 7·20사건 1967년 5월 이후 무투(武鬪)가 격화되고 있던 우한(武漢)에서, 백만웅사(百萬雄師)라 불리던 대중조직이 세력을 확대해 우한 군구와 손을 잡고, 7월 20일 그곳을 방문해 백만웅사를 보수적인 조직이라 비판했던 중앙문혁소조의 셰푸즈(謝富治)와 왕리를 감금하고, 4일 동안 무장 시위를 벌였던 사건. 중앙에서 저우언라이를 파견해 셰푸즈와 왕리를 구출했는데, 이 사건의 혼란으로 우한에서만 사망자 6백 명, 부상자 6만 6천 명이 발생했다.

조반(造反) 기존 권위에 대한 거부를 의미하며, '혁명적'으로도 이해되고 있다.

주자파(走資派) 자본주의의 길을 가고 있는 당 간부들을 지칭하는 말로 류사오치·덩샤오핑 등 당과 정부기관의 간부들을 비판하기 위하여 문혁 세력에 의해 붙여진 당권파에 대한 별칭.

헝가리 사건 1956년 2월 흐루시초프의 '비밀보고'가 야기한 파문이 6월에 폴란드 포츠나니 폭동, 10월에는 헝가리 사건으로 이어져 사회주의 세계를 흔들었다. 그 파문으로 1956년 겨울부터 다음해 봄에 걸쳐 중국 내에서 노동자 파업이나 학생들의 수업거부 사건이 일어났다.

문화대혁명 또 다른 기억

〖 1 〗
1966년 6월 :
사진관 직원이 뜻밖에 '소삼가촌'으로 공격받다

문혁이 시작될 때 이제 막 사회로 나가게 된 견습공에게 현실이 가르쳐
준 첫번째 수업은 바로 혁명 계승자의 신분으로 몇 명의 무고한 보통 군
중과 소간부들이 문혁운동의 피해자가 된 것을 목도한 것이다.

1965년 11월 10일 중공 상하이 시위 기관보인 『문회보』(文匯報)에는
「신편 역사극 해서파관을 논하다」라는 문장이 실렸다. 작자는 야오원
위안(姚文元)이었다.

일반 중국 서민으로서는 야오원위안이 누군지, 무엇을 하는 사람인
지 아는 사람이 거의 없었다. 게다가 그런 수만 자에 달하는 문장을 보
는 사람도 몇 명 되지 않았다. 시사에 다소 관심 있는 사람들도 배운
사람들이 밥 먹고 할 일이 없으니 또 서로 붓의 논쟁이나 벌인다고 여
길 뿐이었다.

당시엔 곧이어 십여 년에 달하는 '프롤레타리아계급 문화대혁명'이
닥치게 될 것이고 바로 여기에서 서막이 시작되었다는 것을 누구도 생
각지 못했다.

곧이어 또 신문에서는 『연산야화』(燕山夜話)라는 책을 비판하기 시작

했다. 듣자 하니 그 책은 '검은 말'로 공산당과 사회주의를 제멋대로 공격했다는 것이다. 이렇게 되자 많은 사람들이 당황해하며 황급히 서랍과 옷장 속을 뒤져 자신이 소장하고 있던 『연산야화』라는 책을 찾아내 삼경야밤에 몰래 불태워 버렸다. 또 소심하고 성실한 사람들은 갖고 있던 이 책을 곧이곧대로 자기 단위(單位)의 지도자에게 갖다 바쳐, '검은 말'과 선을 분명하게 그었음을 보여 주며 당에 대한 충성을 나타냈다. 당연히 어떤 사람들은 강렬한 호기심이 발동해 몰래 그 책을 찾아 꼼꼼하게 읽어 보며 그 책 속의 검은 말과 반당적인 말이 대체 어떤 내용인지 살펴보기도 하였다. 하지만 '어느 달걀의 가산'이나 '여인의 두발' 등과 같은 문장이 어떻게 반당 반사회주의와 관련이 되는지 누구도 분명히 알지 못했다. 반면 당보에서는 큼직큼직하게 문장을 비판하고 있어 호기심 많은 사람들이 자신의 낮은 수준이나 둔한 감각을 탓하지 않을 수 없게 만들었다.

곧이어 '삼가촌'(三家村), 즉 덩퉈·우한·랴오모사 이 세 사람을 비판하는 열풍이 불기 시작했다.

이렇게 되자 아주 평범한 중국인들조차 의아하게 생각했다. 말 잘 듣던 베이징시의 공산당 서기와 부시장이 모두 반당분자라니, 말이 되는가!

서민들을 더욱 멍하게 만든 일은 곧이어 중공 베이징 시위가 1966년 6월에 전부 무너지고 온 나라 사람이 다 아는 중앙정치국 위원인 펑전(彭眞) 시장 역시 '반당 분자', '검은 패거리 인물'이라는 것이었다.

이 모든 일은 기층에 있는 사람들로서는 확실히 극도로 의외인 큰 사건이었다.

이때부터 지식인들뿐 아니라 평범한 노동자, 농민, 심지어는 가도(街

道) 주민위원회의 할머니들까지도 모두 이 '문화대혁명'이란 것이 보아하니 문화인들만의 일이 아니라는 것을 느끼게 되었다.

그러나 이 문화대혁명의 서막은 비록 의외의 사건에서 시작되었지만, 정치투쟁 경험이 풍부한 전국 각지 각 단위의 공산당조직은 아주 자연스럽게 또 익숙하게 이 운동을 기존에 있었던 모델의 궤도로 이끌었다. 예컨대 1957년의 반우파투쟁과 1959년의 반우경운동처럼 당조직이 통제력을 장악하고 질서정연하게 진행되었다. 당시 최고 수령과 극히 일부 사람을 제외하고 전국적으로 위에서 아래까지 중앙의 장관이나 각 성의 성위(성위원회) 서기들 모두 대체로 이 문화대혁명이란 것이 단지 하나의 새롭고 더욱 맹렬한 반우파운동에 지나지 않는다고 여기고 있었다.

1965년 가을, 나는 후난(湖南)성 창사(長沙)시 제일중학(第一中學)에서 중학교를 졸업했다. 그 뒤 한 중등전문학교에서 입학통지서를 받기 전에 시 종합상업공사에서 일하던 부친이 날 위해 시 상업국 차량팀에 가셔서 직업을 알아봐 주셨고, 난 차량 수리공이 되었다. 그러나 학교를 그만두기로 결정하고 난 뒤 왜인지 모르지만 내 일은 다시 대형 국영촬영회사의 촬영사 견습생으로 바뀌었다. 당시 난 촬영사 같은 우아한 직업은 좋아하지 않았고, 오히려 대형 국영공장에서 푸른 작업복을 입은 산업노동자로 '진정한 노동계급'이 되고 싶었다. 하지만 일은 이미 돌이킬 수 없었고, 난 그저 국영 승리(勝利) 촬영회사를 학교에서 나와 사회로 첫발을 내딛는 첫번째 역으로 삼을 수밖에 없었다.

사실 승리 촬영회사는 내가 있던 도시와 성 전체에서 매우 유명한 고급 명품 사진관이었다. 그곳은 시 중심광장에 위치해 있었고 본부에만 80명이 넘는 직원이 있었으며, 소속된 점포와 공장에는 모두 백여 명이 넘는 사람이 있었다. 상업부가 발급한 증서를 소지한 고급 촬영사들이 몇 명이나 있었고, 그 중 세 명의 촬영사는 창사를 시찰하기 위해 지나가던 마오쩌둥 주석의 사진을 찍은 영광스런 경력을 가지고 있었다. 승리 촬영회사의 촬영소와 설비 자재는 당시 성 전체에서 모두 일류에 속했다. 지금까지 30여 년이 지났지만, 그곳은 여전히 우리 도시의 자랑으로 하나의 풍경이다(당연히 지금은 더욱 고상하고, 더욱 아름답게 변했다). 안타깝게도 당시 나는 이러한 영예로움을 전혀 느끼지 못했으며 적지 않은 사람들의 부러움의 시선 속에서 오히려 내키지 않은 마음으로 그곳의 직원이 되었다.

그러나 나의 문혁으로의 길의 출발점은 바로 이 잊을 수 없는 유명하고 오래된 곳에 있었다.

당시 나는 열여섯이었다.

1966년 6월 어느 날 시위(시위원회)에서 우리 승리 촬영회사로 파견된 사교(社敎) 공작대 리(李) 대장은 나를 포함한 십여 명의 정치적 '적극분자'와 당 지부원과 단(團) 지부원들을 소집해 비밀회의를 열었다.

소위 '사교'란 '계급투쟁을 절대 잊지 말자'는 취지 아래 당시 전국 각지 각 단위에서 잇달아 진행된 인사와 경제 장부를 깨끗이 청산하는 운동이었다. 전체 명칭은 '사회주의교육운동'이었다. 문혁 전야인 1964년 당시 국가 주석이었던 류사오치(劉少奇)의 부인 왕광메이(王光美)가 허베이(河北)성 우닝(撫寧)현 루왕좡(盧王莊)공사 타오위안(桃園)대대에서 그 유명한 '사교' 업무를 주관한 적이 있었다. 이는 중앙에 의해 '타오위안 경험'이라 불려졌고 전국 각지에 널리 알려졌다.

이날부터 나는 '관중'이라는 신분을 잃고 장장 10여 년에 달하는 운동 속으로 말려들어 가게 되었고, 이를 위해 내 청춘의 전부를 소모하게 되었다.

당시 나는 17세가 채 되지 않은 나이로 '해방둥이',* 즉 신중국과 동년배인 청년 세대에 속해 있었다. 말 그대로 일개 견습공으로 당원도 아니고 단원도 아니며, '적극분자'라는 범주에 들 자격과도 굉장히 멀었다. 그러나 나의 부친은 해방 전 중공 지하당조직에 참가했던 노(老) 당원이었다. 이렇게 영광스런 출신 배경 때문에 촬영회사가 속한 시종합상업공사 내에서도 몇 손가락 안에 꼽히는 사람 중의 하나였다. 당시 출신 배경, 즉 부모의 정치상황이 어떤가는 자녀에게 중대한 영향을 끼치는 요인이었다. 그래서 당시 내가 승리 촬영회사로 오자 당지부에서는 나를 '혁명 후계자'의 한 명으로 확정 지었다. 당 지부의 캉(康) 서기는 단독으로 나를 불러 엄숙하고도 친절하게 내게 알렸다.

"자네는 혁명의 후손일세. 우리 프롤레타리아계급의 강산은 앞으로 자네 같은 후계자들이 지켜 내야 하네. '승리'의 어떤 사람들은 겉으로는 성실하게 자발적으로 일하는 것처럼 보이지만, 아무리 적극적이라 하더라도 '승리' 조직을 그들에게 이어 가게 할 순 없다네! 만약 정말로 그들이 이어 간다면 자본가·지주, 심지어는 국민당 반동파 군관의 늙은이들이 기뻐서 날뛰지 않겠는가! 따라서 그들이 아무리 적극적인 태도를 보인다 하더라도 그저 우리가 단결하고 이끌어야 할 대상일 뿐이지, 그들에게 권력을 계승할 순 없네. 최소한의 중대한 검증을 거치지 않고 그들을 혁명 후계자의 대열에 넣을 수는 없지. 하지만 자네 같

---

* 중화인민공화국이 성립된 1949년도에 태어난 사람들을 말한다.

은 청년은 태어나면서부터 혁명 후계자일세. '승리'의 혁명 사업은 앞으로 자네들이 계승하고 발전시켜야 하는 걸세."

캉 서기의 말은 나를 매우 감격시키고 흥분되게 만들었으며 상당한 자부심을 느끼게 했다. 사교 공작대는 승리 촬영회사에 진주한 이후 정치권력 모두를 인수하였고, 당 지부 역시 공작대의 지도를 받았다. 왜냐하면 공작대는 시위원회가 파견한 것이기 때문이다. 공작대의 임무는 촬영회사에 와서 사회주의교육을 전개하는 것으로 마침 문화대혁명운동이 전면적으로 시작될 때라 문화대혁명운동을 지도하는 임무도 동시에 맡았다. 자연히 나도 그들에 의해 '출신이 좋고 정치적으로 믿을 만한' 적극분자 명단에 들어갔다. 아직 열일곱도 되지 않은 일개 견습공에 불과했지만 말이다.

비밀회의는 촬영회사 3층의 사교 공작대 사무실에서 열렸다.

회의에 참가한 사람들의 표정은 자못 엄숙했고 어느 누구도 떠들어 대지 못하고 바르게 각자의 위치에 앉아 리 대장(생산대 대장)의 연설을 경청했다.

리 대장은 창사에서 나고 자란 토박이라 그의 말을 알아듣기는 힘들지 않았다. 그는 몹시 말랐지만 목소리는 우렁찼다. 그의 입술을 보지 않는다면, 그런 나팔 같은 소리가 어떻게 그렇게 허약한 몸에서 나오는지 상상하기 어려웠다. 그는 사무탁자 뒤에 앉아 말을 할 때도 끊임없이 곁눈질로 탁자 위에 펼쳐져 있는 노트를 보았고 손짓으로 말에 힘을 보탰다.

리 대장은 힘찬 프롤레타리아계급 문화대혁명이 시작된 지도 몇 개월 됐고, '삼가촌' 반동 분자에 대한 비판투쟁 역시 한차례 지났다고 말했다. 이제 시위의 계획에 따라 운동은 '위아래로 관계를 맺고 있는'

〔上掛下聯〕 표적을 공격할 단계가 되었다고 말했다. '위아래로 관계를 맺고 있다' 는 것이 무엇인가? 바로 '삼가촌' 반동 분자들의 반동사상·방법·수단 등을 해당 지역 해당 단위의 구체적인 상황과 연결 지어, 해당 지역 단위에 있는 '삼가촌' 과 반동 분자 무리들을 색출해 내는 일이었다.

리 대장은 찻잔을 가지런히 받쳐 들고 차 한 모금을 마시더니 계속 말했다.

"오늘 여러분을 불러 회의를 연 것은 동지 여러분 모두가 머리를 써서 생각해 보고 찾아보자는 겁니다. 우리 승리 촬영회사의 백 명이 넘는 사람들 중에 덩튀·우한·랴오모사 같은 반동 앞잡이들이 있는지 말입니다."

리 대장은 여기까지 말하고 잠시 멈추더니 묘한 웃음을 지어 보였다. 그는 곁눈질로 책상 위에 펼쳐진 노트를 힐끗 보더니 다시 고개를 들어 좌중을 휘둘러보았다. 이 문제는 너무 갑작스럽고 또 너무 구체적이었다. 게다가 리 대장이 사람들의 대답을 원하는지도 알 수 없었다. 그래서 자리에 있던 사람들은 감히 아무런 소리도 내지 못했다.

사무실 안은 잠시 아무 소리 없이 적막이 흘렀다.

이 적막을 깰 수 있는 사람은 리 대장뿐이었다. 그는 다시 찻잔을 받쳐 들더니 바로 마시지는 않고, 계속해서 모두를 바라보다가 태연하게 말했다.

"말해 보십시오. 승리에 삼가촌의 추종자나 앞잡이가 있을까요?"

"아마 있을 겁니다."

단 지부 서기가 가냘프고 낮은 소리로 말했다.

"좋습니다!"

리 대장은 홀연 다 마시지 않은 찻잔을 놓더니 찬동의 눈길로 젊은 단 지부 여서기에게 웃으며 말했다. 이어 마른 얼굴 위에 띤 웃음을 거두더니 엄숙한 얼굴로 바꿔 낭랑하고 힘차게 우리를 향해 말했다.

"위대한 지도자 마오 주석께서 우리에게 가르침을 주셨습니다. 사막을 제외하고 사람들이 있는 곳이라면 모두 좌·중·우로 나뉜다고요. 일만 년 이후에도 역시 그럴 것입니다. 모두들 생각해 보십시오. 승리 촬영회사가 인적 없는 황량한 사막에 있는 것도 아닌데 계급투쟁이 설마 여기까지 미치지 않을 수는 없겠지요? 삼가촌의 반당 반사회주의 반동들은 우리 위대한 조국 수도의 영도기관 안으로 뚫고 들어올 수도 있고 문화계 각 단위, 조직 안까지 파고들 수 있습니다. 그렇다면 놈들이 각종 수단과 방법을 동원하여 각 전선에서 놈들의 대리인과 반당 반사회주의 분자들을 찾고 키워 내지 않았겠습니까? 또한 밤낮없이 자본주의의 부활만 생각하고 국민당과 제국주의의 권토중래(捲土重來)를 희망하는 놈들이 주동적으로 반당 반동들과 연결되어 반혁명동맹을 하지 않는다고 보장할 수 있습니까! 계급투쟁의 심각한 정세가 우리를 향해 분명하게 말합니다. 지역과 단위마다 모두 많거나 적게 우파분자들이 있다고요! 예외가 있을 수 없습니다!"

리 대장은 곁눈질로 노트를 힐끗 보더니 고개를 들고 계속 말했다.

"많은 상황들이 우리 승리에도 좌·중·우가 존재하고 좌파·중도파·우파가 존재하고 있다는 걸 보여 줍니다. 누가 좌파인가요? 바로 오늘 회의에 참가한 동지들입니다!"

여기까지 듣고 나자 나는 저절로 허리가 곧게 펴졌다. 나는 이 시각 이 자리에 있는 모든 사람들이 무엇과도 비할 수 없는 긍지와 자부심이 생겨났을 것이라 믿었다.

"중간에 있는 군중들은 승리의 대부분의 사원들입니다. 우리 당 지부의 지도가 정확하기만 하다면 우리 좌파 동지들은 모범이 될 수 있습니다. 대부분의 사원 군중들은 모두 당의 말을 잘 듣습니다. 충성심에 불타올라 당과 함께 반당 반사회주의 반동들과 투쟁을 할 겁니다. 얼마 전 대자보와 소자보를 써서 삼가촌을 비판하고 죄상을 폭로했던 열기는 바로 이 점을 증명하는 것이지요."

리 대장은 잠시 멈추더니 한 글자씩 말을 이어 나갔다.

"그렇다면 우파가 있을까요? 방금 어떤 동지가 아마 있을 거라고 말했습니다……."

그는 돌연 일어나더니 단호하게 이어 말했다.

"그렇습니다. 우리 승리에는 확실히 우파 몇 명이 있습니다."

내 마음은 나도 모르게 떨렸다. '아, 정말로 내 주위에 우파가 있구나! 누구지? 여태 영화나 책, 신문에서나 우파분자와 반혁명분자들을 봤을 뿐인데. 근데 지금 우리 단위에서도 멀쩡히 살아 있는 우파분자들이 나타날 수 있구나.'

리 대장은 사무탁자 옆에 앉아 있던 촬영회사 당 지부 서기 캉궈산(康國珊)을 바라보더니 침착하고도 엄숙한 목소리로 말했다.

"다음은 캉궈산 동지께서 모두에게 상황을 말씀드리겠습니다. 그러고 난 뒤 모두에게 사업을 안배해 드리지요."

이튿날 승리 촬영회사의 직원들은 아침 일찍 출근하자마자 무거운 분위기를 느꼈다. 직원 식당 안에는 백여 개에 달하는 대자보가 등장했다. 어떤 것은 벽에, 어떤 것은 임시로 매단 밧줄 위에 걸려 있었다. 심지어 낡아 빠진 식당 문 위에도 한 장 붙어, 보기 싫은 낡은 문을 가리고 있었다.

대자보의 내용은 세 사람의 죄상을 적발하고 비판하는 것이었다. 촬영회사 당 지부 위원인 간커왕(甘可旺)은 적극적으로 일하고 고생과 수고도 마다하지 않으며 부드럽고 상냥한 사람이었다. 안타깝게도 그는 지주 집안 출신이어서 이번 운동의 대상이 되었다. 대자보에는 그가 '지주계급의 충실한 후계자'이며, '당내의 지주계급 대리인'이라고 쓰여 있었다. 증거는? 이런저런 말들이 많지만 아무튼 한번 '지주계급의 후계자와 대리인'이라는 모자가 씌워지면 그가 뭘 말하고 뭘 하든지 정말로 그런 것 같았다. 예컨대 그는 평소 일할 때 출신이 좋은 청년들을 비평하곤 했는데, 이것은 누차 혁명 후손을 공격한 것으로 되었다. 분명 출신이 좋지 않은 청년들의 진급을 적극 격려한 것인데도 '함부로 그들을 끌어들여 계급대오를 조직하려 한다'는 말을 들었다. 그는 혁명 사업에 참가한 이후 거의 고향에 내려가지 않았다. 1962년 그의 모친이 죽고 나자 아들로서 마땅히 가 봐야 하는 것인데도 '장제스(蔣介石)의 대륙 공격에 맞춰 일부러 고향에 내려가 지주 가문의 전답과 집을 둘러보고 상속 장부를 썼다'는 말을 들었다. 그는 촬영회사에서 기술업무 분야를 맡고 있었다. 회사에는 기술이 뛰어난 자본가 측 직원이 있었는데(촬영회사는 1958년 공사합영公私合營된 기업으로 10여 명의 기존 자본가도 이곳에서 일하고 있었다), 그는 예전에 간커왕에게 촬영회사 진열대의 중요성을 말하며 특색 있고 아름다운 인물의 사진을 골라 전시해서 사업 홍보를 하자고 한차례 건의한 적이 있었다. 간씨는 그의 의견을 받아들였다. 이를 두고 대자보에서는 "그는 자산계급의 말이라면 무조건 맹종한다. 썩은 냄새 나는 요염한 여인의 사진을 뿌리고 우리 사회주의의 진열장을 점거한다"고 말했다. 결론은 자연스럽게 "그가 자산계급의 대변인이 아니면 또 무엇이란 말인가"였다.

　두번째 대자보의 표적은 자본가 측 사람이었다. 쉰 가량의 나이로 이름은 위안쿤퉁(袁坤同)이었다. 이른바 자본가 측 사람이란 기존의 자본가(지금은 사영기업가로 불린다)로 1950년대 기업에서 공사합영을 실시한 뒤 그들은 자본 측의 대표로 합영기업에 남았고, 당시에는 자본가 측 사람이라 불렸다. 위안쿤퉁이란 사람은 기술이 매우 뛰어나 업무에서 한몫해 냈고 일을 할 땐 매우 진지했다. 또 뱃속에는 적지 않은 먹물이 들어 있어 휴식 시간이면 당시(唐詩)나 송사(宋詞)를 읽거나 읊기를 좋아했으며, 스스로도 적잖이 써 댔다. 그의 최대 단점은 석 잔 술로 배를 채우고 나면, 누군가를 붙잡고 남이야 듣건 말건 시를 읊어 댄다는 것이었다. 이런 사람에게 일단 '개조되지 않은 자산계급분자'의 모자를 씌우기만 하면 다시 단장취의[斷章取義 : 문장의 전체 뜻을 고려하지 않고 인용하거나 그 인용으로 자기 주장을 합리화하는 일]하여 그를 가지고 놀 거리를 한 광주리 가득 채우는 일이란 어렵지 않았다. 대자보에 써 있는 그에 관한 가장 많은 얘기는 그가 마음대로 읊던 시 한 구절로, 거기에서 한 무더기의 문제들을 골라내어 열 장 가득 대자보를 채울 수 있었다. 예컨대 어떤 동료가 그의 기술이 대단하다고 하면 그는 답례로 '석양이 한없이 좋지만 그저 황혼에 가까울 뿐'이라 하면서 연신 손을 내저으며 '늙었소, 늙었소. 이젠 안 된다오'라고 말했다. 이에 대해 대자보에서는 그가 우리의 위대한 지도자 마오 주석이 '늙었다', '안 된다', '황혼에 가깝네'라고 헐뜯고 악독하게 공격했다고 말하면서, '그 말과 삼가촌의 언행이 판박이다!'라고 했다. 한번은 어느 청년이 영화 「봄날의 강물은 동쪽으로 흐른다」(一江春水向東流) 제목의 의미를 모르겠다고 하며 그에게 물었더니, 그는 득의양양해하며 '얼마나 많은 수심이 있는지, 님에게 물으니 근심이 그치지 않는 것 같구나'(問君能有幾多愁, 恰似一江春水向東流)라는 시를 읊었다. 이를 두고 대자보에서는 "위안쿤퉁이 기회만 되면 청년들에게 털어놓는 근심은 무엇인가? 바로 이를 빌려 당과 사회주의에 대한 불만을 털어놓으려는 것이다. 사회주의 제도 아래서의 생활이 걱정과 수심뿐이라고 하면서, 우리의 위대한 사회주의를 추악하게 묘사하고 이미 사라진 썩은 자산계급의 생활을 그리워하고 있다. 바로 자본주의의 부활을 망상하는 모진 야욕의 대폭로이다!"라고 질책했다.

세번째 비판받은 사람은 청년으로 겨우 스물한 살 된 쥐카이쉬안(瞿凱旋)이었다. 왜 카이쉬안(凱旋 : 개선)으로 불렸을까? 바로 그가 1945년 9월 일본 놈들이 투항한 그 즈음에 출생했기 때문이다. 중국 인민들이 항전 승리의 기쁨으로 들끓자 부모가 그에게 기념의 뜻을 지닌 이름을 지어 준 것이었다. 그런데 승리 촬영회사 역시 그의 부친이 사람들과 공동출자하여 항전 승리할 즈음에 설립되었다. '자본가의 아들'로 자본가 부친이 지은 일정한 의도가 있는 이름을 쓰고 있고, 또한 주식을 갖고 있던 부친의 촬영회사에서 일하고 있으니 쥐카이쉬안은 '천성적'으로 대자보 혹은 사교공작대의 비판 목표가 되었다. 쥐카이쉬안이 비판받은 내용 속에는 그의 '카이쉬안'이라는 이름이 상당 부분 차지하고 있었다. 왜냐하면 당시 이 도시는 일본침략자의 수중에서 해방된 뒤 국민당 군대가 접수하여 관할하던 곳이었기 때문이다. 따라서 대자보에서는 자연히 이렇게 비판하고 있었다. "모두들 생각해 보자. 쥐카이쉬안 그가 기념하는 것이 대체 누구의 승리인가?", "쥐카이쉬안이 우리 공화국의 승리를 기념하는 것이 아니다. 그렇지 않다면 왜 그의 이름이 '젠궈'(建國 : 건국)가 아닌가? 그가 기념하고 그리워하는 것은 국민당의 소위 개선이라는 것이다!" 쥐카이쉬안은 평소 과묵하고 말이 적었는데 이것 역시 대자보의 공격을 받았다. "그는 우리당에 대해 증오하고 있다. 그건 삼가촌 비판 때 거의 아무 말도 하지 않은 것을 보면 알 수 있다!" "하지만 자본가인 부친이 올 때면 얼마나 많은 얘기를 하고 얼마나 열정적인지 모른다. 그의 마음속에 품고 있는 것이 무엇인지 알 수 있다!" 한번은 다른 사람이 그에게 승리 촬영회사의 원래 주식을 그의 부친이 대부분 차지하지 않았었냐고 물었다. 쥐카이쉬안은 고개를 끄덕이면서 "당연하지요. 그렇지 않다면 승리라는 이름을 우리 부친이 정했을 리가 없지요"라고 답했다. 그뿐이었다. 하지만 대자보의 추리능력은 쥐카이쉬안의 몸을 얼어붙게 만들었다. "그의 이름은 쥐카이쉬안이고 촬영회사는 승리라고 불린다. 이제는 사회주의 천하이고 해방된 지 벌써 17년이 되었다. 하지만 그의 마음은 시시각각 하늘이 변했다는 것을 기억하지 못하고 있다. 승리가 쥐카이쉬안의 것이라니, 이 얼마나 반동적인가! 얼마나 오만한가! 이러한 망상에 대해 우리가 참고 용인할 수 있는가!"

대부분의 대자보는 어제 회의에 참가했던 정치적 적극분자들이 쓴 것이었고, 내용은 캉 서기가 소개해 주고 행동은 리 대장이 지시했다. 밤새 써서 붙인 것이다. 붙이는 과정에서 일부 직원들이 보고는 경계를 분명히 긋고 자신을 보호하기 위해 곧바로 따라 쓰기 시작했다. 그들이 쓴 것은 모두 이미 대자보에 있는 내용에다 욕 몇 마디 더하고 몇 개의 '모자'를 더 씌운 것에 불과했다. 하지만 이렇게 되자 화약 냄새가 점점 더 진해져 갔다.

나도 몇 장 썼지만 모두 위안쿤퉁 한 사람에 관한 것이었다. 왜냐고? 간거왕의 부인 잉누나(英姐)는 우리 촬영회사의 정치 선전원이었다. 그녀는 평소 내게 잘 대해 주었고, 누나가 동생에게 하는 것처럼 더우면 더울세라 추우면 추울세라 보살폈으며, 일이 밤늦게 끝날 적엔 타구(唾具)나 바닥 청소 등 견습공들이 하는 일을 도와주었다. 따라서 나는 차마 잉누나의 마음을 아프게 할 수 없어 간커왕의 것은 쓸 수 없었다. 쥐카이쉬안에 대해서는? 그는 평소 사람들에게 예의 바르게 행동했다. 더욱이 내 앞에선 사부 행세나 사형 티를 낸 적도 없고 오히려 나를 동생처럼 데리고 자주 영화나 뭔가를 보러 갔다. 일할 때 우리 둘은 자주 농담을 주고받으며 연일 서로 약 올리고 시시덕거렸다. 그는 자본가의 아들이었지만 내가 보기엔 전혀 우파분자 같지 않았다. 이렇게 명랑하고 이렇게 젊은데! 우파분자라면 노련하고 용의주도해야 하는 것 아닌가! 그래서 쥐카이쉬안 역시 피했다. 나는 그를 도울 수는 없었지만 그를 짓밟진 않았다. 그렇다면 위안쿤퉁에 대해서는? 그는 달랐다. 우선 그는 내가 촬영회사에 온 지 얼마 되지 않았을 때 외부촬영팀을 맡고 있었는데, 자주 밖으로 출장을 다녔기 때문에 나는 거의 그를 알지 못했다. 두번째로 내 생각에 그는 노(老)자본가였는데 그를 비판하지 않는다면 누굴 비판한단 말인가? 부르주아계급인 데다가 늙다리이니 우파분자 특징에 아주 적합했다. 캉 서기의 그에 대한 분석도 구구절절마다 조리가 있어, 나는 그를 집중적으로 '폭격'하기로 했다. 그가 읊은 '석양이 한없이 좋지만 그저 황혼에 가까울 뿐'이라는 시구를 비판하는 대자보를 나는 꼬박 세 장이나 썼다. 캉 서기의 분석을, 리 대장의 총평을 전부 검은 글자로 바꿔 대자보에 덮어썼다. 이렇게 농담(濃淡)이 일정하지 않은 먹과 얇은 종이들이 일순간 '승리'의 공기를 굳어지게 했다. 촬영회사의 직원들은 온종일 노동자나 자본가 측 직원이나 할 것 없이 모두들 엄숙한 표정으로 나타났다. 만나도 애기하지 않았고 업무상의 일이라도 절대 많은 얘기를 하지 않았다. 길을 갈 때도 지뢰를 밟을까 두려운 듯 조심조심 걸었다.

간거왕은 출근한 뒤(어제 비밀회의에서 당연히 그의 몫은 없었다) 모든 대자보를 자세하게 한 번 혹은 여러 번 살펴보고는 아무 말도 하지 않았다. 얼굴에는 당연히 한 가닥의 미소조차 없었지만 수심에 찬 얼굴도 아니었고 단지 냉담한 기색만이 내비쳤다.

쥐카이쉬안은 서리를 맞은 듯 안색이 잿빛이 되었고 두 눈은 순간 멍해졌다. 그는 대충 몇 장의 대자보를 살펴본 뒤 곧장 그가 일하는 암실로 들어가 멍하니 앉아 있거나 기계적으로 사진을 인화했다.

나는 그의 모습을 보고 매우 동정했지만 선뜻 아무것도 하지 못했고 무엇을 해야 할지도 몰랐다.

위안쿤퉁은 오후에 누군가에 의해 불려 왔다. 그는 돋보기를 쓰고 역시 자세하게 대자보를 살펴보더니 말이 없었다. 하지만 보양을 잘한 얼굴은 여전히 약간의 홍조를 띠고 있었고, 입가에는 몇 가닥의 조롱하는 듯한 모습이 빠르게 스쳤다.

나는 '이 늙은이가 정말로 완고하구나'라고 생각했다.

뜻밖에 퇴근 전에 위안쿤퉁은 식당의 외벽을 전부 차지할 만큼 아주 긴 대자보를 붙였다. 제목은 아름다운 위비체〔魏碑體; 북위 시대 비석의 총칭으로 글 자체가 엄정하고 필력이 강건하여 뒷날 해서체의 본이 되었음〕로 쓴 '나의 반성'이라는 네 글자였다.

위안쿤퉁이 반성한 내용은 하나는 필사적으로 자신의 머리 위에 모자를 씌우는 것으로 '나는 개조되지 않은 부르주아계급 분자이다', '나의 자본가 근성은 아직 바뀌지 않았다', '나는 삼가촌의 추종자이다' 등등이었다. 또 하나는 비판받은 시구와 시를 읊은 동기, 배경에 대한 상세한 해석을 달아, 읽는 사람들로 하여금 그가 대자보에서 비판하는 대상이 아닌 것처럼 느껴지게 만들었다.

나는 보고 난 뒤 잠시 정신이 아득해졌다.

들자 하니 위안쿤퉁은 해방 후 몇 차례 있었던 정치운동에서 몇 번이나 위험에 처했지만, 결국 아무 일 없이 빠져나와 무사했다고 한다. 생각해 보니 그는 이런 정치운동에 대해 오히려 경험이 있었던 것이다.

정치적인 반성문이란 것을 나는 처음 보았다. 이렇게 자신을 호되게 꾸짖는 큰 모자 아래 자신을 위한 변명을 넣은 반성문이 문화대혁명 중에 널리 성행하는 반성 모델이 되리라고는 생각지 못했다. 강요에 못 이겨 반성하는 사람이 이 방법을 사용하는 것이다. 당권파도 그렇고, 보수파도 그렇고, 조반파 역시 그랬다. 후에 내가 조반파가 되어 몇 차례 비판받고 강제로 반성문을 쓸 때도 역시 이 형식이었다. 이상했다. 누가 선전하지도 가르칠 필요도 없이 때가 되면 스스로 이 기법을 사용할 줄 알았다. 생각해 보니 이 반성 형식이란 것은 어떤 총명한 사람이 발명한 것이 아니라 기실 해방 후 좌편향적인 정치운동 환경에서 만들어진 것이리라.

쥐카이쉬안과 함께 '동반' 되어 대자보에 이름이 거론되고 비판받은 두 명의 청년이 더 있었다. 사진 수정 기능공인 리쥔(黎軍)과 청년 촬영사 친위루(秦宇廬)였다.

이 두 사람이 사교공작대의 '리스트' 에 들어가게 된 이유는, 하나는 그들이 평소 쥐카이쉬안과 친밀한 관계였기 때문이고(모두 사형사제이다.), 두번째는 이 두 사람의 집안 출신 역시 공작대가 인정하는 '곧은 뿌리와 붉은 싹' 반열에 속하지 않았기 때문이었다. 따라서 쥐카이쉬안을 숙정하기로 결정했을 때, 리와 친 두 사람 역시 말려들어 가게 된 것이다. 그 참에 젊은 '소삼가촌'을 모아 아마 모종의 전형(典型)을 만들고 싶어 했던 것 같다.

리쿤과 친위루 두 사람 다 스물네다섯 가량의 미혼 청년으로 촬영기술에서 모두 숙련된 기량을 갖고 있어 회사 내 기술의 핵심이었다. 또한 여가 시간에 문예활동과 노래하길 좋아하며 레퍼토리도 연습했다. 평소 동료들과의 관계가 모두 좋아 나 같은 동생들에게도 상당한 관심을 가져 주었다. 자주 내게 "우리를 무슨 사부처럼 여기지 말고 형이라 생각하고 뭐든지 어려움이 있으면 찾아와"라고 말했다. 아마 집안 출신 때문이었는지(사실은 무슨 '상공업자' 류의 성분이었을 뿐이다) 그들은 오래전부터 모두 공청단(共靑團 : 공산주의청년단)조직에서 제외되었고, 사교공작대가 진주하기 얼마 전 리쿤이 가까스로 공청단원으로 받아들여졌다. 그러나 몇 달 되지 않아 그는 돌연 '소삼가촌' 혐의분자가 되었다. 그와 친위루 두 사람이 평소 나누었던 대화는 한 마디 한 마디의 말로 분해되어 정치적 관점에서 검토된 뒤 임의대로 해석되어 비판받았다. 그러한 대자보는 그들에 대한 갖가지 경고들로 가득 찼다. 예컨대 '리쿤, 다시는 쥐카이쉬안과 선을 긋지 말고 그의 부장품이 되라!', '친위루, 너는 어느 길로 갈 것인가?!' 등이었다.

뜻밖에 닥친 액운에 대해 리와 친 두 사람은 당연히 매우 긴장하며 어찌할 바를 몰랐다. 순식간에 두 사람은 평소 때의 유쾌한 젊은 패기는 사라지고 돌처럼 자신의 입을 굳게 닫았다. 다시는 사람들과 어떠한 말도 하지 않았고, 노래는 더 말할 나위도 없었다.

그들은 완전히 무거운 정신적 압력 아래에 놓여지게 되었다.

사교공작대는 간·쥐·위안 세 사람이 각기 어떤 태도를 취하든 상관없이 이미 정해진 상부의 방침에 따라 운동을 진행해 나갔다. 며칠 내자본가 측 사람을 포함해 모든 직원들이 그들 세 사람을 향해 공격하기 시작했다. 덩달아 리쿼과 친위루 두 사람도 겨냥했다. 대자보는 붙일 수 있는 모든 곳에 붙여져 더 이상 붙일 수 없을 정도였다. 공작대 대원이 내용을 등사(謄寫)한 다음 오래된 것은 바꾸고 새로운 것을 붙였다.

일주일간의 투쟁이 벌어지고 나자(실제로는 단지 싸움〔鬪〕뿐이었지 간·쥐·위안의 반박〔爭〕은 없었다) 리 대장이 "간커왕·쥐카이쉬안·위안쿤퉁 세 사람은 승리 촬영회사에 숨어 있던 소삼가촌이다!"라고 선포해 버렸다. 그는 직접 캉궈산 서기와 전안조(專案組:특별수사팀)를 조직하고 소삼가촌의 반당 반사회주의 서면자료를 정리하여 시위원회 사교 겸 문혁공작대 총단에 보고했다. 시위원회 사교 총단에서 지시가 내려오기만을 기다렸다가 간커왕의 당적을 공식적으로 박탈하고, 세 사람에게 모두 우파분자의 모자를 씌웠다. 임금 등급도 강등시키고 노동 감독도 했다. 리 대장은 위안쿤퉁이 이번만큼은 빠져나가지 못할 뿐 아니라 감옥으로 보내질지도 모른다고 몇 번이고 밝혔다.

나는 쥐카이쉬안에 대해선 탄식했다. 간커왕도 안타까웠고, 잉누나 때문에 괴로웠다. 하지만 위안쿤퉁에 대해서는 조금도 동정하지 않았다. 오히려 유치하게 이 '늙은 여우'가 사실 자본가였고 이렇게나 치밀하게 많은 반당 언사를 했으며, 얼굴도 교활한 상이라 반드시 투쟁하고 비판해야 한다고 생각했다.

사실 나는 그때 정말 우스웠다. 무엇을 알았겠는가!

간커왕·쥐카이쉬안·위안쿤퉁 세 사람은 이와 같은 험준한 풍랑을 만났으니 그들은 분명 '이 생은 끝났구나!'라고 생각했을 것이다. 더욱이 이제 막 사회에 발을 들여놓은 쥐카이쉬안은 분명 더욱 애달프고 비통했으리라.

그러나 누구도 예상하지 못했던 일이 발생하고 말았다.

1966년 7월 마오쩌둥은 학교 문화대혁명운동의 상황과 류사오치 등 지도자와의 불일치를 겨냥해, 문혁운동을 지도하기 위해 원래 학교에 주둔해 있던 공작조에게 모두 철수하라는 명령을 내리고 공작조의 '큰 방향이 틀렸다'며 비판했다.

공작조를 질책하는 이 지시는 빠르게 전달되어 내려왔다.

성위, 시위는 매우 기민했고 대학·중등학교·초등학교에 주둔해 있던 문혁공작조가 곧 철수되었을 뿐 아니라 기업에 파견되었던 사교 공작조 역시 신속하게 철수되었다. 공작대의 전과(戰果)는 모두 봉해져 '동결' 보관되었고, 파기되지도 처리되지도 않았다.

리 대장은 공작대를 이끌고 승리 촬영회사에서 철수하면서 간커왕·쥐카이쉬안·위안쿤통 세 사람의 문제에 대해 다시는 비판하지도 처리하지도 말라고 선포했다. 간커왕은 계속 당 지부 업무에 참가하도록 했고, 모든 자료가 전부 봉해져 보관되었으며 문화대혁명운동 후기에 가서 다시 결론을 내린다고 했다.

나는 진심으로 쥐카이쉬안과 간커왕을 위해 기뻐했고, 당연히 위안쿤통은 운이 좋다고 생각했다.

나는 쥐카이쉬안이 분명 긴 안도의 한숨을 쉴 거라 생각했다. 비록 오랫동안 위협을 당했지만 결국 위험은 없었다.

세월이 흘러 당시 스물한 살이던 쥐카이쉬안은 지금은 벌써 쉰이 넘어 환갑에 이르는 나이이다. 그동안 그는 국유 승리 촬영회사를 관할

하는 시 종합상업공사의 총경리와 당위 서기를 여러 해 지냈다. 그러나 그는 삼십여 년 전 '승리'의 권력을 탈취할 생각은 전혀 하지도 않았다. 지금의 총경리 위치는 그가 탈취하려 했던 것이 아니라 상부에서 정식으로 임명한 것이다. 또한 중공 당위 서기 겸 총경리의 직위는 결코 그의 부친의 무슨 주식 때문에 맡게 된 것도 아니다. 승리 촬영회사와 그의 운명의 기묘한 변화는 정말이지 '인생 삼십 년은 강 동쪽에서, 삼십 년은 강 서쪽에서'라는 속담에 조응하는 것이다.

1966년 5~6월간에 일어났던 '삼가촌' 비판, 즉 작은 덩퉈·작은 우한·작은 궈모샤를 잡는 '아래 위로 연결된' 숙정운동은 문화대혁명의 첫번째 단계였다.

이 단계에서 비판받은 사람들은 대개 성, 시급에서 유명한 문화인과 학술권위자였다(예컨대 우리 성의 역사학자 마지가오馬積高, 양춘추羊春秋와 후난湖南대학 부총장인 웨이둥밍魏東明 등이다. 일전에 쓰촨四川성 전 문련文聯 주석이었던 유명 작가 마스투馬識途 선생이 쓴 책 중에는 이 시기에 어떻게 중공 서남국西南局에 의해 '삼가촌'의 무리인 '반동분자'로 몰렸는지에 관한 상황이 상세하게 묘사되어 있다). 도시의 공장·상업·기업 및 사업 단위에서는 대부분 소위 '역사 문제'가 있거나 '출신 성분이 좋지 않은' 보통 간부와 군중들이었다. 상술했던 간커왕이나 위안쿤퉁, 쥐카이쉬안 같은 사람들이다. 만약 앞에서 얘기했듯이 학교에 주둔한 문혁공작조에 대한 마오쩌둥 주석의 불만으로 모든 '공작조(대)'의 명의로 정치운동을 일삼던 기관을 철수시키는 사건이 발생하지 않았더라면, 쥐카이쉬안 같은 사람들은 아마 진즉에 사라지고 오늘날의 '쥐 총경리'(쥐카이쉬안 총경리) 역시 존재하지 않았을 것이다.

이후의 사태로 볼 때 이번 '위아래의 연결'을 통한 '소삼가촌' 색출은 분명 마오쩌둥 주석의 계획이 아니었다. 왜냐하면 그가 문화대혁명을 일으킨 목적이 이런 측면에 있지 않기 때문이다. 이때로부터 불과 40~50일 후인 8월 8일 중공중앙에서 발표한 「문혁 16조」(즉 「중공중앙의 프롤레타리아계급 문화대혁명에 관한 결정」)에는 "혁명 군중을 '반혁명'으로 공격하는 사람들을 경계하라"는 전문 조항이 있어, 당시 이러한 문제에 대한 마오쩌둥의 태도를 분명하게 보여 주고 있다. 이번에 발생한 짧고 결과 없는 숙정운동은 완전히 각 성과 시위원회 및 소속 당정 기관조직에서, 마오쩌둥과 당 중앙이 발동한 문혁운동의 목적이 불확실한 상태에서, 1957년의 '반우'(反右)류의 수법을 스스로 옳다고 여기며 익숙하게 행동에 옮긴 결과였다. 따라서 문혁운동이 전개됨에 따라 이 일은 흐지부지 끝나게 된다.

문혁 초기 일어난 이번의 결과 없는 숙정운동은 일반 군중들에게 '공작대 역시 잘못을 저지를 수 있다'는 것과 '당 조직에 의해 비판당한 사람 역시 억울할 수 있다'는 강렬한 인상을 남겨 주었다. 이 일이 있기 전에는 누구도 감히 생각지 못한 일이었다.

덧붙여 말하고 싶은 것은 소위 소삼가촌 비판운동에서 영문도 모르고 비판당한 피해자들은 이후 문혁운동이 전개되면서 대부분 갑자기 일어난 조반파에 참가하였다. 그 중 적지 않은 사람들이 조반파조직의 발기인과 지도자였다.

간커왕과 쥐카이쉬안 역시 그 이후에 조반파의 확고한 일원이 된다. 간커왕은 공산당 지부위원의 신분이었지만 그가 일념으로 조반파조직의 책임자를 맡는 데는 아무런 지장도 없었다.

위안쿤퉁은 시종 허리를 곧게 펼 수 없는 '자본가 측 사람'의 모자를 머리에 쓰고 있었다(이 '자본가'의 회색모자는 문혁 전체 기간 동안 계속 존재했다. '반혁명파'는 아니었지만 '프롤레타리아계급 혁명파'의 몫도 아니었다). 또한 그는 나이도 많고 견식이 풍부했고 사교공작대와 단위 당 지부가 이유도 없이 사람을 조직해 자신을 비판한 것에 대해 깊은 불만을 갖고 있었다. 하지만 그는 조반파를 동정하더라도 끝내 조반파가 되지는 않았다. 당시 난 시류에 따라 그에 관한 대자보를 몇 장 썼을 뿐이었지만 마음속으로는 그를 '리스트'에 넣고 있었기 때문에 그 후로 마음 깊이 양심의 가책을 받고 있었다. 그래서 이후 내가 혁명위의 우두머리가 되었을 때 그를 만날 때마다 먼저 그를 '위안 선생님'(우리 시의 사진업계에서는 고급 촬영사를 '사부'라고 부르지 않고 존칭으로 '선생'이라 부른다)이라 불러, 그에 대한 미안한 마음을 은밀히 나타냈다.

〖 2 〗
처음 '조반'을 일으킨 것은 홍위병이었다

신임을 받던 '혁명 계승자'가 그 이후 도리어 조반파가 되다니 무엇 때문인가? 원칙대로라면 문혁에서 나는 보수파 쪽에 참가했어야 했다.

역사의 발전은 뒤엉켜 복잡하다. 사실 나는 점차 '조반'으로 편향되었는데, 이는 일부 대학생 홍위병들의 최초의 조반운동이 진압당한 상황을 직접 목도하고 난 뒤 동정심으로 생겨난 것이다. 하지만 처음에 '조반' 행위를 한 홍위병들은 그 뒤 결코 조반파가 되지 않았고, 도리어 이른바 '보수파' 혹은 소요파가 되었다. 따라서 문혁 중의 '조반'은 비록 홍위병이 가장 먼저 고안한 사람들이었지만, 그들이 반드시 오랫동안의 조반파는 아니었다.

모든 공작조가 사라지고, '홍위병'이 나타났다.

홍위병은 모두 대학생과 중고등학생들로 이루어졌다. 마오쩌둥 주석이 칭화(清華)대학 부속중학교 홍위병에게 보낸 한 통의 편지가 각종 경로를 통해 전국의 학교로 신속하게 전달되었다. 따라서 1966년 8월부터 우후죽순처럼 팔에 붉은 완장을 찬 수천수만의 홍위병들이 갑자기 나타났다.

막 조직되기 시작한 홍위병의 일원은 모두 집안이 '홍오류'(紅五類) 출신에 속했다. 즉 부친이 반드시 노동자이거나 빈농, 중·하농, 혹은 혁명간부나 혁명군인이어야 한다. 그렇지 않으면 참가할 수 없었다. 따라서 홍위병은 일종의 지위의 상징이 되었고 청년 학생들이 부러워 마지않는 대상이 되었다. 더욱이 처음 홍위병조직의 지도자는 대부분 당·정·군 영도간부들의 자녀였다. 그들이 부모 세대에게서 구한 휘장 없는 녹색 군복을 입고, 게다가 그 시절엔 진귀했던 '테릴렌'〔Terylene; 폴리에스테르 계통의 합성 섬유의 상품명〕으로 만든 붉은 완장을 차고는 위풍당당하게 홍위병 대오를 이끌고, "붓을 들어 칼과 창으로 삼아 마음과 힘을 합쳐 반동들을 물리치자"라는 노래를 큰 소리로 부르며 거리에서 시위를 할 땐 모두들 놀라며 찬탄해 마지않았다.

창사시의 홍위병조직은 '홍색정권 보위군 홍위병'(장보군長保軍으로 간칭)이라 불렸다. 중고등학생의 장보군 사령은 해방군 성군구(省軍區) 부사령의 아들이었고, 대학생 장보군의 총책임자는 후난 농학원(農學院)의 성이 류(劉)씨인 여대생이었다. 그들은 군대조직을 본떠 모든 학교 지휘기관을 모두 '홍색정권 보위군 ○○학교 군 분부'라 불렀다. 총부는 성 정협(政協) 건물 안에 설치했다. 그들의 내력과 그들의 배경, 그들의 당해 낼 수 없는 날카로운 기세를 성 정협의 영감들조차 피할 수 없었는데 어찌 '노'(No)라는 말을 할 수 있었겠는가. 그래서 그 건물은 곧 홍위병의 사령부가 되었다. 이 '홍색정권 보위군 홍위병'에는 사령부·정치부·조직부·선전부·보위부·동태부 등이 있었고 심지어는 '작전부'도 있었다. 각종 사무기관의 팻말이 걸리기 시작했고 흡사 해방군의 군구 사령부 같았다.

학교에서 활동을 시작하면서 홍위병은 주로 교사·교장 등 이른바

'부르주아계급 권위'와 싸웠고, 교사와 교장들 그리고 출신이 좋지 않은(즉 부모가 국민당 시대의 관료, 군관, 지주, 부농 등 소위 사류四類분자이거나 자본가, 우파분자 등의 신분인 경우) 학우들의 가택을 뒤졌다.

홍위병이 학교 내에서 교사들, 특히 역사적으로 많고 적은 '정치문제'(예컨대 국민당과 삼청단三青團에 참가했거나 국민당 정권의 직원이었던 경우)를 갖고 있던 교사들을 향해 '조반'을 개시할 수 있었던 것은, 사실 당시 중앙정책의 지시와 격려를 받았기 때문이다. 1966년 6월 아직 중공 중앙 부주석이자 국가주석이었던 류사오치(劉少奇)는 문혁운동에 관한 회의에서 다음과 같이 명확하게 지시를 내린 바 있다. '중등학교 문화대혁명의 임무는 주로 교직원 대오를 심사하는 것이다', '중등학교 교사를 집중적으로 다루는 문제는 쓰칭(四淸)중 공사에서 3급 간부*회의를 여는 것과 마찬가지이다'. 물론 류사오치가 말한 심사 방식과 절차는 이러한 홍위병의 조반형식은 아니었다. 그러나 '교사 심사'라는 지시가 있게 되자 청년 학생들이 결성한 홍위병은 자신들의 선생과 교장에 대해 역사적 전례가 없는 전대미문의 놀라운 대폭행을 연출했다. 이로 인해 일찍이 '조국의 새로운 세대를 키워 내는 근면한 정원사'로 추앙받던 수천수만의 교사들은 비참하게 비판받거나 가택수색을 당하고, 갇히거나 형벌을 받았으며, 심지어는 박해로 죽는 경우도 있었다. 수많은 교사들이 핍박받아 의지할 곳을 잃고 떠돌아다녔다.

문혁이 전개됨에 따라 최대의 타도 대상은 바로 국가 주석인 류사오치였다. 그러나 문혁 초기에는 류사오치 역시 문혁을 기존의 '반우파'

---

*3급 간부란 '공사 지도자', '생산대 대장', '생산 대장'을 말한다. 78년 이전 중국 농촌은 인민공사 체제로 이 체제의 간부는 3등급으로 나뉘었다.

나 '사교'(社敎)와 같은 계급투쟁의 모델에 넣으려 했다. 따라서 문혁 초기에 많은 사람들이 숙정된 책임이 그와도 관련이 있다.

전국적인 범위에서 보자면 베이징의 '8·1' 중학 홍위병과 베이징 시청(西城)구 홍위병 규찰대, 그리고 시안(西安)의 홍위병 '홍색 공포대'가 자신의 선생을 핍박한 폭행의 정도는 당시 홍위병 폭행 중 가장 극도에 달한 것이었다. 홍위병은 문제가 있다고 여겨지는 교사라면 누구나 마음대로 비판할 수 있었고, 걸핏하면 군용 가죽혁대로 면전에 대고 맹렬하게 때렸다. 이른바 '정치문제'가 있거나 지주·부농·국민당 정권의 관료 집안 출신이었던 적지 않은 교사들이 홍위병에게 무참하게 맞아 죽었다. 심지어 시안의 '홍색 공포대' 홍위병은 한 교사에게 휘발유를 부어 산 채로 태워 죽이기도 했다. 많은 교사들이 홍위병에 의해 교실이나 창고에 감금당했다. 소위 '우붕'(牛棚 : 외양간)이란 그 당시 홍위병이 만들어 낸 말로 전문적으로 교사를 가두는 장소를 가리킨다. 홍위병들은 이른바 '문제'가 있는 교사를 '온갖 잡귀신'(牛鬼蛇神)으로 보았고, 교사들이 감금된 장소는 '우붕'이라 불려졌다.

그 뒤 이러한 홍위병의 폭행은 학교 부근의 가도(街道)로 확대되어 소위 '역사 문제'에 속하는 많은 주민들도 핍박을 받아 불구가 되거나 죽기도 했다. 1980년 12월 20일 『베이징일보』의 보도에 따르면 1966년 8~9월간 베이징에서 맞아 죽은 무고자만 1,772명에 달한다!

시안시 홍위병의 '홍색 공포대'가 자행한 치 떨리는 대량 폭행은 베이징으로 전해지고 저우언라이(周恩來) 총리에게도 전해졌다. 항상 온화하고 우아했던 저우언라이 역시 분노를 참지 못하고, 전국 각지의 홍위병과 군중조직의 대표를 몇 차례 접견할 때마다 화를 내며 선포했다. "시안 홍색 공포대는 홍기(紅旗)를 내걸고 홍기에 반대하는 반동조직이다! 반드시 제재를 가해야 한다!"

'홍오류'(紅五類), 특히 혁명 간부와 군 간부의 자제로 구성되고 당시엔 아직 파벌투쟁에 말려들지 않았던 '노'(老)홍위병조직이 중앙 지도자에 의해 공식적으로 '반동조직'으로 선포된 일은 문혁 전체에서 정말로 보기 드문 일이었다. 이로써 시안의 '홍색 공포대'가 교사들을 박해한 폭행이 얼마나 잔인하고 심각했는지를 알 수 있다.

그 당시 난 이미 노동자였고, 참극이 벌어지는 곳(학교)에는 없었다. 하지만 나의 과거 동창들과 이웃들의 말에서, 그리고 몇 개월 뒤 폭로된 놀랍고 참혹한 사실이 쓰인 많은 대자보와 전단에서 홍위병의 '교사 심사' 폭풍의 공포와 참상을 깊이 느낄 수 있었다.

창사의 '홍색정권 보위대' 홍위병 역시 가장 먼저 설립된 소위 '노' 홍위병이다.

하루는 내가 다녔던 시 일중(제일중학)에 갔다가, 아직 고등학교에 다니고 있는 몇 명의 동창을 만났다. 나는 왕원례(王文烈), 우허우청(吳侯成)과 함께 학교 운동장에서 다른 친구들을 기다리고 있었는데, 갑자기 성이 스(石)씨인 여홍위병이 십여 명의 남학생들을 데리고 몰려오더니 우허우청을 가리키며 고함을 쳤다.

"너 이 개새끼, 오늘 학교에는 뭣하러 왔어?"

우허우청의 얼굴이 순식간에 창백해지더니 황급히 작은 목소리로 대답했다.

"우린 중학교 동창들이야……."

말이 끝나기도 전에 그 여홍위병은 우허우청를 가리키며 사납게 말했다.

"제기랄, 네가 무슨 자격으로 제일중학의 교문에 들어와!"

그러자 몇 명의 홍위병들이 우허우청 곁으로 다가오더니 그를 끌고 가 주먹으로 때리고 발로 걸어찼다. 그의 얼굴은 피로 가득했다. 나는 이 광경을 보고 말리고 싶었지만, 왕원례가 도리어 나를 잡아끌며 말했다.

"쟤네들은 모두 군 집안의 자식들이야. 건드리지 마! 종종 출신이 좋지 않은 애들을 때리곤 해. 우허우청네 집안도 출신이 좋지 않아 학교에서 자주 당한다."

왕원례는 일중에 다니지는 않았지만 부친이 일중의 교직원이었기 때문에 이른바 정치문제로 비판을 받았다. 따라서 '홍오류' 홍위병들이 교사와 소위 '흑칠류'(黑七;지주, 부농, 반혁명분자, 악질분자, 우파, 반동분자, 자본가) 집안 출신의 아이들을 압박하고 이러한 인권 유린의 폭행을 저지른다는 사실을 잘 알고 있었다.

나 역시 이른바 '홍오류' 집안에 속했지만 분명 눈앞의 홍위병 완장을 찬 군 간부 아이들과는 싸우지 못했다. 우리 부친은 보통 노동자에 불과했다. 또 이때는 기세에 밀려 그저 울분을 참으며 분노의 목소리로 "문투(文鬪)를 하고 무투(武鬪)를 하지 말자"는 구호를 외치며 사태의 추이를 관망하는 수밖에 없었다.

그 '홍위병' 패거리는 무슨 볼 일이 있는지 우허우청을 땅에 무릎 꿇게 하고는 몇 번 휘파람을 불더니 아무렇지도 않은 듯이 가 버렸다. 나와 왕원례는 얼른 뛰어가 우허우청을 부축해 세우고 미안한 마음에 다친 곳은 없는지 물었다. 우허우청은 질겁하며 우리에게 말했다.

"평생 다시는 일중에 오지 않을 거야. 일중은 더 이상 우리 같은 학생들의 것이 아니야."

홍위병 패거리에게 입은 상처가 얼마나 큰지 알 수 있었다.

창사시 홍위병들이 사회를 겨냥한 처음 몇 건의 사건은 사구(四舊) 타파였다. 예컨대 소위 '봉(封)·자(資)·수(修)'의 점포들과 간판들을 때려 부수는 것이다('봉·자·수'는 당시 유행하던 정치적 축약어로 봉은 봉건주의, 자는 자본주의, 수는 수정주의를 가리킨다). 또 강제로 교통신호의 홍등을 통행가능으로, 녹색등을 통행금지로 바꾸었다. 그 이유는 홍색이 가장 혁명적인 색인데, 어떻게 사람들이 전진하는 것을 막을 수 있느냐는 것이었다. 각 음식점과 호텔에선 고객들에게 요리를 내올 때 두 손으로 받쳐 드는 것을 일체 금지하고, 반드시 고객이 스스로 가서 가져오게 했다. 왜냐하면 사회주의의 음식점과 호텔에서는 사람들 모두 평등하기 때문에 고객들은 부르주아계급처럼 종업원의 시중을 받을 수 없고, 스스로 움직여야 한다는 것이다. 또한 담장에 홍색 페인트로 마오 주석 어록을 써 넣지 않은 기업 단위들을 일일이 검사해 가며 즉각 써 넣기를 독촉했다. 그렇지 않으면 혁명하지 않는 것이 되어 홍위병이 조직을 이끌고 조반하러 온다는 것이었다…….

난 이미 학생이 아니었다. 그렇지 않았다면 나 역시 최초의 홍위병이 되었을 것이다. 왜냐하면 집안 출신이 단단했기 때문이다.

승리 촬영회사에서 소삼가촌을 때려잡는 악몽에서 벗어난 뒤 이러한 풍랑을 성찰하거나 평가하고 음미해 볼 겨를도 없이, 대로에서 벌어진 홍위병들의 소탕 운동은 모두의 시선을 끌어당겼다. 날마다 출근해서 하는 얘기는 바로 홍위병이었다. 그들이 배울 만하며 그들의 사상이 어떻게 어떻게 날카로운지 등을 얘기했다. 성내에서 발간하는 『후난일보』에서 무슨 정치문제를 실었는데, 1면엔 마오 주석의 두상이 있었고, 2면에는 1면 마오 주석의 위치에 바로 '제국주의 타도, 수정주의 타도' 구호에서의 '타' 자가 인쇄되어 있었다. 이래서야 되겠는가!

다른 사람들은 모두 알아채지 못했지만 홍위병들이 발견하고는 즉시 신문사로 심문하러 뛰어갔다. 그러고는 신문사 사장과 편집장을 불러내어 고분고분 머리 숙여 사죄하게 만들었다. 또한 패기 넘치는 홍위병들은 우리 승리 촬영회사가 위치한 광장 주변에 선홍색의 마오 주석 어록비를 세우기도 했다. 이렇게 되자 더 이상 간커왕·쥐카이쉬안·위안쿤퉁을 얘기하는 사람들은 없었다. 모두들 그들 세 사람과 어울려 얘기를 했고 마치 아무 일도 없었다는 듯이 대했다. 캉궈산 서기는 간커왕을 만나면 의외로 웃으며 인사를 했고, 쥐카이쉬안에 대한 칭호도 화약 냄새 가득히 '쥐카이쉬안!'(瞿凱旋)을 비판하던 딱딱한 세 글자에서 부드러운 '샤오쥐'(小瞿)로 바뀌었다. 하지만 모든 사람들의 마음속에는 여전히 경계심이 있었다. 리 대장이 운동 후반에 다시 그들에 대한 결론을 낸다고 하지 않았던가? 운동 후반에 어떤 결과가 날지 누가 알겠는가? 따라서 감히 누구도 간커왕 등을 위로할 수 없었고, 가장 절묘한 방법은 누구도 이전의 비판투쟁에 관한 일을 꺼내지 않는 것이었다.

나도 당연히 이 일에 대해 공개적으로 쥐카이쉬안에게 동정을 나타낼 수 없었다.

한편 홍위병의 '사구' 소탕의 풍랑 속에서 승리 촬영회사 역시 자신의 간판을 지켜 낼 수 없었다. 간판을 때려 부수던 학생들이 '승리'라는 이름이 자본가 사장이 지은 것이라는 사실을 알고 난 뒤, 다짜고짜 촬영회사 안으로 들어오더니 2층 창문의 베란다에서 '승리'라는 두 글자를 산산조각 내 버렸다. 당시 우리 촬영회사 내부에선 '승리'라는 이름이 '사구'에 속하는지에 관한 자발적인 논의가 한차례 있었다. 대부분의 직원(나를 포함하여)들은 모두 이 '승리'가 항일승리를 경축하여

지어진 이름이기 때문에 '사구'에 속하지 않는다고 생각했다. 그러나 간판을 때려 부순 홍위병이 기세등등하게 던진 한마디 말에 우린 말문이 막혔다.

"자본가가 지은 회사 이름이 '사구'에 속하지 않는다구?"

'승리'는 결국 깨지고 '인민' 촬영회사로 바뀌었다.

12년이 지나고 1978년 11기 3중전회 이후 '어지러운 세상을 바로 잡아 정상을 회복하자'(撥亂反正)는 외침 속에서 '인민'은 또다시 무대 속으로 사라지고 '승리' 간판이 재등장하여 오늘날까지 우리 도시 중심에 우뚝 서 있다.

1966년 8월 공사 소속의 기계수리 공장에서 역량 강화를 위해 승리 촬영회사를 포함해 각 단위에 있는 사람들을 차출해 갔다. 나는 그쪽 작업장이 좋았고, 전혀 노동계급 같지 않은 사진관에 있는 것이 달갑지 않았다. 그 공장에 가야 진정한 노동자 같을 수 있다고 생각했다. 그래서 그쪽으로 옮기겠다고 요구했고, 드디어 기계수리 조립의 견습공이 되었다.

1966년 8월은 문화대혁명의 편년사에서 매우 중요하다.

8월 5일, 마오쩌둥은 류사오치 등의 지도자들을 겨냥해 「사령부를 포격하라」는 대자보를 발표한다.

8월 8일, 중공 8기 11중전회가 개최되고 「중공중앙의 프롤레타리아 계급 문화대혁명에 관한 결정」(즉 「16조」)이 통과된다.

8월 10일, 마오쩌둥은 베이징의 중공중앙 군중 접대소에서 그에게 환호하는 군중을 향해 호소한다. "국가대사에 관심을 갖고 프롤레타리아계급의 대혁명을 끝까지 진행하자."

8월 18일, 마오쩌둥이 베이징에서 백만 홍위병을 접견한다.

8월 31일, 마오쩌둥이 다시 베이징에서 백만이 넘는 홍위병을 접견한다.

창사시의 거리는 모두 서로 다른 지방 사투리를 쓰는 홍위병들로 가득했다. 각양각색의 전단은 전국 각지에서 올라온 홍위병을 따라 창사시로 밀려들었다. 담벼락 도처에는 '조반선언', 'ㅇㅇ홍위병 사령부 통고', '혁명 제안' 등 형형색색의 전단들이 나붙었다.

고금동서에 없었던, 역사상 전무한 홍위병의 혁명의 대교류[大串聯]가 시작되었다.

수업을 할 필요도, 공부를 할 필요도 없이 전국 어느 곳이나 가도 되었고 기차·버스·배 모두 공짜로 탔다. 어딜 가나 정부가 지정한 '홍위병 접대소'가 있었고 먹는 것도 돈이 들지 않았다. 용돈이 필요하면 학생증이나 홍위병 증명서만 있어도 수시로 접대소에서 빌릴 수 있었다. 베이징, 듣기만 해도 누구나 뿌듯하고 가고 싶던 곳은 이제 수천수만의 홍위병이 수월히 갈 수 있는 곳이 되었다. 예전 학교 친구 몇 명은 돈 한 푼 없이 학생증과 홍위병증만 들고 역사상 전례 없는 혁명의 대교류 기회를 빌려 3개월 동안 티베트[西藏]를 제외한 중국대륙의 전역을 돌아다녔다. 비록 도중에 지쳐 쓰러질 지경이었지만 말이다.

난 정말 부러워 죽을 지경이었다. 이미 합격했던 중등전문학교를 포기하지 말았어야 했다는 후회가 막심했다. 중등전문학교에 등록을 했다면 지금이라도 녹색 군복을 입고 붉은 완장을 차고 전국 도처를 다닐 수 있지 않은가? 정말로 애석했다. 한 번의 실수가 천추의 한이 되는구나!

그러나 기죽은 마음은 그리 오래가지 않았다. 홍위병이 사회에 일으킨 정치풍파는 단번에 창사시를 뒤흔들었다.

8월 중순 으리으리한 중공 창사시 시위(市委)의 대문 담벼락에는 커다란 표어가 나붙었다. '3개의 신임을 단호히 타도하자!' 옆에는 '3개의 신임'(성위를 신임하고, 시위를 신임하고, 공작조를 신임한다)에 대한 주석이 쓰여 있었다. '프롤레타리아계급 혁명조반정신 만세!' 라는 표어도 있었는데, '창사시 12중학 공청단원' 의 명의로 다섯 명이 쓴 것이었다. 그 중 한 명은 그 뒤 창사시 중학 홍위병의 조반 사령관이 된다.

갑자기 공산당을 신임하는 성위와 시위에 반대하고 또 '조반' 까지 하라니 정말 깜짝 놀랄 일이었다!

순식간에 시위 정문 입구는 사람들로 가득 둘러싸였다. 일단은 살펴보다가 낮은 소리로 얘기하더니 다시 서로 논쟁을 벌였다. 어떤 사람은 "이것은 반동 표어다!", "성위와 시위를 신임하지 않으면 당을 신임하지 않는 것이다!" 라고 말했다. 또 어떤 사람들은 "이것은 홍위병이 쓴 것이니 필경 무슨 이유가 있을 것이다!" 라고 여겼다. 홍위병들은 사람들 속에서 격앙된 소리로 외쳤다.

"당 중앙인 마오 주석만이 당을 대표할 수 있다. 마오쩌둥 사상에 부합하지 않는 성위와 시위라면 신임할 수 없다!"

나는 퇴근하자마자 그곳으로 밀치고 가 사람들의 얘기를 들었다. 한쪽 얘기를 듣고 일리 있다고 생각했지만, 다른 쪽이 얘기하면 그 또한 맞는 말인 것 같았다. 나는 스스로의 수준이 낮은 것이 원망스러웠다. 어찌 누가 옳고 누가 틀린지 구별도 하지 못한단 말인가?

베이징에서 온 홍위병의 연설 한마디가 내게 깊은 인상을 주었다. 그 홍위병은 아주 듣기 좋은 표준어로 말했다.

"당신이 어떤 사람이든지 어떤 당위에 있든지 우리는 당신의 언행이 마오쩌둥 사상에 부합하는지 않은지를 봅니다. 당 중앙과 마오 주석의 지시와 호소에 부합하는지로, 당신을 믿을지 아니면 당신을 타도할지를 결정할 수 있습니다!"

이 베이징 홍위병의 말은 당시 홍위병운동과 이후 조반운동에서 나타난 모든 급진분자들의 정치적 관념을 대표한다고 할 수 있다.

나도 흡사 옳고 그름을 판별하는 열쇠를 발견한 것 같았다.

사실 당시에는 이것이 매우 일리 있는 시비(是非) 기준이라고 생각했지만, 이후 문혁의 실제 과정에서는 어떤 역할도 해내지 못했다. 왜냐하면 파벌과 관점이 다른 사람들마다 자신을 변호하거나 상대방을 비난할 때, 마오쩌둥 주석이 서로 다른 시기에 했던 말이나 어록을 인용하여 자신의 무기로 삼아 상대방을 공격했기 때문이다. 따라서 문혁 중의 대자보전, 대논쟁, 전단전 등 '문공'(文攻) 범주 내에서 각 파벌의 정치적 역량은 누구나 당당했으며 모두 떳떳한 이유가 있었다. 왜냐하면 누구나 자신이 마오쩌둥 사상을 장악하고 있으며, 진리가 자신의 손안에 있다고 생각했기 때문이다. 고로 '마오쩌둥 사상에 부합하는지의 여부'가 혁명파의 이론적 척도인지 아닌지는 복잡하고 곡절 많은 문혁 중에 아무런 효용이 없었다.

그러나 문혁 초기 이전에는 아주 사소한 당 지부 서기의 말이라도 모두 '당의 지시'로 여겨져 인민 군중들이 어떠한 의심도, 조금의 반대도 할 수 없다는 관념이 보편적으로 존재했다(덧붙이자면 1957년 '우파'로 몰린 많은 지식인들이 '죄'에 이르렀던 원인 중 가장 중요한 한 가지는 종종 당 간부에게 무례를 범하는 언사를 했기 때문이었다). 그런데 지금 홍위병이 갑자기 제기한 '당 중앙과 마오 주석만이 당을 대표할 수 있다!'와 '마오쩌둥 사상만이 혁명인지 아닌지를 판단하는 기준이다!'라는 이념은 실제로 당시 인민군중의 사상해방에 지대한 영향을 일으켰다. 만약 문혁 이전에 당 지부 서기와 이 직무 이상을 맡고 있던 당의 지도간부가 보통 인민들의 눈 속에 모두 '신'과 같은 절대 위엄을 갖고 있어 무례가 용납되지 않았다면, 이제 홍위병이 제기한 이 새로운 구호와 새로운 기준은 원래 '신'으로 보였던 모든 당 간부들의 지위가 철저하게 깨지도록 관념적으로 대중을 도왔고, 그 후부터 인민 군중들은 마음속으로 오로지 마오쩌둥이라는 '진정한 신'만을 품었으며 다시는 다른 신을 숭배하지 않고 심지어는 그들을 응당 타도해야 할 '주자파'(走資派)라고 여기기까지 했다. 1978년 중공 11기 3중전회 및 여기서 진행된 진리표준의 대토론 이후에는 '진정한 신'인 마오쩌둥의 지위도 신단을 내려와 '잘못을 저지를 수 있는' 사람의 지위로 회복되었다. 따라서 이러한 의미에서 얘기한다면 홍위병운동 역시 객관적으로 사상해방의 역할을 했다고 볼 수 있다.

시위 담장에 붙어 있던 몇 개의 표어는 창사시와 성 전체를 뒤흔들어 모든 시민이 얘기하고 심지어는 서로 논쟁하게 만들었다.

연이어 8월 19일, 후난대학 토목과의 대학생 홍위병 이백여 명이 시위 안마당으로 몰려들어 가, 시위 서기를 만나 공작조문제에 대해 논쟁을 벌였다. 그 시위 서기는 예전에 대학 주둔 공작조와 관련이 있었기 때문이었다. 또한 대학생들은 마오쩌둥 어록과 중공중앙의 문혁운동과 관련된 문건, 즉 「16조」의 장절을 대자보 형식으로 시위 안마당 담벼락 안팎에 붙이면서 '마오쩌둥 사상의 선전'이라고 말했다.

시위 지도자들은 당황하여 어찌할 바를 몰랐다. '우파 학생들이 반란을 일으키려 한다', '헝가리 사건이 발생할지 모른다'고 성위에 보고한 뒤 공안인원을 몰래 대기시켰다. 즉각 일부 공장 기업의 노동자

수천 명을 소집하고 '노동자 적위대'를 신속하게 결성하여 시위에 들어와 지키도록 했다.

'노동자 적위대'라는 붉은 완장을 찬 노동자와 '홍위병' 완장을 찬 대학생이 부딪쳐 무슨 일이 발생했을지는 가히 짐작할 수 있었다. 예상대로 노동자와 대학생 간의 토론과 상황은 즉각 악화되고 열기가 더해져 결국 노동자가 학생을 구타하는 사건이 발생했다. 일군의 학생들이 가볍게 혹은 심하게 얻어맞고 시위 안마당에서 쫓겨났다.

대학생 홍위병들이 시위에 들어가 마오쩌둥 사상을 선전하고 시위 서기를 만난 것에 대해 사람들 모두 잘못이 없다고 생각했다. 왜냐하면 중앙의 각종 선전매체를 통해 '홍위병은 혁명의 용장'이라는 여론이 사람들에게 이미 받아들여졌기 때문이다. 당시 나 역시 이렇게 많은 노동자들이 단지 구호를 외치고 대자보를 붙인 학생들에 맞섰다는 사실이 정말 도리에 맞지 않는다고 생각했다.

잇달아 시위에서는 시 전체 각 공장과 상점·학교·기관에 지시를 내렸다. 시위 안마당에서 발생한 사건을 '우파 학생들이 당을 공격하려 기도한' 반혁명사건이라고 비난하면서 우파 학생들과 단호한 투쟁을 벌일 것을 사람들에게 호소했다.

이에 따라 원래 학생들을 지지했던 노동자와 간부들은 황급히 자신들의 입을 굳게 다물었고, 순식간에 '우파 학생을 성토'하는 일방적인 기세가 나타났다. 거리에서는 시위 안마당 사건을 해명하는 대학생들이 끊임없는 공격을 받았고, 심지어 일부 노동자들로부터 구타를 당하기도 했다.

'우파' 학생들에게 반격을 가하는 여론을 위해 성위와 시위에선 우리 시의 집회장소인 둥펑(東風)광장에서 수만 명 규모의 성토대회를 열었다. 그리고 명망 있는 성급 모범노동자 세 명이 회의에서 '우파 학생'의 반혁명행위를 규탄하는 자리를 마련했다. 사실 이들 모범노동자는 당시 모두 시위 안마당에 있지 않았기 때문에 대학생들이 무엇을 했는지 보지도 못했다. 그들이 이렇게 규탄발언을 하러 온 것은 실은 성위와 시위의 지시에 복종하기 위해서였다.

'우파 학생'과 어떻게 투쟁해야 할지 논의하고 있을 때, 서로 다른 의견을 가진 노동자와 간부들은 분노와 불평으로 가득했지만 자신의 언행이 고발당할까 봐 걱정하고 있었다. 며칠 뒤인 8월 23일『인민일보』에 실린 '공·농·병은 혁명 학생을 단호히 지지해야 한다'는 제목의 사설은 봄날의 우뢰처럼 크게 울려 순식간에 풍향을 돌려놓았다. 관점이 뚜렷하고 권위적인 당 중앙 기관지 사설에서는 일부 지역의 당정 지도자들이 '소수의 노동자·농민을 선동하여 학생들과 싸우게 하고 투쟁의 목표를 바꾸어 놓았다'고 분명히 지적하고 있었다. 또한 '학생운동을 진압하는 사람은 결말이 좋지 않을 것이다!'라고도 했다. 십여 일 뒤인 9월 초 마오쩌둥은 그의 지시에서 당시 학생 홍위병이 진압당한 사건에 대해 창사, 시안(西安), 칭다오(靑島) 세 개 도시의 이름을 직접 거명했다.

즉각 수천수만의 대학생 홍위병들이 창사시의 거리로 몰려나와 환호하고 구호를 높이 외치며『인민일보』사설을 옹호하고 자신들의 승리를 경축했다. 원래 학생들의 관점을 지지하던 노동자들과 간부들 역시 자발적으로 홍기를 들고 징을 치고 북을 울리며 시위행진을 하고 후난대학으로 가 학생들을 위로했다. 이에 대해 시위는 감히 어떠한 진압의 거동도 할 수 없었고, 다시 시위 안마당으로 몰려오는 사람들을 그냥 놔둘 수밖에 없었다. 심지어 '창사 시위를 개편하자!' '왕옌춘과 완다, 장보선(王延春, 萬達, 章伯森 : 모두 이번에 나서서 대학생 홍위병을 비판하던 성위 서기 혹은 후보 서기들이다)을 파직하라!' 는 구호를 들을 수밖에 없었다. 원래 학생들에 반대했던 사람들도 당 중앙에서 학생들을 지지하는 것을 보고는 학생들을 동정하는 행렬로 다수 바뀌었다.

중앙의 정신과 수천수만의 홍위병과 시민의 압력 아래 중공중앙 중남국(中南局)에서는 베이징에서 중앙 상무위를 맡고 있던 타오주(陶鑄)의 의견에 따라 성위에서 내린 전례가 없는 결정을 승인했다. 즉 기본적으로 군중의 요구를 받아들여 전임 시위 서기의 직무를 철회하고 새로운 시위 서기를 임명하였고, 정말로 창사 시위조직을 개편했다.

그 후 이미 6월에 중앙 선전부 상무부 부장으로 전근되었던 전(前)성위 제1서기 장핑화(張平化)가 8월 말경 다시 후난으로 돌아와 성위 제1서기를 맡았다. 이번에 장핑화가 직접 마오쩌둥에게 요청해 돌아온 것이었다. 그는 전근 온 지 불과 두 달 만에 후난에서 '8·19' 사건 같은 큰 재난이 발생한 것을 보고는, 불안한 마음에 후난으로 다시 돌아와 직접 후난의 문혁운동을 잘 지도하겠다고 마오쩌둥에게 간청했던 것이다. 장핑화는 창사에 돌아오자마자 후난대학으로 가 그곳의 대학생 홍위병들에게 '조반'을 지지한다는 태도를 보였다. 그리고 그는 성위 제1서기로서 조반파 홍위병 대회에서 '8·19' 사건과 '3개의 신임' 문제에 대해 조반파 홍위병의 관점과 비슷한 뜻밖의 평가를 내렸다.

쑹융이(宋永毅)가 편집한 『중국 문화대혁명 문고』에는 장핑화의 연설이 상세히 수록되어 있다.

장핑화는 다음과 같이 말하고 있다. "'8·19' 사건에 관한 상세한 정황에 대해선 제가 아직 조사가 부족합니다. 하지만 제가 접한 자료에 따르면 이것은 조직적이고도 계획적인 학생혁명운동을 진압하는 반혁명적 사건이었음이 분명합니다. 당 중앙 8기 11중전회의 결의를 완전히 위반하는 것이며 「16조」를 위반합니다. 노동자를 선동해 학생들과 싸우게 하고, 학생들을 선동해 학생들과 싸우게 하는 목적은 바로 혁명운동을 진압하는 것입니다. 이러한 사건은 결코 용납될 수 없습니다! 이 밖에도 다른 심각한 상황을 들었습니다. 예컨대 많은 학교의 학생들이 베이징으로 가는 데 여러 가지 장애를 받는다고 합니다. 제가 만나 본 학생들은 그들이 베이징으로 오면서 얼마나 많은 어려움을 겪었는지 얘기해 주었습니다. 온갖 방법을 다해 그들을 막고 저지하고 쫓아와 되돌아가게 하면서 많은 어려움을 겪게 만듭니다. 이러한 당 중앙과 마오 주석에 대한 봉쇄 조치는 매우 악질적인 것이며 매우 잘못된 것입니다! 이러한 일을 하는 사람들은 분명 마음속의 가책을 느끼고 남들 볼 낯이 없는 사람들로, 남들이 베이징으로 가 일러바칠까 봐 두려워합니다. 스스로 꺼림칙하지 않다면 무엇이 두렵겠습니까? 이러한 일이 한 번에 그치지 않고 두 번 세 번 잇달아 발생합니다."

장핑화가 계속 말했다. "또한 '8·19' 사건과 관련된 소위 '3개 신임'이라는 구호, 이러한 구호를 제기하는 것은 완전한 잘못입니다! 특히 8기 11중전회 이후 아직도 이런 구호를 제기하는 것은 이 구호를 이용해 학생운동을 진압하려는 것입니다. 이는 잘못일 뿐 아니라 반동적인 것입니다. 누가 누굴 믿어야 하는지 압니까? 우리에게 유일한 것은 마오쩌둥 사상을 믿는다는 것입니다. 마오쩌둥 사상은 모든 옳고 그름을 판단해 주는 유일한 최고의 준거입니다. 당신이 누구든지 간에 마오쩌둥 사상을 충실히 따르고, 마오쩌둥 사상의 위대한 홍기를 높이 든다면 우리는 당신을 옹호하고 믿을 수 있습니다. 만약 당신이 마오쩌둥 사상을 어긴다면 우리도 당신을 반대하고 타도할 것입니다. 일부 터무니없는 말들이 있는데, 무슨 '성위에 반대하고 시위에 반대하고 공작조에 반대하는 것이 당 중앙에 반대하는 것이다' 라는 말들은 매우 황당무계한 것입니다. 심지어 어떤 사람은 당 지부 서기에 반대하는 것이 반당이고 반중앙이라 말합니다. 당의 영도가 무엇인가요? 바로 마오쩌둥 사상의 영도입니다! 하나의 공산당 영도기관, 하나의 공산당조직과 공산당원, 한 명의 보통 군중이 공산당조직에 참가하지 않고도 마오 주석의 저작을 잘 배우고 활용할 수 있고 마오 주석의 지시대로 행한다면 똑같이 당의 영도를 실현하는 것입니다. 반대로 당신이 당원이고 당의 조직이며 당의 영도기관이라도 마오쩌둥 사상을 위반하면 응당 당신에게 반대할 것입니다. 만약 당신에게 반대하지 않는다면 이는 곧 당에 반대하는 것이고, 당신에게 반대한다면 당의 영도를 실현할 수 있습니다. 우리는 옳고 그름의 경계를 분명히 해야 맹종하지 않을 수 있습니다. 우리는 조직성과 규율성을 제창합니다. 마오쩌둥 사상의 홍기 아래 높은 조직성과 규율성이 있어야 합니다. 이러한 높은 조직성과 규율성은 우리의 드높은 혁명 자각의 기초 위에 건설해야 합니다. 무엇이 높은 혁명 자각이냐면, 바로 인간 사상의 혁명화입니다. 무엇이 혁명화의 기준이냐면 바로 마오쩌둥 사상입니다!"

장핑화 서기는 또 정중하게 후난대학의 조반파 홍위병에게 말했다. "제가 돌아온 것은 두 가지 임무 때문입니다. 첫번째 임무는 바로 사죄, 사죄입니다! 모두에게 깊이 반성하고 잘못을 인정합니다. 또한 모두들 제 결점을 들추어내 비판하여 잘못이 시정될 수 있도록 도와

주길 바랍니다. 두번째 임무는 바로 조반입니다! 바로 학생 여러분과, 모든 교사·학생·교직원들과 함께 조반하려 합니다."

열정으로 충만한 장펑화의 연설은 대회에 참석한 홍위병들의 열렬한 박수를 연거푸 받았다. 심지어 장펑화는 대회장에서 대학 조반파 홍위병들이 그에게 선사한 '홍위병' 완장을 흔쾌히 달고 있었다.

당시 장펑화가 후난대학 홍위병과 그들의 조반행동에 대해 이렇게 평가할 수 있었던 것은 당연히 중앙의 지시와 정신이란 배경이 있었기 때문이다. 왜냐하면 이제 막 베이징으로 전근되어 중앙 상무위와 중앙 서열 4위의 지도자가 된 타오주조차 '8·19' 사건 뒤 후난에서 올라온 홍위병 대표를 접견하면서 다음과 같이 말했기 때문이다.

"'8·19' 사건은 후난성위 제1서기 대리인 왕옌춘이 '두려움'을 앞세워 부르주아계급의 반동노선을 집행하여 빚어진 일이다. 후난대학의 학생들이 몇 통의 풀을 가지고 시위로 가 대자보를 붙인 일은 잘한 일이다! '8·19'가 일어난 뒤 중앙에서도 왕옌춘이 심각한 잘못을 저질렀다는 것을 알았다……"

막 베이징에서 돌아온 후난성위 제1서기 장펑화의 이러한 태도로 그의 연설내용을 듣거나 본 많은 홍위병 학생들과 시민들은 대단히 감동했다. 왜냐하면 그들은 여태 공산당 서기가 아래에 있는 군중들을 이렇게 성실한 태도로 대하는 것을 본 적이 없었기 때문이다. 게다가 성위 제1서기라는 그렇게 큰 영도(領導)간부인데도 말이다! 자연스레 사람들은 이번 문화대혁명운동이 정말로 대단한 것이라고 더욱 깊이 느끼게 되었다. 성위 서기조차 '조반'한다고 말하지 않는가! 이 문화대혁명이란 것은 정말로 '혁명'의 화약 냄새가 나는 듯했다!

당시 난 홍위병의 전단 속에서 장핑화의 연설 전문과 관련 상황의 내용을 읽은 뒤 정말로 충격을 받았다. 우와, 성위 제1서기라는 그렇게 대단한 간부조차 자아비판을 하며 잘못을 인정하지 않는가! 이 일은 정말로 감격스러울 뿐 아니라 곱절로 기이하기까지 했다.

'8·19' 사건으로 불리기 전후로 불과 일주일 사이에 창사시의 시민들은 문화대혁명 이후 거리에서 발생한 변덕스레 이랬다저랬다 하는 극과 극의 대조적인 분위기를 느꼈다.

우리 회사 기계수리 공장은 규모가 작아 직원 수가 150여 명에 불과했지만 양진허(楊金河)라고 불리는 젊은 제대군인이 앞장서서 30여 명의 청년들로 이루어진 시위대를 빠르게 조직해 거리로 나가 구호를 외쳤다. 자체 제작한 표어를 들고 징을 치고 북을 두드리며 홍기를 들고 시위의 물결로 집결했다. 우리는 곧장 후난대학까지 걸어가 그곳의 대학생 홍위병에게 붉은 종이에 대자보 형식으로 쓴 '성원서'를 건네주며 그들의 '혁명행동'을 지지한다고 표명했다. 우리를 맞이한 홍위병들은 감격에 마지않아 우리의 손을 계속 잡고 한편으론 팔을 흔들며 소리 높여 구호를 외쳤다. "노동계급에게 배우자……!" 분위기는 열기로 넘쳤다.

나는 홍기를 들고 대열의 앞에서 걸었는데 자연스레 흥분되고 격정에 넘쳤다. 스스로 동정하던 학생들을 보니 단번에 압제 상황에서 해방된 듯 매우 기뻤다. 마치 자신의 마음속에 참고 있었던 기를 전부 토해 낸 것 같았다.

문혁 중의 홍위병 문제에 대해 현재 국내외의 많은 사람들 사이에 실제로 모호하고 잘못된 인식이 적지 아니 존재한다. 그 중 가장 큰 오해는 문혁 중 홍위병의 형성과 발전, 왕성한 활동에서 소멸까지의 과정에서 홍위병이 시종 동일한 무리였고 시종 동일한 사상과 신분이었다고 생각한다는 점이다.

실제 문혁 중 '홍위병'의 기치는 몇 년간 휘날렸지만, 서로 다른 문혁의 단계마다 '홍위병'의 의미는 크게 달라 종종 이 홍위병이 저 홍위병은 아니었다.

문혁에서 홍위병은 크게 4단계를 거쳤다. 즉 '노' 홍위병 시기, 조반파 홍위병 시기, 소위 '반군'(反軍)과 '옹군'(擁軍) 두 파벌의 홍위병 시기, 그리고 홍위병의 하향(下鄕)으로 문혁에서 물러난 시기이다.

현재 홍위병 문제에 대해 다음과 같은 몇 가지 잘못된 인식이 있다.

첫번째는 문혁 초기 '사구' 타파의 행동과 교사와 문화인을 비판하고 박해한 폭행이 모두 전체 '홍위병' 조직의 죄로 여겨지는 점이다. 사실 문혁 초기의 그러한 모든 행위는 나중에 노홍위병이라고 불려지는 세력에 의해 벌어진 것뿐이며, 이후 떨쳐 일어나 성위와 시위, 학교 당위원회에 '조반'한 홍위병과는 아무 상관이 없다. 소위 노홍위병이란 문혁 초기 '홍오류'의 자제들(즉 집안 출신이 노동자, 빈·하·중농, 혁명 간부, 혁명 군인인 학생)을 기본 대오로 하여 고위 간부나 군 간부의 자녀들이 우두머리를 맡았던 첫번째 홍위병조직이다. 베이징의 홍위병연합행동위원회(원래 베이징의 둥청東城과 시청西城 홍위병규찰대 등이 결성했고 '연동'聯動이라고 불림)와 후난의 홍색정권 보위군 홍위병 등이 모두 이 부류에 속한다. 이후에 나타난 조반파 홍위병(예컨대 베이징의 '수도홍위병제3사령부', 후난의 '창사시 고등학교 홍위병사령부'高司, '마오쩌둥사상 홍위병조반유리군' 등)의 조직 구성은 이미 출신 성분을 중시하지 않았으며, 지도층 역시 대부분 평민 자제였다.

노홍위병들은 대략 1966년 말에서 1967년 1월까지 '부모를 보호하고'(조반파 홍위병들이 이렇게 노홍위병들을 비꼬았다) 성위와 시위를 보호하여 문혁 기간의 첫번째 보수파를 맡았다. 이들은 기본적으로 중앙문혁의 지지를 얻은 조반파 홍위병들에게 격퇴당해 와해되고, 문혁의 역사 무대에서 사라졌다.

노홍위병조직의 활동 기간은 비록 반 년도 채 되지 않았지만, 중국 홍위병운동의 발기인이기 때문에(마오쩌둥이 톈안먼 광장에서 1차, 2차로 백만 홍위병을 접견했던 것은 기본적으로 '노' 홍위병이다) 최초로 '조반유리'(造反有理) 구호를 외친 선두주자이자 문혁 초기 인권을 짓밟고 문화인을 박해한 기본적인 세력이다. 따라서 노홍위병은 먼 거리에서 중국의 문혁 상황을 관찰하는 외국인이나 문혁 시기를 겪었지만 박해를 받거나 문혁에 적극 참여하지 않았던 중국인들에게 문혁 기간 홍위병에 대한 유일한 이미지가 되었다. 따라서 지금의 각종 매체에서는 어떠한 장르이든 상관없이 홍위병을 거론하기만 하면, 모두 독일 파시스트의 히틀러 청년단과 같은 모습으로 묘사한다. 그러나 이는 정말로 역사 진상에 대한 오해와 곡해로, 부분을 전체라고 여기는 것이다.

두번째 잘못된 인식은 홍위병을 모두 조반파로 보는 것으로, 홍위병이 곧 조반파라고 생각하는 점이다.

사실 홍위병조직은 전체 문혁 기간의 서로 다른 단계마다 그 구성과 성격 또한 달랐다.

'조반유리'의 구호는 칭화대학 부중(부속중학교)의 '노홍위병'들이 앞장서 외쳤고, '사구' 타파에서도 조반파의 풍조가 뚜렷이 나타났다. 그러나 노홍위병조직은 결국 진정한 조반파가 되지는 못했다. 최초로 마오쩌둥에게 편지를 쓴 칭화부중 노홍위병 수장인 펑샤오멍(彭小蒙)

과 톈안먼(天安門) 성루 위에서 마오쩌둥에게 '홍위병' 완장을 달아 주던 쑹야오우(宋要武; 원래 이름은 쑹빈빈宋彬彬이었지만 마오쩌둥이 친히 '야오우'[要武; 투쟁하겠다는 뜻]라는 새 이름을 지어 주었다) 등은 결국 '보수파'라는 역사의 낙인이 찍혀 홍위병의 무대에서 사라졌다.

'노홍위병'들의 퇴각으로 중앙 문혁의 직접 혹은 간접적인 지지를 받는 조반파 홍위병조직이 다시 나타났다. 예컨대 수도삼사(首都三司), 북항홍기(北航紅旗), 상하이 홍혁회(紅革會), 후난 '고사'(高司), 쓰촨 8·15, 후베이 '삼신'(三新: 湖大·新華工·新華農) 등의 홍위병 조반조직이 신속하게 궐기하여 다시 새롭게 '천하를 비판하고 글로써 악을 물리치고 선을 선양하는' 광경이 시작되었다.

노홍위병조직을 대표로 하는 '보수파'와의 투쟁 속에서 조반파 홍위병들은 매우 중대한 역할을 하였다. 1967년 1월 탈권[奪權: 권력탈취]의 바람이 불 때까지, 대학생과 중고등학생들이 핵심이 된 조반파 홍위병은 조반 물결의 선봉 역량이었다. 이 시기 정치행동의 중심은 종종 조반파 홍위병이 집결한 것이었다.

그러나 1967년 소위 '2월 역류'가 시작되면서 조반파 홍위병 역시 분열하기 시작하여 '옹군파'(擁軍派)와 '반군파'(反軍派)로 나뉜다.

이러한 분열이 생긴 원인과 촉매제는 두 가지 측면에서 볼 수 있다.

첫째, 노동자 조반파의 세력이 날로 강대해져 학생들을 핵심 세력으로 하는 홍위병 천하 국면이 다시 나타나기 힘들어졌고, 그들은 부차적인 위치로 물러나게 된다. 노동계급의 역량 역시 필연적으로 가장 중요한 위치로 상승하게 된다. 그러나 '핵심'적 지위를 체험한 일부 조반파 홍위병들의 수장들이 이러한 현실 반전에 항거하며 노동자 조반파와 대립하는 사태로 발전하게 된다.

둘째, 군대의 개입 때문이다. 중앙에서는 각 지역의 군대를 지방에 개입시켜 좌파를 지원하게 한다. 그러나 누가 '좌파'인지 엄격한 기준이 없었기 때문에 이미 조반의 기치를 든 군중조직에 대해(당시엔 감히 스스로 '보수파'라 칭하는 사람은 없었다) 각 지역의 군대는 군인의 기준(규율을 지키는 것)에 따라 그들이 '좌파'라고 생각되는 조반파조직을 선택하고 지지할 수밖에 없었다. 이렇게 되자 운명적으로 선택된 조반파 대오에 분열이 생기는 것은 당연한 일이었다.

일반적으로 청년학생 홍위병들은 비교적 쉽게 군대의 주목을 받았다. 왜냐하면 학생 홍위병은 단순하고 믿을 만하기 때문이다(역사 문제가 있을 리 없다). 고로 이러한 분열 과정에서 상당히 많은 조반파 홍위병들이 '옹군파' 진영으로 기울었다(예컨대 후난의 고사高司, 충칭重慶대학의 8·15 등). 그 밖의 일부 조반파 홍위병들은 여러 가지 이유로 노동자 조반파조직과 함께했으며, 부차적 지위로 강등되는 것도 두려워하지 않았다(예컨대 후베이의 삼신三新, 후난의 징강산井岡山 홍위병과 고교풍뢰高校風雷 홍위병, 쓰촨의 '철저 조반' 反到底 홍위병 등이다).

소위 '반군파'란 애매하게 군대에 반대하는 조반파가 아니라, 일반적으로 자신들을 억압하는 지방 군구에 반대하는 조반파였다. 이들 조반파는 이후 중앙의 명령을 받들어 조반파를 지지하는 야전군부대와 연맹을 결성하게 된다. 실제로 문혁운동이 심화됨에 따라 중앙의 명확한 지시가 있건 없건 간에 각 지역의 군대는 대체로 두 파벌로 나뉜다. 이 파벌의 성격은 지방에 개입해 조반파 운동을 지지한 이후 각 지방의 영향에 따라 각기 다르다.

이 단계에서 상당한 대학생과 중고등학생 홍위병들이 노동자 조반파를 주체로 하는 소위 '반군파'의 편에 서서 안정적인 정국에 반대하고 지속적인 조반을 지지한다.

　세번째 잘못된 인식은 '홍위병' 이란 개념과 '조반파' 라는 개념을 동등하게 본다는 것이다.

　문혁 조반운동의 불길은 확실히 홍위병이 붙였다고 할 수 있으며, 홍위병은 문혁 조반의 시발자다. 그러나 조반파가 된 사람에는 홍위병만 있었던 것이 아니었다. 당시 중국 사회의 각계각층의 사람들이 조반파가 되었다. 노동자·농민·의사·교사·기관·간부·학생 심지어 일부 군인까지 포함하며 그 중 노동자의 숫자가 가장 많았다. 대학생과 중고등학교 학생을 핵심으로 하는 홍위병은 단지 조반파의 일부분일 뿐이다.

　1966년에서 1976년까지 장장 10년에 이르는 문혁 기간 동안 홍위병이 무대에 등장한 것은 고작 2년 반의 시간에 불과하다. 즉 마오쩌둥이 1967년 8월 1일 칭화대학 부중 홍위병에게 보낸 편지에서 '반동파에 대한 조반은 정당하다' 는 지지를 표명하기 시작하여 1968년 12월 마오쩌둥이 '지식청년들은 농촌으로 내려가 빈·하·중농으로부터 재교육을 받는 것이 필요하다' 는 지시를 한 이후 홍위병 학생들은 정치투쟁에서 물러났다. 그리고 거의 모두 농촌과 농장으로 동원되어 갔다. 그 후 '홍위병' 은 다시 나타나지 않았고 '지청'〔知靑 : 농촌으로 내려간 지식청년〕이라는 신분이 '홍위병' 의 월계관을 대신해 청년학생들의 머리에 씌워졌다.

　홍위병이 퇴장하고 이후 7년 여의 시간 동안 문혁은 오히려 멈추지 않았고 더욱이 조반파의 활동은 소멸되지 않았다. 단지 조반파의 대오에서 '홍위병' , 즉 청년학생의 역량이 줄어들었을 뿐이다. 문혁 말기인 1975년과 1976년 여름 '사인방' (四人幇)과 츠췬(遲群), 셰징이(謝靜宜)

등의 인물이 또다시 베이징대학과 칭화대학을 선동해 정치투쟁의 도구로 삼으려 했다. 이들은 두 학교의 대학생들을 동원해 대자보를 붙이고 '우경번안풍(右傾翻案風) 반격'과 덩샤오핑을 비판하게 했는데, 마치 '홍위병'의 조반정신을 다시 이용하고 싶어 하는 것 같았다. 그러나 역사는 거꾸로 되돌아가지 않았고, 당시의 대학생들 또한 문혁 초기의 홍위병과는 거리가 멀었다. 문혁 초기의 홍위병운동이 많은 이상과 자발적인 요인을 지니고 있었다면, 1976년 베이징대학의 학생들이 대자보를 쓰고 붙인 행동은 100% 관방 지령에 의한 색채를 띠고 있어, 당시 기세가 드높던 홍위병운동과는 전혀 같이 논할 수 없었다.

〖 3 〗
견습공이 조반파 우두머리가 되다

십 몇 세의 나이에 단위 조반조직의 우두머리가 되어 수백 명의 노동자를 이끌고 함께 조반을 한다고? 지금 들으니 이 일은 마치 꾸며 낸 이야기 같지, 역사 같지 않네! 사람들이 뭘 믿고 너 같은 애송이를 믿겠어! 노동자들이 뭘 믿고 널 따라 '조반'을 하겠냐고?

사실 시작 당시 누군들 '우두머리'가 되고 싶었겠는가! 어떻게 단번에 '우두머리'가 되었는지 나도 모른다. 아마 '시대가 만들었다'는 말이 맞나 보다! 내가 무슨 인물은 아니지만 시류에 밀려 걸었던 느낌은 맛보았다고 할 수 있다. 또한 까닭 없이 '우파'로 몰린 동료들에 대한 동정은 조반의 물결 속에 휘말린 하나의 구체적인 동인이었다.

『인민일보』 8·23 사설과 창사시 대학생 조반파 홍위병의 항의로 결국 성위에서는 창사시 시위를 개편하고, 시위 서기와 시장의 직위를 파면한다는 결정을 내렸다.

결과를 듣자 홍위병과 그들을 지지하는 인민 군중들은 몹시 기뻐하며 며칠 연속 경축 행진을 벌였다. 마치 명절을 지내는 것 같았다. 시위 행렬은 대부분 후난대학 교정까지 가서 후난대학 홍위병들을 축하해 주었다. 징과 북소리와 폭죽 소리도 끊이지 않고 울렸다. 원래 시위를 비판했던 대자보 역시 우후죽순처럼 시위 밖 담벼락에 가득히 붙었다. 그 중 가장 주목을 끄는 것은 시 정부의 경비원이 쓴 「필사기」라는 제목의 대자보였다. '8·19' 대학생 홍위병들이 시위로 몰려오자 창사시의 '헝가리 사건'이 발생할 것을 두려워한 시위 정부요인들이 어떻게 황급히 도망쳐 나와 시골로 숨었는지에 관한 일을 폭로하고 있었다. 이 대자보는 곧 활자 전단지로 인쇄되어 여기저기 붙여졌고, 시위 지도자들에 대한 경멸과 비판을 나타냈다.

후난대학의 홍위병은 많은 창사시 인민들의 마음속에 영웅이 되었다. 모든 대학의 홍위병들 역시 상당히 많은 창사 시민들의 존경의 대상이 되었다. 그러나 기존의 고위 간부 자제들이 앞장서 설립한 '홍색정권 보위군' 홍위병은 오히려 반대 입장을 지켰다. 그들은 후난대학 홍위병의 행위는 '우파들의 반역'으로 창사시 시위를 재편하고 시위 지도자를 파면한 결정이 불공평하다고 생각했다. 이렇게 되자 홍위병 조직이 분화되기 시작했다. '홍색정권 보위군' 홍위병 이외의 새로운 홍위병조직이 생겨나 후난대학 홍위병의 '혁명운동'을 지지했다. 이 때부터 구체적인 파벌 관점이 생겨났고, 이후 새로 조직된 모든 홍위병들이 집안 출신이 좋은 사람에게 지도자를 맡게 하여 상대 파벌에게 약점 잡히는 것을 미리 방지하기 위한 것이 아니라면, 일반적으로 홍위병이나 조반파조직에 참가하는 사람들의 출신의 좋고 나쁨은 더 이상 선결조건이 되지 않았다. 따라서 홍위병 완장이 부러워 죽겠지만 시종 주눅 들어 홍위병조직 밖에 서 있을 수밖에 없었던 많은 학생들은 곧바로 모두 홍위병의 적극분자가 되었다. 가장 엄격한 출신성분을 요구했던(홍오류 자제가 아니면 안 된다) '홍색정권 보위군' 홍위병조차 그 뒤로 대문을 활짝 열 수밖에 없었고, '홍오류' 출신에 속하지 않는 학생들도 소위 '홍전우'(紅戰友)라는 이름으로 자신들의 조직에 들어오도록 했다.

소위 '홍오류' 출신이란 그 부친이 혁명 간부, 해방군 군관, 노동자, 빈·하·중농, 1949년 이전의 도시 빈민 등 다섯 종류의 '프롤레타리아 계급 진영'에 속하는 구성원을 말한다.

많은 창사 시민들이 경축일과 같은 즐거움으로 새로운 분위기에 빠져 있을 때 각급 당조직 책임자들은 시국에 대해 영문을 몰라 어찌할 바를 모르고 있었다. 그 즈음 성위 제1서기인 장핑화가 9월 24일 갑자기 유명한 보고를 했다. 보고의 주제는 9월 15일 베이징 톈안먼에서 중공중앙 부주석 린뱌오(林彪)가 백만 홍위병의 사열에서 했던 담화에서 빌려온 것으로, '한 줌의 온갖 잡신들(牛鬼蛇神)이 우리 프롤레타리아계급의 사령부를 타도하려 망상한다'는 것이었다. 지금껏 당시 린뱌오가 왜 마오쩌둥의 '철저한 대중동원' 전략에 어긋나는 말을 했는지 이해할 수가 없다. 아마도 그는 두 가지 측면을 중시하는 변증법을 동시에 드러내거나, 중공중앙을 타도하려는 베이징의 대자보를 겨냥하려 한 것 같다. 하지만 이러한 정신에 대해 각급 당 지도자들은 문화대혁명운동이 대략 1957년의 '반우파투쟁'과 비슷할 것이라고 짐작했다. 따라서 단시간 내에 전국적 범위에서 기층 군중들이 '우파'와 '사악한 귀신'을 잡는 정치운동이 시작되었다.

장장 10년에 달하는 문혁은 실제로는 일련의 서로 다른 내용과 대상을 가진, 곡절 많고 복잡한 '작은' 정치운동들로 구성되어 있다. 이러한 점을 이해하지 못한다면 중국대륙의 '문화대혁명'을 진정으로 이해할 수 없다.

성도(省都)인 창사시에서 시작되어 성 전체에 성위 제1서기의 9월 24일 보고가 나간 뒤 공장·기관·공사·학교 등 각 단위에서는 '우파'와 '사악한 귀신'을 잡는 격렬한 행동이 시작되었다. 성위 제1서기는 '우파' 체포 사업을 지시하는 성 전체 지위(地委 : 지방위원회) 서기회의에서 격앙된 어조로 말했다. "이전에는 뱀들이 나오도록 유인했는데 이제 뱀들이 동굴 밖으로 나왔으니 뱀을 칠 때입니다!", "이제 한 줌의 부르주아계급 우파분자들을 집중적으로 공격할 때입니다." 그는 1957년의 경험과 단어들을 사용하였고, 또한 1957년의 수법을 사용할 준비를 했다. 자신이 불과 한 달 전에 대학생 홍위병들에게 했던 '사죄'와 '조반' 태도에 대해서는 어물쩍 넘어가려고 했는데, 이는 일종의 책략이었기 때문이다.

성위 제2서기는 어떻게 우파를 잡을지에 관한 상세한 배치를 했다.

① 철저한 대중동원으로 역량을 집중하여 '우파' 분자를 공격하라.

② 대논쟁을 전개해 정치사상에서부터 적들을 압도하라.

③ 주요(主要)와 차요(次要)를 구분하고 무대와 배후를 구분하여, 우선 주요 인물과 배후 인물을 체포하라.

④ 이 운동은 3개월 동안 진행한다.

⑤ 대학교와 중고등학교에서는 주로 창끝을 해당 단위에 겨냥한다.

또 "우파가 있는 만큼 잡아라. 틀의 제한을 받지 않는다"라고도 말했다.

잠시 풍향이 다시 바뀌어 지나갔다. 불과 한 달 동안 후난대학 홍위병들이 시위 마당에 가 성토를 한 '8·19사건'은 다시 '혁명행동'에서 '반혁명사건'과 '작은 헝가리사건'으로 바뀌었고, 한바탕의 풍파 속에서 후난대학 홍위병들을 지지하고 동정하던 노동자와 간부, 농민들은 모두 잡아야 하는 '우파' 혹은 '검은 귀신'이 되었다.

여기서 '검은 귀신'〔黑鬼〕이란 결코 관방 문건에서의 말이 아니라 사람들이 '삼가촌'을 비판하던 때부터 사용하던 소위 '검은 무리들'〔黑帮 : 반동조직〕이라는 말에서 나온 것으로 단지 민간적인 특징을 갖고 있었다. 그러나 '검은 무리'라는 말은 관방 매체에서 공식적으로 사용하던 용어이고 '우파'에 대한 칭호로 이번 성위 서기들의 보고 혹은 지시에서 명확한 정의를 내렸다.

수천수만의 '우파'와 '검은 귀신'들은 각자 소속된 단위에서 색출되거나 비판받고 혹은 반성문을 쓰도록 명령받아 최후에 어떻게 처리될지가 결정되었는데, 기업 기관 등의 단위에서 불법적으로 감금하고 정직처분을 내려 반성하게 하거나, 심지어 어떤 사람들은 곧바로 감옥에 갇히기도 했다.

수천 명의 노동자를 보유한 한 국영 전기 공장에서는 당위 선전부장이 성 전체의 '제1호 우파'로 선포된 뒤 감금되었다. 한 달 전 시위 지도자들이 도망가려 한다는 사실을 고발한 '필사기' 대자보를 쓴 시 정부 경비원은 감옥에 갇히게 되었고, 또 다른 집필자는 비판투쟁 중에 자살하였다.

모든 단위에서 후난대학 홍위병에 대해 지지와 동정을 표명한 사람이 있었으니 모든 단위마다 잡을 만한 '우파'가 있는 셈이었다. 게다가 '삼가촌' 비판 때 잡기로 결정되어 있던 '작은 덩퉈', '소삼가촌' 부류의 명단에 일부 사람들이 더해져 '우파'의 숫자는 급속히 늘어났다.

각 단위의 당조직 지도자들은 결국 이전의 '조반' 열기에서처럼 얼떨떨해하지 않았다. '동굴에서 뱀을 유인하자'는 한마디로 인해 그들은 순간 이전에 왜 그러한 상황이 나타나게 되었는지 알게 된 것 같았다. 따라서 이미 마음속에 계산을 해놓고 매우 숙달된 듯이 성위의 지시를 집행했고 해당 단위에서 '우파'들을 대대적으로 잡아들이기 시작했다.

그러나 '우파'를 잡는 일이 홍위병을 잡는 일이 될 수는 없었다. 후난대학 홍위병을 지지하고 동정했던 노동자와 간부·농민들이 '우파'가 되었고, 후난대학 홍위병들에겐 오히려 아무 일도 없었다. 중앙에서 일찍이 지시가 있었고, 「16조」(「중공중앙의 프롤레타리아계급 문화대혁명에 관한 결정」)에서도 '진정한 우파 학생이라도 문화대혁명운동 후기에 가서야 상황을 참작하여 처리할 수 있다'는 명확한 규정이 있었다. 지금은 여전히 문화대혁명의 운동 속에 있으니 홍위병 학생들은 모두 사면권을 갖는 것이다. 따라서 신바람 난 '홍색정권 보위군' 홍위병들이 '9·24 보고를 옹호한다'거나 후난대학 홍위병의 '징벌을 강력히 요구한다'는 대자보를 붙였을지라도 성위와 시위에서는 후난대학 홍위병과 홍위병들의 맹우들을 조금도 건드릴 수 없었다.

우리 공장에서는 하루 이틀 사이에 대자보들이 가득 붙었다. 사람들을 이끌고 거리로 나가 시위하던 양진허가 자연히 첫번째 표적이 되었다. 그 밖에 서너 명의 사람이 공격의 대상이 되었다. 그 중에는 이미 쉰을 넘긴 부공장장도 포함되어 있었는데, 그가 후난대학 홍위병들의 '8·19' 행동에 대한 동정을 공개적으로 표명한 적이 있기 때문이었다. 또 판(潘)씨 성을 가진 나이 든 노동자 역시 거리에서 시위를 한 적이 있었다. 시위에 참가한 나이 든 노동자들은 많지 않았지만 단위 지도자들은 젊은이들의 잘못은 용서할 만하지만 나이 든 사람들의 시위 참가는 분명 '말 못할 동기가 있을 것'이라 생각했다.

대자보의 내용은 대개 '반혁명을 지지했다'는 등의 정치적 모자(帽子)였다. 또는 태어나서 한 모든 말들이 흠잡힐 만한 말이며, 모든 일들이 반당·반사회주의·반혁명으로 해석되는 일이라는 점을 열거하며 꾸짖는 것이었다. 양진허에겐 '반혁명' 죄명이 한 보따리 덮어씌워졌고 또 이런 비판도 있었다. 양진허가 한번은 옆에 있는 사람에게 거리를 달리던 '홍기' 차를 가리키며 저런 차를 타는 사람은 분명 편할 것이라고 말한 적이 있었다. 이 말과 이 사건은 그가 '권력을 탈취하여 중앙 지도자가 되고 싶은 정치적 야심이 있다는 것을 말해 준다, '홍기' 차량은 당과 정부 고위 지도자들만이 탈 수 있는 것인데 양이 이러한 차를 타고 싶어 했다는 것은 정치적 야심이 있지 않은 것이라면 또 무엇이겠는가?'라는 말로 전해졌다. 문화대혁명 과정 전체에서 나났던 대자보는 어떤 파벌에서 쓴 것인지 상관없이 한번 시작되기만 하면 '다른 많은 장점은 무시하고 한 가지 결점만으로 사람을 공격하는', 이러한 연역식 비판 모델이 문혁이 끝날 때까지 계속되었다. 이러한 모델이 문혁 특유의 것은 아니지만 그 기원이 언제인지에 대해서는 분명치 않다. 하지만 이제 분명하게 말할 수 있는 것은 1957년 반우파 투쟁 속에서 우파분자로 분류된 '정안[定案; 죄행에 대한 최종결정]자료'는 모두 이와 동일한 방식에서 나왔다는 점이다.

난 이 갑작스러운 폭풍에 다소 긴장했다. 이번에 다가온 대자보 폭풍은 내가 승리 촬영회사에 있을 때와는 확연히 달랐기 때문이다. 그때 나는 혁명의 공격 진영에 있었지만, 이번엔 이미 '반혁명'과 '우파'의 죄명이 씌워진 공격을 받는 진영에 있었다. 다행히 막 전근 온 지 얼마 되지 않아 사람들은 나에 대해 잘 알지 못했다. 게다가 홍기를 들었을 뿐 앞장선 것도 아니었고, 삼십 몇 분의 일의 책임에 불과해 대자보에서 나를 언급할 리 없었다. 하지만 양진허와 몇 사람이 걱정됐다. 왜냐하면 평소 난 해방군 출신의 사람들을 매우 존경했기 때문이다. 양진허는 부대에서 제대한 지 얼마 되지 않은 청년이었는데, 상냥하고 열성적인 사람이었다. 글씨도 잘 쓰고 말재간도 뛰어났다. 그는 나보다 몇 살 많고 '사부' 항렬에 속해 있는데도, 나 같은 견습공들을 무시한 적이 없었다. 그래서 난 결코 그의 불운함을 보고 싶지 않았고 그가 쥐카이쉬안처럼 잠시 대자보 비판을 받을지라도 결국은 운 좋게 평안 무사할 수 있길 바랐다. 그런데 실제로 생각한 대로 되어 그 뒤 불과 한 달도 되지 않아 중앙에서는 정말로 새로운 '긴급지시'가 내려왔다. 그래서 단위 당 조직에서 양진허를 '우파분자'로 결정했음에도 불구하고 양진허와 몇 사람은 아무 일도 없게 되었다.

그러나 당시 가슴속에 뜨거운 피가 흐르던 젊은 청년은 갑자기 '지옥으로 떨어지는' 운명적 공격을 당하고 또 입이 있어도 변명하기 어려워 일순간 고립되고 말았다. 누구도 다시는 그와 평소처럼 왁자지껄대거나 농담을 하거나 혹은 어떤 말도 나누려 하지 않았다. 게다가 원래 후난대학을 지원하러 갈 것을 함께 의논하던 동료들까지도 그의 '반동 언행'을 고발하는 대자보를 강제로 써야 했다. 이러한 모든 일들로 인해 양진허는 문득 인생에 대한 믿음을 잃게 되었다. 한평생 '우파' 모자를 쓰고 모든 사람이 자신을 무시하며 자신을 '사람 이하의 사람'으로 업신여긴다고 생각하기만 하면 양진허는 두려움에 몸서리가쳐졌다. 공장에서 '우파' 체포운동이 고조에 달했던 어느 날 그는 혼자 도시 외곽에 있는 풍경이 수려한 웨루산(岳麓山)으로 갔다.

"난 원래 웨루산의 명소를 마지막으로 보고난 뒤 샹강(湘江)에 뛰어들어 자살하려 했어. 앞으로 '사류분자'(四類分子)와 같은 생활을 하게 될 거라 생각하니 더 이상 살아갈 용기가 없었거든." 양진허는 훗날 나에게 몇 번이고 그 당시 느꼈던 깊은 공포의 날들을 말하곤 했다.

그는 결국 왜 막다른 길로 가지 않았는가?

"아이완팅(愛晚亭)이 나를 구했어. 어쩌면 아이완팅의 역사가 날 일깨웠는지도 모르지! 난 마오 주석과 지도자들이 당시 이곳에서 학습하던 때가 생각났어. 나와 비슷한 나이였는데 보잘것없던 몇 명의 젊은 이들이 '중국과 세계를 바꾸겠다'는 웅대한 뜻과 용기를 품었다는 걸 생각했지. 나의 인생 역시 이제서야 시작되는데 왜 내가 스스로 죽는 단 말인가?"

양진허는 이렇게 스스로 깨우치고는 여기서 자신의 젊은 생명을 구했다.

그 당시 우리 도시 외곽에 위치한 웨루산과 산허리에 우뚝 솟아 있던 '아이완팅'은 수려한 풍경으로 사람들을 미혹시킬 뿐 아니라 당대 시인이 남긴 유명한 시구 '수레를 멈추고 단풍 든 숲의 노을을 즐기는데, 서리 맞은 단풍잎은 이월에 핀 꽃보다 붉구나'(停車坐愛楓林晚, 霜葉 紅於二月花)로 역대 문인과 시인들을 매료시켰다. 또한 마오쩌둥과 동료들이 젊은 시절에 모여 독서하고 토론하고 사상을 교류하던 곳으로, 마오쩌둥은 '목전에 천하를 두고, 배움의 기치를 높이 들었네. 학동들의 뜻과 기상, 하늘을 찔렀네'(指點江山, 激揚文字, 書生意氣, 揮斥方遒)라는 낭만적인 혁명고사를 남겼다. 때문에 이곳은 오랫동안 젊은이들이 몹시 숭배하는 정신적인 '성지'가 되었다.

1966년 10월 4일 어느 날 이 '성지'는 양진허와 같은 정직하고 무고한 청년을 구해 냈다. 이에 따라 그는 자신의 인생 역정에서 더욱 많은 노래와 눈물의 비장한 이야기를 엮어 낼 수 있었다.

대학 홍위병들은 비록 비판투쟁을 받는 '우파' 행렬로 분류되진 않았지만 스스로 보호할 수 있었을 뿐 아니라 후난성 우파 반동에 대한 체포운동 상황을 중앙에 보고하는 활동을 조직했다. 심지어 성위 제1서기인 장평화의 '9·24보고' 녹취를 입수해 중앙문혁소조에 보내고, 이 보고와 이 보고가 가져온 숙정운동을 규탄하기도 했다. 일부 공장과 기관에서 '우파' 블랙리스트에 오른 노동자와 간부들은 대학생 홍위병들의 도움 아래 체포될 위험을 무릅쓰고 한 무리씩 베이징으로 빠져나가 대학생 홍위병과 협력하여 제소 자료를 중앙문화혁명 접대소로 보내기도 했다.

의심할 바 없이 이렇게 대규모로 기층 군중을 비판하는 방식은 당시 마오쩌둥 주석이 문화대혁명운동에 대해 갖고 있던 구상과는 맞지 않았다. 분명 각 성의 지도자들은 문화대혁명의 뜻을 오해하고 또다시 1957년의 수법을 모방하여 응용한 것이다. 따라서 곧이어 10월 5일 중공중앙에서는 비판투쟁 대상인 '우파' 분자의 복권을 위한 '긴급지시' 문건을 발표한다. 따라서 '자산계급 반동노선'을 비판하는 군중운동의 물결이 신속하게 솟구쳐 올랐다. 이른바 '자산계급 반동노선' 비판이란 처음에는 주로 각급 당정부문의 지도자들이 문혁운동 초반 '우파'와 '반혁명' 등의 죄명으로 그들에게 반대했던 군중과 간부들을 공격한 잘못을 청산하는 것이었다. 그 뒤 '자산계급 반동노선'의 함의는 군중과 기층 간부에 대한 관료주의자들의 모든 부당한 행위를 간주하는 것으로 확장되었다.

10월 12일 성위 제1서기는 비판문을 발표하면서 9월 24일에 있었던 보고 내용의 폐기를 선포하고 '우파' 체포 투쟁의 정지를 결정한다. 또한 비판당한 사람들의 명예를 회복할 것과 이번 비판운동 때 있었던 모든 자료를 전부 소각할 것을 요구한다.

이 비판문은 문건 형식으로 성 전체 각급 당 조직과 정부, 기업 단위에 전달되었을 뿐 아니라, 홍위병에 의해 전단으로 인쇄되어 창사시전 도시에 광범위하게 붙여졌다.

갑작스레 날아온 좋은 소식이 창사시에 가져다준 충격은 겉으로 보기엔 앞서 있었던『인민일보』8·23 사설 때처럼 사람들을 기쁘게 하지는 못했다. 조반 홍위병들이 거리에 많은 대자보와 표어를 붙여 중앙의 '긴급지시'와 성위 제1서기의 '9·24보고'를 성토하는 것 이외에는 더 이상 시위물결이나 홍기와 징, 북은 볼 수 없었다. 실제로 기업 노동자와 간부들은 성위 서기의 9월 보고를 마음속으로 여전히 두려워하고 무서워했다. '뱀을 동굴 밖으로 유인한다'는 명언의 망령은 아직 사라지지 않았다. 따라서 사람들은 다행이라 생각하면서도 어떠한 행동도 하지 못했다. 기업과 기관의 당 조직 책임자들은 이전에 정리한 숙정 전문자료에 대한 소각과 비판투쟁 대상자의 복권 사업에 대해 일반적으로 모두 내키지 않아 했고, 어떤 사람은 아예 자료도 소각하지 않았다. 심지어 사람들의 복권을 선포하지 않고 단지 숙정 투쟁만을 정지시켰다. 당 조직 책임자들은 실제 마음속으로 지금도 여전히 '뱀을 동굴 밖으로 유인하는 것'이라고 여겼으며, 이전의 투쟁은 단지 시간만 조금 일렀을 뿐이지 투쟁의 성격은 결코 변하지 않았다고 생각했다.

공장의 당 지부 서기인 쑤중위안(蘇中原)은 두 명의 당 지부 위원을 배석시키고 그의 사무실에 양진허와 동료들을 불러 중앙과 성위의 지시 정신을 선포한 뒤 '당신의 문제는 다시 거론하지 않습니다'라고 말했다. 숙정 자료에 대해서는 '당 지부가 정리한 뒤 소각할 것입니다'라고 알려 주었다.

전체 복권 과정은 당 지부 사무실에서 이루어졌을 뿐 공장 전체 직공대회를 소집해 공개적으로 선포되지는 않았다. 그들을 비판할 때는 공장 전체 직원을 동원해 대자보를 쓰게 했으면서 말이다.

양진허와 그의 동료들은 당 지부가 그들을 위해 복권해 준 사실은 기뻤지만, 마음속에는 시종 그림자가 드리워져 있었다. 왜냐하면 당 지부가 열정적으로 복권하지 않았기 때문에 그들은 시종 마음이 편치 않았고, 언젠가 다시 9월 하순의 그러한 공포의 날들 속으로 빠져 들게 될까 두려워했다. 일단 '우파분자'가 되면 스스로의 인생은 끝난 셈이며, 한평생 영원히 사류분자들처럼(이전의 지주와 부농, 반혁명분자, 악질분자) 머리를 숙이고 살아가야 한다는 것을 알고 있었다. 공장 내에 원래 있었던 두 명의 사류분자는 줄곧 조심조심 일하고 생활했음에도, 문혁 이후 '사류분자'라고 먹으로 씌어진 하얀 완장을 강제로 달아야 했을 뿐 아니라 매일 아침 노동자들이 출근하기 전에 공장 내에 있는 몇 개의 변소를 깨끗이 청소해 놓아야 했다. 그들은 외출이나 혹은 집에 돌아갈 때마다 공장의 보위과(保衛科) 사람에게 보고해야 했고, 보위과 사람은 자신의 기분에 따라 제멋대로 허락하거나 허락하지 않을 수 있었다. 이 두 명의 사류분자는 이미 쉰 살을 넘은 사람들이었지만, 공장 내의 조무래기 견습공들도 기분이 좋지 않으면 아무 이유 없이 그들을 한바탕 호되게 욕하거나 심지어는 따귀 몇 대를 때리기도 했다. 그들 역시 재수 없다고 여길 뿐 아무런 항변도 할 수 없었다. 이 두 사람은 정말로 불쌍했지만 누구도 공개적으로 그들에 대한 동정을 나타낼 수 없었다. 양진허는 자신이 이 두 명의 사류분자의 행렬로 떨어지게 되면 공포심으로 가득 찰 거라고 몇 차례 말하곤 했다. 그래서 이미 복권되었음에도 불구하고 양진허의 마음은 여전히 매우 무거웠다. 난 여러 번 그를 위로하며 낙관적으로 생각하라고 설득했다. 그러나 지난날의 설득력 있던 그의 말재주는 사라졌고, 아름다운 문장을 쓰던 붓도 다시 들지 않았다. 단지 새로 성가신 일을 일으킬까 봐 두려워했다. 그는 내게 네가 만약 내 위치에 처해 있다면 왜 낙관적일 수 없는지를 알게 될 거라고 말했다.

당시 몹시 젊었던 나로서는 확실히 정치적 압박이 주는 맛을 느끼지 못했다. 집안 출신이 좋아 스스로 정치적인 공격을 받아 본 적이 없었기 때문이다.

창사시의 노동자 조반운동은 이러한 검은 구름 아래 은밀히 생겨나 발전하였다.

이 불을 붙인 것은 베이징에서 온 조반파 홍위병들로, 그 유명한 '수도홍위병 제3사령부'(수도삼사)와 베이징항공학원 '홍기전투대'(북항홍기)의 홍위병들이었다. 그들은 성 민정청(民政廳) 앞마당 안에 '선동' 사업 기구인 창사시 주재 '수도삼사', '북항홍기' 연락소를 세웠다. 그들은 후난대학 등 후난 각 고등교육학교의 홍위병들과 함께 공장 기관으로 들어가 선전을 하면서 베이징 문화혁명의 최신 동향을 노동자들에게 알렸다. 그들의 조직은 중앙문혁소조와 직접적으로 연결되어 있었기 때문에 소위 '주위들은 소식'〔小道消息〕, 즉 간행물에는 게재될 수 없는 많은 상황들이 모두 그들을 통해 전달되어 내려왔다. 이들 베이징 홍위병은 특수한 배경을 가지고 있었고(중앙문혁의 지지를 얻음), 그들 중에는 말 잘하고 기개와 도량이 비범한 재간꾼들이 많았다. 따라서 후난성 창사시 각 단위, 심지어 당정(黨政)부문의 지도자들도 그들에 대해 모두 겁을 먹고 있었다. 그들이 자신들의 단위로 와 조반을 일으킬까 두려워했다.

지금 사람들이 '홍위병'을 언급할 때 언제나 홍위병을 조반자의 항렬에 포함시키고, 심지어는 홍위병이 조반파이며 조반파가 홍위병이라고 여기기까지 한다. 사실 홍위병은 '사구 타파'[破四舊] 당시 학교에서 교장이나 교사들을 비판했을 때만 하나였을 뿐, 사회 속으로 말려들어 가 구체적인 정치적 관점이 나타났을 때는 더 이상 하나의 통일된 개념이 아니었다. 베이징의 홍위병도 마찬가지였다. 따라서 소위 홍위병의 '제1사령부'와 '제2사령부' 및 '제3사령부'가 있을 수 있었고, 이렇게 숫자 서열로 구분하지 않고 정치적 주장이 서로 다른, 심지어는 상반된 조직이 나타나기도 했다. 후난성 창사시에서 가장 먼저 생겨난 '홍색정권 보위군'(홍보군紅保軍) 홍위병은 성위와 시위를 보호하는 입장에 섰기 때문에 후난대학 조반학생을 대표로 하는 홍위병은 10월 새로이 '창사시 고등교육학교 홍위병 사령부'[高司]를 조직하여 조반했고 즉시 성위와 시위에 대한 비판투쟁 속으로 뛰어들었다. 중고등학교 내의 일부 홍위병들 역시 '홍보군'에 대립하는 '마오쩌둥사상 홍위병 조반유리군' 조직의 기치를 세워 '고사'의 진영으로 들어갔다.

베이징 홍위병과 '고사' 홍위병의 격려와 도움 아래 창사시 노동자 중 초반에 '우파'로 몰려 공격받던 사람들이 함께 모여 업종과 단위를 초월한 조반조직을 만들었다. 이러한 조반조직이 만들어진 처음 목적은 대개 '우파'로 몰렸던 노동자와 간부들이 한데 뭉쳐 서로 지원하고, 자기 단위의 지도자들에게(당시에는 '당권파'로 불렸다. 당시에는 중립적인 단어로 정치적 경향은 없었다) 이른바 '우파분자' 자료를 소각하고 잘못 비판당한 사람들의 복권 선포를 강요하기 위한 것이었다. 문화대혁명운동이 발전함에 따라 피동적으로 정치적 무대에 오르게 된 이러한 노동자 조반조직은 점차 장대해져 서서히 문화대혁명운동의 형세를 좌우하는 중요한 세력이 되었다.

창사시에서는 잇달아 '동방홍총부'(東方紅總部), '상강풍뢰정진총대'(湘江風雷挺進縱隊), '국제홍위군'(國際紅衛軍) 등의 노동자 조반조직이 생겨났다. 그들은 많은 젊은이들을 끌어들였다. 공장기업의 청년들은 진작부터 홍위병처럼 붉은 완장을 차고 사회로 나가 '투쟁'하기를 고대하고 있었는데 이제야 기회가 생긴 것이다.

우리 기계수리 공장에서는 가장 먼저 내가 조반파의 완장을 단 사람이 되어 자칭 '국제홍위군'이라는 노동자 주체 조반조직에 참여하게 되었다.

어느 날 나는 길에서 '국제홍위군 노동자총부'의 성립 선언문을 보게 되었다. 한참을 고민하고 생각한 끝에 성 총공회(總工會) 간부학교에 설립된 '국제홍위군' 조직으로 달려가 참가하기를 바랐다.

"조반파가 되고 싶습니까? 조반을 할 겁니까?"

대학생 같은 차림을 한 사람이 나를 맞이하며 물었다.

"어떤 …… 조반을 하나요?" 나는 다소 망설이며 주저했다.

"조반이란 바로 마오쩌둥 사상에 맞지 않는 모든 사람과 일에 대해 반대를 하는 것입니다! 누구를 막론하고 경력이 얼마나 오래되고 권력이 얼마나 많은지 상관없이, 마오 주석의 지시를 위반한다면 우리는 바로 그에 대해 반대할 것입니다!"

대학생은 비분강개하여 내게 선전했다.

"그렇다면 저도 조반하지요!" 난 그에게 명확하게 대답했다.

"현재 가장 중요한 조반 임무는 바로 '우파'나 '검은 귀신'으로 몰렸던 노동자 형제들을 도와 그들 단위의 당권파에 대해 조반을 하는 것입니다. 그들을 도와 검은 자료[黑材料]를 빼내어 태워 버리고 완전히 소각해, 당권파들이 기회를 기다렸다 다시 보복할 수 없게 만드는 것입니다." 대학생은 계속 말했다. "당신은 할 수 있겠습니까?"

우리 공장 안에서 억울하게 비판받은 양진허와 몇 사람을 생각하자 나는 순간 격분되어 '억울함을 당하는 사람을 보면 서슴없이 칼을 뽑아 돕는다'는 한 줄기 감정이 가슴속을 메웠다.

"제가 제일 먼저 앞장서겠습니다!"

나는 즉각 '국제홍위군'의 전사로 받아들여졌다.

이 '국제'라는 이름의 조반조직은 결코 무슨 국제조직은 아니었다. 단지 몇 명의 베이징과 후난의 홍위병들이 홍위병운동을 세계로 돌진하기 위해 시도한 기상천외한 것이었다. 이 천일야화 같은 생각이 많은 젊은이들의 반향을 얻게 되어 순식간에 전국 각지에서 '국제홍위군'의 기치가 수립될 것이라고 누가 알았겠는가. 게다가 우리 도시 안에서는 수십만 명을 보유한 대조반조직으로 빠르게 발전되어 갔다. 시작 초기에는 큰 국영공장에서 실습 중이던 두 명의 뉴질랜드 여성들역시 이 '국제홍위군'에 참여하여 며칠간 함께 조반을 하기도 했다. 이후 얼마 지나지 않아 중앙에서는 명확한 지시 문건이 내려와 외국인의 조반조직 참가를 허락하지 않았다. '국제홍위군' 책임자들은 그제서야 이 두 명의 뉴질랜드 여성에게 탈퇴를 권고했다.

나는 '국제홍위군'의 붉은 완장을 차고 어깨를 으쓱거리며 공장 안으로 걸어 들어갔다. 동료들은 모두 호기심과 신기한 눈빛으로 쳐다보더니 나를 에워싸고는 이것저것 자세히 물었다. 나는 기회를 틈타 '국제홍위병'인 그 대학생으로부터 들은 이치들을 하나하나 다시 동료들에게 들려주었다.

"며칠 지나 우리 조직에서 사람을 보내 쑤 서기에게 양진허 등을 비판했던 검은 자료를 내놓으라고 할 겁니다!" 나 스스로 비범한 기개와 도량이 느껴졌고 내 생각대로 알려 주었다.

당 지부에서 비판한 자료를 '검은 자료'라고 부르다니! 또 어떤 사람이 쑤 서기를 찾아올 거라고?

동료들은 모두 매우 놀랐고 또 어떤 사람의 눈은 탄복하는 기색을 드러냈다.

나 혼자서는 아직 감히 쑤 서기를 찾아갈 수 없었고, 우선 양진허와 나이 든 노동자인 판(潘)씨를 찾아가 그들에게 조반할 것을 권했다. 조반조직에서 그들을 후원하고 구출할 것이라고 하니, 양과 판 두 사람은 매우 기뻐하며 나더러 '국제홍위군' 총부로 데려가 달라고 했다. 나의 소개를 거쳐 그들에게 즉각 가입 허가가 떨어졌고 곧바로 붉은 완장을 얻어 왔다.

이렇게 되자 십여 명의 젊은 노동자들 역시 잇달아 날 찾아와 가입 소개를 해달라고 했다. '붉은 완장'을 찬다는 것은 정말로 당시 우리 젊은이들이 추구하던 유행이었다. 나는 자연히 기쁜 마음으로 그들의 바람을 만족시켜 주었고 하나의 소분대(小分隊)를 조직하였다. 실제 위임할 필요도 없이 공장 내의 동료들은 모두 나를 우두머리로 공동 추천했다. 난 아직 열일곱에 불과했고 견습공이었지만, 출신 성분이 든든하고 문화 수준도 갖추었으며(당시 공장 청년들 대부분은 모두 초등학교 수준이었지만 나는 창사시 중점인 제1중학교의 졸업생이었다), 게다가 모두들 나의 말과 행동이 대담하다고 여겼다. 따라서 양진허조차 정말로 기쁘고 간절한 마음으로 그보다 나이가 예닐곱 살 어린 청년을 대장으로 추천했다.

우리가 득의양양해하며 어떻게 '국제홍위군' 총부의 지지를 얻어 당 지부의 쑤 서기를 찾아가 공장 당 지부에서 양진허 등을 비판한 '검은 자료'를 내놓으라는 압력을 행사할지에 대해 의논하고 있을 때, 공장에서 원래 양진허에 대한 비판을 담당하던 '전안〔專案: 특별안건〕 사무실'의 두 사람이 붉은 완장을 차고 갑자기 공장 안에 나타났다. 그들이 가입한 것은 '노동자 적위대'로, 시위에서 지지하고 조직을 지시한 노동자 사회조직이었다. 이러한 상황에 맞서 우리는 만약 조속히 사회적인 조반세력의 도움을 빌리지 못한다면, 양진허 등을 도와 그들을 비판한 '검은 자료'를 받아 낼 방법이 없다고 느꼈다. 내가 '국제홍위군' 총부로 지원을 부탁하러 갔을 때 총부에서 계획하고 있는 '검은 자료 탈취' 행동이 정말 많다는 것을 발견했다. 매 단위마다 비판받은 '우파'들이 모두 조속히 그들 자신을 도와주길 바랐기 때문이다. 보아하니 조그마한 우리 공장은 한동안 대열에 끼지도 못할 것 같았다.

이즈음 한 청년이 공장으로 날 찾아왔다. 그는 나에게 그가 속한 다른 노동자 조반조직인 '상강풍뢰'(湘江風雷)에 참가해 줄 것을 제안했다. 중유신(鐘有新)이라고 불리는 이 청년의 나이는 스물넷이었고 용모가 아주 못생겼지만, 당시 내 마음속에서 그는 아주 대단한 형이었다. 그는 국영 세탁소에서 일하는 세탁공으로 내가 속해 있는 회사와 같은 계열이었다. 그는 내게 그 역시 성위 제1서기 '9·24보고'의 피해자로 '우파분자'로 찍혔으며, 이러한 사람들의 복권을 요구한 중앙의 지시가 있었음에도 불구하고 그의 회사 당 지부 책임자는 그를 복권해 줄 의사가 조금도 없으며 '함부로 지껄이고 난동하지 말라'고 위협까지

했다고 말해 주었다. 그는 반기를 들고 일어나 성이 주(朱)씨인 대학생 홍위병의 도움으로 설립된 지 얼마 되지 않은 '상강풍뢰' 조반조직에 참가했고, 몇 개 상점에서 다섯 사람으로 조직된 지대(支隊)를 성공적으로 만들었다. 또한 그는 그 대학생 홍위병의 충고를 받아들여 회사 전체에서 '우파'와 '검은 귀신'으로 몰렸던 사람들과 조반의 관점을 가진 사람들을 모두 함께 조직하기로 결정했다. "사람이 많으면 힘도 커집니다!" 주씨 성의 대학생은 그에게 이렇게 말하면서 다시 역량을 집중해 해당 단위의 당권파들에게 '검은 자료'를 받아 내라고 말했다는 것이다.

주씨 성의 그 대학생 홍위병은 이후 중앙에서 지정한 후난성 혁명위원회 주비소조(籌備小組)의 지도부 구성원 중 하나로, 한동안 후난 문혁 운동의 명사(名士)가 된다. 그러나 비록 중유신을 도와 조반조직을 꾸렸지만 아쉬운 것은 문혁 단계에서 결국 자신이 속한 대학의 많은 대학생들을 단결시켜 강대한 조직 역량으로 발전시키지 못하고, 시종 학교 내에서 소수파 조반 홍위병의 '사령'만을 지냈다는 점이다. 이러한 점에서 볼 때 이론과 실천 사이에는 확실히 매우 큰 차이가 존재한다는 것을 알 수 있다. 자신이 이해하고 또한 이를 남에게 가르칠 수 있는 이치도 어떤 경우에는 자신조차 반드시 잘해 내거나 실행할 수 없기도 하다.

나는 즉시 중유신의 제안을 받아들여 그가 이끄는 '상강풍뢰 홍색지대'에 참가하여 그의 지도를 받겠다고 했다. 중유신은 내게 '홍색지대'의 대장을 맡아 줄 것을 제안했다. 왜냐하면 나의 부친은 모두가 다 아는 중공 노(老)당원이었고 그의 부친은 소상인이었기 때문이다. 내가 대장을 맡고 있으면 대외적으로 사람들을 끌어 모으기가 훨씬 쉬웠고, '홍색지대' 역시 다른 사람들에게 '계급이 다른 조직'이라는 약점이 잡혀 공격받을 걱정을 하지 않아도 되었다. 하지만 나는 그를 설득했다. 왜냐하면 그의 매력과 식견, 일처리 능력이 나보다 훨씬 뛰어나다는 것을 분명히 알았기 때문이었다. 나는 지대의 부대장을 맡아 다섯 명으로 구성된 지대위원회를 설립하는 일에 동의했다. 이발소에서 일하는 청년 샤오뤄(小羅)는 대외연락위원을 맡았다. 여관에서 일하는 청년 노동자 샤오리(小李)는 선전위원을 맡았다. 그 밖에 중유신은 매점에서 일하는 성이 이(易)씨인 나이 든 노동자를 지대의 조직위원으로 임명했다. 왜냐하면 이씨가 열정적이고 힘이 세며 회사 전체 사람들의 상황에 대해 하나둘쯤 알고 있어 우리의 조직 발전에 유리했기 때문이었다.

나와 중유신은 함께 노력해서 회사 전체 매 기층 단위마다 모두 '상강풍뢰'의 소분대를 건립하고 '홍색지대'를 이끌었다. 한 달도 되지 않아 백여 명이 넘는 조직원을 보유했고, 세탁소 건물 안에 지대 사무실을 두었다. 우리 공장의 '국제홍위군' 소분대는 '상강풍뢰'의 소분대로 바뀌었다. 나는 양진허와 다른 젊은 노동자인 허우촨장(侯川江)을 각각 대장과 부대장으로 위임했다.

열일곱에 불과한 어린 청년인데다 아직 견습공인데도 굳이 믿어 주고 지도자로 옹호하려는 사람들이 있었으니, 이는 나 자신이 감내할 수 있었던 것이 아니라 당시 문혁이라는 특수한 상황이 만들어 낸 것이다. 당시 수만 명을 이끌었던 홍위병 사령들은 대개 열여덟이나 열아홉, 혹은 스무 살 정도의 고등학생이나 대학생이었다.

이 당시 사회에는 조반조직에 참여하는 사람들이 갈수록 많아져 각 단위 지도자에게 강경한 수단으로 '검은 자료'를 탈취하려는 사건이 빈번하게 발생했다.

비밀작전을 거친 후 1966년 12월 초 어느 날 밤 중유신과 나는 회사 '상강풍뢰'의 소분대원 백여 명을 이끌고 각각 회사 소속 단위 당 지부 사무실로 돌격해 순식간에 모든 사무실의 책상과 서류함, 서랍에 '상강풍뢰 홍색지대'라는 큰 도장이 찍힌 종이를 붙이고 선포했다.

"만약 당 지부에서 우리 홍색지대와 협상할 사람을 보내 각종 '검은 자료'를 공동 청산하고 소각하거나 돌려주지 않는다면 누구도 이 서랍과 서류함을 열 수 없다. 그렇지 않으면 우리는 지금 당장 밝힐 수 없는 내용의 '혁명행동'을 취할 것이다!"

당시 '조반'의 열기는 점차 번져 들판을 태울 기세였다. 중앙의 양대 신문과 제일 간행물(『인민일보』, 『해방군보』, 잡지 『홍기』)에선 이미 기세 높은 '부르주아계급 반동노선 비판'의 열기로 솟구쳐 오르고 있었다. '주자파'의 혁명 군중 진압을 비판하는 문장과 대자보가 하나하나 이어졌다. 간행물에서, 방송사에서 그리고 중앙의 문건 속에서 시종 '한 줌의 주자파'를 비판하였지만, 여기서 말하는 '주자파'의 특징은 기층 군중들이 보기에, 그리고 조반파들이 보기에 거의 모든 '당권파'의 특징과도 같았다. 따라서 중성적인 '당권파'는 부정적인 의미의 '주자파'와 그 간격이 서로 멀지 않았고, 오히려 쉽게 옮겨질 수 있었다. 각 단위 간부들은 조직적으로 여전히 대권을 장악하고 있었지만, 정신적·여론적으로는 오히려 무너지기 시작했다. 따라서 그들은 실제 이 문화대혁명이 도대체 어떻게 발전되어 갈지 종잡을 수 없었다.

이렇듯 우리의 얇은 한 장의 종이는 원래 무소불위의 권위와 권력을 지녔던 당 지부 사무실의 책상과 서류함·서랍을 봉인할 수 있었으며, 정말로 아무도 감히 건드리지 못했다.

승리 촬영회사 당 지부의 사무실도 그날 밤 우리에 의해 봉인됐다. 내가 '상강풍뢰 홍색지대' 사람들을 데리고 갔을 때 사무실에서 자고 있던 캉궈산 서기는 매우 놀랐다. 더구나 내가 이번 행동의 지도자라는 것을 안 순간 더욱 곤혹스러워했다. 필경 그가 원래 신임하고 키우려 했던 '혁명승계자'가 왜 몇 달 후에 갑자기 그에게 조반을 일으키러 왔는지 이해할 수 없을 거라 생각했다.

난 캉 서기를 보자 다소 계면쩍었다. 그가 쥐카이쉬안 등을 비판한 것에 대해 몹시 불공평하다고 느끼고 있었지만 어쨌든 그는 나의 좋은 지도자였다. 처음에 난 그를 피하고 싶어 몇 명의 지대원에게 그를 상대하게 했다. 하지만 일반 조직원들은 다년간 정치공작의 경험이 있는 캉궈산을 위협하지 못했다. 또한 캉 서기는 내가 우두머리이고 그들이 내 휘하에 있는 청년들에 불과하다는 것을 알고는 우리가 사무실을 봉인하려는 행동에 대해 거절하며 복종하지 않았다. 오히려 위협적인 소리로 말했다.

"냉정하게 잘 생각해 보게나. 자네들이 봉인하려는 사무실이 무슨 사무실인가? 이건 중국 공산당의 지부 사무실이네! 이런 행동이 자네들에게 어떤 결과를 가져오겠나!"

몇 명의 조반대원들이 사무실 밖에서 기다리던 내 곁으로 오더니 사무실 안의 난처한 상황을 알렸다. 이 말을 듣자 난 화가 났다. 즉각 사무실로 달려가 캉궈산 앞에 가서 말했다.

"캉 서기, 검은 자료를 소각하라는 것은 중앙의 지시요! 우리의 혁명 행동을 막지 않는 것이 좋을 겁니다!"

"중앙의 지시가 내게 직접 오지 않았네. 난 조직 원칙에 따를 뿐이야. 회사 당위와 상업국 당위의 지시가 오기 전까지는 어떠한 자료도 태울 수 없네!" 캉궈산은 강경하게 대답했다.

"당 중앙의 지시는 주자파가 집행할 수 없소. 그것은 당연한 것이오! 그래서 우리가 조반한 것이고 우리가 집행할 거요!"

나는 일부러 큰 소리로 기세를 압도하려 했다.

하지만 캉궈산은 여전히 복종하지 않고 우리가 사무실을 봉인할 권리가 없다고 고집했다.

이러한 모습을 보고 난 살수간[殺手鐗 ; 수레굴대. 고대 병기의 하나로 철이나 구리로 만들며 긴 막대기 모양으로 네 각이 져 있고 날이 없으며 상단이 약간 작고 아래에 손잡이가 있음]을 꺼내 캉궈산을 가리키며 처음으로 경칭을 붙이지 않고 이름을 부르며 큰 소리로 외쳤다.

"캉궈산, 날뛰지 마라! 당신이 '승리'에서 간거왕과 쥐카이쉬안을 비판했던 빚, 그렇게 많은 사람을 비판했던 빚을 모두 갚아 주겠다. 당신이 오늘 이렇게 나온다면 내일 우리 홍색지대 사람들과 홍위병 대학생들을 모두 데리고 올 테다! 철저하게 결판을 내 자산계급 반동노선으로 얼마나 더 버티는지 두고 볼 것이다!"

원래 흰 캉궈산의 얼굴은 순식간에 창백해졌다. 수백 명의 사람들이 그의 단위로 몰려온다는데 견딜 수 있겠는가? 드디어 그는 뒤로 물러났다. '상강풍뢰 홍색지대'라는 큰 도장이 찍힌 종이가 사무실의 모든 서랍과 서류함을 굳게 봉인했다.

각 당 지부에서는 상황을 회사 당위에 보고하였고, 회사 당위에서 지시를 내려 주기만을 기다리고 있었다. 그러나 당위에서는 상급 국(局) 당위의 지시를 바라는 것 외에는 어떠한 조치도 취할 수 없었다.

중유신과 나는 회사 당위를 '공격'하지 않으면, 아래에 있는 각 단위 당 지부에서 주동적으로 '우파'를 위한 복권 조치를 내릴 리 없다고 생각했다. 따라서 우리 몇 사람은 회사 당위원회로 찾아가 만약 회사에서 각 단위 당 지부에 '우파'로 숙정당한 사람들의 복권을 명령하지 않는다면 회사의 각 사무실을 봉쇄해 버리겠다고 큰소리쳤다. 남쪽으로 내려온 노(老)간부인 회사 당위 서기 장중취안(章忠全)은 오히려 차분하게 말했다. "봉인하려면 봉인하게나. 어떻게 복권 사업을 할지 우리가 주관할 수는 없네. 아직 상부에서 구체적인 지시가 없어."

장중취안 서기의 말은 우리를 격분시켰다. 이튿날 우리는 올 수 있는 '홍색지대'의 모든 사람들을 데리고 회사기관으로 돌진했다. 업무과 사무실 외에 모든 사무실의 책상과 서류함을 몽땅 봉인해 버려 회사 전체 기관의 당정업무를 중단시켜 버렸다.

이에 대해 기관 간부들은 마음속으로 어떤 생각을 하든 행동으로는 우리들이 마음대로 '봉인'하도록 내버려 두었다. 또한 수십 명의 기관 간부들은 기회를 틈타 '동방전투대'를 조직하고, 우리의 '혁명 행동'을 지지하는 대자보를 내걸었다. 이들 간부 중 세 명은 '9·24보고' 이후 이름이 거론되어 비판받은 적이 있는 '우파분자'였다.

그리고 우리는 회사 기관 안팎에 대자보와 표어를 가득 붙였다. 그중 처음에 쓴 것은 '우리 회사 당내 자본주의 노선을 걷는 당권파 장중취안을 타도하자!'라는 표어였다.

'당위 서기를 타도하자!' 회사 위아래 모두 뒤흔들렸다. 회사 기관 간부뿐 아니라 하부 단위의 간부와 군중 모두 뛰쳐나와 이러한 대자보와 표어를 구경하고 '표범의 담을 먹은' 우리 젊은이들을 바라보았다.

우리 아버지 역시 당황하셨다. 아버지는 당시 우리 회사에서 허드렛일을 하고 계셨는데(중국 공산당의 노당원이 어찌하여 막노동꾼이 되었는지에 대해선 후에 다시 얘기하겠다) 당장 지대 사무실로 찾아와 나더러 '상강풍뢰'를 나오라고 하셨다. 이 상업공사에서 일하기 싫으면 집으로 돌아가도 되고 아니면 다른 방도를 생각해 다른 단위로 전근시켜 주겠다고 하셨다. 아버지 생각은 이랬다.

"이것은 공산당에 반대하는 것이 아니냐? 당위 서기를 타도하자는 대자보를 쓰고 하부 당 지부의 사무실을 봉인해 버린 데다 캉 서기를 욕하다니 이거 큰일 난 것 아니냐! 문화대혁명을 어떻게 한다 해도 공산당이 영도하는 것이다! 네가 앞장서서 공산당에 반대하다니 반혁명으로 변하는 것이 아니냐!"

나는 중앙의 양대 신문과 제일 간행물의 말을 인용하면서 부친에게 반박하고 설득했다. 아버진 얼빠진 모습으로 아는 듯 모르는 듯 하셨다. 부친은 초등학교 수준도 되지 않는 학력에 중공 지하당조직에 참가하면서부터 다른 사람이 시키는 대로 하는 것이 습관이 돼 버렸다. 어쨌든 당 지도자의 말대로 하는 것이 무조건 옳다고 생각했으며 심지어는 무슨 이치인지에 대해서도 분명하게 이해하지 못했다. 아버진 내가 '조반'하고 회사 당위에 반대하는 것을 결단코 허락하지 않으셨다. 하지만 내가 이것은 당 중앙의 호소에 이끌려 하는 것이고, 당 중앙 마오 주석은 우리를 지지한다고 말했을 때, 그는 내게 어떻게 말해야 할지 몰랐다. 하지만 최후엔 아버지로서의 권위를 꺼내 들어 강경한 어조로 내게 말하셨다. "네가 무슨 이치를 얘기하든 간에 회사 당위에 반대하는 것은 절대 허락 못한다!"

예상대로 아버진 회사 기관으로 달려가 몇 개 사무실에 붙여져 있는 종이를 단숨에 전부 떼어 내 찢어 버렸다. 그리고 우리 '홍색지대' 사람들과 싸우기 시작했는데 다행히 중유신이 아버질 알아봤다. 홍색지대의 조반파 사람들이 아버질 '보황파'(保皇派)로 여겨 싸우지는 않았다. 소식을 듣고 황급히 달려갔을 때 아버지의 노기는 아직 가라앉지 않았다. 나도 화가 나 아버질 향해 말했다. "이렇게 하신다면 기꺼이 자산계급의 보황파가 되길 원하시는 겁니다!"

당시 중앙의 언론매체나 홍위병의 대자보 전단에서는 '주자파'를 보호하는 세력을 '보황파'라 불렀다. 1967년의 '1월 폭풍', 조반파 탈권 이후 중앙과 지방 매체에서는 중앙의 지시를 받들어 다시는 '보황파'라는 칭호를 사용하지 않고 '보수파'로 바꿨다. 모 중앙 지도자의 말이 기억난다. "다시는 무슨 '보황파'라 말하지 말라! 보황이라, 지금 어디에 무슨 황제가 있는가? 사람들의 관점이 단지 보수적일 뿐이며 문혁의 형세에 따라가지 못할 뿐이다." 따라서 이때부터 보황파라는 말은 매체나 조반파의 대자보 전단 속에서 차츰 사라지고 '보수파'로 바뀌었다. 하지만 '보황파'든 '보수파'든 간에 조반파에게 이 말의 함의는 십 년 문혁 동안 모두 같은 뜻이었다.

"내가 바로 보황파다! 너희들이 조반하는 것을 허락할 수 없다!"

부친이 소리치며 다가와 날 때리려 하자 중유신 등이 부친을 황급히 말리면서 나를 끌고 갔다. 그 뒤 중유신이 아버지와 무슨 얘기를 나누었는지 모르지만 결국 아버진 차분해지셨다.

그 뒤로 아버진 우리가 회사 사무실을 '봉인'해 버린 일을 보셔도 어떤 급이나 부문이든 당위 서기가 오히려 내게 공손하게 대하는 것을 보시고는, 게다가 다른 단위에서도 '검은 자료'를 탈취하려는 사건이 끊임없이 일어나자 더 이상 아무 말씀 없으셨다. 단지 어느 날 우리가 지대 사무실에서 어떻게 회사 당위 서기에 대한 비판투쟁을 진행할 것인가를 의논하고 있을 때 또다시 나를 찾아와 문밖으로 부르시더니 조용히 말씀하셨다. "샤오마오(小毛), 장(章) 서기와 장(江) 서기 모두 좋은 사람들이란다. 설사 조금 잘못했다 하더라도 그들은 주자파가 아니란다. 절대 다른 사람을 억울하게 해서는 안 된다."

'샤오마오'는 나의 아명이다. '장(江) 서기'는 회사 당위 부서기인 장산(江山)으로 창사시에서 나고 자란 본토박이 간부였다.

나는 알겠다고 하면서 그들이 마오 주석의 혁명노선으로 돌아오기만 한다면 환영할 것이라고 말했다.

아버진 다 들으시고 나자 다소 기뻐하셨다. 그는 큰 흐름에서 볼 때 나의 모든 행위들이 공산당에 반대하는 것이 아닐 뿐 아니라, 당 중앙 마오 주석의 지시에 따르는 것이라고 느끼는 것 같았다. 나는 '반혁명분자'가 아닐뿐더러, 오히려 일개 견습공에서 단번에 3천 명이라는 회사 전체 직원과 간부들이 주목하는 인물이 되어 '한번 부르면 수많은 사람들이 호응'하는 '지도자'가 되었으니, 이 모든 것이 아버지 마음을 짓누르고 있던 악몽을 몰아냈을 뿐 아니라 그를 기쁘게까지 만들었다.

평범한 대중이나 간부들을 하나씩 차례대로 '작은 덩튀'나 '우파'로 몰아넣은 소위 '검은 자료'를 우리의 맹렬한 압박과 사회 전체적으로 고조된 조반의 정세 속에서 마침내 회사 정치처와 각 단위 당 지부에서 내놓기 시작했다. 각각 대회를 소집하고 대중 앞에서 공개적으로 자료를 불태웠다.

이에 대해 영문도 모른 채 일부 언론이나 글에서 '작은 덩튀'나 '작은 우한'으로 몰렸던 사람들과 후난대학 홍위병의 8·19행동을 지지하여 '우파'로 몰렸던 사람들 모두 매우 기뻐했다. 그들은 몹시 신기해했고 또 매우 의외라고 생각했다. 줄곧 신성불가침의 위엄 있는 당위 서기와 당 지부 서기가 갑자기 우리 청년들에 의해 '압도' 당하다니, 여태껏 감히 말할 수도, 감히 생각할 수도 없던 일이었다. 공산당 영도 하에서도 '사람을 억울하게 만드는 일'이 생길 수 있고 또 우리가 지적해서 이렇게 기세 높게 당위를 압박해 잘못을 바로잡을 수도 있었다. 이 모든 것으로 인해 사람들은 갑자기 우리를 존경하거나 두려워하게 되었다. 한 무리의 노동자들이 잇달아 공개적으로 우리 '홍색지대'나 그 아래의 '소분대' 사무실로 찾아와, 그들이 예전에 겪었거나 느꼈던 마음속의 억울함을 하소연하며 우리가 바로잡아 주길 원했다. 어떤 나이 든 노동자는 큰 소리로 눈물을 흘리며 어떤 사소한 일 때문에 단위 사장[經理]과 한바탕 싸웠는데, 당 지부 부서기이기도 한 그 사장이 갑자기 정치운동 중에 그를 '악질분자'로 몰아세웠다고 하소연했다. 다행히 그 운동은 기간이 짧았고 악질분자를 비판하는 일이 없어 재난을 면할 수 있었다. 하지만 1962년 직원들 중 일부를 농촌으로 보내 농민이 되어야 했을 때, 부부 자신이 신청도 하지 않은 상황에서 그의 아내가 강제로 사직당하고 '퇴직하향'(退職下鄕)의 명단에 들어가는 일이 생겼다. 그래서 그의 아내가 지금껏 일자리가 없어 가정생활이 매우 어려워졌고 다섯 식구 모두 기운 옷을 입지 않은 사람이 없다고 했다. 또 몇 명의 나이 든 노동자들은 평소에 마작을 하거나 차를 마시는 등 여가생활을 즐겼는데, 그들 단위의 당 지부 서기 눈에 거슬려 직공대회에서 '소집단조직'이라 심하게 질책당했고, 당 서기가 공안국 사람을 불러 조사하겠다고 큰 소리로 떠벌려 몇 달 동안 전전긍긍했다고 내게 성토했다. 이와 같은 내용들은 정말로 많고 많았다. 신(新)중국 성립 이후 문화대혁명까지 17년 동안 단위 지도자들이 업무방법이나 혹은 업무동기에서 적지 않은 실수나 혹은 확실한 잘못을 했을 것이다. 체제적인 원인 때문에 서로 다른 정도의 피해를 당한 평범한 사람들이

나, 스스로 마음속의 상처를 입고 있던 사람들은 그들의 불만을 하소연하거나 털어놓을 환경이나 경로가 허락되지 않아 장기간 마음속에 눌러 두고 살아왔다. 이제 문화대혁명이 되고 '조반유리'라는 대세와 좋은 기회가 생기게 되자 드디어 17년간 쌓아 왔던 분노가 한순간에 분출되어 나왔다. '당권파'를 비판하고 '당권파'에 반대하는 것이라면, 상당히 많은 군중들이 자연스레 조반파의 편에 섰다. 직접 나서서 참여하지 못한다 하더라도 마음속으로는 조반파를 동정하고 지지했다.

나는 일순간 추앙받는 사람이 되었다. 우리 부친 연배에 속하는 나이 든 노동자들이 모두 내게 갖가지 친밀감을 나타내거나 나를 매우 존경했다. 한번은 어느 상점 노동자 십여 명이 조직한 회의에 참가하게 되었는데, 내가 회의실로 들어서자 갑자기 '우르르' 하며 전부 의자에서 일어나 박수로 나를 환영해 주어, 과분한 총애와 우대를 받은 것 같은 기분이 들었다. 어떻게 전체 직원을 동원해 단위 당 지부 서기에 대한 비판대회를 열 것인가라는 문제에 대해 그 방법과 전술에 있어 의견이 갈라질 때 내게 그들을 위해 '지도'해 달라고 부탁했다. 내가 방안 중 하나를 지지한다고 얘기하자, 다른 방안을 고집하던 사람들이 곧바로 자신의 입장을 포기하더니 내가 찬성한 방안에 힘껏 따르겠다고 말했다. 이러한 상황을 보며 난 마음속으로 매우 기뻤고 스스로의 비중을 느낄 수 있었다. 나는 지금껏 결코 스스로 매우 재능 있는 사람이라고 여긴 적이 없었다. 그저 열심히 일하기만을 원했을 뿐이다. 따라서 어느 곳에서나 이렇게 사람들의 존경을 받고, 특히 부친뻘 되는 아저씨들의 추앙을 받아 득의양양해질 때면, '시대가 영웅을 만든다'는 만고의 진리를 잊지 않았다.

'검은 자료' 소각 행동은 1966년 말이 처음이었다. 나는 앞으로 다시는 사람을 무고하게 '우파'나 '반혁명'으로 몰아 죽음에 이르게 하는 술수는 없을 것이라 생각했다. 이것이 나의 큰 착각이었음을 어찌 몰랐던가! 이후 10년 동안 사람을 괴롭히는 이른바 '검은 자료'는 매우 완강하게, 한 번 태우고 나면 또다시 한 차례 괴롭히고 또다시 태우고 나면 또다시 괴롭히고…… . 몇 번이나 이어져 지금까지도 많은 사람들의 당안(檔案) 자루 안을 가득 채웠고 어떤 사람은 두께가 거의 한 척에 이르기도 한다. 사람을 조숙하게 만드는 시대였지만 열일곱의 나이면 아직 어렸다.

하지만 처음으로 '검은 자료'를 태워 버린 '장거'(壯擧)는 단숨에 우리 '상강풍뢰 홍색지대'의 명망을 높였다. 1967년 1월 초 우리 지대는 이미 천 명에 가까운 조직원을 보유하고 있었다. 지대 사무실에는 확성 나팔과 고음용 확성기, 등사판 등 선전 설비를 갖추었으며, 당시로선 매우 귀중했던 몇 대의 자전거도 얻어 지대위의 교통수단으로 사용했다. 당연히 이 모든 것은 전부 회사 당위 서기의 서명을 강제로 받아 내 돈을 주고 구입한 것들이었다. 내가 막 지대에 가입했을 때는 근무 시간 외의 시간을 활용해 활동했지만, 이제 우리 다섯 명의 '지대위원'은 모두 '직업 조반파'가 되었다. 홍색지대에서 '차출명령서'에 도장을 찍어 우리 공장 당 지부 쑤 서기 손에 건네주기만 하면, 나는 더 이상 공장에 출근할 필요 없이 오로지 전심을 다해 조반할 수 있었다. 자발적으로 조직된 군중단체에서 작성한 이러한 '차출명령서'는 갑자기 행정적 효력이 생겨나게 되었고, 각 단위 관리부문 역시 이를 묵인해 주었다. 이는 정말 엥겔스와 레닌의 '혁명은 의심할 바 없이 이 세상에서 가장 권위 있는 것'이라는 명언을 인정한 것이었다.

이와 동시에 회사에서는 잇달아 몇 개의 조반조직이 생겨났다. 당시 사회에서 생겨난 몇 개의 조반조직은 각 공장과 회사 기관, 심지어는 학교 안에까지 모두 그들의 분부(分部)를 두고 있었다. 한 단위의 군중이 모두 하나의 통일된 조직에 가입하는 일은 없었다. 많든 적든 간에 몇 개 혹은 열 몇 개의 서로 다른 명칭의 조직이 동시에 공존했다. 우리 회사에도 '상강풍뢰 홍색지대' 말고 두번째로 큰 조직인 '동방홍총부'의 분부가 있었고 그 역시 수백 명의 조직원을 보유하고 있었다. 우리 회사기관과 각 단위 사무실의 일부 간부들은 '시급 기관 간부 혁명 조반사령부' 분부의 깃발을 세웠다. 몇 개의 서로 다른 조반조직은 한 차례의 협상을 거친 후 다시 회사 내에 '홍색 조반자 연합지휘부'를 조직했다. 연합 협의를 통해 "몇 개 조직은 본 회사 내부에서는 모두 이 '연합지휘부'에 속하며, 통일된 지휘에 복종한다. 하지만 사회 활동에 참가할 경우에는 '연합지휘부'의 구속을 받지 않으며, 각자 자신의 조직 지휘에 따른다"고 밝혔다. 중유신은 회사 '연합지휘부'의 주임으로 추천되었다. 왜냐하면 우리 '홍색지대'의 세력이 클 뿐 아니라 가장 먼저 조반조직의 깃대를 세웠기 때문에 다른 조직의 존중을 받고 있었기 때문이다. 나 역시 '연합지휘부'의 '상임위원'이 되었다. 그 당시 모든 조반조직은 중앙 영도기관의 모델에 따라 모두 '상임위원회'라는 기관을 두었다. 아마도 '상임위'가 진정한 권력의 핵심이라 느끼고 있었나 보다.

〖 4 〗
우리는 처음 대결의 승리자다

문혁은 문자 그대로 말하자면 문화와 관련된 일이다. 하지만 훗날 어쩌다 웬 '조반'으로 변하게 되었을까? 또 무슨 두 파벌 간의 투쟁이니 무슨 탈권이니 하게 되었을까? 이리저리하다 보니 문혁은 마치 한 편의 가극으로 변해 문자로도, 무력으로도, 시끌벅적한 일로도, 때리는 일로도 모두 연출되어 나왔다. 일단 두 파벌의 싸움에 말려들어 가게 되면 사람들은 마치 무슨 약을 먹은 것처럼 얼빠져 정신을 못 차리며 빠져나오기 힘들었다.

이 모든 것은 문혁을 겪지 않았거나 문혁의 시공(時空)과 떨어져 있는 사람들에게는 아마 미혹되거나 잘 이해가 되지 않을 것이다.

1966년 11월~12월에서 1967년 2월 초까지는 조직적인 조반파들의 첫번째 '밀월' 시기였다.

당시 전국 조반파에 대한 '중앙문혁'의 지지와 중앙 언론매체와 방송국 등 여론기관(주로 '양대 신문사와 제일 간행물' 즉 『인민일보』, 『해방군보』와 중공중앙기관의 이론 간행물인 잡지 『홍기』이다)의 찬양이 있었기 때문에 1966년 12월까지 후난성과 창사시의 '조반'을 표방한 군중조직은 갈

수록 많아졌다. '상강풍뢰' 와 '동방홍총부', '혁명노동자조반군', '고등교육학교 홍위병 사령부' (고사), '정강산 홍위병', '마오쩌둥 사상 홍위병 조반유리군', '홍기군', '청년근위군' 등 사람 수가 비교적 많아 영향력이 컸던 몇 개의 큰 조직 이외에도 수백 명의, 심지어는 수십 명의 사람을 보유한 수백 개의 작은 '조반' 조직들이 잇달아 나타났다.

성위는 조반파의 맹렬한 공격을 받았고, 성위 서기들 역시 조반파의 끊임없는 집중공격을 받았다. 시위는 거의 마비되었고, 시위 앞마당은 난잡하게 어질러졌다. 누구든지 자유롭게 시위 각 사무실의 여기저기를 드나들어도 아무도 묻는 사람이 없었다. '수도홍위병 제3사령부' 의 '남하병단(南下兵團)은 류사오치를 책문한다', '류사오치를 포격하라!', '중국의 흐루시초프, 류사오치를 타도하자!' 는 대자보를 거리에 내붙였다. 원자탄을 터트리듯 '성위를 포격' 하는 조반 행동이 고조에 이르렀다. 성위기관에는 더 이상 고요한 분위기와 삼엄한 권위가 존재하지 않았으며, 이때부터 조반파들의 포위 속에 빠지게 되었다.

하지만 가장 먼저 조직된 홍위병조직인 '홍색정권 보위군' 은 오히려 성위를 포격하고 조반을 일으키는 것에 찬성하지 않았다. 반대로 그들은 '성위와 시위를 보위하라!', '온갖 잡귀신을 소탕하자!', '좌파만이 조반할 수 있고 우파는 설쳐 댈 수 없다!' 는 표어와 대자보를 붙이고 다녔다. 또한 몇 차례의 대규모 거리 시위를 조직하기도 했다.

'8 · 19' 사건 (2장 참조) 중 임시로 조직된 노동자 적위대 역시 하나로 연결하여 통일된 지휘부를 결성해 '홍색정권 보위군' 의 입장에 섰다. 곧이어 창사시의 '홍색정권 보위군' 역시 '홍색정권 보위군 노동자 총부' 를 세워, 각 공장기업의 중공당원과 공청단원 및 원래 '정치적 적극분자' 였던 사람들 거의 모두가 '노동자 적위대' 혹은 '홍색정권 보위군'의 핵심역량이 되었다. 수만 명의 제대 군인들 역시 '8·1병단'을 결성했고, 일부 부녀자들이 단독적으로 '3·8 홍색 부인군'을 조직하기도 했다. 그들은 모두 '홍색정권 보위군'을 핵심으로 하여 성위와 시위를 보위하는 진영에 섰다. 성위와 시위를 보위하는 전선은 빠르게 결성되었고, 조반파와 격렬하고도 날카로운 대자보 표어의 투쟁을 벌였다.

문혁의 최초 단계에서 조반파와 보수파는 조직원의 구성에서 각각 매우 선명한 특징을 갖고 있었다.

조반조직은 일반적으로 가정 출신에 '문제가 없거나'(즉 그 부모 역시 소위 말하는 '홍오류'였다), 또한 문혁 전 단계에 있었던 '작은 덩튀'와 '우파' 타도 운동에서 비판받은 적이 있던 사람들이 주요 지도자를 맡았다. 이렇게 한 것은 우선 자신의 조직이 위아래로 비혁명적인 '이질적 계급세력'이라는 혐의로 오해받지 않기 위함이었다. 두번째는 스스로 억울함을 당했거나 괴롭힘을 당한 적이 있던 사람들의 '조반정신'이 훨씬 강할 것이라 생각했기 때문이다. 따라서 조반조직의 구성원 중에는 자연히 앞에 있었던 '작은 덩튀'나 '우파' 분자들이 많았다. 하지만 출신 성분의 좋고 나쁨이나 정치적인 '적극분자'의 여부, 혹은 당원이나 단원의 여부는 모두 일반 조직원이나 혹은 우두머리가 되는 데 장애가 되지는 않았다. 조반조직은 조반의 관점을 가진 모든 사람의 참여를 환영했으며 더 이상 출신 성분이 어떤가는 따지지 않았다. 물론 상대 파벌의 공격을 받을 만한 구실을 만들지 않기 위해, 형사처벌을 받은 범죄기록이 있는 사람들은 일반적으로 받아 주지 않았다.

당연히 신중국 17년의 역사 동안 억울함을 당했거나 스스로 억울하다고 생각하는 사람들은, 1957년에 '우파'로 몰렸거나 1959년에 '우경'으로 숙청당한 사람들을 포함하여 모두 조반을 지지했다. 왜냐하면 조반파들이 제기한 '자산계급 반동노선 비판'(해방 후 17년을 포함해서)의 구호는 그들을 매우 북돋웠기 때문이다. 이른바 '모자를 벗은 우파'〔摘帽右派〕, 즉 원래 '우파'였다가 후에 그 딱지를 뗀 사람들은 각종 조반조직에 적극 참여했다. 1957년에 '우파'로 몰렸었던 후난일보사의 문화계 사람들은 함께 모여 신문이나 특집호를 출간하며 그들의 문제가 복권되기를 요구하기도 했다. 그 근거는 바로 그들이 '주자파'에 의해 박해를 받았다는 것이다. 그 힘의 근원은 당시 조반의 뜨거운 열기에서 나왔다. 또한 과거에 억울함을 당했거나 각종 징벌을 받은 적이 있던 적지 않은 노간부들은 단독으로 자체 조직을 결성하기도 했다. 예컨대 '샹강 전투단에 대한 공격을 반대한다'라고 하면서 적극적으로 조반운동에 참여하였다. 심지어 '상중규찰총대'(湘中糾察總隊)라고 불리던 원래 중공 지하무장요원으로 결성된 조직이 조반의 깃발을 들기도 했다. 그 이유는 해방 전 원래 '중국인민해방군 상중규찰총대'라고 불리던 이 군대는 신중국 성립 이후 몇 명 책임자의 당적을 승인한 것 외에는 수백 명의 부대가 강제로 해산되었기 때문이다. 그들은 당연히 매우 불만이었고, 이것이 해방 초기의 성위 지도자들 탓이라고 생각했다. 문혁 조반의 물결이 일어나면서 일찍이 중국 공산당의 사업을 위해 생명의 위험을 무릅쓰던 사람들 역시 조반을 시작했고, 그들이 마땅히 받아야 할 권익을 찾기를 원했다(그들의 조반은 성공했다. 문혁이 끝난 뒤 그들의 문제는 모두 해결되었고, '상중규찰총대'는 중국 공산당이 지도하는 무장세력으로 인정받았다).

도시에서 농촌까지 지식청년들은 당연히 태생적인 조반파였다. 문혁 이전 이미 많은 중고등학교 졸업생들이 농촌으로 하방(下放)되어 광활한 땅에서 노동하며 살아왔다. 하지만 농촌으로 내려가는 일에 대해 극소수의 이상주의 청년들을 제외한 대다수의 학생들은 원치 않았다. 왜냐하면 그들과 그들의 가장들이 어린 나이에 낯설고 생활조건이 상대적으로 어려운 곳으로 보내지는 것에 대해 모두 진심으로 동의했을 리 없기 때문이다. 단지 사회제도의 압력이나 다른 몇 가지 원인들 때문에 이들 졸업생들은 '지식청년'이 될 수밖에 없었다. 그러나 사람은 시골에 있었지만, 그들의 마음은 시종 도시에 있었다. 따라서 문혁 조반의 물결이 솟구쳐 오른 뒤 지식청년들은 거의 모두 기회를 틈타 재빨리 도시로 돌아왔다. 또한 '후난 홍일선 혁명조반사령부'(湖南紅一線革命造反司令部)와 같은 그들 자신의 조직을 세우기도 하고, '상강풍뢰 산응전단'(湘江風雷山鷹戰團)과 같은 조반조직에 다수가 한꺼번에 가입하기도 했다. 지식청년조직은 하나의 예외도 없이 전부 조반파였다. 조반하지 않으면 당시 그들이 어떻게 도시로 돌아오는 문제를 해결할 수 있었겠는가?

보수조직은 인적 구성상 기본적으로 스스로 선천적인 우월함을 지니고 있다고 여기는 사람들이었다. 예컨대 중공당원, 공청단원, 정치적 적극분자, 모범노동자 등이었다. 기존의 한 단위 내 혹은 전체 사회의 핵심역량들은 대부분 자연스럽게 보수조직의 행렬로 들어갔다. 출신 성분이 좋지 않은 사람들의 참여는 한동안 아예 허락되지 않기도 했다. 그들은 좋은 기강을 갖추었지만 정치적 식견은 부족했으며, '계급투쟁'의 관념 역시 종종 사람들에 대한 동정심을 압도했다. 자기 주위에 있는 많은 동료들과 동지들이 '우파'나 '반혁명'으로 몰리는 잔혹한 현실에도 그들은 흔들리지 않았다. 오히려 조반하는 군중들을 시종 깔보며 그들을 '온갖 잡귀신'이라 여겼다. 따라서 매번 집회 때마다, 새로 표어가 붙여질 때마다 '모든 잡귀신을 소탕하자!'는 구호는 줄곧 보수파들이 소리 높여 외치던 주선율(主旋律)이었다. 운동이 발전되어 나가면서 이후 보수파조직의 인적 구성에도 큰 변화가 생겼으며, 심지어 정치적인 목표까지도 모두 바뀌게 되었다. 하지만 신기하게도 누가 보수파가 되든 혹은 원래 조반파였든 간에 이후 안정으로 기울면서 어떤 단계의 현상이 유지되길 바랄 때 그들은 '모든 잡귀신을 소탕하자!'는 구호에 대해 대단히 높은 열의를 갖고 있었다.

1966년 말 조반과 보수 양 파벌의 대결은 아직은 주로 '말과 글의 폭로' 단계에 머물러 있었다. 서로 힘을 조직해 시위를 벌여 집회를 하고 한쪽에서 '성위를 포격하라!'고 하면 다른 쪽에서는 '결단코 성위를 보위하라!'고 했다. 한쪽에서 성위 서기를 '주자파'라고 하면 다른 쪽에서는 성위 서기를 '마오 주석의 좋은 간부'라고 외쳤다. 한쪽에서 '자산계급 반동노선'을 비판하면, 다른 쪽에서는 '반혁명을 단호히 진압하라!'고 외치며 첨예하게 대립했고 화약 냄새가 짙어져 갔다. 서로 대립적인 대자보와 표어 대전(大戰)은 매일 매일 일어났고, 어떤 경우 대자보를 붙이고 가면 다른 파벌 사람이 상반된 관점을 지닌 대자보를 바로 그 위에 덮어 버리곤 했다.

그러나 주먹과 발이 서로 오가는 무투(武鬪) 역시 양 파벌의 논쟁 혹은 서로 다른 관점을 가진 시위대가 만났을 경우 나타나기 시작했다. 하지만 이런 무투는 이후 진짜 칼과 창, 대포와 탱크가 모두 등장했던 무투에 비하면 아직 '걸음마' 수준이었다.

'큰 강에 물이 있으면 작은 강에 물이 넘치며, 큰 강에 물이 없으면 작은 강은 바싹 마른다'(大河有水小河滿, 大河無水小河乾).

사회 양 파벌의 힘 대결의 결과는 각 단위 내 조반파의 명망에도 뚜렷한 영향을 주었다. 따라서 어느 단위의 조반파도 사회 양대 파벌투쟁에 말려들어 가지 않은 경우가 없었다.

우리 '상강풍뢰 홍색지대'도 '상강풍뢰' 총부가 주최하는 각종 집회와 시위나 표어 대전에 빠지지 않고 참가했다. 또한 지대 사무실의 도로 쪽에 난 창문턱에 고음용 확성기를 설치하여, 우리 지대에 자발적으로 참가한 두 명의 중학생이 매일 방송으로 성위를 공격하고 보수조직의 전단과 대자보를 규탄했다. 그러고 난 뒤 마오쩌둥 주석의 '조반유리'에 관한 어록 노래 음반을 교대로 방송했다.

1967년 원단(설날 아침) 전날 밤 양 파벌의 투쟁은 고조에 달했다.

성위기관 안에 성위 비판 대자보를 붙인 조반파 사람과 '홍색정권보위군' 사이에 충돌이 발생했고 순식간에 무투로 변해 갔다. 쌍방 모두 주먹으로 얻어맞고 발길질을 당해 부상을 입었다. 소식을 접한 양쪽 총부에서는 즉각 지원군을 추가로 보냈다. 창사시 조반파와 보수파 조직의 우두머리들은 모두 이번 성위기관 안에서 일어난 충돌을 싸움의 승패를 가르는 계기로 보았다. 따라서 양 파벌조직에서 보낸 수만 명의 사람이 성위기관 앞마당으로 소집되었고, 주먹과 발길질·돌 등을 무기로 한 문혁 전반부의 대규모 무투가 전개되었다.

상강풍뢰 총부에서는 우리 홍색지대에 성위기관으로 사람을 보내 싸움을 도우라고 통보해 왔다. 전화는 한밤중에 걸려 왔다. 중유신 대장은 집으로 돌아갔고 지대 사무실에는 나와 세 명의 청년만이 대자보를 쓰고 있던 중이었다. 나는 밤중에 각 기층 단위에서 사람을 차출한다면 아무런 문제도 없을 거라 생각했다. 우리 회사는 주야 삼교대로 일하는 공장도 아니어서 한밤중에 근무하는 곳은 아무 데도 없었다. 그래서 나는 우선 성위로 가 보기로 결정했다.

우리 네 명이 자전거를 타고 공원 같은 성위 안마당으로 들어섰더니 도처에는 모두 새까맣게 모인 조반파 사람들뿐이었다. 규찰임무를 맡은 몇 명의 조반파들이 우리를 막으며 손전등으로 어깨에 찬 '상강풍뢰' 붉은 완장을 비춰 보더니 "아, 조반파군요"라고 말하면서 정중하게 우리를 규찰선 안으로 들어가게 했다.

몇 채의 사무실 건물은 등불로 온통 환했고 '홍색정권 보위군'과 '노동자 적위대'의 홍기가 몇 개 창문 밖으로 펼쳐져 있었다. 많은 사람들의 그림자가 창문 안 불빛 아래 흔들거렸고 이따금 돌이나 타구 등이 창문 밖으로 던져졌다.

옆의 사람들이 내게 '보자호'〔保字號; 당시 조반파는 보수파를 '보자호'라 불렀다〕가 전부 건물 안에 포위되었다고 알려 주었다.

과연 건물 밖에는 전부 조반조직의 홍기가 세워져 있었다. 수천수만 명의 조반조직 완장을 찬 남녀들이 있었고, 특히 많은 청년들이 건물을 에워싸고, 계속해서 소리치고, 욕하며, 때때로 돌을 주워 건물 창문을 향해 던지곤 했다. 7~8대의 고음용 확성기를 단 선전차가 끊임없이 마오쩌둥의 유명한 어록 노래를 틀어 댔다.

"혁명은 공짜 밥이 아니다. 글로 하는 것도 그림을 그리거나 수놓는 일도 아니다. 그렇게 고상하고 그렇게 태연자약하며 우아하고 조화롭게 그렇게 온화·선량·공경·절약·겸양하게 할 수 없다! 혁명은 폭동이다. 한 계급이 다른 계급을 뒤엎는 격렬한 행동이다……."

어떤 이는 '홍색정권 보위군'에게 성위 앞마당에서 '꺼져 버려!'라는 최후통첩을 힘껏 외치고 있었다.

이때 힘의 비율은 조반파가 뚜렷하게 우세를 점하고 있었다. 창사시의 양대 파벌은 사람 수로 계산하면 시작 당시엔 보수조직의 사람이 조반조직을 능가했지만, 대결이나 충돌이 벌어질 때마다 조반파가 쉽게 우위를 점했다. 왜냐하면 조반파엔 청·장년층이 많았고, 적극적인 활동분자가 많아 부르는 즉시 쉽게 달려왔기 때문이다.

건물의 한쪽 문이 부딪히며 열리자 한 무리의 사람들이 한꺼번에 쏟아져 들어갔다. 우리 몇 사람도 얼른 건물로 들어갔다. 건물로 들어가자 우리 몇 명은 곧 흩어져 버렸다. 나 혼자 곧바로 건물 위로 올라갔다. 내가 3층 홀로 올라갔을 때 10여 명의 '홍색정권 보위군' 완장을 찬 사람들이 손에 의자와 널빤지, 타구 등을 든 채 벽에 몸을 기대고는 나를 노려보고 있었다.

당시 난 누구를 막론하고 무투를 벌이는 일은 당 중앙의 「16조」 규정을 위반하는 것이라 생각했다. 비록 관점이 서로 다르더라도 모두 '계급형제'들인데 왜 피를 흘려야 하는가.

그래서 난 그들 앞에 서서 외쳤다. "어이, 왜 아직 가지 않는 거야? 너희들이 가기만 하면 모두들 아무 일도 없을 거다."

"너희들이 우리를 둘러쌌는데 어떻게 가냐!"

낡은 황색 군복을 입은 한 사람이 매우 화를 내며 말했다.

좌우를 살펴보니 1층엔 계단 입구 하나밖에 없어 내가 서 있는 입구로 내려가지 않으면, 창밖으로 뛰어내리는 것 외에는 확실히 나갈 수 있는 길이 없었다.

"우리 협상할까?"

나는 잠시 방법이 생각나지 않아 입에서 나오는 대로 말했다.

"어떻게 협상을 하나?" 상대방 측에서 또 소리쳤다.

하지만 이때 내가 대답도 하기 전에, 계단 위로 몇 명의 청년들이 올라와 홀에 있던 '홍색정권 보위군' 사람들을 보자마자 아래층을 향해 크게 외쳤다. "어서들 와 봐! 여기 보수파 놈들이 있다!"

갑자기 수십 명의 사람들이 올라왔다. 어떤 사람은 다리가 부러진 의자를 들고 왔고, 어떤 사람은 돌을 움켜쥐고 있었다.

나는 황급히 그들을 향해 말했다.

"모두들 침착해. 지금 저들과 협상 중이야."

"협상은 무슨 개 풀 뜯는 소리. 공격!" 어떤 사람이 외쳤다.

"투항하라!" 어떤 사람이 소리 높여 외쳤다.

내 말을 진지하게 듣는 사람은 없고 격앙된 말소리뿐이었다. 어느 쪽에서 먼저 돌을 던졌는지는 모르지만, 순식간 홀 안은 '투닥투닥' 하며 돌과 병과 타구와 화분 등의 물건이 마구 던져졌다. 그때 나는 어떻게 생각했는지 모르지만 갑자기 주머니 속에서 붉은 비닐 표지의 『마오 주석 어록』을 꺼내, 홀 가운데로 달려가 그 책을 휘두르며 계속해서 빙빙 돌며 고함을 쳤다. "문투(文鬪)를 하고 무투(武鬪)를 하지 마시오! 모두들 진정……" 두 마디도 안 되는 소리를 외쳤을 때, 에나멜 칠을 한 타구 비슷한 물건이 내게 날아와 눈앞에서 불꽃이 번쩍하더니, 바닥 위로 넘어져 인사불성이 되었다.

내가 깨어났을 땐 이미 막 시동을 거는 구급차 안에 누워 있었고, 똑같이 완장을 찬 흰옷의 여간호사가 바로 내 머리 위에 약을 바르고 거즈를 싸매고 있었다. 그녀는 내게 왼쪽 귀가 찢어져 피가 많이 났으니 병원으로 가 꿰매야 한다고 알려 주었다.

흐릿한 수염을 가진 조반조직 '청년근위군'의 붉은 완장을 찬 청년이 구급차 옆에 서서 나를 보며 웃으며 말했다.

"정말 어리석기도 하지! 그런 상황에서 무슨 문투니 무투니 하며 외치다니."

난 무슨 말인가 싶었는데 여간호사가 이 청년이 나를 위층에서 업고 내려왔다고 알려 주었다. 그래서 난 잠시 감사한 마음이 들었다. 안타깝게도 그의 모습을 똑똑하게 보지 못한 채 구급차가 출발했다.

성 인민병원은 조반파가 우세했기 때문에 성위기관 앞마당에서 벌어진 무투에서 부상을 입은 사람들은 모두 여기로 보내졌다. 따라서 이곳은 '조반 병원'이 되었을 뿐 아니라 그야말로 '전시 병원'이기도 했다.

나는 이 병원에서 일주일 동안 누워 있었다.

창사시의 보수파는 성위기관에서 벌어진 무투에서 불리하게 된 이후 사회적으로 점차 진지를 상실해 갔다. 무투 '승리'의 위력을 빌린 조반파는 거리와 골목의 담벼락과 따로 설치된 선전 게시판을 휩쓸었다. 보수파들이 붙여 놓은 모든 대자보와 표어를 찢어 버리고 자신들의 것으로 바꾸었다. 보수조직 쪽 사람들은 거리에 대자보를 몇 장 붙이기도 전에 바로 조반파 청년들에게 둘러싸여 욕설부터 시작해 풀통과 먹물통을 걷어차이고 종이와 붓을 빼앗겼으며, 심지어는 주먹으로 맞고 발길질을 당했다. 결국 보수조직의 사람이 달아나 버려 끝이 났다. 이렇게 며칠 동안 거리의 대자보 여론은 기본적으로 모두가 조반파의 관점이었다. 특히 1967년 1월 들어 『인민일보』와 『홍기』에서 「프롤레타리아계급 문화대혁명을 끝까지 벌이자」는 공동사설을 발표하면서, '당내 자본주의 노선을 걷는 당권파를 향해 맹렬한 투쟁을 전개하자', '자산계급 반동노선을 철저하고 깊이 비판하자'고 호소하자 조반파들은 더욱 고무되었다. 이와 달리 보수조직은 정신적인 타격을 받았다. 왜냐하면 '보황파' 혹은 '보수파'의 모자는 원래 그들이 영광으로 생각하던 자랑거리였기 때문이다. 그래서 입만 열었다 하면 '이 몸은 보위할 것이다!', '성위와 시위를 보위하고 각급 당위를 보위하자!', '이 개자식들 반란을 일으킬 생각은 하지 마라!' 등이었다. 그런데 이제 와 당 중앙에서 '당내 주자파'를 향해 공격하고 조반하라고 호소하니 그들은 어찌할 바를 몰랐다. 이론적으로 지키고 싶던 것들도 대세의 흐름 속에서 약해져만 갔다. '홍색정권 보위군' 총부의 우두머리들이 한바탕 격렬한 내부 토론을 거친 후에 그들의 투쟁 구호를 조정하여 '성위 내 주자파를 타도하자!', '자산계급 반동노선을 철저하게 비판하자!' 등의 표어를 내걸었지만, 진작부터 사람들이 알고 있던 이러한 내용은 결코 신선한 구호가 아니었다. 그들의 입속에서 터져 나왔을 때는 이미 너무 늦었고 그다지 그들을 돕지는 못했다. 조반파는 이미 대회를 소집하여 성위 서기와 시위 서기들을 비판했다. 둥펑(東風)광장에서 진행된 수만 인 비판대회에서 성위 제1서기인 장핑화는 종이로 붙인 높은 모자 하나를 억지로 쓰고는 허리를 굽혀 그의 '9·24보고'와 그 결과에 대한 조반파들의 성토와 규탄을 가만히 듣고 있었다. 문화대혁명의 정세는 조반파에게 유리한 방향으로 빠르게 발전해 나가 점점 더 많은 사람들이 조반파에 참여하게 되었다. 당 중앙의 목소리가 모두 조반을 지지하고 있으니 조반파의 세력 역시 갈수록 커졌다. 각 단위의 당 조직 지도자와 '당권파'들은 모두 무조건 하자는 대로 따르기 시작했다. 또한 원래 조반을 하든 말든 아랑곳하지 않던 많은 사람들 역시 시류에 따라 조반파의 붉은 완장을 차기 시작했다.

이론으로나 실력으로나 정신으로나 이미 모두 우월감이 사라진 보수파조직은 사분오열될 처지에 직면하게 되었다.

1월 16일 당 중앙의 권위적인 이론 간행물인 『홍기』에는 문화대혁명을 지도하는 평론가의 문장이 발표되었다. 제목은 「프롤레타리아 혁명파가 연합하기 시작했다」는 것으로 이 평론에서는 '무슨 홍색정권 보위군!' 이라고 하며 공식적으로 이름을 거론하여 비난하였고, 이들을 '당내 자본주의 노선을 걷는 당권파조직의 어용도구' 라고 불렀다. 그 뒤 1월 22일 저우언라이 총리가 베이징에 온 외지 군중조직의 사람들을 접견하는 자리에서 일부 홍위병조직의 이름을 거론하며 비난했다. 그들이 '홍기를 내걸고 홍기에 반대하는 반혁명조직' 이라는 것이다. 그 중에는 베이징의 '연합행동위원회' (연동)와 시안의 '홍색공포대' 가 있었고 후난의 '홍색정권 보위군' 도 있었다.

이것은 그야말로 폭탄과 같은 말이었다!

'홍색정권 보위군' 과 그 동맹조직인 '8·1병단' , '노동자 적위대' 등의 보수조직 사람들은 순간 어안이 벙벙하여 어찌할 바를 모르며 순식간에 사기가 뚝 떨어졌다.

조반파들은 방송이나 신문에서 『홍기』평론을 듣거나 보고는 이루 말할 수 없이 기뻐했다. 『홍기』평론가를 옹호하고 경축하는 문장과 '당내 주자파의 어용도구인 홍색정권 보위군을 뒤집어엎자!' 는 표어와 구호들이 순식간에 창사시 전체 거리와 골목을 가득 메웠다. 1월 17일 오후 창사시의 각 조반조직은 공동 행동에 나섰고, 수천 명의 조반파 사람들이 일거에 성 정협[中國人民政治協商會議] 건물 안에 주재한 '홍색정권 보위군' 총부를 봉인해 버리고, '홍색정권 보위군' 사람들을 쫓아내 버렸다. 물자 전체는 각 조반파조직에게 몰수당하고, '홍색정권 보위군' 의 군기와 인감은 현장에서 찢어발겨지거나 부서지고, 사람들이 전리품으로 가져가 버렸다. 각 조반조직에선 몇 대의 선전차량을 이용해 공동으로 '홍색정권 보위군' 의 즉각적인 해산을 명령하는 '통첩' 을 방송하였다. 이에 대해 어느 보수조직의 사람도 반대하지 못했으며 자신을 변호하는 사람도 없었다. 그저 조반파 사람들의 환호성뿐이었다.

그 후 며칠간 '8·1병단' 과 '적위대' 등 보수조직은 계속해서 조반파에게 조사당하고, 붕괴되었지만, 대세의 흐름에 따라 반항할 수 없었고 반항할 리도 없었다.

문화대혁명은 장장 10년간 벌어진 '연극' 이다. 이 연극에서 사회 기층 배우들의 변동이 기본적으로 크지 않았다. 그러나 서로 다른 정세와 분위기에서 배우들은 자연스럽게 승리자 혹은 실패자의 역할을 맡게 된다. 매 지역이나 단위 모두 그랬다. 오늘 당신이 승리자라면 주변 사람들 모두 당신을 찬동하거나 옹호한다고 느낄 것이다. 내일 당신이 실패자가 된다면 주변의 모든 것이 당신에게 반대하거나 당신에게 불리하다는 것을 알게 될 것이다. 난 이 점을 생각할 때마다 역사의 파도 속에서 한 사람의 개인은 정말로 보잘것없고, 정말로 가련하다는 것을 느낀다. 진정으로 영향을 미치는 것은 역사발전의 규칙과 그 밖에 나타나는 소위 '정세' 라는 것이다.

1967년 1월 중순이 되자 창사시의 보수조직세력은 전부 분열되고 흩어져 결과적으로 무너진다. 창사시는 성의 수도[省會]이다. 성의 수도는 정치의 중심지로 성 전체를 이끌고 영향을 미친다. 이에 따라 후난성 전체 '홍색정권 보위군' 과 그와 한 파벌인 모든 조직이 잇달아 하나씩 무너지게 되었다.

반면 조반조직은 급속히 발전되고 강화되어 확장되어 갔다. 업종과 지역을 초월한 최대 사회조반조직인 '상강풍뢰'(전칭은 '마오쩌둥주의 홍위병 상강풍뢰湘江風雷 정진종대挺進縱隊'임)는 순식간에 성 전체에서 백만여 명의 군중을 보유하게 되었다. 공업과 광업 기업뿐 아니라 기관이나 학교에까지 뻗어 나갔고, 심지어는 가도주민들도 '상강풍뢰' 소분대의 조직을 갖게 되었다.

'상강풍뢰' 제1인물인 예웨이둥(葉衛東 : 문혁 전의 이름은 예둥추葉冬初였다)은 나이가 스물일곱에 불과한 중학교 교사였다. 그의 직책은 원래 교실에서 수십 명의 어리고 여린 학생들을 상대하는 것이었지만, 몇 개월간 진행된 문혁의 풍랑은 그를 수천수만의 군중을 상대하며 연설 재능을 펼쳐 보일 수 있는 웅장한 무대로 끌어올렸다. '홍색정권 보위군'을 무너뜨리고 난 뒤 어느 날, 그는 마이크로 성 전체 조반조직 책임자의 전화회의를 소집하기도 해 그의 말소리는 후난성 곳곳으로 신속하게 퍼졌다.

문혁 이후 한번은 그가 내게 말했다. 그는 자신이 풍운의 인물이 될 거라고는 전혀 생각지 못했으며, 항상 좋은 교사가 되어 제자들이 많았으면 하는 꿈을 꾸었다는 것이다. 그러나 학교 당 총지부에서 문혁 초기 그를 '우파분자'로 몰았고, 이렇게 되자 그는 다시는 달콤한 꿈을 꿀 수 없게 되었으며, 도리어 수차례 고난을 당한 그의 이름이 후난성 문혁사지(文革史志)의 눈에 잘 띄는 위치에 새겨 넣어질 거라는 것이었다. 만약 정말 이러한 한 편의 역사기록(史志)이 생긴다면 말이다.

조반파가 승리했다. 우리는 너무나 기뻤다. 정말로 이른바 '성대한 경축일'이 온 것 같은 기분이었다.

당 중앙이 선포한 전략 배치에 따라 그 다음은 바로 '프롤레타리아 계급 혁명 조반파가 연합하여 당내 자본주의 노선의 권력을 탈취하자!'였다.

권력을 탈취하다니. 조반파들은 마음속으로 이 문화대혁명이 분명 곧 끝날 것이며, 혁명 조반파가 완전한 승리를 거두고 끝나게 될 것이라 생각했다.

누가 알았겠는가. 우리는 너무나 천진난만했고, 너무나 유치했으며, 너무나 무지했다!

우리 앞에 기다리고 있었던 것은 무슨 승리나 종결이 아니라, 장장 십여 년에 달하는 끝없는 투쟁과 고난이었다. 문혁은 십 년 동안 일어났지만 많은 조반파들에게 그것은 십수 년이었다. 왜냐하면 '사인방'이 타도된 이후에도 우리의 고난은 아주 오랜 기간 동안 계속되었기 때문이다.

우리 회사의 각 단위에서도 모두 '홍색정권 보위군'이나 '적위대', '8·1병단'의 분대조직을 만들었다. 내가 소속된 기계수리 공장에는 삼십여 명의 사람들이 당 지부의 은밀한 지지 아래 '적위대' 분대조직을 만들었고, 대원들은 모두 공장 내 정치부문의 간부나 혹은 정치적 적극분자들이었다. 학력 수준은 높지 않았지만 대담하게 말을 하는 보일러공이 대장으로 추천되었다. 공장 내 '상강풍뢰' 소분대와 '동방홍 총부'의 소분대 조반파 사람들이 그들과 가끔 논쟁을 벌이기도 하고 대자보에서 붓과 먹으로 대결하기도 했다. 우선 글이든 말이든 간에 그들은 모두 양진허의 상대가 아니었고, 또한 쌍방 모두의 주요 관심사는 사회 양 파벌의 대결이었기 때문에 공장에선 표면적으로는 아무 일도 없는 듯 평온했다. 성위기관의 무장투쟁 때는 직접 가서 우리 조반파를 지지했고, 그들 역시 몰래 세 사람을 보내 '적위대'를 지지했다. 단지 우리가 직접 만나지 못했을 뿐이었다. 그 당시 쌍방 모두 해당 단위의 정치세력 대결의 승부는 절대적으로 사회 양대 파벌세력의 대결 결과에 따라 결정된다고 생각하고 있었다. 때문에 단위 내에서는 기본적으로 큰 충돌이 일어나지 않았다.

'홍색정권 보위군'이 무너지자마자 우리 공장 내의 '적위대' 사람들은 당황했다. 우리가 행동하기도 전에 그들의 대장은 '노동자 적위대 탈퇴'라고 쓴 대자보 성명에 이미 서명했다. 하지만 그들 조직은 아직 존재하고 있었다. 단지 이름을 '마오쩌둥 사상 보위 전투대'(保衛毛澤東 思想戰鬪隊)로 바꿨을 뿐이었다. 양진허와 허우촨장 등이 상강풍뢰 홍색지대 사무실로 날 찾아와 이러한 상황을 말해 주었다. 공장 '적위대' 조직의 몇 사람에 대해 우리는 이미 분명한 입장이 있었고, 더욱이 양진허는 쌓이고 쌓인 원한이 있었다. 왜냐하면 그 몇 사람이 문혁 이후 '작은 덩퉈' 체포운동의 핵심세력이거나 9월에 '우파'를 잡은 적극분자들이었기 때문이다. 본래 정치운동을 할 때는 당 조직에서 지휘하고 배치하는 것이지 참가자 개인에겐 책임이 없다. 하지만 운동 과정에서 그 몇 사람은 양진허와 동료들에 대해 너무나 많은 거짓말들을 했고, 사람을 사지로 몰고 싶어 하는 마음이 뚜렷했다. 중앙에서 '작은 덩퉈' 와 '우파분자'의 복권을 명령한 긴급지시가 내려온 후에도, 이 몇 명은 그들 때문에 괴롭힘을 받은 사람들에게 사죄하거나 잘못을 빈 적이 없었다. 따라서 양진허와 동료들은 마음속으로 화가 나 있었다. 나는 양진허의 처지를 매우 동정하고 있었으므로 당연히 그 몇 사람이 눈꼴사나웠다. 이제 보수조직이 모두 무너졌는데도 그들은 여전히 해산하지 않다니, 나는 당연히 참고 견딜 수가 없었다.

나는 '상강풍뢰 홍색지대' 명의로 '강제명령'을 썼고, 양진허 등은 대자보를 등사해 공장 안 선전 게시판에 붙였다. 기존의 '노동자 적위대' 조직을 즉각 해산할 것을 '강제명령'하고, 적위대 조직의 도장과 깃발·완장 등의 물자들을 모두 내놓으라고 했다. 또한 기존의 '적위대' 사무실을 비워 모두 공장 '상강풍뢰'와 '동방홍총부' 조직의 '조반연합사무실'에 넘기고, 그 우두머리는 반드시 공개적인 반성문을 쓰라고 했다(우리도 그들의 진짜 우두머리가 누구인지 몰랐다). 또한 간판만 바꿔 계속 그들의 조직을 유지해 우리를 위협할 수 없다고 했다. 만약 그대로 실행하지 않는다면 우리는 어찌어찌할 것이며, 그들에 대한 '혁명운동'을 취할 것이다 등을 운운하였다.

다음 날, '마오쩌둥 사상 보위 전투대'는 대자보 성명을 붙여 스스로 해산한다고 선고했다. 양진허와 동료들은 원래 적위대가 점용했던 사무실과 그들의 도장과 깃발을 순조롭게 인수받았다. 보일러공 신분의 그 '노동자 적위대' 분대장 역시 '마오 주석 혁명노선에 투항한다!'는 제목의 대자보를 써 붙이고 그들이 '입장이 잘못된 조직'이라는 것을 인정했다. 그 밖에 두 명의 정치공작을 맡은 대원들 역시 '창끝을 돌려 반격하다'는 제목의 대자보를 써 붙여 자신들이 과거에 '류사오치 수정주의 노선에 속아 넘어갔다'고 하면서 '앞으로는 반드시 마오 주석 혁명노선에 서 있을 것'이라고 밝혔다.

이에 대해 나는 무척 만족스러웠다. 양진허 역시 매우 기뻐하며 말했다. "그들이 이렇게 나오기만 한다면 나 역시 화내지 않을 거고, 그들을 미워하지도 않을 걸세. 과거 일은 다시 생각하고 싶지 않아."

그러나 원래 우리보다 노련하고 정치운동의 경험이 풍부한 그들은 결코 우리를 잊지 않았으며, 양진허라는 이 '우파'를 잊지 않았다. 이후 몇 년간 발생한 일은 이 사실을 명확히 보여 준다.

하지만 당시 한 장의 대자보로 우리보다 나이도 많고 당원, 심지어 당 지부위원의 신분을 보유한 사람들로 하여금 우리 같은 젊은 노동자 들에게 할 수 없이 반성문을 쓰게 만들었다는 사실로 보면, 조반의 기 세가 얼마나 대단한 위력이 있었는지 알 수 있다.

조반파들이 권력을 얻게 되자 조반조직에 참가하는 군중들이 갈수 록 많아졌다. 그들이 보기에 조반파는 중앙의 찬양과 지지를 받고 있 었고, 또한 매일같이 '조반' 구호와 '조반유리' 노래를 불러 대는 광기 의 세월 속에서 세상일을 묻지 않는 도연명(陶淵明)이 될 수 있는 사람 은 극히 드물었다. 언젠가는 어떤 조직에라도 가입해야 비로소 안심할 수 있다고 생각했는데, 이제 '홍색정권 보위군' 과 '노동자 적위대' 가 모두 무너졌으니 당연히 조반조직에 참여해야 안심할 수 있었다.

우리 회사 '상강풍뢰 홍색지대' 의 조직원들 역시 백여 명에서 거의 천 명에 가까운 규모로 급증하여 회사 전체 총 직원 수의 1/3을 차지 했고, 당시 회사 전체 조반조직 중 그 힘이 가장 컸다. 중 대장은 당연 히 매우 기뻐했고, 자신의 조직원이 많으니 회사 내에서의 그의 지위 역시 의심할 바 없이 더욱 권위가 있었다. 나는 그의 그런 의기양양한 기색을 느낄 수 있었다. 생각해 보면 당연하다. 예전에 종일 생산 작업 장에서 일만 하던 일개 염색공이, 원래 그의 성이 무엇인지 이름이 무 엇인지 몇 사람 알지도 못하던 젊은 노동자가, 조반이라는 동풍을 타 고 갑자기 순식간에 회사 전체에서 가장 비중 있고 권위 있는 인물이 되었으니 어찌 자랑스럽고 득의양양하지 않겠는가? 스스로는 아직 유 치했지만, 그러한 기쁨이 두말할 것 없이 내 자신의 얼굴에 걸렸다. 왜 냐하면 그러한 날들을 정말로 편안하게 보냈기 때문이다.

사람의 운이 트이면 기쁜 일이 연달아 생기나 보다. 우리 '홍색지대'의 인원수가 늘어나기도 전에 어떤 이가 또다시 내게 '더욱 큰 책임 직'을 맡으라고 설득했다.

1월 하순 성 약재공사 '상강풍뢰' 조직의 우두머리인 위안핑타이(袁平泰)가 우리 사무실로 찾아오더니, 이미 '상강풍뢰' 총부 우두머리의 허가를 받았으니 성 전체 재경무역상업 라인(系統)의 '상강풍뢰' 조직을 모두 '상강풍뢰 재무전단'(湘江風雷財貿戰團)의 틀 내로 규합하자고 했다. 위안핑타이는 대략 서른 즈음의 간부 출신으로 작년 '9·24보고' 때 '우파'로 몰린 데 분개하여 조반을 하게 되었다. 그는 우리에게 있는 힘껏 요청했고 특히 중유신 지대장에게는 함께 가서 주비사업(籌備工作)을 맡자고 했다. 중유신은 이 일에 대해 하루 동안 생각해 보더니 내게 의논하며 말했다. "위안핑타이가 하고 싶어 하는 '재무전단'일 말야. 내가 보기에 해볼 만한 가치가 있는 것 같아. 어쩌면 정말로 잘 될지도 모르잖아. 만약 잘 된다면 우리에게도 큰 이익이 될 테고."

당시 난 확실한 결단을 해야 하는 큰일에 대해서 전혀 자신감이 없었다. 완전히 중유신의 결정을 믿고 난 그저 집행 책임을 맡을 뿐이었다. 중유신이 '재무전단'에 관심 있어 하는 걸 보고 그를 지지하며 말했다. "그럼 좋아요! 위안핑타이와 함께 일하러 가세요. 여기 지대의 구체적인 일은 모두 제가 맡을게요. 큰일이 생기면 다시 찾아뵙고 결정하죠."

"아니야! 난 안 가."

중유신은 마음속에 이미 계산이 다 된 듯 내게 손을 휘저었다.

"그럼……." 난 그의 뜻이 이해가 가지 않았다.

"자네가 가게!"

"저보고 가라고요?" 난 순간 멍해졌다.

"전 안 돼요! 누가 저 같은 견습공 아이를 믿겠어요?"

중유신은 내게 더욱 상세하게 그의 생각을 말했다. 첫째, 우리 홍색지대는 더욱 많은 사회지원세력이 필요한데, 이 '재무전단'은 아마 우리의 가장 직접적인 큰 후원자가 될 것이다. 둘째, 내가 가는 것이 그보다 더 낫다는 것이다. 우선 그는 회사 홍색지대의 일에 아직 손을 놓을 수가 없고 많은 일들이 그가 아니면 안 되었으며, 또한 조직이 클수록 책임자의 출신 성분과 개인적 상황이 되도록 '단단'해야 한다는 것이다. 그래야 다른 사람들에게 무슨 꼬투리를 잡히지 않을 수 있고, 바로 이 점에서 내가 그보다 낫다는 것이었다.

그의 말을 듣자 일리가 있다는 생각이 들었고, 신천지를 여는 셈 치자고 생각했다.

중유신은 또 당부하며 말했다.

"매일 그곳을 지킬 필요는 없네. 권력을 장악할 수 있는 일을 좀 하면 돼. 평소 시간이 있을 땐 자주 지대로 돌아와 일을 맡아도 되고."

'상강풍뢰 재무전단'의 간판은 불과 며칠 만에 내걸렸다. 우리는 성 상업청 내의 행정 담당 요원에게 네 칸의 크고 작은 사무실을 요구해, 각각 '사령부'·'정치부'·'조직부'·'후근부'(물자나 병참 보급 업무를 담당하는 부서)라는 작은 간판 못을 박았다(이는 꼭 오늘날 회사를 여는 기분과도 같았다). 사무실은 당연히 월세를 낼 필요가 없었다. 위안펑타이가 '상강풍뢰' 총사령부에서 발급한 차용증을 가지고 성 상업국을 찾아가거나 부청장을 만나 그의 비준만 받으면 사무실은 바로 정해졌다.

어느 날 위안펑타이는 나와 다른 예닐곱의 사람을 불러 회의를 열고는 '상강풍뢰 재무전단'의 성립을 선포했다. 또한 이미 총부에서 동의했다고 하며 '전단' 영도조의 구성원을 선포했다. 당연히 라오위안〔老

袁 : 위안핑타이를 가리키며, 중국에서는 일반적으로 자신보다 나이가 많은 사람에게는 성 앞에 라오老를 붙이고, 나이가 적은 사람에게는 성 앞에 샤오小를 붙여 호칭한다)이 '사령'이자 '정치부 주임'을 겸직하고, 나머지 의약회사의 라오뤄(老羅)가 '조직부장'을 맡았다. 라오위안이 "후근(後勤)부장직은 '샤오천'(小陳)이 맡으시오!"라고 말해 나는 갑자기 '부장'이 되었다.

사실 그 당시 무슨 '사령'이니 '부장'이니 하는 일을 맡는 것은 아주 쉬웠다. 머리회전이 빠르고 하고 싶은 뜻이 있는 사람이면 십여 명의 사람을 규합해 성위 안에 있는 '성 문혁접대사무실'이라 불리는 기관에 가서 모모 조반조직의 성립을 요구하는 보고서 몇 부를 전해 주기만 하면 되었다. 이미 홍위병과 조반파에 의해 머리가 어질어질하고 띵해진 성위 사무직원들은 곧바로 활동경비를 지급해 주고, 조직설립 증명서를 내주었다. 이 증명서와 경비만 있으면 곧바로 무슨 '사령부'니 '정치부'니 하는 인감을 새길 수 있었고, 조직의 붉은 완장도 주문 제작할 수 있었다. 만약 재빨리 '사무'용 방을 얻을 수 있게 되면 조직 역시 커지게 되어 '사령'이나 '부장'이란 말을 귀에 박히도록 들을 수 있게 된다. 그 뒤론 더욱 쉬워져 심지어 누구를 찾아가 비준을 받는 일도 필요 없게 된다. 함께 일할 수 있는 사람을 찾고, 스스로 깃발을 세우고 장대를 세우면 '사령부'라는 게 성립되는 것이다. 문혁 조반 초기 확실히 일부 사람들은 결코 진지하게 조반을 하지 않았고, 정치운동에 대한 마음도 없었다. 그러다 '조반'의 깃발을 들고 사람들이 모이면, 기회를 틈타 무력을 과시하고 위세를 부리며 '사령'이라는 팻말을 거들먹거리는 일에만 대단한 흥미를 보였다. 그러나 이런 사람들은 결코 많지 않았고 그들 역시 표면적인 조반 활동들, 예컨대 집회나 표어 붙이는 일들을 해야 했다. 대충 그럭저럭 끼어들어 함께 흥청거리다가도 일을 하지 않게 되면 그 '사령'이라는 중독도 기껏해야 3~5일 지나면 싫증나게 된다. 그쯤 되면 놀 만한 다른 오락거리가 없기 때문이다.

물론 '고등교육학교 홍위병 사령부'나 '정강산 홍위병'·'조반유리 군 홍위병'·'상강풍뢰'·'동방홍총부'와 같이 엄숙한 조반 군중조직 의 경우는 그들의 성립과 과정·이념 모두 비교적 진지했고, 조직 성립 의 정치목적 역시 비교적 명확했다. 또한 노동자 조반조직은 대개 모 두 대학생 홍위병들의 지도와 도움을 얻었다. '상강풍뢰'처럼 노동자 가 비교적 많은 조반조직의 경우 시작 당시 지도자들은 대개 앞 시기 '작은 덩퇴'나 '우파'로 몰렸었던 간부나 노동자들이었다('상강풍뢰' 총 부의 우두머리 몇 명은 교사와 기층 간부, 노동자 등으로 그들은 하나의 예외도 없 이 소속 단위 당위에 의해 '우파'로 판정받은 짧은 이력이 있었다). 중공중앙에서 '우파' 복권을 위한 '긴급지시'를 하달한 후 이들은 펄쩍 뛰며 좋아하 고 스스로 자축했지만 동시에 막연함을 느끼며 앞으로 어떻게 해야 할 지 몰랐다. 이때 베이징과 후난 지역의 대학생 홍위병 조반파가 선구 자의 입장에서 이러한 노동자와 간부들을 힘껏 지지하고 지도하며 그 들에게 도움을 주었다. 심지어 '반혁명'이나 '우파'로 공격받았던 노 동자와 간부들이 베이징의 중앙문혁 '접대소'로 가 자신들의 억울함 을 호소할 때, 대학생 홍위병들이 '홍위병'과 같은 형식으로 노동자들 이 주체가 된 조반파조직을 세울 수 있도록 그들을 지도하고 도왔다. 후난에서 최초로 성립된 거대한 조반조직인 '상강풍뢰' 역시 1966년 10월 일군의 교사와 노동자 간부들이 베이징에서 처음으로 조직한 것 이다. 게다가 베이징의 대학생 홍위병들이 막 조직된 '상강풍뢰'를 도 와 원래 중남국 제1서기이자 당시 당 중앙 지도자 서열 4위였던 타오 주(陶鑄)에게 조직의 '고문'을 맡아 달라고 요청했다. 타오주는 정말로 흔쾌히 '상강풍뢰'의 붉은 완장을 받았다.

당시 조반조직의 발기인은 이후에 모두 조직의 우두머리가 되었다. 그러나 10년의 역사를 놓고 볼 때 '반혁명'과 '우파'로 괴롭힘을 당해 조반하고, 또한 이로 인해 조반조직의 우두머리를 맡게 된 사람들 중 상당히 많은 사람들은 정치지도자의 자질을 갖추지 못했다는 것을 알 수 있다. 그들은 수중의 권력을 효과적으로 장악하고 지배하지 못했고, 정치투쟁의 책략도 알지 못했으며, 소위 '명분'과 '실질'의 변증법적 관계도 이해하지 못했다. 또한 자주 '타협'해야 한다는 것도, 다른 대상과의 연맹 전략을 채택하는 것도 몰랐으며, 심지어 자신의 수하도 잘 통제하지 못했다. 따라서 조반파가 유리할 때마다 종종 조반파들의 분열이나 내전이 있었다. 상당히 많은 사람들이 우두머리 자리에 앉을 수 있었던 것은 당시의 특수한 흐름일 뿐이며, 그들이 조반조직의 지도자 지위로 올라갈 수 있었던 것은 결코 그들의 재능으로 인한 것이 아니었다. 심지어 그들 모두 솔직하게 자신이 '관리'가 되리라고는 생각지 못했다고 인정하고 있다.

그러나 이들 조반파 우두머리 중에는 확실히 대장으로서의 재목을 갖추거나 심지어 지도자로서의 재능이나 소질이 있는 사람들도 있었다. 예컨대 군중조직이 엄청나게 많아져 파벌이 빽빽하게 늘어서고 시류가 혼란한 때, 이들 조반파 우두머리들은 갖가지 수단을 동원하여 중앙의 '전략부서'와 협조하며 갖가지 혼란의 근원을 잠재웠다. 상당 정도 국면을 통제하고 잠시 동안 '천하를 통일'하기도 했다.

말이 나온 김에 왕홍원(王洪文)이란 사람에 대해서도 말해 보겠다. 나는 결코 그가 지도자로서의 자질은 말할 것도 없거니와 대장의 재목 감이라고는 생각지 않는다. 그렇지 않았다면 중국 근래의 역사가 아마도 다시 쓰였을 것이다. 왕훙원이 상하이 벌에서 10년간 위풍을 날릴 수 있었고, 중앙 부주석의 높은 지위까지 올라갈 수 있었던 것은, 완전히 장춘차오(張春橋)와 야오원위안(姚文元)이 상하이를 흔들리지 않는 근거지로 보았고, 마오쩌둥 역시 장과 야오를 매우 마음에 들어 하며 지지했던 특별한 이유가 있었기 때문이다.

물론 대장감인 조반파 우두머리는 결코 많지 않았다. 내 관찰에 의하면, 그들은 기본적으로 어떻게 성공적으로 정치지도자가 되는지에 관한 학습과 훈련을 받은 적이 없었고, 또한 비중 있는 지도간부를 맡아 본 적도 없었다. 그런데 그들이 어떻게 난세 중에 그 많은 조반파 우두머리 중에 두각을 드러내어 군계일학이 되었는가?

나같이 어린 청년이 문혁에서 조반파 우두머리가 될 수 있었고, 또 그 뒤로 회사 혁명위원회 부주임이 될 수 있었던 것은 내가 무슨 재능이 있었기 때문은 아니다. 순전히 당시 우리 단위에서 중학교 이상의 학력 수준을 가졌고, 출신 성분이 확실히 '든든'하며 또한 젊다는 조건을 가졌기 때문이다. 이러한 조건을 동시에 구비한 사람이 너무 적었기 때문에 확실히 '세상에 영웅이 없으면 풋내기가 이름을 얻는' 격이었다. 사실 그 당시 열일곱 된 어린 청년이 무엇을 알았겠는가! 그러나 말을 돌려 보면 또 '어렵고 힘들면 일이 훌륭하게 성사된다'는 말도 있지 않은가? 스스로 조반파 우두머리가 되었기 때문에, 문혁 10년 동안 갖은 고생과 단련을 거치면서 인생의 냉혹함과 따뜻함을 깊이 깨닫게 되었다. 또한 이후 책을 사랑하는 좋은 습관이 길러져, 아직 인생에서 무엇을 이룬 것은 없지만 세월을 허송한 느낌은 전혀 없이 항상 스스로 매우 충실한 인생을 보낸다고 느꼈다. 어떤 명사가 했던 '비상 시기의 인생은 그 내용의 풍부함에서 안정된 시기의 인생을 몇 배 능가할 수 있다'는 말이 생각난다. 이 말에 나는 공감할 수 있다.

　라오위안은 '상강풍뢰 재무전단'의 성립을 선포하고 난 뒤, 이 '전단'의 역량을 확대하기 위해 앉아서 기다리지 않고, 여기저기 곳곳을 분주하게 뛰어다녔다. 사실 당시 '전단'에는 그리 바쁠 것도 없었다. 왜냐하면 명목상으로 소속되어 있던 '상강풍뢰'의 각 기층조직이 여전히 자체 운영되었지, '전단'과는 아직 완전히 합치되지 않았기 때문이다. '후근부장'이던 나는 '조직부장'인 라오뤄로부터 몇백 위안의 현금과 '사무' 용품, 새로 만든 붉은 완장과 깃발들을 구매한 영수증을 받은 것 외에는 더 이상 다른 할 일이 없었다. 라오뤄는 돈과 영수증을 건네주며 내게 말했다. "받아 온 경비는 모두 이천 위안인데, 몇백 위안의 현금과 이미 구입한 물건들의 영수증이 있네. 영수증은 한 장이라도 잃어버리면 안 돼. 나중에 맞춰 봐야 하니까." 난 당시로서는 큰 돈과 영수증을 혼자 관리할 수 없었다(당시 견습공이었던 나의 임금은 매월 고작 20위안 정도였으며 일반 노동자들의 월급도 몇십 위안을 넘지 않았다). 라오뤄는 내게 그의 딸을 보조로 보내 주었다. 샤오뤄(小羅)는 원래 중학생 홍위병이었으나, '보수'와 '조반'의 개념이 그리 강하지 않았던 그녀는 '홍색정권 보위군' 쪽에 있다가 '홍색정권 보위군'이 무너진 뒤, 아버지 라오뤄에 의해 '상강풍뢰' 조직원으로 동원되어 나의 보조가 된 것이다. 그래서 나는 돈과 영수증을 다시 샤오뤄에게 건네주고 철금고 안에 넣어 두라고 했다. 또한 그녀에게 '전단'의 돈과 물자를 책임지고 관리하는 직책을 '위임'하여, 금고는 자연히 그녀가 관리하게 되었다. 나보다도 어린 중학생이었던 샤오뤄는 자신에게 주어진 임무를 보고는 매우 기뻐했다. 아마도 스스로 존중받는다는 느낌을 받았나 보다. 혹은 나처럼 여태껏 보지 못했던 큰돈을 관리하는 이 일 자체로 인해 중책을 짊어진다는 신성한 느낌이 들었나 보다.

원래 '전단'에는 일이 많지 않아 그곳에 있다 보면 무미건조한 느낌마저 들었는데, 샤오뤄라는 조수가 '전단'에 상주하게 되자 나는 다시 회사 '홍색지대' 사무실로 돌아왔다. 때마침 회사 조반파들이 '탈권'에 관한 일을 논의 중이었는데, 중유신 역시 내가 돌아오길 바라고 있었다. 따라서 열흘 후쯤 '상강풍뢰'가 성 군구에 의해 무너질 때까지 난 다시 '전단'으로 돌아가지 않았다.

몇 달 뒤 '상강풍뢰'의 조직원들이 암암리에 모여 조직의 복권을 위한 일을 논의하고 있을 때 나는 라오뤄를 만나 2월 5일 새벽 성 군구의 해방군이 우리 '재무전단'을 포위했다는 사실을 비로소 알게 되었다. 그곳이 '상강풍뢰'의 거점인 줄 알고 들이닥쳤는데 아무도 없어 그 안에 있던 '상강풍뢰'의 깃발과 완장과 인감, 그리고 몇백 위안의 돈과 영수증이 든 철금고를 빼앗아 가 버렸다는 것이다.

얼마나 위험했던가! 내가 당시 라오위안의 요구대로 매일 밤 그곳 '전단'에서 잤다면 정말로 운수 사나웠을 것이다. 다행히 그때 조반파들은 상급에 복종해야 한다는 '조직관념'이 강하지 않아 내 마음대로 할 수 있었다. 이 점이 오히려 내가 재난을 피할 수 있게 해주었다.

〖 5 〗
베이징에 고소하러 가다,
중앙상업부에서 호신장 한 장을 주다

베이징에 고소하러 가는 방법은 결코 지금에만 있는 일이 아니라 '역사가 유구' 한 일이다.

우린 당시 이미 조반하지 않았던가? 어떤 사람에게는 불만을 털어놓을 기회였는데, 또 무슨 고소를 한단 말인가?

고소할 만한 일은 없었다! 상층부에 있던 조반파 우두머리들에게는 아마 중앙에 상황을 보고하러 간다는 동기가 있었겠지만, 우리같이 베이징으로 모여든 젊은 남녀들에겐 순전히 공짜로 베이징을 유람할 수 있는 기회로 보였다. 이전에 홍위병들은 공짜로 교류를 위한 방문〔串連〕을 할 수 있었고, 국가도 이에 대해 먹고 자는 것을 책임져 주었다. 그들이 돈 한 푼 쓰지 않고 전국을 누비며 다녔던 일은 일찍이 우리 같은 젊은 노동자들에겐 정말로 부럽고 탐나는 일이었다!

나는 성위기관 건물 안에서 '홍색정권 보위군' 측과 무투를 벌일 때 귀를 다쳐 당시 '조반 병원' 으로 불리던 후난성 인민병원으로 실려 갔었다. 이 싸움에서 조반파 쪽 대여섯 명의 사람들이 부상을 입었다. 이미 대권을 장악한 병원 조반파들은 부상당한 우리를 같은 층 병실로 배정해 치료해 주었다. 또한 치료를 맡고 있던 의사와 환자를 돌보는 간호사들도 모두 조반의 관점에서 흰색 가운을 벗고, 어깨에 조반조직의 붉은 완장을 차고 있었다. 관점이 보수파인 쪽은 한 명도 치료와 간호에 참가하지 않았다. 따라서 우리는 이 층에 있는 병실을 우스개로 '조반 병동'이라 불렀다. 또한 '상강풍뢰'와 '청년근위대' 등의 조직에선 전문적인 '규찰' 대원을 파견해 이 '조반 병동'의 안전을 책임지고 있었다.

나는 왼쪽 귀를 몇 바늘 꿰맸다. 의사는 별 문제 없을 거라면서 며칠 쉬고 나면 회복될 것이라고 했다. 나는 안심하고 조용히 침대에 누워 쉬었다.

각 조반조직에서는 많은 과일과 꽃들을 보내와 부상 입은 우리 대원들을 위로했다. 우리 회사와 공장의 조반파 동료들 역시 사과와 감귤 한 바구니를 보내왔다. 중 대장과 양진허는 거의 매일 나를 보러 왔다. 우리를 위해 치료와 간호를 해준 의사와 간호사들 역시 특별히 친절하게 우리를 대해 주었다. 우리가 어떠한 요구를 하거나 무엇을 물어보든지 간에 그들은 언제나 달콤한 미소로 우리를 대해 주었고, 요청을 들어주거나 혹은 설명하고 대답해 주었다. 심지어 간호사들은 우리에게 만면에 웃음을 띠며 매우 세심하게 돌봐 주고 간호해 주었다. 나와 같은 병실에 있던 청년은 한쪽 눈에 부상을 입어 두 눈을 붕대로 감고 치료하고 있었다. 어느 날 그는 초조해하며 낮잠을 이루지 못하고 큰 소리를 치며 탄식하였다. 그러자 간호사 두 명이 황급히 뛰어와 참을성 있게 그를 달랬다. 한 사람은 사과를 깎아 그에게 먹였고 한 간호사는 옆에서 소설을 읽어 들려주었다. 이 청년은 쑥스러워했지만 조용히 이러한 대접을 받고 있었다. 지금은 어느 병원을 가든, 아이를 데리고

가 치료받든, 다시는 그러한 그리운 미소를 보기는 힘들다. 게다가 똑같이 천사처럼 흰옷을 입은 간호사들이지만 얼굴 표정은 대개 환자의 마음을 즉각 차갑게 만드는 냉장고 같다.

병원에서 쉬던 일주일은 내 인생에서 가장 즐거웠던 시간 중의 하나였다. 마음속 몰래 그런 부상을 당해 세상의 따뜻한 정을 누릴 수 있는 자격을 얻은 걸 축하하기까지 했다. 그 당시 '파벌'은 이미 하나로 응집시켜 주는 일종의 마취제가 되었다. 서로 다른 성격과 나이, 경력을 가진 사람들도 한 파벌의 기치 아래 이상할 정도로 단결과 온정과 친절을 베풀었고, 이는 일반 사람들의 우호관계를 뛰어넘는 것이었다. 어떤 경우 서로 모르는 두 사람이 무슨 일로 다투다가도 싸움 중에 같은 파벌이란 사실을 알게 되면 사정이 바로 바뀌어 싸움을 멈추고, 서로 점잖게 예절을 갖추며, 손을 맞잡고 즐겁게 담소를 나누기까지 했다. 자전거를 타다 조심하지 못해 길에 넘어졌을 때도 조반 완장을 달고 있기만 하면 파벌 신분을 알아보고 주위의 많은 생소한 사람들이 열정적인 미소로 자전거를 밀어 주고 땅에서 일어나도록 부축해 주기도 했다. 그리곤 연신 "괜찮아요?"라고 물으며 위로해 주고는 다정하게 작별인사를 나누었다. 설령 이후에 다시는 그들을 만나지 않더라도 말이다. 이러한 사람과 사람 간의 아름다운 정은 비록 정치적 관점의 동기에서 비롯된 것이었지만, 정치적 관점의 범위와 내용을 훨씬 초월한 것이었다. 이렇게 잊기 힘든 사람 사이의 정은 다년간 느껴 보지 못한 것이다. 단지 1989년 초여름에 있었던 그 풍파* 속에서만 잠시 며

---

* 1989년 4월 중순부터 6월초까지 발생했던 톈안먼 민주화 운동을 가리키며, 중국에서는 공식적으로 '정치풍파'(政治風波)라 부른다.

칠간 목도할 수 있었을 뿐이다.

입원한 지 삼 일째 되던 날 '상강풍뢰' 총부의 한 사람이 나와 우리에게 알렸다. 창사시 각 조반조직의 연석회의에서 성위기관에서의 무투 사건을 당 중앙과 중앙문혁에 보고하기로 이미 결정했다는 것이다. 즉 '후난성의 당내 자본주의 노선을 걷는 당권파가 군중끼리 싸우도록 후비고 다녀 어부지리를 얻으려 했다'는 내용이다. 직접적인 원인은 '홍색정권 보위군'이 조반파에 의해 성위에서 쫓겨난 뒤 베이징으로 사람을 파견해 조반파가 성위기관을 공격했다고 기소했기 때문이었다. 가만히 있다가는 난처해질 것 같아 창사시 조반파 우두머리들은 이에 맞서기로 결정했고, 힘을 모아 상부에 보고하기로 결정했다. 문화대혁명은 중앙의 호소로 일어난 것이라, 누가 틀리고 누가 옳은지는 모두 중앙에서 판단하고 결정했다. 따라서 창사시의 각 조반조직은 연석회의를 열어 즉각 상황보고 정리 자료를 '수도 홍위병 제3사령부 창사주재 연락소'에서 베이징으로 보내도록 결정했다. 또한 '삼사' 총부를 통해 중앙에 전달하게 한 동시에 이번 무투에서 부상을 입은 사람들을 모아 '고소단'을 결성해 산 증인으로 베이징에 가서 중앙에 고소하도록 했다. 따라서 우리 몇 명의 부상자들은 즉각 준비를 하고는 이틀 후에 차를 타고 베이징으로 갔다.

베이징으로 간다니! 우리 부상자들은 일시에 환호하며 너무나 기뻐했다. 사실 주먹과 발길질·돌·나무판 등의 '무기'로 벌인 무투라 실제로 심각하지 않았고 따라서 부상당한 사람도 몇 명 되지 않았다. 피를 조금 흘렸거나 상처가 약간 난 정도로 부상을 입은 후 병원에서 편안하게 며칠간 복을 누렸는데 지금 또다시 베이징까지 가라니 어찌 기쁘지 않겠는가? 베이징은 당시 국내 많은 사람들이 그 모습을 한 번이라도 보기를 꿈에도 그리던 성지였다. 이미 수백만 명의 홍위병들이 혁명 교류[大串連]라는 기회를 통해 쉽게 베이징으로 들어갔지만, 일반 노동자들 중에 가 본 사람은 몇 명 되지 않았다. 중앙에서는 홍위병 학생들의 혁명 교류만을 허락했을 뿐 노동자나 농민, 그리고 간부들조차 혁명의 교류는 허락되지 않았다. 이제 베이징에 갈 수 있는 기회가 생긴 것이다. 고소를 하고 말고는 우두머리들이 생각할 일이고 베이징으로 갈 수만 있다면 무얼 하든 좋았다.

나도 당연히 무척이나 기뻤다. 몇 개월 전부터 홍위병 학생들이 공부도 안 하고 수업도 안 하고 자유자재로 다니며 혁명의 교류를 하는 것을 보아 왔다. 게다가 베이징으로 가 마오쩌둥의 사열까지 받았으니 마음속으로 정말 부러워 죽을 지경이었다. 이젠 좋은 운이 갑자기 내 머리 위로 떨어지게 된 것이다.

아버진 내가 베이징으로 가게 된 것을 아시고는 기뻐하시면서도 한편으론 걱정하셨다. 기쁜 것은 내가 마오 주석이 계신 곳으로 갈 수 있어서였고, 걱정인 것은 내가 또 '싸움' 사건에 말려들게 될까 봐였다. 어머니가 돌아가신 후로 아버지에겐 아들 나 하나밖에 없었기 때문에 내게 정말로 무슨 문제가 생긴다면 마음이 찢어지실 것이다. 나는 오히려 아무렇지도 않은 듯 아버질 위로했다. 아버지가 주신 20위안을 받아들고 몹시 기뻐하며 베이징으로 갈 채비를 했다.

베이징으로 가는 우리 '고소단'은 모두 백여 명쯤 되었다. 육십여 명의 부상자 외에도 삼십여 명의 의사와 간호사, 규찰대원 등이 있었다. 우리들은 각각 몇 개의 서로 다른 조반조직에 속해 있었지만, '상강풍뢰' 사람들이 가장 많았기 때문에 '상강풍뢰' 총부에서 하나로 조직해 두 사람의 지도자를 파견했다. 1967년 1월 5일 아침 백여 명의 사람들은 '후난성 혁명 조반파 상경 고발단'이라고 쓰여진 홍기를 들고 창사 기차역으로 위풍당당하게 나갔다.

기차역 안의 조반파들은 진작부터 소식을 듣고 우리를 역 안 대기실로 안내했다. 그러고는 광저우(廣州)에서 베이징(北京)으로 가는 특별열차가 역에 들어오면 즉시 열차의 침대칸으로 뛰어 들어가 부상자들이 최대한 침대칸에 있을 수 있도록 하겠으며, 만약 빈자리가 있으면 가서 앉으라고 슬며시 알려 주었다. 그러면 자기들이 열차로 올라가 열차에 탄 조반파들에게 상세한 상황을 설명하고 열차 승무원에게 침대칸의 승객들을 몇 개의 특별석에 모이도록 부탁하겠다는 것이었다.

나는 머리에 여전히 붕대를 감고 있어 쉽게 네 개의 침대가 있는 침대칸을 차지할 수 있었다. 안에는 나를 포함해 모두 여섯 명이 앉아 있었다. 열차 승무원은 우리에게 이렇게 많은 사람이 있을 줄은 생각지 못했고, 자리가 부족하니 우리더러 붙어 앉으라고 미안해 하면서 말했다. 우리는 기쁘기 그지없었는데, 누구에게 이견이 있겠는가? 나는 여태껏 기차 침대칸을 타 본 적이 없었고 더욱이 이 부드러운 일등 침대칸은 본 적도 없었다. 그저 이건 높은 간부들이나 수장들만이 탈 수 있는 자격이 있다고 들었다. 그런데 지금 내가 탈 수 있게 되다니 벌꿀을 맛본 것보다도 더 달콤했다. 우리 여섯 명 모두 처음으로 침대칸을 탄 것이었다. 나이가 가장 많은 사람은 청베이(城北) 방직공장의 후(胡)씨로 스물세 살이었다. 또 한 사람은 곡예단 배우인 양(楊)씨였는데 말을 잘해 그가 말을 하기만 하면 기차 안은 웃음이 그치질 않았다. 기차가 시동을 걸고 서서히 창사역을 떠나려 할 때 우리 침대칸과 전체 침대칸 안에서의 즐거운 환호 소리가 특별하고도 신성한 이번 여행을 경축했다.

오후 2시쯤 기차는 우창(武昌)역에 멈춰 섰다. 앞에는 그 유명한 우한(武漢)의 창장(長江)대교가 있었다. 우리 몇 사람은 모두 창장대교를 본 적이 없어 어서 빨리 기차가 달려 오래전부터 들어왔던 대교의 모습을 볼 수 있길 몹시 바랐다. 그러나 갑자기 기차 승무원이 우리에게 우한의 '직공연합회'(職工聯合會) 사람들이 열차의 레일을 막고 섰다는 사실을 알려 왔다. 이 '직공연합회'는 보수조직으로 사람이 아주 많았다. 후베이(湖北)성 조반파들이 그들과 투쟁하며 많은 고생을 하고 매우 힘겨워했었다. 우한의 '공총'(工總) 등 조반조직에서도 사람을 보내 쌍방이 서로 협상 중이었다. '직공연합회'에서는 베이징으로 가는 열차를 저지하고 싶어 했지만, '공총' 측에서는 전반적인 정세를 고려해 '직공연합회'가 철로로 뛰어드는 것을 막았다. 어쨌든 그때는 마오쩌둥 주석의 어록 '무릇 적이 우리에게 반대하는 것은 옹호하고, 적이 옹호하는 것에 우리는 반대해야 한다' 그대로였다. 이것은 양 파벌 모두 투쟁 책략과 목표로 정해 놓은 원칙이었다. 열차 승무원은 우리에게 기차가 언제쯤 떠날지 모르니 모두들 인내심을 갖고 기다리라고 알려 주었다. 그러나 반드시 기차 창문과 침대칸 문을 꼭 걸어 잠그고 모르는 사람은 절대 들어오게 해서는 안 된다고 했다. 그러지 않으면 '연합회' 사람들이 기어 올라와, 우리가 쫓겨날 위험에 처할지도 모른다고 했다. 그의 말을 듣고 우리는 황급히 창문을 굳게 닫고 공기가 들어올 틈만 남겼고 침대칸 문 역시 걸어 잠갔다.

과연 조금 뒤 기차 창문 밖은 사람들로 가득했다. 그들이 찬 완장을 보니 모두 '직공연합회' 사람들이었다. 그들은 밖에서 창문 유리를 계속 두드리며 우리에게 창문을 열라고 손짓했다. 우리는 매우 긴장했다. 수천수만의 사람들에 비하니 우리 백여 명의 사람들은 결코 그들의 상대가 아니었다. 만약 저들이 창문을 깨고 들어온다면 그땐 우리도 어쩔 수 없이 순순히 기차 밖으로 쫓겨날 수밖에. 우리는 창밖의 고함소리에 대고, 유리를 사이에 두고 잠시 웃으며 몇 마디 그들이 알아들을 수 없는 창사말을 하기도 하고, 또 아예 장님이나 귀머거리처럼 보지도 듣지도 못한 듯 침대 위에 누워 있었다. 다행히 그때의 무투 수준은 아직 '초급단계'인지라 무력으로 유리를 깨고 기차 안으로 들어오는 사람은 없었다. 곡예단 배우인 양 형은 아마 '직공연합회' 사람들이 붉은 완장을 찬 우리 외지인이 도대체 어느 파벌인지 분명치 않아 경솔하게 깨부수고 들어오지 않나 보다고 말했다. 하지만 '연합회' 사람들은 기차 문으로 올라와 계속해서 침대칸 문을 맹렬히 두드리며 우렁찬 후베이말로 문을 열라고 했다. 우리는 여전히 귀머거리처럼 대답하지 않으며 아무 소리도 내지 않고 문도 열지 않았다. 이렇게 몇 시간을 들볶더니 날이 어두워지자 잠잠해졌다. 우리는 줄곧 창과 문을 열 수 없어 소변이 참기 어려우면 나가지 않고 좌석에 서서 창문 틈새로 밖에 대고 내뿜었다.

몇 시인지 모를 한밤중이 되자 우린 모두 잠들었다. 갑자기 기차 앞에서 긴소리가 들려오더니 기차가 갑자기 움직이기 시작했다. 황급히 창문 밖을 보니 처연한 바람만이 빈 플랫폼에 불고 있었고, '직공연합회' 사람들은 언제인지 모르게 모두 철수했다. 기차가 천천히 우창역을 출발하자 한차례의 작은 위험을 겪은 우리는 다시 분발하며 환호했다. 창장대교를 지날 때 차창 밖으론 거의 아무것도 보이지 않았다. 위무도 당당한 창장대교가 남긴 인상이 그저 철기둥뿐이라 우리는 매우 아쉬웠다. 하지만 결국 위험에서 벗어나 베이징으로 계속 전진할 수 있다고 생각하니 마음은 매우 기뻤다.

기차는 그 길로 줄곧 달려 다음 날 밤 9시쯤 드디어 베이징역에 도착했다.

베이징에 왔다! 나는 뛸 듯이 흥분했다. 우리들은 모두 기차역으로 나왔다.

기차역 광장에는 많은 버스들이 사람들을 기다리고 있었다. 착오가 생겼는지 우리 백여 명의 사람들은 갑자기 분산되었다. 우리 여섯 명은 이틀 낮 이틀 밤을 동행해 서로 잘 알게 되었다. 그래서 서로 약속이나 한 듯 일부 사람들과 함께 '후난성에서 온 사람'이라 자칭하는 사람의 버스를 탔다. 버스 기사는 우리를 난리스루(南禮士路) 313호에 있는 우전부(郵電部) 초대소로 데려다 주고는 그제서야 자신이 사람을 잘못 데려왔다는 것을 알았다. 우리는 다소 당황하기 시작했다. 다행히 그 초대소엔 베이징을 방문하는 우전부 사람들을 전문적으로 맞이하는 문혁 초대소가 있었다. 초대소에선 우리가 고소하러 베이징에 왔고 또 문화대혁명과 관련된 일이라는 것을 듣고는, 약 30여 명 되는 우리의 숙소를 친절하게 안내해 주었다. 또한 사람마다 열흘치의 식사표를 무료로 발급해 주었고 부족하면 언제든지 와서 받으라고 말했다. 먹을 음식도 해결되고 따뜻하게 잘 잠자리도 생겼으니 더할 나위 없이 기뻤다. 우리는 초대소 책임자에게 깊은 감사의 뜻을 표했다. 그는 만면에 웃음을 띠며 "고마워할 것 없어요. 당신들은 마오 주석의 고향에서 온 손님들이니 당연히 환영해야지요!"라고 말했다. 당시 타지 사람들은 우리 후난성 사람들을 '마오 주석의 고향에서 온 사람'이라고 우호적으로 부르면서 언제나 부러운 듯 말했다. 문화대혁명 중 후난성 사람들 모두는 확실히 마오쩌둥의 적지 않은 덕을 보았다.

베이징에서의 첫날 밤 창밖에서는 살을 에는 듯 찬 바람이 불었지만, 우리는 즐겁게 훈훈한 방안에서 편안한 잠을 잘 수 있었다.

다음 날 방직 공장의 젊은 '라오후'(老胡: 우리는 모두 그를 이렇게 불렀다)는 우리 삼십여 명 집단의 '우두머리'를 자청해서 맡고는 부상을 입지 않은 몇 명의 사람을 이끌고 베이징으로 온 후난성 조반조직과 우리 '고소단'의 다른 사람들의 행방을 찾아 나섰다. 당시 '상강풍뢰'와 '동방홍총부'는 모두 '베이징 주재 연락소'를 두어 베이징으로 온 사람들의 사무를 처리하거나 베이징과 중앙문혁의 동태와 정보 소식을 수집하여 본부 조직의 총부로 보고하였다.

저녁 무렵 라오후가 돌아왔다. 그는 우리 삼십여 명을 침실 안으로 모으더니 긴장된 기색으로 가지고 온 소식을 보고했다.

라오후는 '상강풍뢰' 베이징 주재 연락소의 우두머리를 만났고 다른 '고소단' 사람들도 찾았지만, 지금 '중대한 사건'이 발생했다고 말했다. 당 중앙 서열 4위 지도자인 타오주가 이미 붙잡혔고 이제 타오주는 '중국 최대의 보황파'라는 것이었다.

우린 소식을 듣자마자 모두 놀라 방안은 잠시 쥐 죽은 듯 고요해졌다. 이 소식은 너무 갑작스러웠고 예사롭지 않았다. 만약 라오후의 그 엄숙한 표정과 계속해서 들려주는 상황이 아니었다면, 무엇이든 믿기 힘들었을 것이다. 타오주로 말하자면 몇 개월 전에 중앙으로 올라가 단번에 마오 주석의 신임을 받아 중앙정치국 상임위에서 마오쩌둥과 린뱌오, 저우언라이 다음가는 서열 4위의 지도자가 되었고, 얼마 전까지만 해도 자주 군중조직 대표들을 만나 중앙을 대표해 연설했었는데 어떻게 이렇게 갑자기 '보황파'가 될 수 있는가? 당 중앙의 인사 상황은 정말로 종잡을 수 없었다.

라오후는 또 우리에게 타오주가 두 달여 전, 그러니까 작년 10월 30

일 베이징에서 '상강풍뢰' 대표가 보낸 완장을 받으면서 '상강풍뢰' 조직의 '명예대원'이 될 것에 동의했었다고 알려 주었다. 당시 총부 우두머리는 미친 듯이 기뻐하며 도처에 알리고 다녔었다. 이제 타오주에게 문제가 생기자 총부 우두머리는 당황해하며 다음 날 황급히 타오주의 '상강풍뢰' 자격을 '박탈'한다고 선포하고 또한 '타오주를 내친' 중앙의 영명한 결정을 옹호한다고 표명했다. 또한 총부에서는 이미 베이징 주재 연락소에 전화해, 서둘러 '타오주를 타도하자'는 표어를 써 타오주와의 경계를 분명하게 그으라고 지시했다. 베이징 주재 연락소의 우두머리는 곧 우리에게 이러한 일의 협조를 구했다. 라오후는 또 중앙에서 이렇게 큰 사건이 터졌으니 잠시 우리 '고소단'을 만날 사람은 없을 거라고 했다. 어쨌든 보고 자료가 이미 상부로 넘어갔으니, 우리 '고소단'이 중앙문혁의 지도자들을 직접 만나 우리의 말이 사실이라는 것을 보여 줄 필요도, 그럴 수도 없게 된 것이다.

우리는 그 전에 베이징에 왔었던 전국 각처의 군중조직 대표단처럼 중앙 수장의 접견을 받고, 이 기회에 중앙 수장의 용모를 한번 볼 수 있길 기대했던 바람이 물거품이 되어 버렸다는 것을 듣고 나자, 모두들 매우 안타깝게 생각했다. 나 역시 갑자기 처량한 느낌이 들었다. 나는 마음속으로 타오주가 어찌 일찍 무너지거나 늦게 무너지지 않고, 왜 굳이 우리가 베이징으로 오고 난 뒤 타도되어 중앙 수장을 볼 수 있는 기회를 박탈해 버리다니, 정말로 운이 나쁘다고 생각했다.

라오후는 또 내일 낮 어떻게든 붓과 먹과 풀을 구해서, 밤중에 '상강풍뢰' 베이징 주재 연락소에서 우리를 데리러 버스가 오면 모두 베이징의 큰 거리로 나가 표어를 붙일 것이라는 계획을 말했다.

다음 날 저녁 7시 넘어 트럭 한 대가 왔다. 연락소 사람이 어떻게 얻은 건지는 모르겠다. 말 그대로 그들은 베이징에서는 타지 사람으로 차량을 가질 수 없었다. 아마도 베이징에 머문 시간이 오래되다 보니 베이징의 조반파와 친해져 다른 사람에게 빌렸나 보다. 우리 삼십여 명은 모두 출발했다. 차 안에는 이미 붓과 먹, 돌돌 말린 신문지가 준비되어 있었고 우리가 우전 초대소에서 가져온 종이와 풀을 보태면 밤새 내내 바쁠 만큼 충분했다.

차량은 마치 양이 똥을 누듯 조금씩 우리들을 서로 다른 곳에 떨어뜨려 주었다. 톈안먼 광장을 지날 땐 비록 날이 어둑어둑했지만 광장의 사방은 환한 불빛으로 빛나고 있었다. 웅장한 톈안먼 성루와 탁 트인 넓은 광장, 그리고 조용하고 엄숙한 인민영웅기념비는 순식간에 몇천리 밖에서 달려온 우리 청년들을 거의 기절할 정도로 흥분시켰다. 차량이 중산공원 근처에 멈춰 서자 나는 정신을 차리고 얼른 이곳에서 내리려 했다. 여기에서 표어를 붙이는 동안 그 유명한 이곳 톈안먼 광장을 마음껏 우러러볼 수 있었다. 하지만 나보다 훨씬 빨리 이미 네다섯 사람들이 뛰어내렸고, 라오후가 "됐어요"라고 해 나는 그저 아쉬운 마음으로 꾹 참을 수밖에 없었다.

나는 라오후를 따랐다. 마지막 남은 다섯 명은 지금까지도 거리 이름을 분명히 알 수 없는 큰 길에 이르러 차에서 내렸다. 기다란 회색 담벼락 옆에서 라오후가 멈추라고 했다. 라오후는 우리에게 표어를 붙이고 쓰게 했는데, 그 표어의 내용은 전부 타오주를 타도하는 것이었다. 이 구호는 '상강풍뢰' 총부 사람이 창사시에서 전화로 전해 온 것이라 했다. 총부 우두머리는 예전에 타오주를 '상강풍뢰' 조직 '고문'으로 선전했던 일에 대해 창사시의 '홍색정권 보위군' 등의 보수파 조직에게 '꼬투리'가 잡혀 공격받을 것을 두려워했다. 게다가 만일 당 중앙에서 정말로 오해가 생겨 '상강풍뢰'를 타오주의 무슨 세력이라고 여겨 중앙의 모모 지도자가 한 마디라도 하거나 무슨 지시를 내린다면 '상강풍뢰'는 문제가 있는 군중조직이 될 것이고, 그렇게 된다면 하늘에 대고 하소연한들 아무 응답도 없을 것이다! 따라서 그들은 매우 긴장했고 황급히 모든 조치를 내려 타오주와 '상강풍뢰'가 실제로는 별 관련이 없다는 걸 알리며, 모든 흔적을 깨끗이 지우려 했다. '수도삼사'의 사람을 통해 중앙에 관련 자료를 전달해 해명한 것 외에도, 이 베이징의 '표어 전투' 역시 중요한 표명이었다. 사실 당시 많은 사람들로 구성되어 막 성립된 군중조직들은 대개 모두 성립 초기 중앙이나 성위의 직위가 높은 지도자를 '고문'으로 초빙했다. 다른 사람의 권세를 이용해 사람들을 위협하면서 자기 조직의 사기를 북돋우고 위엄을 보태려는 것이었다. 창사시의 군중조직 중에는 보수이든 조반이든 간에 시작 당시 모두 성위의 제1서기를 초빙해 고문으로 삼았다. '상강풍뢰'는 베이징에서 성립된 것으로, '우파'와 '반혁명'으로 몰린 뒤 베이징으로 하소연하러 온 일부 노동자와 간부·교사들이 '수도 홍위병 제3사령부' 등 대학생 홍위병의 도움 아래 조직한 것이다. 성립 초기 또한 수도 홍위병의 도움 아래 중앙 상무위원인 타오주의 접견을 받았었다. 타오주는 당시 중앙의 서열 4위 지도자였지만 이전에는 후난성을 포함한 중공중앙의 중남국을 관할하는 제1서기였다. 후난성의 일에 대해 그는 당연히 알아야 했다. 솔직히 말해 타오주는 후난 조반파에 대해 상당한 지지를 보내고 있었다. 작년 10월 이후 후난의 노동자와 학생 조반파 대표가 베이징으로 왔을 때 타오주는 두 차례나 그들을 접견했다. 어떤 사람이 '장보군'(즉 홍색정권 보위군)의 대표가 타오주를 접견하고 싶어 한다고 말하자 타오주는 단연코 '그들을 만나지 않겠다!'고 말했다. 또한 접견 중 매우 분명하게 장펑화와 '9·24보고'를 비판하고 만약 장펑화가 태도를 바꾸지 않는다면 직접 장펑화를 타도하겠다고 말하기도 했다. 따라서 막 조직된 '상강풍뢰'는 접견받을 수 있는 특별한 영광을 누렸다. 작년 10월 30일 접견 자리에서 '상강풍뢰' 우두머리는 타오주에게 완장을 주면서 그를 '고문'으로 모셨다. 타오주는 완장을 받고는 얼떨결에 '대원을 해도 좋다'는 말을 하고는 후난성의 문혁 상황에 대해 물었다. 그러나 그 뒤로는 '돌보지도'〔顧〕, '물으러'〔問〕 오지도 않았다. 중공중앙의 상무위원으로 그는 낮부터 밤까지 매우 바빴고 정말로 어느 지방 군중조직의 '고문'으로 온다는 것은 불가능했다. 사정은 이렇게 간단했다. 그러나 이제 타오주가 하룻밤 사이에 '중국 최대의 보황파', '류사오치·덩샤오핑 사령부의 유력 인물'이 되었으니 이 '고문' 문제 역시 매우 복잡하게 변할 수 있었다. 나는 총부 우두머리의 그러한 걱정을 이해할 수 있었다. 그러나 당초 '고문'으로 적극 초청한 뒤로는 그리도 미친 듯 기뻐하며 환호성을 지르고 박수를 치더니, 이제 그 사람의 운이 사납게 되자 비록 무슨 도움을 받진 않았지만 대세의 흐름대로 '타오주를 타도하자'라며 소리 높여 외치다니! 총부 우두머리들은 이렇게 빨리도 변해서는 안 되며, 스스로 가져야 할 풍모를 마땅히 지켜 내야 한다. 기왕에 다른 사람의 덕을 보았다면, 마땅히 져야 하는 책임도 담담하게 감당해야 한다. 그렇게 해야 비로소 마음이 편안해질 수 있는 것이다! 나는 차디찬 담벼락에 풀로 표어를 붙이며 라오후가 내게 한 말을 곰곰이 생각해 보았다. 라오후는 잔잔하게 웃으며 "자넨 정말로 어린애 같군. 정치란 친구를 사귀는 게 아닐세!"라고 했다. 그는 나를 보더니 아직 이해하지 못했다고 생각했는지 다시 말했다.

"문화대혁명은 바로 최대의 정치야. 자네, 나 그리고 우리들 중 누가 진정으로 이해할 수 있겠나? 진정으로 이해할 수 있는 사람은 한 사람도 없네. 그러니 우리는 오직 하나, 마오 주석의 말을 듣고 당 중앙의 말을 들어야 하네. 아니, 마오 주석을 우두머리로 하는 당 중앙과 마오 주석 사령부의 말을 들어야 해. 우리는 마오 주석과 당 중앙이 하라는 대로 하면 되네. 그렇게 하면 잘못이 있을 수 없지."

그는 나를 도와 표어를 붙이고는 또다시 웃으며 말했다.

"마오 주석과 당 중앙이 우리더러 류사오치에게 반대하라고 하면 우리는 반대하면 되네. 지금 다시 타오주를 내치라고 하면 우리가 타오주를 타도하면 되네! 내일 다시 누구를 타도하거나 우리 모두 옹호하게 될지 모르잖나."

나는 잠시 라오후가 한 말에 일리가 있다고 느꼈다. 나는 갑자기 라오후에게 탄복했고 나보다 몇 살 많으니 아무래도 문제를 꿰뚫어 보는 것 같았다.

우리는 십여 장의 큰 표어를 붙였다. 드디어 두어 시간쯤 지났을 때 날씨가 너무 추워 우리의 손과 발은 모두 굳게 얼어붙었다. 베이징의 겨울은 정말 창사와는 비교도 되지 않았다. 북풍은 정말로 칼처럼 사람을 에었다. 비록 장갑과 모자, 목도리로 전부 '중무장'을 했지만 얼굴은 숨을 곳이 없었다. 그래서 간격을 두고 우리는 한바탕 깡충깡충 뛰었다. 그러나 어떻게 뛰어도 역시나 추웠다. 특히 부상당한 왼쪽 귀는 더욱 칼로 베는 듯했다. 나는 목도리로 위아래를 싸맸으나 역시 얼마 버티지 못했다. 아직 몇 장의 표어를 붙이지 못했지만 라오후가 손을 흔들며 결심하듯 말했다. "그만 붙이죠! 제기랄 얼어 죽겠네. 이놈의 빌어먹을 타오주가 우리도 따라 고생시키네."

우리는 남은 표어를 정리하고 따뜻한 초대소로 돌아갈 준비를 했다. 그러나 어떻게 돌아간단 말인가? 차량은 우리를 데리러 온다고 했지만 벌써 밤 10시쯤 되었다. 차량은 그림자도 보이지 않았고 다들 멍해졌다. 내가 아예 야간 버스를 타고 가자고 말하자 어떤 사람이 반박하며 말했다. 지금 우리 위치가 어딥니까? 누가 분명히 알아요? 알지도 못하는데 어떻게 버스를 탑니까? 라오후는 오히려 노련하게 둘둘 만 표어를 겨드랑이 사이에 끼더니 말했다.

"나와 갑시다! 버스를 보면 타세요. 어디를 가든 상관없어요. 우리가 머무는 난리스루로 가는 차만 있으면 됩니다. 차 안에 타는 것이 강한 북풍이 부는 여기 대로변에 서 있는 것보다 낫겠지요."

고맙게도 세 번의 차를 갈아타고 우리 다섯 명은 마침내 봄처럼 따뜻한 초대소로 돌아왔다. 다른 사람들은 벌써 돌아와 있었다. 그 큰 트럭은 모두를 데리고 왔지만 유독 우리만 데리러 오는 걸 잊었다.

귀에 난 상처의 통증이 더욱 심해졌다. 나와 마찬가지로 바람 때문에 상처의 통증이 심해진 사람들은 모두 며칠 동안 나가지도 못하고 침실 안에서 신문을 보거나 방송을 들으며 얘기를 나눴다.

1월 11일 저녁 무렵 초대소 사람이 우리더러 회의실로 가 TV를 보라고 하면서 중앙에서 중요한 뉴스가 있을 거라고 했다.

TV는 당시로서는 진귀한 물건이었다. 창사시에서 온 우리들은 아무도 그 모습을 본 적이 없었다. 그래서 모두들 기뻐 어찌할 바를 모르며 갔다.

한 대의 흑백 TV, 지금은 여덟 명이 드는 큰 가마를 대령해 나더러 보라고 해도 마음 내키지 않는데, 당시엔 단번에 우리들을 사로잡았다. 어떤 프로그램을 하든지 처음부터 끝까지 봤다. 초대소 직원이 TV

를 끄고 나면 우리는 몹시 아쉬워하며 떠났다.

그날 뉴스 프로그램에선 중공중앙 국무원과 중앙군사위, 중앙문혁이 상하이 조반파에게 보내는 공동 전보를 방송하였다. 상하이 조반파의 '긴급통고'를 칭찬하는 내용이었다.

이는 내가 처음으로 TV를 본 것이었고 처음으로 TV 뉴스를 본 것이었다. 그 뉴스 아나운서는 남자로 기억되는데 아마 지금 CCTV의 그 유명한 아나운서 같다. 다만 그때는 상당히 젊었었다.

이 뉴스로 순간 우리는 웃음꽃이 피었다. 왜냐하면 당 중앙에서 공개적인 신문과 라디오, TV 방송을 통해 처음으로 이렇게 성대하고 장중하게 조반파조직을 칭찬하고 지지했기 때문이다.

다음 날 어떤 사람이 서둘러 집으로 돌아가자고 제안했다. 상황이 이렇게 좋은데 여기 머무를 필요 없이 창사시로 돌아가 조반하는 것이 낫겠다는 것이었다. 게다가 중앙의 수장을 접견할 차례도 오지 않을 테고 밖으로 나가지도 못했으며 날씨 또한 정말로 추웠기 때문이었다.

어떤 사람이 덧붙였다. 고궁과 역사박물관, 인민대회당 등의 명승지는 지금 문화대혁명 때문에 전부 개방하지 않았지만, 다행히 톈안먼 광장을 보고 시야를 넓힐 수 있었고 그 광활한 광장에 서서 성지(聖地)의 풍광을 음미했으니 더 볼 게 없으면 일찍 돌아가는 것이 낫겠다는 것이었다. 어쨌든 문화대혁명이 승리하기만 하면 다시 베이징으로 올 기회가 없지는 않을 것이었다.

갑자기 삼십여 명의 사람들의 생각이 하나가 되었다. 창사시로 돌아가자.

우선 초대소 문혁 접대소의 사람은 정말이지 좋았다. 우리가 베이징을 떠나 집으로 돌아갈 준비를 한다는 소식을 듣고는 즉시 '차표' 문제를 해결해 주었다. 문혁 문제로 베이징을 떠난다는 일종의 무료 승차권이었다. 또 도중에 식사나 혹은 기념품을 살 돈이 있냐고 물으면서 만약 없으면 우리에게 빌려 주겠다고 했다.

내가 가지고 온 20여 위안은 줄곧 먹거나 술을 마시거나 또 서로 한턱을 내, 거의 다 쓰고 겨우 4위안 정도 남았다. 그래서 10위안을 빌려 무언가를 사 가지고 집으로 돌아가기로 결정했다. 베이징에 온 기념도 있으니 말이다. 돈을 빌리는 수속은 매우 간단했다. 초대소 접대소에 있는 서식에 서명을 하고 자기 단위 명칭이나 집 주소를 적기만 하면 됐다. 무슨 증명서를 볼 필요도 없이 빌리고 싶은 만큼 빌려 주었다. 그렇게 좋은 '세상살이'는 정말 역사상 전무후무할 것이다!

나는 신청서를 다 쓰고 10위안을 받았다. 무의식적으로 곁눈질로 신청서를 훑어보니 모두 익숙한 사람들이었고 어느 하나 가짜 이름이나 가짜 주소, 가짜 단위 없이 모두들 솔직하게 썼다. 라오후도 성실하게 '창사시 ○○방직공장'이라고 써서 15위안을 빌렸다.

이제 와서 보면 그것이야말로 속임수를 쓸 수 있는 절호의 기회였다. 하지만 한 사람도 허위로 날조한 사람이 없었고 모두들 그런 문제는 생각조차 하지 못했다.

이렇게 빌린 10위안은 집으로 돌아간 뒤 일주일 후에 우체국을 통해 송금했다. 2년여 뒤 초대소 문혁물자소조에서 돈을 갚으라는 독촉 편지 한 통이 왔다. 나는 즉시 편지를 써서 진즉 돈을 붙인 상황을 상세히 설명했다. 보름 후 다시 편지 한 통이 왔다. 자신들의 일처리가 꼼꼼하지 못했다고 하면서 내가 이미 빌린 돈을 갚았음이 판명났으니 내게 사과와 사의의 뜻을 전한다는 것이었다.

정말로 계면쩍었다! 내게 돈을 빌려 주고도 사의를 표하다니.

베이징을 떠나는 차표는 3일 후의 것이었다. 나는 해가 나고 바람이 멈춘 어느 날 거리로 나가 둘러보았다. 뜻밖에 톈안먼 광장에서 공장의 양진허와 허우촨장, 펑젠궈(彭建國) 등을 만났다. 정말로 신기하기도 했고 무척이나 기뻤다. 인산인해를 이룬 그렇게도 큰 베이징에서 뜻밖에 단위에서 올라온 동료와 조반 전우들을 만나다니 정말로 몹시 기뻤다.

양진허는 내가 창사시를 떠나 베이징으로 올라온 뒤 회사 계열의 조반파가 또 한 차례 회사기관 사무실을 '봉인'했다고 알려 주었다. 왜냐하면 어떤 고발에 따라 조반파가 회사 무장부 사무실에서 일부 '검은 자료'를 또다시 찾아냈기 때문이었다. 원래 사람을 괴롭히던 '검은 자료'가 전부 소각된 줄 알고 있었는데, 뜻밖에도 아직 비밀리에 감춰 두고 있었던 것이다. 당위 서기가 얼굴을 내밀며 '무장부 안에 둔 자료들을 태우지 않은 건 정말로 업무상의 누락'이라고 해명했지만 이 말을 믿는 조반파는 없었다. 그래서 재차 회사의 각 사무실을 '봉인'해 버렸다. '봉인'한 지 3일 뒤 다시 뜯어내 세밀하게 수색했는데 정말로 더 이상 새로운 '검은 자료'는 발견되지 않았다. 그러나 당위 사무실을 3일 동안 '폐쇄'했는데 이 일이 어떤 결과를 가져올지 몰라 중 대장은 다소 걱정하고 있었다. 또한 당시 많은 단위에서는 모두 '베이징으로 고소하러 가는' 열풍이 불어, 일부 조반파 형제들 역시 베이징으로 가 눈이 번쩍 뜨이는 구경을 할 수 있길 몹시도 바랐다. 따라서 회사 조반파의 '연합지휘부'는 '고소'를 위해 이십여 명의 사람을 베이징으로 보내기로 결정했다. 그러나 중 대장은 오지 않고 그곳을 지키고 있었다. 베이징으로 오는 경비는 모두 회사 당위 서기가 비준해 주었다. 장중취안(章忠全) 서기는 '출장규정에 따라 정산해 줄 것에 동의한다'고 크게 써 주었다. 조반파의 강력한 압력 아래 장 서기는 동의하지 않을 수 없었고 더욱 성가신 일이 생기길 원치 않았다. 일부 단위에서는 조반파와 당권파 간의 대립이 매우 심해 상황이 긴장될 정도였으므로 장 서기는 이러한 상황이 벌어지길 원치 않았던 것이다.

양진허와 동료들은 당연히 매우 기뻐하며 베이징으로 왔고, 상업부 초대소에 머물렀다.

우리는 식당으로 들어가 술을 마시며 각자 베이징에 온 소감을 털어놓았다. 양진허는 오후에 중앙상업부로 고소하러 갈 거라고 했다. 왜냐하면 우리는 상업부 소속이었고 또한 그곳에 가서 증명서를 받아야 앞으로 공장 당 조직에서 또다시 자기를 괴롭히지 않을 것이기 때문이었다. 양진허는 또 이 방법은 백화점에 있는 조반파 친구가 알려 준 것으로 많은 사람들이 모두 이렇게 한다고 말했다.

나 역시 꼭 중앙상업부에 가 봐야 한다고 생각했다.

중앙상업부에서는 마흔쯤 되는 여간부가 우리를 맞이했다. 우리 몇 사람은 각자 돌아가며 그녀에게 개인과 단위 문혁 상황에 대해 얘기했다. 이 여간부는 그다지 재미없는 우리 이야기를 매우 인내심 있게 들었다. 또한 계속해서 큰 수첩에 무언가를 적고 있었다.

우리 스스로 더 이상 할 얘기가 없다는 것을 느꼈을 때 여간부는 상냥하게 말했다. "당신들이 전달한 상황을 부서 지도자들에게 보고하겠어요." 그녀는 또 말했다. "앞으로 안심하셔도 됩니다. 문화대혁명 중에 군중을 괴롭히지 말라는 중앙의 규정이 있어요."

이 말을 듣고 나자 우리는 마음이 매우 편안해졌다.

그 여간부가 우리를 보낼 채비를 하고 다음 방문자를 맞이하려 할 때 양진허가 끝내 '증명서' 일을 기억해 내고는 여간부에게 얘기했다.

여간부는 듣자마자 시원시원하게 말했다. "그럼요! 특별서한을 써 드릴 테니 앞으로 또다시 성가신 일이 생기지 않을 겁니다."

그녀는 동작이 매우 날랬다. '중화인민공화국 상업부 용지'라는 붉은 글씨의 표지가 달린 종이를 꺼내더니 '쓱쓱' 단번에 나와 양진허, 허우촨장, 펑젠궈 각자에게 특별서한을 써 주었다. 그리고는 또다시 몇 장의 특별서한을 무슨 사무실에게 가져오더니 '중화인민공화국 상업부'라는 선명한 인감을 찍었다.

특별서한을 받아들어 보니 위쪽에 깔끔한 글씨로 써 있었다.

창사시 ○회사 ○공장
귀 단위의 천이난(陳益南) 동지가 상업부로 와 보고했습니다. 이 사람은 중앙문혁소조에 당대 자본주의 노선을 걷는 당권파를 고발했습니다. 중앙 「16조」 규정에 따라 이 동지가 베이징에 있는 동안에도 임금은 그대로 지급해야 하며 교통비는 규정에 따라 결산해 주십시오. 향후 이 일로 문제가 생겨 베이징에 보고하러 오지 않도록 하십시오.
삼가 올립니다.

1967년 1월 15일

중화인민공화국 상업부(인)

상업부의 선홍색 도장과 각자 관련된 특별서한을 받아들고 보니 우리 몇 사람은 모두 뛸 듯이 기뻤다. 상업부 사무실을 나오면서 그 여간부에게 연신 '감사합니다!'라고 했다.

그러나 그 특별서한은 한 번도 쓰지 않았다. 집으로 돌아온 뒤 경비 문제는 우리가 얘기할 필요도 없이, 회사 재무과에서 당위 서기의 공문을 보고 일률적으로 출장경비로 정산해 주었다. 이후 조반으로 몇 차례 괴롭힘을 당했지만 한 번도 이 특별서한이 보호해 주지는 못했다. 누가 '중화인민공화국 상업부'라고 찍힌 인감을 두려워하랴. 그러나 나는 상업부 그 여간부의 상냥한 미소와 착하고 친절한 태도를 시종 잊지 못한다.

1월 16일 나는 양진허와 몇 명의 동료와 헤어져 우리 '고소단'의 친구들을 따라 기차를 타고 베이징을 떠났다. 이로써 십여 일 동안의 이른바 '고소' 활동은 끝났다. 기차를 타고 오는 도중에 열차 안 스피커에서는 당일 『홍기』 잡지에 실렸던 평론을 방송했다. 아주 분명하고 틀림없이 또렷하게 이름을 거론하며 '홍색정권 보위군'을 비판했고, 또한 그들이 '당내 자본주의 노선을 걷는 어용도구'라고 말했다. 이 소식을 듣자 열차 안에 있던 후난성 조반파들은 순간 떠들썩해지더니 환호성을 지르고 계속해서 '와우!' 하며 고함을 질렀다.

나는 너무 기뻐 눈물이 났다. 모두를 따라 함께 '자산계급 보황파를 타도하자!'는 구호를 외쳤다. 또한 어서 빨리 창사시로 돌아가 열정의 큰 흐름 속에 뛰어들고 싶다는 생각으로 간절했다.

하지만 창사시로 돌아가는 기차에는 1등 침대칸도 없었고 침대석도 없었으며 앉을 자리마저 없었다. 삼십여 명의 사람에게 단지 십여 석의 좌석뿐이라 돌아가면서 붙어 앉아야 했다. 열차 안은 극심하게 혼잡했다. 중간 통로에도 전부 서 있거나 앉은 사람들로 가득했다. 심지어는 짐을 올려 두는 곳에도 적지 않은 사람들이 앉았다. 혹 화장실이라도 가고 싶다면 '오관을 지나 여섯 장수를 베야 하는'(過五關, 斬六將) 기개를 빼 들어야 할 지경이었다. 그렇지 못한다면 참아야 했다! 나는 열 몇 시간을 앉았다 섰다 했다. 한커우(漢口)에 이르자 적지 않은 사람들이 내려 내 자리에 앉을 수 있었다. 이때부터 나는 기차를 타고는 여행의 즐거움을 조금도 느끼지 못한다. 오히려 그 반대로 일종의 '죄를 진' 것 같은 기분이 든다. 삼십여 년이 지난 지금까지도 중국의 열차 좌석은 여전히 매우 부족하다. 열차 안은 숨을 내쉬기도 힘들 정도로 혼잡하니, 아이구, 수난의 승차 난국이 조속히 개선되길 진심으로 바랄 뿐이다!

〖 6 〗
1월 폭풍 중 아버지는
사후 지급된 2천 위안의 급료를 돌려주다

이른바 '1월 폭풍' 중 상하이를 제외한 각 지역은, 예컨대 후난 같은 지역에서 조반파의 '탈권'은 매우 간단하고 짧고 우스꽝스런 어린애 장난에 지나지 않았다. 오히려 조반을 따라 분 '경제주의' 물결로 인해 많은 군중들은 의외로 많은 실재적인 물질적 이득을 얻게 된다.

1967년 1월 중앙에서는 『인민일보』와 잡지 『홍기』를 통해 몇 가지 중요한 전략적 지시를 전달한다. 문화대혁명운동을 한층 더 전개할 것을 호소하는 '원단(元旦) 사설'(4장 참조)에서는 상하이 노동자 조반파조직에게 지지와 축전을 보내고, '홍색정권 보위군' 등 보수파조직의 이름을 거론하며 준엄하게 비판했다. 또한 1월 22일 『인민일보』 사설에서는 '프롤레타리아계급 혁명파의 대연합으로 자본주의 노선을 걷는 당권파의 권력을 탈취하자'며 조반파의 '아래에서 위로의 탈권'을 공개적으로 호소했다. 이로 인해 조반 물결은 새로운 고조기에 이르게 되었다.

상하이 조반파가 가장 먼저 탈권의 폭풍을 일으켰다. 이른바 '1월 혁명'은 이곳에서부터 시작된 것이다. 그들은 재빨리 상하이시 당과

정부의 대권을 탈취했다. 원래 시위와 시정부의 노간부였던 천피셴(陳丕顯)과 차오디추(曹荻秋) 등은 단숨에 지옥으로 떨어졌다. 이어 조반파가 핵심이 된 '상하이시 혁명위원회'*가 성립되었다. 조반파 우두머리들은 일약 상하이시의 대권을 장악한 새로운 관리로 등장했으며 그 기간은 장장 십여 년에 이른다.

그러나 후난성을 포함한 전국 각지의 상황은 결코 상하이 같지 않았다. '1월 혁명'은 기본적으로 상하이 조반파가 정치적 격동에 맞서 조반 투쟁한 결과였지만, 이후 십 년간 그들은 단지 새로운 관리에 불과했다. 그러나 후난성 조반파에게 '1월 폭풍'은 조반파로서 갖은 고생과 고난의 생애를 살게 되는 첫 단계였을 뿐이다.

이러한 사실에 대해 문혁 내용과 관련된 많은 작품에서는 모두 소홀히 다루거나 아예 정확하게 쓰지 않고 있다. 그러한 작품 속에서는 종종 상하이 조반파 상황을 모델로 하여 다른 성(省)과 지역의 조반파 상황을 묘사하곤 한다. 그러한 묘사는 두말할 것 없이 역사의 진실과는 거리가 먼 것이다.

중앙에서 호소문을 발표하자 창사시에서도 일순간 탈권의 물결이 일었다. 그러나 이러한 물결은 각 단위에서 따로따로 일어났을 뿐이다. 조반조직의 내홍과 분화, 그리고 군대의 개입으로 인해 후난성 조반파가 기회를 노려 성위 대권을 탈취하려는 계획을 세웠을 때는 상하이 경우처럼 독자적으로 실현하지 못했다.

---

* 시작 당시엔 '상하이 코뮌'(인민공사)라고 불렀다. 이후 마오쩌둥이 '코뮌'이라는 명칭의 사용을 반대하여 '혁명위원회'로 바뀐다.

우리 시종합상업공사 조반파의 '연합지휘부'는 신속하게 '탈권위원회'(奪權委員會)로 이름을 바꾸고, 회사 당정의 재무권을 모두 회사 당위와 각 부문으로부터 탈취하며 일체의 권력이 '탈권위원회'에 귀속된다고 선포했다.

중유신 대장은 회사의 각 조반파조직에 의해 '탈권위원회' 주임으로 추대되었다.

나는 홍색지대의 부대장이자 '연합지휘부'의 조직원이었으니 자연히 '탈권위원회'에서도 한몫했다.

1월 하순의 어느 날, 우리 '탈권위원회'는 회사로 밀고 들어가 당위 서기와 부서기, 그리고 찾아낼 수 있는 당위 위원들과 각 사무실의 책임자들에게 모두 회사 회의실에서 회의를 개최한다고 명령했다. 강력한 여론과 분위기 속에서 당정 책임자 중 어떤 사람도 우리의 '명령'을 거역하는 사람은 없었고, 모두 고분고분 회의에 참가했다.

중유신이 회의를 주관했고, 어떤 기관 간부 조반파가 '탈권위원회'의 '탈권 성명'을 낭독했다.

"지금부터 창사시 종합상업공사의 모든 권력은 탈권위원회에 귀속됩니다!"

중유신은 흥분되고 격앙된 목소리로 참석한 당위 서기와 당위 위원, 사무실 책임자들에게 선포했다.

'탈권위원회' 전체 구성원을 포함하여 회의에 참가한 조반파들은 모두 중유신의 말에 열렬한 박수로 화답했다. 흥미로운 점은 탈권당하는 사람인 일부 당위 위원과 사무실 책임자들, 심지어 당위 서기인 장중취안까지도 따라 박수를 쳤다는 것이다. 비록 그들의 박수소리가 드문드문했지만 말이다. 이러한 '탈권'은 피를 흘리지도 않았고 반항도 없었다. 심지어는 조금의 말다툼도 없었다. 이러한 장면은 우리 '탈권위원회'로서는 매우 의외였으므로 마음속에서는 의심이 떠오르기 시작했다. 이렇게 탈취한 권력이 정말일까?

사실 이치는 아주 분명했다. 당 중앙에서 조반파들에게 탈권을 호소한 것은 각급 당정부문에게 권력을 넘겨주라고 한 것이나 마찬가지였다. 기왕 이렇게 된 이상 당위에서는 복종하고 그대로 따르면 되었다. 우리의 장중취안 서기는 이 점을 깊이 알고 있었기 때문에 당위 구성원들을 인솔하여 조반파의 탈권을 위해 박수쳤다. 그리고 이렇게 권력을 탈취한 우리 조반파들은 오히려 '너무 순조롭다'고 느끼고 있었다.

탈권 후의 구체적인 일에 대해선 그야말로 쌍방의 협상을 통해 진행되었다. 권력을 탈취한 우리는 이 '권력'을 어떻게 활용하고 다뤄야 할지 몰랐고, 권력에 따르는 책임을 지기도 원치 않았다. '탈권'이라는 상징을 구현하기 위해 회사 당위와 각 부문의 공인(公印)이 자연스럽게 모두 '탈권위원회'로 넘겨졌다. 그러나 '권력'을 대표하는 이 공인을 어떻게 사용하는가? '탈권위원회' 구성원들의 의견은 각기 달랐다. 나는 회사 당위의 인감을 '탈권위원회' 주임인 중유신이 주관할 것을 제안했다. 중유신은 다른 사람들의 의견은 기다리지도 않고 즉각 거절했다. 그 뒤로 그는 조용히 내게 경고했다.

"어리석게 굴지 마! 만약 어떤 일이 우리를 압박한다면 어떤 책임들은 감당하기 어려울 거야."

협상 결과 회사 당위와 각 부문의 공인은 모두 공산당원인 기관 간부에게 맡겨 보관하도록 했다. 향후 회사의 모든 공문과 지시는 '탈권위원회'와 당위가 공동 서명하고, '탈권위원회' 인감이 없는 문건은 모두 무효로 했다. 회사의 각 사무실은 평소대로 계속 운영하기로 했지만 기존의 과장과 부문 주임들은 반드시 '탈권위원회'가 파견한 책임자의 지도를 받아야 했다. 서명과 지시가 필요한 일이 생기면 그대로 기존 과장과 주임들이 자신의 이름으로 서명했지만, 반드시 '탈권위원회'에서 파견한 책임자에게 보내 결정여부를 심사받도록 했다.

이 '권력'은 바로 이렇게 '탈취'된 것이다. 따라서 회사 안에는 기존의 당위와 사무실 부서가 계속 운영되는 것 외에 '탈권위원회'라는 부서가 하나 더 생겨 재량권을 위임받아 형편에 따라 일을 처리하게 되었다.

회사의 각 기층단위 역시 이를 그대로 모방하여 모든 상점 혹은 공장마다 '탈권위원회'를 만들었다. 탈권과 권력을 사용하는 방식 모두 같았다.

권력을 탈취하고 난 뒤에는 어찌 하는가? 이렇게 하나의 단위에 두 개의 부서가 있는 상태는 언제까지 유지되는가? '구'(舊) 당위는 해산시키고 새로 세워야 하는가? 이후에 가서야 생각난 이러한 문제들을 당시에는 누구도 생각하지 못했고, 이를 해결한다는 것은 말할 것도 없었다. 당시는 실제로 대동요의 정세 속에 있었고 거의 매일 새로운 술책들이 생겨나 사람들이 그러한 정세를 따라가지도 못했는데, 조반파들이 어찌 이 문제 저 문제를 고려할 수 있었겠는가! 공산당의 지도 아래 조반파가 된 것 자체도 매우 의외였는데 무슨 대권을 탈취하고 권력을 잡으라니, 이렇게 되리라고 생각했던 조반파는 아마 몇 명 되지 않았을 것이다. '탈권위원회' 주임인 중유신이 내게 말했다.

"이 문화대혁명은 어째 이래저래 하다 왜 갑자기 우리더러 권력을 탈취하라는 거야?" 그는 매우 곤혹스러워했다. 나 역시 알 수 없는 생경함을 느꼈다.

그러나 우리는 그래도 권력을 탈취하여 기뻤다. 근속연한으로 따져 보면 보잘것없는 견습공에 불과한 '탈권 위원'인 내가, 갑자기 경외의 시선 속에서 목에 힘주고 처음으로 회사 기관에서 '사무'를 보고, '간부'가 된 기분을 음미하게 된 것이다. 중유신은 더욱 신이 났다. 그가 신성하게만 여겼고 더욱이 정면으로 한번 쳐다보지도 못했던 당위 서기와 부서기들이 지금은 매일 공손하게 그의 '탈권위원회' 사무실에 와서 업무를 의논하는 것이었다. '창사시 종합상업공사 문건'이란 붉은 글자가 새겨진 공문은 모두 그의 힘찬 서명을 받아야 비로소 효력이 생겨났다. 이 모든 것에 대해 중유신은 처음에는 다소 두려워하는 듯했으나, 몇 번 하고 나자 낯익은 길을 달리듯 익숙해졌고 은근히 우쭐거렸다.

　기계수리 공장의 양진허 역시 탈권 운동에 참가했다. 게다가 공장 '탈권위원회' 주임이었다. 축하해 주러 공장에 가자 그는 곧바로 열렬히 나를 맞아 주었다.

　"이제부터 더 이상 나를 우파분자라고 말하는 사람은 없겠지!"

　이른바 '1월 폭풍'은 '탈권'이라는 이 어린애 장난 같은 일을 연출하는 것 외에도 또 다른 중요한 내용을 담고 있었으니, 바로 '경제주의 요괴의 바람〔妖風〕에 반대한다!'는 것이었다. 당 중앙에서는 1월 11일 상하이 조반파에게 축전을 보냈는데, 그 원인 중 하나는 바로 상하이 조반파가 반(反)경제주의를 취지로 하는 '긴급통고'를 제정했기 때문이었다.

　소위 '반경제주의'의 배경은 이렇다. 중앙에서 조반운동을 호소하고 지지했기 때문에 각 지역 각 단위의 당정 지도자들은 조반파의 압력 아래 1966년 12월 하순부터 모두 많거나 적게 조반파와 타협하거나 최소한 겉으로라도 타협해야 했으며, 또한 일부는 진심으로 지지하기도 했다. 이에 따라 우선 각 군중조직에게 대량의 물자를 내어 주어 군중 조반을 억압하지 않는다는 것을 보여 주었다. 이후 일부 조반파와 군중들은 과거에 경제 분야와 관련되었던 문제들, 예컨대 임금이 깎였거나 받아야 할 상여금을 이런저런 사정으로 인해 받지 못했다거나, 무고하게 제명당해 생계수입조차 없다는 등등의 이유로 단위 '당권파'에게 조반했다. 이들이 '시정'을 요구할 때 많은 당정 지도자들은 이러한 '조반' 압력으로부터 신속하게 벗어나기 위해 국가의 물건을 아낌없이 내주었다. '조반' 하러 오는 사람이 있으면 즉시 응답하며 돈과 물자를 내주거나, 임금과 상여금을 추가 지급하거나, 몇 년 전 모직원에 대한 제명을 철회하는 데에 동의하거나, 몇 년간의 임금을 추가 지급하여 위로해 주기도 했다. 아무튼 조그마한 이유라도 있다면 과거에 결정된 것이든 그것이 정확하든 잘못된 것이든 간에 전부 일률적으로 '시정'하여 조반자들의 요구를 만족시켜 주었고, 그저 이러한 '조반'자들이 더 이상 분쟁을 일으키지 않기를 바랄 뿐이었다. 이렇게 선례를 열게 되자 다른 군중들도 벌떼처럼 몰려들었다. 건국 이후 17년 동안 많은 사람들의 경제문제를 처리하면서 경제와 관련된 문제가 적지 아니 존재했다. 누가 자신의 문제가 자신의 요구대로 해결되기를 바라지 않겠는가? 몇십 위안의 월급을 받던 시대에 다른 사람들이 '조반' 해서 몇백 심지어는 몇천 위안의 돈을 받아 오는 것을 보면서 누가 이를 부러워하지 않겠는가? 이렇게 하여 1966년 말과 67년 초엽 이러한 사람들이 대군을 이루고 하나의 조류를 형성하며 인민폐(중국의 화폐)를 향해 돌진했다. 당시 적지 않은 사람들이 조반파조직에 참가했던 것은, 조반의 위풍을 빌려 '당권파'를 압박해 자신들의 요구대로 신속하게 돈을 지급받길 원해서였다.

　우리 창사시 상업국 조직 내에도 '마오쩌둥사상 횡미병단' (毛澤東思想橫眉兵團)이 있었는데 모두 1962년 농촌으로 하방되었던 상업단위의 점원들로 조직되었다. '사령' (司令)은 원래 고기를 팔던 소상인이었다. 그들이 조반한 이유는 간단명료했다. 그들을 원래 직장으로 복귀시켜주고, '강제로' 하방당한 이후의 모든 임금을 지급하라는 것이었다. 이 사람들은 생계와 관련된 일이었기 때문에 조반의 열정이 매우 높았고 그 기세 또한 대단했다. 상업국의 국장과 부국장 몇 사람은 모두 편안할 날이 없었고, 낮에는 사무를 볼 수 없었을 뿐 아니라 밤에 집에 돌아가서도 편안하게 쉴 수 없었다. 이 '횡미병단' 사람이 찾아오기만 하면 죽자 살자 매달렸다. 그 결과 그들의 '조반'은 성공했고, 모든 사람들이 원래 직장으로 복귀된다는 선포를 받았으며, 일부 임금도 지급받았다.

　'국가대사에 관심'을 갖고 조반을 한 우리 조반파들은 이들 '경제 조반' 사람들에 대해 처음에는 동정심을 갖고 있었다. 왜냐하면 과거에 억울함을 당하여 경제적인 손해를 입었던 이들이 지금 '복권'을 요구하며 돈을 돌려받는 것은 비난할 근거가 없는 이치에 맞는 일이라 생각했기 때문이었다. 게다가 이 사람들 역시 조반을 지지하고 있어 '당권파'들에 대해 압력을 가하고 있는 셈이었다. 따라서 처음에 조반파들은 이들을 다른 세력으로 보지 않았다. 그러나 이 '경제 조반'의 물결이 갈수록 커지고 심지어 조반파들의 정치운동을 방해하는 행동이 나타나게 되자(예컨대 그들은 종종 회사와 상업국의 서기와 사장, 국장들을 에워싸며 돈을 지급하라는 지시를 내리라고 하면서 이에 응하지 않으면 사람을 놓아주지 않았다. 그들의 요구를 들어주지 않으면 서기와 사장, 국장들을 조반파 비판대회를 포함한 어떠한 회의에도 참가하지 못하게 했으며 우리가 가서 얘기해도 놓아주지 않았다), 정치적으로 고결하고 청렴하다고 자임하던 우리 조반파들은 입만 열었다 하면 돈을 요구하는 '경제 조반'의 방식을 더 이상 좋아하지 않게 되었다. 따라서 상하이에서 조반파의 '긴급통고'가 나오게 되었다. 당 중앙 역시 당연히 이들 경제 조반의 물결이 문화대혁명의 기정 방침을 방해하거나 왜곡하길 바라지 않았다. 따라서 중앙에서는 신속하게 축전을 보내 상하이 조반파의 '경제주의 반대' 방침을 지지했다.

중앙의 지시가 내려지자 당연히 각 조반조직은 물론이고, 심지어 보수조직과 '당권파'들도 환영과 지지를 표명했다. 왜냐하면 이들 세 파벌의 사람들은 모두 스스로 청렴하고 고결하다고 여기고 있었고, '자신만 생각해 돈을 요구하고 국가의 대사를 고려하지 않는' 그러한 행위에 대해 경멸하고 있었기 때문이다. 따라서 각 은행에서는 수표를 근거로 발급한 모든 경비의 '동결'을 선포했고, 각 단위에게 다시 조반조직의 인장을 찍어 이 경비가 '경제 조반'이 수령한 것이 아니라는 것을 설명하라고 요구했다. 각 단위의 조반조직 역시 '당권파'는 앞으로 더 이상 경제와 관련된 모든 문제의 해결에 동의하지 말 것을 잇달아 선포했다. 비준을 해주면 누군지 찾아 책임을 물을 것이며, 경제와 관련된 문제는 옳든 그르든 간에 모두 중앙의 요구대로 '운동 후기에 가서 다시 정상을 참작하여 처리'하기로 했다. 이에 대해 '당권파'들은 당연히 모두 신나하며 집행했다. 이렇게 되어 그들은 '든든한 방패'〔擋箭牌 : 당권파와 발음이 비슷함〕를 갖게 되었고 상대적인 안정감을 회복할 수 있었다. 게다가 경제 조반을 일으킨 사람들의 분노를 막아 내고 조반조직 탓으로 돌릴 수도 있었다.

정신적으로나 실력으로나 조반조직 전체와, 그리고 사회세력 전체와 비교했을 때 경제 조반을 일으킨 사람은 필경 소수였다. 더구나 개인의 이익만을 좇았고 집단목표가 없었기 때문에 단번에 흩어진 모래알처럼 되었다. 따라서 이 '경제주의 반대' 운동은 곧바로 성공적인 효과를 거두었고, 며칠 사이에 창사시에선 '경제 조반'을 일으키거나 '당권파'를 찾아가 돈을 요구하는 사람들이 아예 사라졌다. 우리 상업국의 '횡미병단'도 조반조직의 지지를 얻지 못하고 대세가 불리해진 것을 본 데다가 이미 그들의 경제 목표를 달성했기 때문에 자동적으로 해산되었다. 깃발을 내리고 공격을 그만두었고 소상인 '사령' 역시 조용히 자취를 감추었다.

그러나 경제 조반을 일으킨 사람들 중에 적지 않은 사람들이 잇속을 차렸고, 그들이 과거에 억울함을 당했든 당하지 않았든 간에 이번 기회에 만회한 셈이었다. 중앙의 지시는 경제 조반의 '정지'였지, 경제 조반 사건을 추궁한 것은 아니었다. 따라서 경제 조반에서 조반을 일찍 일으킨 사람은 이미 당당하게 주머니 속으로 돈을 챙겼다. 늦게 '조반'한 사람은 '시간이 되었다는 신호로' 중앙의 지시가 내려오자 돈은 받지도 못하고 오히려 '정지' 명령을 받았다. 따라서 늦게 조반한 이들은 분하기 짝이 없어 하며 발을 동동 구르고, 몹시 후회하며 자신의 느린 동작을 한탄했다. 우리 회사에서는 1960년 어려운 시기*에 단위에서 오십여 명의 나이든 노동자들에게 약 2백여 위안씩을 무슨 임금 공제라 하며 전용한 적이 있었다. 이를 두고 '잠시 빌린다'고 했으며 이후 그들을 동원해 헌납하게 하면서 노동계급의 주인정신을 드높인다

---

* 대약진의 실패로 인한 대기근으로 어려웠던 시기를 가리킴.

고 했다. 당시 이들 나이 든 노동자들은 화가 나도 감히 말하지 못했다. 이치로 따진다면 이 돈은 당연히 그들에게 돌려주어야 하는 것이다. 문혁으로 조반이 일어나자 이들 몇 명의 나이 든 노동자들은 이러한 문제로 조반을 일으키고 싶었지만, 다소 주저하면서 행동하지는 못했다. 그러나 이후 적지 않은 사람들이 조반에 성공하고 수차례 돈을 돌려받는 것을 보고는 그들도 앞장서 회사 당위 서기와 사장단을 찾아갔다. 한차례의 '조반'을 통해 일이 어느 정도 희망이 보이는 듯했다. 당위 서기의 서명과 동의를 받아 회사 재무과로 가서 수표를 받고 은행에 가서 돈을 찾으면 되었다. 그러나 뜻밖에도 하룻밤 사이 중앙의 반(反)경제주의 지시가 내려와 모든 것이 '정지'되었다! 몇 명의 나이든 노동자들은 회사 당위와 사리를 따졌던 회의기록을 손에 쥐고는 긴 한숨을 내쉬면서 연신 고개를 저으며 몹시 낙담했다. 나는 그들을 위로하며 말했다.

"이 문제로 조반한 것은 합리적인 것입니다. 지금은 되지 않지만 이 회의기록이 남아 있으니 앞으로 운동이 끝날 때쯤엔 해결할 수 있을 겁니다."

이들 나이 든 노동자들은 몹시 후회하며 '운동이 끝날 때'를 기다릴 수밖에 없었다. 결과는? 이들 몇십 명의 사람들을 제외하고는 더 이상 아무도 이 일에 관심을 갖지 않았다. 그들의 소망과 피와 땀이 서린 돈은 영원히 역사의 먼지 속에 파묻혀졌다.

경제 조반의 '경제주의' 열기 속에서 대체 얼마나 많은 사람들이 기회를 노려 부당한 잇속을 챙기고 돈을 받았을까? 또 대체 얼마나 많은 사람들이 원래 그들이 돌려받아야 하는 몫을 하나도 받지 못했는가? 또 얼마나 많은 사람들이 그 기회를 민첩하게 잡아 그들이 받아야 하는 몫을 돌려받았는가?

이 모든 것은 물론 알 길이 없다.

문화대혁명 시기 경제 조반과 반경제주의의 정세 속에서 '일을 일찍 처리하면 이득을 챙기고, 늦게 가면 아무것도 없다'라는 현상이 생긴 뒤로 사람들은 중앙 정책에 대해 어떤 생각을 가지게 되었다. 즉 자신에게 유리하기만 하면 반드시 앞다투어 가서 실행해야 한다. 시간이 지나면 무효다, 한 보 늦으면 천추의 한이 될 것이다! 그리고 더 이상 '단계적으로 천천히 해결하자'라는 교육을 믿지 않게 되었다. 이러한 심리는 이후 문화대혁명의 매 단계마다 관철되었고 또한 지금까지도 여전히 그렇다.

우리 회사 조반파 우두머리 중에도 '경제문제'가 해결되길 바라는 사람이 있었다. 그러나 처음에는 부끄러웠는지 자신이 '국가대사에 관심을 갖자'는 마오 주석의 호소에 응하여 '프롤레타리아계급 문화대혁명을 끝까지 수행하자!'는 숭고한 목표를 위해 조반을 일으켰다고 생각했다. 이제 조반조직의 우두머리가 되었고 경제 조반도 일어났으니, 일반 군중들의 뒤에 서서 모두의 문제가 해결되면 자연히 자기 자신의 문제도 해결될 수 있을 거라 생각했다. 당시 마르크스 어록의 한 구절은 일부 조반파 우두머리들의 '좌우명'이거나 혹은 그들이 무시할 수 없는 모종의 정치적 지조였다. 그 어록의 구절은 "프롤레타리아계급은 전 인류가 해방되어야만 비로소 자신을 해방시킬 수 있다"는 것이었다. 따라서 당시 경제 조반에 직면한 상황에 맞서 적지 않은 사람들이 진심으로 이 어록의 원칙을 인용했다. 그렇지 않았다면 스스로 앞장서 경제 조반을 일으킨 일이 '조반유리'[造反有利 ; 조반으로 이득을 챙긴다]라는 사람들의 공격을 받을 수 있었다. 우리가 들어 올린 것은 '조반유리'〔造反有理 : 조반은 정당하다〕의 기치였지만, 보수파들은 종종 우리에게 '조반유리'(造反有利)라고 공격했다. 따라서 우리는 이러한 일들을 항상 경계해야 했고, 남들에게 구실이나 약점으로 잡혀선 안 된다고 느꼈다.

경제 조반의 일은 우리 집까지 미쳤다.

우리 아버진 당시 우리 회사의 통신원 겸 수위였다. 그는 비록 보통 노동자였지만 해방 전 중공 지하당 조직에 참가했었던 노(老)당원이었다. 우리 회사조직에서 그의 이력은 1949년 이전에 공산당에 가입한 손에 꼽히는 몇 안 되는 사람 중의 하나로, 회사 당위 서기와 회사 부사장, 그리고 우리 아버지가 다녔다. 그러나 아버진 보통 잡역부일 뿐으로 월급이 40여 위안에 불과했다. 당의 조직 기준으로 따져 보면 아버진 무슨 잘못을 저지르지도 않았는데, 남들과 비교해서 왜 이렇게 지위가 낮았을까?

그 이유는 후난성의 중공 지하당원들은 당시 조직 편제에 따라 도시로 들어온 남하(南下) 군대 간부들에 의해 대개 낯선 사람으로 여겨져 일반적으로 중용되지 못했기 때문이다. 이러한 상황 요인 외에도 부친 자신에게 특수한 원인이 있었다. 1956년 공사합영(公私合營) 이전 부친은 실제로 여관 직원의 신분으로 국가 모 부문을 위해 비밀사업을 수행하고 있었고, 그의 공산당원 신분은 공개되지 않았다. 우리 어머니가 나서서 사장을 맡고 있던 이 여관은 이 부문에서 투자한 것이었다. 공사합영 후 부친의 당 조직 관계는 상업부문으로 이관되었고 모 부문에서의 업무는 정지되었다. 대략 관계가 이관되는 과정 중에 무슨 착오가 생겼는지 상업부문의 관리 관련 단위에서는 아버지가 공산당원이었다는 사실만을 접수받고, 원래 모 부문을 위해 일했던 대우만큼 조정해 주어야 하는 것을 잊었다. 그 당시 아버진 경제적으로 업무 보조금을 받을 수 있었기 때문에 여관 직원이라는 신분의 낮은 임금을 보충할 수 있었다. 하지만 인사 관계가 상업부문으로 이관된 뒤로 이 업무 보조금도 당연히 지급 중지되었다. 또한 간부도 아니었고, 노동자 신분에 불과했다. 그러나 아버지가 상업부문의 몇 곳을 거쳐 시 종합상업공사로 근무하러 오게 될 때까지 아무도 이 일에 관심을 갖지 않았다. 당시 아버진 이에 대해 거의 개의치 않는 것 같았다. 그는 농민 출신의 성실한 공산당원으로 생활에 대해 쉽게 만족했고, 더욱이 '공산당원은 마땅히 남보다 먼저 고생하고, 즐김은 남보다 뒤에 한다'는 신조를 믿고 있었다. 게다가 어머니 역시 수입이 있으셔서 온 가족의 생활이 괜찮은 편이었다. 따라서 아버진 여태 이 일을 언급한 적이 없으셨거니와, 단위 당 조직에게 임금을 올려 달라거나 직원 대우를 바꿔 달라는 말을 한 적이 없었다. 그는 항상 "난 배우질 않았으니 직원이나 통신원을 해도 괜찮다"고 하셨다.

문혁의 경제 조반이 고조에 이르렀을 때 회사 기관 정치업무 부문의 셰(謝)씨 성을 가진 조반파 간부가 내게 말했다. 우리 아버지의 상황에 대해 그는 매우 잘 알고 있었다.

"1948년에 입당해 목숨 걸고 혁명을 한 노당원이, 게다가 무슨 잘못도 없는데 고작 40여 위안의 임금을 받고 통신원이나 잡역부 일을 하다니 정말 불합리하군!" 그는 나 대신 화를 냈다.

그는 자진해 나서서 내게 알리지도 않고 우리 아버지를 데리고 회사 당위 서기를 찾아갔다. 경제 조반인 셈이었다. 사정은 명료했고 이치역시 간단했다. 어떤 생각에서였는지 당위 서기는 즉각 태도를 표명하고 부친이 받은 대우를 시정하겠다고 하면서 당위 회의 소집도 결정했다. 원래 국가 모 부문의 보조금 기준에 따라 우선 알맞은 액수를 지급하기로 했는데, 약 2천여 위안이었다. 당위 서기는 임금 추가지급에 동의하고, 우리 아버지를 위해 간부 명부 관계의 사후처리에 착수한다는 문건에 서명했다. 그리고 돈을 받는 수표(당시는 '지급위탁서'라 불렀다)를 곧바로 아버지 손에 전달해 주었다.

아버진 회사 조반파 우두머리인 내게 영향이 미칠까 봐 조심하셨기 때문에 바로 은행에 가서 돈을 받아 오지 않고 나를 집으로 불러 종이와 수표를 보여 주시며 상의하셨다.

나는 2천 위안을 받을 수 있다는 것을 알고는 마음이 크게 흔들렸다. 그런 저임금 시대에 2천 위안이면 얼마나 큰 액수인가! 누가 보든 모두 기뻐할 것이었다.

나는 한번 생각해 보고 아버지에게 잠시 그 돈을 받으러 가지 말라고 권했다.

"나 스스로 가서 조반한 거니까 누구도 널 탓할 리 없다."

아버진 잠시 돈을 받지 말라는 나의 마음을 헤아리시며 변명하셨다.

나는 정말 마음속으로 우리 집에 큰 도움이 되는 이 돈을 받는 일에 동의하고 싶었다. 게다가 어머니도 이미 돌아가시고 아버지도 연세가 많으셔 곧 퇴직할 나이니, 아버지 것이 분명한 돈을 받고 정식으로 국가간부의 신분으로 바뀌면 그의 편안하고 고적한 말년에도 도움이 될 것이었다. 그러나 불과 열일곱의 뜨거운 피가 끓었던 나는 훨씬 우수한 조반파 우두머리가 되고 싶었고 '재물과 이득을 바라지 않고 오로지 국가를 위해 수정주의로 나아가지 않는다!'는 굳건한 혁명 승계자가 되고 싶었다. 스스로 매시 매사에 규율을 엄격히 지켜 귀감이 되고 싶었다. 우리 세대 청년들은 모두 황지광,* 레이펑,** 파벨 코르차긴,*** 등에**** 등과 같은 영웅주의의 교육 아래 자라났다는 것을 알아야 한다. 신봉했건 하지 않았건 최소한 '자신의 이익을 조금도 바라지 말고 오로지 다른 사람을 이롭게 하라'는 것이 우리 세대 청년들의 가볍게 여길 수 없는, 마땅히 추구해야 할 경지의 상징이었다. 따라서 나는 이 돈을 받으면 스스로의 이미지와 우리 '상강풍뢰' 조반파의 이미지에 영향을 미쳐 사람들에게 '조반유리'(造反有理)라는 비웃음을 사게 될까 걱정되었다. 왜냐하면 어찌되었든 간에 다른 사람들은 모두 내가 아버지를 위해 경제 조반을 한 것이라고 생각할 것이기 때문이다.

이에 따라 나는 아버지에게 수표를 돌려주라고 설득했다.

"장 서기가 자발적으로 내게 허가해 준 일이다. 내가 다시 찾아가면 더욱 그를 압박하는 셈이지."

아버진 억울하셨던지 내게 또 변명을 하셨다.

나는 아버지께 말했다.

"이 돈은 우선 돌려주세요. 아버지 문제는 확실히 불합리하니까 문화대혁명운동이 끝날 때쯤 조직에서 반드시 해결해 줄 거예요. 중앙문건에도 운동 말미에 원래 역사적으로 남아 있던 문제를 처리한다고 되

---

* 황지광(黃繼光) : 1950년 한국전쟁 당시 미군과 맞서 용감하게 싸운 군인으로서, 청년들의 영웅으로 존경받았다.

** 레이펑(雷鋒) : 평화 시기 인민해방군의 영웅이자 모범으로 당에 대한 충성·전우애·인민에 대한 사랑 등을 몸소 실천한 인물이다.

*** 파벨 코르차긴(保爾·柯察金) : 소련 작가 오스트로프스키(Aleksandr N. Ostrovskii)가 쓴 소설 『강철은 어떻게 단련되었는가』(Kak zakalialas' stal')에 나오는 주인공 이름. 노동자로 혁명 전쟁과 국가 건설을 위해 애쓰는 불굴의 인간형이다.

**** 등에(牛虻) : 1897년 영국 소설 『등에』(Gadfly)에 나오는 주인공의 별명. 이탈리아 독립을 위해 싸우다 희생된 그의 혁명정신이 중국 청년들에게 많은 영향을 끼쳤다.

어 있어요. 그때 가서 다시 돈을 받으면 쓸데없는 뒷말을 하는 사람은 없을 거예요."

우리 부자는 이 거액의 돈을 반환하기 아쉬운 마음은 같았지만, 반환의 이유는 각기 달랐다. 아들은 국가의 일을 위해, 아버진 아들의 일을 위해 이를 악물고 수표(지급위탁서)를 반환했던 것이다!

아버진 당위 서기를 찾아가 당분간 간부 전환 수속을 할 필요가 없으며 수표를 반환한다고 말했다. 장 서기는 '이건 조반과 무관한 일로 당연히 처리해 드리고 지급해 드려야 하는 겁니다' 라고 말했다.

아버진 장 서기에게 여러 번 감사하다고 했으나 수표는 돌려주고 오셨다.

이 일에 대해 나를 칭찬하는 사람도, 아버지를 찬양하는 사람도 없었다. 그런 상황에서 각자의 일도 돌보기 힘든데 누가 이러한 일을 평가하겠는가? 스스로 돈을 원치 않은 것이고 누가 강제로 압박한 것도 아닌데, 다시 말해 당신 스스로 돈을 원치 않은 것이지 설마 다른 사람이 원치 않았단 말인가? 뭣하러 당신을 칭찬하겠어!

그 뒤로 조반파 우두머리였던 나는 크게 불운해졌다. 아버지의 대우를 바꾸는 결정에 관해 더 이상 문건이 내려오지 않았으며, 문화대혁명이 끝날 때 정말로 '운동 말기' 가 되었을 때도 더 이상 이 일을 제기하는 사람은 없었다. 그 2천여 위안은 더욱 우리와는 인연이 없게 되었다. 그리고 1968년 퇴직 당시 아버지는 여전히 잡역부로 매월 41위안 5마오를 받았으며, 퇴직금은 대부분의 퇴직 노동자들보다도 훨씬 낮았다. 이 41위안 5마오와 함께 아버진 세상을 떠나셨다. 1980년 회사에서 정년퇴직한[離休·退休 ; '離休' 는 1949년 9월 30일 이전에 혁명에 참가한 중화인민공화국 노간부의 정년퇴직을 말하며, '退休' 은 일반간부의 정년퇴직을 말한다. 퇴직 후의 생활보장은 '退休'보다 '離休'가 좋다] 노간부들에게 '노(老) 동지'에 대한 관심의 표시로 액화가스통을 나눠 주었다. 아버진 회사 조직에서 공산당에 참가한 가장 오래된 몇 사람 중의 한 명이었지만 액화가스통은 지급받지 못했다. 왜냐하면 그는 단지 노동자에 불과했고 간부가 아니었기 때문이었다. 이 일에 대해 나는 당 성위조직에게 편지를 써 아버지의 상황을 설명했다. 1949년 건국 이전에 이미 공산당원이 된 부친이 노동지로서의 대우를 조금이나마 누릴 수 있지 않느냐고 문의했다. 성위조직부에서 곧바로 회신이 왔다. 아버지의 상황에 대해서는 동정을 표하지만 정책에 따라, 간부여야 '특별퇴직'[離休]에 속할 수 있다는 것이었다. 아버진 노동자라 비록 퇴직했거나 심지어 '특별퇴직'한 간부들의 당령(黨齡)보다 몇 년이 더 길었지만, 유감스럽게도 간부가 아니라서 노동지로서의 대우를 누릴 수 없다는 것이었다. 그 뒤로 중앙에서 다시 규정을 내려 1949년 이전에 혁명 사업에 참가한 사람은 간부인지 아닌지를 막론하고 모두 '특별퇴직'의 대우를 누릴 수 있다고 했다. 그러나 그때 아버진 이미 세상을 떠나셨다. 그는 평생 공산당 '간부' 대우를 누리지 못하셨다. 그가 많은 공산당 간부들보다도 당에 대한 공헌이 훨씬 많은데도 말이다.

지금 생각해 보면 나 역시 스스로 가졌던 낭만이나 어리석음을 후회해야 하는 건지 모르겠다!

한번은 아버질 위해 불평을 토로하며 '나서서 도와주던' 회사의 그 간부가 차갑게 웃으며 내게 말했다.

"자신을 위해 아버질 억울하게 만들다니 자네 같은 아들을 키워 무슨 소용이 있겠나!"

나는 대답할 말이 없었다.

우리 회사 조반파 우두머리 중에 친구가 하나 있었는데, 그는 그 당시 치밀하게 경제 조반을 일으켰다. 그의 부인은 원래 회사 소속 한 상점의 영업원이었는데, 견습생 시절인 몇 년 전 이 조반파 우두머리와 연애를 했지만, 상점 지도자와의 관계를 잘 처리하지 못했다. 그 결과 상점의 지도자는 꼬투리를 잡아 기간이 만료되었음에도 '출사'〔出師; 제자가 다 배우고 기한을 마친 것을 뜻함〕하지 못하게 했을 뿐 아니라, 3년을 참아 낸 그녀의 일자리마저 박탈해 버렸다. 당시 직장을 구한다는 것은 매우 어려웠다. 그 후로 결혼한 뒤 이 부부와 아이는 그저 남편 한 사람의 수입으로 살아갈 수밖에 없었다. 문화대혁명으로 조반이 일어나 조반파의 우두머리가 되고 또 마침 '경제 조반'의 광기가 불어 닥치자 이 친구는 기회를 틈타 경제 조반을 하였다. 그러자 회사 당위에서는 곧바로 그의 부인을 원래 직장으로 복귀시켜 주었을 뿐 아니라, 몇 백 위안의 '경제손실' 비용도 지급해 주었다. 이 일은 우리 회사 조반파 우두머리들 사이에서 일부 비난을 받았다. 조반파 우두머리로서 이렇게 자신을 위한 일로 조반을 한다면 떳떳하지 못할 뿐 아니라 좋지 않은 영향을 남긴다는 것이었다. 그러나 모두들 그 부인의 문제를 시정하고 직장으로 복귀되는 일은 당연하다고 여겼다. 단지 시기적으로 문제가 있으니 인내심을 갖고 운동이 끝날 때를 기다려 다시 처리해야 한다고 생각했다. 그러나 그 친구는 도리어 그렇게 보지 않았다. 복권되고 바로잡을 수 있는 일로 지금도 할 수 있는 일인데, 왜 굳이 운동 말미까지 기다려야 하냐는 것이었다. 게다가 그는 단지 잃어버린 것을 찾고자 할 뿐이지 새로운 부(富)를 갈구하는 것도 아니라고 했다.

그 뒤로 이 친구 역시 운 나쁘게 되었다. 비록 조반파 우두머리였지만 액운에서 벗어날 도리는 없었다. 얼마 지나지 않아 의외의 사고를 당해 목숨을 잃고 부인과 두 아이들을 남겨 두고 가 버렸다. 남편도 잃고 수입도 잃은 이 부인은 비통함 속에 그저 자기 자신과 자신의 수입에 의존할 수밖에 없었다. 이 불완전한 가정을 지탱하면서 고생을 참고 견디며 아이들을 길러 냈다. 지금 그의 두 아들은 모두 문화대혁명 시절의 부친보다 훨씬 크고 튼튼하다. 그들 형제는 천신만고 끝에 그들을 길러 낸 어머니께 당연히 감사하게 생각한다. 그러나 그들의 아버지가 아니었다면, 문화대혁명 속에서 그들 어머니의 명예와 일자리를 용감하게 되찾을 수 있었겠는가?

〚 7 〛
1967년 2월 5일의 역사기록

장칭(江靑)과 캉성(康生)이 쥐고 있던 중앙문혁소조에선 문혁 중 후난 조반파조직을 '반혁명'이라 공격했다. 당시 중앙문혁소조는 인민들에게 '조반'하라며 도처에서 떠들어 대고 호소하지 않았는가? 그들은 왜 또다시 조반파를 '반동분자'로 보았는가?

나는 이러한 큰 흔들림을 직접 겪었다. 그러나 왜 그러한 '비정상적인' 일이 발생하게 되었는지 나 역시 지금까지도 그 이유를 알지 못한다. 아마 고위층에서의 문혁과 사회 기층에서의 문혁이 결코 동일하지 않았으며, 단지 어떠한 표면적인 측면만 하나로 보였을 뿐이었나 보다. 십 년 문혁 동안 발생한 많은 일들은 '동란'이라는 한 단어로 명확하게 설명할 수 있는 것은 아니다.

1967년 1월 22일 『인민일보』 사설 「프롤레타리아계급 혁명파는 대연합하여 당내 자본주의 노선을 걷는 당권파의 권력을 탈취하자」에서는 소위 '주자파'의 권력을 탈취하자고 조반파에게 공개적으로 호소했다. 이 호소는 조반파들을 대단히 자극했고, 조반의 물결 역시 최고조에 이르렀다.

그러나 이때 후난성 창사시의 조반파는 성공적으로 '홍색정권 보위군' 등 관에서 주도하는 보수 군중조직을 무너뜨린 후 내홍에 직면하게 되었다.

승리를 거둔 조반파는 점차 두 진영으로 갈라서게 된다. 하나는 '상강풍뢰'를 필두로 하는 파였고, 다른 하나는 '창사시 고등교육학교 홍위병 사령부' 즉 '고사'(高司)를 필두로 하는 파였다.

'고사'는 당시 창사시 전체 8개 고등교육학교의 홍위병 조반파조직으로 2만여 명의 대학생들이 있었다. 그 유명한 창사시 시위의 '8·19 사건' 중 조반의 선봉을 맡았던 후난대학 홍위병들이 그들의 정예부대였다. 이들 대학생 홍위병은 후난성에서 가장 먼저 조반 열기에 불을 붙였다. 갈수록 커져 가는 노동자 조반조직 역시 그들의 선동과 도움 아래 설립되었다. 그들은 말솜씨가 좋고 더욱이 선전에 능해, 그들이 원하기만 한다면 하룻밤 사이 창사시 전체 거리와 골목 담벼락에 그들의 대자보와 표어를 모조리 붙일 수 있었다. '홍색정권 보위군' 보수파 홍위병과의 선전 전쟁에서 그들은 매우 중요한 역량이 되었다. 조반의 관점에서 보면 이 '고사'는 확실히 후난성 조반파의 공신이자 선구자였다. 따라서 '고사'의 우두머리는 당시 후난성 조반파의 수령 같은 폼새를 지니고 있었다.

'상강풍뢰'(湘江風雷)의 공식 명칭은 '마오쩌둥주의 홍위병 상강풍뢰 정진종대'였다. '홍위병'이라는 세 글자가 있었지만 실제로는 학생조직이 아니라 노동자가 위주였고, 사회 각계의 인사들(교사, 학생, 주민, 농촌에서 도시로 돌아온 지식청년 등)이 참가하는 혼합 군중단체였다. '동방홍총부' 등 노동자 조반조직과 마찬가지로 조직의 우두머리 역시 대부분 노동자나 공장의 간부였다. '상강풍뢰'와 '동방홍총부' 등의 조직 우두머리들은 마음속으로 대학생 홍위병들의 공로를 인정하고 있었다. 그러나 이들은 지도를 맡는 일에 대해선 마오쩌둥 주석의 어록을 내밀었다. '중국의 광대한 혁명지식분자는 비록 선봉과 다리의 역할을 하지만 이들 지식분자 모두가 끝까지 혁명을 할 수 있는 것은 아니다', '노동계급만이 가장 멀리 볼 수 있는 식견이 있고 공평무사하며 혁명에 가장 철저하다. 전체 혁명 역사가 증명하듯 노동계급의 지도가 없다면 혁명은 실패하고 만다. 노동계급의 지도가 있다면 혁명은 승리하게 될 것이다'. 따라서 그들은 이론으로나 실천으로나 모두 '고사'의 지도적 위치를 인정하지 않았다. 오히려 지지하는 사람들로 넘쳐 나고 세력이 커진 노동 조반조직의 우두머리들은 이미 '태생적인' 지도계급의 역할을 발휘하고 있었다.

이것이 대략 1967년 1월 하순 이후 후난성 창사시 조반파에 내홍이 발생하고 새로운 두 파벌로 분화되는 중요한 요인이다.

게다가 인민해방군 후난성 군구의 개입으로 이러한 분화는 더욱 가속화된다.

중공중앙에서 1월 중순 지시를 내린다. 군대가 지방 문화대혁명운동에 개입하기 전에는 성 군구에서 조반파와 보수파 간의 투쟁에 대해 수수방관하고 있었다. 비록 그들이 보수파를 동정하고 있었지만 말이다. 중앙에서 군대의 지방 문화대혁명 참가를 허락하고 군대에게 '지좌'(支左; 좌파 군중 지지)를 명령했을 때 누가 '좌파'인지를 판단하고 누구의 권력을 지지할지는 군대 자신의 손에 달려 있었다.

면밀한 조사를 거쳐 성 군구 사령인 룽수진(龍書金) 장군은 '고사'를 필두로 하는 파벌을 지지하기로 선택했고, 그들이 '진정한 좌파'라고 여겼다. 이유는 대략 '고사'를 보니 전부 순수한 대학생들이었고, 그 마음도 순수해 보였기 때문이다. 반면 '상강풍뢰'라는 노동자 조반조직은 사람도 복잡하고, '조반의 동기' 역시 복잡해 보였다.

성위 제1서기인 장평화를 어떻게 비판할지에 대한 방법과 책략을 둘러싸고 일찍이 한 참호에서 함께 싸우던 '고사'와 '상강풍뢰'는 결국 그들의 분화를 공개하고 열띤 토론을 벌였다. 새로운 두 파벌은 모두 성위 제1서기를 타도하자고 선언했고 또 상대편이 성위 제1서기를 '보호'한다고 공격했다. 결과적으로 장평화는 끝없는 비판투쟁을 받게 되었다.

1월 중순 보수파조직인 '홍색정권 보위군'이 막 무너지고, 하순 무렵 새로운 파벌투쟁이 시작됐다. 게다가 갈수록 열기를 띠게 되어 표어 대전과 대자보 대전, 선전 대전에서 주먹과 발길질, 돌들이 서로 오가는 새로운 무투가 다시 생겨나기 시작했다.

'고사'를 지지하는 성 군구는 우선 '상강풍뢰' 파벌 측 제대군인들의 조반조직인 '홍기군'(紅旗軍)과 '홍도탄'(紅導彈) 등의 홍위병조직이 성 군구 기관을 공격한 사건을 상부에 보고했다. 4대 수뇌기관인 중공중앙, 국무원, 중앙군위, 중앙문혁연합부서〔中央文革聯署〕는 1월 20일 새벽 '1·20' 지시, 즉 '후난성 군구에서 사람을 때리고 잡은 후난 홍기군·홍도탄 등 홍위병조직 문제에 관한 지시'를 하달했다. 이 지시에서는 다음과 같이 말하고 있다.

"군대는 군비 임무와 문화대혁명의 보위 임무를 맡는다. 지휘·기밀 등의 조직에 대한 외부인의 공격을 허락할 수 없으며 인수하여 관리할 수도 없다. 홍기군은 반동조직이며 필요시엔 소수의 우두머리를 체포하여 조직을 분화하고, 와해시키도록 한다. 군구 책임자는 용감히 나서 군중에 대한 설득과 교육 사업을 진행한다."

1월 20일 당일 후난 '홍기군'의 우두머리 몇 명은 즉시 군구에 의해 체포되었다. 그러나 '홍기군' 전체 조직에 대해서는 아직 행동을 취하지 않았다.

기세등등한 이 '1·20' 지시는 당시 '상강풍뢰' 쪽 모든 조반조직의 공개적인 반대에 부딪혀 어떤 조직도 옹호하지 않았을 뿐 아니라, 오히려 '홍기군은 결코 반동조직이 아니다!', '홍기군은 쟁쟁한 혁명 조반조직이다!' 등의 많은 표어가 곧바로 거리에 나붙었다. 또한 이 지시의 진위를 물으며 성 군구에게 원본을 보이라고 요구하였으며, 또한 베이징의 조반파조직에게 전화를 걸어 사실을 확인하기도 했다.

한편 성 군구에서는 몇 명의 '홍기군' 우두머리를 체포한 뒤, 이 명령 지시에서 언급한 '반동조직'에 대해선 더 이상 어떤 행동도 취하지 않았다. 각 조반조직의 공개적 저촉이나 심지어 중앙 '1·20' 지시에 저항하는 언행에 대해서도 어떠한 추궁도 하지 않았다.

중앙 지시에 대한 저촉과 저항 행위는 성 군구, 심지어 중앙으로부터의 어떠한 질책도 받지 않았다. 이는 당시로서는 매우 비정상적인 것이었다. 나아가 이 지시에 대한 조반파조직의 의심을 불러일으켰다. 과연 이 지시는 이후 하나의 '현안'(懸案)이었음이 증명되었다.

그러나 이 시기 동안 성 군구에서는 아무런 행동도 하지 않았던 것이 아니라 오히려 더욱 큰 계획을 조용히 진행하고 있었다.

드디어 성 군구에서는 '상강풍뢰' 조직이 총과 무기를 소지한 사실 (사실 성 전람관의 전시용 재래무기로 전람관의 '상강풍뢰' 지대에서 보관하고 있었다)과 무투 중 대학생 홍위병을 구타한 증거를 발견하고는 이를 중앙에 신속하게 보고했다. 그리고 중앙문혁소조의 구체적인 지시를 성공적으로 얻어 냈다. 그 유명한 '2·4지시'에서는 '상강풍뢰의 반동 우두머리'라는 명칭을 분명히 사용하고 있었고, 성 군구에게 '독재〔專政〕조치를 취하라'는 명령을 내렸다.

　중앙문혁소조의 이번 지시는 2월 4일 아침에 내린 것이다. 당일 백만 명의 군중을 보유한 '상강풍뢰' 조직은 아무런 사정도 모르는 가운데 '고사'에 대한 더욱 큰 공격을 준비하고 있었다. 성 군구 사령 룽수진 장군은 얼굴에 감정을 드러내지 않고 2월 4일 대낮 '상강풍뢰' 조직의 환호성 속에서 차분히 시간을 보냈다.

　2월 4일 밤 10시, 나와 우리 회사 '상강풍뢰 홍색지대'의 선전위원인 샤오리(小李)는 지대 사무실에서 대자보를 등사하고 난 뒤 조금 허기를 느껴 거리로 나가 뭘 좀 먹기로 하고 그 참에 거리를 산책하기로 했다.

　거의 자정이 다 되었지만 창사시의 우이(五一)대로는 여전히 떠들썩했다. 피로를 모르는 인파들이 한 무더기씩 대로로 몰려나와 밤에 붙여지는 새로운 표어나 대자보를 에워싸거나 혹은 '상강풍뢰' 파나 '고사' 파의 선전차 옆을 빽빽이 둘러쌌다. 격앙된 어조의 선전차 방송을 듣고 박수나 환호로 지지를 표명하기도 했고, 야유나 돌을 던지고 선전차를 부수며 반대를 나타내기도 했다.

　창사에 주재한 '수도홍위병제3사령부'와 '북항홍기' 등의 베이징 홍위병은 '상강풍뢰' 파를 지지했고, 조반파 중 노동자들은 대개 '상강풍뢰'와 '동방홍총부' 조직에 속해 있었기 때문에 거리에서의 실력 대결에서 '고사'는 명백히 열세에 처해 있었다. 그들이 새로 붙인 표어와 대자보는 곧바로 다른 사람들에 의해 찢기거나 덧붙여졌다. 우렁찬 소리의 선전차 확성기는 계속 돌에 맞았고, 때때로 주위의 군중들이 떠들어 대는 야유소리가 선전차의 방송 소리를 압도하기까지 했다.

이때 대학생 홍위병들의 상황은 시위 앞마당에서 5개월 전에 있었던 1966년 '8·19사건' 때의 모습으로 다시 되돌아가는 것 같았다. 모두 노동자의 포위공격을 받았지만 다른 점이라면 '8·19사건'에서 그들을 포위한 노동자들은 시위에서 보낸 '적위대'였지만 이번에 그들을 포위한 것은 8·19사건에서 그들을 지지했던 노동자이고 또한 간곡하게 복권되기를 바라며 그들을 도와 '조반유리'의 기치를 내건 노동자들이었다!

이러한 상황을 목도하며 옛일을 돌아보자니 역사의 비애감마저 들었다.

에워싸고 환호하는 야유소리 와중에 거의 자정이 가까웠다. 나와 샤오리는 피로감을 느껴 우이대로에서 우리 '홍색지대' 본부 사무실로 돌아가 잠을 자고 싶었다. 그곳에는 3개의 침대가 있어 우리가 휴식을 취할 수 있었다. 갑자기 샹강 서쪽에서 차 한 대가 왔는데 차머리에는 '고사 선전차'라는 팻말이 걸려 있었다. 우이대로를 따라 서행하면서 매우 우렁찬 소리로 놀랍고 두려운 소식을 방송했다.

"최근 소식이다! 최근 소식이다! 중앙문혁에서 오늘 지시가 내려왔다. 후난성 군대는 샹강풍뢰와 홍기군의 반동적인 우두머리들에 대해 즉각 독재 조치를 취하고 기만당하는 군중들을 분열하고 와해하라. 전군 문혁판공실, 1967년 2월 4일 7시……."

길에 나와 있던 사람들은 모두 이 소식에 놀라 일순간 박수와 환호도, 야유와 고함도 없어졌다. 모두들 이 선전차가 계속 틀어 대는 '최근 소식'을 잠자코 듣고만 있었다.

나는 길가에 못에 단단히 박힌 것처럼 서 있었다. 깜짝 놀라 한참 동안 정신이 돌아오지 않았다. 중앙문혁의 지시? 상강풍뢰의 반동 우두머리? 즉각 독재 조치를 취하라구? 분열 와해? 아, 이게 어떻게 된 일이지?

"정말이야?" 샤오리가 곤혹스럽고 긴장된 안색으로 물었다.

"그럴 리가 없겠지?" 나 역시 이 일을 어떻게 판단해야 할지 몰랐다.

길에서는 '고사'의 선전차가 즉시 득의양양한 표준어로, 큰 소리로 이 소식을 전했다.

몇 분 후 침묵했던 사람들이 갑자기 함성을 질렀다.

"'고사'가 유언비어를 퍼뜨린다!", "'고사'가 헛소리를 한다!"

이러한 함성소리는 마치 우렛소리 같은 외침으로 신속하게 퍼졌다.

"'고사'가 유언비어를 퍼뜨린다!"

"'고사'가 중앙문혁을 빙자해 헛소문을 퍼뜨린다. 천만 번 죽어 마땅하다!"

"'고사' 나쁜 놈들을 타도하자!"

"공격하라! 공격하라! 공격하라! ……"

'최근 소식'을 전하던 그 선전차는 일순간 화가 치민 '상강풍뢰'파 군중들에 둘러싸였고 저주와 욕설과 돌들이 선전차를 공격했다. 심지어 어떤 사람은 차 위로 올라가 확성기 전선을 끊어 놓기까지 해 선전차는 잠시 벙어리가 되었다.

나는 매우 기뻐하며 정말로 '고사'가 날조한 것일지도 모른다고 생각했다. 그렇지 않다면 아침 7시에 지시가 내려왔는데 어떻게 하루 종일 아무 일도 없었단 말인가?

"가서 보자!" 나는 샤오리에게 말했다.

우리가 막 화가 난 사람들에 의해 부서진 선전차를 보러 가려는 순간, 해방(解放)표 녹색 군용트럭이 갑자기 나타나 우이대로 사거리에 멈춰 섰다. 곧이어 차 위에서 붉은 휘장과 붉은 별을 단 해방군 군인들이 뛰어내려 총을 메고 전투 태세를 취했다. 56식 보병총의 총검을 일제히 펼치니 섬뜩한 빛이 번쩍거렸다.

강렬한 차가운 기운이 순간 우이대로의 열기를 얼어붙게 만들었다. 길에 있던 사람들은 모두 깜짝 놀라 어찌할 바를 모르고 어안이 벙벙해져 모든 행동을 중단하고 아무 소리도 내지 않았다.

나는 또다시 너무 놀라 서 있던 다리가 빳빳해졌다.

거리엔 군인들이 대열을 지어 총을 메고 '덩덩덩' 하며 달리는 소리와 총검과 노리쇠를 여는 '철커덕' 하는 소리, 그리고 군관들이 명령을 내리는 위엄 있는 고함 소리만 남았다.

"정말로 사람을 잡나 봐!"

한참 있다 드디어 인파 속에서 낮은 목소리가 들려왔다.

이 낮은 목소리 역시 주위 사람들의 마음을 일순간 차갑게 얼어붙게 만들었다.

완전무장의 전투태세를 갖춘 군인들은 거리의 사람들은 아랑곳하지 않고 계획적으로 각자의 목표 방향으로 움직였다. 우이대로 양쪽에 있는 '상강풍뢰' 조직 지부와 전단, 지대 등 기층조직의 초대소와 기관, 음식점들이 모두 군인들에 의해 포위되었다. 그런 후 군인들은 돌진해들어갔다. 대로 옆 '상강풍뢰' 총부 소재지로 통하는 몇 개의 골목은 전부 군인들에 의해 봉쇄되어 누구도 들어갈 수 없었다. 우이대로 옆에는 낡은 예배당이 있었는데 지금은 '상강풍뢰' 파의 청년조직이 주재하고 있었다. 늠름한 군인들은 즉시 교회당을 포위하고 길 맞은편에 경기관총을 배치해 교회당의 대문을 조준했다. 잠시 후 교회당에 들어갔던 군인들이 작업복을 입은 몇 명의 청년들을 붙잡아 나왔다. 총검들로 즐비한 교회당 대문 앞에서 이 청년들은 진작부터 대기하고 있던 호송차에 떠밀려 탔다.

나보다 나이가 많은 '상강풍뢰' 완장을 찬 노동자가 나와 가볍게 부딪히더니 눈앞에 벌어지는 불가사의한 장면을 넋 놓고 바라보는 나를 일깨웠다.

"빨리 저쪽으로 가시오!"

그는 소리를 낮추어 내게 말하며, 입은 길가 옆 공중변소를 향해 들어올렸다. 나는 재빨리 그의 뜻을 알아차리고 황급히 샤오리와 함께 그를 따라 변소로 뛰어 들어갔다.

변소 안에는 이미 적지 않은 사람들이 있었다. 사람들은 서로 말을 하지 않았고 어떤 사람은 낮은 소리로 혼자서 욕을 해댔다. 그러나 모두들 똑같이 팔에 차고 있던 '상강풍뢰' 완장이나 가슴 앞에 단 천으로 된 '상강풍뢰' 휘장을 재빨리 떼어 내어 주머니 속에 넣었다. 어떤 사람은 아예 완장과 휘장을 변소 구덩이 속으로 던져 버렸다.

"버릴까?" 샤오리가 이미 떼어 낸 완장을 쥐고 내게 물었다.

나는 다소 아깝기도 했고 완장을 변소 구덩이 속에 버리는 일은 우리 이미지를 너무 훼손시키는 거라는 생각이 들었다.

"잘 숨겨!" 나는 샤오리에게 말했다.

우리는 완장을 주머니 속에 밀어 넣고는 아무 일도 없었다는 듯 변소 밖으로 나왔다.

갑자기 몰려온 몇 대의 '고사' 선전차가 경쾌하게 거리를 이리저리 다녔다. 둘러싼 군중들에 의해 전선이 끊겼던 선전차의 확성기 역시 우렁찬 소리를 되찾았다. 이때 거리의 밤하늘에 울리는 소리는 오직 한 가지 소리뿐이었다.

"중앙문혁의 지시를 결연히 옹호하자!"

"반동조직 상강풍뢰를 타도하자!"

"예둥추(葉冬秋 : 상강풍뢰의 제일 우두머리)를 목 매달자!"

"인민해방군의 혁명적 행동을 결단코 옹호한다!"

"인민해방군으로부터 배우자, 경의를 표한다!"

몇 대의 '상강풍뢰' 선전차는 해방군 병사에 의해 압수되어 임시로 호송차로 쓰였다. '상강풍뢰' 파에 속했던 다른 조반조직의 선전차 역시 모두 불이 꺼지고 말없이 대로변에 멈춰 서 있었다. 차에 있던 선전대원들은 차 앞에 서서 아무 소리도 내지 않고 '고사' 선전차가 기세에 넘쳐 대로를 활보하는 모습을 바라보고 있었다.

'상강풍뢰' 기층조직이 하나하나 무너지고, '상강풍뢰' 사람들이 한 무리씩 계속해서 늘어나는 임시 호송차로 떠밀렸다. 이 모든 것을 바라보며 나는 너무나 고통스러웠고 몹시 긴장되어 다소 두렵기까지 했다. 문화대혁명 이후 우리가 맞선 것은 모두 우리와 같은 보통 군중으로 학생이나 혹은 노동자·간부들이었다. 여직 해방군과 맞서 본 적은 없었으며 게다가 이렇게 살기등등하게 전투태세를 갖춘 군인은 본 적이 없었다. 모든 것이 마치 하늘에서 내려온 것처럼 군대가 나타났을 뿐 아니라 창과 총검 모두 우리 '상강풍뢰'를 겨냥하고 있었다. 게다가 우리가 숭배하고 존경하는 중앙문혁소조가 내린 명령이라니!

내 머리는 이렇게 줄지어 갑자기 생겨난 문제들을 받아들일 수가 없었다. 그저 머리가 몹시 어지럽고 정신이 가물가물할 뿐이었다.

대로를 에워싼 사람들 사이에서 열렬한 구호 소리가 등장해 '고사' 선전차가 방송하는 구호를 계속 반복했다. 또한 '고사' 선전차와 뛰어온 해방군 병사들을 향해 모두 열렬한 우레와 같은 박수소리로 보답했다. 이 군중들은 소수의 '고사' 파를 지지하는 조반파 노동자 외에 대부분은 이미 와해되어 존재하지 않는 '홍색정권 보위군' 조직의 구성원들이었다. 자신들의 오랜 적수였던 '상강풍뢰'가 갑자기 반동조직으로 변한 것을 보자 그들은 순간 독기를 뿜어 댔다. 십여 일 전 '상강풍뢰' 등의 조반조직이 이름을 거론하며 '홍색정권 보위군'을 비판한 잡지 『홍기』의 기세를 빌려 '홍색정권 보위군' 총부를 밟아 놓을 당시만 해도, 그들은 그저 분해했을 뿐, 아무런 반항도 하지 못했다. 그러나 지금 뜻밖에 화풀이를 할 수 있는 기회가 생겨난 것이다. 어찌 신바람 나지 않겠는가? '고사' 파의 구호 속에서 그들은 자발적으로 두 가지 내용을 추가했다.

"상강풍뢰 반동조직을 결단코 진압하자!"

"모든 반혁명분자들을 단호히 진압하자!"

나는 몰래 감춰 둔 '상강풍뢰' 완장을 버리기로 결정했다. 무슨 이유에서인지 모르지만 대로에선 이미 군인들이 일반 군중들을 조사하기 시작했기 때문이다. 그러나 나는 지금은 아직 숨을 때가 아니라 생각했고, 그저 두 사람의 어깨가 겨우 통과할 만한 좁은 골목을 지나 우리 지대 본부 사무실에 가 보기로 했다. 우리 지대 본부는 상점 건물 위에 있었는데 밖에는 뚜렷한 표시 없이 단지 한쪽 창문에 '상강풍뢰' 조직을 알리는 홍기가 걸려 있을 뿐이고, 저녁이라 이미 걷혔을 것이다. 따라서 나는 아직은 군대가 발견하지 못했을 것이고 날이 밝기 전에 그곳에 있는 방송설비와 물자들을 옮길 수 있을 거라 생각했다.

나와 샤오리는 사람들이 보지 않는 틈을 타 완장을 대로변 우체통 안에 넣은 뒤 무거운 짐을 벗어 버린 듯 물러났다.

샤오리는 우선 대로 부근에 있는 승리촬영회사로 가서 전화로 지대 본부의 상황을 알아보고 만일에 대비하자고 제의했다. 나는 일리가 있다고 생각해 우리 두 사람은 우선 촬영회사로 갔다.

잘 아는 곳이라 쥐카이쉬안이 문을 열고 친절하게 우릴 맞이했다.

쥐카이쉬안은 '상강풍뢰'에 참가하진 않았지만 '동방홍총부' 조직에 속해 있는 촬영 업종 조반병단에 속해 있었다. 그러나 나는 회사조직 전체에서 가장 먼저 조반에 참가한 책임자 중 한 명이자, 또 '상강풍뢰 홍색지대'의 우두머리이며 특히 이 촬영회사의 견습공이었고, 촬영회사에서 '우파'로 몰렸던 쥐카이쉬안과 몇 사람의 복권을 위해 힘을 썼던 적이 있었다. 따라서 매번 그곳에 갈 때마다 친절하고 우호적인 환영을 받았다.

쥐카이쉬안처럼 상점 안에서 잠을 자는 사람은 많지 않았다. 모두들 잠을 자지 않고 마침 기숙사 안에서 오늘 밤의 사태를 논의하던 중이었다. 내가 가자 그들은 더욱 잘 수가 없었다.

나는 사무실로 가 수화기를 들었는데 이상했다. 아무 소리도 나지 않았다. 난 쥐카이쉬안에게 전화가 고장났냐고 물었다.

"그럴 리가." 쥐카이쉬안은 이렇게 말하며 수화기를 들어 보았으나 그 역시 곤혹스런 얼굴이었다.

우린 다시 영업 홀의 전화기 옆으로 가 수화기를 들어 보았으나 역시 아무런 소리 없이 고요했다. 나는 손으로 수화기를 힘껏 쳐 보았으나 여전히 아무런 소리도 들을 수 없었다.

어찌 이리 공교롭단 말인가, 전화가 모두 고장났다?

넓은 검은 테 안경을 손에 든 팡다밍(龐達明)이 다가와 수화기를 들어 보더니 단호하게 말했다.

"고장난 게 아니라 전화가 끊겼네요!"

팡다밍 역시 이 촬영회사의 촬영기사로 나보다 일고여덟 살이 많았고 지금은 '동방홍총부' 촬영조반병단의 우두머리였다. 그의 말을 듣는 순간 나는 깨달았다. 오늘 밤 군구에서 이렇게 거대한 작전을 수행하는데 '상강풍뢰' 사람들이 현대화된 통신도구로 몰래 소식을 알리며 도망가게 하겠는가? 분명 전신국에서 군구의 명령을 받고 시내의 모든 전화를 끊은 것이다.

나는 어찌할 도리 없이 검은색 수화기를 내려놓았다.

내가 위험을 무릅쓰고 지대 본부로 가 보겠다고 했을 때 팡다밍과 쥐카이쉬안은 나를 결사코 말렸다. 그들은 그러한 위험은 군이 감수하지 않아도 되며 여기서 쉬면서 날이 밝아질 때를 기다린 뒤 기회를 보아 행동하면 된다고 생각했다.

이렇게 하여 나는 이 촬영회사 영업 홀의 편안한 소파에 누워 2월 4일 밤(실제로는 2월 5일 새벽) 최후의 몇 시간을 보냈다. 이렇게 한차례의 재난을 숨어 보냈다. 왜냐하면 그날 밤 '상강풍뢰' 조직이 있던 곳에서는 군대가 '상강풍뢰' 사람들을 체포하고 모두 감옥이나 임시 구치소에 집어넣었기 때문이다.

다음 날 '상강풍뢰' 조직원들의 머리 위는 여전히 공포로 휩싸였다. 거리에는 전투태세를 갖춘 군인들이 수시로 왔다 갔다 하며 더욱 세밀하게 '상강풍뢰' 조직을 조사했다. 조금 높은 건물 위 곳곳마다 마치 적과 대치하는 것처럼 삼엄하게 경비하는 무장군인들을 볼 수 있었다.

거리와 골목의 봉쇄는 이미 해제되었지만 사람들을 잡아가는 차량은 아직 길가 도처에서 볼 수 있었다. 이따금 군인들이 포승으로 결박당한 '상강풍뢰' 우두머리임에 틀림없는 한두 명의 사람을 잡아 호송차로 향하고 있었다.

거리와 골목의 표어들은 거의 모두 '고사' 파의 것으로 바뀌었다. '상강풍뢰 반동조직에 대한 진압을 결단코 옹호한다!' 라는 표어 위의 '상강풍뢰' 글자는 이미 몇 개의 빨간색 ×로 표시되어 사형 선고를 나타냈다. '고사' 파의 선전차는 계속 신바람 난 듯 환호를 부르며 그들의 승리를 경축했다. '상강풍뢰' 선전차는 더 이상 나타나지 않았고, '상강풍뢰' 와 같은 파였던 다른 조반조직의 선전차 역시 그림자도 보이지 않았다.

알려져 있던 '상강풍뢰' 총부와 몇 개의 본부, 그리고 전단 장소 이외에 각 단위의 '상강풍뢰' 조직에 대해서는 군대가 분명히 알지 못하는 것 같았다. '고사' 의 대학생조차 잘 몰랐다. 그러나 '홍색정권 보위군' 이나 '노동자 적위대' 조직이 있었던 각 단위의 이미 무너진 보수조직 사람들은 '상강풍뢰' 를 비롯한 조반파에게 복수할 때가 되었다고 생각했다. 따라서 호소할 필요도, 부추길 필요도 없이 그들은 모두 적극적으로 군인들의 눈과 귀가 되어 주었다. 상황을 보고하기도 하고, 심지어 군인들을 자기 단위로 데리고 가 '상강풍뢰' 사람을 일일이 지목하기도 했다. 이렇게 되자 '상강풍뢰' 기층조직의 많은 책임자들이 모두 잡혀가게 되었고, 다른 조반조직 사람들 역시 보수조직 사람들이 데리고 온 군인들에 의해 잡혀갔는데, 그들은 '상강풍뢰의 외곽' 이라 불렸기 때문이다. 다행히 책임자인 군대지휘관은 상강풍뢰 우두머리만을 체포하라는 명령을 엄격히 지켜 선별하여 석방해 주었다. 군대가 대낮에 잡아들인 사람은 한밤중의 갑작스런 작전에서 체포한 수보다 더 많아, 창사시에 있는 감옥으로는 더 이상 사람을 가둘 수가 없었다. 그래서 두 개의 영화관을 수용하여 임시로 감옥으로 개조할 수밖에 없었다.

훗날 자료를 보면 그날 성 군구는 후난성 전체에서 동시 행동하여 모두 만 명이 넘는 사람을 잡아들였다.

나와 샤오리는 날이 밝자 촬영회사를 떠났다. 나는 어쨌든 지대 책임자이니 마땅히 지대 본부로 가 봐야 하며, 중 대장과 어떻게 해야 할지 상의해야겠다고 생각했다. 길에서 군대가 사람들을 잡아가는 것을 보았지만 나는 여전히 요행수를 바라고 있었다. 우선 첫번째로 중앙문혁 지시에서는 '상강풍뢰 반동 우두머리'에 대해 독재조치를 취하라고 했지만, 우리 몇 명은 작은 우두머리에 속하지 '반동' 대열에는 속하지 않는다고 자신하고 있었다. 둘째로 바로 도망가는 방법도 쓸 수 없었는데, 만약 도망병이 된다면 앞으로 어떻게 사람들에게 호소할 자격이 있겠는가!

지대 사무실로 들어가니 당시 24살이었던 중유신 지대장과 몇 명의 지대위원들이 모두 있었다. 우리는 서로의 얼굴을 보자 모두들 기뻐하며 안부를 묻고 각자 밤사이 조마조마했던 일들을 얘기했다.

지대 사무실은 여전히 그대로였고 누군가 왔었던 흔적은 없었다. 필시 군인들이 아직 이리로 오진 않은 듯했고 모두들 다행이라 여겼다.

중앙문혁 지시에 대해 우리는 몹시 분개했다. 분명 성 군구에서 가짜 정보를 수집하여 이러한 결과를 낳았을 거라 여겼다. 또한 '상강풍뢰' 총부의 우두머리들이 어찌하여 중앙문혁에 적극적으로 의견을 반영해 우리의 상황을 객관적으로 이해시키지 못했는지 원망스러웠다.

중유신이 말했다.

"일이 이렇게 됐고 어찌해 볼 도리가 없으니 모두들 어서 방법을 생각하자구. 우리가 어떻게 하면 좋겠나?"

조직위원인 라오이(老易)는 '상강풍뢰'에서 탈퇴한다는 성명을 발표하자고 건의했다.

중유신은 고개를 끄덕이며 찬성의사를 밝혔다.

나는 라오이의 제안에 동의하며 우리 홍색지대의 '상강풍뢰' 탈퇴를 발표한 뒤, 다시 조직을 편성하여 '동방홍총부'에 참여하자고 건의했다. '동방홍총부'는 우리와 같은 편으로 중앙문혁 지시에서는 아직 언급하지 않았다. 그렇게 하면 우리 회사 조반세력이 무너지지 않는 셈이었다.

지대위원들은 모두 나의 제안에 찬성했다. 그러나 중 대장은 고개를 저으며 말했다.

"앞으로 '동방홍총부'도 연루되지 않을 거라 보장하긴 힘들지. 사회적으로 큰 조직이나 총부 우두머리에 대한 상황에 대해 우린 모두 잘 모르잖아. 만일 그들에게 문제가 생기면 또다시 우리까지 말려들 텐데. 내가 보기엔 하나도 참여하지 말고 즉각 '상강풍뢰'의 탈퇴를 밝히는 게 좋겠어. 우리 천여 명의 조반 대오로도 우리 단위에서 독자적으로 조직을 만들 수 있잖아. 어쨌든 마오 주석과 당 중앙의 지시와 『인민일보』와 잡지 『홍기』의 사설 정신에 따라 조반하면 된다구. 그렇게 되면 누구에게 문제가 생겨도 우리까지 연루되지는 않을 거야."

중유신 대장의 말은 일리가 있었다. 최소한 지금으로서는 가능해 보여 모두들 그의 방안에 찬성했다.

라오이는 갑자기 뭔가 생각이 났는지 말했다.

"사무실 밖에 있는 '상강풍뢰 홍색지대'라는 팻말을 떼고 다시 얘기하지."

그는 말을 마치자마자 사무실 입구로 나갔다.

붉은 모자와 붉은 완장, 녹색 군복을 입은 군인들이 갑자기 사무실 입구에 기세등등하게 나타났다. 마치 하늘에서 내려온 것처럼 라오이를 막아섰다.

우리는 모두 놀라 불에 엉덩이를 데인 것처럼 자리에서 갑자기 일어나 어찌할 바를 몰랐다.

군인들이 몰려 들어와 총검과 총부리를 우리에게 겨누며 연신 고함을 질렀다.

"모두들 꼼짝 마! 누구라도 움직이면 끝이 좋지 않을 거야!"

우리는 당연히 움직일 엄두도 내지 못했다.

위아래로 네 개의 주머니가 달린 군복을 입은 젊은 군인이 걸어 들어왔다. 허리춤에 권총이 있는 걸로 봐서는 분명 지휘관이었다. 그는 위엄 있게 눈을 부라리며 우리 중 몇 명을 휘둘러보더니 큰 소리로 물었다.

"너희들은 '상강풍뢰'인가?"

"'상강풍뢰' 아래에 있는 지대입니다."

중유신 대장이 대답했다.

"'상강풍뢰'가 반동조직이라는 걸 아나?"

그 군관은 또다시 엄한 목소리로 물었다.

"중앙문혁소조의 지시를 들었습니다……."

중유신이 말했다.

"알았다니 됐군!"

청년 군관은 만족한 듯 손을 저으며 주변의 병사들에게 명령했다.

"우선 밖으로 끌고 나가!"

우리 다섯 사람은 사무실 밖으로 끌려 나갔고, 엄숙한 표정을 한 세 명의 병사가 여전히 총부리와 총검 끝으로 우리를 겨냥하고 있었다.

사무실 밖으로 끌려 나온 순간 가장 앞에 섰던 라오이와 나는 두 명의 낯익은 사람을 보았다. 그들은 우리 회사 '적위대'의 책임자였다. 그들은 막 아래로 내려가 여길 떠나려던 참이었는데 뜻밖에 우리가 빨리 사무실에서 끌려 나오는 바람에 그들을 본 것이다. 그들은 우리가 나오는 것을 보더니 다소 난처한 표정을 지으며 황급히 '쿵탕탕'하며 아래로 내려갔다. 분명 군인들은 그 두 사람이 데려온 것이다.

대략 20분이 지나자 수색하던 군인들은 청년 군관의 인솔 아래 모두 사무실 밖으로 나왔다. '상강풍뢰'의 깃발과 완장·인감·명부와 선전 자료, 그리고 아직 떼어 내지 못한 그 '상강풍뢰 홍색지대' 팻말은 모두 그들의 전리품이었다. 두 명의 병사가 확성기와 스피커를 모두 들고 나왔다. 나는 그들에게 작은 소리로 한마디했다.

"확성기와 스피커는 우리 회사에서 빌린 겁니다. '상강풍뢰'에서 준 게 아니에요."

청년 군관이 날 힐끗 휘둘러보더니 고개를 돌리며 그 두 명의 병사에게 말했다.

"'상강풍뢰' 물건이 아니면 가지고 가지 마!"

두 명의 병사는 확성기와 스피커를 순순히 다시 사무실 안으로 갖다 놓았다.

청년 군관은 우리 다섯 사람에게 한 줄로 서라고 명령하더니 차례대로 물었다.

"자네는 직책이 뭔가?" 그가 라오이에게 물었다.

"지대위원입니다." 라오이가 대답했다.

"자네는?" 청년군관이 다시 내게 물었다.

"부지대장입니다."

나는 재빨리 대답했다. 심장이 '쿵쿵쿵' 세차게 뛰었다.

그는 위아래로 자세히 나를 몇 번 훑어보더니 아무 소리 없이 지나쳤고 중유신에게 물었다.

"자네는?"

"지대장입니다." 중유신이 무겁게 말했다.

중유신의 말이 떨어지자마자 청년 군관이 고개를 돌려 손을 휘두르며 사납게 명령했다.

"이 놈을 잡아가!"

두 명의 병사가 번개처럼 달려와 이미 준비된 밧줄로 순식간에 중유신을 꽁꽁 묶더니 한쪽으로 끌고 갔다.

중유신은 반항하지 않았다. 반항해도 아무 소용없다는 것을 잘 알기 때문이다.

청년 군관은 샤오리와 지대 연락위원인 샤오뤄를 심문한 뒤 다시 얼굴을 돌려 우리 네 명을 흘겨보며 물었다.

"자네들 중 이(易)씨가 누군가?"

"접니다." 라오이가 재빨리 대답했다.

"조직 업무 담당인가?"

"네."

"이 놈도 끌고 가!"

청년 군관이 다시 옆에 있던 병사에게 지시했다.

"내 아내에게 걱정하지 말라고 알려 주게……."

라오이가 황급히 우리에게 외쳤다.

"뭐라고 떠들어! 말하지 마!"

한 병사가 총으로 라오이의 허리를 밀어 올리더니 고함쳤다. 병사들이 라오이를 잡아갈 때 나는 더욱 긴장했고, 동시에 약간의 치욕감이 들었다. 그래서 돌연 청년 군관에게 말했다.

"난 부지대장인데, 나도 당신들과 가야 하지 않습니까?"

청년 군관이 나를 쳐다보더니 한참 동안 아무 말 없이 그저 위아래로 훑어보았다.

"몇 살이냐?" 드디어 그가 물었지만 말투는 확실히 부드러웠다.

"열일곱입니다." 나는 두렵고 불안한 듯 대답했다.

"됐다! 넌 안 가도 돼!" 청년 군관은 입에 가벼운 웃음을 띠며 나를 향해 손을 털어 버리며 말했다.

중유신과 라오이를 붙잡아 가며 그 청년 군관이 남은 우리 세 사람에게 말했다.

"너희 지대는 즉각 해산한다. 더 이상 '상강풍뢰' 활동에 참가할 수 없다! 그렇지 않으면 꼴사납게 될 테다. 알아듣겠나!"

"알겠습니다!" 우리는 황급히 대답했다.

중 대장과 라오이가 군인들에게 잡혀가는 것을 보자 샤오리가 길게 한숨을 내쉬었다. 나는 한편으로 홀가분했지만 또다시 마음이 무거워졌다. 라오이는 지대위원일 뿐이고 내가 부대장인데, 나는 안 잡고 그를 잡아갔으니 사람들이 나를 어찌 볼까?

라오이가 잡혀간 일에 대해 얘기하며 우리는 분명 회사 안에 밀고자가 있을 거라 생각했다.

"그렇지 않다면 왜 그 해방군이 굳이 우리에게 누가 이씨냐고 물었 겠어?"

샤오리가 따지며 얘기했다.

"필시 길을 안내하던 그 두 놈이 흘린 게야!"

라오이는 나이 든 노동자로 우리 '홍색지대' 책임자 중 나이가 가장 많았다. 틀림없이 회사 보수파 사람들은 라오이가 실제 우리 지대를 좌우하는 주요 인물이라고 여기고 그를 겨냥했을 것이다. 그러나 실제 로 라오이는 지대위원일 뿐으로, 거의 중유신과 나의 말에 따르고 있 었다. 라오이를 잡아간 것은 정말이지 그로선 억울한 일이었다.

우리 '홍색지대'는 순식간에 무너졌다. 지대 본부는 회사기관 조반 파인 '동방홍 전투대'에 의해 인수되고, '탈권위원회' 역시 중앙문혁 의 '상강풍뢰' 타도를 옹호한다는 표어를 붙였다. 또한 중유신과 나를 '탈권위원회'에서 '제명'한다고 선포했다.

나의 동료 양진허와 허우찬장 역시 기계수리 공장 '탈권위원회'에 서 제명되었다. 그 두 사람도 하마터면 잡힐 뻔했다. 밀고자가 해방군 병사를 데려와 양과 허우가 '상강풍뢰의 반동 우두머리'라고 지목했 다. 병사들이 막 체포하려는 순간 다행히 우두머리인 군관이 양진허에 게 기계수리 공장의 '상강풍뢰' 조직이 지대 아래 있는 조그마한 분대 가 아니냐고 물었다. 군관이 받은 명령은 '지대장과 지대장 이상의 우 두머리를 체포하라'는 것이었다. 따라서 양과 허우는 다행히 모면할 수 있었다.

2월 5일 그날 직접 겪은 사건으로 인해 나는 군대가 정치에 개입하 는 능력과 태세에 대해 깊은 체득과 깨달음을 얻게 되었다. 그래서 그 날 이후로 신문이나 TV에서 모 국가에서 군사정변이 일어났다는 뉴스를 볼 때마다, TV 화면에서 총을 멘 군인들이 도시의 각 고지를 점령하는 장면이나 혹은 대로에서의 삼엄한 광경을 볼 때마다, 1967년 2월 5일 그날에 발생했던 사건을 기억하며 이러한 뉴스에 깊은 공감을 느낄 수 있었다.

'상강풍뢰'가 무너지고 '고사'의 맹렬한 여론 공격으로 인해 원래 '상강풍뢰'파에 속했던 각 조반조직은 사기를 잃었다. 이에 반해 각 기업과 상점·기관의 '홍색정권 보위군'과 '적위대'파의 보수조직들이 잇달아 다시 일어났다. 그러나 그들의 조직방식은 변했다. 첫째, '홍색정권 보위군'이라는 이미 사형선고를 받은 명칭은 쓰지 않았다. 둘째, '홍색정권 보위군'과 '상강풍뢰' 모두 중앙에 의해 거명되는 고생을 해봤기 때문에 보수파 사람들은 더 이상 업종이나 단위를 초월한 거대한 사회조직을 만들지 않았고, 각자의 단위를 기반으로 하여 서로 다른 명칭이지만 긴밀히 연결된 개별 조직을 만들어 조반파에 대한 반격을 시작했다.

처음에 '고사'는 이러한 보수조직들과 접촉하지 않으려 했다. 왜냐하면 그들은 자신들을 조반파 홍위병이라 여기고 있었는데, 이제 그들을 열렬히 옹호하고 지지하는 사람들은 모두 투쟁에 참여했다가 그들에게 무너진 대상이었기 때문이었다. 그러나 운동이 전개되면서 세력이 부족했던 '고사'는 어쩔 수 없이 농촌 지지 세력을 조직한 것 이외에도 공장 내에 있던 이전의 보수조직을 조심스럽게 자기편으로 끌어들였다.

투쟁이 갈수록 열띤 상황에 이르자 사회조직 투쟁에서 처음에 '조반'과 '보수'가 남긴 흔적이 표면적으로는 갈수록 옅어지는 것 같았다. 왜냐하면 뒤로 가면 어느 조직도 자신이 '보황파'나 '보수파'라는 것을 인정하지 않았고 명칭 역시 '조반'이란 두 글자를 쓰지 않는 조직이 없었기 때문이다. 따라서 결국 기존 보수조직의 많은 세력들이 재빨리 '고사'편에 섰다. 왜냐하면 공장 상점과 기관 내의 노동자들은 조직 기치에 모두 변화가 생겼지만 기본적인 대결 세력은 근본적으로 변하지 않았기 때문이다. 한쪽은 1966년 우파와 '반동분자' 체포라는 '9·24' 보고의 피해자를 대표하는 일반 노동자였고, 다른 한쪽은 9월경 '반혁명 반동분자'와 '우파'를 공격했던 적극분자들을 대표로 하는 당원과 단원, 그리고 당 조직이 인정하는 정치적 핵심분자들이었다.

우리 회사에 있던 '홍색정권 보위군'과 '적위대' 사람들은 재빨리 '홍색조반자연합위원회'라는 이름의 조직을 만들었다. 그들은 대외적으로는 성 군구를 옹호하고 '고사'를 지지한다면서, 내부적으로는 '반동조직 상강풍뢰' 이외의 조반조직 모두 '조반동기가 불순한' 조직이라고 선언하고 '탈권위원회'는 반드시 해산돼야 한다고 주장했다.

회사 당위 사람들과 이들 '홍색조반자연합위원회'는 자연히 연결되어 그들은 암암리에 보수조직을 지지했다. 이러한 상황에서 마오 주석과 당 중앙에서는 탈권한 지역에서는 반드시 지도간부와 군 대표, 군중조직 세 측의 사람이 참가하는 혁명위원회를 조직하라는 최근 지시를 내렸다. 중앙이 1월에 호소했던 조반파만이 탈권할 수 있다는 정세에 변화가 온 것이다. 따라서 회사 '탈권위원회'는 다른 단위의 조반파 탈권기관처럼 불리한 정세에 맞서 스스로 해산을 선포하지 않으면 안되었다. 그리고 '혁명조반파연합위원회'의 명의로 활동했다.

비록 기존 보수조직에서 꾸린 새로운 조직에서 당시 유행하던 '조반'의 명칭을 썼지만, 우리 조반조직은 여전히 그들을 '보수파'라 불렀고 이는 그들을 화나게 만들었다. 따라서 그들이 사용하는 각종 선전 물품에는 '우리 조반'의 어휘와 단어를 사용하는 빈도가 갈수록 높아졌으며 과거 역사의 흔적을 지우고 싶어 했다. 그러나 진짜 조반파가 그 뒤로 재수 없게 되었을 때 이들 보수조직의 사람들은 '조반'이란 말을 똥구덩이 속으로 처넣어 버리고는 득의양양해하며 말했다. "'우리 보수파'가 왕년에 어찌어찌하여 '보황'과 '보수'를 지켰는데"라고 말이다.

문화대혁명 중 양 파벌의 투쟁은 장장 십 년의 세월에 달한다. 비록 대오의 기치와 조직의 공격 목표가 자주 바뀌었지만 서로 대립하고 대결하는 세력에는 대체로 근본적인 변화가 없었다. 국내외 일부 작품과 글에서는 '자산계급 학술권위'와 교장과 교사를 비판하고, 지식인과 출신이 좋지 않은 사람들의 집을 뒤지며 전안조 방식으로 문화인이나 노간부 등을 괴롭힌 문화대혁명에서 붉은 완장을 찬 졸개들은 모두 조반파라고 생각하고, 그런 일들은 모두 조반파가 한 행위라고 본다. 그것은 그런 작품을 쓴 작가가 실제 문혁에서의 양 파벌 투쟁의 역사 과정을 잘 알지 못하기 때문이다. 그들은 시작 당시 붉은 완장을 찬 홍위병들이 '조반정신'의 시발자였지만, 그들 중 상당 부분은 그 뒤에 형성된 조반파에 포함되지 않는다는 점을 잘 알지 못한다. 홍위병이 생겨났을 당시 처음에는 무슨 조반파라는 게 없었기 때문이다. 심지어는 '조반'이란 글씨의 붉은 완장을 찬 사람 역시 반드시 조반파는 아니었다. 일부 나쁜 일은 조반파가 저질렀다. 그러나 마찬가지로 붉은 완장을 찬 적지 않은 조직적인 보수파의 소행이기도 했다.

'상강풍뢰'는 무너졌다. 나처럼 '상강풍뢰 우두머리'의 신분이었던 사람은 다른 조반조직에 참여하기가 쉽지 않았다. 사람들에게 빌미를 잡히지 않기 위해 다른 조반조직은 나의 투신을 사절했고 나 역시 부끄러웠다. 그래서 난 기계수리 공장으로 다시 출근해 기계조립공으로 돌아가기로 결정했다.

뜻밖에 무사한 나를 보더니 어떤 사람들은 마음속으로 달가워하지 않았다. 거리엔 이미 해방군 병사들이 사라졌지만 공안국 경찰들이 있었다. 당시 후난성 공안청과 창사시 공안국 역시 군중조직이 생겼지만 모두 '고사' 파로 기울었다. 성 군구의 영향과 공안 사람들 특유의 조직 관념으로 인해 그들 대부분은 자연히 '상강풍뢰' 등의 조반파에 반대하는 보수 경향 측에 섰다.

공장으로 돌아가 출근한 지 얼마 안 되어 하루는 보수파 쪽에 속한 회사 보위과 간부가 나더러 회사 보위과에 가 보라고 알려 왔다. 다른 말은 없었고 그의 태도는 매우 상냥했다.

회사 보위과 사무실에 이르자 보위과의 두 간부를 제외하고 내가 모르는 두 명의 사람이 더 있었다. 그들 모두 무표정한 얼굴로 나를 쳐다보았다.

보위과 사람이 "이분들은 공안청 동지들이네. 자네에게 물어볼 일이 있어 오셨어"라고 말했다.

공안청 사람들? 나는 놀랐다.

문혁 전에 공안국에서 찾는 일이 생기는 사람은, 백이면 백 모두 위험한 인생과 매우 가까워졌다는 뜻이었다.

공안청의 두 사람 중 키가 큰 사람이 나의 놀란 가슴이 가라앉기도 전에 위엄 있는 목소리로 말했다.

"앉게!"

나는 무의식적으로 얼른 그들 앞에 앉았다.

나이가 비교적 많아 보이는 다른 사람이 차갑게 말했다.

"이름이 뭔가?"

나는 즉각 대답했다. 마음속으론 날 찾아온 게 아닌가, 어째 내 이름을 묻나라고 생각했다.

이어 그 사람이 나이·학력·가정출신·개인성분 등을 다시 물었다.

나는 하나하나 대답했다. 당시엔 내가 공안 심문 절차에 들어갔다는 사실을 전혀 몰랐다.

그 뒤로 날 심문하던 사람은 내게 '솔직하게 고백하면 관대하게 처리하고 항거하면 엄벌에 처한다'는 등의 말을 했다. 그리고 내게 '상강풍뢰에 참여한 이후 진행된 반혁명활동에 대해 진술하라'고 요구했다.

처음엔 확실히 무서워 몸이 떨리기까지 했다. 왜냐하면 나는 여태 경찰을 만나 본 적이 없었고, 공안국은 내 마음속에서 줄곧 감히 정면으로 바라볼 수 없는 위엄 있는 기관이었기 때문이다. 그러나 그들이 상강풍뢰와 문혁의 일들을 꺼내자 나는 천천히 침착하게 정상적인 안색으로 돌아왔다. 그리고 생각이 났다. 공안국 역시 두 파벌이 있는데 공안청에서 온 이 두 사람 역시 보수파 쪽일까? 그들 역시 '시 정법공사(政法公司)', '시 공검법(公檢法 : 공안국·검찰원·법원을 가리킴) 탈권위원회', 그리고 '성 공검법 혁명조반사령부'(문혁 중 성 공안청과 시 공안국은 보수파의 경찰군중조직을 지지함)의 붉은 완장을 찬 사람들일지 모른다고 생각하니 무산계급 전정기관이 갖는 경찰의 위엄과 심리적 압박이 점차 사라졌다. 그래도 그들의 심문에 대답하지 않을 수 없었다. 왜냐하면 필경 중앙문혁에서 '상강풍뢰' 우두머리에게 독재조치를 취하라는 지시를 내렸을 것이기 때문이다. 그러나 심리적으로 나는 그것을 이미 어느 정도 두 파벌의 대결로 보았지 더 이상 전정기관에 의해 취조받는 대상이 아니라 생각했다. 다시 말해 '상강풍뢰'에게 문제가 있지만 우리 회사의 '홍색지대'와 나 본인은 절대로 어떠한 반혁명적인 일을 하지 않았고, 기껏해야 소위 '기만당한' 것에 속할 뿐이라고 굳게 믿었다. 따라서 나는 편안한 마음으로 공안청 사람에게 '상강풍뢰' 참여와 우리 홍색지대의 활동 상황에 대해 이야기했다.

그 두 사람은 한편으로 들으면서 한편으론 기록했다. 내가 며칠간 '상강풍뢰 재무전단'의 후근부장을 맡았던 일을 이야기하자 그들이 얼른 말했다.

"자네가 '전단' 급 우두머리라고? 지대장보다도 대단하잖아!"

말인즉슨 내가 어떻게 체포되는 운명에서 벗어났냐구?

나는 해방군의 체포 당시 상황을 자세히 말했다.

그들은 이 문제에 대해 반복적으로 상세하게 날 잡지 않은 그 해방군 군관과 당시 상황에 대해 묻고는 서로 작은 소리로 뭔가 이야기를 나누었다.

곧이어 나이가 많은 그 경찰이 말했다.

"자네 같은 출신 성분의 사람이 어찌 반동조직에 참가했는가? 조반을 하려면 마땅히 혁명조직에 참가해야지! 자네 출신이 공산당 가정이 아니고 나이가 어리지 않았다면 오늘 바로 자네를 체포했네. 자넨 '전단' 급 우두머리야. 지대장 이상의 우두머리는 반드시 체포하라는 상부의 규정이 있었네. 자넨 체포 대상이야!"

나는 순간 긴장하여 등에 식은땀이 흘렀다.

그 경찰이 다시 어투를 바꿔 계속 말했다.

"하지만 자네에게 회개할 기회를 한번 주고 싶네. 다시 사람 노릇 할 기회를 주겠어! 자넬 데려가지 않겠어. 그러나 앞으론 성실하게 일해야 하네. 좋은 노동자가 되라구. 다시는 정치문제를 일으킬 수 없네. 또다시 '상강풍뢰' 같은 반동조직 활동에 참여했다간 우리가 또다시 자넬 찾아올 거야. 그땐 여기가 아닐 걸!"

난 한참 만에 한숨을 내쉬었다.

마지막으로 그들은 내게 몇 장의 심문기록 종이 위에 서명하라고 했다. 처음으로 나의 이름이 공안기관의 당안 속에 들어가게 된 것이다.

회사에서 공장으로 돌아온 뒤 며칠간 나는 여전히 긴장된 마음이었다. 그 두 명의 경찰은 비록 제복을 입진 않았지만 냉담하고 음침한 그 표정, 매서운 눈빛, 그리고 검은 가로 줄무늬의 그 '심문기록' 종이와 두 경찰이 마지막으로 내게 한 경고는 모두 내 뇌리 속에서 끊이지 않고 떠올랐다.

다행히 문혁 조반이 계속 진행되고 사회 군중조직들의 조반 물결이 잇따라 나타나, 결국 내 마음의 공포도 점차 씻기고 다시 조반의 열기 속으로 돌아갈 수 있었다.

몇 개월 뒤 중앙에서는 다시 중앙문혁의 '2·4지시'를 철회하고 '상강풍뢰'의 명예를 회복시켜 주며 '혁명 군중조직'이라 선포했다. 그리고 성 군구에서 체포했던 모든 '상강풍뢰' 사람을 석방하라고 했고, 조반파 역시 '고사'와 보수파에게 승리를 거두었다. 어느 날 차량 한 대가 우리 회사 앞으로 오더니 나와 출감한 지 얼마 안 된 중유신, 라오이 우리 세 사람을 데리고 공안청으로 향했다. 공안청의 라오펑(老馮), 즉 회사로 날 심문하러 왔던 나이 많은 그 경찰이 우리를 모셔 오라 한 것이다. 얼마 전 라오펑 역시 공안청의 조반파조직에 참가했다. 당초 그와 또 한 명의 다른 경찰은 상업조직계통 '상강풍뢰' 사람들의 문제에 대한 심사처리 책임을 맡고 있었다. 그래서 그들은 날 심문했을 뿐 아니라 옥중에서 중유신과 라오이 등의 사람들을 재차 심문한 적이 있었다. 이제 중앙에서 '상강풍뢰'에게 복권을 해주었으니, 개인적으론 원래 책임이 없지만 그들은 나와 중유신·라오이에게 잘못을 했다고 여기고 있었다. 그래서 꺼림칙한 나머지 특별히 전화를 한 뒤 차량으로 우리 세 사람을 마중나온 것이었다. 사무실 안에서 그 두 사람은 진심으로 우리에게 미안함을 표시하며 식사초대를 했다. 이에 대해 우리 세 사람 모두 매우 감동하여 그들에게 당신들을 원망하지 않는다, 탓하지 않는다! 이것은 노선투쟁이니 아래 사람에겐 책임이 없다고 연신 얘기했다. 당연히 그들의 식사 '초대'에 응하기도 부끄러웠다. 그 당시에는 누구라도 식량 배급표밖에 없었기 때문에 그곳에서 차를 마시고 도라지 몇 개를 먹었다.

라오펑은 회사로 날 찾으러 왔던 일에 대해 얘기했다. 그는 내가 '상강풍뢰 재무전단'의 후근부장이고 지대장 이상의 우두머리인데 법망에서 벗어나 체포되지 않았다는 보고를 우리 회사의 누군가로부터 들었다고 말했다. 당시 그도 도망칠 수 있었던 '전단'급 우두머리가 곧바로 오다니 이상하다고 생각했다. 그러나 얼굴을 보고 나자 '원래 어린아이였구나'했단다. 또 나의 부친이 원래 지하 공산당의 노당원이라는 것과 그날 해방군 군관이 날 잡지 않았던 상황에 대해 듣자 곧바로 결정을 내렸다는 것이다. 해방군도 잡지 않았는데 내가 뭣하러 잡겠어! 따라서 그들은 내게 일부 정황에 대해서만 심문했다는 것이다.

사실 내가 공안청에 '체포'되어 감옥에 가지 않았던 것은 완전히 이 두 경찰의 사람 됨됨이가 착해 날 잡을 수 없어서였다. 그렇지 않았다면 당시 성 군구가 정한 체포등급기준에 따라 이른바 '상강풍뢰 재무전단'의 '후근부장'이었던 나는 틀림없이 감옥에 갔을 것이다. 왜냐하면 당시 적지 않은 단위의 '상강풍뢰' 우두머리들이 2월 5일 군대의 대수사 이후 며칠 동안 공안국 경찰에 의해 잡혀갔기 때문이다.

라오펑은 내게 가장 인상 좋은 경찰로 남았다.

문혁 중 '반동조직' 혹은 '불법조직'으로 찍힌 군중 조반조직은 '상강풍뢰' 하나만이 아니었으며 모든 성마다 이런 일이 발생했다. 예컨대 칭하이(靑海)의 '8·18홍위전투대', 허난(河南)의 '27공사', 후베이(湖北)의 '강공총'(鋼工總), 장시(江西)의 '대연주'(大聯籌) 등이다. 그러나 이들 조직은 대개 1967년 소위 '2월 역류' 시기 동안 각 성의 성 군구에서 독자적으로 그들을 반동조직이라 주장한 것이었다. 반면 중앙문혁에서 '반동조직'이라 직접 거명한 일은 많지 않았다. 더욱이 중앙에서 일개 성의 주요 조반조직을 '반동조직'이라 몰아붙인 일은 아마 우리 '상강풍뢰' 사건뿐일 것이다.

그 뒤로 그 해 8월 10일 중앙의 후난 문혁문제에 관한 결정에서는 중앙문혁의 '2·4지시'를 비판하고 이를 철회했지만 중앙문건, 즉 '8·10결정'에서는 다음과 같이 인정하고 있다.

"후난성 군구의 2월 3일 '상강풍뢰'에 관한 보고로 유발된 중앙문혁 소조의 '2·4지시'는 잘못된 것이다. '상강풍뢰'는 군중의 수가 비교적 많은 혁명조직이다. 발전 과정에서 극소수의 악질분자가 섞여 들어가 내부 성분을 불순하게 만들어 약간의 착오를 일으켰다. 그러나 이 때문에 이 조직을 부정할 수는 없다. 이에 대해 중앙은 책임이 있다."

심지어 마오쩌둥까지 이 사건을 위해 특별히 한마디 적으며 중앙문혁소조의 경솔한 일 처리를 비판했다.

"여기에서 교훈을 얻어야 한다. 명확히 조사하지도 않고 그렇게 황급히 한쪽 말을 근거로 '2·4지시'를 내릴 필요가 있었는가? 중앙에서 주요한 책임을 져야 한다."

그러나 문혁 조반의 물결에서 일찍이 많은 군중의 '조반'을 열렬히 호소하고 적극 주장했으며, 단호히 지지하고 필사적으로 책동했던 중앙문혁소조가 당초 왜 갑자기 '상강풍뢰'와 같이 유명한 조반조직을 분쇄하라는 지시를 내렸을까? 왜 문혁이 아직 열띤 단계에 있을 때 가장 큰 조반조직에 대해 그렇게 가볍게 본보기를 보이고 군대를 동원해 사람을 잡으라고까지 지시했을까? 그 과정에 무슨 속사정이라도 있는 걸까? 이 일은 줄곧 후난 조반파 사람들을 아리송하게 만들었다.

혹시 '상강풍뢰'가 이미 백만이 넘는 사람을 보유하고도 계속 발전해 나갔기 때문에 중앙에서 꺼리게 되지 않았을까? 혹여 이렇게 큰 군중조직이 무기를 보유하고 있다는 성 군구의 보고가(사실 없었고 성 전람관 혁명역사전시품의 총과 무기였는데, '상강풍뢰'의 범죄증거로 사진을 찍어 보고했다. 그 이유는 당시 성 전람회가 이미 '상강풍뢰' 지대에서 관할하고 있었기 때문이다) 중앙을 걱정하고 분노하게 만들었을까? 아니면 후난성 군구 사령인 룽수진과 그 상사인 광저우 군구 사령 황융성(黃永勝)이 모두 린뱌오 계열의 전장들로, 당시 중앙문혁이 '자기 사람'의 말만 듣고 그대로 받아들여 황급히 군구의 보고에 따라 성 군구에게 유리한 지시를 내린 것일까?

그러나 이 모든 것은 추측일 뿐이다.

진짜 원인은 미래의 역사학자들이 자세하게 밝힐 수 있을 것이다.

그러나 중앙문혁소조에서 조반파조직을 진압하라는 지시를 직접 내렸다가 다시 당 중앙과 중앙문혁에서 이들의 명예를 회복시켜 준 일은 문혁 전체 과정에서 후난성에서만 발생했던 유일한 사례인 것 같다.

무슨 '1·20' 지시란 것은 더욱 알 수 없다.

줄곧 이 '1·20' 지시에 대해 의혹을 갖고 있던 후난 조반파 쪽에서 그 뒤 중앙에서 '상강풍뢰'에 대한 명예회복을 할 때 중앙 지도자들에게 여러 차례 이 지시에 관해 물었다. 그러나 저우언라이 총리는 1967년 8월 15일 후난성 혁명주비소조와 지좌(支左)부대, 군중조직 책임자를 베이징에서 접견하면서 도리어 '중앙에선 그런 지시를 내린 적이 없다'고 말했다. 저우 총리는 다음과 같이 말했다.

"어떤 사람이 2·4지시 전에 중앙 등 4개 기관에서 전화를 걸어 '홍기군'과 '홍도탄'의 문제를 지적한 적이 있느냐고 물었다. 중앙에선 그러한 지시를 내린 적이 없다⋯⋯. '홍기군' 문제에 관한 4개 단위의 문건은 없다. 전화를 해서 얘기했다고? 우리는 그러한 전화를 직접 한 적이 없다. 우리는 리위안(黎原 ; 후난 지좌의 47군 군장) 동지에게 후난으로 돌아가 계속 조사하라고 했다."

그러나 결국 이 '지시'의 경위와 상황에 대해서는 조사도 공표도 하지 않아 '1·20' 지시는 결국 역사의 미제로 남게 되었다.

〖 8 〗
'등착조'에서 '포성융 전투대'까지

어떤 이들은 그때 당신들은 '파벌싸움'에 어찌 그리 몰두할 수 있었느냐면서, 지금의 관점에서 보면 당신들의 그때 행동은 확실히 정신에 문제가 있었던 것처럼 보인다고 얘기한다.

그렇게 많은 사람들의 머리에 동시에 문제가 생길 수 있을까? 그렇게는 얘기할 수 없을 것이다. 예전에 '우리는 저지른 잘못은 참회해야 하고 또한 추구했던 바를 소중하게 여겨야 한다'는 시가 있었다. 사람이란 언제나 정신적으로 추구하는 것이 있게 마련이다. 시대를 막론하고 말이다.

1967년 2월과 3월경은 문혁 중 창사시 거리에서 가장 뜨거웠던 기간이다. 이 기간은 투쟁과 열광적인 파벌싸움으로 물들었을 뿐 아니라, 종종 진지한 우호적인 감정과 잊을 수 없는 자기희생정신으로 가득 넘쳐흘렀다.

'고사'의 대학생 홍위병 우두머리들은 '상강풍뢰'가 무너진 그들에게 몹시 유리한 이 기회를 이용해 그들과 어깨를 나란히 하여 싸우며 저항의식이 생겨난 다른 노동자 조반조직과 단결하지 않고, 오히려 이러한 정세와 성 군구의 지지를 이용해 '동방홍총부' 등의 조반조직을 철저하게 무너뜨리려 했다. 그들은 성 군구의 승낙을 받은 구호를 정했다. '상강풍뢰가 남긴 독을 철저히 소탕하자!' 이러한 구호 아래 그들은 수십만 인의 '상강풍뢰' 비판 대회에 진심으로 오길 원치 않았던, 그러나 중앙문혁의 지시 정신을 위반할 수 없어 억지로 참가한 '동방홍총부' 등 십여 개의 노동자 조반조직을 대회장에서 쫓아내며, '동방홍총부' 등의 조반조직이 바로 '상강풍뢰가 남긴 독'이라고 암시했다. 그들은 기세 드높은 비판투쟁대회를 조직하여, 군인들의 참가 아래 '상강풍뢰' 우두머리들에게 팻말을 걸고 수갑을 채워 '주자파'를 비판하는 것처럼 도시 전체 거리를 돌며 투쟁했다. 또한 '동방홍총부' 등 몇 개 조반조직에 대한 자료 정리 요원을 조직해 성 군구와 중앙문혁에 이를 보고하고, '동방홍총부' 등의 조반조직이 '상강풍뢰'처럼 무너지길 바라고 있었다.

이러한 일로 '고사'와 다른 노동자 조반조직은 더욱 대립하게 되었고, '동방홍총부'를 대표로 하는 조반파들은 몹시 분노했다. 당시 문혁운동 단계에선 무투(武鬪)가 아직 주요한 투쟁수단이 아니었기 때문에 대립과 분노는 주로 '문공'(文攻), 즉 대자보 표어전과 선전차량 대전으로 표출되었다.

조반조직에는 노동자가 아주 많았다. 매일같이 밤이 되기만 하면 거리에는 노동자로 구성된 인파로 흘러넘쳐 선전차량을 따라 에워싸거나 떠들어 댔다. 정세의 갑작스런 역전 때문에 세력을 잃은 조반조직은 2월 초 며칠간은 거의 자신들의 선전차량을 거리에 내놓지 못했다. 거리에는 이따금 총을 메고 순찰을 도는 군인들을 제외하고는 와글와글 끊임없이 외쳐 대는 '고사'파의 선전차량만 남았다.

나 역시 거의 매일 밤 대로를 활보하는 활동분자였다. 나는 우리 조직의 실패에 단념하지 않았다. 비록 '상강풍뢰' 총부 우두머리들의 상황은 알지 못했지만 거의 백만에 가까운 조반조직이 '반동조직'이라니 죽어도 믿을 수 없었다. 나는 낮에는 기계조립 일을 해야 했지만 밤이 되면 희망과 즐거움이 넘쳤다. 서로 잘 모르지만 같은 관점을 가진 친구들이 거리에서 함께 만나 마음속의 불만을 토로하고, 쌓였던 분노를 털어놓으며 갑자기 나타날지도 모르는 앞날을 함께 동경하다 보면 온몸이 가뿐해지고 순간 힘이 넘치는 것 같은 느낌이 들었다.

2월 중순의 어느 날 밤, '상강풍뢰'가 진압되고 약 보름이 지난 뒤 선전차량으로 꾸민 인력거 삼륜차 한 대가 갑자기 번화한 우이대로에 나타났다. 순간 수백수천의 사람들이 그곳에 이끌려 몰려갔고 주위를 에워쌌다.

빈약하지만 정교하고 아름다운 그 선전차는 몇 명의 중고등학생이 준비한 것이었다. 삼륜차는 소형 가솔린 발전기 한 대와 확성 설비를 갖추고 있었다. 선전차는 중고등학생들에 의지해 앞으로 나아갔지만 차량 위에 설치된 큰 확성기가 뿜어 대는 소리는 광활한 우이대로를 뒤흔들었다.

"상강풍뢰는 결코 반동조직이 아니다!"

"혁명은 죄가 없고 조반은 정당하다!"

"혁명 조반파를 진압하는 자는 결코 끝이 좋지 않을 것이다!"

"……"

선전차를 구경하던 나는 순간 감동했다. 심지어 격정적인 눈물이 눈가로 흘러나왔다.

구경하던 사람들은 처음엔 모두 선전차의 구호에 크게 놀랐다. 순간 사람들 사이에는 알 수 없는 적막이 흘렀다. 곧이어 적막이 깨지고 사람들이 박수를 치기 시작했는데, 처음에는 여기저기에서 들리다가 곧 폭풍우와 우레와 같은 박수소리로 변했다. 잇따라 다시 하늘과 땅이 뒤흔들릴 것 같은 환호소리가 들렸다.

나는 힘껏 박수를 쳐 두 손 모두 빨개지고 몹시 아렸지만 멈추고 싶지 않았다.

선전차 위에 있던 중고등학생들 역시 눈앞의 광경을 보고 감격했는지 차를 멈추고는 두 손을 들어 계속 박수를 쳤다.

이때 나는 선전차 앞에 커다란 붉은 종이로 장식한 목판 위에 진한 묵으로 '상강중학 홍위병 등착조 전투대 선전차'라고 쓰인 몇 개의 큰 글자를 똑똑히 보았다. 그 중 '등착조'〔等着抓: 기다렸다가 기회를 꽉 잡는다는 뜻〕라는 세 글자는 유난히 컸다. 홍위병들이 찬 붉은 완장을 보니 역시 '등착조'라는 세 글자가 있었다. 그 중고등학생들은 나이가 나와 엇비슷했다. 청춘의 혈기로 넘쳐나는 그들의 얼굴 위에는 장엄하고 신성한 기운이 어려 있었다. 나는 순간 온몸에 뜨거운 피가 끓어올랐다. 비슷한 또래의 존경할 만한 친구들을 마주하고 나니, 나 역시 큰사람이 되어야겠다는 생각이 들었다.

선전차의 확성기는 처음에는 성 군구를 공격하는 글을 방송했다. 조반파로 보이는 십여 명의 노동자들이 자동적으로 선전차량 주위에 피켓 라인을 만들어 선전차로 개조한 이 인력거 삼륜차가 감격한 인파에 의해 떠밀려 망가지지 않도록 했다.

방송 소리는 우렁차고 격앙되었으며, 억양이 높아졌다 낮아졌다 멈췄다 이어졌다 했다. 날 포함해 구경하던 사람들은 충분한 만족감을 느끼거나 몹시 경이로워했다. 왜냐하면 '상강풍뢰'가 무너진 뒤 감히 성 군구를 비판하거나 성 군구가 '조반파를 진압한다'고 질책하는 사람은 없었기 때문이다. 더욱이 '상강풍뢰가 반동조직이 아니다'라고 말하는 사람은 없었다. 따라서 이때 이 선전차의 방송은 조반 사람들에게 순간 커다란 정신적 만족감을 가져다주었다.

인파 속에서 일부 사람들이 돌연 고함을 질렀다.

"상강풍뢰의 변종을 타도하자!"

"반(反)혁명을 결단코 진압하자!"

그러나 이러한 공격의 함성은 얼마 지속되지 못했고 폭풍우 같은 탄식 소리가 그것을 압도했다. 연달아 '공격! 공격! 공격! 보황파를 타도하자!'라는 리듬 있는 구호와 '자산계급 보황파가 혁명을 파괴! 파괴! 파괴한다!……'는, 조반파 사람이라면 모두 부를 줄 아는 보수파 공격 노래가 소수의 미약한 구호 소리를 압도해 빠르게 거리의 주선율로 떠올랐다.

선전차 방송에 공개적으로 대항하던 몇 사람은 곧 화가 난 조반파들에 의해 쫓겨났고, 다른 관점을 가지고 있던 인파 속의 보수파는 그저 침묵을 유지할 수밖에 없었다.

방송 선전이 다 끝나기 전 거리에 갑자기 '고사' 쪽의 선전차가 나타났다. 그 가운데 두 대는 공안국의 '홍색공안조반군'(紅色公安造反軍)이라는 깃발을 내걸고 있었고, 청녹색 경찰복과 역시 붉은 완장을 찬 몇 명의 경찰들이 갑자기 권총을 휘두르며 뛰어왔다. 이중 신분인 이들 경찰은 조반파들에겐 가장 골칫거리였다. 그들은 한편으론 군중조직을 가장해 무법천지로 다른 조반조직을 마구 공격할 수 있었고, 또 한편으론 국가의 폭력[專政]기관으로 누군가 그들 말에 반대하면 이유도 없이 사람을 감옥으로 잡아갔다.

수없이 많은 나와 같은 조반파 노동자와 간부, 학생들이 즉각 두터운 인간 울타리를 만들어 '고사'와 '홍색공안'의 선전차를 막고, 기세등등한 경찰 겸 보수조직 요원들을 막아 내 '등착조 전투대'선전차가 계속 방송할 수 있도록 했다.

'고사'파의 선전차는 '등착조'선전차에 접근할 방법이 없었고, 손에 무기를 들고 있던 경찰 역시 손에 손을 잡고 이미 두려울 것 없는 사람들에게 돌진할 수는 없었다. 그래서 '고사'파의 선전차는 전략을 바꿔 한쪽에서는 선전차가 갈 수 있도록 힘을 보태거나 군대가 올 수 있도록 했고, 다른 쪽에서는 대여섯 대의 선전차가 동시에 더욱 우렁찬 소리로 마오 주석의 어록 노래를 방송했다. "무릇 잘못된 사상은 독초와 같고, 온갖 잡신들에 대해선 반드시 비판하고, 결코 그들을 자유롭게 할 수 없다……." 그들의 첨예한 방해공작으로 인해 '등착조'선전차의 방송이 묻혀 버렸다.

이런 상황을 보며 '등착조 전투대'의 홍위병들은 오히려 조바심 내지 않고, 인간 울타리가 '고사'선전차를 막아 내는 동안 자신들의 삼륜차를 밀면서 '고사'선전차의 반대 방향으로 빠져나갔다. 앞으로 나아갈 수 없었던 '고사'선전차는 '등착조'가 달아나는 것을 눈을 뜨고 빤히 쳐다볼 수밖에 없었다.

과연 잠시 후 완장을 찬 경찰들이 탄 두 대의 완전무장한 트럭이 도착했다. 그들은 '상강풍뢰는 결코 반동조직이 아니다'를 공공연하게 외쳐 대는 이들 '반혁명'의 '등착조'를 잡기 위해 온 것이었다. 경찰들을 보자 인간 울타리를 만들었던 우리 조반파는 화가 치밀어 순식간에 그들을 에워싸며 차에서 내리지 못하게 했다. 파도처럼 용솟음치는 이러한 인파를 마주하고는 경찰들 역시 어찌할 도리가 없었다. 더 이상

'등착조' 홍위병들을 잡을 수 없을 거라는 생각이 들 때까지 서로 한참을 버티다가 차츰 흩어져 갔다.

다음 날, 그 다음 날 밤에도 '등착조' 선전차가 다시 거리에 나타나 조금의 두려움도 없이 자신들의 관점을 선전했다. 창사시 전체가 뒤흔들렸고, 사람들은 모두 감옥을 두려워하지 않는 이 선전차와 성 군구를 비판하고 공격하는 이들 '등착조' 홍위병들을 알게 되었다. 노동자 중의 조반파는 입에서 입으로 서로를 격려했고 또한 더욱 많은 사람들이 밤중에 거리로 쏟아져 나왔다.

'고사'와 '홍색공안' 모두 수천수만의 노동자 조반파가 보호하는 '등착조' 전투대를 잡을 방법이 없었다. 성 군구에서 출동시킨 선전차는 계속해서 경고하며 '누군가 상강풍뢰의 변안〔翻案 ; 결정된 판결을 뒤집는 짓〕을 기도한다'고 비난했지만 이번에는 결코 사람을 잡지 않았다. 아마 성 군구의 룽 사령관은 몇 명의 중고등학생 홍위병을 상대하기 위해 군대를 동원한다는 것은 군대의 이미지를 크게 손상시키는 일이라고 느꼈나 보다.

정말로 '등착조' 전투대의 두려움 없는 행동과 한밤중 거리에서의 사람들의 지지는 각 조반조직의 우두머리를 북돋워 주었다. '수도삼사'와 '북항홍기' 창사 주재 연락소 역시 공장에서 빌려 온 선전차를 타고 '감옥이 대수더냐 ……'라는 비장한 음악소리 속에 거리로 나왔다. '동방홍총부'(東方紅總部)의 선전차 역시 나왔다. 창사시의 몇몇 큰 공장의 조반파들 역시 선전차를 만들어 예사롭지 않은 야전에 참여했다. 사람들을 가장 흥분시킨 것은 창사 주재 해방군 공정병(工程兵) 학원의 '홍색경골두'(紅色硬骨頭) 조반병단의 선전차 역시 거리로 나왔다는 사실이다. 교원과 학생들로 이루어진 이들 군사학교 조반파들은 모두 하나같이 현역군인들이었다. 똑같이 녹색군복을 입고 붉은 모자와 휘장·완장을 찬 '홍색경골두' 대원들이 "인민해방군은 진정한 좌파를 지지해야 한다!", "혁명은 죄가 없고 조반은 정당하다!"는 구호를 외치며 '동방홍총부' 선전차와 함께 싸우는 것을 보자, 구경하던 우리 조반파들은 순간 기쁨의 꽃을 피웠고 끊임없는 환호로 감격하며 '우리에게도 해방군이 있다'면서 경축하였다.

'수도삼사' 연락소의 선전차 앞엔 '홍색보루'라고 쓰인 붉은 색의 목패가 설치되어 있었다. 연락소 홍위병들은 모두 베이징 대학생들이라 존경심을 불러일으키는 숙연한 표준어로 '고사'를 비판했고 성 군구 공격의 글을 한 편 한 편 방송했다. 마치 폭탄처럼 사람들의 열렬한 반응을 불러일으켰다. 그들이 '고사' 선전차와 성 군구에서 출동시킨 선전차와 '맞장'을 떴을 때 큰 매력을 드러내 보였다. 하나는 베이징 홍위병이라는 신분 때문이었고, 다른 하나는 구경하는 사람들의 성향이 분명했기 때문이었다. '홍색보루'가 앞장서 "조반파를 진압하면 결코 끝이 좋을 리 없다!"는 구호를 외치자 이에 따르는 사람이 우레와 같았다. 반면 '고사' 선전차의 "상강풍뢰의 독을 소탕하자!"는 구호는 시끌벅적한 인파 소리에 묻히고 말았다.

확실히 화가 난 '고사' 선전차는 '쪽수로 밀어붙이는' 전술을 쓰기로 결정했다. 한번은 일고여덟 대의 선전차를 동원해 이 '홍색보루' 차량을 빈틈없이 에워싸려 했다. 그러나 우리 '홍색보루' 지지자들이 수수방관할 리 없었다. '고사' 선전차가 가까이 올 때마다 젊은 노동자조반파들이 '쏴아' 하며 순식간에 길 위에 가로로 누워 누구도 지나갈 수 없는 바리케이트를 만들었다. 이러한 장관에 맞서 '고사' 선전차도 어찌할 도리 없이 후퇴하는 수밖에 없었다. 한번은 나도 이 바리케이트

'구축'에 참가했다. '고사' 선전차가 오는 걸 보고는 자초지종을 따지지 않고 일군의 청년들을 따라 길 위에 누워 차량 바퀴가 바싹 접근하길 조용히 기다렸다. 결국 '고사' 선전차는 나로부터 일 미터 떨어진 곳에 멈춰 설 수밖에 없었다.

온몸으로 상대방의 우렁찬 공격을 막아 냈고, 죽음을 두려워하지 않는 결심으로 우리 조반파의 목소리를 지켜 냈다.

당시 나는 스스로 '영웅'이 된 것 같은 기분을 느낄 수 있었고, 비장함마저 느꼈다. 물론 기세등등한 차바퀴가 맹렬하게 돌진해 올 땐, 나역시 차 밑에 깔려 귀신이 될지도 모른다는 생각을 했다. 순간의 공포감과 급작스런 긴장감 모두, 빠르게 나를 엄습해 왔다. 그러나 내가 세세히 생각하기도 전에 모든 일들이 신속하게 끝나 버렸다. 멈춘 것은 나의 생각이 아니라 밀려오는 차바퀴였다.

선전전에서 낮에는 '고사'의 천하였다. 표어를 쓰든 여론을 만들든 어느 조직도 이만여 명의 대학생 홍위병 '수재'들이 모여 있는 '고사'의 적수가 되지 못했다. 게다가 군구와 공안이 그들의 후원자였다. 그러나 밤이 되어 공장에서 퇴근한 뒤, 어두운 장막의 엄호에 의지한 조반파 노동자들이 거리로 나오면 선전전의 저울은 '동방홍총부' 등의 조반파로 확실하게 기울었다.

그러나 군대와 군경은 선전전 초기에 성 군구를 공격하는 조반파를 잡으러 다녔다. 창사시 제일중학의 홍위병 몇 명은 '탈군권'(奪軍權) 전투대를 결성하여 전단을 쓰고 대자보를 붙여, 성 군구 사령관이 '조반파를 진압'한다고 맹렬히 비난하며 '성 군구 주자파들의 권력을 탈취하자'고 호소했다. 그 결과 경찰들이 학교 안으로 돌진해 이들 몇 명의 홍위병을 모두 잡아 공안국 감옥에 가두었다. 이들 홍위병 중 한 명이 나중에 국제적으로 유명하게 된, 그러나 2004년 세상을 떠난 경제학자 양샤오카이(楊小凱)로, 당시에는 양시광(楊曦光)이라 불렸고 나이는 열여덟이었다.

그러나 그 뒤로 거리에서 성 군구와 '고사'에 반대하는 수천수만의 인파에 맞서 군대와 경찰들은 어찌할 방법이 없었다. 필경 그들에 반대하는 모든 사람을 잡아갈 수는 없었다.

나와 양진허, 허우촨장은 거의 매일 밤 거리로 나가 감격스런 선전전에 참여했다. 어느 날 밤 내가 '등착조 전투대' 선전차의 보호 임무를 적극 맡아 다른 십여 명의 조반파 노동자들과 함께 '등착조' 선전차를 호위하려 할 때 전에 '적위대'였던 우리 공장 사람을 보았다. 다음 날 공장 안 게시판에는 거명하지 않은 한 장의 대자보가 등장했다.

"우리 공장 안에는 법망을 빠져나간 상강풍뢰 우두머리가 있다. 반동적인 본성을 참회하지 않고 또 공공연히 노골적으로 무슨 '등착조' 전투대에 참가하고 있다. 두고 보자. 널 잡을 날이 올 것이다!"

이에 대해 나는 화가 치밀어 즉각 대자보를 써 그 '적위대' 사람을 공격하고 싶었지만 양진허는 그런 사람과 논쟁할 필요가 있겠냐며 나를 말리면서 말했다.

"마지막에 웃는 사람이 가장 좋은 거야."

나도 그렇다고 생각하며 좋다. 그놈이 인내심을 가지고 나를 잡는지 두고 보겠다고 생각했다.

우리 기계수리 공장의 '동방홍총부' 분대에 있는 적지 않은 노인들이 내게 더 이상 거리로 나가지 말라며 은근히 설득했다. 나는 '사내대장부는 발등에 떨어진 불을 피할 줄 안다'면서 그들의 호의에 보답하며 웃었다.

그 누구도 내가 거리에서 구호를 외치고 박수를 치며 차를 막기 위해 길 위에 눕는 걸 막아 낼 수 없다고 생각했다. 누군가 나의 '상강풍뢰 반동 우두머리'라는 그림자를 제거하거나 당 중앙 마오 주석이 조반을 멈추고 문화대혁명운동을 멈추라고 호소하지 않고서는 말이다.

당 중앙문혁의 요인(要人)들이 베이징의 2월 '화이런탕(懷仁堂)사건'에서 나이 든 원수들을 공격하고 승리감으로 득의양양해 있을 때, 상하이 조반파 우두머리인 왕훙원(王洪文)과 천아다(陳阿大) 등이 이제 막 권좌에 올라 기쁨의 희열로 가득 차 있을 때, 후난성 창사시의 조반파들은 오히려 험난한 시기에 놓여 있었다. '상강풍뢰'가 무너졌기 때문에 조반조직의 세력이 크게 약화된 것이다. 반면 '고사' 조직의 홍위병 노(老)조반파들은 노동자 조반파와의 대결에 맞섰을 뿐 아니라, 기존에 무너졌던 보수조직 역시 다시 일어나 조반파에 대한 새로운 공격을 전개하려 했다. 더욱 중요한 것은 여태까지 인민군중의 존경과 사랑과 숭배를 받아 왔던 해방군이었다. 그들은 오히려 성 군구를 대표로 하여 조반파를 강력하게 비판했고 보수파의 견고한 후견인이 되었다. 따라서 이 기간은 조반파들의 산발적인 시위저항 활동과 빈번한 지하교류 활동을 제외하고는, 기본적으로 공개적인 대규모 조반행동은 진행할 수 없었다. 함께 연합하여 성위와 성 정부의 대권을 탈취한다는 것은 더욱 말할 것도 없었다.

재미있는 것은 성위 제1서기가 하필 이때 대자보를 썼다는 점이다. 「'상강풍뢰'에 대한 폭로와 내가 저지른 잘못에 대한 자아비판」이라는 제목으로 '고사' 홍위병이 붙였다. 이 대자보에서 성위 제1서기는 '상강풍뢰'와 같은 군중조직에 대한 문제는 '폭로'할 수 있었다고 했다. 또한 고발도 있었는데, '상강풍뢰'가 그를 박해했다고 고발한 것이다.

'상강풍뢰'를 대표로 하는 노동자 조반파가 진압된 뒤 '고사' 우두머리들은 후난성의 권력을 탈취할 계획을 세웠다. 그들은 '고사'의 기치 아래 크고 작은 여러 파벌조직과 연합하거나 그들을 흡수하여 '후난성 홍색조반자 연합위원회'〔省紅聯〕를 결성하고, 이에 '고사'가 앞장섰다. 그 구성원은 극소수의 노동조반조직을 제외하고 대부분 기존의 '홍색정권 보위군'과 '적위대' 사람들로 다시 재건한 조직이었다. 또한 그들은 성 군구와 각 지역과 현의 군대 무장부의 도움 아래 문혁 이전에 각급 관방조직이었던 '빈·하·중농 협회'를 성공적으로 조직하고 이들을 흡수하여 '빈·하·중농 조반군'을 조직했다. 이에 따라 '고사' 파 세력이 크게 늘어났다.

그러나 이때 '고사' 파의 파벌 속성은 복잡하게 변했다.

'고사'의 홍위병 우두머리들은 여전히 스스로를 '조반파'라 불렀지만 그들이 이끄는 사람의 대부분은 결코 조반에 찬성하지 않는 기존 '홍보군'과 '적위대' 구(舊) 본부의 사람들이었다. 그들은 투쟁의 창끝을 여전히 성위에 겨냥했지만 또 성위를 동정하는 성 군구와 하나의 전선에 서서 스스로를 '옹군파'라 불렀다. 그들은 이론적으로는 여전히 '조반유리'라는 문화대혁명 방침에 찬성했지만 파벌투쟁에서는 또다시 '동방홍총부' 등의 노동자 조반조직을 철천지원수로 보았다.

따라서 노동자 조반파는 '고사' 홍위병을 '보수파'로 부르기 시작했다. 그들을 '홍보군', '적위대'와 똑같이 간주한 것이다. 비록 이들 대학생 홍위병이 일찍이 창사시 후난성 조반운동의 창시자였고 선봉대였지만 말이다.

'사인방'이 무너지고 문혁이 끝난 뒤, '고사' 파의 모 우두머리는 문혁 중 조반파들이 그들에게 내던진 '보수파' 모자를 주워 공훈을 나타내는 월계관으로 삼아 자기 머리 위에 썼다. 그리고 그 모자를 자신이 문혁 중 결코 당위에 반대하지 않았고 '시종일관 정확했다'는 표시로 삼았다. 그러나 그 뒤 조반행위를 청산하는 과정에서는 홍위병들이 불을 붙이고 선동했던 조반 초기 단계에까지 거슬러 올라가게 된다. 결국 당시 '8·19사건'에서 조반선언을 하고 풍운의 무대로 오르게 된 이전의 대학생 홍위병들 역시 필연적인 부정을 당하게 된다. 물론 '고사'파 우두머리들의 정치적 결말이 '상강풍뢰'나 '동방홍총부' 등의 운 나쁜 노동자 조반파의 우두머리들보다는 훨씬 좋았고 운도 훨씬 좋았지만 말이다. 그러나 정치적 앞날은 문혁 중의 소요파들보다는 훨씬 왕성하지 못했다.

'고사'를 필두로 한 '성홍련'은 성위 제1서기와 제2서기, 그리고 성위의 다른 후보서기를 '삼가촌'으로 하여 죄상을 고발하고 단호히 타도하기로 결정했다. 그리고 상하이의 탈권 경험대로 후난성의 권력 탈취를 준비했다. 1월 22일 『인민일보』 사설에서 조반파들의 '주자파' 권력 탈취를 호소했던 당 중앙은 2월 중순 또다시 이러한 탈권 방침을 수정하여 「프롤레타리아계급 혁명파 탈권 투쟁의 좋은 범례」와 「'삼결합'(三結合)의 정확한 방침을 굳게 지키자」 등의 『인민일보』 편집부 글들을 통과시켰다. 그리고 '삼결합' 방식이라야 탈권할 수 있다는 소식을 제기하고 강조했다. 또한 그 뒤 3월 말 『홍기』 잡지 제5기 사설에서는 마오쩌둥 주석의 최근 지시를 전했다.

"탈권이 필요한 지방과 단위에서는 반드시 혁명의 '삼결합' 방침을 실행해야 한다. 혁명적이고 대표성이 있는 프롤레타리아계급 권위의 임시권력기구를 설립한다. 이 기구의 명칭은 혁명위원회라고 부르는 것이 좋겠다."

이렇게 하여 군중조직만으로 권력을 탈취하고 장악하겠다는 몽상은 포기해야 했으며, 기존 정권의 일부 지도간부들과 해방군 대표는 반드시 탈권 후의 '혁명위원회'에 참가하게 되었다. 또한 군중조직 대표의 지위는 주도적인 지위에서 '삼결합' 중 제3위로 떨어지게 되었다.

세 명의 성위 서기들은 모두 '타도대상'으로 선포되었기 때문에 '고사'는 남은 몇 명의 성위 서기와 후보서기 한 명을 미래의 '혁명위원회'에 참여시킬 수밖에 없었다.

'고사'파가 탈권 후 '성 혁명위원회' 기관의 인선 준비로 바빠 있을 때, 베이징으로부터 전해 온 잇따른 소식은 억압상태에 처해 있던 노동자 조반파와 다른 조반조직을 크게 북돋아 주었다.

3월 24일 중공중앙과 국무원, 중앙군위, 중앙문혁에서는 칭하이성(靑海省) 군구 부사령관인 자오융푸(趙永夫)가 2월 23일 군대를 동원해 칭하이 '8·18' 조반조직을 총으로 쏘아 진압해 삼백여 명의 사상자가 속출한 엄중한 문제에 관한 처리방침을 공동서명으로 하달하였다. 중앙 결정에서는 칭하이성 군구에 의해 '반동조직'으로 몰린 8·18 조반조직의 회복을 선포하였다.

역시 똑같은 성 군구였다!

또 조반조직을 반동조직으로 몰았다!

때를 놓치지 않고 '동방홍총부'와 '정강산 홍위병' 등의 조반파조직은 즉각 창사시 전체에 일대 표어전을 개시했다. 이어지는 참신한 표어와 구호는 재빠르게 시 전체의 거리와 골목을 가득 메웠다.

"칭하이 문제에 관한 중앙의 결정을 단호히 옹호한다!"

"군내 주자파와 혁명 조반파를 탄압하는 도살자 자오융푸를 타도하자!"

"칭하이 8·18 조반파 전우들에게 배우자!"

"후난성의 자오융푸를 타도하자!"

두말할 것 없이 이 칭하이 사건은 후난성의 각 정치세력을 뒤흔들어 놓았다. 성 군구와 후난성 주재 야전군 부대와 군사학교를 포함해 누구도 또 다른 자오융푸가 되길 원치 않았다. 신성불가침의 인민군대 이미지에도 역시 균열이 생겼다. 이렇게 되자 군 군구는 탈권으로 성 혁명위원회를 건립하기 전에 다시 한번 몇 개 조반조직을 불법조직으로 선포한다는 계획을 즉각 포기했다. 또한 날로 위엄이 생겨나는 조반조직 활동에 대해 그저 묵인할 수밖에 없었다.

또 다른 소식이 조반파를 더욱 고무시켰다. 2월경 화이런탕에서 크게 싸움을 벌였던 몇 명의 원수들이 모두 비판받았고, 특히 중앙정치국 위원인 탄전린(譚震林)이 호되게 비판받았다는 것이다. 또한 중앙에선 이들 나이 든 원수들의 행동을 '2월 역류'라는 성격으로 규정지었다. 베이징의 거리에는 '2월 역류를 단호히 반격하라!', '2월 역류의 선봉인 탄전린을 타도하자!' 등의 큰 표어들이 천지를 뒤덮었다.

2월, 시간이 꼭 들어맞았다!

역류, 성격도 꼭 들어맞았다!

비록 베이징 화이런탕에서 일어난 투쟁과 후난에서 발생한 진압 두 사건 간에는 직접적인 관련이 없었고 성격 역시 근본적으로 달랐지만, 심지어 후난 조반파조직에 대한 '독재' 지시는 중앙문혁소조에서 온 것이었지만, 2월 중 한껏 억압받았던 후난 조반파들은 즉각 이 기회를 노려 베이징의 구호를 그대로 본뜬 표어를 신속히 붙였다. 또한 암암리에 일대 반격전을 획책했다.

반면 성 군구와 '고사' 측, 그리고 그들이 조직한 '성홍련'은 후난

대부분의 조반조직을 흡수하지 못하고, 특히 규모가 큰 대표적인 노동자 조반조직을 포섭할 수 없었기 때문에 그들이 기획한 '탈권'과 후난성 혁명위원회를 세운다는 계획은 시종 중앙의 비준을 얻을 수 없었다. 반면 중앙문혁에서 파견된 연락원들은 신화사(新華社) 기자의 명의로 끊임없이 노동자조반조직에서 비밀리에 활약하며 상황을 조사하고 이해했으며 또한 지속적으로 중앙문혁소조에 보고했다. 이와 동시에 '수도삼사'와 '북항홍기' 창사 주재 연락소의 홍위병들은 '베이징 홍위병은 더 이상 각 성의 문혁운동에 개입하지 말고 모든 외부 주재 연락소를 전부 철수하라'는 중앙 지시에 따라 더 이상 연락소를 둘 수 없었지만, 여전히 많은 홍위병들이 후난에 남아 있었다. 이들은 노동자 조반파를 도와 중앙에 상황을 알리거나 혹은 베이징으로부터 온 유리한 소식을 신속하게 후난 노동조반조직에 전해 주며, 노동자 조반파들이 성 군구와의 대결에서 맹목적으로 고립되는 실수를 저지르지 않도록 했다.

정세는 왼쪽으로 바뀌었다.

조반파는 함께 동면을 지내고 난 것처럼 모두 움직이기 시작했다.

칭하이 8·18 조반조직은 한 달 동안 '반동조직'으로 있은 후 다시 명예를 회복하여 문혁의 무대에 올랐다. 이러한 소식에 나는 매우 기뻤다. 난 곧바로 양진허와 허우촨장을 찾아가 다시 조반조직의 재건을 의논했다. '상강풍뢰'는 잠시 동안 회복될 수 없었기 때문에 우리는 당분간 이 명의를 사용할 수 없었다. '황양계에서는 포성 울려 대고 적군이 밤새 도망갔다는 소식 알려 오네'(黃洋界上炮聲隆 報道敵軍消遁)라는 마오쩌둥의 시 구절에 따라 우리는 '포성융(炮聲隆) 전투대'를 조직하기로 결정했다. 양진허는 우리가 '포성을 뻥뻥 울리는' 때가 바로 '주자파'와 '보수파들'이 '도망' 갈 때라고 말했다. 이 말은 아주 마음에 들었다.

방문교류를 거쳤지만 7~8명의 청년들만이 참가를 원했다. 양진허는 기존 '상강풍뢰' 분대의 숫자에도 훨씬 못 미치는 것을 보고는 다소 조급해하며 불안해했다. 나는 그에게 걱정하지 마라, 앞장서는 사람은 언제나 소수라고 얘기하며, 일단 상황이 열리면 대다수의 사람들이 우리를 지지하고 함께할 거라고 위로했다.

'포성융 전투대'에서 우리는 양진허를 대장으로 추천했다. 양진허는 고사하며 당연히 내가 맡아야 한다고 말했다. 나는 기계수리 공장의 조반파 우두머리는 당연히 양 형이 되어야 한다고 말했다. 양진허는 비교적 침착한 반면 나는 활동분자였다. 그런 까닭에 공장 일만으로는 만족할 수 없었다. 일단 기회가 생기면 회사의 '상강풍뢰' 조직을 회복시켜야 했고, 대책을 세워 체포된 중유신과 라오이를 구하는 일에서도 당연히 빠질 수 없었다.

우리는 공장 안에 '결성 성명서'를 붙이고 다시 조반을 조직했음을 알렸다. '동방홍총부' 분대는 즉각 대자보를 붙여 '환영'을 표명했다.

'마오쩌둥 사상 보위 전투대' 사람들은 아무 말이 없었다. '환영' 조치야 당연히 있을 리 없겠지만 '상강풍뢰의 변종'이라는 욕은? 짐작건대 이번에는 그들에게 그런 용기가 없을 거라 생각했다. 칭하이 8·18 사건과 베이징 탄전린 사건은 이미 거리와 골목에 붙은 대자보를 통해 창사의 모든 사람들에게 알려졌다. 누구를 막론하고 표면적으로는 서로 관련이 없어 보이는 두 사건의 무게를 어느 정도 헤아릴 수 있었다.

우리는 당 지부의 쑤 서기를 찾아가 돈과 사무실을 요구했다. 정세에 매우 관심 있던 쑤 서기는 두말 않고 즉시 깃발과 종이, 묵 등의 구매 공문서를 내주었다. 또한 원래 '상강풍뢰' 분대에서 사용하던 사무실을 우리에게 내주었다. 쑤 서기가 우리의 요구를 모두 들어주는 것을 보자 양진허는 매우 만족스러워하며 쑤 서기에게 웃으며 말했다.

"라오쑤, 앞으로 공장 안에 혁명위원회가 세워지면 당신을 '삼결합'의 하나인 지도간부로 추천하겠소. 당신이 우리를 진정으로 지지하기만 한다면 말이오."

쑤 서기 역시 미소를 지으며 아무 말 없었다.

당시 '상강풍뢰'가 진압된 뒤로 우리 공장 권력은 주로 '동방홍총부' 조직을 핵심으로 하는 '조반파연합위원회'〔聯委會〕에서 감독 관리하고 있었다. 쑤 서기는 '1월 폭풍'의 고조단계 당시 몇 차례 조반파대회에서 비판받았지만 행정 권력은 완전히 박탈되지 않았다. 그저 모두가 더 이상 그를 '서기'라 부르지 않고 '라오쑤'로 불렀을 뿐이다. 또한 더 이상 그 혼자 단독적으로 권력을 장악하지 않고 공장 '연위회' (聯委會)에서 감독 관리하고 부서(副署)했다.

공개적인 장소에서 쑤 서기는 여전히 반대도 지지도 표명하지 않는 역할을 맡았다. 암암리에 우리는 그의 관심이 여전히 '마오쩌둥 사상보위 전투대'에 있으며 자주 그들의 회의에 참가한다는 것을 알았다.

이에 대해 양진허는 매우 화를 냈다. 쑤 서기라는 사람이 너무나 교활하니 앞으로 삼결합을 하면 결코 그를 넣지 말자고 했다.

나는 보수파 사람들은 모두 그가 키워 낸 사람들이다, 조반이 막 일어났을 때 그들 모두 죽을 힘을 다해 쑤 서기를 보호했는데, 어떻게 그들에 대한 감정이 없을 수 있겠나? 삼결합인지 뭔지는 때가 되어 다시 얘기해 보자, 지금은 '팔'(八)자의 삐침(丿) 획 하나도 시작되지 않은 상태라고 말했다.

'포성융 전투대'가 생기자 우리 조반에 다시 진지가 마련되었다. 그러나 이 '조반'은 공장 내에서는 이미 기본적으로 할 만한〔造〕 반대〔反〕가 없었다. 최소한 그때는 그랬다. 예전에 조반할 때는 당 지부 서기와 공장장에 대해 비판해야 할 사람은 비판했고, 투쟁해야 할 사람은 투쟁했다. 나이 든 노동자들 중에는 쌓였던 울분을 터뜨리는 자들이 적지 않았다. 하지만 이제는 '우파'의 검은 자료는 사라졌다. 탈권도 충분히 이루어지지 않았다. 게다가 '삼결합'엔 군대 대표가 반드시 있어야 했는데 이들을 어디서 구하나? 군구 사람을 찾아와야 하나? 우리를 때려죽이는 짓은 할 리가 없었다. 그렇다면 파벌싸움은? 공장 안에 있던 무슨 '마오쩌둥 사상 보위 전투대'란 놈들은 뒤에서는 우리를 욕했지만 마주치면 아예 아무 말도 못했다. 대자보는 더욱이 수준이 안 됐다. 그러나 그들 역시 자신들의 조직을 해산하지 않았고 우리의 관점에 동의한다는 성명도 발표하지 않았다. 오히려 그들 중엔 매일 거리로 나가 대자보를 보는 사람이 있었고, '고사'의 선전방송을 위해 박수를 치기도 했다.

나는 또다시 오래된 이치를 생각했다. 큰 강에 물이 있으면 작은 강이 넘치지만, 큰 강에 물이 없으면 작은 강은 바싹 마르는 법이다. 우리 공장과 우리 회사 조반파가 승리를 거둘 수 있을지 이 하나하나 모든 것은 후난성 창사시의 조반파가 승리를 거둘 수 있을지에 달렸다. 따라서 우리는 먼저 사회 조반 활동에 참가해야 한다고 생각했다.

모두들 나의 의견에 동의했다.

나는 또다시 기계수리공 일을 하지 않고 전심전력으로 '직업 조반파'가 되겠다고 스스로 결정했다. 매월 20위안의 견습공 월급은 공장에서 주지 않아도 두려울 것 없었다.

나는 쑤 서기를 찾아가 말했다. "오늘부터 나는 '포성융 전투대'의 전임 요원으로 더 이상 출근하지 않겠으니 비준해 주십시오."

'라오쑤'는 얼른 "좋아요, 좋아"라고 말했다.

나는 또 말했다. "양진허와 허우촨장은 필요시 조반회의와 활동에 참가해야 합니다. 반나절이나 하루 동안 휴가를 자주 내게 될 테니 작업장에 잘 말해 주세요."

'라오쑤'는 여전히 열의를 잃지 않고 "그럼! 그럼!" 하였다.

그는 반대도 압박도 하지 않았지만 결코 우리의 요구에 동조하지도 않았다. 우리는 회의를 열어 내가 사회와의 연계를 맡고 양진허가 공장 내 '포성융 전투대' 조직을 주관하기로 결정했다.

작업장으로 출근할 필요가 없으니 나의 활동시간이 더욱 많아졌다. 밤이 되길 기다릴 필요도 없이 대낮에도 각 조반조직으로 가 교류했고, 상황을 파악하여 각종 조반행동을 조직하고 이에 참가했다.

4월 7일 치밀한 계획과 조직으로 창사시 조반파들은 드디어 대규모의 반격을 일으켰다. 선택한 반격의 돌파구는 여전히 운영되고 있지만 성 군구의 명령만 듣는 성위기관보 후난일보사를 봉쇄하는 것이었다.

신문사를 봉쇄하던 날, 난 현장에 없었고 그저 훗날 그 낭만적인 장면에 대한 얘기를 들었다.

당일 오전 수백 명의 중고등학생 홍위병들이 각 조반조직의 깃발을 들고 미리 준비한 수백 장의 봉인종이와 풀통을 들고는, 백지 한 다발씩을 겨드랑이에 끼고 '혁명은 공짜 밥이 아니다. 글로 하는 것도 아니다……'라는 마오쩌둥 어록 노래를 부르며 후난일보사 정문 앞까지 시위를 벌였다. 그러곤 순간 멈춰 섰다.

이들 중고등학생 홍위병들 대부분은 '정강산 홍위병'(井岡山紅衛兵) 조직에 속해 있었다. 그들의 '사령'(司令)은 열아홉의 여고생으로 셰(謝)씨 성의 중공예비당원이었다. 문혁 초기 그녀는 소속 학교의 당 조직에 의해 이유 없이 '반혁명'으로 몰렸지만 이때 베이징으로 도망가 수천수만이 모인 마오쩌둥의 홍위병 제1차 접견에서 요행히 톈안먼 성곽 위로 초대되는 행운을 얻었다. 그녀는 마오쩌둥을 직접 만나 호소하고, 노트에 '마오쩌둥' 세 글자를 서명해 달라고 했다. 이렇게 되자 셰 '사령'은 더욱 확고한 조반파 홍위병이 되었다. 그녀는 창사로 돌아온 뒤 즉각 중고등학생들을 주체로 '정강산 홍위병 혁명조반사령부'를 조직하여, 조반파 좌익의 이미지로 후난 문혁의 무대를 누볐다. 그 뒤 스무 살도 안 된 그녀는 중앙에 의해 성 혁명위원회 주비소조의 구성원으로 임명되었고, 제1기 성 혁명위원회의 위원이 되었다.

십여 명의 홍위병들이 갑자기 나팔 하나씩을 들고 나타났고 '다다다 다……' 하는 웅장한 군대 나팔소리가 순간 하늘 높이 울려 퍼졌다.

"돌격!"

수백 명의 홍위병들이 홍기를 들고 종이를 옆에 끼고는 신문사 정문을 향해 함성을 외치며 용감하게 돌진했다.

진즉 통지를 받았던 신문사 조반파조직인 '홍색신문병'(紅色新聞兵) 조직원들은 곧바로 사무실에서 나와 인쇄공장 작업장으로 가서 열렬한 박수소리로 '정강산 홍위병'의 도착을 환영했다. 신문사의 간부들과 보수조직 사람들은 순간 어찌할 바를 몰랐다. 반항도 없었고 언쟁도 없었으며, 홍위병들이 준비해 온 조반조직 인장이 찍힌 십여 장의 봉인종이가 붙여지는 것을 눈으로 빤히 보고만 있었다. 사무실 하나하나, 인쇄 공장 작업장 하나하나가 잠긴 뒤 봉인되었다. 가끔 몇 명의 보수조직 간부들이 이를 저지하려 했으나 신문사 조반파 동료의 고함 소리에 물러났다. 일은 매우 순조로웠고 투지가 높아진 홍위병들은 삼십 분도 안 되어 신문사 건물 전체를 봉인했고 신문사의 모든 업무를 중단시켰다.

십여 개의 조반조직이 서명한 '후난일보사 봉쇄에 관한 중대 성명'이 나붙었다. 이 '성명' 역시 사전에 준비된 것으로 낙인을 찍는 곳에는 선홍색의 둥글고 네모난 십여 개의 인장이 찍혀 있었다.

'성명'에선 『후난일보』의 갖가지 '죄상'을 낱낱이 열거한 뒤 일방적으로 몇 가지 규정을 선포했다. 대의는 이렇다.

첫째, 당일부터 『후난일보』는('고사'와 '성홍련'이 신문사에서 발행하는 『추궁구보追窮寇報』를 포함하여) 출간할 수 없다.

둘째, 매일 『신화사 전신』을 발간하며 베이징 신화사가 발행한 국내외 중요 소식과 뉴스만 발간한다.

셋째, 언제 봉인을 뜯어 복간할지에 대해선 우리의 동의를 얻는다.

넷째, 우리는 즉시 이 일을 당 중앙에 보고한다.

여기서 '우리'란 당연히 신문사 봉쇄에 참여한 십여 개 조반조직을 말한다.

신문사 사장과 편집장들은 반년간의 문혁을 겪으며 이러한 일에 대해 결코 당황하지 않았다. 게다가 그들 역시 이 홍위병들과 조반파들이 결코 그들을 향해 돌진한 것이 아니라는 것을 알고 있었다. 그들은 홍위병들과 다툴 필요가 없었고 그렇게 해봐야 소용없다는 것도 알고 있었다. 하물며 그들은 당시 군중의 비판 대상이었다. 유일하게 할 수 있었던 일은 상부에 보고하거나 지시를 기다리는 것뿐이었다.

누구에게 보고하나?

성위 서기들은 오늘 조반조직에게 비판투쟁 당하지 않으면 내일 '고사'에 소속된 조직에게 비판받고 용서를 빌 텐데 어디로 찾아가야 하나? 찾아간들 무슨 소용이 있나?

성위 선전부? 성위 전체가 마비되었다. 성위 선전부가 무슨 소용이 있을까? 게다가 성위기관 내부 역시 모두 두 파벌로 갈라졌다. 그러나 사장과 편집장, 그리고 임시로 신문사 권력을 잡고 있던 보수파조직의 우두머리들은 여전히 보고할 곳이 있었다.

성 군구 사령부 선전처장이 즉각 그들에게 걸려 온 전화를 받았다.

선전처장은 신속히 성 군구 사령관에게 보고했다.

선전처장은 사령관의 즉각적인 명령을 기다렸다. 아마 그는 대대 하나 보내면 충분하다고 생각했나 보다. 그는 붉은 모자, 휘장과 완장에 녹색 군복을 입은 해방군이라면 역시 퇴색된 군복을 입었지만 붉은 완장을 차고 있는 홍위병들을 쉽게 이기고 쫓아내 신문사를 되찾을 수 있을 거라 믿었다.

나는 가까운 거리에서 성 군구 사령관인 룽수진을 본 적이 없었다. 그러나 후난 문혁 당시의 흐름으로 볼 때 그는 가볍게 한판 싸움을 벌일 수 없다는 것을 잘 알고 있었다. 칭하이 자오융푸의 결말과 베이징 원수들의 최후는 짙은 그림자처럼 무겁게 그를 짓누르고 있었다.

룽 사령관은 노(老)혁명가로 후난성 차링(茶陵)현 사람이다. 1929년 농민 적위대에 참가했고 그 뒤 중국 공농홍군에 편입되어 2만 5천 리에 이르는 장정에 참가했다. 또 유명한 평형관(平型關) 전투에 참가해 크게 이겼고 1955년에는 소장(少將) 계급을 받았다. 수십 년간 전국 각지를 전전하며 싸우면서도 결코 두려워한 적이 없으며 시종 용감하게 공격하고 잘도 막아 냈다. 그러나 문혁이 시작되자 그도 어찌할 방도가 없었고 이 싸움은 어떻게 해야 하는 건지 확실히 몰랐다. 왜냐하면 문혁운동 중에 그는 적이 어디 있는지 분명히 알지 못했기 때문이다.

마오쩌둥은 "누가 우리의 적인가? 누가 우리의 벗인가? 이것이 중국 혁명의 가장 중요한 문제다"라고 말했다. 이는 또한 당연히 문혁운동의 가장 중요한 문제였다. 당 중앙은 군대에게 좌파를 지지하라고 했다. 하달된 명령은 매우 분명해 보였지만 과연 누가 좌파인가? 그 뒤 룽 사령관은 좌파는 조반파 중에 있을 거라는 사실을 조금씩 깨달았다. 왜냐하면 중앙에서 조반파를 지지했기 때문이다. 그러나 다시 문제가 생겼다. '상강풍뢰'와 '고사' 모두 조반파가 아닌가? 그러나 그들 둘은 죽기 살기로 싸우고 있으니 성 군구에서는 누구를 지지해야 하는가? 아마 룽 사령관이 이리저리 생각한 끝에 내린 결론은 '고사' 홍위병을 지지하는 것이었던 듯했다. 왜냐하면 군구 정찰부문의 정보 자료 분석에 의하면 '상강풍뢰' 사람들은 복잡하고 그 조직 내엔 모든 사람들이 다 있으며, 몇몇 우두머리들의 경력과 출신성분 역시 의심스러운 곳이 많았기 때문이다. 반면 '고사'는 달랐다. 전부 젊은 대학생들이었고 모두 홍위병이었으며 조직구성원이 아주 단순하고 몇몇 우두머리들은 공산당원이었다. 더욱 중요한 것은 '상강풍뢰' 파는 군구와 자주 충돌을 일으켰고, 1월 20일 밤엔 성 군구를 공격해 하마터면 군구 작전실로 돌격할 뻔했다는 사실이다. 그야말로 법을 위반하는 중대 사안이었다. '상강풍뢰' 파 사람들은 성 군구가 성위의 '검은 자료'를 숨겼을지도 몰라 수색하러 온 것이라고 했다. 제기랄! 저들은 여기가 군대라는 것을 잊었다! 군구가 어찌 일반인들이 들어와 수색할 곳이란 말인가? 중앙군위 역시 군중조직은 군대로 돌격할 수 없다는 명령을 내리지 않았던가! '상강풍뢰'라는 뭣 놈의 조직은 의심스러울 만

했다. 그러나 '고사' 홍위병들은 상당히 괜찮았다. 그들의 조반에 대한 열성 역시 대단했지만 그저 성위를 겨냥했을 뿐이지——원래 주자파는 지방 당위 안에 있을 뿐이지 우리 군대와는 아무 관련이 없다——여태까지 군구와 충돌한 적은 없었다. 또한 주동적으로 군구와 연락을 한다. 이렇게 보자면 '고사'야말로 틀림없는 좌파다! 중앙문혁이 베이징에서 지지한 좌파 역시 콰이다푸(蒯大富)나 한아이징(韓愛晶) 같은 조반 대학생 홍위병들이 아닌가! '상강풍뢰'를 지지해 줄 수 없을 뿐 아니라 오히려 그들의 자료를 정리해 광저우 군구와 중앙에 그들의 문제를 보고해야 한다. 그렇게 되면 중앙에서 성 군구의 관점을 지지한다는 지시가 내려오지 않겠는가. 게다가 지시는 중앙문혁소조에서 보내올 것이다. 그렇게 되면 '상강풍뢰'와 '홍기군'의 반동 우두머리에 대해 독재조치를 취할 수 있게 되고 이 두 반동조직을 무너뜨릴 수 있을 것이다.

성 군구의 조치에 대해 룽 사령관은 잠시 기뻐했다.

그러나 얼마 지나지 않아 사태의 추이는 그와 성 군구 당위의 예상을 뛰어넘었다. 군구와 반대 논조를 부르짖던 '상강풍뢰'가 진압된 뒤 지방의 조반파들은 주동적으로 군구와의 관계를 개선하지 않을 뿐 아니라, 오히려 '고사'파를 제외한 다른 조반파들은 군구에 대한 반감이 갈수록 커져 갔다. 군구는 '고사'를 통해 군대와 지방 군중조직 간의 조화와 우호적 분위기를 강화하길 희망했지만 역시 허사가 되었다. 왜냐하면 '고사'는 결국 대학생일 뿐, 그들에게는 국면을 좌우할 능력이 없었다. 게다가 '고사'와 베이징의 좌파 대학생 홍위병인 '수도삼사' · '북항홍기' 모두 관점의 대립이 생겨 한편에 설 수 없게 되었다.

이렇게 되자 후난 문혁운동의 상황에서 성 군구는 자신들도 모르는 사이에 수동적인 상황에 빠졌다. 원래 군대는 '지좌'(支左: 좌파 지원)였기 때문에 지방 조반파들의 환영을 받았고 모두 군구와 연줄을 대어 군대의 지지를 받기를 희망했다. 그러나 지금 갑자기 '고사'를 지지하고 '상강풍뢰'를 공략하려 하자 후난 대부분의 조반파, 특히 노동자 조반조직과 군구에 대립이 생겨났다. 이러한 대립은 갈수록 격렬해져 '성 군구를 포격하라!', '룽수진을 튀기자!'라는 명백히 군구를 겨냥한 표어들이 '절대 군대를 공격할 수 없다'는 중앙의 지령에도 아랑곳하지 않고 공개적으로 거리에 나붙게 되었다. 이젠 많은 사람들을 조직해 후난일보사를 봉쇄하고 신문 출간도 막았으며, 신문사가 2월 이후 '자본주의 부활의 대변자!'가 되었다고 말하기까지 한다.

어찌할 것인가? 단호한 반격으로 몇몇 '반동조직'을 다시 쳐 이들 조반파의 위세를 죽일 것인가? 아니면 노동자 조반파조직을 찾아가 그들을 설득할 것인가?

이러한 거사에 맞서 룽 사령관은 문제를 당위 회의로 신중하게 가져갔다.

결국 군 군구에서는 광저우 군구 등 상부에 상황을 보고하는 것 외에는 다른 반격행동은 취할 수 없었고, 단지 사태 추이만을 면밀히 주시할 뿐이었다.

아마 토론과 연구를 거친 결과 평생 군에서 전쟁만 하던 성 군구 수장들은 무력으로 신문사를 탈환하는 그 어떠한 방안도 배제할 수밖에 없었고, 그들이 결코 잘하지 못하는 전투방식인 문공(文攻)을 선택해야 했을 것이다. 따라서 모든 것을 입과 종이와 필묵, 방송기기 등의 무기로 하는 방식을 채택했다. 아마 그들은 개새끼 같은 이 조반파들이 정말로 시기를 탈 줄 안다고 탄복할 수밖에 없었을 것이다! 한 달 전까지만 해도 그들은 전부 감옥행일 수밖에 없었으니까!

그러나 지금은 성 군구에서 그렇게 할 수 없었다.

며칠 전 4월 2일 출간된 『인민일보』에서는 「혁명 소장들에 정확히 대처하자」는 사설을 발표했다. 글에서는 다음과 같이 말하고 있다.

"현재 사회에는 자본주의 부활의 반혁명적 조류가 나타나고 있다. 당내 자본주의 노선을 걷는 한 줌의 당권파들이 혁명소장에 대해 음모와 위계를 부리고 말썽을 일으켜 혁명소장의 한 무리를 끌어들여 다른 한 무리를 공격한다. 혁명소장 대오의 분열을 꾀하고 혁명 소장들을 사악한 길로 끌어들이려 한다……. 혁명소장의 큰 방향을 전면적으로 부정하고 심지어 이미 무너진 보수파조직을 조종하여 번안(翻案) 활동을 벌여 일부 혁명소장들을 다시 '반혁명'으로 몰고 있다. 그들의 이러한 행동은 마오 주석의 프롤레타리아혁명노선에 반대하는 것이고 앞 단계에 있던 프롤레타리아 문화대혁명의 위대한 성과를 부정하는 것이다. 이러한 반동적 조류에 대해 우리는 단호히 반격하며 철저히 분쇄할 것이다!"

이때 성 군구에서는 『인민일보』 사설의 목표가 지향하는 바를 세심하게 연구하지 않을 수 없었다. 더욱이 『인민일보』 글이 갖는 무게를 소홀히 할 수 없었다. 필경 지금은 문화대혁명이니 중앙의 '문화' 내용이 바로 밑에서의 행동 지침인 것이었다!

군구는 명백히 신문사를 지지할 수 없었고 사무를 보던 신문사 편집장들도 조반파의 명령에 따라 일을 해야 했다. 『후난일보』가 봉쇄되었어도 『신화사 전신』이 나왔으니 신문사에 집단으로 휴가를 줄 수는 없었다.

'정강산 홍위병'은 『후난일보』를 봉쇄한 지 한 시간도 채 못 되어

『후난일보』를 잘 봉쇄했다!', '정강산 홍위병의 혁명적 행동을 적극 지지한다!'는 표어를 창사시 거리에 내걸었다. 각자의 조직 명칭이 쓰인 깃발을 든 조반파들이 잇달아 후난일보사로 향했다. 신문사 안팎으로 구호 소리와 박수소리, 심지어 폭죽소리까지 울리는 와중에 수천수만의 사람들이 신문사로 몰려와 4층 건물 맨 꼭대기의 노천 테라스로 올라가 자기 조직의 깃발을 꽂았다. 이미 꽂혀 있던 정강산 홍위병 등 십여 개 조반조직들의 홍기 사이에 보태져 이들의 깃발은 신문사에 대한 점령을 과시했다.

후난일보사를 봉쇄한 다음 날인 4월 8일 성과 시 공안과 검찰, 법원은 '고사' 보수파조직을 지지하며 수천 명이 참가하는 전대미문의 무장시위를 계획했다. 시위자들 한쪽은 군중조직의 붉은 완장을 차고 있었고 다른 쪽은 경찰복을 입고 권총을 차고 있었다. 이들은 홍기를 들어 펼치더니 선전차를 몰고 '고사' 지지를 외쳤고, 『후난일보』 봉쇄는 반혁명행위다!', '온갖 잡귀신들을 결단코 진압하자!' 등의 구호를 외치며 후난일보사 건물 앞까지 행진했다. 이에 대해 조반파 측 역시 날카롭게 맞서며 『인민일보』의 「프롤레타리아계급 혁명의 비판기치를 높이 들자」는 당일 사설에 환호하며 시 전체에서 대규모의 반격 시위를 신속하게 조직했다. 양적 우세와 기세를 몰아 '공검법'(公檢法) 쪽의 무장시위를 압도했다.

그 뒤 조반파가 성 군구와 '고사' 파에 승리했을 때 창사시 '공검법' 계열의 간부경찰들이 큰 타격을 입었다. 많은 '공검법' 사람들이 부상을 입었고 몇 명의 공안경찰이 사람들에 의해 맞아 죽기도 했다. 그 원인의 하나는 중앙 지도자가 '낡은 공검법을 철저히 짓이기자!'라는 지시를 내린 전체 상황에서 비롯된 것이었고, 또 한편으로는 그들이 군중조직의 형태로 양 파벌의 투쟁에 개입했으며 또 경찰 제복을 입고 무기를 소지하여 조반파를 위협했기 때문이다. 조반파 군중들은 그들에 대해 극도의 반감을 가지고 있었고 이 때문에 벌어진 일이었다.

물론 혼란한 틈을 노려 보복을 가하려는 노동교도〔勞敎〕* 사람들도 더러 있었다. 예컨대 이미 노동교도를 받았거나 현재 노동교도 기간 중에 도망쳐 나온 사람들이 규합하여 만든 '창사 청년' 이란 조직이 있었다. 약 백 명의 사람으로 구성된 이 조직의 '우두머리' 는 노동교도를 받았던 젊은 소매치기였다. 그들 역시 문혁 동란의 기회를 틈타 조반을 일으켰다. 그러나 그들의 조반은 무슨 정치적 관점에 의거한 것이 아니었고, 그저 그들을 감시했던 공안경찰에 대한 보복에 그 목적이 있었다. 그들은 일부 경찰들을 때려 부상을 입혔으며, 기회를 틈타 폭행과 파괴·약탈을 일삼으며 횡재를 노리기도 했다. 1968년 성 혁명위원회가 성립된 뒤 이 '창사청년' 조직의 '우두머리' 는 당국에 의해 체포되어 곧 총살되었다. '창사청년' 이란 이 깡패조직에 대해 조반파들 역시 불같이 화를 내었다. 왜냐하면 그들이 내건 것도 조반의 깃발이었으나 도리어 '정책대로 일을 하지 않고' 전문적으로 '조반으로 이득을 보았기'〔造反有利〕 때문이다. 따라서 조반파들은 이것이 '조반유리' 라는 정치적 명성을 망친다고 보았다. 따라서 당국이 이들 조직과 사람들을 공격하고 진압할 때 모두 긍정과 지지의 태도를 보였다. 심지어는 그 뒤로 조반파들 스스로 '치안지휘부' 를 공동으로 조직하기도 했는데, 반(半)법집행 권력기구를 건립한다는 처음 취지는 사회에 해

---

* 18세에서 25세까지의 문제 청소년들을 수용하여 생산노동과 정치교육을 통해 갱생시키는 제도.

를 끼치는 자들을 소탕하기 위해서였다.

3일 뒤 '고사' 파는 정말로 참을 수가 없었다. 제멋대로 날뛰는 중고등학생 홍위병들과 이들을 지지하는 조반조직에게 성 신문사 건물을 점거당하고, 계속 위세를 떨치도록 한다는 건 정말이지 크나큰 도전이었다.

정오 무렵 성보(省報) 건물을 순찰하던 홍위병과 조반파는 몇 명 남아 있지 않았다. 우선 신문사를 봉쇄한 지 며칠 지났고, 성 군구와 '고사', '성홍련' 모두 별다른 동정이 없었기 때문에 높은 경계의 투지는 이미 약해졌으며, 또한 점심 휴식시간은 원래 사람들이 없고 건물이 비는 때였다. 뜻밖에 수백 명의 '고사' 대학생과 그들을 지지하는 보수조직 사람들이 귀신도 모르게 건물로 돌진해 순식간에 신문사 안에 붙어 있던 모든 봉인을 뜯어냈다. 그들을 막아 내려는 중고등학생 홍위병들을 내쫓고 구타하였고, 화가 나 식식거리며 건물 꼭대기로 올라가 조반조직을 상징하는 수백 개의 깃발을 몽땅 쓸어 건물 밖으로 던졌다. 대학생들의 환호성을 따라 홍기 막대 하나하나는 모두 거꾸로 처박혀 땅 위 여기저기에 나뒹굴었다.

그러나 '고사' 파 사람들은 오래 머물 수 없었다. 수적 우세로 말한다면 '동방홍총부'와 '창사노동자' 등의 노동자 조반조직이 원래 '상강풍뢰' 사람들까지 합쳐 절대적 우세를 차지하고 있다는 것을 알고 있었기 때문이다. 성 군구의 지지를 얻거나 '무력'을 동원하는 쪽이 아니라면 그들은 승리자가 될 수 없었다. 따라서 그들은 『후난일보』 봉쇄는 반혁명행위이다!', '온갖 잡귀신들이 반란을 일으킨다. 결단코 진압하자!'는 표어를 신속히 붙이고는 득의양양하게 구호를 외치며 사라졌다.

그러나 이러한 '고사'파의 기습적인 승리는 얼마가지 못했다. 소식을 듣고 곧바로 달려온 조반파들이 다시 조수처럼 밀려와 봉인이 다시붙여지고, 홍기 막대 하나하나가 원래 자리에 꽂혔다. 또한 각 조반조직은 '전선지휘부'를 결성하고 용맹스런 노동자와 학생들을 조직해신문사를 장기적으로 지켜, 언제 봉인을 뜯으러 올지 모르는 '고사'파를 막아 내도록 했다.

이 '봉인'은 몇 달 동안 '봉쇄'되었다. 『후난일보』는 줄곧 나오지 못했다. 이에 대해 조반파는 기뻐했고 어쨌든 매일 『신화사 전신』이 발행되니 국내외 사건 뉴스는 놓치지 않았다. 조반파는 성 신문사라는 돌파구를 찾아내, 이를 계기로 성 군구와 '고사'파에 대한 기세가 날로거세지는 반격을 전개했다.

후난일보사 봉쇄 소식은 우리 공장 사람들도 모두 알게 되었다. 당시엔 관심이 있든 없든 글자를 아는 사람이라면 거리 가득한 대자보와표어들을 통해 창사시에서 발생한 모든 일들을 신속히 알 수 있었다.

우리 '포성융 전투대'는 사회 어느 조반조직에도 속하지 않았기 때문에 '신문사 봉쇄' 행동에 참가하라고 통보해 주는 사람이 없었다. 그러나 나는 거리에서 이 소식을 알게 된 후 양진허와 의논하여 즉각 '신문사 봉쇄' 지지 행렬에 참여하기로 결정했다.

후난일보사 건물 꼭대기에서 휘날리는 수백 개의 홍기 중 우리 기계수리 공장 '포성융 전투대'의 깃발도 자리하게 되었다. 깃발이 그곳에얼마 동안이나 꽂혀 있을지는 모르지만 당장 돌려받길 기대할 수는 없었다. 그렇게 한다면 오해를 불러일으켜 우리가 신문사 봉쇄에 대한지지를 철회한다고 생각할 것이기 때문이었다. 따라서 우리는 새 깃발을 다시 만들었다.

우리 '포성융 전투대' 깃발 역시 성 신문사 건물에 꽂혔다. 공장 사람들이 보았고 그래서 공장 사람들 역시 알게 되었다.

나는 알았으니 잘 됐군!이라고 생각했다. 나는 '마오쩌둥 사상 보위 전투대' 사람들에게 우리가 아직 건재하며 단념하지 않는다는 것을 알게 해주고 싶었다.

공장의 '동방홍총부' 분대의 노인 몇 명이 나를 설득했다.

"자네들의 대단한 조반정신에 우리들도 감탄했네. 하지만 '상강풍뢰'가 반동조직이 된 건 중앙문혁에서 결정한 걸세. 조심하는 게 좋아. 전술적으로 행동하라고."

하지만 내가 무슨 '반동 우두머리'는 아니었다. 나는 마오 주석의 호소에 따른 조반파인데 내가 무슨 조심을 해야 한단 말인가!

그래도 그들의 호의에 감사했다. 게다가 그들은 필경 우리의 선배들이 아닌가. 그들의 말을 모두 들을 필요는 없었고 그저 자신의 길을 가면 될 뿐이었다.

'동방홍총부' 분대의 노인들은 마음속으로 신문사 봉쇄를 지지했고 입으로도 소리 높여 찬가를 불렀다. 그러나 끝내 자기 조직의 깃발을 신문사 건물 위에 꽂지는 않았으며, 정식으로 조직을 결성해 지원을 보내지도 않았다.

그러나 우리는 모두 조금의 주저함도 없이 해냈다.

이는 아마 젊은 사람들과 중장년 노인들의 차이인가 보다. 비록 똑같이 조반의 기치를 들었지만 말이다.

〖 9 〗
뜻밖에 중앙문혁의 지시를 뒤집다

조반파는 중앙문혁의 지시도 넘어뜨렸다. 어찌 된 일인가?

사실 문혁 중 누구도 감히 마오쩌둥이 지지하는 중앙문혁과 겨뤄 볼 수는 없었다. 더욱이 사회 기층에 있는 우리 조반파에겐 그러한 능력이 없었다. 허나 중앙의 '2·4지시'가 이후 부결될 수 있었던 것은 마땅히 후난 조반파의 영향 때문이라 해야 할 것이다. 당시 후난 조반파는 이미 강대해져 중앙의 고위층도 실제 상황을 진지하게 주목할 수밖에 없었고 실질적으로 문혁노선 유지에 가장 유리한 조치를 내리게 되었다.

『후난일보』를 봉쇄한 뒤 의외로 무사평온했던 조반파는 정세가 자신들에게 유리하게 변하기 시작했다는 것을 날카롭게 감지했다. 그리하여 늠름한 위풍으로 세를 타고 진격했다.

4월 중순 몇몇 큰 공장의 조반조직 우두머리들이 협의를 거친 뒤 창사시 각 공장과 회사, 상점 내의 기존 노동자 조반파조직은 산업노동자를 핵심으로 아래에서 위로 연합 조직하여 후난 문혁의 형세를 좌우할 수 있는 세력을 갖춘 새로운 사회조직을 만들었다. '창사시 노동자 조반파 연합위원회', 약칭은 '공련'(工聯)이었다. '공련'이라는 각 공장 조반파조직을 구성원으로 하여 결성된 이 사회단체는, 앞 시기에 완전히 사회화되어 구성원이 복잡했던 '상강풍뢰'가 쉽게 '불순한 조직'으로 성 군구의 공격을 당했던 경험을 교훈 삼아 자발적으로 구성된 새로운 군중조직의 형식이었다.

이러한 조직방식의 개선은 때마침 중앙에서 제기한 '해당 단위, 해당 조직계통을 주체로 하여 혁명대연합을 실현하라'는 전략적 의도에 부합하는 것이기도 했다. 따라서 그 뒤 중앙이 '공련'과 '상강풍뢰' 두 조반파조직을 대할 때 '공련'을 더욱 중시했다. 중앙의 '8·10' 결정에서 '공련'을 '혁명좌파조직'이라 칭했고, '상강풍뢰'는 '혁명군중조직'이라 불렀다.

창사시 각 공장의 노동자조반조직, 예컨대 창사 자동차전기 공장의 '조반유리총대'(造反有理總隊), 수광(曙光) 진공관 공장의 '연총'(聯總), 창사선반 공장의 '3·31홍색조반단'(紅色造反團), 홍기 내연기관부품 공장의 '홍총'(紅總), 젠샹(建湘) 자기 공장의 '홍색조반단', 창사선박 공장의 '문혁주비위'(文革籌委會), 시 운송 공사의 '육호문'(六號門), 후난 고무 공장의 '조반총대'(造反總隊), 시 총공회의 '동방홍관찰초'(東方紅觀察哨) 등은 모두 '공련'의 주요 구성원이었다.

그 뒤 상황 진행에 따라 창사시의 주요 산업노동자와 각 조직계열의 노동자들뿐 아니라, 원래 '상강풍뢰' 조직에 속했던 많은 노동자 조반조직 모두 '공련' 편제에 가입했다. '공련'은 수십만 노동자를 이끄는 후난 최대의 노동자 조반조직이 되었다.

'공련'의 첫번째 우두머리는 후융(胡勇)으로 후난성 샹탄(湘潭)현 사람이다. 창사 자동차전기 공장의 노동자로 중등전문학교 수준의 학력을 지녔고 당시 31세였다. 문혁 초기 그는 후난대학 홍위병의 '8·19'

사건을 지지하는 시위를 하다 공장 당위에게 '반혁명'으로 몰려 격리심사를 받았다. 그 뒤 그는 떨쳐 일어나 조반을 했고 몇 명의 동료들과 함께 공장에서 '조반유리총대'(造反有理總隊)를 조직하여 사회활동에 적극 참여했다. 2월경 '상강풍뢰'가 성 군구에 의해 진압된 뒤, 다시 창사시 대규모 공장의 조반파 우두머리들과 교류하여 산업노동자를 주체로 하는 이 '공련' 조반조직을 공동으로 조직했다.

그 뒤 후융은 중앙에 의해 성 혁명위원회 부주임으로 확정된다. 문혁이 고조로 치닫던 1968년 10월 성 혁명위원회 부주임이던 화궈펑(華國鋒)과 47군의 리(李) 부정치위원의 소개로 중국 공산당에 가입한다. 당시 중공 지방당조직은 문혁으로 진작부터 활동이 정지되었고 입당에 관한 일은 말할 것도 없었다. 그러나 후융은 당시 후난 정국을 좌우하는 특별한 인물이었기 때문에 중공의 특별당원이 되었다.

1968년 국경절 날(10월 1일) 후융은 후난의 노동자 대표로 톈안먼 성루에 올라 의식을 참관하고 저우언라이의 직접적인 배려로 참관대 첫번째 줄 중간 왼쪽 측에 앉았다. 마오쩌둥의 자리에서 불과 여섯 자리 떨어진 곳이었다. 당시 함께 첫번째 줄에 앉았던 네 명의 노동자와 농민대표(다른 세 명은 웨이펑잉尉鳳英, 왕훙원王洪文, 천융구이陳永貴이다) 중 마오쩌둥과 가장 가까이 앉았던 사람이었다. 마오쩌둥은 후융 역시 그의 고향(후난성 샹탄현) 사람이라는 것을 듣고는 성루 휴게소 안에서 후융을 특별 접견하며 몇 분간 얘기를 나누었다. 후난의 문혁문제에 대해 물었고 후융 개인의 상황에 대해서도 물었다. 그런데 톈안먼 성루에서 함께 참관하던 알바니아 국방장관 파루크가 마오쩌둥을 만나러 들어와 이 대화는 안타깝게도 중단되고 말았다. 그러나 전국 조반파 노동자 중 이러한 특별한 영예를 얻을 수 있었던 사람은 이후 왕훙원을 빼고는 그가 유일했다.

당시 후난 조반파의 제일 우두머리라는 자격에 따라 중앙에 의해 '9
대' 대표로 확정된 후융은 1969년 4월처럼 중공 '9대'에서 중공중앙
위원으로 임명되었다. 게다가 당시 후융은 중앙에서 입안한 중앙위원
입후보 최초 명단 안에 이미 확정되어 들어갔었다. 하지만 그의 당령
(黨齡)이 너무 짧았고 또한 마오쩌둥이 '9대' 회의에서 "우리 고향 사
람(후융을 가리킴)이 중앙위원을 해? 내가 보기에 고향 사람을 봐주지
않는 게 좋아"라는 말을 했다.

마오쩌둥이 말한 '고향사람'은 후난 사람을 가리키는 것이 아니라
그의 고향인 샹탄(湘潭)현 사람을 말하는 것이었다. 후융이 바로 샹탄
현 사람이었다.

후융의 당령이 너무 짧아 중앙위원으로 적합하지 않다는 고려를 했
는지 아니면 마오쩌둥이 정말로 다른 사람의 비위를 맞춰 그의 고향문
제에 관한 글을 쓰게 하고 싶지 않았는지는 모른다. 어쨌든 후융은 그
때부터 중공중앙위원의 대열에 들어가는 인연이 없었다.

마오쩌둥의 발언 이후 저우 총리는 원래 광저우 군구 사령관이자 총
참모장을 맡고 있던 황융성(黃永勝)과 그 부인 샹후이팡(項輝芳)에게 후
융의 거주지로 가 보라고 했다. 그들은 후융을 위로하면서 그가 더 이
상 중앙위원 후보가 아니라고 알려 주었다.

결국 중공중앙위원이 된 후난 노동자 조반파 우두머리는 '공련'의
두번째 우두머리인 탕중푸(唐忠富)로 바뀌었다(창사 수광 진공관공장 노동
자로 문혁 전 이미 중공당원이었다. 1968년 후난성 혁명위원회 상임위원으로 임명
된다). 이로써 성 혁명위원회 부주임을 맡았던 후융은 이때부터 중앙위
원 자격과도 인연이 없어진다.

사인방이 무너진 뒤 후융 역시 조사를 받았다. 우선 모든 직무가 취소되고 구금 심사를 받았다. 결국 1986년 창사시 중급인민법원으로부터 반혁명죄로 징역 15년을 선고받았다(1976년 구금심사 때부터 계산한다). 형기를 채우고 난 뒤엔 이미 55세였다. 그는 장사에 뛰어들어 공장 하나를 세웠고 회사도 운영해 돈을 벌었다. 그 뒤 장사가 잘 안 되자 그는 아예 그만두고 강호를 떠나 집에서 쉬며 세월을 보냈다. 매일 공원에 나가 태극권을 하거나 몇몇 친구들과 마작을 비비고 포커놀이를 하거나 낚시 등을 하며 가정의 단란함을 누렸다.

사인방이 무너진 뒤 홍콩의 일부 신문에서는 후융이 화궈펑의 사람이라 그의 보호를 받게 될 것이라고 말했다.

실제 이것은 외부인의 잘못된 관찰이다. 왜냐하면 1970년부터 화궈펑은 후융에 대해 어떠한 은혜도 베푼 적이 없었다. 사인방이 무너진 뒤 후융을 관대하게 대우하라는 지시는 더욱 말할 것도 없다. 만약 당시 중앙주석이던 화궈펑이 정말로 후융을 보호해 주고 싶었다면, 비록 직무도 취소될 수밖에 없고 당적 역시 유지되기 힘들었을지라도 징역 선고를 받고 감옥에 가는 일만은 면하게 해줄 수 있었을 것이다. 그러나 아무것도 하지 않았고, 어떤 것도 피할 수 없었다.

화궈펑과 후융은 결국 서로 다른 계층의 사람이었고, 뼛속 깊은 생각이 서로 많이 달랐다. 비록 문혁으로 서로 만났을지라도 말이다.

수십만 명이 순식간에 하나의 기치 아래 모이면서 '공련'은 창사시에서 가장 힘 있는 조반조직이 되었다. '공련'은 '동방홍총부'·'정강산 홍위병'·'중학홍위병혁명위원회' 등의 조반조직과 함께 수만, 수십만의 사람들이 참가하는 대규모 시위와 집회를 끊임없이 조직했고, 투쟁의 창끝을 '고사' 파에 겨누었을 뿐 아니라 성 군구에도 향했다.

'후난성의 자오융푸를 잡아내자!', '성 군구를 포격하라!'는 표어가 군구 정문에까지 나붙게 되었다.

이에 대해 성 군구도 어찌할 방도가 없었다. 2월처럼 군대를 직접 출동시켜 진압하는 방법은 더 이상 가능하지 않았다. 최근 중앙문혁지도자의 발언과 『인민일보』, 잡지 『홍기』 등에 발표된 여론에서는 군대의 '조반파 억압'을 비판하는 내용이 갈수록 많아졌다. 조반파 대응방안에 관해 창사시 주재 야전부대와 군사학교, 예컨대 해방군 창사 정치간부학교나 해방군 341부대[工程兵學院] 등은 이미 성 군구와 견해가 서로 달라지기 시작했다. 군사학교에서 조직한 몇몇 조사선전대가 창사시 공장으로 들어오더니, 갑자기 '공련' 조반조직에 대한 지지를 공개적으로 발표하고 당원과 단원이 우세를 차지하던 공장 내 보수조직을 비난하였다. 심지어 성 군구 안에서도 반대파가 나타나 '총중소(叢中笑) 전투대'라는 이름으로 거리에 몰래 대자보를 붙여, '고사' 대학생을 지지하고 노동자 조반파를 비난하는 성 군구 사령관들의 '한쪽으로 쏠린' 방식을 비판했다. 또한 군구 내에서 들려오는 소식으로는 성 군구의 탄(譚) 정치위원과 린(林) 부정치위원 역시 현재 노동자 조반파와 대립하는 이러한 방침에 동의하지 않는다는 것이었다.

이어 중고등학생 홍위병 우두머리들이 6월 중순 버젓한 성 군구 입구 앞에서 단식투쟁을 벌이면서 샹탄의 '홍조련'(紅造聯) 조반파를 진압한 샹탄지역 군 분구에 항의했다. 이미 단식활동을 시작한 샹탄 조반파를 지지하며 성 군구에게 샹탄 군 분구 사령관의 직무를 파면해줄 것을 요구했다. 수백 명의 홍위병과 홍위병을 지지하기 위해 뒤이어 참가한 수천 명의 조반파 노동자들은 성 군구 입구 앞에 조용히 앉아 군구 정문과 앞 도로를 모두 가득 메웠다. 마치 커다란 회의장처럼 변했다. 때는 초여름이라 날씨가 더워 연좌 단식하는 사람들이 속속 쓰러져 현장의 단식활동 지휘부는 의료원을 배치했고, 그들이 쓰러지면 새로운 사람으로 바뀠다. 사실 이 단식은 가짜였고 시위가 진짜였다.

　나는 이 소식을 듣고 서둘러 가 보았다. 그러나 군구 정문까지는 한참 멀었는데 구경 나온 사람들로 이미 인산인해를 이루어 나중에 온 사람들은 연좌 단식 현장 근처에는 가 볼 수도 없었다. 나는 엄청난 힘을 쓴 후에야 가까스로 군구 정문 맞은편에 이르러 구경할 수 있는 자리를 차지하게 되었다. 한창 단식 중인 홍위병과 조반파 노동자들은 모두 질서정연하게 조용히 앉아 있었다. 수천 명이 아무 말도 하지 않고 아무 소리도 내지 않았고, 들을 수 있는 것은 옆에 있는 구경꾼들의 외침이나 단식활동을 조직한 사람들과 의료진들의 말뿐이었다. 나는 이렇게 할 수 있는 것은 단식활동에 참가한 노동자들이 모두 기율을 지키고 지휘에 따르는 전통적인 특징을 갖고 있는 '공련' 조직의 산업 노동자들이기 때문이라고 생각했다. 그래서 이러한 장소에서도 행동이 일치되고 질서정연한 것이다. 만약 전부 홍위병들이라거나 '상강풍뢰' 처럼 복잡한 구성원으로 이루어진 사회조직이 이러한 활동을 벌인다면, 아마 얼마 가지 못하고 제멋대로 행동하여, 결국엔 소란을 피워 현장은 뒤죽박죽될 것이다.

　연좌 단식을 한 지 삼 일이 지나 자동적으로 중단되었다. 왜냐하면 중앙문혁에서 조반파 우두머리들에게 단식하지 말고 '밥 잘 먹고, 잠 잘 자며, 정신을 함양해 혁명하라' 는 전화 지시가 내려왔기 때문이다. 이에 따라 '공련' 조직은 단식자들에게 즉각 성 군구 정문 앞에서 하나도 남지 말고 철수하라는 명령을 내렸다.

연좌 단식활동이 성 군구에게 무슨 양보나 승낙을 강제할 수 있었던 것은 아니었지만, 삼 일간의 단식시위로 군구는 이미 정상적인 업무를 볼 수 없었다. 왜냐하면 정문 앞에는 수천 명의 조반파가 막고 있어 차량이나 사람들 모두 그곳으로 드나들 수 없었고 다른 문으로 출입해야 했다. 게다가 조반파의 이러한 공개적인 도전에 대해 성 군구에서도 어찌할 도리가 없었다. 반격할 수도, 더욱이 사람을 잡을 수도 없어 그저 참을 수밖에 없었다. 따라서 이 사건 자체는 정국의 흐름에서 군구의 비중이 이미 크게 떨어졌다는 것을 증명하는 것이었다.

얼마 지나지 않아 군구 내의 지하 조반파들이 소식을 전해 왔다. 진력이 날 대로 난 성 군구 룽 사령관, 소문에 의하면 장정에서 가장 먼저 루딩(瀘定) 철교를 신속하게 건너 살아남았다는 이 홍군의 용사는 이때 노동자 조반파와의 '평화공존' 방법을 생각해 냈다. 즉 계속 '고사'를 지지하지만, 노동자 군중이 다수를 차지하는 조반조직을 더 이상 배척하지 않겠다는 것이었다.

그러나 창사시 조반파는 오히려 룽수진 사령관을 매우 난처하게 만드는 대담한 계획을 세웠다. 즉 무너진 '상강풍뢰'의 억울함을 호소하고 조직의 복권과 회복을 요구한 것이다.

'상강풍뢰'는 창사시 조반파의 머리를 짓누르고 있던 무거운 그림자였다. 조반파 우두머리들은 이 문제를 해결하지 않으면 '상강풍뢰'의 어제가 우리 조직의 내일이 될지도 모른다고 서로에게 경고했다.

쌓이고 쌓였던 '상강풍뢰'의 억울함을 호소하는 자료가 베이징으로 보내지고, '수도홍위병제3사령부'를 통해 중앙문혁으로 전달되었다.

또한 창사시에서는 '상강풍뢰' 번안 활동이 한 걸음씩 나아가기 시작했다.

'정강산 홍위병'의 '안경잡이' 리(李)는 중고등학생으로 내가 잘 아는 사람이었다. 어느 날 그는 나를 성 인위〔人委: 인민대표위원회를 말함〕 초대소로 데리고 가더니 '비밀활동에 참가'하러 간다고 말했다.

당시 조반이기만 하다면 공개든 비밀스런 일이든 나는 모두 하고 싶었다.

초대소 2층의 한 객실 안에서 '안경잡이' 리는 나를 방 안에 있던 사람들에게 소개했다. 나를 가리키며 말했다.

"이 사람 역시 '상강풍뢰'의 골수분자예요!"

이 말은 순간 나와 방 안에 있던 십여 명의 사람들에게 친밀한 분위기를 만들어 주었다. 안경잡이 리의 말에 의하면 이 사람들은 모두 상강풍뢰의 핵심으로 그 중 두 명은 이제 막 감옥에서 나왔다는 것이다.

어떤 사람이 내 이름을 부르며 호의적으로 다가와 악수를 했다. 그를 보니 예전에 날 찾아와 '상강풍뢰 재무전단'을 준비했던 위안펑타이였다.

나는 매우 기뻤다. 큰 재난 뒤에 옛 친구와 다시 만난 것이다.

라오위안은 나보다 최소한 열 살은 많았지만 그와 나 모두 그러한 차이를 느끼는 것 같지 않았다.

"자네도 나왔나?" 그는 기쁜 듯 내게 물었다.

그는 감옥에 갔지만 나는 아니었다. 이에 대해 나는 다소 난처했지만 오해가 생길지도 몰라 얼른 그에게 2월 5일의 상황을 얘기해 주었다.

"자넨 운이 좋구만!" 그는 오히려 웃으며 나의 행운을 축하해 주었다. "그날 밤 사무실 안에서 자고 있지 않았었다면 좋았을 텐데. 그러면 나도 감옥 가는 신세는 면할 수 있었을 거야."

그는 2월 5일 새벽 자신의 단위의 '상강풍뢰' 조직 사무실 안 침대에서 해방군 병사에게 잡혀갔다고 알려 주었다. 그 결과 성 공안청의 감옥 안에 갇혀 두 달 반 동안 감옥 생활을 하다가 열흘 전 한차례 경고를 듣고서야 풀려 났다는 것이다.

나는 그에게 우리 지대의 중 대장과 라오이가 공안국 구치소에 갇혔다고 알려 주었다.

라오위안은 자신있게 말했다.

"안심하게. 얼마 안 있어 모두 풀려 날 테니! 우리 상황을 진작부터 위에 알렸네. 군구가 사람을 안 풀어 줄까 봐 걱정할 필요는 없어!"

그의 태도로 나는 매우 고무되었다.

라오위안은 식견이 있는 사람이었다. 사람이 혼미한 상태라면 열 살이 많건 스무 살이 많건 혹은 열 살이 적든 스무 살이 적든 거의 상관없이 감각은 비슷해지게 마련이다. 그러나 정말로 일을 하려고 할 때 만약 몇 살이 많다면 그 몇 살은 그야말로 큰 차이다. 이는 문혁 중에 더욱 구체적으로 드러나 그들은 상황을 분석하고 문제를 보는 수준이 훨씬 더 높았다. 예컨대 '정강산 홍위병'의 세 사령은 나보다 두 살밖에 많지 않았고 게다가 여학생이었지만, 그녀의 설득력 있는 연설을 듣고 지휘관으로서의 빈틈없는 기색을 보고 있노라면 아마 평생토록 그녀를 따라잡을 수 없을 것처럼 느껴졌다.

라오위안은 십여 명의 기존 '상강풍뢰' 조직원들을 소집해 '상강풍뢰' 지하조직을 만들어, 창사시에서 전문적인 '상강풍뢰' 번안 활동을 일으키고 싶어 했다.

그는 다른 조반조직에만 의존해 억울함을 호소할 순 없으며 우리 '상강풍뢰' 사람들도 스스로 출전해야 한다고 말했다.

나는 그의 말이 맞다고 생각했다.

우리는 '권서풍'(捲西風)이란 이름의 병단 조직을 만들어 활동을 시작하기로 결정했다.

선원처럼 줄무늬 세일러 셔츠를 입은 한 청년이 '권서풍'이라 하지 말고, 차라리 직접 '상강풍뢰'의 깃발을 내걸어 '상강풍뢰 지하유격대'라고 해 성 군구와 '고사'를 흔들어 놓자고 제안했다.

이 생각에 대해 나 역시 찬성했다. 얼마나 통쾌한가!

그러나 라오위안이 웃으며 말했다.

"성급하게 굴지 맙시다. 상강풍뢰의 기치는 조만간 내걸게 될 겁니다. 하지만 지금은 좀 이른 감이 있어요. 어쨌든 2·4지시는 중앙문혁에서 승낙한 일이니까요. 중앙문혁 지도자들이 모두 '상강풍뢰'가 억압받은 조반파라는 걸 똑똑히 알 때까지 기다렸다 그때 가서 다시 공개해도 됩니다."

이렇게 해서 성 인위 초대소 안에서 십여 명의 사람들이 결정한 '마오쩌둥주의 권서풍 조반병단'의 성립이 선포되었다. 이름은 '병단'이었지만 실제로는 아주 작은 전투대였다. 라오위안은 실속 있는 사람이라 '사령'이라 부르지 말고 '라오위안'이라 부르면 된다고 했다. 그는 "내가 우선 책임을 맡고 '상강풍뢰'가 복귀되면 우리 조직의 임무가 완성된 것이니 모두들 각자 조직으로 돌아가도록 합시다"라고 했다.

"우리 공장의 '포성융' 전투대도 '권서풍'에 가입하겠어요."

나는 라오위안에게 입장을 밝혔다. 나는 양진허가 동의할 거라 생각했다.

"그럴 필요 없어."

라오위안이 고개를 저으며 이미 계획이 서 있다는 표정으로 말했다.

"우리는 기층조직과는 관련을 맺지 않아. 자네 공장안의 전투대는 그대로 하면 돼. '권서풍' 이 행동을 하면 호응을 해주기만 하면 되네. '상강풍뢰' 번안은 다소 위험이 따르니 너무 많은 사람이 말려들게 해선 안 돼."

공장으로 돌아와 나는 양진허에게 이 일을 얘기했다. 양진허는 매우 격앙되어 말했다.

"두렵지 않아! '상강풍뢰' 번안을 위해서라면 우리도 모두 가겠어."

하지만 그래도 라오위안의 의견에 따르기로 했다. 공장 안에서는 '권서풍' 의 일에 대해 말하지 않았다.

'권서풍' 병단의 최초 활동은 한밤중에 표어를 붙이는 것이었다.

라오위안의 계획에 따라 우리 십여 명의 서로 다른 단위의 기존 '상강풍뢰' 조직원들은 밤 11시 성 인위 초대소의 그 객실, 즉 우리의 '병단 사령부' 에 집합했다. '권서풍 조반병단 사령부' 라는 큰 도장이 새겨져 있었지만 전체 사무장소 역시 바로 이곳이었다. 성 인위 초대소 조반파들이 빌려 준 것으로 라오위안이 이곳의 조반파와 잘 알았다.

라오위안은 예정된 표어구호를 읽어 우리에게 들려주었다.

"중앙문혁소조의 정확한 지도를 결단코 옹호한다!"

처음 구호가 이거야? 라오위안은 잠시 멈추더니 설명했다.

"'상강풍뢰' 진압은 중앙문혁의 지시입니다. 우리는 이걸 피하고 싶지만 중앙문혁에서 뒤집을 순 없을 거예요. 그저 군구에서 가짜정보로 중앙을 속였다고 하는 겁니다. 그러니 말과 행동에서 절대 이 점을 주의해야 합니다. 그래서 중앙문혁의 이 지시를 옹호한다고 쓰는 겁니다. 그렇지 않으면 성 군구와 '고사' 에서 다시 꼬투리를 잡아 우리가 '상강풍뢰' 번안을 위해 중앙문혁에 반대한다고 말할 거예요. 이 구호를 적은 건 그들의 입을 막기 위해섭니다."

라오위안이 계속 읽었다.

"'상강풍뢰'는 결코 반동조직이 아니다!"

"후난의 자오융푸는 수많은 '상강풍뢰' 혁명 군중을 진압한다. 결단코 끝이 좋지 않을 것이다!"

"'상강풍뢰'는 쟁쟁하고 굳건한 혁명조반조직이다!"

이 구호는 정말 통쾌했다!

"라오위안, 마지막 구호는 군구에게 꼬투리가 잡히지 않을까?"

시 주택토지국의 쩌우(鄒) 영감이 다소 자신 없다는 듯이 물었다.

"두렵지 않아요!"

라오위안이 확신에 찬 듯 말했다.

"중앙문혁의 지시에서도 '상강풍뢰'가 반동조직이라고는 말하지 않았습니다. 소수의 반동 우두머리가 있다 하더라도 이 조직이 반동적이라고는 할 수 없죠. 보십시오. 당 중앙에서도 류사오치·덩샤오핑·타오주 같은 나쁜 사람들이 나왔습니다. 모두 거물들인데 누가 감히 중국 공산당조직이 나쁘다고 말할 수 있겠습니까!"

"맞네! 맞아!"

쩌우 영감의 눈이 빛나며 기쁜 듯 연신 고개를 끄덕였다.

나는 라오위안의 수준 높은 분석에 탄복했다.

"우리는 성 군구를 자극해야 합니다. 중앙에 반대하지 않고 폭행·파괴·약탈 행위를 하지 않으면 그들도 우리를 어찌할 수는 없습니다! 다시 말해 우리의 이 '권서풍' 조직의 목적은 우선 강렬한 여론을 만들어 '상강풍뢰' 번안을 위한 선봉자가 되는 것입니다. 물론 구호는 날카로워야 하고 무게도 있어야겠죠."

라오위안이 격앙되어 우리에게 설명했다.

밤 12시에 출발하여 우리 십여 명의 사람들은 자전거를 밀며 종이와 묵·풀·나무사다리 등 문화대혁명의 '상비 무기'들을 가지고 우이대로 광장으로 갔다. 라오위안은 여기서 전장을 벌이자면서 창사시의 중심이니 내일 보는 사람이 많을 거라고 말했다.

날씨가 이미 더워지기 시작했지만 밤 12시가 지난 한밤중이라 거리의 행인은 많지 않았다. 드넓은 광장이 유달리 황량해 보였다.

나는 쥐들처럼 한밤중에 나와 표어를 붙이는 방식이 당초 어쩐지 좀 꺼림칙했다. 어째서 백주대낮에 당당하게 하지 못하는가?

라오위안이 웃으며 내게 설명했다.

"우리 표어들의 화약 냄새가 너무 짙어서 영향력이 크거든. 생각해 보게, 성 군구와 '고사'가 붙이도록 놔두겠나? 자네가 앞서 붙이면 저들이 따라서 덮어 버려 헛수고로 만들겠지. 그러나 지금 붙이면 최소한 내일 아침, 어쩌면 오전 내내 남겨둘 수 있을 걸세. 저들도 손쓸 틈이 없을 거야. 그렇게 되면 창사시의 많은 사람들이 볼 수 있을 걸세."

그는 매사에 참 세심했다. 순간 라오위안을 보니 그저 보통 회사간부지만 그에게는 정말로 내가 배울 만한 적지 않은 점들이 있다고 느꼈다.

거리를 산책하던 예닐곱의 사람들이 우리가 표어를 붙이는 것을 보더니 주위를 에워쌌다.

내가 '상강풍뢰는 쟁쟁하고 군건한 혁명조반조직이다!'라는 마지막 표어를 대로변 건물 담에 막 붙이려고 할 때 구경하던 사람들이 놀라며 외치기 시작했다.

"우와, 담력이 대단한데!"

"탄복, 탄복, 자네에게 탄복하네!"

수염을 깎지 않은 키가 큰 어떤 청년이 나를 향해 엄지손가락을 치켜들더니 위엄 있는 어투로, 반은 알아들을 수 없는 소리로 반은 진지하게 말했다.

다음 날 아침 나는 일어나자마자 곧 어제의 '전적'이 생각나 그 표어들이 아직 있는지가 보기로 했다.

광장 주위의 건물 담에는 모두 우리의 표어가 붙어 있었고, 아직도 의연하게 벽에 붙어 도전의 위용을 드러내고 있었다. 더욱이 사다리를 받치고 높은 담에 붙인 그 '상강풍뢰는 쟁쟁하고 굳건한 혁명조반조직이다!'라는 표어는 넓은 백지에 거대한 글자로 유달리 주목을 끌었다.

지나가던 사람들이 잇따라 걸음을 멈추고 사방을 둘러보며 매우 감격스러워했는데, 마치 서예 전시를 감상하는 것 같았다. 멈춰 선 사람들로 광장은 별안간 아주 좁아 보였다.

표어가 이렇게 많은 사람들의 주목을 끄는 것을 보니 나는 매우 기뻤다. 사람들 틈에 껴서 표어를 보는 척했지만 실제로는 표어를 보는 사람들을 감상하며 나만이 느낄 수 있는 즐거움을 누렸다.

5월 중순 중 대장과 라오이가 모두 석방됐다.

나는 매우 기뻐 곧바로 그들을 보러 갔다. 홍색지대의 샤오리와 샤오뤄에게도 알리고, 중유신과 라오이와 열사공원의 호숫가 찻집에 모여 마음껏 이야기하기로 약속했다.

3개월 동안 갇혀 있었던 중유신과 라오이는 안색이 창백했지만 눈빛은 여전히 반짝이고 기백이 넘쳤다.

그들은 우리에게 갇힌 뒤의 상황을 말해 주었다. 처음엔 모두들 무서워했고 누구도 문화대혁명 때문에 감옥에 가게 되거나 더구나 '반혁명범'이 될 줄은 생각지도 못했다. 허나 감옥에 갇히게 된 뒤로는 마음이 오히려 안정되었다. 왜냐하면 그들이 갇혀 있던 공안국 구치소에는 수백 명의 '상강풍뢰' 사람들이 갇혀 있었기 때문이었다. 구치소 규정에 따라 동종 사범은 같은 번호 안에 갇힐 수 없었지만 구치소에는 수백 명의 '반혁명범'을 상대할 그렇게 많은 감방이 없었기 때문에 감방하나에 십여 명의 '상강풍뢰' 사람을 가둘 수밖에 없었다. 이렇게 되자모두들 외로울 리 없었고 두려울 것도 없었다.

"안에서 맞진 않았나요?"

샤오리가 물었다. 샤오리가 가장 두려워한 건 고문이었다. 한번은나와 얘기하면서 동서양 합작의 쓰레기 같은, 예컨대 매운 고춧가루물을 붓거나 고문 의자에 앉히거나 '부모상을 당하듯' 살가죽을 째는고문을 받는다면 차라리 죽어 버리겠다고 말했다. 그렇지 않으면 분명배신자가 될 수밖에 없으니 말이다.

"사람은 안 때렸네."

라오이가 쓸쓸하게 웃으며 말했다.

"그냥 그런 날들은 사람이 지낼 만한 게 못 돼."

나는 요 몇 달 사이의 정세를 그들에게 간단하게 알려 주었다.

"그래서 우리를 풀어 줬군."

중유신이 기쁜 듯 웃으며 말했다.

"우리 방에선 한 달 전부터 사람을 풀어 줬어. 지난주엔 철창문 밖으로 조반파의 방송이 들려왔는데 무슨 말인가 가만히 들어 보니 '조반파를 진압하면 결코 끝이 좋지 않을 것이다!' 라는 구호더라구. 그래서바깥의 정세가 우리에게 유리하게 됐나 보다 생각했지. 그렇지 않다면감옥에 앉아 구치소에 대고 와와 소리치는 조반파의 함성 소리를 들을 수 있겠나?"

라오이가 흥분한 듯 말했다.

나는 그들과 '권서풍'의 일을 얘기했다.

라오이는 듣자마자 연신 좋다고 하면서 계속 소매를 걸어 올리고 주먹과 손을 비비며 단단히 벼르는 모습이었다.

중유신의 얼굴은 다소 무관심한 모습이었다.

"그래도 조심하는 게 좋아."

그가 말했다.

나는 내가 성질이 너무 급했다고 생각했다. 3개월간 감옥에 있다 온 사람들인데 일단은 잘 쉰 다음 때가 되면 모두 자연히 '출장'할 텐데 말이다.

나는 더 이상 라오위안과 '권서풍'에 참가한 활동에 대해 말하지 않았다.

6월 2일 라오위안은 우리를 '병단 사령부'에 불러 회의를 열었다.

라오위안의 얼굴엔 혈색이 돌았고 입가와 눈꼬리는 모두 웃고 있었다. 나는 필시 좋은 소식일 거라 추측했다.

과연 라오위안은 모레 '상강풍뢰' 사람들이 모두 시 체육광장에 모여 대회를 개최하고 원래 '상강풍뢰' 총부의 류(柳) 우두머리가 회의를 주관한다고 했다. 류 역시 이제 막 출감했다.

"모레부터 '상강풍뢰'는 다시 정식으로 깃발을 내걸고 활동을 재개합니다!"

라오위안은 감격스러운 듯 말했다.

이 소식을 듣자 우리는 저절로 박수가 나왔고 라오위안 역시 따라 쳤다.

박수소리를 들으며 나 역시도 온몸의 뜨거운 피가 끓어오르는 것을 느꼈다.

라오위안은 각 조반조직에서 이미 연석회의를 열어 이 일을 결정했다고 말했다. 모두들 중앙에 지속적으로 상황을 보고하여 '상강풍뢰'가 공개적인 활동을 벌일 때가 왔다고 여겼다. 이렇게 되자 성 군구와 '고사' 파를 향해 시위할 수 있게 되었을 뿐 아니라 중앙에게도 후난 문혁운동의 사실을 알릴 수 있었다.

"모레 대회가 열린 뒤엔 시 전체 주요 도로로 나가 시위를 벌입니다. 연도(沿道)엔 각 조반조직에서 이미 표어와 방송, 폭죽을 준비해 놓았습니다." 라오위안이 말했다.

"우리의 주요 임무는 가능한 한 많은 '상강풍뢰' 사람들을 조직하는 겁니다. 그래야 위풍을 드러낼 수 있으니까요."

다들 제각기 사람은 문제도 아니라며 자기 단위의 '상강풍뢰' 사람들은 모두 동원할 수 있다고 떠들어 댔다.

"너무 낙관하지 맙시다. 제가 보기에 각자 열 명씩만 동원할 수 있어도 좋은 겁니다. 물론 능력이 되어 수백 명을 끌고 오면 더욱 좋겠죠. 단지 지금은 아직 현실적이지 않은 것 같습니다."

라오위안은 기뻐서 어쩔 줄 모르는 우리를 향해 찬물을 끼얹으며 웃으며 말했다.

나 역시 우리 '포성융' 전투대 모두를 데려가는 것은 자신할 수 있었지만 다른 사람들을 부르는 일은 단언하기 어려웠다.

"또 한 가지 일이 있습니다."

라오위안은 자리에서 일어나 의자·침대·탁자 위에 흩어져 앉아 있던 우리들을 한번 보더니 격정적으로 말했다.

"우리 '권서풍' 병단이 활동한 지 한 달이 넘었습니다. 목표는 '상강풍뢰'의 자유를 되찾는 것이었습니다. 이제 '상강풍뢰'의 깃발이 곧 공개적으로 휘날릴 수 있게 됩니다. 우리의 임무는 이미 완성되었고 '권서풍'은 더 이상 존재할 필요가 없어졌습니다. 따라서 저는 우리의 '권서풍' 병단을 해산해도 된다고 생각합니다. 모레부터 우리 모두는 각자 조직으로 돌아가 자신의 단위에서 '상강풍뢰'를 조직합시다!"

우리 모두는 라오위안의 말에 감동하여 한참을 감격스러워했다. 아무도 소리 내지 않았고 방 안은 고요했다.

"모두들 동의하십니까?"

라오위안이 진지하게 우리를 바라보며 물었다.

"동의합니다!"

상업청의 라오뤄가 먼저 의사를 밝혔다.

"동의합니다!", "찬성이오! 좋습니다!" 온통 환호성이었다.

잇달아 신속하고 경쾌한 박수소리가 울려 퍼졌다.

라오위안을 바라보며 나의 마음은 그에 대한 존경심으로 가득했다.

그 뒤 후난성 혁명위원회가 성립되자 라오위안은 성 혁명위원회의 위원이 되었고 나 역시 기뻤다.

물론 라오위안 역시 불가피하게 그 뒤로 조반파 우두머리라는 이유로 비판받는 액운을 면치는 못했다.

양진허와 허우촨장은 모레 '상강풍뢰'가 공개적으로 깃발을 드러낸다는 소식을 듣고는 금방 열정이 끓어올라 곧바로 자신들을 데리고 대회에 참가해 주길 간절히 바랐다.

나는 중유신과 라오이에게는 알리지 않기로 결정했다. 그들을 좀더 쉽게 하고 모레 그들을 놀라게 해주고 싶었다. 이제 보게 될 웅장하고 위엄 있는 기세가 그들의 정신을 채워 줄 것이다.

6월 4일 오전, 우리 '포성융' 전투대 십여 명의 사람들은 일찍부터 체육 광장으로 달려갔다. 그곳에는 이미 많은 사람들이 모였고 대회가 선포될 즈음에는 이미 5~6천 명의 사람이 있었다. 넓은 광장이었지만 수천 명의 사람들이 안으로 들어서자 다소 허전해 보였다. 그러나 한쪽에 '상강풍뢰' 라고 쓰인 깃발이 흔들리자 우리들은 너무나 감격해 뛰기 시작했다.

"우리도 '상강풍뢰' 라는 깃발을 가지고 올걸 그랬어."

허우촨장은 후회스럽다는 듯 말했다.

나도 고개를 끄덕이며 한숨을 내쉬었다.

나는 오늘의 감정과 분위기를 표현할 만한 물건을 사방으로 찾았다.

대회 의장대 위에 보통 깃발의 네 배 되는 크기의 아주 새로운 홍기가 있었는데 의장대 뒤쪽 담 위에 걸려 있었다. '상강풍뢰 총사령부' 라는 몇 개의 황금색 글자가 찬란하게 빛났다.

라오위안은 웃으며 깃발 아래 앉아 있었다.

있다!

나는 허우촨장에게 가서 얘기를 나눴다.

허우촨장은 만면에 웃음을 띤 채 닭이 모이를 쪼듯 고개를 끄덕였다.

출감한 지 한 달도 채 안 된, 원래 '상강풍뢰' 총부의 '상임위' 중 한 명이었던 류 우두머리가 오늘의 대회 주석이었다. 단단하고 마른 작은 체구에 목청껏 소리 지르며 "후난성 '상강풍뢰' 전투 회복 결의대회를 이제 시작합니다!"라고 선포했다.

의장대 한쪽에선 폭죽소리가 울려 퍼졌다.

큰 폭죽, 작은 폭죽, 전광 폭죽 …… 모두 울려 퍼졌다. 순간 귀청이 떨어질 만큼 큰 소리가 나더니 연무로 가득했다.

항만사무국의 선원들로 구성된 관악대가 마오 주석의 어록 노래를 연주하기 시작했다. "마르크스주의의 이치는 수천수만 개로 뒤엉켜 있지만 결국은 한마디이다. 조반유리……."

노래는 위엄 있고 웅장해 비장감마저 들었다.

누가 앞장섰는지 박수소리 역시 섞여 들어왔다. 처음에는 콩을 볶는 것 같더니 곧바로 폭풍우 같은 우렛소리로 변했다.

수천 명이 모두 환호했다.

환호하지 않을 수 있겠는가?

장장 4개월 동안 '반동조직' 이었던 조직원들이 백 일 넘게 지니고 있던 분노를 결국 이렇게 털어놓을 수 있는 좋은 시기를 만난 것이다. 어찌 기쁘지 않겠는가?

성 군구에선 말끝마다 '상강풍뢰' 의 '반동 우두머리' 를 비판한다.

'고사' 는 지금까지도 '상강풍뢰' 는 '샹강의 미친개!' 라고 욕하고 다닌다.

중앙문혁 쪽에선 우리의 머리를 짓눌렀던 그 '지시' 의 철회를 아직 선포하지 않았다.

성 군구에선 오늘 대회가 '불법' 이라고 말했고, '고사' 에선 '반혁명 부활' 이자 '당 중앙에 대항' 하는 것이라고 말했다.

우리는 이에 아랑곳하지 않고 기어코 대회를 열어 기세를 떨쳐 보였다!

뜨거운 눈물이 솟구쳐 나왔고 나는 '포성용' 깃발을 계속 흔들었다.

'상강풍뢰 총사령부' 대표가 연설을 했는데 내가 잘 모르는 중년이었다.

'정강산 홍위병', 그 명성 높고 늠름한 자태의 여사령관이 인사말을 하고는 창사시 각 조반조직을 대표하여 문혁 무대의 다시 오른 '상강풍뢰'를 축하해 주었다.

마지막으로 류 우두머리가 '마오 주석에게 바치는 경의축전'을 낭독하며 '위대한 영수를 향한 호소'를 나타냈다. 마오에 대한 '상강풍뢰' 전사들의 비할 바 없는 사랑과 그의 혁명노선에 대한 결연한 옹호를 말했다.

이러한 '마오 주석에게 바치는 경의축전'은 문화대혁명 중 종종 있던 일로 걸핏하면 '축전'을 보냈다. 무슨 조직이 성립되었느니, 무슨 대회를 연다느니, 무슨 기념활동이니 모두 이 '경의축전'을 빼놓지 않았다. 나는 정말로 전신국에서 전보로 보내지는 건지 몰랐다. 나도 매우 의심스러웠는데, 이렇게 큰 나라에서 정말로 모두들 '축전'을 보낸다면 마오 주석 어르신네가 계신 쪽에 어찌 '경의축전' 산이 쌓이지 않겠는가? 따라서 '경의축전'을 보내야 하는 내 차례가 됐을 때——일 년쯤 지나 우리 회사에서 혁명위원회가 성립되었을 때도 관례대로 '경의축전'을 썼다——나는 전신국에 가지 않고 인쇄공장에서 '경의축전'을 수천 장 찍어 널리 뿌렸다. '경의축전'을 보내지 않는 유일한 수신인은 마오쩌둥 주석이다. 나는 소수의 중대사건을 제외하고는 아마 모든 '경의축전'이 이렇게 처리될 거라 생각했다.

그러나 오늘 이 대회의 '경의축전'은 정말로 전신국에 보내졌다. 어르신네 책상머리에까지 도착했는지는 모르겠다.

라오위안은 그 뒤 나를 만났을 때 이 일을 얘기했다.

아마 이 '전보'는 보내졌나 보다. 어쨌든 중앙문혁 '지시'에 의해 무너진 조직이 다시 활동하려는 것이니, 중앙에 알리지 않고 어르신네에게 보고하거나 혹은 어르신네에게 알리지 않는다면 그 결과가 얼마나 심각하겠는가.

대회는 아무 일 없이 원만하게 끝났다. 해방군 군인들은 개입하지 않았고 '고사' 파 사람들 역시 공격하지 않았다. 이 두 가지 상황에 대비해 우리는 모두 마음의 준비를 하고 있었다.

라오위안이 우리를 이 대회에 참가시킬 때 이미 각 조반조직에서 정한 일괄 대응 방침을 전달했다. 정말로 군대가 오더라도 대회는 그대로 진행하고, 만약 대회 책임자를 잡아간다면 흥분하지 말고 몰래 제2, 제3, 심지어 제4의 대회 책임자를 준비해 두어 계속해서 대회를 유지해 나가며, 해방군에 대항하지 않고 사람을 잡아가게 한다는 것이다. 그러나 대회가 끝나면 즉시 사람을 파견해 이러한 상황을 베이징에 보고하기로 했다. '수도삼사' 홍위병은 중앙문혁에서 이미 '지시' 문제와 후난성 군구의 '지좌' 사업 중의 오류 문제를 다시 고려하고 있다고 알려 주었다. 예컨대 성 군구가 아직도 사람을 잡아들이는 것이야말로 군구 사령관이 '돌을 들어 자신의 발을 찧는' 격으로 후난성 군구문제 해결에 대한 중앙문혁의 결심을 가속화할 뿐이었다.

만약 '고사' 파가 공격해 온다면?

"그거야 좋죠. 한바탕 그들을 혼내 줄 수 있을 테니. 군자는 말로도 하고 손도 씁니다. 그들이 공격해 오면 우리는 반격하고 그들이 무기를 동원하면 우리도 그래야지요. 허나 잊지 마십시오. 사람을 죽여서는 안 됩니다! 만약 그쪽 사람을 죽인다면 지금은 우리에게 불리합니다. '고사' 그 놈들이 기회를 노려 여론을 조작해 중앙의 태도에 영향을 줄 테니까요."

라오위안이 말했다.

이런 계획이 있었으니 우리는 마음 편히 대회에 참가했다.

아마 군구와 '고사' 파 역시 이때의 정세를 잘 알아 수를 마음대로 옮길 수 없다는 걸 깊이 알고 있었을 것이다.

대회가 끝날 무렵 나는 양진허에게 말했다.

"라오양, 이 '포성융' 깃발을 들어줘……"

"자네는?" 양진허는 내가 뭘 하려는지 몰랐다.

"난 저 큰 깃발을 들려구." 나는 의장대 앞에 걸려 있는 '상강풍뢰 총사령부' 깃발을 가리키며 말했다.

"가서 들기로 했나?" 양진허가 다소 곤혹스러워했다.

나는 고개를 끄덕였다.

사실 나도 가서 노력해 봐야 했다.

나는 허우찬장을 데리고 의장대 옆으로 가서 라오위안을 찾았다.

"그럼 좋지! 라오류가 마침 이 깃발을 들 몇 사람을 찾던 중일세." 라오위안이 기쁜 듯이 말했다.

나와 허우찬장을 포함해 모두 일곱 명의 늠름한 젊은이였다.

"자네들이 이 깃발을 책임지도록 하게."

류 우두머리가 우리에게 당부했다.

가두 행진이 시작되고 시위가 시작되었다.

우리 일곱 젊은이들은 세 방향으로 나누어 '상강풍뢰 총사령부'의 큰 깃발을 받쳐 들고는 행렬의 가장 앞쪽으로 나아갔다. 이 깃발은 지나치게 커서 장대에 맬 수 없었고, 이렇게 일곱 명이 받쳐 들어야 깃발이 평평하게 모두 펴졌다. 멀리 있는 사람까지 모두가 한눈에 깃발의 글자를 알아볼 수 있었다.

관악대는 우리 뒤에 있었는데, 악곡은 시시때때로 우리에게 가장 먼저 힘을 불어넣어 주었다.

'상강풍뢰 규찰대'의 붉은 완장을 찬 수십 명의 장한(壯漢)들이 각각 우리와 반 미터 정도 떨어진 옆에서 길게 두 줄로 늘어섰다. 마치 두 개의 성곽처럼 시위부대의 이 '머리 부분'을 지키고 있었다. 나는 이들 장한들을 각각 훑어보았다. 그들은 운송 노동자 아니면 선착장의 노동자들일 거라 생각했다. 그들에겐 아마 무력 사용이 대자보를 쓰는 것보다 훨씬 쉬울 것이다.

나는 마음이 더욱 놓였다.

또다시 귀청을 찢을 것 같은 폭죽소리가 우리를 전송해 주었다. 관악대가 '우리가 큰 길로 걸을 때……'라는 유명하고 웅장한 악곡을 연주하자 우리는 깃발을 메고 출발했다.

레닌은 혁명은 혁명 인민의 '성대한 축제'라 하지 않았던가.

나는 이제 막 '축제'가 시작된다고 느꼈다.

시위 대열은 창사시 주요 대로를 따라 행진했다. 연도엔 미리 준비한 사람들과 구경 나온 사람들로 인산인해를 이루었다. 길 양옆엔 열의와 감동에 찬 사람들로 가득했다. 어떤 사람은 아예 인도에 있는 오동나무 위로 올라가 나뭇가지에 앉아 연신 박수를 치며 환호했다.

길 가는 내내 폭죽소리가 끊이지 않았고 구호소리가 멈추지 않았다. 시위행진을 하는 사람과 양쪽에서 구경하는 사람들 모두 시위 세력을 이루었다.

"상강풍뢰는 쟁쟁한 혁명 조반파조직이다!"

"중앙문혁을 결단코 옹호한다!"

"상강풍뢰의 전우로부터 배우자!"

"……"

나도 필사적으로 따라 외쳤다. 따라 부르다 이미 목소리가 나오지 않는다는 것을 알고는 그만두었다. 들려오는 다른 사람들의 외침을 들었다. 수천수만 명의 외침을 들으며 이 '축제'와도 같은 분위기의 즐거움을 마음껏 누렸다.

우리는 맨 앞에서 걸으며 이 특별한 깃발을 지키고 있었으니 가장 영광스러웠고 또 사람들의 눈길을 가장 많이 끌었다. 조반파 신문의 기자들은 우리 앞에서 멀지 않은 곳이나 혹은 옆에 서서 사진기를 받쳐 들고 연신 '찰칵찰칵' 했다. 시위가 끝날 때까지 앞에 있던 몇 명의 기자는 렌즈를 우리와 우리가 받쳐 든 깃발에 맞추었다. 이 광경 때문에 나는 무척이나 기뻐 의기양양했다.

그렇게 많이 촬영되고 그렇게 많은 사진이 찍혔지만 사진 한 장 보내오는 사람은 없었다. 나도 누구를 찾아가 달라고 해야 할지 몰랐다. 한번은 조반파 신문사를 찾아가 사진을 달라고 할 생각도 있었지만 곧 잊고 말았다. 잇달아 생겨나는 새로운 일들에 나는 더욱 빠져들었다. 1970년, 그러니까 2년 반 뒤 내가 단위에서 조반파 전문 교도 '학습반'에 들어갔을 때 전안조 사람이 한번은 정신적으로 날 철저히 무너뜨리기 위해 거만한 태도로 사진 한 장을 보여 주었다. 그들의 치밀함을 증명이라도 하려는 듯 기이한 말투로 내게 말했다.

"자네가 뭘 했는지 우리가 모른다고 여기지 마. 이 사진을 보라구! 자네의 일거수일투족에 대해 우린 모두 증거가 있어!"

그것은 나와 여섯 명의 친구들이 '상강풍뢰' 깃발을 받쳐 들고 있는 사진이었다. 사진에서 나는 멍청하게 웃고 있었다.

이런 사진은 수십 장, 수백 장 있겠지만 나는 그것을 처음 보았다.

나는 회사 전안조에서 어떻게 이 사진을 구했는지 모른다. 어쨌든 결과적으로 그들이 나 자신보다 먼저 당연히 내가 가져야 할 이 사진을 갖게 된 것이다.

전안조의 한 사람이 교묘한 표정으로 그들이 그날 현장에서 찍은 것이라고 애매하게 말했다.

나는 차갑게 웃으며 믿지 않았다.

그들에겐 그런 능력이 없다!

시위행진이 중산(中山)로에 다다랐을 때 나는 길가에서 구경하던 사람들 중에 두 명의 낯익은 얼굴을 똑똑히 보았다. 우리 공장의 예전 '적위대' 보수파 사람으로 그들은 주위의 군중들과 함께 구호를 외치지 않았고 표정이 매우 거북해 보였다. 그들은 분명 나를 보았을 것이다. 그러나 그들은 아마 내가 인파 속에 묻혀 있는 그들을 보지 못했을 거라고 여길 것이다.

사실 나는 분명히 그들을 보았다. 게다가 내 얼굴엔 필시 득의양양하고 우쭐대는 기색이 내비쳤을 것이다. 왜냐하면 난 마음속으로 '흥, 또 거리로 납시셨네. 기다렸다 잡으려구? 훤한 '반동조직' 깃발을 받쳐 들고 있는데 니들이 감히 날 잡을 수 있어!' 라고 말했다.

두말할 것 없이 그들은 날 잡을 수 없었고 생각 속에서조차 날 잡을 수 없었다. 왜냐하면 이때 주위 사람들의 흥분한 환호성과 구호 속에서 입 다물고 말하지 않는 이 두 사람은 거의 위협감을 느끼고 있었기 때문이다.

나는 그 두 사람이 몸을 돌려 인파 속을 뚫고 지나 순식간에 사라진 것을 보았다.

그런데 그들이 감히 정정당당하게 혹은 남몰래 사진기를 내게 들이댈 수 있단 말인가!

그들이 미국 중앙정보국(CIA)이나 소련 국가보안위원회(KGB)가 사용하는 간첩용 마이크로 사진기를 설치했다면 모를까.

수십 개에 이르는 창사시 조반조직의 단합된 노력과 조반파조직 '공련'에 대한 노동자 대중의 대대적인 지지를 끌어들여, 거기에다 사실상 이미 공개적인 조직 활동을 하게 된 수만 명의 '상강풍뢰' 조직원들이 더해져 2·4지시를 철회하고, '상강풍뢰'의 명예와 전체 조직 문제를 회복시킬지의 여부가 중앙 수장들의 바로 앞에 떨어지게 되었다.

중앙에선 후난성 성위와 성 군구 지도자, 그리고 양 파벌 군중조직의 우두머리를 베이징으로 소집해 당면한 상황을 이해하고 최후의 결정을 내리기로 했다.

중공 후난성위의 제1, 2인자들은 모두 양 파벌에 의해 타도 혹은 근신 중이었다.

'고사'에선 진작부터 두 명의 성위 서기와 한 명의 후보서기를 '삼가촌'으로 정하고 이 '삼가촌'의 '반당 반사회주의 마오쩌둥 사상의 하늘을 덮을 듯한 죄행'에 관한 자료 역시 논리정연하게 정리하여 위로는 중앙에 보내고 아래로는 군중들에게 알려 중앙의 결정과 큰 성공을 거두기만을 기다리고 있었다.

그러나 미래의 '신생 홍색정권'인 성 혁명위에는 '혁명지도간부' 대표가 빠질 수 없었다. '고사'는 더 이상 남은 성위 서기들을 타도할 수 없었고 오히려 최소한 한 명의 성위 서기에 대한 지지를 얻어야 했다. 그렇지 않으면 아무리 인민해방군 성 군구가 그들의 강력한 후원자라 할지라도 이는 '이결합'이기 때문에 삼에서 하나가 부족한 것이다. 이렇게 되면 그들이 구성한 성 혁명위원회는 영원히 중앙의 비준을 얻지 못할 것이다.

'공련'은 대표적인 조반파로 성위 서기 비판의 '반당자료'를 진지하게 검토할 시간이 없었지만 '고사'에게 '보황파'로 공격당하고 싶지 않아 성위 제1, 2서기들을 맥 빠지게 만들었다.

중앙에서는 군중조직이 받아들일 수 있는 성위 서기를 중앙 수장에게 보고하라는 전보가 왔다.

이렇게 되자 여느 파벌에게도 타도되지 않은 성위 서기들은 곧바로 자신들이 지지하고 또 지지를 받는 조직을 선택하여 자신의 태도를 '대중 앞에서 분명하게 밝혔다'[亮相].

다른 몇 명의 성위 서기처 서기들 중 한 명은 후난 지하당 출신의 노인이었고, 또 한 명은 정법을 주관하는 사람이었지만 모두 병환으로 아무 일에도 관여하지 못했고 영향력도 적었다. 고로 양 파벌에서는 그들에게 주의를 기울이지 않았다.

또 다른 서기는 이미 '고사'파 쪽으로 입장을 밝혔다.

후보서기 한 명은 '공련' 조반파 쪽에 확고하게 섰다.

재미있는 것은 이 두 '파벌의식'이 다른 성위 서기는 스스로 조반을 적극 지지한다는 것을 나타내기 위해 동료를 고발 비판하는 대자보를 공동으로 써 대중들에게 알렸다. 그 대자보의 제목은 '후난 당내 자본주의 노선을 걷는 당권파 장평화와 왕옌춘을 타도하자'였다. 장과 왕 두 사람은 각각 성위 제1, 제2서기였다.

또 다른 서기는 망설이며 정하지 않았다.

역사는 이때 이 성위 서기, 화궈펑을 선택한다.

베이징으로 가는 전날 중공 후난 성위 서기인 화궈펑은 결국 '공련' 조반파를 지지하는 정치적 입장을 선택하고 '마오 주석의 혁명노선으로 기필코 돌아간다'는 관점이 분명한 대자보를 써 '공련' 조반파 지지를 선포하고 '고사' 파와 성 군구를 비판한다. 그리고는 '공련' 파 쪽의 성위지도간부 신분으로 베이징으로 간다.

마침 감옥에 있던 '상강풍뢰' 제1우두머리인 예웨이둥 역시 중앙의 소집 대상에 속했다. 출감 다음 날 그는 베이징으로 가는 열차를 타고 후난성 조반파 대표단을 따라 중앙 수장의 접견을 받았다. 원래 중등학교 교사였던 이 조반파 우두머리는 4개월간 감옥에 있으면서 이로써 인생이 끝났다고 여겼는데 뜻밖에 정세가 대역전되어 일순간 죄인에서 당 중앙이 초청하는 귀한 손님으로 바뀌었다. 그야말로 지옥에서 천당을 오간 셈이었다.

드디어 중앙 지도자가 후난성 각계 지도자들을 한데 모아 회견하고 조사를 거친 뒤 중앙문혁의 2·4지시를 철회하고, '상강풍뢰'의 복권을 위해 '상강풍뢰'가 혁명 군중조직임을 승인하는 결정을 내렸다.

'상강풍뢰' 문제에 대해 마오쩌둥 주석은 친히 물으며 중앙문혁소조를 비판했다.

"자네들은 뭘 비판한 건가? 당연히 사람을 찾아 상황을 이해하고 조사해야지."

"여기서 교훈을 얻었겠지. 분명한 조사 없이 그렇게 황급히 한쪽 말만 듣고 2·4지시를 내릴 필요가 있었는가?"

중앙의 후난성 문혁문제에 관한 결정은 중앙문건의 형식으로 8월 10일 하달되어 창사시로 신속하게 전달되었다. 성 군구는 곧바로 반성문을 내고 그들이 '상강풍뢰'와 '공련' 등 조반파에 반대하는 '잘못을 저질렀다'는 것을 인정했다. 이 반성문은 전단으로 인쇄되고 대자보로 붙여지고 배포되었다. 이때부터 성 군구는 후난성 문화대혁명의 소용돌이에서 물러났다. 중앙의 명령을 받들어 야전군 제47군이 후난성에 들어와 후난성 문화대혁명의 순조로운 진행에 책임을 졌다.

이 기쁜 소식을 접한 창사시 조반파들은 미친 듯이 기뻐하며 축하대회를 연달아 거행했다. 며칠 동안 하늘과 땅을 뒤덮은 대자보와 표어, 그리고 끊임없이 울리는 폭죽과 관악대의 시위행진이 모두 똑같은 심정을 나타냈다.

기쁨의 축하를 벌이는 동안 '상강풍뢰' 조직 역시 하나씩 회복되기 시작했다. 원래 잡혀 들어갔던 '상강풍뢰' 의 각 우두머리들은 모두 가슴에 붉은 꽃을 달고 자신들을 위해 특별히 마련된 복권대회 의장대 위에 앉아 대회 발언자들의 그들을 위한 불만 토로와 찬양을 흐뭇하게 하나하나 들었다.

우리 '상강풍뢰' 홍색지대 역시 복권을 축하하며 폭죽소리 가운데 조직 복귀를 선포했다. 중유신과 라오이는 붉은 꽃을 달고 의장대 위에 바르게 앉아 빙그레 웃으며 눈앞에 벌어지는 모든 일들을 보고 있었다. 가끔 그들의 눈빛이 흐리멍덩해졌는데 아마 자신들이 꿈을 꾸는 것이라 생각하는 것 같았다. 왜냐하면 감옥에 있던 암흑의 세월이 불과 얼마 전이었기 때문이다.

대회가 끝나고 우리 '홍색지대' 는 지대위원회를 열어 지도기구를 회복했다. 물론 지대장은 중유신이 맡았다. 그가 원래 지대장이었고 게다가 그것 때문에 몇 개월간 감옥에 있었는데, 첫번째 자리는 당연히 그의 것이었다.

뜻밖에 중유신이 고개를 저으며 사절했다.

"왜요?"

"체력도 안 되고 몸도 그다지 좋지 않아. 못하겠어."

나는 '아마 수감생활로 몸이 망가졌나 보다' 하고 생각했다.

"그렇다면 당연히 당분간 쉬셔야죠."

나는 우선 그에게 명예 지대장을 맡게 하고 구체적인 일은 내가 하며 그의 몸이 나아지면 다시 정식으로 지대의 권력을 맡게 하자고 건의했다.

모두들 내 방안이 좋다며 일에도 착오가 없고 중유신의 몸도 돌볼 수 있겠다고 생각했다.

그러나 중유신은 씁쓸하게 웃으며 말했다.

"모두의 호의에 고맙지만 난 지금 정말로 어떤 직책도 맡고 싶지 않습니다. 그저 푹 쉬고 싶을 뿐입니다. 모든 형제들이 날 놓아주길 바라요. '상강풍뢰' 보통 조직원이면 됩니다."

말을 마치자 그는 일어나더니 두 주먹을 모아 우리에게 읍을 했다.

모두들 멍해졌다.

나는 중유신이 마음속으로 아마 무슨 생각이 있나 보다 하고 지금은 물어보기 그렇고 나중에 천천히 마음속의 비밀을 풀어 다시 '대임'(大任)을 맡도록 설득해야겠다고 생각했다.

나는 중유신에게 지대장을 맡기는 일은 잠시 미뤄 두기로 했다. 지대장 인선은 우선 결원으로 하고 부지대장인 내가 잠시 지대업무를 주관할 것을 건의했다.

반대하는 사람은 없었다. 아마 모두들 나처럼 시간이 지나면 중유신을 지대장의 위치로 다시 끌어들일 수 있으리라 믿었으리라. 우리는 모두 홍색지대에 그가 없을 수 없다고 생각했다.

뜻밖의 일이 생겼다.

며칠 뒤 중유신이 라오이에게 찾아가 '상강풍뢰'를 나오겠다고 말했다.

"어떻게 그럴 수 있나?"

라오이는 이 홍색지대의 창시자를 바라보며 당황하여 어안이 벙벙했다. 중유신은 나와 얘기하기가 부끄러우니 내게 전해 주라고 했다는 것이다.

나는 라오이의 말을 듣자 순간 화가 났다.

"잠시 지대장을 맡지 않아도 되요. 결사코 대장을 맡지 않겠다는 것도 의논할 수 있어요. 그렇지만 어떻게 나간다고 할 수 있어요? 어떻게 조직을 만들고 우리더러 참가하라고 한 사람이 나갈 수 있냐구요?"

나는 중유신을 찾아가기로 했다.

중유신이 벌이고자 하는 일은 라오이에게 말한 것보다 훨씬 더 했다. 그는 '상강풍뢰'를 나올 뿐만 아니라 '공련'에 참여하기로 한 것이다. 우리 회사의 '동방홍총부'와 '기관간부조반사령부' 분부 등의 조직은 모두 편제상 '공련'에 참여하고 있었다. 이렇게 회사 조반파는 '상강풍뢰'와 '공련' 양대 조직으로 나뉘게 된 것이다.

똑같은 조반파인데 왜 '상강풍뢰'에 들어오지 않고, '공련'의 깃발 아래 들어간다는 것인가?

'상강풍뢰' 조직의 우두머리는 하지 않으면서 '공련'의 일개 조직원이 된다니 대체 왜 그런단 말인가!

노기충천한 내 질문에 중유신은 한참 동안 말없이 그저 너그럽게 나를 바라보고 있었다. 그의 얼굴은 씁쓸하고 곤혹스러운 표정을 감출 수가 없었다.

이윽고 그는 낮은 목소리로 내게 마음속의 진심을 토로했다. 그러지 않고서는 내게서 벗어날 수 없다는 것을 알았기 때문이다.

중유신이 앞장서 조반을 한 것은 원래 하늘도 땅도 두렵지 않은 일이었다. 그의 부친이 소상인이었지만 이미 몇 년 전에 세상을 떠났기 때문에 그는 줄곧 자신이 '홍오류'의 굳건한 후손이라고 여겼으며, 반동 출신에도 속하지 않기 때문에 기본적으로 두려울 것이 없었다. 그런데 뜻밖에 이번에 그가 '상강풍뢰' 문제로 감옥에 갇힌 뒤 그를 심문하던 경찰이 그의 부친 역시 '정치적, 역사적 문제가 있는 사람'이라고 말했다는 것이다. 공안요원은 중유신에게 협박하며 말했다.

"무슨 조반을 해! 반란을 일으키고 싶나?"

"자네 부친에겐 간첩 혐의가 있어. 자네도 지금 공산당에게 반대하니 이게 무슨 문제고 어떤 결과를 가져올지는 우리가 말하지 않아도 자네 스스로 알겠지!"

중유신의 말을 듣고 나자 나는 순간 멍해졌다.

"역사 문제가 있다는 부친의 말을 들은 적이 있었고 부친 단위 간부들의 얘기도 들은 적이 있어. 하지만 공안국 사람이 이렇게 단호하게 말하는 것을 들으니 진짜인지 가짜인지 나도 모르겠네. 우리 부친의 당안은 나도 여태 본 적이 없어. 그 안에 뭐가 감춰져 있고 무엇이 써 있는지 몰라." 중유신은 풀이 죽어 하소연했다.

"그럼 부친 단위로 당안을 조사해 보러 가자구요." 내가 곧바로 말했다. 조사하기만 하면 모든 진상이 밝혀지게 될 것이다.

"조사했지! 부친 단위의 정치 사무실에 있는 조반파 간부에게 물어봤어. 나와 잘 아는 사이라 그가 몰래 조사해 봤는데 그 안에 편지 한 장이 있다는 거야. 55년 '반혁명분자 숙청'〔肅反〕 운동 때 쓴 것인데 우리 부친이 무슨 차역(茶役) 훈련반에 참가한 적이 있다는 거야. 주최 측은 군통〔軍統 ; 중화민국 시대 국민당 특무기관의 하나로 국민정부군사위원회조사통계국의 준말〕 간첩이고……."

'차역요원'이란 찻집이나 주점·여관·숙소의 급사나 일꾼, 점원 등을 말한다. 원래 이 사람들은 모두 '무산계급'으로 '홍오류'에 속하지만 이 '훈련반'은 군통 간첩의 변경 문제와 관련되어 다소 성가셨다.

"증거가 있어요?"

내가 물었다.

"없어. 그 편지에 쓰인 고발이 바로 그거야."

"증거도 없는 고발장이 뭔 대수야. 두렵지 않아요!"

나는 문제가 심각하지 않다고 생각했다.

"허나 만일, 만에 하나 누군가가 쓴 증명서를 찾아낸다면 어떡하나?" 중유신은 고개를 들더니 내게 물었다.

"……"

나는 아무 말도 못했다.

"생각해 봐. 내가 조반파 우두머리를 맡는다면 누군가 내 부스러기라도 찾아내려 할 거야. 우리 부친 당안에 있는 그 편지에서 시작해서 때가 되어 날조하려면 한 사람의 증명으로도 할 수 있지. 홍색지대를 무너뜨리기 위해선 나를 무너뜨려야 하거든. 나를 무너뜨리기 위해서 이미 돌아가신 부친을 간첩이라 할 테고. 그렇게 되면 최소한 간첩혐의로 몰 순 있잖나! 자넨 이렇게 심각하다는 걸 믿지 않나? 원래는 나도 이런 재앙을 믿지 않았지. 하지만 보라구. 이번에 군구가 '상강풍뢰'를 괴롭히면서 중앙에 보고할 때 거짓 자료를 만들지 않았나. 자네는 조금의 근거도 없다고 말하지만 언제나 사소한 원인이나 그림자가 있는 걸세. 예컨대 우리 '상강풍뢰'가 총과 탄약을 숨겼다고 말하는데 실제로는 성 전람관의 상강풍뢰 지대에서 보관한 혁명투쟁사 전시품이지 않나. 쏴 봐야 전혀 소리도 나지 않는 낡은 38, 79총인데도 군구에서는 이 전시용 총들을 굳이 '상강풍뢰' 머리 위에 뒤집어씌우며 '상강풍뢰'가 감췄다고 말하는데 결국 해내지 않았는가? 2·4지시도 나오지 않았어?"

"……"

"그래서 생각 끝에 내가 '상강풍뢰' 우두머리를 그만두어야지 모두에게 또 내 자신도 피해를 모면할 수 있다고 생각했네. 감옥이란 거 사람이 갈 만한 데가 못 되더군! 평생 두 번 다시 가고 싶지 않네! 그리고 구천에 계신 아버지께 해를 끼칠 수도 없고. 아!"

중유신은 다소 비통해했고 하늘을 보며 긴 한숨을 내쉬었다.

"그럼 지대장은 맡지 않더라도 '상강풍뢰'의 보통 조직원은 될 수 있지 않나요?"

그가 말한 모든 사실에 난 그저 물러설 수밖에 없었다.

그는 고개를 저으면 말했다.

"이 일은 모두가 날 이해해 주길 바라네. 어느 때를 막론하고 자네와 라오이는 날 '곱사등이'〔창사 방언으로서 사람을 괴롭힌다는 뜻〕 취급할 리 없다고 믿고 마음 놓고 있네. 그러나 다른 사람들은 모르지. 내가 '상강풍뢰'에 하루라도 있는다면 회사 '공련' 사람들이 내 부스러기라도 찾아내고 싶어할 리 없다고는 말하기 힘들지. 요 전 '상강풍뢰'를 진압할 때 그들 중 일부는 내가 잡혀가는 것을 보며 고소하게 생각했어! 그러니 지금은 문화대혁명에서 나오기도 어렵고 피할 곳을 찾아야만 한다고 생각해. 그러니 차라리 '공련' 안에 들어가 '절름발이' 노릇이라도 해야 조용해질 거야. 날 잡기 위해 조상무덤을 파헤칠 만한 가치는 없을 테니까!"

중유신의 말을 듣자 나는 처음으로 사람됨의 어려움을 깨달았다. 사람으로서 무수히 맞닥뜨리는 객관적인 어려움과 투쟁 말고도 보이지 않고 만져지지도 않는 것들을 피해야 한다는 것은 생각지도 못했다.

우리 두 사람은 모두 묵묵히 아무 말도 없었다. 나는 비장한 분위기를 느꼈다.

악수를 하며 헤어질 때 중유신이 감정에 북받쳐 내게 말했다.

"아우여, 두려워할 것 없어. 누구도 자넬 방해하진 못할 거야. 잘 하게. 좋은 성과를 거둘 수 있을 거야! 형으로서 최대한 도와줄게. 자넬 위해 기원하겠네."

우리는 '홍색지대'를 '홍색전단'으로 확대했다. 중앙에서 문건으로 '상강풍뢰'를 복권시킨 뒤 중간에서 관망하던 많은 군중들이 모두 참가해 들어왔고 회사 밑의 각 기층단위도 모두 지대급으로 조직개편을 했기 때문이다.

나는 일인자를 맡았지만 사령이라 부르지 않고 '전단 정치부 주임'이라 불렀다. 라오이가 조역을 맡아 전단 '상임위원회', 즉 전단의 영도기구를 만들었다.

나는 열여덟 살이 채 안 됐고 라오이는 벌써 마흔이 넘은 사람이었으며 '상임위' 사람들의 나이는 모두 나보다 많았다. 하지만 나는 그들의 존중과 신임을 받았다. 어떠한 중대한 문제라도 모두들 내 의견에 따르길 원했고, 서로의 의견이 다르더라도 언제나 나의 정책결정을 존중해주었다.

삼십여 년이 지나 나 자신도 쉰이 넘었다. 그 시절 우리가 사이좋게 화목하며 서로를 믿었던 세월을 생각하면 나는 라오이와 손위뻘인 선배들에게 깊이 감사한다. 그들이 나를 키웠고, 친구를 존중하고 사랑해야 한다는, 인간으로서의 정리를 깨닫게 해주었다.

중유신이 '상강풍뢰'를 탈퇴하고 '공련'에 가입한다는 성명을 발표하자 회사 내의 많은 사람들이 갖가지 추측과 놀라움을 나타냈다. 비록 나는 모든 원인을 알고 있었지만 마음속으론 여전히 몇 가닥의 쓸쓸함이 남아 있었다.

성 군구는 '2·4지시'로 우리 '상강풍뢰'를 무너뜨릴 순 없었지만, 결국 우리 홍색지대의 지대장을 앗아가 버렸다.

그때부터 중유신은 조반의 소용돌이에서 빠져나와 방관자로서 비교적 조용하게 남은 문혁의 세월을 보냈다.

그러나 나는 여전히 멍하니 계속 앞으로 돌진해 갔다.

〚 10 〛
신비한 '청년근위군'에 참가하다

이 조직의 명칭은 아마 독자들로 하여금 소련 구국전쟁* 당시의 '청년
근위군'(靑年近衛軍)을 생각나게 할지 모르겠다. 그러나 문혁 중 군중조
직은 모두 공개적으로 활동했는데 왜 이 '청년근위군'이 신비한 조직이
라고 말하는 걸까? 설마 지하활동만을 벌였단 말인가?
실제 이 '청년근위군'은 당시 후난 조반파조직 중 '무위'(武衛), 즉 무투
에 뛰어난 청년돌격대와 결사대로 조반파의 강대한 준(準)전문 무투조
직이었다. 따라서 이들의 활동에 대해 외부 사람들은 종종 잘 알 수가
없었다.

1967년 여름 무투는 문화대혁명의 중요한 막이 되기 시작했다. 무투
형식 역시 날로 격상되어 주먹으로 때리고 발로 차던 무투는 긴 창과
곤봉의 충돌로 변했고, 다시 진짜 칼과 진짜 총의 전투로 격상되었다.
7월 22일 마오쩌둥의 부인이자 중앙문혁 지도자인 장칭(江靑)이 조반
파에게 '천진난만'하게 굴지 말고 '문공무위'〔文攻武衛; '문'文으로 공격

---

* 1941년 6월부터 1945년 5월까지 독일 파시스트에 맞서 싸운 소련의 항전을 가리킴.

하고 '무(武)로 방어하라는 뜻)할 것을 호소한 뒤로 창사시의 무투는 탱크와 대포가 모두 출전하는 현대전이 되었다.

6월 4일, '상강풍뢰'가 공개적인 활동 복귀의 시위행진을 거행한 지 이틀 뒤 창사시 중심지역에 있는 원래 중소우호관(中蘇友好館)이던 건물에서 한차례 유혈 무투가 발생했다. 원래 '창사시 고등교육학교 홍위병사령부', 즉 '고사'의 총부가 그곳에 설치되었는데 그 뒤로 정세가 역전되어 그들에게 불리해지자 '고사'는 총부를 샹강 서안(西岸)의 대학가로 옮기고 이곳을 그들의 선전 기지로 바꾸었다. 6월 6일 새벽부터 이 선전 기지를 둘러싼 격렬한 '문투'는 피비린내 나는 무투로 변했다. '공련' 쪽 하부조직인 '육호문'(六號門)이 주축이 된 조반파와 구경하던 군중들이 '고사' 선전소에 대한 공격을 시작해 '고사'의 근거지를 탈취하려 한 것이다. '육호문'은 전부 시 운송회사의 청년 노동자로 조직되어 신체가 건장하고 힘이 셌으며, 싸움으로 말하자면 이들을 두려워하지 않는 사람이 없었다. 따라서 그 뒤 그들은 '공련'과 조반파 사이에서 적지 않은 명성을 날리며 준(準)전문 무투 세력이 되었다. '육호문'의 공격은 원래 '고사' 선전 기지만을 탈취하려는 것이었지만 곧바로 통제력을 잃고 피비린내 나는 폭행으로 변하게 되었고, 몇 명의 '고사' 대학생과 조반파 중고등학생이 맞아 죽고 다치는 참사극을 낳게 되었다. 그 뒤 '육호문' 우두머리는 그들은 결코 사람을 죽일 생각이 없었고 사람을 죽이지도 않았으며, 단지 '고사' 선전 기지를 중소우호관에서 내쫓고 싶었을 뿐이었다고 여러 번 항변했다. 그러나 무투의 불이 붙여지자 그 뒤의 일은 시발자가 통제할 수 있는 것이 아니었다.

문혁 중 발생한 양 파벌 간의 무투 사건은 나의 이해와 관찰에 의하면 대개 주관적인 은밀한 계략이나 고의적인 도발이 존재했던 것은 아니며, 실제로는 당시의 법률과 준법의식 부족 때문에 양 파벌의 군중이 격렬하게 서로 싸우다 결국 손과 발을 쓰게 되고 심지어는 총과 대포를 동원하는 무투로까지 가게 된 것이었다. 이 와중에 양 파벌 군중들에게 통제할 수 없는 격분의 마음이 쉽게 생기기도 했거니와 매 차례 논쟁 중에 각종 이유로 소란 피우는 것을 좋아하는 무질서한 폭민들이 말려들어 사태를 더욱 부채질했던 것이다. 따라서 이른바 무투의 첫번째 불을 붙이는 '첫번째 총성' 사건이 발생하게 되었다. 중소우호관 건물 안팎에서 발생한 참극 중에 '고사' 대학생을 때려죽이고 부상입힌 그 살인범들은 사후에 조사 판명한 결과 대다수는 '육호문' 조직 사람이 아니라 사회를 떠도는 '산병유용'〔散兵遊勇 : 통솔자가 없어 뿔뿔이 흩어진 병사)들로 원래 떠들썩한 구경거리를 보러 왔다가 결국 사람을 죽인 흉악범이 된 것이었다.

문혁이 끝난 뒤 1989년 당시 사건〔톈안먼 사건〕 초기와 1999년 미국의 유고주재 중국대사관 오폭(誤爆) 사건에 항의하는 시위자 중에서도 일부 청년들이 무단으로 상점을 부수고 불을 질러 차량을 태우는 등, 격렬한 위법 행동들이 발생했다. 다행히 당시는 이러한 일의 발생을 '허용'하는 시간이 짧아 대규모의 무정부주의적인 폭행 사건은 일어나지 않았다.

쌍방 모두에 의해 '6·6참극'이라 불리게 된 이 무투 사건은 창사시의 문화대혁명이 시작된 이후 가장 처참했던 사건이다. 창사시의 무투는 정말로 사람을 때려죽였고 바로 여기에서 시작된 것이었다.

기관총과 곤봉, 돌에 눌려 죽은 희생자들의 사진은 각 파벌들의 신문에 모두 게재되었고, 많은 글들을 통해 선전되어 나갔다. 사람들은 이를 보고 모골이 송연해지지 않을 수 없었고 공포감으로 가득했다.

17세가량 된 어느 중고등학생 홍위병은 더욱 처참하게 죽었는데, 얼굴은 피와 살이 구분할 수 없을 정도로 으스러졌고 그의 생식기 역시 누군가에 의해 짓이겨졌다. 신문에 실린 그의 발가벗겨진 시체 사진을 보고난 뒤 한동안 밤에 잠을 잘 때도 공포감이 엄습해 왔다. 이 홍위병의 어머니는 공교롭게도 우리 회사 '승리' 촬영회사의 직원이었다. 그녀는 자신이 아끼던 아들이 죽었다는 소식을 듣자 영업 홀 안의 현장에서 즉시 쓰러졌고 응급조치를 받은 후에야 깨어났다. 동료들 역시 놀라 죽을 지경이어서 얼른 아들의 죽은 얼굴이 실린 신문을 감추었다. 참혹하여 차마 볼 수 없었던 이 사진은 이 어머니를 자극하고 충격에 빠지게 할 것이 뻔했기 때문이다. 이 홍위병은 중고등학생 홍위병 조반조직에 속한 조직원이었고 그의 모친 역시 '공련' 조반조직 사람이었다. 그 두 모자는 '조반' 이, 이 '문화' 라는 껍데기를 쓰고 있는 혁명운동이 그들 가정에 돌이킬 수 없는 참혹한 재난을 가져다주리라고는 꿈에도 생각지 못했다.

그러나 대부분의 사람들은 마음이 째지고 폐가 찢기는 직접적인 고통의 감정을 가질 리 없었다. 따라서 '6·6참극' 의 피비린내 나는 결과는 무투의 종결이 아니라 오히려 '피값은 피로 값아야 한다!' , '복수다!' 등의 화약 냄새와 광분으로 가득한 구호였다. '공련' 과 '상강풍뢰' 등의 조반파와 '고사' 와 보수파 쌍방은 모두 신속하게 자신들의 무투 대오와 세력을 갖추어 나갔다. 한 묶음씩의 날카롭게 빛나는 긴 철창들이 신속하게 만들어졌다. 원래 건축 노동자들이 사용하는, 수천수만 개의 버드나무 가지로 만든 안전모가 무투자(武鬪者)의 머리 위에 씌어졌다. 원래 단정하고 보기 좋던 사무 건물은 이도저도 아닌 꼴이 되었다. 계단 입구에는 소파들이 쌓이고 창문에는 거친 철 난간들이 덮여졌다. 입구에는 돌로 만든 보루 같은 벙커가 만들어졌다…….

　무투의 검은 구름은 점점 짙게 쌓여 갔고, 새로운 유혈사건은 언제라도 폭발할 수 있었다. 강력한 여론에 의존해 붓 막대로 상대방을 이길 수 있다는 생각은 이미 '먹물 냄새 가득한 방법'으로 여겨졌고, '총부리에서 정권이 나온다'는 위대한 가르침은 갈수록 양 파벌 조직의 우두머리와 적극분자들이 가져다 삼는 좌우명이 되었다.

　참사당한 홍위병 사진 때문에 나는 오래도록 잠 못 이루는 수많은 밤을 보냈다. 그러나 낮이 되면 격분한 대자보와 아름답게 울리는 맹세의 말들, 그리고 주먹을 쥐고 단단히 벼르는 조반파 동료들의 분개가 또다시 나를 격분시켰다. 문화대혁명의 성격에 대해 나는 이미 별개 아니고 단지 '문화'와 관련되는 것이라는 걸 잘 알고 있었다. 마오쩌둥은 1월 폭풍에서 프롤레타리아계급 문화대혁명 역시 '한 계급이 한 계급을 뒤엎는 대혁명'임을 이미 분명하게 지적했다. 그렇다면 '혁명'은 당연히 '공짜 밥'이 아니고 '글로 하는 것'도 아니며 당연히 '그렇게 고상하고 그렇게 우아하고 조화롭게, 온화·선량·공경·절약·겸양하게 할 수 없다! 그 당시 마오쩌둥 주석이 이미 40년 전에 쓴 이 어록이 계속해서 대자보로 옮겨졌고 표어로 붙여졌다. 선전차 방송에서는 여러 차례 계속해서 틀어 댔다. "혁명은 공짜 밥이 아니다. 글로 하는 것도 그림을 그리거나 수놓는 일도 아니다. 그렇게 고상하고 그렇게 태연자약하며 우아하고 조화롭게, 그렇게 온화·선량·공경·절약·겸양하게 할 수 없다! 혁명은 폭동이다. 한 계급이 다른 계급을 뒤엎는 격렬한 행동이다!"

　이성적으로 난 무투는 피할 수 없다고 생각했다. 비록 참사당한 사람들이 나를 두렵게 만들었지만 말이다.

누군가 내게 회사 내 보수조직 사람들이 '고사'와 밀접한 관련이 있고 게다가 일부 사람들은 이미 무투에 능한 '고사'파 조직인 '홍색노화'(紅色怒火) 병단에 참가했을 거라고 알려 주었다.

'홍색노화' 병단은 원래 '홍색정권 보위군' 중의 골수분자들이 조직한 것이지만, 지금은 다시 '고사'를 지지하는 완고한 분자들이 되어 무투 방면에서 명성이 자자했다. 더욱이 그들은 규정대로 출격하지 않고 신출귀몰하게 조반파의 총부를 전문적으로 뒤지고 부수고 다녔다. 몇개 조직 총부에 그들이 친히 왕림해 주어 당시 창사시 조반파는 그들을 눈엣가시로 여기고 있었다. 그러나 이 '홍색노화' 병단이 도대체 몇명인가? 누가 우두머리인가? 총부는 어디 있는가? 조반파로서는 모두 수수께끼 같은 문제였다. 따라서 초목개병〔草木皆兵 : 적을 두려워한 나머지 초목이 모두 적군으로 보임〕 모양으로 겁을 먹은 사람들처럼 하찮은 일에도 크게 놀라는 꼴을 면할 수 없었다. 각 조반조직은 만약 '홍색노화' 사람이 나타나면 서로 지원해 주어 '홍색노화'의 습격과 큰 화를 면하자며 서로 경계심을 높였다.

회사 내 보수파도 이미 몰래 비밀조직에 참여했다는 소식을 듣자 나는 아마 그들이 '홍색노화' 사람들을 데려와 우리를 습격하고 싶어 하거나 혹은 그것을 위협으로 삼아 우리 조반파의 기세와 정신을 억누르려 한다고 생각했다.

한 차례의 고심 끝에 나는 몇 명의 청년을 데리고 '청년근위군'에 참여하기로 결정했다.

나는 회사 내 보수파들이 '홍색노화' 병단 참여를 이용해 우리 조반파를 협박하려는 것이 아닌가 하고 생각했다. 이 일이 진짜든 가짜든 유비무환으로 우리들도 그들을 위협해야 한다!

당시 '청년근위군'은 조반파의 철주먹으로 여겨졌다. 왜냐하면 '홍색노화'와 마찬가지로 무투를 잘하는 조직으로 여겨졌기 때문이다. 단지 '홍색노화'는 '고사'파에, '청년근위군'은 '공련'과 '상강풍뢰' 조반파 쪽에 섰을 뿐이다. 구성원은 모두 젊은 사람들로, 조직의 명칭 역시 매우 별나 전체 명칭은 '목숨 걸고 마오 주석을 보위하는 청년근위군'이었다. '목숨 걸고'라는 말은 사람들로 하여금 필사적인 '결사대'를 연상하게 만들었다. '청년근위군'라는 명칭은 사실 소련 작가 파데예프(Aleksandr A. Fadeev)의 유명한 소설에서 옮겨 온 것이다. 이 소설은 소련의 구국전쟁 중 독일병에 반격하는 청년들로 구성된 결사대 이야기를 서술하고 있다. 많은 중국 청년들이 책 속의 주인공에 대해 끝없는 찬탄을 하게 만드는 그 소설을 읽었다. 이상한 것은 당시 중소관계가 매우 긴장되고 대립되던 시절이었고 우리가 이미 '소련 수정주의'라고 부르던 즈음이었는데, 뜻밖에도 이런 소련식의 조직 명칭이 중국 문화대혁명의 조반파조직 이름으로 사용되어 단번에 젊은이들의 사랑을 받았다는 점이다. 아무도 분명 조류에 맞지 않는 이 방법을 '비판'할 생각은 하지 못했다. 그저 일 년 뒤 '문화대혁명의 기수' 장칭(江靑)이 베이징 인민대회당에서 후난성 조반파조직의 우두머리를 접견할 때 이 청년 조반조직의 명칭을 발견하고는 화를 내며 명령했다.

"무슨 청년근위군, 소련에나 가라고 해!"

'청년근위군'은 사실 무투 와중에 생겨난 것이 아니라, 2월 '상강풍뢰'가 무너지기 전에 이미 존재했었고 '상강풍뢰' 측의 동맹조직에 속해 있었다. '상강풍뢰'가 진압될 때 '상강풍뢰'와 밀접한 관계를 갖고 있었고, 많은 '청년근위군' 전사들이 해당 단위에서 '상강풍뢰' 조직의 신분을 동시에 갖고 있었기 때문에 대진압 과정에서 함께 무너져 버렸다. 이십여 명의 확고부동한 강경분자들이 만든 조직만이 남아 이 깃발을 떠받치고 있었다. 그리고 '홍색노화' 병단처럼 조직원·숫자·총부 주소·지도자 명칭 모두 대외적으로 공개하지 않는 비밀조직이 되었다. 하나같이 젊은 사람들이었고 성깔 역시 대단했기 때문에, 무투가 한번 시작되면, '청년근위군'은 그 성격을 드러내어 '홍색노화'와 날카롭게 대립하는 전문적인 무투조직이자 창사시 조반파의 '철주먹'이 되었다.

나는 '청년근위군' 참여 의도를 '상강풍뢰' 조직 회복으로 한창 바쁜 라오이와 양진허에게 알렸다.

나는 회사 내의 '상강풍뢰' 일은 모두에게 부탁한다고 말했다. 허나 내가 필요할 땐 언제든지 돌아오겠다고 했다.

라오이는 내게 회사에서 '상강풍뢰' 일에만 전력하고 '청년근위군'에는 참여하지 말라고 설득했다. 왜냐하면 회사 '상강풍뢰'에서 나의 지위가 중요했기 때문이었다.

나는 그를 설득하며 역시 그 관점, 즉 사회 조반파의 기세가 우위를 차지하지 않으면 단위 내 조반파들의 힘이 아무리 세도 승리를 거둘 수 없다는 것을 말했다. 내가 '청년근위군'에 참가하려는 것은 사회 조반파에 힘을 보태고자 하는 것이며, 다시 말해 나의 행동 역시 모두의 안전을 위한 보호 역할을 할 수 있다고 했다. 회사 보수파들, 정말로 몰래 '홍색노화'에 참여한 사람들이 내가 사람들을 데리고 '청년근위군'으로 갔다는 사실을 알게 되면 저들도 회사 조반파들에게 함부로 행동할 수는 없을 것이다.

나는 내 논리로 라오이와 동료들을 설득할 수 있을 거라 믿었다.

회사 '공련' 조직의 우두머리들은 내가 '청년근위군'에 참가한다는 것을 알고는 매우 높이 평가했고, 어떤 이는 앞에서 엄지를 곧추세우며 탄복을 나타내기도 했다.

사실 당시 '청년근위군'에 참가한다는 것은 전선에 간다고 신청하는 것이나 마찬가지로 비장한 희생정신을 드러내는 일이었다. 왜냐하면 창사시의 모든 사람이 '청년근위군'이 갈수록 격렬한 무투 상황에 놓여진다는 것을 알았고, 당시 무투는 더 이상 주먹다짐 수준이 아니라, 부상당하고 죽을 수도 있는 일이었기 때문이었다.

그러나 어디 가서 '청년근위군'이라는 이 수수께끼 같은 조직을 찾는단 말인가?

건축회사에 있는 친구가 '청년근위군'의 청년 하나를 소개시켜 주었다. 이름이 선쯔라이(申自來)로 스무 살이었고 중간 키에 상고머리였는데 얼굴에는 총명함이 흘러넘쳤다. 그는 건축회사의 노동자였다.

그는 내가 '청년근위군'에 참가할 거라는 것을 알고는 매우 친근하게 악수를 하며 기쁜 듯 연신 말했다.

"환영! 환영합니다."

나는 즉각 회사의 허우찬장 등 여섯 명의 청년 노동자를 소집해 선쯔라이를 따라 '청년근위군' 총부로 신청하러 갈 준비를 했다.

그러나 선쯔라이는 말했다.

"전 총부의 하이(海) 사령이 보낸 사람으로 '청년근위군 제1종대'의 조직 계획을 맡고 있습니다. 하이 사령은 '제1종대'를 공개적으로 조직하고 깃발을 내걸어 우리 '청년근위군'의 명망을 넓히라고 했습니다. 따라서 우리는 총부로 갈 필요는 없고 직접 저와 함께 '제1종대'를 조직하면 됩니다."

'하이 사령'은 '청년근위군'의 첫번째 수령으로 전에 만난 적은 없었지만 혁혁한 명성은 오래전부터 들어왔다.

'청년근위군' 총부에 가지 않고 선쯔라이의 지도 하에 가입한다니 나는 다소 실망스러워 선쯔라이를 보며 한참 동안 아무 말도 하지 않았다.

선쯔라이는 얼른 주머니에서 종이 한 장을 꺼내 보여 주며 말했다.

"총부에서 내게 준 위임장을 보십시오. 이 모든 것이 사실이라는 것을 알게 될 겁니다."

손으로 문질러 구겨진 그 백지 위에는 확실히 무언가 적혀 있었다.

> 이에 명합니다. 선쯔라이 동지는 아군 제1종대 사령부조직의 책임을 맡습니다.
>
> ○월 ○일
>
> 목숨 걸고 마오 주석을 보위하는 청년근위군 총사령부(인)

이것을 받아 보고 다소 난처했지만 조금의 거짓이나 간사한 흔적이라곤 찾아볼 수 없는 선쯔라이의 얼굴을 보고는 그의 말에 따르기로 결정했다.

나는 우이대로 광장에 있는 창사시 상업국 건물 안 2층에 힘도 들이지 않고 사무실 한 칸을 마련했다. 그곳의 많은 조반파 사람들이 모두 나를 알았다. 내가 이곳에 '청년근위군' 종대 사령부를 만든다는 소식을 듣고는 모두 기뻐하며 적극 사무실을 내주었다. 아마 우리가 여기에서 그들 조직의 '보안'이 될 수 있을 거라 생각한 모양이다.

선쯔라이가 '제1종대' 사령을 맡고 나를 '종대 부사령 겸 정치부 주임'으로 임명했다. 우리 '청년근위군 제1종대'는 선쯔라이와 나, 그리고 내가 데려온 우리 회사 여섯 명의 청년들뿐이었다.

그러나 나는 사람이 적다고 결코 두려워하지 않았다. 나는 손안에 진리가 있고 또 자신이 노력만 한다면 조직은 금방 커질 것이라 생각했다.

'제1종대'가 정식으로 성립된 뒤 두 가지 일을 했다.

우선 우리는 홍기 하나를 만들어, 위에다 붓으로 직접 '목숨 걸고 마오 주석을 보위하는 청년근위대 제1종대 사령부'라 쓰고는 이 깃발을 창문 밖으로 내걸었다. 거리의 사람들이 멀리서도 볼 수 있었다.

과연 사람들은 신출귀몰하고 소재가 일정치 않은 '청년근위군 종대'가 뜻밖에 공개적으로 시 중심 광장에 주재한 것을 발견하고는 모두 매우 놀라워했다. 창문 밖으로 깃발을 내건 지 30분도 채 되지 않아 창문 아래쪽엔 곧바로 구경하려는 사람들로 모여들었다. 그들은 깃발을 바라보고 계속 가리키며 무언가를 논의했고, 몇 명의 젊은이들은 나를 향해 박수를 치고 뭐라고 외치기도 했다.

이 광경을 보자 나는 매우 기뻤고 자랑스러웠다.

두번째 일은 선쯔라이가 어떻게 도장가게를 찾았는지 모르지만 곧바로 나무로 된 둥근 도장을 파 왔다. 무슨 '사령부'니 '정치부'니, '조직부'·'선전부'·'규찰부' 등이 모두 있었다.

선쯔라이는 의기양양하게 내게 말했다.

"이 '사령부' 도장은 내가 갖고 있겠네. 자네는 '정치부'를 갖고 있게나. 정치부 주임이면 바로 정치위원이니까! 다른 도장은 우선 서랍 안에 잠가 두고 나중에 몇 사람을 임명한 뒤에 다시 의논하게나."

'정치부' 도장을 받아 냄새를 맡아 보니 나무 향이 상쾌했다. 도장에 새겨진 글자는 매우 깔끔하고 보기 좋았다. 더욱이 '청년근위군'이라는 글자는 유난히 눈에 띄었다. 나는 선쯔라이에게 고개를 끄덕여 보이고는 '정치부' 도장을 내 서랍 속에 넣어 두었다.

곧이어 선쯔라이는 '인마를 모으는' 조직인원 확충에 관한 일을 나와 의논하며 내게 '징병 공고'를 쓰라고 했다. 그는 자신의 학력 수준이 높지 않고 초등학교만 나왔으니, 문화 쪽의 일은 모두 중점중학교를 졸업해 중졸 학력이 있는 '정치부 주임'인 내가 맡으라고 했다.

조직원 확충에 대해 나도 찬성했다. '청년근위군'은 일반 '전투대'와는 비교도 되지 않아 대자보나 표어만 쓰면 되는 것이 아니었다. 표어 뒤에 '병단'의 낙관을 찍든 '총부'의 것을 찍든 모두 상관없었지만 무력을 사용하는 일은 정말로 말 그대로 해야 했다. 만일 정말로 수십 명에 이르는 '고사'나 '홍색노화' 사람들이 이 '종대'라는 간판을 내건 우리 예닐곱 명의 '종대' 조직을 공격하고, 우리를 흉악범쯤으로 여기고 후려친다면, 그야말로 참담한 일이다.

나는 우리 '제1종대'가 최소한 백 명쯤은 있어야 이름값을 할 수 있다고 생각했다.

나는 붓으로 '신(新)전사 가입 공고'라고 써서 상업국 건물 현관 앞에 붙였다. 선쯔라이가 말했던 '징병 공고'라는 말은 쓰지 않았다. 나는 우리가 사람들을 '징집'할 권한은 없다고 생각했고 '가입'이라는 말이 흡인력 있다고 생각했다.

과연 이 '신전사 가입 공고'가 붙여진 지 반나절도 안 되어 오후에 스무 명 가량의 청년들이 우리 '종대 사령부' 사무실로 찾아와 청년근위군에 참가하겠다고 했다. 그들 중엔 견습공도 있었고, 젊은 기술공과 중고등학생, 또 두 명의 초등학교 6학년생도 있었다. 열의가 모두 대단했으며 태도 역시 진지했다.

선쯔라이와 나는 모두 기뻤다. 나는 얼른 사람마다 미리 등사해 둔 양식을 나누어 주고는 개인의 이력을 쓰게 했다. 그리고 돌아가 준비를 하고 단위에 속한 사람은 우선 단위 지도자에게 알리라고 했다. 3일 후 다시 '종대 사령부'에 집합하여 우리가 발급한 '전임 차출명령서'를 단위에 제출하면 정식으로 우리 '청년근위군 제1종대'의 전사가 된다고 알려 주었다.

전임 '차출 명령서'를 발급하는 일은 당시 중앙정책의 규정에는 없었고 각 군중조직에서 스스로 갖고 있던 특권이었다. 각 단위 지도자는 '당권파'든 이미 권력을 장악한 조반파조직의 우두머리든 간에 아무개가 전문적으로 운동을 할 수 있게 해달라며 큰 조직에서 발급한 '차출 명령서'가 오면 임금도 그대로 지급하고 모두 인정해 줘야 했다. 그렇지 않았다간 그 조직에서 사람을 보내 귀찮게 할 것이 틀림없었기 때문이다. 물론 이름도 없는 작은 조직의 '차출 명령'이 반드시 효과가 있었던 것은 아니다. 왜냐하면 단위 조반파들은 대개 그들을 거들떠보지 않았고 그런 작은 조직의 사람은 두려워하지도 않았기 때문이다.

내 또래의 이들 청년들은 모두 환호하며 나의 계획을 들은 뒤 기뻐하며 돌아갔다. 아마 그들 역시 며칠 전의 나처럼 유명하고 신비로운 창사시의 준 군사청년조직을 찾아내 참여할 수 있게 되었으니, 마음은 솟구치는 기쁨으로 가득했을 것이다.

조직은 이제 곧 확대될 것이고 우리 '종대' 영도기구도 서둘러 건립해야 했다. '사령'과 '정치부'를 제외하고 조직부와 선전부는 곧바로 설치해야 했다. 이렇게 많은 사람들에 대한 전문적인 조직 관리와 대자보나 표어 같은 여론전을 펼쳐야 했기 때문이다. 나의 제안에 따라 샤오허우(小侯)를 조직부장으로 결정했고 샤오리(小李)는 선전부장, 샤오류(小劉)는 '규찰부장' 으로 임명했다.

'부장' 들의 임명은 모두 적절했다. 우리는 '종대 사령부' 회의를 소집하고 조직 확대에 대해 의논한 뒤 무언가를 막 하려던 참이었다.

뜻밖에 일이 발생했다.

우리가 의욕에 넘쳐 '제1종대' 일을 논의하고 있을 때 세일러 셔츠와 감색 운동셔츠를 입은 몇 명의 청년들이 갑자기 우리 사무실로 기세등등하게 들어오더니 곧바로 외쳤다.

"제기랄, 니들이 어떻게 '청근방'*들이냐?"

'청근방' 은 당시 사회에서 유행하던 말로 '청년근위군' 을 가리켰다.

이들의 기세를 보니 나쁜 의도를 가지고 온 것 같아 나는 얼른 의자 옆에 기대섰다. 만일의 사태가 발생한다면 이 의자를 무기로 쓸 수 있었다.

그러나 선쯔라이가 그들을 알아보더니 키 작은 뚱보에게 사납게 말했다.

"수이바오(水寶), 뭐 하나? 날세, 자넨 아직도 모르겠나!"

작은 뚱보가 선쯔라이를 보더니 하하 웃었다.

"자네였군, 선쯔라이! '제1종대' 라는 자네가 한 거였어!"

"그 막대기는 바로 세우게나."

선쯔라이의 말투가 온화해졌다.

"누가 자네더러 이 제1종대를 만들라고 했나? 어쩐지 계속 그림자도 안 보인다 했네."

---

* 청근방[近碼子]: '近' 은 청년근위군을, '碼子' 는 당시 창사 속어로 '패거리' · '무리' 라는 뜻이다. 이하 '청근방' 으로 번역하였다.

'수이바오'라고 불리는 작은 뚱보가 눈을 치켜뜨며 물었다.

"류(劉) '얼간이'(迷糊)가 동의한 걸세. 그가 소개장을 썼어."

선쯔라이의 얼굴이 순식간에 새빨개지며 변명하듯 말했다.

나는 류 '얼간이'라는 별명을 가진 사람이 '청년근위군'의 조직부장이라는 걸 나중에야 알게 되었다. 총부의 회의를 거쳐 일을 분담하여 그에게 조직 관리를 맡기고 총부의 각 인장은 모두 그가 보관하고 있었다.

"하이 사령은 모르고 있네!"

수이바오가 기세등등하게 큰 소리로 말했다.

"하이 사령이 어찌 모를 리가 있나?"

선쯔라이가 서둘러 말했다.

"하이 사령도 왔네. 밑에 있으니 가서 말해 보라구!"

수이바오가 머리를 흔들며 의기양양한 듯 말했다.

"오늘은 선쯔라이 자네를 보러 온 게 아니라 '1종대'라는 뭐시기를 죽사발로 만들어 놓으려고 왔네. 밖의 어떤 놈들이 '청근방'이라는 깃발을 내걸고 우리 '청근방'을 사칭하며 제멋대로 굴고 있으니 하이 형이 화가 나 개자식 놈들의 간판을 부수고 오라고 명령했어."

명성 높은 '청년근위군'의 하이 사령이 왔다는 말을 듣자 우리 몇명은 떨렸다. 왜냐하면 우리는 창사시 조반파들이 모두 존경해 마지않는 이 '영웅'을 한번 볼 수 있기를 고대하고 있었기 때문이다. 그러나 수이바오의 말은 우리 머리 위로 찬물을 끼얹는 것과 같았다.

설마 우리가 '사칭' 대열에 속한단 말인가?

선쯔라이가 내게 말했다.

"걱정 말게. 하이 사령이 왔으니 내려가 만나 보겠네. 우리 상황을 보고하면 '1종대' 조직에 동의할 거야."

나는 고개를 끄덕였다. 선쯔라이 자신이 가짜 '청년근위군' 조직원이 아니라면 우리 역시 가짜 '청년근위군'을 사칭할 리가 없다고 생각했다.

선쯔라이는 수이바오와 함께 내려가 하이 사령에게 해명하러 갔다.

우리 몇 사람은 멍하니 사무실에 앉아 조용히 회신을 기다렸는데, 마치 판결 선고를 기다리는 것 같았다.

샤오류가 내게 물었다.

"'1종대'를 하게 할까?"

나는 고개를 저었다.

"단언하기 힘들지."

샤오류가 익살스러운 모습으로 웃으며 말했다.

"못하게 하면 정말 끝장이야!"

나는 그를 바라보았다. 이해가 되지 않았다.

샤오류가 말했다.

"공부부터 시작해 한 3~4년 됐어. 그동안 간부도 맡아보고 지대 대장이나 소조장도 해보다가 이제 가까스로 이 청년근위대 '1종대'에서 간부직을 맡았는데. 그것도 규찰부장인데. 간부가 된 기분도 맛보기 전에 순식간에 눈앞에서 허사가 되어 버렸네."

우리 모두는 웃었다.

선쯔라이 한 사람만 돌아왔으나 얼굴은 유쾌한 표정이 아니었다.

나는 얼른 그에게 물었다.

"어찌 됐나요?"

그는 다소 풀이 죽은 듯 말했다.

"하이 사령이 우리 '1종대' 조직에 동의하지 않았어……."

찬물 한 통이 머리 위로 끼얹어지는 것 같더니 우리 몇 사람은 잠시 얼이 빠져 우두커니 선쯔라이를 바라보며 아무 소리도 내지 않았다.

"물건들을 정리하고 함께 총부로 철수하세."

선쯔라이가 계속 의기소침해하며 말했다.

"가까스로 사람들을 끌어 모았는데 또다시 총부로 돌아오라니. 제기랄, 하이 형이 어느 개자식의 썩은 생각을 들었는지 모르겠군!"

"우리 모두 총부로 가요?"

나는 눈앞이 밝아지는 걸 느끼며 얼른 물었다.

"전부 가네! 하이 형이 우리 몇 사람은 모두 총부로 오고 새로 뽑은 사람은 오지 말라더군." 선쯔라이가 말했다.

"내일 오전 차가 와서 우리를 총부로 데려다 줄 거야."

나는 순간 한숨을 내쉬었다. 우리를 '청년근위군'의 사람으로 인정하고 총부로 데려가다니 이야말로 좋은 일이 아닌가! '1종대' 일이야 하지 말라면 안 하면 되지 총부에 가는 것이 더 좋았다.

몇 시간 동안만 '부장'을 맡았던 몇 명의 형제들은 '청년근위군' 총부로 갈 수 있다는 말을 듣자 매우 기뻐 어쩔 줄을 몰라 했다. 무슨 '부장'이네 아니네는 진즉 아주 먼 나라로 내던져 버렸다.

"류, 이제 자네의 '규찰부장'은 정말로 끝났네."

나는 웃으며 샤오류에게 말했다.

"흥, 그게 뭐가 대수겠어. 앞으로 본인은 '청년근위군 총사령부'에서 보낸 사람입니다라고 밖에서 당당하게 말할 수 있게 됐는데."

샤오류가 싱글벙글하며 말했다.

선쯔라이는 우리가 모두 기뻐하는 것을 보더니 미소를 지었다.

나는 선쯔라이에게 말했다.

"형, 총부에 가서도 우리는 형 밑의 부하들인 거죠."

선쯔라이가 기뻐하며 얼른 말했다.

"황송한 말씀. 허나 총부에 가서도 한데 뭉칠 수 있을 거야."

나는 연신 고개를 끄덕였다.

이튿날 오전 총부에서는 정말로 중형 지프차 한 대가 우리를 마중 나왔다.

떠나기 전 나는 '알림' 벽보를 사무실 문 옆 벽에 붙였다. 이 '알림' 은 우리가 모집했던 청년들에게 '중요한 임무' 로 이곳을 철수하니 잠시 동안 그들을 '청년근위군' 으로 받아들일 수 없다는 설명이었다. 그러나 앞으로 그들에게 통지할 기회가 생길 것이라고 하면서 미안한 마음을 전했다. '알림' 뒷면 낙관 찍는 곳에 '제1종대 사령부' 라는 큰 도장을 찍었다. 이 도장이 있으니 그 청년들도 우리가 '청년근위군' 을 사칭한 사기꾼들이라고 추측하지 않을 것이며 까닭 없이 욕을 먹지 않을 것이다.

선쯔라이는 몹시 아쉬워하며 내가 쓴 이 '알림' 을 몇 번이나 보면서 '잠시' 라고 쓴 것은 아주 잘 했다고 말했다. 확실히 그는 자기가 창립하고 이제 막 번창하려 하는 '제1종대' 를 매우 아쉬워했다.

'종대 부사령 겸 정치부 주임' 인 나는 이틀간 맡고 끝나 버려 조금 아쉬웠지만 '청년근위군' 총부로 갈 수 있다니 오히려 기뻤다.

'청년근위군' 총부는 수전탐사설계원 안에 있었다. 이 설계원은 매우 넓어 사무건물과 기숙사를 포함해 수십 개의 건물이 있었다. '청년근위군' 총부는 그 중 3층짜리 사무건물 안에 있었는데, 그 건물은 이미 설계원 조반조직인 '손대성정진군' (孫大聖挺進軍) 에서 사용하고 있었고 '청년근위군'에서 3층을 전부 사용했다. 이 설계원의 대부분 사람들은 지식인들이었는데 어찌된 일인지 이 우아한 문화인들은 이곳을 '무화'(武化)된 '청년근위군'의 소재지로 쓰는 것을 매우 환영했다. 아마 이들 지식인 조반파들은 '청년근위군' 같은 강한 조반조직이 뒤에 있으면 아무것도 두려울 것이 없다고 여겼던 모양이다.

하이 사령은 그의 사무실에서 우리 몇 명을 만났다.

명성 높은 하이 사령을 만나다니 우리는 정말로 감격했다. 왜냐하면 일찍부터 그에 관한 적지 않은 영웅담이 세상에 널리 퍼져 있었기 때문이다. 예컨대 그가 베이징에 갔을 때 중남해 입구에서 혼자만의 무예로 중앙문혁에 반대해 중남해[中南海 : 중국 지도자들의 집무실 및 주거지]를 공격하러 온 십여 명의 베이징 '연동' 분자들을 격퇴시켰다는 것이다. 또 한번은 이백여 명의 '홍색노화' 사람들이 하이 사령의 거처를 습격했지만 하이 사령은 조금도 두려워하지 않고, 두 자루의 칼을 쥐고 십여 명의 형제들을 데리고 아수라장으로 만들어 버려, '홍색노화' 사람들이 참패해 도망갔다는 것이다.

눈앞에 있는 하이 사령은 입술 위에 옅은 수염이 있는 온화한 청년으로 평범한 큰형 같은 사람이었다.

그는 스물네다섯 정도에 불과했고 창사시 건축공사의 미장이였다. 문화대혁명 전에 솜씨가 좋아 '우수 건설노동자'라는 칭호를 얻기도 했다. 문화대혁명이 시작된 뒤 조반파가 되었는데, 처음에 '청년근위군'의 사령을 맡은 것은 아니지만 2·4지시로 '상강풍뢰'가 진압되는 한차례의 폭풍을 겪으면서 '청년근위군'이 여지없이 무너져 거의 흔적조차 없게 되고 원래 사령과 부사령들도 소리 없이 자취를 감추자, 그가 이 기치를 굳건히 받쳐 들었고 이에 따라 자연히 그가 다시 사령으로 '추천'된 것이었다.

그의 성은 사실 탄(譚)씨였는데 모두들 습관적으로 '하이 형'이라고 불러 자연히 세상에도 '하이 사령'으로 알려졌다. 사람들은 그의 성이 '하이'인 줄 알고 있었다. 심지어 국무원의 저우 총리가 그를 접견할 때에도 그를 '하이 사령'이라고 불렀다. 우리 회사에서 그에 대해 말할 때도 의문의 목소리가 있었다.

"성씨 가운데 '하이'라는 성도 있나? 들어 본 적이 없는데."

탄하이칭(譚海清: 하이 사령)은 사람이 호쾌하고 시원시원해 강호의 의리를 알았다. 물론 담력도 작지 않았다. 그가 지도하는 '청년근위군'이 후난 문혁의 '문공무위'(文攻武衛) 기간 동안 유명해져 중앙지도자들까지 그의 상황을 알게 되었다.

1967년 7월 하순 어느 날, 저우언라이 총리 사무실에서 후난 지좌를 위해 주둔한 47군 군부로 전화를 걸었다. 즉각 '하이 사령' 탄하이칭에게 비행기를 타고 베이징으로 와 후난성 각 군중 조반의 무투 중지 협상에 참가하라고 통지하고 그를 호송하라고 했다.

1967년 9월 초 어느 날, 저우언라이 총리의 전령을 받고 우한으로 건너가 후난 조반파 책임자와 성 군구 책임자 간의 회의에 참가했을 때 저우 총리가 탄하이칭에게 농담조로 말했다. "하이 사령, 자네에게 후난성 군구 사령을 맡으라고 하면 감당할 수 있겠나?" 회의 전 적지 않은 술을 마신 탄하이칭은 곤드레만드레 취한 모습으로 가슴을 두드리며 "문제없습니다!"라고 했다. 저우 총리가 그의 대답을 듣자 잠시 어리둥절해하다가 곧 크게 웃으면서 말했다. "지금 자네 모습을 보니 군구 사령을 맡으면 삼 일 내로 쓰러지겠구만."

1968년 1월 24일 중앙 지도자들이 후난 조반파 베이징 대표단을 접견하며 급진적 관점을 가진 조반조직인 후난 '성무련'(省無聯)을 비판할 때 언제나 제멋대로 말하는 '장칭 동지'가 갑자기 다른 지도자들이 말할 때 밑도 끝도 없이 한마디 끼어들었다.

"또 무슨 청년근위군, 소련에나 가 버리라고 해!"

이 말로 '청년근위군'의 운명이 결정되었다.

원래 이 조직의 명칭은 소련 구국전쟁 때 청년영웅단체였던 '청년근위군'에서 따 온 것이었다. 그러나 이는 단지 영웅을 숭배한다는 뜻에서 온 것이지 '소련수정주의'와는 무관했다. 그러나 장칭의 말 속에는 소련에서 들여온 어떠한 물건도 혐오하는 것이 분명했고, 그것이 영웅이든 악질분자든 상관없었다. 더욱이 중국의 청년 조반조직이든 뭐든 아랑곳하지 않았다.

1968년 2월 후 얼마 못 가 '청년근위군'은 해산을 선포했다.

당시 해산 선언에는 이러한 구호가 있었다.

"소련을 따라가지 않는다! 분파도 남기지 않는다! 마오 주석을 따라 계속 혁명한다!"

거기에는 불만도 있었고 또 어찌할 도리도 없었다.

후난 창사 조반파조직에선 '청년근위군'의 명성이 컸지만, 결국 후난성과 창사시 혁명위원회가 만들어질 때 불과 슝위린(熊玉林;기계공장의 청년 노동자)이라는 한 사람만을 시 혁명위로 보내 위원을 맡게 할 수 있었다.

'하이 사령' 탄하이칭은 성 혁명위원회에 들어갈 수 없었을 뿐 아니라, 그가 맡고 있었던 조직원이 무투 중 '포로'를 학살해 죽이는 사건에 연루되어 성 혁명위원회 성립 이전에 구금돼 거의 십 년 동안 갇히게 되고, 그 뒤로 7년 형을 받았다(10년을 갇혀 있었는데 7년 형이라니 나머지 3년은 어찌된 것인가? '하이 사령' 역시 공안과 법원에 이 문제를 제기한 적이 있었지만 다른 사람들은 그저 웃으면서 아무 말이 없었고 또 이 일을 처리해 주지도 않았다. 이것 또한 문혁과 관련된 괴이한 일일 것이다).

출감 뒤 탄하이칭은 식당을 열어 먹고 살 궁리를 했다. 그러나 지나치게 강호의 의리를 지킨 나머지 친구들이 자주 와 밥을 먹고도 돈을 내지 않았다. 결국 빚을 지고 공수표를 남발하다가 본전을 까먹고 문을 닫을 수밖에 없었다. 그 후 그는 다시 회사를 열어 장사를 해 다소 성과를 보았다. 그 뒤 병으로 1997년에 세상을 떠났다.

하이 사령은 우리를 정중하게 대해 주었고, 말할 때의 어투도 온화했다.

그는 자유로이 우리 몇 사람의 상황에 대해 묻고는 웃으며 말했다.

"'청근'에 온 걸 매우 환영합니다."

'청근'은 사람들이 '청년근위군'을 부르던 약칭이었다.

이제 나는 완전히 마음을 놓을 수 있었다.

"허나 분명하게 말해 두어야겠소. '청근' 전사가 된다는 것은 위험한 일입니다. 지금 무투 상황도 갈수록 심각해지니 우리도 말려들어 가지 않으리란 보장은 없어요. 한번 말려들어 가면 다치거나 심지어는 죽는 상황도 발생할 수 있습니다. 이 점을 우선 분명히 알아야 하고, 이삼 일 동안 생각해 본 다음 자신이 적합하지 않다고 생각되면 고집 부리지 말고 단위로 돌아가 조반파를 하면 됩니다."

그는 또 근엄하게 우리에게 주의를 주었다.

이 점은 우리가 진작부터 생각하고 있었다. 그렇지 않다면 단위 조반파 우두머리의 신분을 버리고 '청년근위군'에 들어올 리가 없었다.

"싸움을 하면 희생이 따르게 됩니다. 사람이 죽는 일은 자주 발생하지요. 그러나 우리는 인민의 이익을 그리고 많은 인민들의 고통을 생각해야 합니다. 인민을 위해 죽는다면 가치 있는 일이지요."

마오쩌둥 주석의 이 어록을 당시 사람들은 거침없이 외웠을 뿐 아니라, 많은 청년들이 자신의 머릿속에 담아 두었다. 당시 우리가 조반하고 무투에 참여한 것은 모두 사회주의 국가가 수정주의로 변하지 않도록 지키고, 마오 주석의 혁명노선을 지키며 인민의 이익을 지키기 위한 것이라고 마음속 깊이 굳건하게 믿고 있었다. 지금 어떤 청년들은 당시 목숨을 경시했던 우리의 행동을 평가하며 이런 말들을 한다.

"당신들은 그때 정말로 어리석었어요. 자신의 목숨까지 버리겠다고 했으니!"

확실히 당시 우리는 어리석은 꼴이었다. 그러나 그 어리석음은 정말로 개인을 위한 것이 아니었고 일종의 이상적인, 이미 비틀린 '유토피아'를 위해서였다.

하이 사령은 우리에게 '제1종대' 일은 찬성하지 않는다고 말했다.

그는 '청년근위군'은 특수한 조반조직으로 모두 청년들로 구성된다고 했다. 청년들이 한 무리를 이루면 골치 아픈 일이 적지 아니 일어나 위세를 부리고 우쭐대며 남들에게 지기 싫어하고 심지어는 행패를 부리며 남을 위압할 수도 있었다. 이에 따라 총부에서는 무너지고 해산된 기존의 조직은 더 이상 인정하지 않고, 남은 조직을 잘 정비해서 다시 정식으로 비준해 총부가 그들을 통제하고 장악할 수 있도록 한다는 것이었다. 그렇지 않으면 기층조직은 제각기 스스로가 대단하다고 여겨 마치 산을 점령한 도적떼처럼 굴고, 거기에다 '청년근위군'을 사칭한 사람들까지 더해지면 '청년근위군'의 명성을 크게 훼손시킬 수 있었다. '제1종대'의 성립은 아직 통과되지 않았고, 류 얼간이로부터 나간 총부 소개장이 몇 장인지는 모르지만, 이미 류 얼간이를 한바탕 호되게 꾸짖었고 앞으로 더 이상 이런 소개장이나 증명서 혹은 위임장을 내줄 수 없다고 명령했다는 것이다.

"나는 '청근'이 많은 사람들로 이루어진 조직으로 발전하길 바라지 않고, 그저 조직원들이 순수하게 남아 있길 바랍니다. 총부에서 통일된 행동을 통제할 수 있어야 하며 아래 사람들이 제멋대로 행동하는 것을 허용할 수 없습니다. '청근' 사람은 적지만, 좋아야 합니다. 그래야 쌍놈의 자식들이 가까스로 얻은 우리의 명예를 손상시키는 것을 막을 수 있습니다."

하이 사령은 다소 격분한 듯 우리에게 말했다.

"이렇게 조이지 않고 마음대로 행동하게 놔두면 감방에 가게 될 테고, 그렇게 되면 무슨 일을 위한 건지도 모르게 됩니다!"

그는 눈을 크게 뜨고 우리를 두루 바라보며 덧붙여 말했다.

나는 하이 사령의 말이 일리가 있다고 생각했다. 한 조직에는 마땅히 규율이란 게 있어야 조직의 발전 역시 효과적인 통제를 받을 수 있다. 그렇지 않으면 통일된 행동과 규율은 빈말이 되는 것이다.

그러나 하이 사령은 그 후 결국 통제력을 잃었다. '청년근위군'은 급격히 발전해 그의 통제 범위를 훨씬 초월해 버렸다. 결국 그는 그의 부하에 의해 해를 입게 된 것이다. 모 기층조직의 몇 사람이 무투 중 '포로'로 잡힌 두 명의 보수조직 사람들을 잔혹하게 고문하다 그 중 한 명의 '포로'가 불행히도 죽고 말았다. 그 흉악범은 자신이 받을 징벌을 가볍게 덜기 위해 하이 사령을 그 사건에 끌어들였다. 따라서 그도 이 때문에 몇 년간 감옥에 간 것이다.

'청년근위군' 총부엔 원래 스무 명 가량의 사람이 있었다. 내게 새 신분증을 발급해 주었는데 번호가 28번이었다. 함께 온 몇 명의 형제들을 합쳐 모두 32~33명에 불과했다. 하이 사령이 우두머리였고 몇 명 역시 우두머리인 셈이다. 왜냐하면 하이 사령이 이들과 자주 일을 논의했기 때문에 기본적으로 하이 사령의 측근인 셈이었다. 그러나 그러한 '논의'는 우리가 원하기만 하면 언제든지 끼어들 수 있는 것이었고 엄격한 등급은 없었다. 총부에선 모두들 하이 사령이 '우두머리'라는 것만을 알고 있었다. 그 뒤 일군의 '부사령'들이 나오게 된 건 모두 조직을 일으키고 싶어 하는 '책임' 때문이다. 7월 초 중앙과 중앙문혁에선 후난성 창사시 조반파조직 대표를 베이징으로 불러 접견했다. 창사시 각 조반조직에선 모두 자기 조직의 1, 2인자를 보냈지만, '청년근위군'의 하이 사령은 가지 않았다. 그는 당시 한창 발전 중인 조직을 떠날 수 없다고 생각해 회의를 열었다. 그는 중앙에서 우리 '청년근위군'에게 대표를 보내 베이징 협상에 참가하라고 하는데 자신은 갈 수 없으니 누가 가겠냐고 물었다. 순간 모두들 어떻게 대답해야 할지 몰랐으나 슝위린이라는 청년이 스스로 맡겠다고 자처하며 가장 먼저 '대표'가 되겠다는 의사를 밝혔다. 하이 사령은 슝위린을 베이징 대표로 지정하고 베이징으로 보냈다. 뜻밖에 중앙에선 후난성 조반파 대표들에게 후난성 문혁 무투 문제에 관한 몇 가지 문건에 서명하게 했고, 슝위린은 '청년근위군'의 2인자인 '부사령'의 직함으로 서명했다. 사실 슝위린은 당시 '청년근위군' 총부에서 하이 사령의 조수에 불과했으며 무슨 '부사령'은 아니었다. 그러나 다른 조직에서 온 사람은 모두 '사령'이었고 슝위린은 '대표'의 지위가 너무 낮아 중앙수장과 다른 사람들이 무시할지 모른다고 생각해, 기지를 발휘해 자신이 하이 사령

다음가는 제2인자의 신분임을 자임했다. 베이징에서 서명한 문건들이 전단 형식으로 우리 '청년근위군' 총부에 전해졌을 때 모두들 숭위린이 '부사령'이라는 직함으로 서명한 것을 보고는 놀랐으며 에두른 비평 역시 적지 않았다. 그러나 상황을 이해하는 하이 사령은 넓은 마음으로 승인해 주었다. 그 뒤 숭위린은 정말로 '청년근위군'의 2인자 신분이 되어 창사시 혁명위원회 영도기구에 들어갔다.

어떤 현인이 말한 적이 있다. 진정한 권력은 종종 대담하게 책임지고 용감하게 짐을 지는 사람의 수중으로 떨어진다고 말이다.

확실히 맞았다. 문화대혁명의 조반파조직에서 이러한 일은 곳곳마다 모두 있었다.

우리가 '청년근위군' 총부로 온 뒤로 각자 버드나무 가지로 만든 안전모와 새 철창을 받았다.

버드나무 모자를 머리에 쓰면 확실히 안전감이 느껴졌고, 긴 창을 손에 쥐면 스스로 위엄이 느껴졌다. 그러나 긴 창으로 다른 사람의 배를 찌를 수 있을까를 생각하면 곧바로 전율감과 공포감이 생겼다.

샤오리는 그 긴 창을 잡고 한참을 멍하게 바라보더니 내게 물었다.

"우리가 설마 정말로 이걸로 사람을 찌를 수 있을까?"

"아무 이유 없이 왜 사람을 찌르겠어. 방어하는 것뿐이지!"

나는 스스로 위로하며 설명했다.

"방어라, 난 이걸로 못 찌를 것 같아! 이걸로 찌르면 뱃가죽이 뚫리고 피가 솟구쳐 나올 텐데. 놀라 자빠질 걸."

샤오리는 이렇게 말하며 창을 땅에 내던지더니 쳐다보지도 않았다.

나는 창을 내던지진 않았다. 상대방을 놀라게 하는 것이라면 그나마 괜찮지만, 정말로 그걸 사용한다면 나 역시 맞설 용기가 없을 것 같아 두려웠다.

"정말 싸우게 된다면 돌 몇 개 멀리 던지는 건 할 수 있지만, 칼이나 긴 창을 드는 일은 할 수 없어." 샤오리는 연신 고개를 흔들며 말했다.

정말로 그 뒤 우리가 차를 타고 밖으로 '순찰' 하며 버드나무 모자와 긴 창으로 '완전무장' 하고 '고사' 파를 위협할 때면 샤오리는 버드나무 모자만 썼지 그 무서운 철창을 든 적은 없었다.

그러나 철창은 사용하기도 전에 곧바로 쓸모없게 되었다.

창사시에서 공장 민병들이 훈련할 때 사용하는 총기와 탄약을 빼앗는 일이 발생했기 때문이다. 대체 어떤 파벌에서 먼저 물길을 열었는지는 누구도 분명히 알지 못했다. 어쨌든 모두 상대방이 먼저 총을 빼앗으려 했다고 비난하면서 자신들의 '탈취는 정당하다' 고 주장했다.

대략 7월 십 며칠쯤인 어느 날, 하이 사령은 총부 전체 인원을 건물 회의실 내로 소집시키고 문을 굳게 닫았다. 외부인이 들어오지 못하도록 입구에 사람을 세워 놓고는 비밀회의를 열었다.

회의에서 하이 사령은 총구 탈취 계획을 선포했다.

하이 사령은 '고사' 는 군구의 지지로 무투를 하는 '무공대' (武工隊) 조직을 특별 조직했고, 지금 '홍색노화' 역시 민병들이 사용하는 총을 빼앗기 시작했으니 앞으로는 총 대 총의 무투가 될 수도 있다고 말했다. 우리 역시 주저할 필요 없이 자초지종 따지지 말고 우선 총을 빼앗아 무장하자고 했다. 그렇지 않고 적들에게 총이 생겨 우리를 깡그리 해치워 버리면 우리는 그저 당할 수밖에 없다고 했다.

총 한 자루만 구할 수 있다면 어떤 방법이든 상관없다고 모두들 흥분했다.

우리의 이번 총기 '탈취' 행동은 실상 편안하게 총을 얻는 것이라 어떠한 위험도 없었다.

한 사탕식품 공장의 무장부에선 평소 수십 개의 총을 보관하고 있었다. 왜냐하면 이 공장은 노동자 민병 중점훈련단위였기 때문에 창사군 분구에서 이 공장 무장부에 무기창고를 설치하라고 허가해 주었기 때문이다. 그런데 단위마다 민병 총기 탈취 바람이 불고 실제로 이 공장의 권력을 장악한 조반파들이 공장 내 '홍색노화'에 참가한 보수파들이 무기를 탈취할까 두려워 먼저 손을 쓰는 것이 좋겠다고 결정한 뒤 우리 '청년근위군'을 부른 것이다. 그러나 보수파가 꼬투리를 잡아 나중에 공격해 올 것에 대비해, 하이 사령과 이 가짜 탈취극에 대해 논의하게 된 것이다.

사전 계획에 따라 우리 수십 명은 차를 타고 이 사탕식품 공장으로 돌진했다. 두 팀으로 나눠 한 팀은 무기가 보관된 창고로 돌진해 문을 부수고 들어가 총기와 탄약을 옮기고, 다른 팀은 이 공장 조반파 우두머리의 사무실로 돌진해 미리 사무실에서 기다리며 회의를 여는 척하는 조반파 사람들의 머리를 철창으로 겨누고, 공장의 총기를 내놓으라고 큰 소리로 명령하기로 했다. 그리고 우리 '청년근위군'이 총을 거두겠다고 하면 우두머리가 가짜로 어려움을 하소연하며 무기를 내주지 않는다. 그러면 우리는 그들 사무실의 물건들을 부수며 협박하고, 고의로 목청을 돋우며 '청년근위군'을 지지하지 않는다고 욕해 건물 안의 모든 사람들이 들을 수 있도록 한다는 것이다.

나의 임무는 이 사무실로 돌진할 때 사무실의 보온병과 찻잔을 깨부수는 것이었다. 왜냐하면 이런 물건들이 시멘트 바닥에 부숴지면 사람의 신경을 자극하는 날카로운 소리가 쉽게 나기 때문이다. 과연 사전에 연출된 순서에 따라 쌍방이 팽팽히 맞서는 와중에 긴 창으로 보온병을 거세게 부수고, 백자 컵 하나하나를 매섭게 땅 위로 부서뜨렸을 때 사무실 입구엔 벌써 구경하려는 이 공장 사람들로 가득했다.

우리 일행의 책임자는 작은 키의 이(易)씨였다. 건축 노동자로 얼굴에 약간의 곰보자국이 있어 모두들 곰보형이라 불렀다.

건물 안 사람들이 다들 놀라는 것을 본 곰보형은 이 연출된 극의 효과를 알고는 이제 수습할 때가 왔다고 생각했다. 그는 긴 창을 쥐고는 사무실 안에 있던 이 공장 조반파 우두머리에게 큰 소리로 말했다.

"너희들이 동의하지 않아도 소용없다. 이 총들은 우리 '청년근위군'에서 빌려 쓰기로 했으니까. 문화대혁명이 끝난 뒤 우리가 돌려주도록 하마."

조반파 우두머리는 입구에 있는 공장 사람들 앞에서 우리가 총을 '빌린다'는 것에 단호히 반대하며 어쩔 수 없는 것처럼 가장했다.

이때 총을 빼앗기로 한 팀에서 사람이 와 곰보형에게 손짓을 했다. 곰보형과 우리는 그들이 전부 손에 넣었다는 것을 알았다. 곰보형이 우리에게 손을 흔들었다.

"철수!"

이번에 탈취한 총으로 우리 총부 수십 명의 사람들은 단번에 정말로 무장할 수 있게 되었다. 보병총·경기관총과 십여 개의 새로운 탄알이 생기고 매 사람 총을 받게 되어, 모두들 미친 듯 기뻐하며 마치 아이가 설날 세뱃돈을 받은 것처럼 좋아했다. 하이 사령과 이미 그의 측근이 된 우두머리들은 만족하지 않았다. 하이 사령이 우리에게 군청색 나무 상자를 열어 보라고 명령한 뒤 전부 탄알인 것을 알고는 실망하며 말했다.

"제기랄, 권총 하나 없네."

사탕식품 공장의 조반파 우두머리들이 조용히 '청년근위군' 총부로 와 우리에게 빼앗긴 총기를 보더니 마음속으로 안타까웠나 보다. 자기 단위의 무기인데 써 볼 수도 없이 우리에게 내주고 위세를 부리게 되었으니 말이다. 그들 중 한 사람이 참지 못하고 하이 사령에게 말했다.

"하이 형, 이 총들을 쓰지 말고 남겨 뒀다가 나중에 우리에게 돌려줘 도 되잖아요?"

하이 사령이 웃으며 말했다.

"이런 낡은 총이 뭐가 귀하다고. '38'도 아닌 '79'고, 이도 다 빠졌는데. 우리가 사용할 수 있는 건 한 자루도 없어. 며칠 뒤 우리가 새 걸로 바꾸면 전부 돌려주지. 하나도 빠뜨리지 않고!"

조반파 우두머리들은 기쁜 듯 다시 말했다.

"하이 형, 군자일언은 중천금이오. 나중에 딴 얘기하면 안 됩니다!"

"말한 것은 반드시 지켜야지!" 하이 사령이 단호하게 말했다.

하이 사령은 이미 계획이 있는 것 같았다. 과연 며칠 뒤 우리 나이보다 더 오래된 일본 38과 한양 79, 소련식 762 보병총의 낡은 총들이 단번에 전부 최신식 56식 자동소총, 보병총, 기관총으로 바뀌었다.

그 뒤로 얼마 지나지 않은 어느 날, 대략 7월 22일이나 23일쯤 몇 명의 진짜 군인이 총부로 하이 사령을 만나러 왔다. 그들은 창사시 주재 해방군 정치간부학교 사람들이었다. 이 학교 대부분의 군관과 교직원들은 모두 성 군구의 방식에 동의하지 않아 이미 '공련'을 대표로 하는 조반파를 지지한다는 성명을 발표했다.

한 차례의 밀담이 오간 뒤 그들은 다시 은밀히 떠났다.

하이 사령은 즉각 총부 전체 긴급회의를 소집하고 사람을 보내 이미 건립된 몇 개 기층조직의 책임자를 불렀다.

창사시 양 파벌 간의 총기 탈취 바람이 갈수록 심해져 공장 단위의 민병 총기뿐 아니라 군 분구 소속의 구 무장부 2곳 역시 총기를 탈취 당했다. 해방군 정치간부학교 조반파들은 '고사' 파가 그들 학교 무기 고의 총을 탈취할까 걱정하다 이리저리 고민한 끝에, 아예 총을 우리 '청년근위군' 등의 조반조직에 넘겨주겠다고 생각한 것이다.

다음 날 이른 아침 우리 '청년근위군' 수백 명의 청년들은 각기 차 량을 나눠 타고 차례대로 해방군 정치간부학교로 돌진했다. 정치간부 학교에서 군복을 입고 있던 조반파들의 은밀한 안내 아래 무기창고 철 문의 자물쇠를 부수고 들어갔다. 그리고 길고 네모난 군청색 나무상자 를 모두 하나씩 들고 나와 차량에 신속하게 싣고, 차례차례 간부학교 를 빠져나와 각자 조직의 소재지로 갔다.

우리 총부 사람들은 창고의 뜰 안에서 나무 상자를 열어 안에 있는 기름칠 된 총기를 꺼내 얼른 깨끗하게 닦고는 두 명의 간부학교 조반 파 군인의 지시와 도움 아래 하나씩 조립했다. 창고 주변과 간부학교 정문에 사람을 보내 보초를 서게 하여 신분이 불분명한 사람의 손에 총이 들어가지 않도록 경계했다.

나는 긴 모양의 나무상자를 열어 56식 반자동 보병총을 꺼냈다. 주 머니 네 개 달린 군복을 입은 해방군이 열의와 인내심을 가지고 내게 어떻게 닦는지 그리고 어떻게 분해하고 조립하고 사용하는지 가르쳐 주었다. 그리고 내게 총기 번호를 기억해 두어 다른 사람과 바뀌지 않 도록 하라고 일러 주면서 이것은 군인으로서 자기 무기에 대한 최소한 의 예의와 이해라고 말했다. 총 위에 묻은 기름을 전부 닦아 내니 과연 총 노리쇠 옆과 나무받침 위에 모두 같은 번호가 있었다. 041949. 나는 단번에 이 번호를 외웠고 평생 잊지 않았다. 왜냐하면 이 번호는 두 가지 특징이 있었는데, 04는 당시 전화 조회번호였고, 1949는 신중국 탄생 연도이자 내 출생 연도였기 때문이다.

그 해 무투 기간 동안 연달아 총 여러 개를 보유했지만, 이 041949 번호의 56식 보병총은 중앙의 '9·5' 명령 이후 반납할 때까지 시종 나와 함께 있었다.

허우촨장과 샤오리는 보병총을 원하지 않고 56식 자동소총을 얻었다. 자동소총이 기관총처럼 연발사격이 가능해 만족스럽다는 것이었다. 그러나 나는 그 당시 자동소총 위에 총검이 장치되지 않아(그 뒤로 56식 자동소총에 총검이 생겼다) 섬뜩한 빛이 번쩍이는 늠름한 위풍이 없어 싫었다. 2월 4일 늦은 밤 군대가 '상강풍뢰' 사람들을 잡을 때 내게 남은 가장 깊은 인상은, 바로 군인들의 보병총에서 나온 하얀 총검이었다. 그때 이후 불과 몇 달 지나지 않은 시간에 이렇게 번쩍이는 총검 달린 소총을 내 손으로 받쳐 들게 될지는 생각지도 못했다.

처음 우리가 총을 운반할 때는 질서정연하게 진행되었다. 하지만 정치간부학교 부근 공장의 조반파에서 우리가 모두 최신식 총기로 바꾸는 것을 보고는 부러워하며 곧바로 전부 들어와 자신들의 조직을 위해 계속해서 총을 빼앗아 갔다. 사람이 많아지고 또 서로 모르는 사이가 되다 보니, 원래 조직적으로 총을 옮기려던 정치간부학교 조반파들의 생각은 허사가 돼 버리고 총기의 행방조차 통제할 수 없게 되었다.

나와 몇 명의 '청년근위군' 은 정치간부학교 정문 앞에 배치받아 새로 얻은 보병총을 메고 신분을 모르는 사람의 출입을 막았다. 그러나 차량 한 대 한 대씩 각 공장 조반파들이 몰려온 뒤로는 우리 역시 어쩔 도리가 없었다. 그들 모두 조반파 완장을 달고 있어 도의상 그들을 막을 수 없었다. 당시엔 누구라도 완장 하나를 얻어 달기라도 하면 아예 문제 삼지 않았다. 따라서 우리 역시 그대로 내버려 둘 수밖에 없었고 조반파 완장이 있는 사람은 모두 들어갈 수 있었다.

우리는 단지 두 명의 초등학생을 막았다. 그들이 어떻게 정치간부학교에 들어왔는지 모르지만 갑자기 그들 키보다도 큰 총을 메고는 싱글벙글 어깨를 으쓱거리며 정문을 통과하려고 했다.

나는 그 둘을 큰 소리로 불러 세웠다.

"너희들 어디서 왔니?" 나는 총검이 열린 총을 받쳐 들고 엄하게 물었지만 그들에게 총구를 겨눌 수는 없었다. 안전핀을 잠갔지만 오발될까 좀처럼 안심할 수 없었다.

"우…… 우린 ○○초등학교 홍위병이에요."

초등학생이 내 고함소리에 매우 긴장했다.

"누가 너희더러 총을 가져가라고 했어?" 내가 다시 물었다.

"우리 스스로 온 거예요. 우리 친구가 총 한 자루 가지고 온 걸 보고는 우리도 온 거라구요." 한 초등학생이 쭈뼛쭈뼛 대답했다.

"조무래기들이 무슨 총을 갖고 놀아! 어서 총 내려놔!"

내가 그들에게 명령했다.

"우리 홍소병﹝紅小兵 : 문혁 기간 중에 존재했던 소년조직 또는 그 조직의 학생﹞들도 조반판데, 왜 총을 가질 수 없어요?"

"우리 친구는 가져도 되고, 왜 우리는 안 되죠?"

두 초등학생은 무리하게 졸라 대며 가느다란 소리로 내게 반박했다.

"뭐라 말하든 어린아이들은 총을 가질 수 없다. 어서 총 내려놔. 안 내려놓으면 저쪽 아저씨들을 불러 니들을 잡아다 감옥 안에 가두라고 할 테다!"

나는 정문 입구의 동료들을 가리키며 그들에게 으름장을 놓았다.

결국 초등학생들이 내 말에 놀라 매우 서운해하며 총을 내 발 아래 놓고는 불만스러운 듯 한 걸음 떼고 뒤돌아보며 갔다.

며칠 지나지 않아 성 군구와 군 분구, 군용 물자창고가 모두 털려 대량의 무기들이 민간으로 흘러 들어갔다. 양 파벌 간의 투쟁 도구는 더 이상 종이와 붓이 아니었고 진짜 총포들이었다. 이때 창사시 도처에는 긴 총을 메고 권총을 찬 인민들이 샹강 하류를 경계로 강 동쪽 지역은 '공련'과 '샹강풍뢰' 조반파 천하가, 강 서쪽 학원가 쪽은 '고사' 파 무장의 통제지역이 되었다. 이때 진짜 군인과 해방군 간부와 전사들은 오히려 빈손이 되어 탈취에 방어할 총도 없었다.

해방군 군관학교의 조반파 군인들이 왜 우리를 끌어들여 군용 창고를 탈취하게 했을까? 왜 현대화된 진짜 군사무기로 지방 조반파를 무장하도록 했을까? 당시 표면적인 이유는 '고사' 파에서 탈취해 갈까 두려워 파벌 때문에 그렇게 한 것이라고 했다. 하지만 군인으로서 아무리 파벌 의식이 있어도 군대의 삼엄한 규율이라는 것을 잊을 리는 없다. 지방 사람들을 끌어들여 무기를 탈취하도록 한 것은 아무리 엄청난 이유가 있어도 중대 범죄인 것이다. 그런데 창사 주재 군사학교 조반파들은 어찌하여 이리도 큰 담력을 가질 수 있었단 말인가?

원인은 바로 우한 '7·20사건'이 발생한 전후로 아래에서 보고된 정황에 따라 마오쩌둥이 전국 문혁 정세에 대한 판단을 갖고 있었기 때문이었다. 즉 그는 전국 대다수의 군 분구와 무장부가 모두 보수파를 지지하고 조반파를 진압한다고 생각했다. 따라서 반드시 '무장 조반파 노동자'와 '무장 학생'이 있어야 한다고 생각했다. 광둥성에서 가장 먼저 발생한 조반파 총기 탈취 사건에 대해, 그는 질책하지 않았을 뿐 아니라 오히려 무슨 잘못이 없다고 생각했다. 따라서 마오쩌둥이 이러한 단정을 내린 뒤 장칭은 7월 22일 허난 조반파 대표를 접견하면서 조반파는 '문공무위' 해야 한다는 구호를 공개적으로 제기했다. 이것이 후난 군사단위에서도 무기 탈취가 발생하게 된 배경이다. 위대한 영수이자 중앙문혁 지도자들이 지시 연설에서 모두 조반파 노동자의 무장을 제기했는데, 군사학교의 조반파로서 지방의 조반파 노동자를 신속하게 무장시키는 것 외에 또 무슨 고려할 만한 일이 있었겠는가?

〖 11 〗
진짜 총과 탄환이 오가는 무투를 직접 겪다

'문화대혁명'이라 불리는 문혁운동이 많은 무투로 변화·발전된 것을
오늘날의 사람들은 정말로 이해하기 힘든 일이라고 느낀다! 나는 당시
우리들은 정말로 미치지 않았을까 회상하곤 한다. 그러나 확실한 사실
은 지금 사람들이 상상하듯 그렇게 간단하고 명료하지 않다는 것이다.
당시 우리에게 영향을 미친 것은 문혁 중 발생한 '파벌의식'뿐 아니라
과거 장기적으로 받아 왔던 일정한 교육과 사상의 영향이 있었다.

후난성 양 파벌 간의 무투, 즉 '공련'·'상강풍뢰'파와 '고사'파 간의
투쟁은 1967년 7월이면 이미 목숨을 거는 열띤 단계에까지 이르게 된
다. 이때 무투는 거의 양 파벌 간 투쟁의 주요 형식이 된다. 무투가 끊
임없이 일어났고 게다가 갈수록 격렬해지고 확대되어, 곤봉과 긴 창에
서 진짜 총과 탄환으로 발전했고 심지어 탱크까지 무투 전장에 등장하
게 된다.

　무력 사용은 사람 수에 무기가 가세한 대결이다. 대학생 위주인 '고
사'와 소수의 노동자 보수파 사람들은 자연히 수십만 노동자가 주체가
된 조반조직, 즉 '공련'과 '상강풍뢰'의 적수가 아니었다. 무투가 문화

대혁명의 주요 내용이 된 이후부터 '고사' 파는 점차 창사시 시내에 있는 진지를 잃게 되고, 샹강 서쪽의 대학문화구역으로 물러나 베이징에서 한창 벌어지고 있는 후난성 양대 파벌 대표 간의 협상 결과를 기다리는 수밖에 없었다.

베이징 협상의 첫번째 협의는 후난성 무투를 제지하자는 양 파벌 간의 약속에 관한 내용이었다. 이러한 허울 좋은 협의는 곧바로 통과되어 후난성 양 파벌 대표가 모두 흔쾌히 서명을 했고, 수천수만의 전단으로 인쇄되어 후난성 전체에 뿌려졌다. 그러나 이 '무투 제지' 협의의 효과는 거의 제로에 가까웠다. 그것을 진지하게 생각하는 사람은 한 사람도 없었고 협의에 따라 집행하는 일은 말할 나위도 없었다.

'고사' 파는 이 협의의 힘을 빌려 자신보다 우세한 '공련' 과 '상강풍뢰' 파의 무력을 해제하고 성 군구의 지지 효과가 최대한 발휘되길 바랐다. 또한 대학생들은 여론을 만들 수 있는 천연적인 이점이 있어 후난성 문혁문제에 대한 중앙의 처리에 영향을 미칠 수 있었다. 그러나 그들은 또한 이미 얻은 각종 무기를 포기하지 않았고, 오히려 자기 파의 무장력을 계속해서 강화하고 확충했다. 각종 '항폭지휘부'(抗暴指揮部)를 조직해 보루를 세우고 샹강 서쪽 강변에 있던 조반파를 몰아내, 전체를 그들의 천하로 만들려 했다.

'공련' 과 '상강풍뢰' 파는 그저 '무력도발' 이라는 죄명을 쓰고 싶지 않아 그 협의에 서명했지만, 자신들이 싸워 이겨 얻은 진지를 결코 포기하려 하지 않았다. 조반파 우두머리들은 자신들에게 어떠한 관료의 경력도 없기 때문에, '조반' 이라는 방침 외에는 막강한 실력을 보유하는 것만이 중앙의 지지를 얻을 수 있는 결정적인 요인이라고 믿었다. 이때는 이미 문화대혁명 초기처럼 소수의 조반파가 조반 구호에만 의

지해 중앙의 승인과 지지를 얻을 수 있는 때가 아니었다. 왜냐하면 초기는 조반을 호소하는 단계였지만, 1967년 7~8월에 이르면 투쟁의 양 파벌은 조반이든 보수든 모두 '조반'을 각 파벌의 기치로 내건다. 중앙은 지금도 여전히 조반파를 지지하지만 각 지역의 정세를 좌우하거나 안정시킬 수 있는 실력 있는 조반파만을 지지했다. 따라서 창사시 조반파는 누구도 '무투 제지 협의'를 전부라 생각지 않았다. '고사' 파가 무기를 내려놓으리라 믿지도 않았으며, 자신들의 무장을 해제할 생각은 더욱 없었다.

창사시 샹강 서쪽 강변에는 두 개의 큰 공장이 있었다. 그곳은 무투가 시작되자 가장 먼저 공격을 막는 곳이 되어 공장 노동자들이 출근할 수 없게 되었다. 결국 '고사' 파가 서쪽의 조반파를 '제거'할 때 점거해 버렸다.

조반파 우두머리들은 창사시의 조반파 세력이 있는 큰 공장을 '고사' 파가 점거했다는 사실을 용인할 수 없어, 그 두 개 공장의 '수복' 계획을 결정했다.

'청년근위군'은 창사시 조반파 연석회의에서 결정한 계획을 집행하는 선봉대였다.

7월 26일 저녁 날씨는 무더웠고 더위가 사람들을 괴롭혔다.

'청년근위군' 총부에는 백 명이 넘는 청년들이 모여 각각 새로운 56식 반자동 보병총과 자동소총을 메고, 허리에 금빛 찬란한 탄띠를 휘감고는 하이 사령의 측근인 곰보형의 인솔 아래 차를 타고 강변으로 갔다. 다시 강을 건너는 기선으로 갈아탄 후(당시 샹강에는 아직 다리가 없었다) '고사' 파가 점거한 서쪽 강변의 그 방직 공장으로 진군하였다.

지금 샹강 위에는 몇 개의 다리가 있어 도시 양쪽은 이미 하나로 연결되었다. 옛날 사람들이 강을 건널 때 필요했던 연락선 역시 도시에서 사라졌다. 강을 건너는 일은 이쪽 길에서 저쪽 길로 가는 것처럼 이미 간단한 일이 되었다. 그러나 문혁 당시 강을 건너는 것은 굉장히 불편한 일로 더욱이 배를 타고 서쪽 강변을 무장 공격한다는 것은 아주 위험한 일이었다. 강 중간까지 가면 배에 탄 사람들은 무기 화력의 사정권 안에 노출되기 때문이다.

나와 선쯔라이·샤오리·샤오류 등도 당연히 참가했다. 새로운 56식 보병총으로 바꾼 뒤 모두 일종의 '전쟁'의 욕망을 맛볼 수 있었다.

배 위에서 샤오리가 내게 물었다. "이번 싸움, 두려워?"

나는 조금도 주저하지 않고 말했다.

"두려워할 게 뭐가 있어. 이렇게 많은 사람들 손에 총이 들려 있는데 뭐가 두렵겠어!"

샤오리가 고개를 저으면 말했다.

"내가 물어본 건 죽는 게 두렵지 않냐는 거야."

죽음? 생각해 본 적이 없었다.

"두렵지 않아." 내가 말했다.

"정말로 두렵지 않아?" 샤오리의 얼굴이 변하면서 눈을 크게 뜨며 나를 보고 큰 소리로 물었다.

나는 그를 바라보며 웃었다. 그러나 대답은 하지 않았다.

이렇게 사람들이 많은데 굳이 나까지 죽을 차례가 오겠어? 그런 우연이 있겠나! 죽어야 한다면 죽지 뭐. 어쨌든 사람은 모두 죽으니까 이렇게 죽는 것도 영광스런 일이지. 하지만 죽음의 신이 내게 올 거라고는 좀처럼 믿기지 않았다. 나는 죽음이 아주 먼 일이라고 생각했다.

머릿속에선 대자보에서 보았던 '린 부주석'의 연설이 떠올랐다.

"오늘 굳은 결심을 한다. 총 한 번 울리고 전장에서 죽는다. 끝장이면 끝장이다……."

얼마나 용감한가! 얼마나 비장한가!

끝장이면 끝장이다!

죽는다고 해도 이뿐인 것을! 무엇이 두렵겠는가!

"혁명은 죽음을 두려워하지 않아. 죽음을 두려워하면 혁명을 할 수 없어."

나는 갑자기 호기에 넘쳐 샤오리에게 말했다.

"정말?" 샤오리가 따지듯 물었다.

"당연하지." 나는 고개를 끄덕였다.

"젠장, 난 좀 두려워." 샤오리가 솔직하게 말했다.

옆에서 총을 닦던 선쯔라이가 고개를 들며 샤오리에게 말했다.

"뭐가 두렵나?"

"오늘 밤 만약 우리가 죽는다면, 정말 돌아올 수 없다면, 난 스무 살도 아직 안 됐는데. 사람은 평생 60~70세까지는 살 수 있는데, 스무 살도 안 돼 죽는 게 두렵지 않겠어!"

샤오리가 선쯔라이를 향해 거의 중얼댔다.

"죽음이 두렵다면 자넨 가지 말게!"

선쯔라이가 얕보는 얼굴로 말했다.

"죽음이 두렵지 않아?"

샤오리가 선쯔라이의 말뜻을 이해하고는 얼른 물었다.

"나도 좆같이 두려웠지. '청근'에 참가해 싸운 그날부터 이 몸은 목숨을 걸기로 했네."

"죽으면 어떡해?"

"죽으면 죽는 거지 뭐. 사람이 세상에 태어나 초목 가을 한철인데 뭐 대단한 게 있나!"

"형이 죽으면 식구들·아버지·어머니는 어떡해? 알아? 그들 역시 초조해 죽는다고!"

"식구? 흥, 내게 무슨 집이 있어! '청근' 이 내 집이야."

선쯔라이는 말을 마치자 더 이상 샤오리를 상관하지 않고 면사에 힘을 주며 그의 자동소총을 닦았다.

우리는 그 뒤로 선쯔라이의 부모가 무슨 이유에서인지 그를 키우지 않았고, 그가 고모 집에서 살았다는 것을 들었다. 아마 고모 역시 그를 따뜻하게 대하지 않았던 모양이다.

"내가 정말로 죽는다면 우리 엄마는 분명 미쳐 버릴 거야."

샤오리가 고개를 숙이고는 중얼거렸다.

나는 문득 아버지가 생각났다.

만약 내가 정말로 죽는다면 아버진 어떻게 되실까?

생각하고 싶지 않았다.

나는 이 문제는 생각할 수 없었다. 이 문제는 날 미치게 만들었다!

"샤오리, 계속 죽음만 생각하고 있다간 잘못하면 오늘 밤 정말로 죽을지도 몰라! 내가 보기에 자넨 오늘 밤 가지 않는 게 좋겠어."

옆에 앉아 입 다물고 있던 샤오류가 침착하게 샤오리에게 말했다.

"죽는 게 두려운 건 아니야……." 샤오리가 변명했다.

"그럼 뭐가 두려운데?" 선쯔라이가 말참견을 했다.

"내가 죽은 뒤의 결과가 두려운 거지."

샤오리는 매우 진지하게 대답했다.

"사람이 죽고 나면 뭐가 두려워? 사람이 죽으면, 좆도 하늘로 향하게 될 테고. 아무 일도 걱정할 필요가 없는데 뭘 상관해."

선쯔라이가 딱 잘라 말했다.

샤오리는 너그럽게 웃으며 더 이상 말을 하지 않았다.

기선이 강 위에서 조금씩 앞으로 나아갔다. 하늘엔 달이 없었고 강물은 시커멨다. 동쪽 강변에는 황색 등불이 드문드문 반짝이고 있었다. 서쪽 강변은 거대한 검은 면직포를 덮어놓은 것처럼 아무 불빛도 없었다.

샤오류가 내 옆으로 다가와 담뱃불을 붙이더니 내게 건네주었다. 나는 피울 줄 몰라 거절했다.

"만약 우리 중에 누군가 죽으면 공무 사망일까?"

샤오류가 담배 연기 몇 모금을 들이마시더니 갑자기 물었다.

"당연히 공적인 일이지. 자신의 사적인 일 때문에 죽은 것도 아닌데. 죽으면 혁명열사지."

선쯔라이가 샤오류의 담배를 뺏으며 말했다.

"열사라고 쳐줄까?" 샤오류가 내게 물었다. 어쨌든 그로선 내가 회사 내 조반파 우두머리였고 그의 대장이었던 것이다.

"당연히 열사로 인정될 수 있을 거야. 문화대혁명에 참가해 당 중앙 마오 주석의 호소에 따른 것은 수정주의로 변하지 않도록 나라를 지키기 위해서잖아. 혁명을 위해 죽는다면 당연히 모두 열사인 셈이지."

나는 내 견해를 말했다.

"만약 열사로 인정된다면 죽는다 해도 희망이 있지. 최소한 아버지·어머니·동생은 열사 가족의 대우를 누릴 수 있으니까. 다른 사람들이 식구들을 무시할 수도 없을 테고." 샤오류는 얼굴에 만족스런 옅은 미소를 짓더니 담배를 당기며 말했다. 샤오류는 이발소에서 견습기간을 이제 막 마친 이발원으로 나보다 두 살이 많았다. 그러나 나의 학력이 그보다 높고(그는 초등학교 4년을 다녔을 뿐이다) 또 내가 회사 조반파의 우두머리라 그런지 그는 나를 '형' 처럼 존중해 주었다.

"나는 열사가 되고 싶지 않아. 그런 영광은 누리고 싶지 않다구."

샤오리가 조롱하듯 말했다.

나는 돌연 어떤 질문이 생각나 말하려 했지만, 그냥 가만히 있었다. 그런데 선쯔라이가 말했다.

"제기랄, 만약 마오 주석 노선이 이기지 못하고 우리가 죽는다면 무슨 열사도 아니지. 그저 개죽음만도 못한 꼴이 되는 거지."

이 말을 듣자 모두들 순간 고요해졌다.

이 결과는 실로 무서운 것이다!

죽음보다 더 두려운 것이다!

이러한 결과 역시 생각할 수가 없었다.

드디어 내가 그 두려운 적막을 깨고 말했다.

"그럴 리가 있겠어? 마오 주석처럼 위대한 지도자가 무사히 이길 거라는 승산도 없이 쉽게 문화대혁명을 일으켰겠어?"

"그건 그래. 우리 조반파의 이렇게 큰 힘과 마오 주석과 당 중앙이 있으니 문화대혁명의 승리는 분명 우리들의 것이 될 거야."

샤오류 역시 연신 고개를 끄덕이며 다소 격앙된 듯 말했다.

선쯔라이는 총 한 자루를 다 닦고 가슴에 메더니 살며시 웃으며 우리에게 말했다.

"자네들의 말이 맞기를 바랄 뿐이지."

"분명 승리할 거야."

샤오류는 앞날에 대한 선쯔라이의 믿음이 못마땅한 듯 힘을 주어 큰 소리로 말했다.

"좋아. 샤오류, 자네가 죽으면 내가 직접 열사 기념비를 쌓아 주겠네. 이래 봬도 우리 단위에서 내가 담 쌓기 선수라고."

선쯔라이가 빈정거렸다.

"그럼 우리 협상을 맺자. 내가 죽으면 자네가 열사비를 쌓아 주고, 자네가 죽으면? 나 역시 자넬 위해 기념비를 쌓아 주지."

샤오리가 지지 않고 농담했다.

"정말?" 선쯔라이가 여전히 싱글벙글하며 물었다.

"군자일언은 중천금이야!" 샤오류는 단호했다.

나 역시 그들의 농담에 끼어들고 싶어 옆에서 말했다.

"좋아. 자네 둘의 일에 대해 내가 증인을 서지. 약속을 어기는 사람에겐 내가 책임지고 벌을 주겠어."

우린 모두 즐거워했다. 목숨 걸러 가는 것이 아니라 마치 출장이라도 가는 듯했다.

불행히도 이것은 비참한 농담이었다.

강 서쪽 방직 공장 부근에 선박수리 공장이 있었다. 우리는 선박 공장 부두 기슭에 닿았다. 원래 선박 공장 부근에 가면 교전이 시작되는 줄 알고, 배 위에서 총을 쏠 준비를 하고 있었다. 그러나 우리가 선박 공장에 진입할 때까지 아무 일도 일어나지 않았고 모두 조용했다. 불빛도 없었고 소리도 나지 않았다. 그저 공장으로 되돌아가는 선박 공장 조반파 노동자들만이 우리를 맞아 주었다.

선박 공장의 조반파는 우리에게 '고사' 파의 무장한 사람들이 낮에만 선박 공장에 나타나고 밤에는 오지 않는다고 알려 주었다. 그러나 부근에 있는 방직 공장에는 아마 '고사' 와 '홍색노화' 의 무장인원이 머물러 있을 거라고 했다. 방직공장의 조반파는 기본적으로 모두 여공들이었기 때문에 아예 '홍색노화'의 적수가 되지 못했다. 대부분의 노동자 역시 무투를 피해 공장을 떠나 집으로 돌아갔기 때문에 '고사'와 '홍색노화'의 무장인원만이 방직공장에 상주하고 있으며 아마 그들이 지휘부일지 모른다는 것이었다.

잠시 쉬고 난 뒤 우리 백여 명의 '청년근위군' 무장인원은 몇 개 팀으로 나뉘어, 각각 선박 공장 조반파의 안내에 따라 서로 다른 방향에서 방직 공장을 향해 몰래 기습해 들어갔다.

선쯔라이는 십여 명으로 이루어진 우리 일행의 대장이었다. 우리 임무는 방직 공장 안으로 돌진해, 공장 가운데에 있는 화재 감시 건물을 신속하게 점거하여 가장 좋은 감시 고지를 확보하는 것이었다. 총의 안전핀을 뽑고 총을 들면 언제든 사격할 준비를 했다.

날이 칠흑같이 어두웠지만 하늘엔 별이 있어, 조금씩 걷다 보니 우리 눈은 천천히 흐릿하게 안에 있는 사람이나 물건을 볼 수 있었다. 그렇게 되자 걷는 속도 역시 빨라졌다.

방직 공장 정문에 이르자 우리는 순간 긴장하기 시작했다. 총을 꽉 쥐고 허리를 편 채 영화의 전투 장면에서 전사들이 습격할 때 모습처럼 천천히 가볍게 앞으로 나아갔다.

우리는 조용하게 총 위의 총검을 열고는 두 손으로 총을 꽉 쥐고 선쯔라이 뒤를 따랐다.

배 위에서 왕(王)씨 성을 가진 한 제대 군인에게 '군사훈련'을 받았는데, 그 역시 '청년근위군' 총부의 우두머리 중 하나였다. 그는 야간 행군 시에는 총검 위의 빛이 반사되어 목표가 폭로되지 않도록, 총 위의 총검을 열지 말아야 하며 전투를 준비할 때만 총검을 열어야 한다고 주의를 주었다.

뒤를 돌아보니 보병창을 지닌 사람들의 총검이 모두 열려 있었다.

처음으로 총과 총의 '대결'이라는 분위기였기 때문에, 한 명 한 명 모두가 매우 긴장했지만 무기 사용 절차는 분명 잊지 않고 있었다. 정말로 이상했다.

방직 공장에 들어섰지만 여전히 적막했다. 우리는 공장 내 시멘트 길을 따라 길가 건물의 벽에 붙어 한발 한발 나아갔다. 눈은 잔뜩 경계하며 전방을 주시했다.

기둥같이 생긴 탑 모양의 건물을 보았을 때 선쯔라이가 돌아보며 가만히 말했다. "다 왔다. 정지."

선쯔라이는 나와 의논하며 말했다.

"저 건물 위에 '고사' 사람이 있을까?"

내가 말했다. "우선 하나씩 몰래 건물 아래까지 가 보자. 어때?"

선쯔라이가 고개를 끄덕였다. "내가 먼저 갈 테니 뒤따라와."

내가 말했다. "형이 대장이니까 내가 먼저 갈게."

선쯔라이가 말했다.

"대장이고 뭐고 이 몸이 먼저 돌진하면 자네들은 따라오면 돼."

순간 나는 건물 꼭대기에서 사람 그림자 같은 것이 한 번 움직였다 사라지는 것을 보았다. 얼른 선쯔라이를 잡아당겨 상황을 알렸다.

우리는 '적'하며 총구를 전부 건물로 조준했다. 나는 우리가 누구의 명령을 기다릴 필요도 없었고, 또한 그런 습관도 되지 않아 건물 위에 사람이 다시 나타나 움직이면 일제히 손안에 든 총을 들어 위를 향해 발사할 거라 생각했다.

한동안 사람 그림자는 나타나지 않았다. 이때 '청년근위군'의 전령병이 왔다. 그는 우리더러 탑 모양의 건물을 공격하지 말라는 곰보형의 말을 전했다. 왜냐하면 우리가 오기 전 '공련'의 무장 세력인 '항폭직속병단'(抗暴直屬兵團)의 한 부대가 이미 건물을 점령했다는 것이다.

위험천만이었다! 나는 한숨을 내쉬고 받쳐 든 보병총을 내려놓았다.

선쯔라이가 그 전령병에게 말했다.

"곰보형은 그런 상황을 어째 진작 알지 못했나?"

명령을 전하는 사내가 얼른 말했다. "'공련' 사람들과 충돌하고서야 잠시 뒤 '공련' 사람들이 왔답니다."

나도 불만스럽게 말했다.

"우두머리들끼리 사전에 의견을 통일했어야지! 방금 자네가 조금만 늦게 와도 우리가 건물 위로 발사할 뻔했네. 하마터면 '고사' 사람은 공격도 못해 보고 먼저 우리 사람을 공격할 뻔했어!"

전령병은 어찌할 도리가 없다는 듯 웃었다.

"그런 말은 제게 하지 마십시오. 말해 봤자 소용없습니다."

선쯔라이도 잔뜩 화가 나 말했다. "돌아가서 하이 사령과 얘기해야겠어. 곰보형에게 싸움의 지휘를 맡기다니 정말 재목감이 아니야!"

이 말을 듣고 나서 우리 모두 곰보형에 대해 툴툴거리며 서로 중얼거렸다.

사실 군중조직 무투에서 주먹을 쓰고 발길질을 하는 것은 뭘 배운다거나 무슨 훈련 따위가 필요하지 않은 일이었다. 그러나 정말로 총과 포를 가지고 하는 싸움에서는 기본적으로 작전을 지휘할 수 있는 능력을 가진 우두머리가 아니라면 종종 으레 그러려니 하며 일을 했다. 곰보형 역시 건축회사의 청년 미장이로 벽돌담을 쌓고 진흙회를 바르는 건 고수지만, 싸움으로 말하자면 그는 영화에서 배운 것밖에 없었다.

그러나 당시 이러한 지휘관들이 똑같이 문외한인 우리들을 이끌고 '전투'를 한 것이다!

머리에 녹색 철모를 쓰고 남색 작업복을 입은 완전 무장한 '공련' 사람들이 왔다. 그들의 우두머리는 선쯔라이와 내게 다정하게 악수하더니 곧이어 말했다.

"환영합니다! '청근' 전우와 함께 싸우게 된 걸 환영합니다!"

그들의 단정한 복장과 철모를 보고, 다시 제각각 차려입은 우리 십여 명의 모습을 바라보니 나는 '공련 폭력저항 공장호위 직속병단' 사람들이 몹시도 부러웠다. 나는 이번에 돌아간 뒤엔 반드시 하이 사령에게 우리 '청년근위군' 사람들도 통일된 제복을 입자고 제안해, 우리만의 특색을 갖추어야겠다고 생각했다.

'공련' 사람은 그들이 우리보다 2시간 전에 여기에 도착했다고 알려주었다. 원래 한바탕 '큰 싸움'을 준비했었는데 방직 공장에 들어와 보니 마치 텅 빈 성에 들어온 것처럼 아무런 동정도 없었다는 것이다. 그래서 모두들 흩어져 거점을 마련한 다음, 내일까지 기다려 보기로 한 것이었다.

'공련' 사람은 또 그들의 숫자가 많지 않아 방직 공장 후문 쪽은 지금 비워 두었는데, 후문 맞은편은 산비탈로 통하는 작은 길이 있어 '고사' 쪽 무장병이 그쪽으로 돌진해 올지 모른다고 하면서 우리가 그쪽을 맡아 주길 원했다.

이 문제는 누구에게 보고할 필요도 없이 우리 십여 명이 방직 공장 후문으로 갔다.

'공련' 사람들이 여긴 별 상황 아니라고 해서 우리는 목에 힘을 주며 후문 입구로 재빨리 갔다. 공장 후문 옆에는 널찍한 수위실이 있어 우리는 두 명씩 돌아가며 입구에서 경계보초를 서고 나머지 사람은 수위실 안 책상이나 바닥에서 잠을 자기로 했다. 한창 논의 중일 때 갑자기 '탕!……' 하는 낭랑한 총성이 들리며 적막한 밤을 깨웠다. 우리는 얼른 총을 들고 수위실 밖으로 뛰쳐나와 사방을 둘러보았다.

총성은 공장 문밖 아주 먼 곳에서 들려왔다. 후문 입구에서 우리는 공장 밖 돌길을 따라 가 보니 두세 개의 불꽃을 볼 수 있었다. 불꽃이 나타나더니 잇따라 '탕탕' 하는 총성이 났다.

몇 발의 총탄이 분명 방직 공장 문을 향해 날아왔다. 우리는 문 시멘트벽에서 '피웅 피웅' 하는 총탄 부딪히는 소리를 들었고 머리 위에서도 총탄이 휙휙 소리를 냈다.

순간 모두들 허둥대며 총을 받쳐 들고는 공장 밖의 불꽃이 있는 곳을 향해 한바탕 맹렬히 퍼부었다.

처음으로 그렇게 총을 쏘아 봤는데, 그 소리가 매우 시끄러웠지만 폭죽을 터뜨리는 것보다 훨씬 재미있다는 생각이 들어 기뻤다.

갑자기 모두들 이렇게 하는 일이 뭔가 문제가 있다는 것을 느꼈다. 여기가 무슨 공기총 노점 가판대도 아닌데, 한두 푼으로 사격 게임하듯 맘 놓고 즐거워하며 아무 걱정 없이 총을 쏘아 대니 말이다. 언제든 상대편이 쏜 총탄에 자신이 맞을 수도 있었다.

선쯔라이는 황급히 우리를 불러 공장 문 옆 건물 안에 쌓아 둔 면사 포대 더미에서 십여 개의 1평방미터짜리 면사 포대를 날라다 공장 문 앞에 백색 벙커를 만들도록 했다. 그리고 우리는 이 면사 포대 뒤에 숨어 이음매 사이 틈으로 다시 계속 밖으로 총을 '탕탕탕' 쏘았다.

이때 도처에서 총성이 울렸다. 어디서 쏘는 건지, 어느 쪽으로 쏘는 건지, 누가 쏘는 건지도 몰랐다. 어쨌든 일순간 총성은 마치 콩을 볶듯이 끊임없이 울려, 마치 섣달 그믐밤의 폭죽 소리 같았다.

우리 역시 공장 밖에서 총을 쏘는 상대편이 누구인지 몰랐다. 정확히 말하자면 우리는 사람을 전혀 보지 못했다. 단지 듬성듬성한 불빛과 머리 위로 '우⋯⋯' 하며 날아가는 총탄 소리와 면사 포대 앞의 둔탁한 '탁탁' 소리만 들렸다. 어쨌든 자초지종 불문하고 네댓 명씩 한 조가 되어, 돌아가며 밖을 향해 총을 쏘았다. 어떤 결과가 났는지는 전혀 생각하고 싶지 않았다.

머리 위로 휘익 하며 지나가는 총탄 소리를 들으니 처음엔 조금 무서웠다. '이것이 정말 전투구나!' 면사 포대 뒤에서 사격할 땐 조준할 엄두도 못 내고 총열을 면사 포대 밖으로 내밀고는 방아쇠를 당겼다. '탕탕탕⋯⋯' 한바탕 쏘고 난 뒤에야 심장이 빠르게 뛰지 않았다. 한 차례 쏘고 난 뒤 아무 일도 없는 것을 보고 두번째 쏠 차례가 왔을 때는 여유가 생겨, 천천히 먼 곳의 불꽃을 찾아 다시 침착하게 조준한 다음 더 이상 서두르지 않고 총 위의 방아쇠를 당겼다.

이렇게 얼떨떨하게 한 시간 가량 소란을 피우고 나니 맞은편의 불꽃이 보이지 않았다. 사방의 총성 역시 드문드문했다. 졸음도 완전히 없어져 여전히 공장 밖의 전방을 경계하며 감시했다. 먼 곳의 불꽃이 다시 나타나 사격 목표가 생겨 총 쏘는 맛이 나길 바랐다.

밤새 자지도 못하고 날이 밝아올 때까지 견뎠다.

배가 고파졌지만 밥을 날라다 주는 사람은 없었다. 총부 우두머리는 아마 이런 것까지 생각하진 못했을 것이다. 어쨌든 우린 군대가 아니니 전문적인 취사반이 있을 리 없었다.

선쯔라이가 우리더러 선박 공장으로 가면 식당에 먹을 것이 있을 거라고 말했다.

그는 내게 사람들을 데리고 선박 공장에 가서 밥을 먹으라고 하면서 그는 세 사람과 함께 계속 공장 후문 입구를 지키겠다고 했다.

나는 가려면 모두 가지 왜 네 사람은 남느냐고 물었다.

선쯔라이는 천진하게 웃으며 말했다.

"밤새 본 거라곤 귀신 그림자 하나뿐인데, 설마 날이 밝았다고 귀신이 많아졌겠어?"

그는 여전히 우리더러 가라고 하면서 말했다.

"얼른 갔다 와. 우리도 밥 먹으러 가야 하니까."

사방은 조용했다. 시원한 새벽 바람이 얼굴을 살짝 스쳐 지나갔다. 먼 곳에서는 어렴풋이 새소리가 들려왔다. 마치 이곳은 방직 공장이 아니라 적막한 산속 같았다.

나는 선쯔라이 말도 맞다고 생각했다. '고사' 파 사람들도 조반파가 이미 왔다는 것을 틀림없이 알 것이다. 어젯밤 그 격렬했던 총격전으로 비록 결과는 모르지만 쉴 새 없는 총성에 압도당했을 것이다. 곧 있으면 대낮인데 어떻게 감히 우리를 공격해 오겠는가?

우리 십여 명의 사람들은 면사 포대에서 철수해 배고픈 문제를 해결하러 갔다.

선박 공장 식당에서 녹두죽 두 그릇과 몇 개의 만두를 달콤하게 먹었다. 식당 안 사람들은 모두 이 공장 '공련' 조직 사람들이었다. 우리가 무장하고 있고, 또 '청년근위군'이라는 붉은 완장을 차고 있는 것을 보더니 반갑게 말했다.

"우리를 지원하러 오셨군요. 많이 드세요. 전부 공짜입니다."

공짜 밥을, 게다가 실컷 먹으라니 우리는 매우 기뻤다.

공짜 밥을 먹고 뱃가죽을 넓히는 게 부끄러웠는지 우리는 그냥 한

두 개의 만두만을 집었다. 선박 공장에서 접대 담당인 조반파 사람이 말했다.

"많이 드십시오! 돈은 받지 않고 전부 우리 공장에서 냅니다! 우리를 지원하러 오신 분들인데 어떻게 배를 곯리겠습니까!"

이 말을 듣자 우리는 매우 기뻐하며 얼른 더 먹기 시작했다.

그리고 총을 메고 북처럼 불쑥 나온 배를 하고는 느릿느릿 싱글벙글하며 방직 공장으로 돌아왔다.

뜻밖에 방직 공장으로 들어서자 나쁜 소식을 들었다.

"선쯔라이가 죽었다!"

나는 별안간 어안이 벙벙했다.

정말로 죽었을까? 이렇게 공교로울 수가! 밤새도록 십여 명의 사람 모두가 하나도 다치지 않았는데, 어떻게 한 끼 밥 먹을 사이에 선쯔라이가 죽을 수 있단 말인가!

나는 믿기지 않았다.

모두들 역시 믿기지 않았다.

그러나 곧 우리는 이 모든 것이 틀림없는 사실임을 알았다.

선쯔라이의 유해는 이미 방직 공장 사무실 안으로 옮겨졌다. 그는 점잖게 두 눈을 감고 있었고, 잔잔한 보조개가 있는 정직해 보이는 얼굴은 마치 잠을 자고 있는 것 같았지만, 가슴엔 온통 피범벅으로 그가 정말로 이 세상을 떠났다는 것을 실감하게 해주었다.

익숙하고 친근한 친구가, 생동감 넘치던 사내가 순식간에 더 이상 아무 말도 하지 못하는 시체가 되어 버린 모습을 보니 나의 가슴은 무언가 꽉 막힌 것처럼 답답해 숨을 쉴 수가 없었다.

이렇게 갑자기 떠나 버린 친구를 보니 돌연 눈물이 쏟아져 나왔다.

머릿속엔 '사내는 눈물을 흘리지 않는다' 는 말이 떠올랐지만, 눈물은 뜨겁게 용솟음쳐 뺨 위로 흘러내렸다.

그 자리에 있던 사람이 우리가 밥을 먹으러 간 지 얼마 되지 않아 선쯔라이가 면사 포대 뒤쪽에서 일어나 사방을 둘러보며 상황을 살펴보는데, 갑자기 총성이 들려와 그가 피할 틈도 없이 두 개의 탄환이 그의 가슴을 관통했다고 말해 주었다. 다른 세 사람은 놀라 얼른 엎드렸다고 한다. 다행히 상대편은 총만 쏘고 오지 않아, 좀 지난 뒤 그들은 죽은 선쯔라이를 업고 몰래 철수해 왔다는 것이다.

선쯔라이는 누가 죽였을까? 우리 모두 알지 못했고 그저 '상대편' 이라는 것만 알 뿐 '홍색노화' 사람인지 '고사' 사람인지 여태까지도 모른다. 결국 그때 무투에서 우린 모두 총성만 듣고 총을 쏠 때의 불빛만 보았을 뿐, 살아 있는 '적' 은 전혀 보지 못한 것이다.

선쯔라이는 '청년근위군' 의 첫번째 희생자였고, 창사시에서 진짜 총포를 사용한 무투가 시작된 이후 조반파의 첫번째 무투 희생자였다. 따라서 창사시 조반파조직에서는 그를 위해 공동으로 성대한 추모대회를 거행했다. 선쯔라이가 있던 성 건축회사의 대강당 안에는 수백 개의 화환과 수백 개의 만장이 놓여졌고, 눈물 나게 만드는 추모시가 가득 걸렸다. 대회 후 수십 대의 차량이 사람들을 가득 싣고 귀청이 떨어질 만큼 큰 폭죽소리와 하늘로 끊임없이 쏘아 대는 총소리와 함께 묘지로 향했다.

창사시 남쪽 교외, 녹색 풀들이 자란 황량하지 않은 작은 산에 대리석 모양의 아름다운 무덤을 만들고 묘 앞에 높은 기념비를 세웠다.

이 산에는 그 뒤로 계속 무투 중 사망한 수백 명의 조반파들이 안장되었고, 우리는 이 산을 '열사능원' 이라 불렀다. 선쯔라이는 여기에 눕게 된 첫번째 희생자였다.

나는 배 위에서 샤오류와 선쯔라이가 서로 상대방의 기념비를 세워 준다며 내기했던 농담이 생각났다. 이런 농담이 비참한 현실이 될 줄은 생각지도 못했다.

다음 해 7월 선쯔라이의 기일 날, 샤오류와 몇 명의 친구와 함께 선쯔라이 묘에 가서 우리가 따 간 진홍색의 꽃과 우리의 슬픈 마음을 바쳤다.

세번째 해에 다시 그곳에 누워 있는 친구를 보러 갔을 때 '선쯔라이 열사 묘'라고 쓰여 있던 하얀 기념비는 이미 산산조각이 나 있었다.

이땐 바칠 꽃도 없었고 그저 더욱 침울하고 애통한 마음뿐이었다.

그 뒤로 선쯔라이의 묘분은 전부 폭파되어 평평해졌고 관도 파집어 내졌다. 아직 완전히 썩지 않은 그의 시체는 관에서 끌어올려져 적나라하게 구덩이로 내던져지고 대충 흙으로 덮혀, 누구도 이 아래에 불과 스무 살의 청년이 묻혀 있다는 것을 추측할 수 없게 만들었다.

검은 관 역시 짓이기고 태워졌다. 차라리 재가 되게 할망정 죽은 자의 '집'이 되는 것은 허용치 않았다.

그 작은 산에는 그 뒤로 큰 창고가 건설되었고, 지금은 산비탈을 깎아 주택지구로 개발했다. 그 해의 '열사능원'은 모두 흔적도 없이 사라졌다.

문화대혁명의 성격이 무엇인지는 논외로 하더라도, 이미 죽은 평범한 노동자이자 청년이 비참한 결과를 맞이하고 '죽어도 묻힐 곳이 없는' 상황에 빠지게 됐다. 이 사실을 생각하면 내 마음은 무엇에 비할 바 없이 무거워진다.

선쯔라이의 죽음은 우리를 비통하게 만들었지만 결코 두렵게 만들지는 않았다. 우리는 한편으론 죽음의 신이 스무 살도 되지 않은 우리 청년들을 다시 찾아올 수 없으리라 생각했고, 또 다른 한편으론 '마오 주석 혁명노선'을 지키다 희생된다면 이 또한 장렬하고 영광스러운 일이라고 생각했다.

우리 부친은 선쯔라이의 죽음에서 위험을 보았다. 그는 우리 조반파가 더 이상 대자보나 몇 장 쓰는 것이 아니라는 것을 알았다. 대자보가 가져온 가장 심각한 결과는 정치적인 곤두박질이지만, 실탄으로 싸우는 무투는 한 사람의 생명을 끝낼 수도 있었다.

의지하며 살아갈 대상이라곤 아들인 나밖에 없는 아버진 나를 잃을 수 없으셨다.

'청년근위군' 총부에서 몇 명의 동료들과 얘기를 나누던 어느 날 아버지가 찾아오셨다. 아버진 날 총부에서 불러내 길가에서 말씀하셨다.

"샤오마오(小毛), 문화대혁명은 하면 안 되겠다. 하다 보면 총 들고 싸움을 하게 되니 어서 나와 집으로 돌아가자. 하지 말거라."

샤오마오는 나의 아명이다.

나는 돌아가지 않으려 했다.

아버진 조급해하며 말했다.

"샤오마오, 총은 사람을 죽일 수 있어! 그래도 하겠다면 정말로 총에 죽을 수도 있는데, 그럼 어떡할래?"

나는 아버질 안심시켰다.

"아버지, 걱정 마세요. 조심할게요."

"아무리 조심해도 위험한 거란다."

아버지 얼굴엔 여전히 초조함이 가득했다.

"그런 위험은 두렵지 않아요. 혁명엔 언제나 위험이 따르게 마련이죠. 아버지도 왕년에 홍군 적위대 하셨을 때 총도 메고 전투도 하셨잖아요?"

나는 갑자기 아버지의 과거가 생각났다. 그는 1930년 장시(江西) 고향에서 홍군 적위대에 참가하셨고 홍군 16사 5대대의 중대장이셨다. 그 뒤로 대대가 뿔뿔이 흩어져 후난성으로 피해 오신 거였다.

"그때 상황은 달라. 그건 국민당과 싸운 게지."

아버진 내 말에 미동도 않으시며 반박하셨다.

"뭐가 달라요? 마오 주석이 지금도 한 계급이 다른 계급을 뒤엎는 계급투쟁이라고 했잖아요. 류사오치의 수정주의는 반동계급이고 우리가 마오 주석의 혁명노선을 지키기 위해 수정주의와 투쟁하는데 국민당 반동파와 투쟁하는 것과 같죠."

나는 더욱 당당하게 말했다.

"지금은 모두 공산당이잖니⋯⋯." 아버진 계속 말씀하셨다.

"공산당 안에도 주자파와 수정주의가 있어요. 마오 주석이 왜 우리더러 수정주의에 반대하라고 호소했겠어요. 그건 바로 공산당 안에서 류사오치 같은 나쁜 놈들이 나왔기 때문이에요."

나는 갈수록 힘주어 말했다.

아버진 결국 아무 말도 하지 않으셨다. 어떻게 내 말에 반박하시겠는가? 내가 '마오 주석의 호소'와 '당 중앙 지시'를 내놓으며 문화대혁명의 '정확성'과 '혁명성'을 증명하는데, 공산당원인 아버지가 조반파가 된 아들을 설득할 방법은 없었다.

결국 아버진 아버지로서의 권위를 발휘해 강경하게 돌아가자고 명령하셨다. 그렇지 않으면 앞으로 더 이상 아들로 생각하지 않겠다고 하셨다.

이 말을 듣고 나는 왕성한 혁명 열정을 잠시 식혔다. 날로 쇠약해지시는 아버질 바라보니 더욱 난처해졌다. "아버지, 이건 저더러 혁명을 하지 말라는 거예요." 난 괴로워 눈물까지 나오려 했다.

"돌아가서도 조반파를 할 수 있단다!"

아버진 나를 보시며 온화한 말투로 위로하셨다.

"사람들이 저더러 도망병이라고 비웃지 않겠어요?"

"……"

"제가 떠나면 저와 함께 온 샤오류와 샤오리도 절 욕할 거예요."

"……"

아마도 나의 난처한 입장에 아버지 마음이 끌리셨나 보다. 아마도 아버진 홍군 적위대의 중대장이었던 용감하고 호방했던 시절이 생각나셨나 보다. 아마도 내가 얘기한 이유들로 인해 심리적인 안정을 찾으셨나 보다. 아마도……

결국 아버진 어찌할 도리가 없다는 듯 한숨을 내쉬며 말씀하셨다.

"그럼 잠시 더 하거라."

"아버지, 걱정 마세요. 절대 조심할게요." 순간 나의 걱정은 기쁨으로 변해 얼른 만면에 웃음을 띠며 아버지께 말했다.

"제발 조심하거라. 총알이 날아오면 정말로 빠르단다."

아버지가 또 말씀하셨다.

"알겠어요." 나는 말했다.

"며칠 있다 집으로 한번 오너라. 널 봐야 마음이 놓일 것 같구나."

아버지가 처량하게 가느다란 목소리로 말씀하셨다.

"걱정마세요, 아버지. 시간 날 때 집에 갈게요."

나도 목이 메지 않을 수 없었다.

떠나는 아버지의 뒷모습을 보았다. 아버지가 흘러내린 눈물을 닦고 계시다는 걸 알았다.

나도 멀어지는 아버지를 바라보며 눈가로 조용히 흘러내리는 눈물을 닦았다.

어머니가 일찍 돌아가시고 나도 집에 있지 않아, 지금은 아버지 혼자 외롭게 보내고 계셨다. 게다가 앞으로 정말 영원히 혼자서 처량하고 고독한 날들을 보내야 할지도 몰랐다. 만약 내가 내일의 선쯔라이처럼 된다면 말이다.

난 정말 쫓아가 아버지께 말하고 싶었다.

"아버지, 함께 집으로 가요!"

그러나 혁명, 마오 주석의 호소, 도망병, 자존심 …… 일련의 생각들이 다시 나를 가로막았다.

나는 뜨거운 눈물을 머금고 갈수록 멀어지는 아버지의 뒷모습을 바라보며 마음속으로 묵묵히 바랄 수밖에 없었다.

"아버지, 이 불효자식을 용서하세요……."

마오쩌둥 주석(가운데), 린뱌오 부주석(오른쪽에서 세번째), 저우언라이 총리(오른쪽에서 두번째) 등 중앙 지도자들이 천안문 성루에서 홍위병 대표들을 접견하는 모습. 이들 홍위병들은 모두 중고등학생·대학생이다.

홍위병 대표들과 함께한 마오쩌둥 주석(가운데)과 린뱌오 부주석(오른쪽에서 두번째).

홍위병 학생들이 전국의 혁명 성지를 순례하며 혁명의 교류(大串聯)를 실천하는 모습이다. 베이징 의학원에 다니는 4명의 여학생들이 우한 사범대학의 '향홍매'(向紅邁) 원정대와 만나 혁명의 경험을 교류하며 서로 즐거워하고 있다.

천안문 광장에서 마오쩌둥의 사열을 기다리는 청년 학생들(홍위병).

문혁 중 민중의 조반활동은 주로 당시의 두 가지 자유, 즉 대자보를 쓰는 일과 조반단체 조직을 통해 진행된다. 거의 모든 사람들이 대자보를 쓰고 벽에 붙여 당정관료를 비판할 수 있었는데, 이는 흡사 오늘날 인터넷의 BBS에서 누구라도 비판할 수 있는 것과 마찬가지다.

문혁 중 무투(武鬥)에 참가한 대다수는 청년들이었다. 1967년 8월 저자가 속한 조반조직 '청년근위군' 총부의 일부 경위대원들의 모습이다. 이들은 모두 중고등학생과 청년 노동자들로, 당시 군대 조반파의 지지를 얻어 모두 총기와 진짜 군복으로 무장할 수 있었다.

1967년 국경절, 창사시 조반파에 참가한 청년들의 모습이다. 낭만과 흥미진진한 기분을 기념사진으로 남겼다. 진정한 군인의 모습으로 보이려고 애쓰면서 마음속의 꿈을 이루고 있다.

无限忠于毛主席!

1968년 가을, 마오쩌둥 주석에 대한 개인숭배가 최고조에 달한다. 창사시 톈신(天心)공원(당시엔 상양공원)에서 찍은 저자와 같은 소속 단위의 노동자 조반파 동료들의 모습이다. 공원을 거닐면서도 '마오쩌둥 어록'을 챙기는 걸 모두가 잊지 않고 있다. 심지어 사진관에서 찍는 사진들에도 마오쩌둥에 대한 충성구호가 나타나 있다.

1974년 비림비공(批林批孔) 운동 당시 저자가 이끈 공청단(共靑團) 대비판조의 모습이다. 문혁은 한 번의 사건이 아니라 10년에 달하는 일련의 복잡한 정치활동들로 이루어지는데, 비림비공 운동 역시 그 중의 하나이다. 공청단은 공산당이 영도하는 청년조직이다.

창사시 공장에서 인턴으로 있던 3명의 뉴질랜드 여성의 모습이다.
문혁 초기 노동자 조반조직인 '국제홍위군'에 참가했다.

창사시의 노동자 조반파 조직이 출판한 신문『공련전보』(工聯戰報)의 모습이다. 당시 모든 조반조직은 자신들의 신문이나 잡지, 전단을 자유롭게 출판하여 정치이념을 선전할 수 있었다.

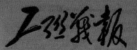

홍위병은 결코 하나의 전체가 아니다. 그들은 문혁 중 지방정부와 지방군구를 지지하거나 반대하는 파벌로 점차 분화된다. 이것은 창사시 성 군구를 지지하는 홍위병 조직이 출판한 『홍위병보』(紅衛兵報)의 모습이다.

1981년 사인방 재판 당시의 모습. 이들은 문혁의 주범으로 1976년 10월 6일 체포되어 이 재판에서 최종 형을 선고받는다. 왼쪽 위부터 시계방향으로 장춘차오, 장칭, 야오원위안, 왕훙원의 모습이다.

1967년에서 1968년 사이 전국 각 지역에서 무투가 진행되면서 동원되었던 무기들이다. 처음에는 표어나 대자보로 파벌 간의 투쟁을 벌이지만, '문공무위'(文攻武衛)라는 구호가 나타나면서 칼과 총과 대포가 동원되는 무투로 확산된다.

〖 12 〗
탱크와 대포 모두 사용된 '문혁'

문혁 중의 저 증오스런 무투는 많은 사람들의 비극을 낳았다! 안타깝게도 당시 우리를 비롯한 상당히 많은 사람들은 이러한 점을 인식하지 못했다. 오히려 이것을 용감한 혁명행위라고 보았다. 가슴에 가득했던 뜨거운 피가 함부로 뿌려졌다.

방직 공장에서의 무투 후 '청년근위군'의 명성은 창사시에서 갈수록 커졌다. '강철전사 청년근위군에게 배우자! 경의를 표한다!'라는 표어와 선전포스터를 도시 곳곳에서 볼 수 있었다. 각 조반조직은 우리 '청년근위군' 사람들에게 특별한 애정과 친절을 보였다. 평소 거리에서 사소한 일로 갈등이 생겨도 '청년근위군' 사람이라는 말만 들으면 모두들 먼저 나서 양보하며 연신 사과했다. 여기엔 한편엔 존경심이, 또 한편엔 두려움이 있었다.

이로 인해 우리의 허영심은 크게 만족감을 얻었다.

물자와 장비 역시 지원받았다.

해방군 341부대 등 군사학교 조반파에서 새로운 초록색 군복을 총부로 보내왔다. 군복과 군화·군용배낭·물통 등 오성 모표와 붉은 휘장만 빼고 나머지는 모두 진짜 군용품이었다. 또 회색 해군 군복도 있었는데 청년근위군 소속 '번개병단'의 것이었다. 무슨 군용 창고에서 가져온 것으로 '번개병단'은 단번에 '해군'으로 변했다. 수천 명의 '청년근위군' 전사 모두 단장을 하여 얼룩덜룩한 색깔의 옷을 입자, 유격대 같던 조직이 단번에 정식 면모를 갖춘 군대로 바뀌게 되었다. 옷을 갈아입은 뒤 우리는 한차례 무장시위를 조직했다. 청일색 군복, 새로운 총, 질서정연한 대오, 패기로 충만한 얼굴들, 만약 앞에 '청년근위군'이라는 붉은 기를 내걸지 않았다면 창사시 시민들은 조반파를 지지하는 몇 개 사단의 해방군이 온 것이라고 여길 것이었다.

진짜 새 녹색 군복을 입으니 나는 뛸 듯이 기뻤다. 왜냐하면 어릴 적부터 꿈에도 그리던 소원이 바로 군인이 되는 것이었기 때문이다. 날씨는 이미 여름으로 무더위가 사람을 괴롭혔지만 우리들은 입고 있던 짧은 소매와 짧은 바지를 바꿔 입었다. 녹색 군복의 긴 옷과 긴 바지를 단정하게 입고 단추 하나도 잊지 않고 모두 굳게 잠갔다. 심지어 습관이 안 된 후크까지도 소홀히 하지 않고 잠갔다. 머리엔 군모를 쓰고 발엔 군화를 신고 얼굴과 손만 내놓고는 온몸을 모두 빈틈없이 덮었다. 옆의 사람들이 우리가 이렇게 입고 머리에 땀을 흘리는 것을 이상하게 보았지만 우리는 오히려 시원하기만 했다. 게다가 "오늘 날씨가 덥지가 않네"라고 말하기까지 했다.

총부에서 해방군 조반파를 초청했고, 군대 학교의 교원들이 우리에게 군사지식분야의 수업을 해주었다. 따라서 산만했던 습관이 곧바로 신선한 군사생활방식으로 바뀌게 되었다. 군사 교원들은 우리에게 어떻게 무기를 사용하고 소중히 다루어야 하는지, 전투 중 어떻게 자신을 보호하고 적을 공격하는지에 대해 가르쳐 주었을 뿐 아니라, 휴식 방법까지도 군대 방식이 주입되었다.

잠을 잘 때 총기는 총 받침대에 두라고 했는데, 이는 군사교원들이 우리에게 알려 준 총기보관규칙이었다. 그러나 이것은 우리가 잘 지키지 못했는데 왜냐하면 제대로 된 병영이 없었기 때문이다. 게다가 총이 멀리 떨어져 있으면 다른 사람이 쉽게 가져갈 수 있었다. 이 당시 총기는 관리가 엄격하지 않았는데, 어떤 총을 가지든 몇 개의 총을 가지든 전부 자신의 일로 총부에서 관여하지 않았다. 총이 없어지면 스스로 알아서 한 자루 구해야 했다. 해방군 정치간부학교에서 일괄적으로 총을 얻어온 뒤로 총부에서는 아래 구성원들에게 더 이상 총을 발급해 주지 않았다. 따라서 군사교원들은 구체적인 실정에 맞게 잠잘 때 총을 베개 밑에 두라고 했다. 그러나 어떻게 총을 두든지 간에 사용하지 않을 때는 반드시 총 안의 탄환을 꺼내 놓아야 안전사고를 막을 수 있다고 신신당부했다.

듣자 하니 간단한 상식 같았고 하는 것도 쉬웠다. 그러나 우리는 정규군이 아니었고 엄격한 훈련을 받지 않았기 때문에 하마터면 큰 사고가 날 뻔했다.

어느 날 밤 총부가 주재한 광산 설계원 3층의 큰 방에서 자고 있었다. 십여 명의 사람들이 시멘트 바닥 위에 신문지를 깔아 침대로 만들고, 군용배낭을 베개 삼아 일자로 길게 누워 자고 있었다. 총은 물론 배낭 아래 두었다.

한밤중에 갑자기 '탕' 하는 거대한 총성이 울려 모두들 순간 꿈속에서 깨어나 황급히 놀라며 일어났지만 영문을 몰랐다. 그러나 방 안에는 총성의 여음과 약간의 연기 외엔 다른 아무런 동정도 없었다. 방문을 열어 보니 다른 방의 사람들도 고개를 내밀고 무슨 일이냐고 물었지만 오히려 사방은 고요했다.

한참을 소란피우고 나서야 모두들 샤오류의 총에서 그 이유를 알아냈다. 그의 총열에서는 화약연기 냄새가 나고 뜨거웠다. 게다가 사람들을 깜짝 놀라게 한 것은, 그의 총이 탄환을 누르고 장전한 상태로 안전장치도 잠그지 않았던 것이었다! 황금색의 탄피가 그가 자고 있는 곳과 멀지 않은 곳에 덩그러니 있었다.

틀림없이 샤오류가 쏜 총이었다.

모두들 단번에 그를 에워싸고 노발대발하며 따졌다.

"대체 무슨 짓이야!"

샤오류는 몹시 난처해 하며 처음에는 "정말 내가 쏜 총이야?"라고 물었다. 그러다 사실을 알고는 두려움에 떨면서 반신반의하며 얼른 변명했다. 꿈을 꾸고 있었는데 몇 사람이 그에게 달려들어 번쩍이는 총검으로 찌르려고 하자 바로 총을 들어 쏜 것 같다는 것이었다.

꿈속에서 총을 쏘다니!

다른 사람이 훔쳐 갈까 봐 우리는 총을 머리맡에 두고 습관적으로 잠을 자다가도 혹은 한밤중에 깼을 때도, 손으로 베개 아래 둔 총을 만져 보고, 있나 없나 확인하곤 했다.

샤오류의 손도 틀림없이 꿈속에서 습관적으로 베개 아래 자동소총으로 손을 뻗어 방아쇠를 당겼을 것이다. 하필 이날 밤 탄환을 빼 두는 것도 안전장치를 잠그는 것도 잊은 것이다.

총탄은 그와 나란히 누워 자고 있던 우리 몇 명의 머리 바로 위를 지나 방문을 관통했다. 총탄은 복도 벽 아래에 석회 구멍을 남겼다. 다행히 샤오류가 자고 있던 머리 위치가 우리들의 머리 위치보다 높았고, 그의 자동소총 발사 방식이 '점사' 위치에 놓여 있었다. 그렇지 않았으면 그의 탄환이 연발로 나와 샤오리의 머리에 작렬했을 것이다.

다음날 하이 사령이 이 사실을 알고는 기가 막혀 하고, 웃기도 하면서 내게 샤오류의 총을 거두고 '청년근위군'을 떠나게 하라는 말을 전했다. 샤오류는 이 말을 듣고 얼른 내게 찾아와 이러쿵저러쿵 말을 늘어 놓으며 총을 거둬 가지 말고 쫓아내지도 말라고 부탁했다. 나도 당연히 샤오류를 보내고 싶지 않아 몇 마디 훈계하고는 흐지부지하게 하이 사령의 명령을 집행하지 않았다. 어쨌든 우리는 군중조직이라 군대처럼 엄격한 규율이나 습관이 없었다. 이 일에 대해 하이 사령은 더 이상 언급하지 않았다. 아마 그도 자신이 내린 명령을 잊었나 보다.

8월에 들어서자 양 파벌 조직대표 간의 베이징 협상과 중앙 수장의 접견담화가 분명 '공련'과 '상강풍뢰' 조반파 쪽에 유리하게 되었다. 왜냐하면 중앙 지도자들이 '공련'이나 '상강풍뢰' 파가 실제로 창사시의 국면을 좌우하는 상황을 정확히 이해하고 있었기 때문이다. 이 지역 정세를 안정시킬 수 있는 강력한 조반파조직을 지지하는 것이 당시 중앙의 전략적인 계획인 것 같았다.

성의 수도를 잃은 '고사'파는 마오쩌둥 주석의 계책을 쓰고 싶어 했다. '농촌으로 도시를 포위하라.'

그들은 농촌에서 문혁 전부터 있던 '빈·하·중농협회'(貧下中農協會) 조직을 신속하게 무장시켜 무장 농민들이 도시 안으로 들어오게 했고, 또 다른 한편으론 성도인 창사시 주변 몇 개 도시에서 조반파와 필사적인 난투전을 벌이며 어느 정도의 조건을 마련해 놓고, 베이징 협상의 국면이 반전되기를 기대했다.

그 결과 창사시에서 45km 떨어진 샹탄시(湘潭市)는 그들에 의해 전부 통제되었고 샹탄시에서 '공련' 관점을 가진 '홍조련'(紅造聯) 등의 조반파가 모두 그들에게 내쫓겨 일부는 창사시로 도망왔다.

샹탄의 상황과 성도인 창사의 상황은 크게 달랐다. 그곳의 노(老)조반파들은 태반이 '고사'를 지지했다. 샹탄시 조반파의 주요 우두머리는 '9·24보고' 후 후난성 전체에서 첫번째 '대 우파'(大右派), '대 검은 귀신'[大黑鬼]으로 몰렸던 샹탄 전기 공장의 전(前) 당위 선전부장이었다. 그 뒤로 이 선전부장은 복권되어 샹탄시 노동자 조반파의 수령이 되었고, '고사' 대학생 홍위병들은 힘을 다해 도와주었다. 따라서 1월 폭풍 후 다른 사람의 은덕을 잊지 않던 그는 '고사'를 후난성 전체 조반파의 영수(領袖)로 성심성의껏 떠받들었다. '고사'가 창사시의 '상강풍뢰'·'동방홍총부', 그 뒤 '공련' 등의 노동자 조반파와 사이가 벌어진 뒤에도 이 선전부장은 샹탄시 대부분의 노동자 조반파를 인솔하여 확고하게 '고사'를 지지하며 '고사' 편에 섰다. 정세 변화에 따라 상당히 많은 노동자 조반파가 분열해 나와 '공련'과 '상강풍뢰' 편에 섰지만 그의 영향을 받고 있던 샹탄시 '혁명조반파연합위원회'[革造聯]는 성공적으로 우세를 점하게 되었다. 게다가 그가 '고사'를 지지하고 성 군구의 지지를 얻게 되자, 샹탄시의 기존 보수파조직인 '적위대'(赤衛隊)와 '홍색정권보위군' 사람들이 잇달아 그의 기치 아래로 모이게 되었다. 이렇게 하여 샹탄시 '공련'과 '상강풍뢰' 쪽의 조반파, 그리고 그들이 연합해 결성한 '홍색조반자연합위원회'[紅造聯]가 뚜렷한 열세에 처하게 되었다.

문화대혁명 중의 파벌 투쟁은 조반과 보수가 투쟁의 주요 노선이지만, 정세가 변화되는 과정에서 또다시 복잡하게 뒤엉키게 된다. 이름도 형형색색으로 계속해서 분화되고 조합되고, 다시 재분화되어 어지러운 변화가 발생했다. 그래서 밖에서 보고 있던 사람들, 특히 뒤에 참가한 사람들은 언뜻 누가 조반파이고 누가 보수파인지 구분하지 못했다. 어떤 경우 쌍방 모두 철두철미한 조반파지만 어느 단계에 이르면 격렬한 투쟁을 벌이기도 했다. 또 어떤 경우 쌍방 모두 조반이라고 하지만 어느 한쪽이 틀림없는 보수조직인 경우도 있었다. 십 년이라는 문혁의 긴 세월 동안 가장 처음에 '작은 덩퉈'〔小鄧拓〕·'우파'로 몰려 복권을 갈구하며 반기를 들어 조반했던 사람들과 마지막 단계에도 여전히 조반을 하며 '사인방'의 전멸과 함께 재수없이 무너진 사람들만이, 분명 문화대혁명 기간 중의 진정한 의미에서의 조반파라 할 수 있을 것이다. 불행히도 십 년이라는 긴 과정 동안 두 부류의 조반파로 나누어졌지만 크게 말하면 같은 부류의 사람이었다. 십 년이라는 곡절 많은 역사 과정에서 그들은 서로 다른 극을 연출했지만, 이 긴 연극의 시작과 끝에서는 오히려 같은 역할과 위치에 처하게 된다.

위에서 말한 이유 때문에 1967년 2월 이후 샹탄 노동자 노조반파조직인 '혁조련'은 당시 정세에서 보자면 확실히 '고사'와 마찬가지로 원래는 조반파였지만, 실제적인 정치적 게임 과정에서 다시 보수파의 위치에 서게 된 것이다.

분명 창사시 조반파로서는 샹탄시가 '고사'파 수중에 떨어지는 것을 용납할 수 없었다. 샹탄시가 창사시에서 불과 45km 거리라 넓은 아스팔트 도로를 따라가면 차로 한 시간도 안 되어 도착할 수 있었다. 더욱 중요한 것은 샹탄시는 가장 정확한 의미에서 마오쩌둥 주석의 '고향'이었다. '붉은 태양이 떠오르는 곳에서 어찌 보수파들의 기세가 등등할 수 있겠는가!' 창사시 조반파 우두머리들은 샹탄시에서 도망온 조반파를 도와 샹탄시를 탈환하거나 혹은 '샹탄시를 해방시키자!'

고 맹세했다. 그들은 샹탄시를 통제하는 것이 정신적인 필요뿐 아니라, 베이징 협상에 유리한 비중 있는 지역을 되찾는 것이라는 점을 잘 알고 있었다.

샹탄시 '고사' 파 쪽의 '혁조련'이 탱크를 출동시켜 샹탄시로 이어지는 대교를 봉쇄했다는 소문이 전해졌다. 샹탄시에는 대형 무기 공장이 몇 개 있었는데, 그곳에서 생산된 탱크가 해방군 병영으로 보내지지 않고 먼저 거리의 아스팔트 도로를 지나 창사시 방향으로 향하고 있다는 것이다.

조반파를 지지하는 군대학교는 '고사' 파의 탱크 출전을 의외라 생각지 않고 즉시 '청년근위군'에게 탱크에 대항하는 훈련반을 조직해 탱크 폭파 기술을 배우게 했다. 군사기술학습반은 341부대 안에 있었다. 원래 총부의 뤄(羅) 성을 가진 우두머리가 총부 경위를 맡고 있던 우리를 그곳으로 보내 배우도록 했으나, 새롭게 발생된 무투 상황 때문에 우리는 그 군사기술을 배우러 가지 못하고 직접 무투 전장으로 출전해야 했다.

정세는 날로 현대전을 방불케 했으나 이러한 상황은 어리숙한 우리 청년들을 두렵게 하지 않고 오히려 재미를 느끼게 만들었다. 선혈이 낭자한 장면을 직접 목격하지 않는다면 무엇이든 상관하지 않았다.

불 같은 뙤약볕이 내리쬐는 8월 어느 날 저녁 무렵, 기층조직에게(명칭이 가지각색으로 '번개병단'·'강삼련'鋼三連·'홍구련'紅九連 등의 이름도 있었고 스스로 '결사종대'라고 부르기도 했다. 각 단위의 인원수도 달라 수백 명에서 적게는 수십 명까지 있었다) 즉각 총부로 집합하라는 명령이 떨어졌다. 십여 대의 차량으로 나눠 타고 완전 무장한 다음 샹탄시 방향으로 진군하여 샹탄시를 공격하고 '샹탄시를 해방하자!'는 것이었다.

우리는 총부의 경위무장(警衛武裝)으로 당시엔 '홍색돌격대'(紅色尖刀排)조직으로 불렸고, 우두머리는 성 건축회사의 '소형'〔牛哥〕이라 불리는 청년 노동자였다. 그러나 모두들 '전선'(前線)에 출전하길 갈망해, 총부가 동의하든 말든 아예 상관도 하지 않고 잇달아 차에 올라타 함께 샹탄시로 전진했다.

가는 길에 나는 샹탄시로 진군하는 차량이 우리 '청년근위군' 조직만이 아니라는 사실을 알았다. 한 대 한 대 지나가는 차량에서 수십 개에 이르는 조반조직의 깃발을 보았다. 모두 전투태세를 갖추었고 분위기는 의기양양했다. 여기저기서 "투쟁에는 희생이 따른다. 죽음은 항상 발생하는 것……"이라는 마오쩌둥 어록 노래가 긴 도로위에 울려 퍼져 오래도록 끊이지 않았다.

무장한 차량 행렬은 창사시에서 20여km 떨어진 높은 산 옆에 멈춰섰다. 날은 이미 어두워졌다. 타고 온 해방표 트럭 위에 서서 고개를 돌려 살펴보았더니 긴 차량 행렬이 마치 검은 용과도 같았다. 차량 불빛은 두 줄의 평행 사슬을 이루어 내 앞에서 곧바로 뒤로 뻗어 나가 구불구불 보이지 않는 곳까지 닿았다.

차량은 갑자기 모두 멈추라는 명령을 받았다. 지프차나 오토바이들은 이리저리 차량 행렬 옆을 돌아다녔다. 우두머리들이 뭔가 의논하고 있는 것 같았다.

밤의 장막, 높은 산, 차량 행렬, 불빛, 전투태세를 갖춘 대오, 오토바이의 긴박한 행진소리, 이 모든 것으로 인해 나는 마치 곧 결전을 치룰 전쟁 영화 속의 한 장면으로 들어가는 것 같았다.

그때 나는 이 모든 것이 재미있었고, 운치도 있다고 느꼈다.

그러나 이 모든 것이 대체 무엇을 위해서인가? 어떠한 결과가 있을까? 나는 이런 것은 전혀 생각지 못했다.

나는 갑자기 두 대의 오토바이 위에 앉은 사람이 붉은 모표와 붉은 휘장을 단 진짜 군인인 것을 발견하고는 깜짝 놀라며 얼른 함께 차에 탄 동료들에게 보라고 했다. "봐, 해방군도 왔어!"

모두들 연방 질주하는 오토바이를 바라보았다.

"우리 전투를 도우러 왔겠지?" 한 동료가 물었다.

"우리를 도와 정찰하러 왔을 거야." 어떤 사람이 대답했다.

"성 군구가 입장을 분명히 밝혔나?" 또 어떤 사람이 물었다.

"꿈 깨! 군구에서 우리를 지지할 리 없지. 저건 군사학교야. 아니면 47군 야전군이든가." 또 어떤 사람이 즉각 대답했다.

"47군인지 어떻게 알아?"

"총부의 곰보형이 그랬어. 중앙에서 우릴 지지하려고 47군을 파견했다고."

"정말?"

"뭣하러 자넬 속이겠어!"

"그렇다면 군구는 두려워할 필요가 없지! 우리도 해방군 후원자가 생겼으니 말이야."

"진작부터 안 무서웠어!"

"……"

해방군이 우리와 같은 '전선'에 있는 걸 직접 보고 나니 그들이 대체 어느 부대인지 확실치 않았고 어떤 임무를 수행하는지도 몰랐지만, 우리 마음은 매우 기쁘고 더욱 편안해졌다. 이렇게 되면 샹탄시 '해방'은 더욱 쉬워질 것이다.

차량 행렬이 다시 전진했다. 사실 계속 전진하라는 명령을 알리러 온 사람은 없었다. 그저 앞의 차량들이 움직이는 것을 보면 뒤의 차들이 즉각 시동을 걸어 앞으로 따라갔다. 이렇게 한 대 한 대씩 모두 같은 조직의 차량은 아니었지만 연달아 앞을 향해 나아갔다.

십여 분이 채 안 되어 길가에 있는 큰 농약 공장 옆에 다시 멈춰 섰다. 차량 행렬 위에서 일부 사람들이 뛰어내리더니 그 농약 공장으로 돌진해 들어갔다 잠시 뒤 다시 나왔다. 이 공장 안은 텅텅 비어 한 사람도 없으며 도처에는 맡기 힘든 농약 냄새로 가득하다고 알려 왔다.

차량 행렬은 더 이상 움직이지 않았다.

마찬가지로 쉬어야 하는지 아니면 차 위에서 명령을 기다려야 하는지 알리러 오는 사람은 없었다. 한 번 멈추자 몇 시간이 지났다.

대략 자정쯤 되었다. 그 당시에 손목시계를 찰 수 있는 사람은 몇 되지 않았다. 상하이 손목시계 하나 가격이 120위안으로 월급이 30~40위안에 불과했던 청년 노동자로서는 매우 귀중한 물건이었다. 우리 트럭에 타고 있던 사람 중에는 시계 찬 사람이 하나도 없어서 누구도 몇 시 몇 분인지 알지 못했다. 그저 대략 밤 12시쯤 됐으리라 추측했다. 여전히 우리에게 어떻게 해야 할지 알리러 오는 사람은 없었다. 그러다 졸음이 몰려왔다. 모두들 자초지종 따지지 않고 차에서 뛰어내려 각자 적당한 곳이나 길가 혹은 나무 아래를 찾아 누웠다.

나는 차에서 내리지 않고 보병총을 안은 채 적재함 판자 위에 드러누워 바로 꿈속으로 들어갔다.

만약 그날 밤 '고사' 파에서 습격해 왔다면 필경 심각한 사상을 입어 시체가 온 들판에 널리고 길가엔 피로 가득했을 것이다. 다행히 '고사' 파의 군사지휘 수준도 우리와 비슷했고, 머릿속엔 똑같이 '무투' 생각뿐 '전쟁'의 관점은 없었다. 비록 우리가 평소 입으로 외쳐 대는 것이

'전투'였지만 말이다.

다음 날 새벽 아스팔트 위는 다시 뜨거워졌다. 사람들의 떠들썩한 소리와 자동차 경적소리로 긴 도로 위가 마치 시장을 방불케 했다.

아직도 지시를 내리러 온 사람은 없었다. 우리 '청년근위군'의 지휘관은 총부에 있는 뤄(羅) 우두머리였지만 누구도 그를 찾지 않았고, 그가 어디로 갔는지도 몰랐다.

모두들 마음을 졸이기 시작했다.

이 '전투'는 할 건가 말 건가? 최소한 아침밥은 먹어야 하지 않나? 그런데 아침밥의 그림자는 어디 있나?

해가 떠올랐을 때 차량 행렬이 갑자기 움직이기 시작했다. 누가 내린 명령인지 모르지만 와자지껄한 사람들이 서로 말을 전하며 앞에 있는 반탕진(板塘鎭)에 가서 아침을 먹는다고 했다.

반탕진은 샹탄시 외곽에 있는 조그만 마을로 샹탄시에서 매우 가까웠다.

어쨌든 지휘관은 보이지 않아 한 대 한 대씩 앞의 차량의 움직임이나 멈춤을 명령으로 삼아, 차량 행렬의 앞이 움직이면 모두들 따라 나아갔다.

구체적인 명령도 없고 지휘관의 동원도 보지 못했는 데다가, 텅 빈 배에서 꼬르륵 소리까지 났다. 차에 앉아 모두들 풀이 죽어 말할 기분도 나지 않았다. 어젯밤 출발할 때의 드높던 사기는 어느새 자취를 감추고, 마음은 어서 반탕진으로 가 실컷 먹었으면 하는 생각뿐이었다.

나는 총을 안고 운전석에서 가까운 적재함에 앉아 살짝 눈을 감고 있었는데 아침 햇살이 끊임없이 내 몸 위에서 흔들거렸다. 귀로는 도로 옆의 숲과 논에서 들려오는 새소리를 음미하고 있었다.

대략 십여 분 정도 지났다. 갑자기 도로 옆에서 경천동지할 총성이 울렸다. 한두 발의 시발탄도, 산발적으로 나는 총소리도 아니었다. 곧바로 '탕탕탕……' 하며 계속해서 귀를 진동하는 총성이 났는데 마치 경사 난 집에서 나는 콩 볶는 듯한 폭죽소리 같았다.

'끽' 하며 급하게 차의 제동을 걸었다. 우리 차에 있던 사람들은 갑작스런 습격에 놀라 멍해져 잠시 어떻게 해야 할지 몰랐다. 운전석에서 뛰쳐나온 기사가 우리를 향해 외쳤다. "어서 차에서 뛰어내리지 않고 뭐해. 죽고 싶어?" 차 위에 있던 사람들은 그제서야 정신 차리고 얼른 차에서 뛰어내려 길가의 물구덩이 안으로 숨을 수밖에 없었다. 내가 막 차에서 뛰어내리려 할 때 어떤 사람이 마치 타조처럼 고개를 숙이고 적재함에 쭈그려 앉아 달라붙어 있는 모습을 보았다. 아마 놀라서 얼떨떨해졌나 보다. 순간 나는 그 모습이 우스워 올라가 엉덩이를 한 대 걷어차며 큰 소리로 말했다. "이렇게 있으면 뭐 해. 어서 뛰어내리지 않고?" 그 청년은 내게 한 대 걸어 차이고는 정신을 차리며 고개를 들더니 연신 말했다. "뛰어내려. 뛰어내린다구!"

그는 이렇게 말하며 적재함으로 올라가 뛰어내렸다.

나는 뛰어내린 뒤 차 뒷바퀴 쪽에 웅크리고 있었다. 이 차와 바퀴에 의지하면 날아오는 총탄을 피할 수 있을 것 같았다. 왜냐하면 나는 이미 총탄이 같은 방향에서 날아온다는 것을 알고 있었기 때문이다.

잠시 후 총성이 사라졌다. 우리는 하나하나 일어나 멀리 바라보았지만 도로 한쪽의 먼 산에서 총을 멘 사람들이 흔들거리는 것만 보였다. 누군가 "저건 '노화'(怒火) 놈들이야. 쫓아가. 공격!" 하며 외치자, 많은 사람들이 '돌진!' 하는 함성을 외치며 산 쪽으로 뛰어갔다.

나도 사람들을 따라 도로를 지나고 논을 밟으며 어기적거리면서 앞으로 나아갔다. 손에는 총을 받쳐 들고 입으로는 큰 소리로 구호를 외쳤다. '탕탕' 하는 총탄 소리는 사라지고 온 산천엔 수백수천 명의 사람들의 함성 소리만 가득히 울렸다. 모두의 힘이 갑자기 늘어나 순간 두려움도 사라지고, 전력을 다해 쫓아가 산에 있는 '적'을 잡고 싶은 마음뿐이었다. 위험은 모두 잊고, 부상도 없고 피도 흘리지 않는 승리뿐인 게임 같았다.

갑자기 또다시 '탕탕탕' 하는 총성이 울려 왔다. 그것은 전방 오른쪽 또 다른 산에서 공격해 오는 것으로 총탄이 휙휙 하며 우리의 머리 위를 지나갔고, 적진으로 돌격하는 사람을 명중시키기도 했다. 내 주위로 갑자기 서너 사람이 쓰러졌다. 어떤 사람은 엉엉 소리치고, 어떤 사람은 아무런 소리도 내지 않고 '픽' 하며 논 속으로 엎어졌다. 그 중 한 사람은 내가 아는 사람으로 탐사설계원의 운전사 뤄(羅)였다. 총에 맞아 뚫린 이마의 구멍으로 피가 뿜어져 나와 얼굴 가득 범벅이 되었고, 그는 신음소리 한 번 내지 못하고 세상을 떠났다. 그의 자동소총은 한 발도 쏘여지지 못한 채 그의 곁에 떨어졌다.

왜 그런지 모르지만 습격의 총성으로 하나하나 쓰러진 사상자들이 발생해도 적진으로 돌진하는 사람들은 놀라지 않았다. 오히려 우리들은 아랑곳하지 않고 여전히 앞을 향해 똑바로 달려갔으며, 분노의 구호소리가 갈수록 하늘을 뒤흔들며 울려 퍼졌다. 사람이 언제나 항상 용감하거나 항상 겁이 많은 건 아닌가 보다. 어떤 상황에 처하게 되면 가장 겁 많던 사람도 모종의 분위기로 인해 조금도 두려움을 느끼지 않을 수도 있다.

상대편에서 우리의 이러한 기세를 보고 놀랐음에 틀림없었다. 필경 그들도 진짜 군대는 아니었고, 기관총으로 많은 사람들을 죽일 수는 없었다. 그렇지 않다면 우리 쪽에서 더욱 많은 희생자가 나오게 될 것이다. 그들은 후퇴했고 다른 산 위로 퇴각했다.

우리는 상대편과 마주한 산 정상까지 돌진한 다음 더 이상 적진으로 돌격하지 않았다. 각자 몸을 숨길 만한 곳을 찾아 엎드려 상대편이 있는 산을 향해 총을 쏘았다. 총을 맹렬하게 쏘았지만 상대편을 향해 제대로 된 조준도 하지 않고 맞은편 산을 향해 발포하였다. 이건 정말 '전투'가 아니라 아이들이 총을 갖고 노는 것과 같았다. 특히 자동소총을 갖고 있던 사람들은 방아쇠를 당기자마자 삼십여 발의 총탄을 '탕탕탕……' 하며 순식간에 없애 버렸다. 어쨌든 있는 건 총탄인지라 군용배낭에서 탄창을 꺼내 바꾸어 또 쏘았다. 나는 이런 사격이 상대편에게 얼마나 큰 사상을 가져다줄지 몰랐지만 우린 결국 맞은편 산으로 돌격할 수 없었다.

나와 십여 명은 얕은 도랑 안에 엎드려 옆으로 산병선(散兵線)을 이루었다. 모두들 같은 조직은 아니었지만 완장을 보면 조반파라는 것을 알 수 있어 서로서로 친밀함을 나타냈다. 내 옆에는 '홍기군'(紅旗軍)이란 완장을 찬, 나보다 나이가 훨씬 많아 보이는 청년이 있었다. 그는 나처럼 총을 쏘지 않고 방아쇠를 한 번 당기면 거의 연발로 쐈고, 탄약을 전부 써 버리면 서두르지 않고 한 발 한 발 천천히 쐈다. '홍기군'은 제대군인으로 이루어진 조반조직이었다. 원래 보수파 쪽에 제대군인이 만든 '8·1병단' 조직이 있었는데, 조반파 제대군인들이 이에 맞서기 위해 '홍기군'을 만든 것이다. 그 뒤 중앙에서는 제대군인들이 단독으로 만든 조직은 모두 해산하라는 명령을 내렸다. 왜냐하면 이들이 총을 들고 출전하면 진짜 전쟁이 될 수 있었기 때문이었다. 따라서 '홍기군'은 그 뒤로 해산 명령을 받았다. 그들 역시 조반파였지만 말이다.

두 개의 탄창을 다 쓰고 엎드려 또 하나를 막 탄약 장전기에 집어넣으려는 순간 갑자기 수류탄이 내 앞으로 떨어졌다. 내가 반응하기도 전에 옆에 있던 그 '홍기군' 청년이 거세게 외쳤다. "얼른 엎드려!" 하는 외침과 함께 그는 신속하게 뛰어와 나를 넘어뜨리더니 내 몸 위로 엎드려 그의 몸으로 나의 머리를 감쌌다. 아무것도 생각할 겨를이 없었고 그저 아닌 밤중에 홍두깨 격으로 머리가 어질어질했다.

십 몇 초 혹은 수십 초쯤 지나 어쨌든 폭발소리가 들리지 않게 되자 내 몸을 누르고 있던 그 '홍기군'은 위험이 지났다고 생각했는지 천천히 내 몸에서 일어나 손을 뻗어 그 안전핀을 잡고는 큰 소리로 웃으며 말했다. "제기랄, 명이 긴 모양이군!"

나는 쭈뼛쭈뼛 그의 손안에 있는 수류탄을 바라보고는 웃지 않을 수 없었다. 애초에 그 수류탄은 도화선을 당기지 않았으며 뒤 덮개도 열리지 않고 통째로 던져져 아예 폭발할 수가 없었다.

주변 사람들 모두 이 갑작스런 사건에 줄줄이 건너와 덮개를 열지 않은 이 수류탄을 보더니 웃으며 욕을 해댔다.

그 '홍기군'은 앞쪽을 바라보더니 일어나, 총검이 달린 보병총을 들고는 주변 사람들에게 엄숙하게 소리 지르며 물었다.

"제기랄, 이 수류탄은 누가 던진 거야?"

우린 모두 놀라 잠시 그의 뜻을 이해하지 못했다.

"'홍색노화' 놈들은 저렇게 멀리 떨어져 있고, 앞의 밭에도 사람이 없는데, 이 수류탄은 우리들 중 어느 개자식이 던진 게 아니냐구!"

'홍기군' 청년이 계속 말했다.

나는 맞아! 하고 생각했다. '고사'와 '홍색노화' 놈들이 수류탄 투척 세계 1위라 해도 저 산 위에서 이 산꼭대기까지 던질 방법은 없었다.

"누구야? 어서 말해. 솔직하게 얘기하면 관대하게 처리하겠다. 그렇지 않으면 이 몸이 가만두지 않을 거야. 단칼에 찔러 버리겠어."

'홍기군'은 눈을 크게 뜨고는 주변 사람들을 쓱 둘러보면서 엄숙한 목소리로 말했다.

우리들 역시 눈에 불을 켜고 서로를 주시하고 있었는데 자동소총을 멘, 작고 마른 키의 한 사내가 울상을 하며 일어나 작은 소리로 말했다. "저예요, 제가 던진 거예요……."

"제길, 눈이 멀었어? 수류탄으로 우리를 튀길 작정이었냐구!"

'홍기군'이 노기충천하여 욕을 해댔다.

"어떻게 된 일인지 모르겠어요. 전 앞으로 수류탄을 던지고 싶어 손을 뻗었는데 그곳으로 날아갔어요……."

마른 사내의 얼굴이 창백해졌다.

나는 이 사내가 평소 수류탄을 던질 줄 모르며, 게다가 누워서 오른손에 힘을 주고 던지니 수류탄이 앞으로 가지 않고 왼쪽으로 날아온 것이라 생각했다.

"어느 조직이야?"

"보황파 아냐?"

공교롭게도 그 사내는 완장까지 차고 있지 않아 주변 사람들이 그에게 으르렁대기 시작했다.

마른 사내는 얼른 주머니에서 '마오쩌둥 사상 수호군'이란 완장을 꺼내 부들부들 떨며 말했다. "전 조반파예요, 전 조반파예요……."

이 '수호군'은 사람 수가 많지 않은 작은 조반조직이었다.

"제길, 덮개를 떼지 않아 다행이었지 안 그랬으면 우린 오늘 이 녀석 손에 죽었어. 이러면서 무슨 전투를 한다고 총을 갖고 다녀! 총 내놓고 집으로 돌아가!" '홍기군'이 또 사내에게 엄하게 말했다.

"알았어요. 총을 내놓을 게요, 내놓을 게요……." 마른 사내는 얼른 총을 땅에 내려놓고는 가슴에 있던 탄띠도 떼어 땅에 내려놓았다. 그러고는 벌벌 떨며 물었다. "가도 되나요?"

"가 봐!" '홍기군'의 어투가 다소 온화해졌다.

작고 마른 사내는 비틀거리며 갔다.

나는 그 '홍기군'에게 말했다. "절 보호해 줘서 고마워요."

"고맙긴 뭘, 죽은 수류탄인데." 그는 어렴풋이 웃으며 말했다. "우리 둘 다 명이 긴가 봐."

그는 즐거운 듯 마른 사내가 내려놓은 총을 줍더니 더 이상 말하지 않고 총만 만지작거렸다.

나는 감격스런 마음으로 그를 바라보며 이 세상엔 좋은 사람이 정말 많다고 생각했다.

어떤 사람이 위험에 처했을 때 무의식적으로 자신을 돌보지 않고 모르는 사람을 보호하다니, 어찌 숭고한 품성이라 하지 않을 수 있겠는가?

이 '홍기군' 형은 그때 이후로 다시는 만날 수 없었다. 당시 성도 이름도 묻지 않았다. 나이로만 따져 본다면 지금쯤 아마 예순이 넘었을 것이다. 어디에 있을까? 마음 깊은 곳에 황금과도 같은 고귀한 품성을 지닌 이 노형(老兄)이, 인생의 행운을 누리며 즐겁고 편안하게 말년을 보내길 진심으로 바랄 뿐이다!

쌍방이 한바탕 사격전을 치르고 나자 상대편이 다시 물러났다.

우리들은 벌떼처럼 몰려가 또다시 온 산천 가득히 '돌격!' 하며 함성을 질렀다.

총을 들고 산비탈 허리까지 돌격해 갔을 때, 러닝셔츠를 입은 청년이 땅에 엎어져 큰 소리로 고통스럽게 소리치는 것을 보았다. '홍중회'(紅中會) 홍위병 완장을 찬 두 명의 여학생이 그의 옆에 웅크리고 앉아 작은 소리로 위로의 말을 하고 있었다. 멈춰서 보니 그 청년의 등 오른쪽에 큰 밤알만 한 구멍이 났고 거기서 피가 밖으로 뿜어져 나왔다. 등 위에 아직 붙어 있는 피부가 흐르는 피를 따라 천천히 위아래로 너덜거렸다.

내가 물었다. "어찌 된 거야?"

한 여학생이 대답했다.

"방금 적진으로 돌격할 때 부상을 입은 거예요!"

"적진으로 돌격?" 나는 갑갑해졌다. 어떻게 등에 부상을 입었지? 적진으로 돌격한 거라면 가슴이 다쳐야 하는데! 설마 뒤에서 총을 쏜 거란 말인가?

뒤를 돌아보니 과연 우리가 적진으로 돌격하는 중에도 뒷산 위에 있던 사람들이 여전히 총을 쏘고 있었다. 산머리에서 '우우우' 하며 끊이지 않는 탄환 소리가 울리는 걸로 봐서는 기관총까지 있는 모양이다.

나는 황급히 뒷산을 향해 두 손을 흔들며 목구멍을 힘껏 벌려 큰 소리로 외쳤다.

"뒤에 총 쏘지 말아요! 총 쏘지 말아요! 우리 편을 쏘잖아!……"

돌격하던 몇 명의 청년들이 이 광경을 보고는 나와 함께 총을 들고 손을 흔들며 뒤에 대고 큰 소리로 외쳤다.

한참을 외쳤다. 대충 총을 쏘는 사람은 없었다. 총성이 확실히 약해졌고 산위의 사람들도 계속해서 몰려 내려왔다.

이번 무투에서 뒤에 총을 맞아 다치거나 죽은 사람들 중 십중팔구는 자기편에게 맞았을 것이라 생각했다. 어떤 청년들은 그저 총 쏘는 것을 좋아해 적진으로 돌격하는 것은 상관도 하지 않았다. 게다가 지휘하는 사람도 없어 결국 애꿎은 사람들만 억울하게 목숨을 잃거나 장애인이 되고 만 것이다.

나는 그 부상자 곁으로 갔다. 두 명의 여학생이 마침 가지고 있던 손수건으로 그의 상처를 싸매 주고 있었다. 그러나 피는 여전히 흘러 멈추지 않았다.

나는 군복을 벗고 다시 안에 입은 하얀 러닝셔츠를 벗었다. 그리고 이 러닝셔츠를 부상자가 벗은 러닝셔츠와 합쳐 하나로 묶어 붕대로 만들어 상처를 막고 있는 손수건을 꽁꽁 묶었다.

내가 여학생에게 물었다. "구급차가 어디에 있는지 아니?"

한 여학생이 말했다. "도로에 가면 있어요."

나는 부상자를 보고 다시 이 두 여학생을 보았다. 부상자는 '상강풍뢰' 완장을 차고 있었고 여학생들도 '홍위병 중학혁명위원회'〔紅中會〕사람이었다. 마음속으로 모두들 조반파니 방법이 없다. 이 일은 내가 할 수밖에, 그렇지 않으면 이 사람은 여기서 죽을 거야라고 생각했다.

나는 군복을 입고 보병총과 군용배낭은 여학생들에게 들게 한 다음 나를 따라오라고 했다. 그리고 그들의 도움 아래 부상자를 업고 산 아래 도로를 향해 뛰어내려 갔다.

산 아래에서 도로까지는 상당한 거리였고 모두 논두렁길이라 숨이 차올랐다. 더욱이 부상자의 상처에서 흐르는 피가 내 바지를 흠뻑 적셔 참기 어려웠다.

간신히 도로 옆까지 왔지만 구급차는 도로 앞쪽 길에 있었다. 정말이지 꼼짝도 할 수가 없었다. 나는 도로 맞은편에 '상강풍뢰' 완장을 차고 엎드려 있는 사람들을 보고는 그들에게 소리쳤다. "여기요, 난 '청년근위군' 사람인데 이 부상자는 당신들 '상강풍뢰' 사람이에요. 어서 와서 업고 구급차 있는 곳으로 가세요."

"이봐, 조심해! '홍색노화'가 산 위에서 총을 쏠지도 몰라. 도로를 막고 싶어 한다구." 어떤 사람이 내게 이렇게 말했다.

그런 것까지 상관할 겨를 없이 가장 중요한 건 그들이 자기 조직의 부상자를 받아 주는 것이라고 생각해 계속 소리쳤다.

"이 사람은 아주 위험해요. 어서 업고 가요!"

"자네가 업고 와!" 저쪽에 있는 사람이 큰 소리로 말했다.

"우리가 엄호해 줄 테니 업고 오라구!"

뜻밖에 그들 모두 이렇게 말하는 것이었다.

나는 매우 화가 났다. 이 개자식들, 내가 이렇게 힘들어하는 걸 보고도 얼른 도와주지 않고 이 핑계 저 핑계 대다니.

나는 정말 부상자를 내리꽂아 버리고 뒤돌아 가 버리고 싶었다. 자기네 조직 사람도 아랑곳하지 않는데 내가 뭘 상관하겠어!

그러나 얼굴이 누렇게 변한 부상자를 보고, 또 매우 초조해하는 두 여학생을 보니 그렇게 할 수는 없었다. 게다가 우리 회사에서 나도 '상강풍뢰' 사람이지 않은가!

나는 이를 악물고 여학생 둘에게 말했다.

"여기서 기다려. 오지 말고."

한 여학생이 물었다. "왜요?"

내가 말했다. "저들이 얘기하는 거 못 들었어? '홍색노화'가 산 위에서 총을 쏠 거라잖아."

손바닥을 뒤집어 부상자를 꼭 잡고는 이를 악물었다. 그를 업고 도로를 넘어 건너편에 있는 사람들을 향해 뛰어갔다. 과연 '홍색노화' 나 '고사' 무장병들이 도로를 막고 있어 내가 도로 중간까지 갔을 때 총성이 울렸다. 총탄이 '탕탕' 하며 공격해 와 내 앞의 아스팔트 도로 위에서 '팡팡' 하며 울렸다. 난 매우 긴장했지만 다른 건 생각할 겨를도 없이 더욱 재빠른 걸음으로 달려갔다.

건너편 사람들도 총을 쏘았다. 그들이 어디로 쏘는지 알 수 없었고, '고사' 파 사람들이 어디서 총을 쏘는지도 몰랐다. 하지만 그들은 분명 날 엄호해 주고 있었다.

내 명이 길어서 그런지 부상자를 '상강풍뢰' 사람들이 있는 곳까지 업고 갔다. 나는 아무 데도 다치지 않았다. 그저 부상자의 피가 내 바지 위로 온통 물들었다.

부상자를 그들에게 건네주고 다시 허리를 숙여 도로를 뛰어왔다. 왜냐하면 내 총이 아직 그 여학생들에게 있었기 때문이다.

이때 총탄이 '휙휙' 하며 머리 위로 지나가는 소리가 났지만 길 위로 떨어지지는 않았다. 그 뒤로 이 봉쇄된 도로를 지나갔던 일을 생각하면 정말로 운이 좋았다고 생각한다. 그렇지 않았다면 아무리 허리를 숙여도 살아 있는 큰 표적이 될 뻔했다. 아마 총을 쏘는 상대편 역시 우리처럼 총을 갖고 '노는' 수준이었나 보다.

그 부상자 역시 명이 길었다. 당시 피가 나는 기세는 매우 걱정스러웠고 절망적이라고 생각했다. 하지만 뜻밖에도 이 년 후에 친구들과의 모임에서 그를 만났다. 그는 무슨 공구 공장의 청년 노동자였다. 한가롭게 잡담을 나누던 중 그는 내가 바로 그를 업고 산 위에서 내려온 사람이라는 것을 알고는 내게 감사의 말을 했다. 그리고는 등 쪽의 옷을 들어 둥글게 굳어진 상처를 보여 주었다. 나는 사람의 회복 능력에 매우 놀랐다. 흘러나오는 뜨거운 피가 등 위에 난 상처 구멍에서 용솟음치는 모습을 나는 한평생 잊을 수 없을 것 같은데, 일 년의 시간도 안 되어 그 상처는 단단하게 메워진 것이다. 원래 부상을 입었던 이 사람 역시 씩씩하고 튼튼한 모습이었다. 관상술에 따르면 '대란에 죽지 않으면 반드시 복이 따른다'는 말이 있다. 그 뒤로 다시는 그를 보지 못했다. 그가 큰 복을 누려 그 해 그의 몸에서 샘처럼 솟아나던 뜨거운 피의 보상을 받았는지 모르겠다.

나는 여학생에게서 총과 탄환이 든 군용배낭을 돌려받자 갑자기 몹시 피곤함을 느꼈다. 적당한 곳을 찾아 앉자마자 꼼짝도 하고 싶지 않았다.

때는 이미 정오를 지났지만 아침도 먹지 못하고, 점심 구경도 할 수 없었다. 게다가 이렇게 오전 내내 소란을 피워 댔으니 어찌 피곤하지 않겠는가?

이 '전투'는 그만하고 돌아가 쉬어야겠다고 생각했다.

나와 두 명의 여학생은 돌아가기로 했다. 그들 역시 몹시 배고팠기 때문에 당연히 내 제안에 동의했다.

우리와 함께 왔던 몇 명의 형제들은 모두 흩어져 누가 어디로 갔는지 몰랐다. 도로에 와서야 '청년근위군'의 형제들을 일부 만날 수 있었다. 그들은 마침 창사시로 가는 트럭을 막고 서서 다짜고짜 올라타고 있었는데, 나도 아랑곳하지 않고 따라 올라갔다.

이 트럭은 '공련' 소속 공장 조반조직의 것으로 무장한 사람들을 이 '전선'으로 데려다 주고 막 창사시로 돌아가려던 참이었다. 우리는 마침 이 차를 타고 돌아갈 수 있었다.

순식간에 30~40명의 사람들이 탔고 갖가지 조직의 사람들이 다 있었다. 모두들 어젯밤에 나와 아침, 점심도 먹지 못하고 기진맥진해 있었다. 다행히 그땐 무슨 '전장 규율' 같은 것이 없어 싸우고 싶으면 앞으로 돌격하고 그만두고 싶으면 '전선'에서 물러나면 됐다. 스스로 내동댕이치고 도망쳐도 괜찮았고, 총으로 도망가지 말라고 압박하는 사람도, 비난하는 사람도 없었다. 마찬가지로 부상을 입었거나 먹지 못했거나 총탄이 없어져도 긴급하게 구조하러 오는 사람도 시간에 맞춰 갖다 주는 사람도 없었다.

창사시로 돌아가는 도중에 밥과 빵 같은 음식을 나르는 몇 대의 차량이 길가에 서 있는 것을 보았다. 차에 탄 사람들은 차 주변에 있는 사람들에게 밥 한 사발과 빵을 나누어 주고 있었고, 누구든 먹고 싶으면 비집고 가 받아 오면 되었다. 그러나 이 음식 차량은 '전선'까지 최소한 2~3km는 떨어져 있었다. 게다가 '기다렸다 제공'하는 '장사'(당연히 무료제공이다)이지, '방문하여 서비스를 제공'하는 것이 아니었다. 취사반이 전선으로 밥을 들고 나르는, 영화 속에서 자주 보던 광경은 아니었다. 밥과 빵을 나르는 차량이 어느 조직 소속인지 몰랐다. 상황을 보니 대충 '공련' 쪽 같았다. 왜냐하면 음식 차에 있던 사람들 모두 기계 노동자들이 자주 입던 남색 작업복을 입고 있었고, 음식을 나누어 주는 것도 대상이 누구인지 상관없이 받으러 오는 사람들에게 모두 나누어 주었기 때문이다.

우린 모두 차를 멈추고 가서 밥이나 빵을 받아 한참 '혁명'을 하고 난 배를 상대해 주고 싶었다. 그러나 우리를 태운 차의 운전사는 기분이 좋지 않은 듯 '공련' 조직에서 서둘러 공장으로 돌아오라고 해 시간을 지체할 수도 우리를 기다릴 수도 없다고 말했다. 하는 수 없이 조금만 더 견디고 창사시로 돌아가기로 했다. 오후에 창사시로 돌아온 뒤 나는 곧바로 우리 공장으로 뛰어가 식당의 찬밥과 반찬을 얻어 배불리 먹은 뒤, 목욕탕으로 가 몸을 씻고 군복을 깨끗하게 빨고 난 뒤 평상복으로 갈아입었다. 왜냐하면 군복이 한 벌밖에 없어 빨고 나면 갈아입을 옷이 없었기 때문이다. 그저 '병사'에서 다시 평민으로 돌아오는 수밖에 없었다.

온몸에 남은 검붉은 핏자국 때문에 공장 동료들이 모두 크게 놀랐다. 나는 이번 무투에서 있었던 일을 생생하게 들려주었다. 동료들이 듣고는 탄복하기도 칭찬하기도 또 의심하기도 했다. 그들의 질문과 눈빛 속에서 모두 알 수 있었다.

2년여 뒤 소위 '일타삼반'(一打三反) 운동이 있을 때 피로 물든 군복 때문에 번거로운 일이 적지 아니 일어났다. 전안조(專案組) 요원들은 부상병을 구했다는 나의 말은 아예 듣지도 않고, 내가 사람을 죽인 흉악범이라는 증거를 '캐내기'만을 바랐다. 다행히 그 부상자가 살아 있어 확고한 증인이 되어 주었고, 결국 내게 살인 혐의를 씌우려는 전안조의 기도는 얼음이 녹듯 물거품이 돼 버렸다.

나는 아무 곳도 가고 싶지 않았고, 그저 집으로 돌아가고 싶었다.

아버진 내가 무사히 돌아온 것을 보시고는 무척이나 기뻐하셨다. 샹탄시를 공격한 대무투(大武鬪) 소식이 이미 창사시 전체에 퍼져 있었다. 나는 아버지가 틀림없이 집에서 걱정하실 거라 생각했다. 특히 '청년근위군'은 이번 대무투에서 '선봉결사대'였고, 우리의 '선봉대' 소문이 생생하게 전해져 아버지가 애타하실 것이 분명했다.

아버진 얼른 날 위해 침대를 닦으시더니 밤새 못 잤다는 얘기를 들으시고는 내게 푹 자라고 하셨다.

아버진 침대 옆에서 부들부채로 나를 가만히 부쳐 주시면서 가냘프고 작은 소리로 물으셨다. "또 가서 싸울 거냐?"

내가 말했다. "그만 됐어요."

이때 아버진 기쁘고 가뿐한 미소를 보이셨다.

샹탄시를 공격하는 이 무투에 나는 더 이상 가지 않았다.

나중에 듣기론 내가 돌아온 뒤 '전선'은 더욱 격렬하고 더욱 포악하게 싸웠다고 한다. 상대편에서 몇 대의 진짜 탱크를 출동시켜 도로를 따라 돌진해 왔고, '공련'과 '상강풍뢰' 쪽에선 십여 대의 큰 트럭으로 도로를 막으면서 한편으론 대전차포와 60포 등을 이동시켰다.

그 결과 상대편의 탱크는 돌진해 오지 않고 우리 쪽의 대포 역시 그들의 탱크를 부숴 놓지 않았지만, 서로 간의 포격과 총격전으로 쌍방 모두 적지 않은 사람이 목숨을 잃거나 부상을 입었다. 많은 부상자들이 병원으로 실려 갔다. 며칠 동안 창사시의 큰 병원들이 모두 동원되어 조반파 부상자들을 중점적으로 치료했다. 또한 그 며칠 동안 각 조반조직에선 모두 잇달아 추모회를 거행해 목숨을 잃은 자기 조직 사람들의 장례를 치러 주었다.

지금 생각하면 무투에서 희생된 사람은 정말 헛되이 죽었다. 게다가 어떤 사람은 너무나 원통하게 죽어 사람들의 마음을 아프게 만들었다.

어느 학생 홍위병 조반조직에선 탱크를 공격하는 평사포 몇 대를 '전선'으로 가지고 왔다. 이 평사포는 무반동포라고도 불리는데 포를 쏠 때마다 포강 뒤에 강렬한 화염과 기체가 분사되어 앞에 튀어나온 포탄두를 평형으로 만들고, 똑바로 날아가 지나치게 큰 포물선 비행을 하지 않는다. 이러한 포에 대해 '청년근위군' 총부에 있을 때 군사학교 해방군이 우리에게 그 성능과 조작과정에 대해 시범을 보여 준 적이 있었다. 군사교원은 우리에게 이러한 포를 쏠 때는 반드시 옆에 서서 격침 손잡이를 누르라고 주의를 주었다. 아니면 포강 뒤에서 분출되어 나오는 화염과 고압 기체에 다칠 수 있다는 것이다. 그러나 이 학생조직의 홍위병은 이 점을 소홀히 했다. 아마 그러한 사실을 아예 몰랐는지도 모른다. 왜냐하면 그때는 무기상식에 관한 어떠한 수업도 듣지 않고도 무기를 갖고 노는 사람이 수천 수백이었기 때문이다. 그 결과 '전선'에서 상대편의 탱크를 공격할 때 이 학생은 포강 바로 뒤에 서서 격침 손잡이를 누르고 포를 쏘았다. 비극이 발생했다. 포탄이 상대방의 탱크를 적중하기는커녕, 가엾게도 이 홍위병은 '쿵' 하는 포성 소리와 함께 순간 사라졌다. 뒤에서 뿜어 나오는 화염이 그를 멀리 솟구치게 만들어 산산조각 태워 버렸다. 그의 시체를 찾았을 때는 두 다리가 이미 완전히 타 버렸고 얼굴은 처참해 차마 볼 수 없을 정도였다.

창사 조반파는 끝내 무력으로 샹탄시를 공격할 수 없었고, '고사' 파 역시 성공적으로 반격할 수 없었다. 결국 해방군 47군이 샹탄시로 주둔하고 나서야 서로 간의 무투가 가라앉게 되었다.

문혁 중 후난에서 대체 얼마나 많은 사람이 다치거나 죽었는지 그 숫자는 잘 모른다. 그러나 그 뒤로 쓰촨(西川)·샨시(山西)·광시(廣西) 등 지역 무투 상황에 관한 자료를 읽어 보면 후난에서의 무투 규모는 다른 성들에 비해 오히려 훨씬 적었던 것 같다. 무투가 진행된 시간 역시 짧았다. 후난에서 진짜 총과 칼을 쓴 무투는 대략 1967년 6월에서 10월까지 몇 개월간이었고, 그 뒤론 총이나 포를 쏘는 일은 없었다. 앞에서 말한 지역의 경우 끊어졌다 이어졌다 하며 1~2년간 지속되었다. 쓰촨의 대규모 무투는 1967년에서 1968년 10월까지 계속되었고, 1969년 7월까지도 있었다. 충칭(重慶) 완현(萬縣) 지역에선 두 파벌 간의 총기 탈취 전투가 일어나 60여 명의 사상자가 발생하기도 했다. 후난에서 무투 기간이 길지 않았던 것은 후난의 조반파 세력이 강했고, 특히 대부분 산업노동자 조반파로 이루어진 '공련'이 상황을 주도해, 한번 행동이 일어나면 신속하게 '고사'와 보수파를 압도했기 때문이라고 생각한다. 심지어 조반파 중의 급진분자와 무정부주의자들도 압도해 강력하게 국면을 통제할 수 있었다.

무투에서 죽은 사람은 대개 양 파벌이 대치하면서 엉망진창으로 싸울 때 죽은 것이다. 내가 참가했던 몇 번의 무투 상황으로 볼 때 쌍방 모두 실제로 상대편의 모습을 똑똑히 보지 못하고 멀리 떨어져 모호하게 보이는 사람들을 향해 총과 포를 쏘아 댔다. 오로지 남에게 먼저 총을 맞지 않을까 걱정하는 상황에서 사상자가 발생했다. 무력에서 뒤지는 쪽에서 일단 상대편을 이길 수 없다는 생각이 들면 무슨 '결사 수호'라는 말은 사라지고 재빨리 철수해 도망갔다. 무력에서 우세한 쪽은 상대방을 추격했지만 대개 도망자들을 추격할 수는 없었다. 도망은 언제나 추격보다 더 힘이 났다. 그리고 쫓아가지 못해도 그만이었다. 필사적으로 추격하라고 명령하는 사람도 있을 리 없었다.

상대편 '포로'를 총살하는 일 역시 일어났지만 많지 않았다. 왜냐하면 당시 '포로'를 잡을 수 있는 기회가 적었기 때문이다. 서로 접전하여 한바탕 싸우다가도 이기지 못하는 쪽에서 일찌감치 도망가 그들을 잡을 수가 없었다. 또한 '포로'를 총살하는 행위는 당시 그러한 상황에서도 모두 범법행위라 여기고 있었다. 그러나 우연히 잡힌 '포로'가 살해당하는 경우도 있었다. 이것은 쌍방 모두에 언제나 충동적인 사람(대개는 청년)이 있었기 때문이다. 모종의 충동적인 분위기 속에서 '포로'를 총살하는 폭행을 저지르기도 했다. 예컨대 우리 청년근위군의 한 기층조직 우두머리인 뤄(羅)모 씨는 멀쩡한 '고사'파 '포로'를 무참히 때려죽였다. 그 뒤 상황의 심각성을 깨달아 죽은 사람을 상강(湘江)에 버려 시체를 없애고 죄의 증거를 인멸하려 했지만 얼마 못 가 사람들에게 발각되어 체포되고 말았다. 결국 이 뤄모 씨는 공안기관인 군관회에서 사형 선고를 받았다. '고사' 파의 한 무장조직은 샹탄에서 창사로 가는 조반파 노동자 여덟 명을 잡아 대신 원한을 풀었다. 그 결과 이 여덟 명의 조반파 '포로'는 전부 죽임을 당하고 무투 중 맞아 죽은 사람들의 '제물'이 되었다. 그 뒤 이들 흉악범(그 중 한 명은 대학생이었다)들 역시 공안기관 군관회에 체포되어 법에 따라 심판을 받았다.

문혁 중 후난 무투는 대부분 도시 안에서 발생했지만 농촌에서도 있었다. 그러나 농촌의 무투는 주로 도시 내 파벌전이 농촌으로 연장된 것이었고, '전투'의 대부분은 모두 도시 주민들로 농민들은 극히 소수였다.

나는 다른 조반조직의 무장을 지원하기 위해 '하향 토벌' 무투에 참가한 적이 있었다. 그 무투에 시간에 맞춰 도착하진 못했지만, '하향 토벌' 무투의 비참한 결과는 목격할 수 있었다. 당시 우리 청년근위군을 포함한 많은 조반파조직에서는 '상강풍뢰'가 창사 부근 농촌에서 벌이는 무투를 지원하기 위해 잇따라 자기 조직의 무장 세력을 파견하고 농촌으로 내려갔다. 하룻밤 꼬박 걸린 죽음의 행군을 겪은 뒤 다음 날 아침 햇살이 막 비추려 할 때 그 '전장'에 도착할 수 있었지만 무투는 이미 끝난 지 꽤 지난 뒤였다. 무투의 결과는 '고사' 파 쪽의 무장 세력인 '홍련항폭지휘부'(紅聯抗暴指揮部)에서 11구의 시체를 남기고 철수한 상태였다. 조반파 쪽에서도 몇 명이 죽었다고 했지만 우리가 도착했을 때는 11구의 '홍련항폭지휘부' 사람들의 시체만 볼 수 있었다. 각기 다른 복장을 입고 옆으로 하나씩 반듯이 누워 있거나 혹은 땅에 엎드려 있었지만 조반파 쪽의 죽은 사람은 보지 못했다. 우리보다 먼저 도착한 '상강풍뢰' 무장 세력들이 죽은 몇 명의 조반파들은 이미 조반파 구급차로 도시로 옮겨졌고 추도회를 준비하고 있다고 말해 주었다. 내가 그들에게 물었다. '홍련항폭지휘부' 사람들의 시체는 어떻게 처리합니까? 그들은 우린 상관하지 않는다, 우리가 철수하고 나면 '고사' 사람들이 시체를 거두러 올 거라고 말했다. 그땐 아직 이른 아침이었지만 여름이라 죽은 사람들의 몸에선 이미 은은하게 악취가 풍겨 나기 시작해 한참 동안 그들을 자세히 바라볼 수 없었다. 한 구의 시체가 많은 사람들의 흥미를 끌었다. 왜냐하면 '상강풍뢰' 쪽 사람들의 말에 의하면 리(㊐)○○라고 하는 이 죽은 사람은 창사시 ○○국 국장이며 더욱 중요한 것은 이 리 국장이 1946년 국공협상 영화 「정전 이후」(停戰以後)에 나오는 팔로군(八路軍) 리 중대장의 실제 인물이라는 것이었다! 어떻게 죽은 사람이 리○○인지 아느냐고 물었다. 그들은 어떤 사람이 그의 몸에서 총을 찾을 때 그의 공작증을 발견했는데 거기에 그의 근무단위와 직책, 이름이 쓰여 있었다고 말했다. 나는 그들의 말에 확실한 근거가 있는지 몰랐다. 사실 나도 예전에 그 영화를 보았을 때 그 기지 넘치던 리 중대장을 몹시도 우러러보곤 했다. 그러나 당시의 영웅이 양 파벌 간의 무투에서 죽었다고는 생각조차 할 수 없었고 정말로 탄식할 만한 일이었다! 나는 일부러 '리 중대장'의 시체 앞으로 가서 몇 분간 묵도를 하고, 그의 과거에 대한 존경을 나타냈으며 또한 그의 이러한 죽음에 대해 깊이 비탄했다! —— 만약 그들이 내게 알려 준 말이 정확하고 정말로 리 중대장이라면 말이다. 당시 무투 참가자들은 양 파벌 대부분 모두 충동적이기 쉬운 젊은이들이었고, 설사 나이가 많아 총을 다룰 줄 안다 해도 거의 '방어' 위주인 경우가 많았다.

그러나 지도자 간부가 직접 무투에 참가한 경우는 극히 드물었다. 이리 중대장이 '고사' 파를 지지하는 것은 결코 이상하지 않았다. 왜냐하면 당시 성과 시의 청(廳)과 국(局) 지도 간부들은 기본적으로 그들이 지지할 군중조직을 각자 선택했기 때문이다. 문제는 다년간 정치에 종사하고 인생 경험이 풍부한 리 중대장이, 어째서 직접 이 '홍련항폭지휘군'에 개입해 군중조직 양 파벌 간의 무투에 참여했느냐는 것이다. 너무 애석하다.

1967년 8월에 이르러 후난 다오현(道縣) 등지의 농촌에서는 '지주·부농분자' 및 그 친족들을 살육하는 참극이 발생했다. 이것은 이미 무슨 양 파벌 간의 무투가 아니라 명백히 광분한 도살 사건이었다! 살인자와 지휘관은 대개 모두 기존 농촌체제의 권력자나 추종자, 그리고 핵심 민병들이었다. 소위 '빈·하·중농 최고법정'이라는 명의로 사회의 가장 하류층에 놓여 있던 '흑오류', '지주·부농분자' 들을 거리낌 없이 학살한 것은, 그들의 관념 속에 이들은 언제든 독재를 집행할 수 있는 '온갖 잡귀신'〔牛鬼蛇神〕에 속했기 때문이다. 게다가 마찬가지로 보수파에 의해 '온갖 잡귀신'으로 고발된 조반파들이 도시에서 승리를 거두었기 때문에, 현(縣) 무장부의 지지를 얻은 농촌의 기존 권력자들은 농민 중에 강대한 조반세력이 형성되는 것을 두려워했을 뿐 아니라, 십수 년간 '지주·부농분자'의 모자를 쓰고 있던 사람들이나 그 친척들이 이 조반의 물결을 이용해 '반격 청산'을 해올까 두려워했다. 이에 따라 도살의 비극이 발생하여 수천 명의 '지주·부농분자', '온갖 잡귀신'과 그 자녀들이 불행하게도 그 시대의 극좌노선과 관념의 희생자가 되었다. 다오현의 '빈·하·중농 최고법정' 살인 소식은 곧바로 각종 경로를 통해 성의 수도인 창사로 전해졌다. 성 혁명위 주비소조와 47군 지도자들은 모두 깜짝 놀라 서둘러 부대를 파견해 이를 제지했고, 이른바 '빈·하·중농 최고법정'이 불법임을 선포하였다.

다오현의 '빈·하·중농 최고법정'의 살인 방식은 실제 문혁 초기 베이징의 '홍팔월'(紅八月), 즉 홍위병들의 첫번째 '홍색공포' 살육 사건, 그리고 베이징 다싱현(大興縣)에서 발생한 농촌 지주와 부농분자를 무단 도살한 참극과 그 사상적 근원이 완전히 같다. 바로 '모든 온갖 잡귀신을 소탕하자!'·'우파가 반란을 일으킨다, 결단코 진압하자!'는 이 두 가지 대표적인 구호로 나타난다.

도시의 조반파들은 다오현에서 발생한 참극에 대해 단호히 비난하였으며, 죽은 사람들을 동정했다. 따라서 이러한 참극을 알리는 거리의 대자보는 모두 조반파 쪽의 보호를 받았다. 일부 상세한 정보를 알고 있는 하향지식청년 조반조직은 이 사건에 대해 성명을 발표하고, '빈·하·중농 최고법정'의 살인 범죄행각을 강력히 비난했다.

〖 13 〗
조반파의 유혈 '내전'에 말려들다

조반파는 '태평천국'(太平天國)의 농민 봉기군은 아니었지만, 권력다툼이 일어나면 곧바로 양수청·위창휘·석달개[*] 등의 내홍의 재판(再版)이 되어 서로 대판 싸움을 벌였고, 유혈 무투도 발생했다. 당시 이러한 사건이 한 차례 한 차례 발생할 때마다 우리 같은 굳건한 기층 조반파 분자들은 모두 크게 놀랐다.

8월 10일 중공중앙에선 드디어 후난성 문화대혁명의 문제를 해결하는 결정을 내놓았다. 기존에 중앙문혁에서 하달했던 2·4지시(10장 참조)의 취소를 선포하고 '상강풍뢰'가 혁명 군중조직임을 승인했으며, '공련'을 대표로 하는 조반파조직을 지지하고 성 군구와 '고사'파 등의 보수조직을 비판했다. 또한 중앙인민해방군 육군 제47군 군장 리위안(黎原)을 조장으로 하여 기존의 성위 서기인 화궈펑(華國鋒), 후보서기 장보선(章伯森)과 '공련'의 우두머리 후융(胡勇), '상강풍뢰' 우두머리

---

[*] 중국 태평천국운동의 지도자들로 천왕 홍수전(洪秀全) 아래의 간부들이다. 가난한 농민 출신 양수청(楊秀清)은 동왕에, 지주 출신 위창휘(韋昌輝)는 북왕에, 부농 출신 석달개(石達開)는 익왕에 봉해지지만 권력 내분에 휩싸여 홍수전에게 제거당한다.

인 예웨이둥(葉衛東)을 부조장으로 하는 후난성 혁명위원회 주비소조를 조직하여 후난성의 모든 대권을 인수·관할하기로 했다.

조반파들은 이 소식을 듣자 펄쩍 뛰며 좋아했고 매우 기뻐했다. '고사'와 그 동맹인 보수파조직은 잇달아 여지없이 쓰러졌고 스스로 무너졌다. 그들은 창끝을 돌려 투항하거나 혹은 자발적으로 물러나 조직을 해산했다. 그들은 베이징 중앙의 지지를 얻지 못하고, 창사시에서의 실력 대결에서도 패퇴할 수밖에 없는 거역할 수 없는 대세에 직면하여 별다른 선택의 여지가 없었다.

조반파가 대승리를 거둔 국면을 보며 나 역시 기쁘지 않을 수 없었다. 후난성 문혁문제를 해결하는 중공중앙의 문건을 읽고 또 읽고, 보고 또 보았다. 마음속으로 '우리가 드디어 승리했다!'라고 생각했다. 이렇게 되자 문화대혁명이 끝나는 '위대한 시일'과 틀림없이 가까워졌다고 생각했다. 나는 '청년근위군'을 떠나기로 하고 우리 단위의 몇 명의 형제들을 데리고 회사로 돌아갈 생각을 하고 있었다. 대세가 정해졌으니 우리 단위의 일은 우리가 가서 해야 했다. 속담에도 '무기를 입고시키고, 병마를 산에 풀어놓는다'(刀槍入庫, 馬放南山)는 말이 있는데, 비록 그러한 경지에 완전히 다다르진 않았지만 전반적인 정세로 보면 이렇게 말할 수 있었다.

그러나 공로축하회가 아직 거행되기도 전에 조반파는 내전을 시작했다. 이 내전의 주인공은 어제까지도 함께 여론전뿐 아니라 '고사'와 보수파의 기관총과 대포를 공격하면서 같은 참호에서 어깨를 나란히 하고 싸우던 형제들이었다. 백여 년 전 태평천국의 천경(天京) 내홍의 유혈사건이 하나의 작은 단막극이 되어 문화대혁명의 조반파 몸에 이식되었다.

이 조반파의 내전이 어떻게 시작되었고 어떠한 성격의 원인으로 비롯되었는지는 역사학자들이나 철학자들이 연구할 일이다. 나는 그저 한 가지 사실만을 추측할 수 있을 뿐인데, 그것은 바로 조반파 우두머리들이 모두 '자기 중심적'으로 생각했기 때문이다!

'공련'파는 자신들이 '상강풍뢰' 복권을 위해 큰 힘을 기울였으며 중앙문건에서도 '상강풍뢰'는 '혁명군중조직'이고, '공련'은 '혁명조반파조직'임을 명확히 밝히고 있다고 생각했다. 이러한 미세한 차이는 정치적 용어 구사 배경의 진정한 함의를 생각해 보면 당연했다. '공련' 쪽에서는 중앙이 자신들을 정통한 조반파조직으로 확정한 것이고, 그 지위가 '혁명군중조직'인 '상강풍뢰'보다 높은 것이라 생각했다.

반면 '상강풍뢰' 쪽에서는 자신들이 '공련'보다 '오래'된 노(老)조반파조직의 자격이 있는 후난성 조반파의 깃발이라고 생각했다. 따라서 '상강풍뢰'가 후난성 조반파의 우두머리가 되어야 한다고 여겼다. 심지어 어떤 사람은 후난성의 모든 조반파조직이 자신의 명칭을 포기하고 '공련'을 포함하여 모두 '상강풍뢰'에 가입해 후난성 전체 조반파는 하나의 명칭, 하나의 조직인 바로 '상강풍뢰'로 재편되어야 한다고 제기하기도 했다. 바로 전체 중국에 오로지 중국 공산당조직 하나뿐인 것과 마찬가지로 말이다.

사상과 인식의 차이는 조반파 우두머리들의 정치적 야심이 서로 충돌하며 조금씩 언어와 방침상의 차이로 변화하게 되었고, 다시 하나하나 공개적인 행동의 충돌과 분열로 변하게 되다 결국 총과 대포가 대결하는 내전으로 발전하게 되었다.

'공련'과 '상강풍뢰' 두 조반조직 간에 내홍이 발생한 것을 보고는 나는 매우 괴롭고 가슴 아팠다. 이렇게 된다면 조반파의 체면이 손상되고 보수파 사람들이 옆에서 비웃을 거라 생각했다. 나는 모두가 간난신고(艱難辛苦)를 겪은 조반파들인데 논의하지 못할 일이나 서로 헤아리지 못할 일이 뭐가 있어 이렇게 서로 욕하고 무기까지 동원할 수밖에 없는지 이해가 가지 않았다.

물론 당시의 나도 굉장히 유치했다. 육유(陸游)의 시구 '젊은 날에 어찌 세상사가 어려운 걸 알았겠는가?'(早歲哪知世事艱)가 맞았다. 필경 당시 나는 열여덟도 채 안 된 나이였다.

'공련'과 '상강풍뢰'가 분열되어 새로운 양대 파벌이 되었다. 자연히 쌍방 모두 자신들의 지지자들이나 혹은 분열을 조장하는 사람들이 있었다. 창사시와 후난성의 크고 작은 조반파조직들은 자신들의 이익과 관점에 따라 다시 '공련' 혹은 '상강풍뢰'의 기치 아래에 섰다.

'청년근위군'은 '상강풍뢰' 편에 섰다.

하이 사령은 실제 동정심이 많은 사람으로, 그와 함께 몇 개월을 생활하며 이러한 점을 알게 되었다. 사회에서 떠도는 말로는 그가 총칼을 휘두르며 위세를 부리는 흉악한 모습으로 묘사되지만, 이것은 완전히 제멋대로 된 추측이다. 조반파가 분열되면서 그의 감정이 '상강풍뢰' 쪽으로 기운 것은, 순전히 고통을 한껏 받다 출감한 지 얼마 되지 않은 '상강풍뢰' 우두머리들에 대한 동정 때문이었다. 그들이 다시는 배척당하면 안 된다고 생각했기 때문이다. 그러나 그는 논쟁 중에서 결단코 '공련'에 반대하지 않았으며, 시종 '공련'은 여전히 '조반파 형제'라고 생각했다. 단지 '공련'의 일부 우두머리들이 마치 큰형님같이 우쭐대는 모습에 불만이 있었을 뿐이었다.

그러나 '털끝만큼의 실수가 매우 큰 잘못을' 가져왔다. 하이 사령이 '공련'에 대해 갖고 있는 약간의 불만은 아래 '청년근위군' 형제들에게로 가면서 이내 대단한 분개로 바뀌었고, 자동적으로 그들 역시 조반파 내전의 소용돌이에 말려들게 되었다.

8월 하순 중앙에서 '공련'과 '상강풍뢰'에 대한 지지를 선언한 지 보름도 안 된 어느 날, '공련'과 '상강풍뢰' 각 기층조직에서는 차량 몇 대의 귀속 문제를 두고 결국 적지 않은 사상자를 낸 유혈 무투를 벌이게 된다.

'청년근위군' 총부는 당시 창사시 교외지역에 속한 곳으로 도시 외곽에 있었다. 도시에서 벌어지는 '공련'과 '상강풍뢰' 내전에 대해 시작 당시에는 말려들지 않았다. 심지어 그들이 이틀 넘게 싸웠어도 우린 미동도 하지 않았다.

총부에서 우두머리가 아닌 우리 같은 무장인원들의 주요 임무는 총부의 경위와 안전을 책임지는 것이었지만 사실 평소엔 별다른 일이 없어 그저 사격술을 연습했다. 도시 내전이 시작된 뒤 하이 사령은 중립을 지키라는 명령을 내렸다. '청년근위군' 사람들은 그저 방관만 하고 개입할 수 없었다. 따라서 우리는 그저 총부가 있는 광산설계원 건물 위로 올라가 도시에서 벌어지는 '우르릉' 피어나는 연기와 '탕탕', '쾅쾅' 하는 대포소리만을 들을 수밖에 없었다.

이틀 동안 그런 광경을 듣고 보다 보니 모두들 몸이 근질근질했고, 도시로 가 보고 싶었으며 심지어 '상강풍뢰'를 도와주고 싶었다. 그러나 하이 사령이 허락치 않아 모두들 그저 강 건너 불 보듯 했다.

'기회'가 왔다.

들리는 말에 의하면 '상강풍뢰' 제일 우두머리인 예웨이둥이 '공련' 무장원들에 의해 시내 해방로에 있는 어느 성 인위 초대소 건물 안에 포위되어 있다는 것이다. 상황은 매우 긴박했고 초대소 안에는 60포의 포탄만이 남아 있었다. 예웨이둥은 급한 나머지 이리저리 전화를 걸어 도움을 청했고, 그 중 가장 중요한 전화는 하이 사령에게 서둘러 '출병 원조'를 해달라는 것이었다.

1967년 8월 22일 오전이었다.

하이 사령은 한참을 고민하다 결국 출병하여 '상강풍뢰'를 돕자는 명령을 내렸다!

총부 청년들은 환호하고 매우 기뻐하며 즉각 행동에 나섰다. 등에는 총을 짊어지고, 충분한 총탄을 가지고는 용맹하고 씩씩하게 설계원 앞 마당 공터에 모였다. 분명 목숨 걸고 가는 것이고 자칫 잘못하면 돌아올 수 없었는데, 우리는 마치 명절을 맞은 사람들처럼 기뻐했다. 대체 왜 그랬는지 지금까지도 모르겠다. 종종 영화 속에서 격렬한 전투가 있기 전에는 전사들이 사기가 높아져 적극 전투에 참가하고, 목숨을 아끼지 않는 모습을 본 적이 있다. 중국과 외국 군대 모두 예외는 아니었다. 이에 대해 어떤 사람들은 감독이 맘대로 꾸며 낸 것이며 불가능하다고 말한다. 그러나 우리는 이러한 일을 굳게 믿고 있었으며 게다가 직접 경험하기도 했다. 그저 시종 모두 왜 그랬는지 이해할 수 없을 뿐이다.

하이 사령의 '출병' 명령에는 보완적인 조항이 있었다. 그는 우리의 임무는 '상강풍뢰'를 구하는 것으로, 예(隷) 우두머리를 구하는 '제한적인 전쟁'만을 하고 목적이 달성되면 '반드시 즉각 철수'한다는 것이었다.

이 점은 우리 모두 받아들일 수 있었다.

땅딸막한 곰보형이 또다시 '전선 총지휘'였다. '청년근위군'에 소속된 각 '병단'·'종대'·'연대'에 사람들이 모이자 그는 우리를 이끌고 당당하게 도시로 향했다.

총부의 무장인원으로 구성된 우리 '홍색돌격대'는 여전히 성 건축 공사의 '소형'〔牛屌〕이 맡았다. 작은 골목을 따라 '공련' 무장들에게 갇혀 있는 성 초대소의 맞은편으로 곧바로 갔다. 아스팔트 길 하나를 건너자 바로 해방로였다.

초대소 건물 대로 맞은편에는 주민들의 주택이 있었다. 나와 네다섯 명의 동료들은 민가 후문을 통해 2층까지 올라갔다. 마침 2층 창문에서는 맞은편 초대소 정문을 볼 수 있었다. 정문은 활짝 열려 있었고 아무도 없이 썰렁했지만, 어디에서 쏘는지 모르는 총성이 이따금씩 들려왔다.

우리 몇 명은 어떻게 저 초대소로 뚫고 들어가 '상강풍뢰' 우두머리를 구할 수 있을지 의논했다. 이리저리 생각한 끝에 반드시 이 주택가를 통제해야 하고 또한 앞에 난 아스팔트 길도 통제해야 한다고 생각했지만, 우리가 그러한 일을 할 수 있을지는 몰랐다.

난 창가로 가서 머리를 내밀고 길 좌우를 한번 살펴보았다. 거리에는 아무도 없었다. '공련' 쪽에서 이미 철수했는지도 모른다고 생각했다. 만약 그렇다면 우리가 돌진해 들어가 구출 임무를 순조롭게 완성할 수 있었다.

여기까지 생각하고 나자 갑자기 '탕……' 하며 한바탕 총소리가 울려 퍼졌다. 밖으로 열려진 창문 하나가 총탄에 맞아, 유리가 '쨍' 하는 소리를 내며 떨어졌다. 깜짝 놀란 나는 얼른 머리와 몸을 웅크리고 바닥에 엎드렸다. 한참 동안 심장이 '쿵쿵' 하며 뛰었다.

다른 동료들도 엎드려 아무 소리도 내지 않고 그저 창문 밖에서 '탕 탕' 하고 들리는 총소리를 가만히 듣고 있었다.

잠시 뒤 밖이 다시 조용해졌다. 대로변 어느 쪽에 '공련' 사람들이 숨어 있는지 알지 못했다. 방금 총격은 창문 밖으로 고개를 내민 나를 보고 쏘아 댄 것이 틀림없었다. 다행히 하느님이 도우셨는지 총탄이 창문 유리만 부쉈을 뿐 날 다치게 하진 않았다. 허나 이것만 생각하면 가슴이 여전히 두근거렸다. 나는 다시는 그 창문 쪽으로 갈 수가 없었고 거기서 멀리 떨어진 곳에 엎드려 일어나지도 않았다.

두 사람이 올라왔다. 한 사람은 샤오우(小吳)라는 주저우시(株洲市) 기계 공장의 젊은 여공으로 역시 우리 '홍색돌격대' 사람이었다. 나이는 나보다 약간 많았지만 스무 살이 채 안 됐다. 예쁜 데다 특히 웃을 때는 더욱 아름다워 남자들이 종종 넋을 잃곤 했다. 그러나 그녀를 보는 것까지는 괜찮았지만, 누가 정말 이상한 거동이라도 보일라치면 그녀는 평소 허리에 차고 있던 브라우닝 권총을 사정없이 꺼내어, 언제라도 쏠 수 있다는 듯 총구를 들이대며 모종의 탐욕스런 충동과 돌연 생겨난 못된 생각들을 곧바로 몰아냈다.

샤오우는 우리가 바닥에 엎드려 있는 것을 보더니 황급히 물었다.

"무슨 일이야?"

나는 그녀에게 거리에 '공련' 저격수가 있다고 알려 주었다.

그녀는 다소 의심스럽다는 표정으로 물었다.

"밖은 아주 조용한데, '공련' 사람이 어디에 숨었어?"

나는 말했다. "몰라."

그녀는 말했다. "'공련' 사람이 어디에 있는지도 모르는데, 어떻게 대로를 지나 초대소 건물까지 돌격할 수 있겠어?"

우린 모두 알지 못했다.

누군가 말했다. "샤오우, 엎드려. 기습공격을 조심해!"

샤오우는 그다지 대수롭지 않은 듯 말했다.

"여기서 엎드려 있기만 하면 무슨 소용이야?"

우리 역시 어떻게 할지 몰랐다.

나는 확실히 엎드려만 있으면 소용없고, 차라리 여기서 물러나 다른 골목으로 대로까지 가기만 하면 '공련' 사람을 발견할 수 있고 최소한 도로를 통제하기 편리할 것이라 생각했다.

샤오우가 이때 슬며시 창가 쪽으로 가더니 총을 잡고 조용히 창문 밖을 곁눈으로 내다보았다.

나는 그녀의 그러한 모습을 보고 황급히 외쳤다.

"그쪽 창문은 위험해!"

다른 사람들 역시 엎드리라고 외쳤다.

그녀는 우리를 향해 가볍게 웃더니 아무 말 없이 다시 고개를 돌려 창밖을 보았다.

'탕탕탕' 갑자기 총성이 세차게 몰아쳤다.

나는 무의식적으로 웅크려 있던 고개를 더 깊이 파묻었다. 총탄이 내 머리 위로 지나가는 것 같았다.

'픽' 하는 소리가 났다. 고개를 들고 보니 샤오우가 고개를 뒤로 젖힌 채 바닥에 넘어진 것이 보였다. 그녀의 총은 멀리 떨어져 있었다.

그 모습을 보자 나는 순간 불길한 생각이 들어 황급히 외쳤다.

"샤오우! 샤오우!"

대답이 없었다.

모두들 외쳤다. "샤오우, 샤오우. 어찌 된 거야?"

여전히 대답이 없었다.

샤오우와 가까이 있던 사람이 말했다. "샤오우가 맞았어!"

우리는 얼른 바닥에서 일어나 샤오우에게 달려가 웅크리고 앉았다. 순간 우리는 창밖에서 나는 총소리는 잊고 마치 한차례의 게임이 끝난 듯 난리법석이었다.

샤오우의 뒤통수는 이미 피범벅이 되었다. 그녀의 검고 윤기 나는 머리카락은 이미 검붉은 선혈 덩어리로 물들었다.

끝났다! 나는 질겁하며 생각했다.

샤오우는 더 이상 대답이 없었고 우리에게 매혹적인 잔잔한 웃음도 건네지 않았다.

총탄은 그녀의 앞 이마에서 뒤통수를 뚫고 나와 아름답고 창백한 얼굴은 이미 피로 가려졌다. 그녀는 너무 부주의했다. 그저 고개만 창문 밖으로 내밀지 않으면 위험이 없다고 여긴 것이다. 창가에 서 있는 것만으로도 목숨이 위험하다는 것을 어찌 몰랐는가.

우리 몇 사람에겐 이미 공포감은 사라지고 분노와 고통과 깊은 안타까움만 남았다.

서둘러 샤오우의 시신을 들고 나가 의무(醫)를 담당하고 있는 사람에게 그녀를 부근 병원으로 옮기라고 했다. 서두르는 것은 더 이상 의미가 없었지만, 그곳에 있던 모든 사람들은 그럴 필요가 없다고는 생각지 않았다.

우리도 그 운 사나운 집에서 철수했다. 누구도 그곳에 머물고 싶어하지 않았으며 또다시 들어가고 싶지도 않았다.

우리 몇 명은 멍하니 민가 후문 쪽에 앉아 탄식하며 끊임없는 자책의 말들을 털어놓았다. 모두들 샤오우를 끌어들이지 말았어야 하는데 창가에 서게 했다며 후회했다. 나는 우리가 단호한 태도로 샤오우에게 엎드리라고 했다면 이러한 비극의 발생은 완전히 피할 수 있었으리라 생각했다. 그러나 우리는 왜 이렇게 간단한 일조차 하지 못했던 걸까!

나는 처음으로 돌연 인생이란 어떤 경우 아주 조그마한 차이로도 하늘과 땅 차이만큼, 서로 다른 운명과 결과를 가져올 수 있다는 걸 깨달았다.

나는 그저 깊은 한숨으로 마음속의 자책을 대신할 수밖에 없었다.

그 민가에서 철수한 뒤 우리 '돌격대'는 작은 골목을 따라 아스팔트 길 한쪽 끝까지 갔다. 이 도로를 통제하여 초대소 안에 포위되어 있는 '상강풍뢰' 우두머리를 안전하게 구해 내기 위해서였다.

나는 총검을 단 보병총을 들고 도로 끝에 있는 한 잡화점으로 앞장서 돌진해 들어갔다.

상점은 텅 비어 아무도 없었다. 나는 영업 홀을 따라 앞으로 수색하며 나아갔다. 만약 '공련' 사람이 없다면 여기를 근거지로 화력을 배치하고 앞의 도로를 경계할 수 있었다.

순간 앞의 진열대 쪽에 남색 작업복을 입은 무장인원 몇 명을 발견하고는 나는 얼른 엎드려 그들에게 총을 겨누면서 큰 소리로 외쳤다.

"너희들은 어느 조직이냐?"

상대편은 아무 소리 없이 모두 진열대 아래로 숨었다.

나는 다시 외쳤다.

"우리는 '청근'이다. 계속 조직 이름을 대지 않으면 총을 쏠 테다!"

"'청근방', 쏘지 마! 여기 진열대 안은 모두 손목시계야. 진열대를 부수면 나쁜 놈들이 손목시계를 가져가 버릴 거야."

상대편 쪽의 어떤 사람이 말했다.

'청근방'은 당시 다른 조반조직에서 친근함과 두려움의 표시로 우리 청년근위군을 부르던 호칭이었다.

손목시계? 나는 깜짝 놀랐다. 이 잡화점에는 갖가지 훌륭한 물건이 매우 많았지만 들어올 때는 전혀 몰랐고 이제야 알게 된 것이다. 손목시계는 당시 매우 귀중한 물건으로 노동자가 입고 먹는 것을 아껴 일이 년 모아야 겨우 살 수 있는 것이었다. 나도 일을 시작한 지 거의 이년이 다 되었지만 손목시계를 차는 기분은 여태 느껴 보지 못했고, 심지어는 생각조차 할 수 없었다. 나에게는 아주 사치스럽고 요원한 일이었다. 지금 앞의 진열대에 번쩍번쩍 빛나는 손목시계들이 진열되어 있어 총을 쏘기만 하면 손목시계의 운명은 '위험'하게 될 것이고, 나쁜 놈들이 위급한 틈을 노려 훔쳐 가지 않으리라 보장하기 힘들었다.

나는 머뭇거렸다.

그러나 상대편이 누구인가? 나는 안심하지 못하고 다시 물었다.

"너희들은 대체 어디 놈들이냐?"

"'청근방', 우린 모두 조반파야. 조반파가 조반파를 공격할 순 없어!" 상대편이 다시 외쳤다.

내가 '청년근위군'이란 걸 알고 있으면서 끝내 자신들의 조직 이름을 알리지 않다니 상대편은 '공련' 사람이 틀림없다고 생각했다.

나는 곧바로 고개를 돌려 외쳤다.

"어서 와! 여기 '공련' 놈들이 있다!"

"'청근방', 제발 쏘지 마! 우리가 철수하고 자네들의 길을 막지 않을게. 손목시계 진열대는 자네에게 넘길 테니 책임지고 잘 보호하게나!"

상대방이 여전히 큰 소리로 말했다.

몇 사람이 허리를 펴고 진열대 뒤에서 튀어나와 재빠르게 옆문으로 달아나는 것을 얼핏 보았다.

나는 방아쇠를 당기기만 하면 최소한 한 사람은 맞출 수 있을 거라 생각했다. 20미터 정도의 거리라 반자동 보병총의 위력만으로 충분하고도 남았다. 그러나 나는 방아쇠를 당길 수 없었고 오히려 그들이 달아나는 것을 빤히 보고만 있었다.

이렇게 가까이에서 살아 있는 사람들을 향해 총을 쏠 용기는 전혀 없었다. 또한 그들 역시 조반파가 아닌가. 비록 지금은 내전 중이지만 말이다.

게다가 손목시계!

나는 총을 쏠 수 없었다.

우리 '홍색돌격대' 사람들이 뛰어 들어와 내게 물었다.

"'공련' 놈들은 어딨어?"

나는 앞쪽으로 난 옆문을 가리키며 말했다. "저쪽으로 도망쳤어."

모두들 곧바로 그쪽 문으로 돌진해 갔다.

손목시계가 놓여 있는 유리 진열대 옆에 가서 보니 정말로 손목시계가 아주 많았다. 흰색·노란색·큰 것·작은 것 모두 반짝반짝 빛나고 있었다.

얼굴이 까무잡잡한 소형이 자동소총을 들고 왔다. 그는 우리가 추천한 '홍색돌격대' 우두머리였다. 나는 그에게 이 손목시계에 관해 얘기했다.

"소형, 사람을 보내 이 손목시계를 지켜야겠어. 그렇지 않고 만약 일이 생기면 우리를 의심할지도 몰라." 내가 건의했다.

"그건 그렇지! 자칫하면 손목시계를 훔쳐 갔다고 우리 '청근방'을 모략할지도 모르겠군. 위급한 때를 틈타 도둑질한다고 말이야."

소형이 고개를 끄덕였다.

그는 내게 세 사람을 데리고 여길 지키라고 하면서 상당히 우쭐대며 말했다. "어떤 사람도 진열대에 가까이 갈 수 없다! 말을 듣지 않으면 총을 쏴라. 죽은 사람은 내가 책임진다."

우리는 모두 웃었다. 소형, 그 책임을 어떻게 질 건데?

우리가 총을 쏠 필요는 없었다. 손에 무기를 들고 그 이름도 혁혁한 '청년근위군 강철전사'가 여기 있는데 누가 감히 진열대에 다가오겠는가?

소형이 또 말했다.

"내가 하이 사령에게 보고할 테니 절대 여길 떠나지 마라!"

그는 옆으로 오더니 조용히 웃으면서 내 귀에다 대고 낮은 소리로 말했다. "하이 형이 사람마다 손목시계 하나씩 나눠 주라고 허락하면 얼마나 좋을까."

나는 웃으며 고개를 내저으며 말했다. "꿈꾸지 마!"

"제기랄, 이 소형도 손목시계 찬 맛 좀 보자!" 그는 왼쪽 소매를 만지며 맨 팔뚝을 드러내며 계속 말했다. 그는 건설노동자로 일한 지 벌써 5년이 다 됐지만 시계 하나 사지 못했다.

잠시 뒤 소형이 돌아왔다. 그는 아예 하이 사령에게 보고하러 가지도 않고 거리에서 47군 해방군 전사 세 명을 데려왔다.

조반파 내전은 47군 해방군의 리(黎) 군장을 애타게 만들었다. 그는 황급히 중앙에 전화를 걸어 상황을 보고하는 한편, 맨손의 해방군을 거리로 대거 파견해 양 파벌 조반조직을 설득하여 갈수록 치열해지는 무투를 제지하려고 애썼다.

소형은 세 명의 해방군을 가리키며 내게 말했다. "군인 몇 사람을 불러 진열대 지키는 책임을 넘겼어. 우리 '청근방' 사람들이 지킨다면 다른 조직 사람들이 의심할 거야. 우리가 이 손목시계를 독차지하고 싶어 한다고 말이야. 해방군에게 넘겨줘야 우리가 몸을 뺄 수 있지."

소형은 평소엔 잡초 같은 모습이었는데 뜻밖에 세심한 생각을 할 때도 있었다.

난 돌연 그에 대해 한참을 탄복했다.

소형은 만면에 웃음을 띤 해방군들에게 말했다. "바로 이 손목시계라오. 번거롭겠지만 잘 지키슈. 우리에게 책임이 있습니다!"

한 해방군이 물었다. "당신들은 지금……."

"다른 임무가 있소!" 소형은 등에 멘 자동소총을 가슴 앞으로 끌어당기며 자못 신비한 모습으로 큰 소리로 말했다. "형제들, 가세!"

우리는 해방군들을 향해 고개를 끄덕이고 소형을 따라 손목시계 진열대를 떠났다.

그 잡화점을 나오자 순간 마음이 가벼워졌고 약간의 자부심도 생겨 마치 스스로 무슨 대단한 일을 한 것처럼 느껴졌다.

문화대혁명으로 격렬했던 동란의 세월 동안 사람들은 정치적으로 살아남기 위해 투쟁하며 애썼지만, 유독 경제적으로는 의아할 정도로 신중함을 나타냈다. 무투 기간 동안 혼란한 틈을 이용해 횡재를 거둔 사람이 있는지는 모르겠다. 그러나 내가 본 대부분의 사람들, 특히 우리같이 젊은 사람들은 금전이나 재물을 소원하게 대했고 일정한 거리를 두었으며 금전과 재물이 스스로의 명예를 더럽힐까 조심했다. 오늘날의 입장에서 보면 거의 황당한 얘기일 것이다. 이러한 현상의 배경이 어떤 이유에서인지는 나도 알지 못한다. 유일하게 말할 수 있는 것은 이러한 일이 모두 틀림없는 사실이라는 점이다. 오늘날 적지 않은 젊은이들에게 그 혼란한 시대의 청년과 홍위병들이 금전과 재물 앞에서 '흐트러지지 않는' 태도를 보였다는 얘기를 들려주면, 모두 우리 세대가 '정말 어리석다!' 고 비웃는다. 게다가 만약 오늘날 그러한 상황이 다시 발생한다면, 그들은 분명 우리보다 '총명' 해서 손안에 있는 금전이 빠져나가지 못하게 할 거라고 말하기까지 한다.

우리를 '어리석다' 고 조롱하는 태도에 대해 나는 너그럽게 받아들일 수 있다. 오늘날 그들의 수중에서 어떻게든 돈을 놓치지 않겠다는 마음도 완전히 믿는다. 그러나 나는 동시에 정말로 그들이 그러한 환경에 처했을 때, 마음속 깊은 곳에 정신적으로 추구하는 것이 조금이라도 있다면 결코 약탈자가 되지 않으리라 굳게 믿는다! 오늘날 그들이 배금(拜金) 정신으로 충만하여 그렇게 말하는 것은 정신적으로 추구할 만한 것이 없기 때문이다. 문화대혁명을 시작한 사람의 주관적인 소망이 무엇이든 간에 우리 세대의 상당히 많은 청년들이 갖고 있던 문혁 운동의 목적은 혁명 유토피아였고, 그것은 확실히 매력적인 추구 대상이었다.

날이 어두워지기 전 우리는 유혈 무투에서 철수했다. 두 가지 이유가 있었는데 하나는 포위됐던 '상강풍뢰' 우두머리가 이미 구출되었기 때문이다. 이것은 아주 기쁜 일이었고 하이 사령이 우리에게 참전하라고 명령한 목적이기도 했다. 두번째는 슬픈 사망 소식 때문이었는데 '전선 총지휘' 인 우리의 곰보형이 불행히도 전사하고 말았다. 그는 가즈(GAZ) 지프차를 타고 '상강풍뢰' 파의 무투 지휘부 소재지로 향하던 도중에 난데없이 날아오는 탄알에 머리를 맞고 죽었다.

곰보형 역시 건설노동자로 그의 개인적인 상황에 관해서는 깊이 알지 못했지만 평소 인품이 매우 온화했다. '청년근위군' 의 우두머리로서, 하이 사령의 측근으로서 어떠한 허세도 부리지 않고 위험한 일이 있으면 모두 앞장서 어느 때고 목숨을 잃을 수 있는 '총지휘'를 맡아 왔다. 반대로 협상대표로 베이징에 간다거나 베이징 사무처의 우두머리를 맡는다거나 혹은 47군 해방군의 연락관을 맡는다는 등의 '편한 직책'은 전혀 가까이 가지도 않았다. 이것만으로도 나는 그에 대한 존경심으로 가득했다.

그의 죽음은 애통한 일이었다.

이번 무투로 '청년근위군' 청년 몇 명의 귀중한 생명을 바쳤지만 무엇을 얻었는지는 알 수 없었다.

밤중에 우리는 총부가 있는 설계원 건물 꼭대기의 테라스에서 더위를 식히며 시내에서 끊임없이 들려오는 총성을 듣고 있었다. 비록 우리는 철수해 나왔지만 시내 무투는 완전히 끝나지 않았다.

결국 소이탄 하나가 창사시 가운데에 있는 자수 건물을 명중시키자 갑자기 활활 불꽃이 타오르며 한쪽 하늘을 붉게 물들였다. 우리는 멀리 떨어진 청년근위군 총부 건물 꼭대기에서 도시의 불빛이 충천하는 모습을 볼 수 있었다.

이 소이탄은 백만 위안이 넘는 국가 재산이었지만 큰 불은 기적처럼 양 파벌 간의 전투를 중지시켰다. 양 파벌 모두 적극적으로 불을 껐고 해방군을 따라 불을 끄는 행렬에 참여했다.

그 뒤 '공련'과 '상강풍뢰' 양쪽 모두에서는 상대편이 불을 붙인 시발자이며 소이탄은 상대편의 강철대포에서 발사됐다고 공격했다.

결국 국가 재산의 큰 손실을 초래한 포탄은 노동교양소[勞敎所]에서 도망쳐 나온 노동교도원들로 결성된 집단의 무장인원이 공격한 것으로 밝혀졌다. 이들의 우두머리는 경력이 풍부한 소매치기로 세상이 잠잠한 것이 도리어 두려운 녀석이었다. 당연히 이 '사령'은 결국 징벌을 받아 곧바로 성 혁명위원회 주비소조의 명령에 따라 체포되었고, 심문을 거쳐 총살형을 선고받았다.

　'청년근위군'과 '공련' 쪽 역시 막대한 사상자를 낸 큰 무투가 발생했다. 만약 당시 때마침 마오쩌둥 주석이 양쯔강 남북을 시찰하고 창사시를 지나면서 전쟁의 불길을 끄지 않았다면 이 무투는 계속 발전해 분명 더욱 많은 사람들의 목숨을 헛되이 앗아 갔을 것이다.

　9월 중순 시 운송회사의 운송노동자들로 결성된 '공련' 소속 조직인 '육호문'(六號門) 병단이 어느 날 밤 사소한 일로 다투다 거리에 있던 '청년근위군' 소속 '강삼련'(鋼三連) 사람 몇 명의 총을 노획했다. '청년근위군 강삼련' 쪽에선 '육호문' 병단에 대표단을 보내 교섭을 하며 총기를 돌려달라고 요구했다. 처음에 쌍방 대표는 '육호문' 사무실 안에서 순조롭게 협상을 하고 있었다. 뜻밖에 협상 후 '강삼련' 대표가 '육호문' 병단 건물의 정문을 나오려는 순간 '육호문' 쪽의 무장인원이 갑자기 총을 쏘기 시작해 '강삼련' 책임자와 몇 명의 청년들이 총에 맞아 땅에 쓰러졌고 그들을 태우고 온 차량도 산산조각이 났다. 차 안에서 기다리고 있던 운전사와 또 다른 허(賀)씨 성의 청년이 현장에서 목숨을 잃었다.

　'육호문' 측에선 이 돌발적인 유혈사태에 대해 매우 긴장하고 있던 '육호문' 무장인원이 '청년근위군' 대표가 도착하자 건물 안을 예의주시하고 있었기 때문이라고 그 뒤에 해명했다. 일촉즉발의 총부리를 창가에 대고, 건물 밖에서 기다리던 '청년근위군' 사람들을 몰래 조준하며 무슨 음모가 있을까 걱정하고 있었다는 것이다. 협상 도중 누가 먼저 총을 쏘았는지는 모르겠고 지금까지도 첫번째 총탄이 어떻게 쏘아

진 것인지 분명치 않다. 고의로 도발한 것인가? 아니면 오발인가? 시종 분명치 않았다. 어쨌든 '육호문' 사람이 총성을 듣고 연쇄반응을 일으켜 모두 무의식적으로 손안에 있던 보병총과 자동소총과 기관총의 방아쇠를 잡아당겼다. 메뚜기 같은 총탄이 폭우처럼 '탕탕탕' 하는 총성을 따라 건물 밖에 있던 불쌍한 청년들을 향해 쏘아졌다. '육호문' 사람들은 '청년근위군' 사람이 반격하지 않고 총에 맞아 죽거나 다친 것을 보고 조금 이상하다고 느낀 뒤에야 총성을 멈췄다.

이 소식은 마침 제5중학교 안에서 군사훈련을 하고 있던 '청년근위군'의 임시 총부로 전해졌다. 하이 사령과 다른 우두머리들은 모두 몹시 놀라 잠시 동안의 회의 후 '육호문'으로 진군하라는 명령을 내렸다. 즉각 군사훈련에 참가한 각 '병단'과 '종대'·'연대'에게 명령을 하달했다. 수천 명의 무장한 '청년근위군' 전사는 신속하게 또 한 번 조반파 내홍의 전장으로 향하게 됐다.

'청년근위군'에게 군사훈련 수업을 해주던 해방군 47군 군관들은 이러한 상황을 보면서 초조해 죽을 지경이었다. 황급히 리 군장에게 보고하러 사람을 파견하는 동시에 하이 사령을 에워싸며 개전명령을 철수하라고 힘을 다해 설득했다.

원래 가슴 가득 분노로 찼던 하이 사령은 해방군 군관들이 일어날 수 있는 사태의 결과에 대해 얘기하자 다소 망설였다. 그러나 운동장에선 대열들이 신속하게 집합하고 있었고 차를 탄 청년들과 하늘을 뒤흔드는 구호 소리가 다시 그를 감화시키고 몰아쳤다.

"'청근' 전사를 모욕할 수 없다!"

"우리의 전우와 우리의 피를 돌려달라!"

"목숨은 목숨으로, 피는 피로 갚겠다!"

"피의 대가는 피로 돌려달라!"

"……"

불같이 뜨거운 구호 소리를 듣자 내게도 전해져 뜨거운 피가 용솟음치는 것 같았다.

하이 사령은 주위에 서 있던 총부 무장인원인 우리를 한번 둘러보더니 고개를 돌려 그의 뒤에서 전력을 다해 설득하던 47군 군관에게 큰소리로 말했다. "그만 설득하십시오. 이제 하기로 했으니 해야 합니다! 어쨌든 이 복수는 갚지 않을 수 없습니다!"

그리고는 우리를 향해 손을 흔들며 크게 외쳤다. "모두 출발!"

드디어 우리 모두는 차에 올라탔다. 차량 한 대 한 대씩 다시 '전선'으로 향했다.

'육호문'의 운송 노동자들은 모두 건장한 장성들이었지만 무장한 사람은 많지 않았다. 게다가 그들 중엔 가정과 자식이 있는 사람이 적지 않아 아무 근심 걱정 없는 우리 '청년근위군'처럼 손에 총을 쥐고 있지 않았다. 말 그대로 몇 개 군 사단의 병력을 한데 쓸어 모은 것처럼 '육호문' 병단 건물을 짓밟고도 남았다.

그러나 필경 우린 군대가 아니었으며 하이 사령 역시 장군이 아니었고 우두머리들도 진짜 전투 지휘를 이해하지 못했다. 심지어 우리는 '육호문'이 '공련'에 속한 조직 지부란 걸 의식하지 못했다. 우린 그저 '육호문'을 공격할 생각만 했지, '공련' 전체가 우리를 습격하리라는 것은 예상하지 못했다.

수천 명이 출전한 뒤 아직 '육호문' 건물 근처에도 다다르지 못했을 때 '공련'의 일부 조직의 산발적인 습격을 받아 수십 명이 다치고 예닐곱 명이 죽었다.

사망과 부상 소식에 '청년근위군'은 위아래로 모두 정신이 나가 모든 것을 불사하고 목숨을 걸었다. 몇 시간 뒤 '육호문' 건물에 가까워졌다. 성보 신문사 건물 꼭대기를 점거하고 몇 대의 60포까지 더해 '육호문' 건물을 포격할 준비를 했다. 두 발을 시험 발사했지만 목표까지 거리가 너무 멀어 한참 동안 포탄을 다시 쏠 수 없었다. 도처에서 포병 출신인 제대 군인을 찾아 대포를 맡겼다.

우리 '홍색돌격대'는 확실히 '돌격대'들이었다. 몇 차례의 공격 끝에 후난 의학원(지금은 중난中南대학 샹야湘雅 의학원)의 높은 건물을 점거했다. 그 높은 건물에서는 '육호문' 건물을 내려다볼 수 있었다. 우리 몇 사람은 창문을 지키며 총구를 내밀어 '육호문' 건물을 향해 '탕탕탕' 한바탕 쏘아 댔다. '전과'야 어떻든 간에 통쾌하게 방아쇠를 잡아당겼다.

'육호문' 사람들이 모두 피해, 그곳은 아무도 없는 텅 빈 건물이었다는 것을 나중에서야 알았다.

우리는 총을 쏘아도 아무 손해도 입히지 못하고 안에 사람도 보이지 않자 한두 발의 60포로 그 건물을 포격하기로 논의했다.

허나 어디에서 60포를 구한단 말인가? 소형이 가슴을 한 번 치더니 자기가 하이 형을 만나 보겠다고 했다.

때마침 몇 명의 해방군이 우리 있는 곳으로 왔다. 그들은 47군으로 리 군장의 명령을 받고 우리에게 무투를 중지하라고 설득하러 왔다.

우리는 그들을 상관하지 않았다.

소형은 그들에게 큰 소리로 말했다.

"저 놈들이 아무 이유 없이 우리 협상 대표를 죽인 것을 모릅니까?"

나도 말했다. "우린 복수를 할 겁니다. 상관 마십시오!"

해방군 몇 명은 화를 내지 않고 여전히 한결같이 우리에게 철수하라고 권했다.

이때 또 한 명의 해방군이 왔다. 네 개의 주머니가 달린 군복을 입고 나이도 약간 많은 것으로 보아 한눈에도 군관임을 알 수 있었다.

이 군관이 우리에게 말했다. "누가 책임잡니까?"

소형이 나를 가리키며 말했다. "우리 둘이오. 왜 그러십니까?"

그 군관은 매우 엄숙한 표정으로 말했다.

"저와 함께 밖으로 가시죠. 말씀드릴 중요한 상황이 있습니다."

소형이 나를 한번 보았다.

내가 말했다. "가 보죠."

건물 복도 안에서 그 군관이 나지막이 말했다.

"어서 철수하십시오. 그렇지 않으면 불리하게 될 겁니다."

소형이 말했다.

"못합니다! 불리하면 불리하라지. 어쨌든 오늘은 목숨 걸었소."

군관이 다시 말했다.

"당신들의 하이 사령이 이미 철수하라는 명령을 내렸소."

"정말이오?" 나는 믿지 못하겠다는 듯 그 군관을 바라보며 말했다.

"하이 사령이 철수해도 나는 못하오!" 소형이 노기충천했다.

그 군관은 좌우로 사방을 둘러보더니 우리에게 다가서며 낮은 소리로 말했다.

"당신들에게만 알려 주겠소. 지금 매우 중요한 상황이 발생했으니 반드시 철수해야 합니다. 당신들의 하이 사령이 정말로 철수 명령을 내렸소. 서둘러 철수하는 것이 좋을 겁니다. 무슨 일 때문인지 구체적으로 알려 줄 순 없지만 당신들의 총부로 철수하면 알게 될 겁니다."

소형은 굉장히 엄숙하고 진지한 군관의 표정을 보더니 한참 있다 내게 눈을 깜빡이더니 물었다. "네가 보기엔……."

"그렇다면…… 우선 철수하죠." 나는 다소 주저하며 말했다.

정말로 무슨 큰일이 났을지도 모른다고 생각했다.

총부로 철수하는 도중에 거리에서는 더 이상 총성을 들을 수도, 우리 조직 사람들도 볼 수 없었다. 보아하니 정말로 철수한 듯했다.

총부에서 드디어 '청년근위군'이 전선에서 철수한 이유를 들을 수 있었다.

해방군 47군 부군장이 하이 사령을 찾아와 어떤 이유를 막론하고 우선 철수 명령을 내리라고 설득했으며, '육호문'이 '청년근위군' 대표를 총살한 일에 대해서는 47군이 책임지고 처리하겠다고 말했다고 누군가 내게 알려 주었다. 하이 사령은 처음에는 죽어도 명령을 내리지 못하겠다고 했으나 이 부군장이 결국 비장의 카드를 꺼내 하이 사령을 압박했다. "하이 사령 당신에게 알려드리지요. 최근 후난성을 시찰하러 중앙에서 사람이 내려왔습니다. 당신들 '청년근위군'이 무투를 중단하지 않는다면 나중에 똑바로 걷지도 못할 수 있습니다."

하이 사령은 이 부군장의 위협적인 말에서 뭔가 냄새를 맡았다. 평소 47군 군장과 부군장은 하이 사령에게 모두 예의바르게 대해 주었는데, 오늘 이 부군장의 말은 부드러우면서도 강경한 것이 평소와는 달랐던 것이다.

하이 사령은 총부의 '상임위원'들과 의논하더니 결국 가슴 아파하며 철수하기로 결정했다. 그러나 명령을 내리며 한마디를 남겼다.

"중앙에서 온 사람이 시찰을 마치고 돌아간 뒤 다시 공격한다!"

하이 사령의 후각은 정확했으며 그의 정전 명령 역시 정확했다. 며칠 뒤 후난성 사람들은 모두 성 혁명위원회 주비소조에서 전달한 중요한 소식을 들을 수 있었다. 위대한 수령 마오 주석이 9월 17일 후난성 창사시를 시찰했고 47군 군장과 성 혁명위 주비소조의 기존 성위 서기 등을 접견했으며 문화대혁명과 관련된 중요한 지시를 발표했다는 것이다.

'청년근위군'과 '육호문'의 무장충돌이 발생한 바로 그날은 마침 마오쩌둥 주석이 창사시를 시찰하고 난 지 삼 일째 되던 날이었다.

싸움을 멈추지 않고서 되겠는가!

원래 하이 사령의 철수 명령에 대단한 불만을 품고 있던 청년들은 이 소식을 듣자 일순간 그에 대해 땅에 대고 절을 할 정도로 탄복했다.

마오쩌둥 주석이 도착했다는 이 사건은 확실하고도 효과적으로 유혈 무투사건을 평정했다. 더군다나 계속해서 확대되어 더욱 많은 사람들이 다치거나 죽을 수 있는 대규모의 무투사건이었다.

바로 그날 '상강풍뢰'파의 만 명이 넘는 무장인원이 모두 단단히 벼르며 각 군사 훈련소에 집합하여 '형제인 청년근위군'을 돕기 위한 준비를 하고 있었다. 만약 이 전투가 벌어졌다면 그로 인한 손실은 가히 짐작할 수 있었다. '상강풍뢰'파의 무장인원이 막 출발을 기다리고 있던 참에 '청년근위군'이 철군한다는 소식이 들려와 모두들 어리둥절했다. 항상 목숨 걸고 싸우던 하이 사령이 오늘은 어찌 된 일이지?

모두들 나중에야 하이 사령이 그저 필부지용의 '생각없는 사람'은 아니라는 것을 알게 되었다.

무투가 중단되자 남은 일은 추모회를 여는 일이었다. 몇 개의 검은 관들이 영정당에 놓여져 수백 개의 화환으로 빼곡히 둘러싸였다.

추모회장은 영화관 홀 안에 마련되었다. 영화관은 영화를 상영하지 않았고 그때는 상영할 영화도 없었다. 그래서 창사시에서는 한차례의 무투가 지나가면 조반파들이 하나 혹은 몇 개의 영화관에 모여 추모회를 열고 무투에서 목숨을 잃은 자기 조직의 사람을 애도했다.

'육호문' 병단에서 '청년근위군' 총부로 전화가 걸려와 이번 무투는 순전히 오해라고 말했다. 그들의 장 사령이 사람들을 데리고 조문에 참가해 사죄하고, 상황을 설명하고 싶다고 알려 왔다. 다시 시작하길 바란다는 것이었다.

총부에서는 회의를 열었는데 대부분의 사람은 모두 '육호문' 사람이 추모회에 참가하는 것에 반대했다. 또한 '전장에서 만나야 하는' 그들과 다시 악수하고 화해한다면 부상당한 형제들과 영정당 관 속에 조용히 누워 있는 형제들에게 미안할 뿐이라 생각했다.

하이 사령은 도리어 이렇게 말했다.

"다리는 다리로, 길은 길로 돌아오고, 피값은 당연히 청산해야지. 허나 입으로 평화를 얘기하는데 우리가 거절할 순 없어. 오라고 하자."

필경 쌍방 모두 조반파였다.

전화를 걸었더니 '육호문'에서 또 제안을 했다. 추모회장 주변의 '청년근위군'이 그들의 장 사령을 습격할 수 있으니, '청년근위군'에서 대표를 보내 자신들과 함께 추모회에 참여하여 그들의 안전을 보장하라는 것이었다.

이러한 요구는 '청년근위군' 총부와 회의에 참석한 사람들을 더욱 격분시켰다. 오면 오는 거지 또 무슨 조건을 제기한담!

어떤 이가 화를 내며 말했다. "지난번 대표를 보냈을 때 놈들에게 부상당하고 죽기까지 했는데 또 대표를 보내라고?"

어떤 이는 사태를 분석하며 말했다. "이건 함정이야! 우리가 다시 대표를 보내길 기다렸다가 인질로 잡고서 우릴 위협하려는 거야."

그러나 하이 사령과 총부의 승위린 등의 우두머리들은 '육호문' 쪽의 요구를 들어주어 전권 대표를 파견해 추모회 참가 일에 대해 논의하기로 결정했다. 왜냐하면 당시의 분위기 속에서 안전문제에 대한 '육호문' 쪽의 우려가 전혀 터무니없는 것은 아니었기 때문이다.

누굴 보내는가?

결코 좋은 임무는 아니었다. 앞에는 꽃도 축사도 없었고 있다면 위험뿐이었다.

가길 원하는 사람은 없었다.

하나는 감정적인 모순 때문이었고 또 하나는 지난번 대표들이 사상당한 전례 때문이었다.

추모대회를 책임지는 우두머리 승위린이 몇 차례 물었지만 대답하는 사람이 없어 그는 마음을 졸였다.

나는 이번에 한번 가 보기로 결정했다.

감정적으로는 '육호문' 사람과 악수하고 싶지 않았지만, 만약 정말로 아무도 그곳에 가지 않는다면 '육호문'에서 우리가 저들을 '두려워' 한다고 어찌 비웃지 않겠는가.

내가 곤란한 일에 선뜻 나서는 걸 보더니 승위린 등의 우두머리들은 모두 기뻐했다. 내가 보병총을 멘 것을 보고는 권총이 자기방어에 좋다고 59식 '장군표' 권총으로 바꿔 가라고 말했다.

나는 권총을 원치 않았다. 그러한 곳에 가서 정말로 일이 생긴다면 권총이 무슨 소용이랴!

나는 두 개의 수류탄을 각각 좌우 복부에 넣고는 군용 허리띠로 꽁

꽁 묶었다.

내가 말했다. "이걸 지니고 가서 저들에게 우리의 결사정신을 보여주기만 하면 될 겁니다."

모두들 탄복하는 눈빛으로 나를 보더니 어떤 이가 외쳤다.

"사내 대장부로군!"

어떤 이가 박수까지 치자 모두들 박수로 나를 환송해 주었다.

숭위린이 내게 뭘 더 가져가겠냐고 물었다.

나는 아무것도 원치 않으며 그저 나와 함께 차를 타고 갈 운전사면된다고 했다. 그 당시 나를 포함해 많은 사람들이 모두 운전하는 것을배우고 싶어 했지만 나는 인파로 가득한 거리에서 마음대로 운전할 용기가 나지 않았다.

어떤 젊은이가 나의 운전사가 되겠다고 자진해서 나섰다.

나는 이렇게 두 개의 수류탄을 들고 가즈 69 지프차를 타고는 '육호문' 건물로 향했다. 도중에 나는 '바람은 서늘하고 역수는 차가운데, 장사는 가면 살아 돌아오지 않으리'(風蕭蕭兮, 易水寒, 壯士一去兮不復返)*란 심정으로 정말로 무슨 위대한 임무를 완성하러 가는 것 같은 기분이 들었다.

그곳에 도착하자 운전사는 관례대로 차에 머물러 있었다. 그러나 나는 그에게 차 키를 절대 뽑지 말고 언제든 준비하고 있으라고 신신당부했다. 만약 건물 안에서 무슨 사단이라도 생길라 치면 그대로 운전해서 도망치고 나는 상관할 필요 없다고 했다.

---

* 사마천의 『사기』 「자객열전」에 나오는 형가가 부른 노래. 형가는 진시황을 암살하려다 실패한 자객이며, 연나라 태자 단(丹)이 형가를 파견하며 간단하게 송별한 곳이 역수(易水)였다. 그 자리에서 형가는 이 노래를 부르며 진나라로 향했다.

나는 스스로 위풍당당하다고 느꼈고 최소한 위풍당당한 모습인 체했다. 가슴을 펴고 큰 걸음으로 '육호문' 건물로 들어섰다.

'육호문' 병단 사람들의 나이는 필경 우리 '청년근위군' 청년들보다 많아 제멋대로인 청년들이 없이 매우 신중했다. 건물 안으로 들어가니 모두 총을 메고 그럴듯하게 긴장된 모습을 볼 수 있었다. 정문과 복도, 계단 입구 도처에 모두 총을 든 사람들이 서 있었다. 게다가 손가락은 방아쇠에 놓여져 있었다.

나는 영화 속 주인공이 적들의 진영으로 무언가를 협상하러 갈 때 어떠한 거동을 하는지 본 적이 있었다. 이때 최대한 머릿속에서 그러한 장면을 찾으며 행동으로 옮기려 했다.

'육호문' 병단의 '사령'인 장 모 등은 계단 입구에서 만면에 웃음을 띠며 나를 맞아 주었다. 그들의 사무실로 나를 데려간 뒤 차와 담배를 권하며 계속 공손하게 대했다.

나는 장 모 등의 사람들과 얘기를 나누면서도 사무실 안팎을 둘러보며 경계심을 늦추지 않았다.

다행히 모든 것이 정상적이었고 순조로웠다. 총성도 없었고 포성도 없었다. 나는 장 모 등의 '육호문' 조문대표와 함께 차를 타고 안전하게 추모대회에 참가했다. 그들은 애도의 뜻을 표하는 화환을 바치고 사죄의 뜻으로 무릎을 꿇고 엎드려 공손하게 절을 올렸다.

추모회 조문이 끝나고 하마터면 다시 일이 생길 뻔했다.

'청년근위군' 희생자의 가족들이 그들의 가족을 죽인 '육호문' 우두머리가 왔다는 소식을 듣고는, 장 모 등과 결판을 내겠다며 울면서 찾아와 그곳에 있던 청년들이 모두 영향을 받게 되었다. 그래서 수백 명의 '청년근위군' 전사가 총에 실탄을 장전한 채 영정당으로 몰려 들어와 살기 등등하게 '피값을 치러라!' 는 구호를 외치며 '육호문' 사람들을 잡으려 했다.

다행히 총부 우두머리들이 미리 준비를 해두어 조문이 끝난 뒤 장모 씨와의 회담 요구를 거절했다. 나는 서둘러 영화관 뒷문으로 그들을 데리고 나가 '육호문' 으로 돌려보냈다.

과연 내가 장모 등과 차에 올라탔을 때 일군의 청년근위군 형제들이 영화관 뒷문으로 추격해 나왔다. 한 발만 늦었어도 장모 등은 아마 거리에 시체로 누웠을 것이다. 이러한 분위기 속에서 살인의 가능성은 확실히 매우 컸다.

'청년근위군' 과 '육호문' 간의 무투는 그 뒤로 더 이상 일어나지 않았다. 최소한 유혈 무투는 평정되었고 더 이상 확대되지 않았다. 위안할 만한 이러한 결과는 공정하게 말하자면 마땅히 양쪽 '사령' 의 공으로 돌려져야 한다. 그들은 사건이 발생한 뒤 결국 냉정한 이성으로 당시 자기 조직에서 시시각각 일어날 수 있는 미쳐 날뛰는 광분을 억누를 수 있었다. '육호문' 의 장모 씨가 위험을 무릅쓰고 '청년근위군' 조문에 참가하러 온 것은 확실히 용감하고 이성적인 행동이었다고 할 수 있겠다. 이러한 계책으로 두 조직 간의 무투가 평정될 수 있었고 이러한 방법이 매우 큰 효과를 가져왔다. 게다가 청년근위군의 하이 사령 등의 우두머리들이 사후 중요한 때 냉정한 이성을 보여 청년들이 '복수' 하겠다는 심정을 억누를 수 있었다. 따라서 결국 재난을 초래할 수밖에 없는 지속적인 유혈 확대를 모면할 수 있게 된 것이다.

〖 14 〗
성 군구 정문에서 총을 갖고 보초를 서다

중앙에서 특별 문건을 내려 조반파를 지지하고 성 군구를 비판했다. 성 군구는 어찌되는가? 당시 최소한 열흘 동안은 성 군구가 정상적으로 돌아갈 수 없을 것이 분명했다. 당연히 이것은 표면적인 것으로 실제 군구는 업무를 할 수 있었고 필경 중앙군사위와 광저우 군구는 여전히 돌아가고 있었다. 단지 우리가 당시 그들이 어디에서 지휘하는지 몰랐을 뿐이고 그것은 군사기밀에 속하는 일이었다.

후난성 조반파를 지지하는 중앙의 결정은 실제로 7월 27일, 즉 정식으로 문건을 하달한 '8·10' 결정 이전에 이미 내려졌다. 소식이 전해진 뒤 성 군구는 조반파의 비난의 대상이 되었다. 팔월 상순의 어느 날 조반조직의 수천수만 군중들은 드디어 '룽·류·추이를 타도하자!' (성 군구 사령관, 부사령관, 참모장 등 3인의 성씨)라는 구호 소리와 함께 군구로 돌진해 들어가, 성 군구의 룽 사령을 공격하는 대자보와 표어를 담벼락 가득 붙었다. 그리고 넓은 앞마당 안에서 계속 시위와 집회를 거행했다. 오가는 사람들로 인산인해를 이루어 일순간 성 군구 앞마당은 몹시 떠들썩한 공원이 되었다. 당시 사람들은 이곳이 성급 군사기관이며, 일급 군사지휘 사령부라는 사실을 잊은 듯했다.

성 군구 경호 중대의 병사들은 이미 무기가 없었고 총기는 모두 수거해 가 버렸다. 이것은 상부의 명령이었다. 당시 중앙에선 해방군에게 '욕을 들어도 대꾸하지 말고, 맞아도 되받아치지 말라'는 엄한 명령을 내렸다. 총을 소지한 군인과 인민 사이에서 발생할 수 있는 무장충돌을 우려해서였고 또한 인민들이 군인들의 총을 빼앗는 것을 방지하기 위해서였다. 맨손의 경호 중대는 밀려오는 조반파 군중들에 맞서 어찌할 도리가 없었다. 조반파는 이미 중앙의 승낙을 받았고 성 군구 사령조차 그들의 적수가 되지 못하는데 일개 군인이 무엇을 할 수 있단 말인가? 따라서 그들은 여전히 명을 받들어 자리를 굳게 지키고 있었지만, 단지 하나의 상징이었을 뿐 드나드는 어떠한 사람도 제지할 수 없었다. 심지어 목에 힘주고 군구 정문을 들어서는 사람에게 캐묻는 것조차 불가능했다. 그랬다간 바로 새로운 충돌이 일어날 수 있었다.

후난 문혁문제에 관한 중앙의 결정이 정식으로 공표된 뒤, 원래 외부의 조반파를 지지하던 성 군구 내부의 '지하당' 역시 공개적으로 입장을 분명히 밝히고 나섰고, 연이어 '종중소(從中笑) 조반병단과 '8·1풍뢰' 혁명조반병단 등 군구 기관 간부의 조반조직이 설립되었다. 그러나 성 군구 간부의 조반은 가능했지만 탈권은 그들의 몫이 아니었다. 성 군구의 대권을 누가 통솔할지에 관한 결정권은 여전히 중앙에 있었고, 조반파에게 주어지지 않았다. 설령 군구 내의 조반파라도 말이다. 따라서 군구 내 조반조직의 조반은, 기껏해야 성명을 발표하거나 대자보를 붙이고 기존의 군구 사령과 정치위원을 비판하는 정도였지 무슨 실질적인 권력은 없었다. 심지어 군구 경호 중대에게조차 영도권을 행사할 권력은 없었다.

중앙의 지정으로 새로 설립된 임시권력기구인 성 혁명위 주비소조에서는 대체로 성 군구 앞마당에서의 이러한 상황이 정말로 말도 되지 않는다고 느끼고 있었다. 그러나 당시 어느 지방에서도 관방 색채를 띠는 명령은 어떠한 권위도 없었으며, 명령에 따라 조반파를 지지하는 해방군 47군조차 창사시 도시에서는 맨손으로 활동할 수 있을 뿐이었다. 이런 상황인데 누가 자칭 조반파라 하며 무기를 들고 성 군구 앞마당으로 들어오는 사람들을 제지할 수 있겠는가?

누군가 소위 '강철전사'라고 불리는 청년근위군을 생각해 냈다.

따라서 일련의 논의와 명령 끝에 총부 우두머리인 곰보형이 내게 십여 명의 사람을 데리고 군구 경호 중대에 협조해 성 군구의 정문을 지키라고 했다.

곰보형은 내게 심상치 않은 명령을 내렸다. "오늘부터 성 혁명위 주비소조와 47군에서 발급한 통행증이 없으면 해방군이 아닌 모든 일반인은 어떤 조직의 사람이든지 모두 출입할 수 없다!"

내가 물었다. "그래도 완강하게 돌진해 들어오면요?"

"총을 쏴!" 곰보형이 조금도 주저하지 않고 손을 흔들었다.

그래도 내가 멍하니 그를 바라보고 있자 다시 덧붙여 말했다.

"물론 먼저 하늘에 대고 발사해 경고를 줘야지. 그래도 말을 듣지 않고 억지로 들어오려 한다면 미안하지만 총을 쏘도록 해!"

같은 조반파인 보통 일반인에게 총을 쏘라니, 이게 될 말인가?

여전히 내 귀가 믿기지 않았다.

곰보형이 얼른 또 말했다. "그 일은 안심해. 이 규정은 모든 조반파 우두머리들이 인정한 거야. 모두들 더 이상 군구로 돌진하지 말라고 자기 사람을 단속할 거야. 군구가 이미 패했는데 공격해서 뭐 할 거야!

권고해도 말을 듣지 않는 사람과 일부 불량배들이 돌진해 올지 몰라. 그렇다면 우린 성 혁명주비위의 명령을 집행하고 단호하게 반격을 가하고 봐 주지 말아야지! 정말 조반파라면 그 이상 돌진해 올 리 없어."

성 혁명위 주비소조가 지지해 주고 각 조반조직의 우두머리들이 인정했다니 순간 스스로의 책임감 역시 무거워짐을 느꼈다.

그렇지만 한 가지 문제가 아직 있었다.

"만약 사람을 죽이게 되면 어떻게 되나요?"

내가 물었다.

"경고를 무시하고 완강하게 군구로 돌진하려는 사람이 죽는다면 자네가 책임질 필요는 없어. 총부에서 책임질 테고 내가 책임질 걸세!"

곰보형은 자신 있다는 듯 그의 넓은 가슴을 쳤다.

이십여 명의 형제들을 데리고 트럭을 타고 막 성 군구로 향해 출발하려 할 때 곰보형이 다시 뛰어와 은밀하게 내 귀에 대고 말했다.

"그래도 최대한 사람에게 총을 쏘지는 마. 남의 조직 사람이 죽게 되면 일이 번거로워질 수 있으니까. 군구 때문에 다른 조반파 친구들의 미움을 살 필요는 없지. 자네들은 그저 오래 버티기만 하면 그만이야. 그곳에 가서 겁만 주면 된다고."

나는 웃으며 물었다. "방침이 바뀌었나요?"

"하이 형이 남의 노여움을 사는 어리석은 일은 하지 말라더군. 군구도 우리 조직은 아니니까 그들을 도와 질서를 유지하기만 하면 된대."

아마 총부 우두머리들은 심사숙고 끝에 각 조반조직의 우두머리들이 한 '공약'(公約)을 믿을 수 없다고 생각했나 보다. '공약'에선 계속해서 군구 공격을 강행하는 사람들에 대해 '프롤레타리아계급 독재'를 실시하고 강경하게 총을 쏘아도 된다고 말했지만, 정말로 그러한 일이 발생한다면 어느 조반조직에서도 자기 조직의 사람이 죽었거나 다쳤는데 동요하지 않을 리는 없었다. 문화대혁명 이후 백지에 검은 글자로 쓴 몇 건의 '협의'나 '문건'이 정말로 효력을 발휘했는가? 모두 이익이 우선이고, 자기 조직의 이익이 가장 먼저였다.

하이 사령은 창사시 조반파 군중조직 중 가장 강대한 무장 세력을 통솔하고 있었다. 처음에는 '강철전사 청년근위군에게 배우자! 경의를 표한다!'는 칭찬의 소리를 들으며 그도 다소 우쭐했을 것이고, 마치 자신이 정말로 군대의 '사령'이 된 것 같은 득의양양한 기분이 들었을 것이다. 그러나 그 뒤 저우언라이 총리가 우한에서 특별 접견을 하며 그의 면전에서 말했다.

"하이 사령, 자넨 어쨌든 (성 군구) 룽 사령에게는 어림도 없어! 자네는 항상 안 된다고 말하지만 그 사람은 수십 년간 혁명전쟁을 거치면서 단련되어 왔고 경험도 자네보다 풍부하네. 만약 지금 성 군구를 자네에게 넘겨주고 군구 사령을 맡으라고 하면 자네 할 수 있겠나? 자네에게 군구 사령을 맡긴다 해도 내가 안심할 수 없어요! 내가 보기에 자네는 사흘도 안 가 무너지고 말 걸세!"

그날 하이 사령은 '사령'을 맡기 위해서는 앞장서서 병사들을 이끌고 죽음을 두려워하지 않는 것만으로는 어렵고, 모든 것을 고려하여 전술전략을 세울 줄도 알아야 하는데, 기지 넘치는 책략이 하루 아침에 배울 수 있는 것이 아니란 것을 알고 난 뒤로 상당히 냉정해졌다. 안타깝게도 훗날 하이 사령을 감옥에 갇히게 만든 사건은 이 접견 이전에 일어난 일로, 그 당시 사건에서도 하이 사령이 냉정하고 신중했다면, 진짜 살인범이 그를 물고 늘어져 연루되는 일은 아예 일어나지 않을 수도 있었을 것이다.

우리 일행이 성 군구에 주재하고 또 해방군 47군과 같은 대열이 되자 성 군구의 각 출입문을 지키는 임무는 성 군구 경호 중대와 47군, 그리고 우리 청년근위군 세 조직의 사람들이 공동으로 맡게 되었다. 그러나 47군과 우리 청년근위군이 군구에 협조해 출입문을 지키는 일에 대해 군구 경호 중대의 군인들이 처음에는 반감을 가지고 있었다. 아마 그들이 보기에 군구 정문을 지키는 임무는 당연히 그들의 것인데 지금 47군, 특히 일개 군중조직에게 정문을 지키게 하는 것은 분명 그들에 대한 멸시이자 그들의 '권리'를 박탈하는 것이라고 여기는 것 같았다. 따라서 처음 태도는 그리 우호적이지 않았다. 무슨 일이냐고 물어도 모두 모른다고 대답하거나, "중앙에 가서 물어보시오!", "우리는 이등병이니 리 군좌(47군 군장)에게 가서 물으시오!"라고 말했다. 당시 성 군구 당위가 중앙의 비판에 따라 자아비판을 하고 나자, 경호 중대의 많은 병사들이 갑자기 동시에 휴가를 내고 집으로 돌아가 조반파에 대한 중앙의 지지에 불만을 나타냈다. 이에 대해 47군의 군사들은 매우 자제하며 군구 경호 중대 사람이 뭐라고 해도 아무런 대꾸도 하지 않고 그저 살짝 웃기만 했다. 또한 우리에게도 군구 경호 중대 군인들과 정면충돌하지 말라고 신신당부했다. 문혁 중 어떻게 실패자를 대할지에 대해 이미 약간의 경험이 있었는데, 바로 이른바 '고자세'로 그들을 대하는 것이었다. 이 '고자세'의 주요한 특징은 실패자의 불평을 염두하지 않고 무슨 말을 하든지 간에 그들이 '틀렸다'는 대원칙을 부정하지 않는 것이었다.

우리와 군구 경호 중대의 병사들은 몇 차례 '교전'을 한 적이 있었다. 당연히 쌍방 모두 여전히 우호적이었다. 그들은 필경 정규 해방군으로 군중조직처럼 그렇게 충동적이지 않았다. 어느 날 저녁 경호 중대 일부 군인들이 소회의실에서 무슨 회의를 열고 있었다. 나와 몇 명의 동료들은 호기심으로 군구 건물 안 이곳저곳을 어슬렁거리다가 그 회의실로 들어갔다. 그 군인들은 우리 몇 사람을 맞이하며 큰 소리로 웃으며 조롱하듯 말했다.

"혁명 좌파 청년근위군의 지도자께서 노선 교육 수업을 해주시러 오신 걸 열렬히 환영합니다!"

회의실은 순간 웃음소리로 넘쳐났고, 우리 몇 명은 매우 계면쩍었다. 그러나 경호 중대 군인들은 우리 몇 명을 보고 모두 그들 나이와 비슷한 청년에 불과하다고 여겼나 보다. 그래서 조롱은 조롱이고 우리를 진심으로 우호적으로 대해 주었다. 웃고 난 뒤 박수로 환영하면서 다시 자리를 권하며 우리에게 차를 따라 주었다. 반은 진심이고, 반은 알 수 없는 분위기 속에서 서로 애기를 나누다가 나는 그들에게 공장 안에서 '9·24보고'로 체포된 우파와 군구의 상강풍뢰 진압 당시 체포된 사람 중 대다수는 무고한 노동자 군중이라고 애기해 주었다. 또한 우리 기계수리 공장의 양진허가 반혁명분자로 몰린 일도 애기해 주었다. 이에 대해 경호 중대 군인들은 모두 귀 기울여 듣고 있었다. 특히 양진허 역시 제대 군인이라는 애기를 들었을 때는 그가 겪은 일과 그 사건의 결과에 대해 더욱 상세히 알고자 했다. 나는 열여덟 먹은 나 같은 애송이가 사람들에게 무슨 사상공작을 할 능력이 있다고는 생각지 않았고, 또한 이 군인들이 내가 한 애기에 감동받을 것이라고도 생각지 않았다. 그러나 난 진지한 대화로 원래 있었던 많은 오해들을 풀 수 있을 거라 확신했다. 그 일에 대해 애기하고 난 뒤 어떤 군인이 내게 물었던 것이 기억난다.

"당신 말대로라면 '상강풍뢰'로 잡힌 사람 중 많은 사람들이 정말

노동자였다는 거야? 나쁜 사람들이 아니고?"

또 어떤 군인이 말했다.

"당신들 청년근위군은 모두 사회에서 직업도 없는 불량배에 건달들이 모인 거라던데, 자네가 정말로 노동자인가?"

내가 틀림없는 노동자일 뿐 아니라 나의 부친은 해방 전 지하당에 참가했던 노공산당원이라고 하자 회의실에 있던 군인들의 시선이 모두 내게로 쏠렸다. 그날 밤의 대화 이후 군구 경호 중대 군인들은 우리 청년근위군 사람들에게 더욱 진심어린 미소로 대해 주었다. 밥을 풀 때도 종종 그들이 있는 곳에 와서 밥을 먹으라고 했다. 그들이 당시 정세를 어떻게 인식하고 있었는지 모르지만 분명 그들은 우리들을 받아들였으며 최소한 더 이상 우리를 나쁜 사람들로 여기지는 않았다.

경호 중대와 47군 병사들은 모두 맨손일 수밖에 없었는데 이는 상부의 규정이었다. 그들이 해야 할 일은 일반인들이 더 이상 군구로 들어오지 못하게 설득하는 것이었다. 반면 우리는 손에는 총을 들고, 완전 무장을 하고는, 위세를 떨며 권고를 듣지 않는 사람에게 욕을 하고 무력을 사용할 수도 있었다. 우리 자신이 원래 조반파라 일반인들과 무슨 '군민관계'를 고려할 필요는 아예 없었다. 따라서 우리가 성 군구 정문에 나타나자 정문 앞의 분위기가 일순간 변했다. 더 이상 정문에 있는 해방군과 말다툼하려는 사람도, 완강하게 안으로 들어가 소란을 피우려는 사람도 없었고 또한 제멋대로 뚫고 들어가 시위를 벌이려는 사람도 없었다. 더욱이 군구의 '구경거리'를 보려고 온 사람들도 우리가 찬 '청년근위군'이라는 완장을 보자 군구 정문에 가까이 올 수 없었고 그저 멀리 서서 이러쿵저러쿵할 수밖에 없었다.

나는 두 가지 형태의 '악마를 쫓는' 효과가 있는 물건을 성 군구 정문 앞에 갖다 놓게 했다. 우리가 가만 있어도 많은 사람들이 화를 내며 떠나 적지 않은 입씨름을 덜 수 있었다. 그 두 가지 물건 중 하나는 공고문으로, 위에는 '성 혁명주비위의 명령을 받아 성 혁명주비위와 47군, 성 군구에서 발행한 통행증이 없는 조직과 개인은 당일부터 이 문을 임의대로 출입할 수 없음'이라고 쓰여 있었다. 이것은 우리가 정문을 지키는 법적 근거였다. 나는 성 혁명주비위의 이러한 지시를 본 적도 없고 이러한 명령을 내렸는지도 몰랐지만, 총부 우두머리가 내게 이러한 뜻을 얘기한 이상 이를 주장하며 공고해도 무방했다. 둘째, 우리는 또 '청년근위군 홍색돌격대'라는 홍기를 군구 정문 입구에 가로로 내걸어, 손에 무기를 들고 맨손의 해방군 옆에 서 있는 사람들이 누구인지 단박에 알도록 하여, 무력으로 군구 대문을 돌진하려는 조직과 사람들의 의도를 단념시키려 했다. 당시 누구라도 '강철전사' 청년근위군이 만만한 상대가 아니라는 것을 알고 있었다.

첫째 날 우리는 제동밸브처럼 신속하게 군구 정문으로 드나드는 떠들썩한 인파들을 끊어 놓았다. 며칠 뒤 군구 정문 앞은 이미 잠잠하고 적막해져 그곳에 서 있는 우리 모두가 무료함을 느낄 정도였다.

모든 조반파들이 우리의 권고와 제지에 복종하는 것은 아니었다. 뭐가 대세고 기율인지 모르는 소수의 사람들은 여전히 우리와 충돌을 일으켰다.

한번은 '위동표(衛東彪) 조반병단'이란 기치를 단 사람들이 가즈 지프차와 큰 트럭을 타고 기세등등하게 군구로 돌진하려 했다. 해방군 병사들이 좋은 말로 달래도 전혀 소용이 없었고 차량이 문 안으로까지 들어오려 했다. 마침 근무를 서고 있던 나와 몇 명의 형제들은 막무가내에다 기고만장한 이들을 보고는 즉시 달려가 총으로 그들을 겨누며 큰 소리로 외쳤다.

"누구도 들어갈 수 없소. 그렇지 않으면 봐 주지 않겠소!"

두 대의 차량에는 타고 있는 사람들이 많았고 또 모두 실탄으로 무장한 터라 쉽게 우리에게 복종하려 들지 않았다. 우리가 그들에게 총구를 겨눈 것을 보고는 그들도 즉시 총구를 우리에게 향해 순간 '철컥' 하며 총탄을 장전하는 소리가 울렸다. 동시에 그들은 흉악한 말투로 욕을 해댔다.

"개같이 눈들이 삐었나. 감히 어르신들 차를 가로막다니!" "제기랄, 니들이 '청근방' 이라도 어쩔 건대! 무력을 쓰겠다면 해보시지!"

이러한 상황에서 정말로 싸우기 시작하면 놈들은 쪽수가 많으니 틀림없이 우리가 불리할 것이었다.

나는 화를 억누르며 가즈 지프차에 탄 사람에게 물었다.

"책임자가 누굽니까?"

"이 몸이다. 어쩔래?"

수염이 있는 키 작은 뚱보가 눈을 부라리며 내게 말했다. 그는 대단히 우쭐대며 차에 앉아 있었는데, 다른 사람들처럼 손에 총을 들고 있지 않고 허리에 차고 있었다. 보아하니 그가 이 조직의 우두머리였다.

"우리가 들어가지 못하게 하는 것이 아니고 이것은 성 혁명주비위의 규정이오. 가서 통행증을 만들면 아무 때고 출입할 수 있습니다."

나는 침착하게 참으며 말했다.

"좆 같은 통행증을 만들라구! 이 몸이 여기서 묵을 것도 아니고, 그저 들어가 바람이나 쐬겠다는데."

그 키 작은 뚱보는 귀찮다는 듯 내게 눈을 희번덕거리며 말했다.

"그렇다면 죄송합니다. 통행증이 없으면 물러나 주시죠!"

나의 말투는 점차 강경해졌다.

"이봐, '청근방', 눈치껏 굴라구. 우린 언제라도 만나기 십상이야. 자네가 언제 이 손에 부딪힐지 모른다구."

작은 뚱보가 비웃으며 위협했다.

'눈치있게 굴다'(懂味) 혹은 '눈치없게 굴다'(不懂味)라는 말은 당시 창사의 유행어였다.

갑자기 키 작은 뚱보의 말이 떨어지기도 전에 내 옆에 서 있던 샤오류가 순식간에 지프차 옆으로 가더니 손에 있던 자동소총으로 작은 뚱보의 머리를 겨누며 고함쳤다. "제기랄, 죽고 싶어! 물러날 거야, 말 거야? 안 물러나면 뻥 하고 쏠 거야!"

키 작은 뚱보는 샤오류의 동작에 놀라 찍소리도 못하고 그저 멍하니 샤오류를 쳐다보았다.

차 위에 있던 사람들 역시 순간 아무 반응 없이 모두 멍하니 샤오류를 바라보았다.

이러한 상황을 보고 마음속에 계략 하나가 떠올라 고개를 돌려 옆에 서 있던 샤오황에게 명령하는 어조로 외쳤다. "어서! 안으로 가 '번개병단' 마(馬) 사령에게 오라고 해. 어떤 놈들이 시비를 건다고 말이야."

샤오황은 잠시 어리둥절했다.

나는 다시 그를 다그쳤다.

"어서 가. '번개병단' 사람에게 빨리 오라고 해!"

샤오황은 순간 분명해졌다. 그는 차 위에 있던 사람들에게 "용기 있으면 여기서 기다리시지!"라고 외치며 몸을 돌려 신속하게 안으로 뛰어 들어갔다.

'번개병단'은 청년근위군 소속의 가장 유명한 조직으로 우두머리의 성이 마씨였는데, 사회에 있는 깡패·건달·망나니들 모두 그를 무서워했다. 이 마 사령은 그들을 가장 잘 요리했지만, 평소에도 걸핏하면 제멋대로 권총을 다른 사람에게 겨누며 강호의 말투로 상대방을 제압하곤 했다.

그러나 이때 군구 안에 '번개병단' 사람들은 없었다. 나는 나오는 대로 지껄이는 키 작은 뚱보의 모습을 보며 '번개병단'만이 그를 놀래켜 눈치껏 굴게 할 거라고 생각했다.

'번개병단'은 청년근위군의 일부분으로 작은 뚱보 역시 이 점을 알기 때문에 과연 그는 겁을 먹었다.

"형제, 이럴 필요까지 있나?"

그는 갑자기 히죽거리며 나와 샤오류에게 말했다.

"스스로 자초한 일이잖아." 나는 정색을 했다.

"안 물러나? 안 물러나면 이 총으로 쏘겠다. 날 원망하지 말라구!"

샤오류가 기세를 틈타 위협했다.

"좋아. 들어가지 않겠어. 이제 됐소?"

키 작은 뚱보는 계속 곤혹스런 얼굴로 말했다.

"즉시 물러나!" 샤오류는 여전히 긴장을 풀지 않았다.

"됐어, 다른 곳으로 바람이나 쐬러 가자구!" 키 작은 뚱보는 고개를 돌려 차위에 있는 사람들에게 손을 한번 흔들더니 몸을 돌려 옆에 있던 운전사에게 말했다. "차 돌려, 가자!"

샤오류는 작은 뚱보의 지프차가 군구 정문에서 물러나고 나서야 갑자기 자동소총을 놓더니 신속히 군구 대문의 당직소 안으로 뛰어 들어갔다.

놈들이 순순히 물러난 뒤 멀리서 몸을 숨기고 있던 샤오황이 키득키득 웃으며 돌아왔다. 우린 모두 이번 연극의 성공을 기뻐했다. 게다가 나는 샤오류의 담력에 탄복했다.

옆에 서 있던 47군 장(姜) 소대장이 기뻐하며 내게 말했다.

"제법 한몫들 하시네요."

군구 경호중대의 병사 역시 웃으며 말했다.

"뛰는 놈 위에 나는 놈이 있다더니. 당신들이 여기 없었다면 맨손인 우리는 한 대대가 있었어도 아마 이 문도 지키지 못했을 거요."

장 소대장이 말했다.

"우리 손에 총이 있어도 소용없소. 누가 감히 총을 쏘겠소? 지금은 당신들 손에 총이 있어야 효력을 발휘할 수 있지요."

그들의 칭찬을 들으니 우리는 당연히 기뻤다.

군구 안에 주둔한 뒤 47군의 장 소대장은 우리 숙소를 그들과 같은 건물에 배정해 주었다. 날씨가 더워 숙소는 멍석이면 해결됐고, 식사도 제공되었다. 또한 장 소대장은 우리 이십여 명의 당직 순서를 47군과 군구 경호중대 군사들에게 맞춰 낮에는 2시간, 밤에는 1시간마다 돌아가며 서게 했다. 당직 서는 사람들이 책임지고 사람을 불렀다. 그러나 아침 일찍 그들이 체조하러 나갈 때 우리는 체조가 너무 재미없어 나가려는 사람은 없었다.

처음 며칠간은 모두들 군구 초소에서 흥이 났고 의욕도 넘쳤다. 평소 그토록 영광되고 위엄 있던 성 군구를 지금 우리 몇 사람이 지키고 있으니, 그 자체가 매우 신선한 일로 우리를 기쁘게 만들었다. 게다가 사람들이 멀리서 우리를 가리키는 모습을 볼 때면 더욱 우쭐해졌다. 그리고 간혹 돌진해 들어오고 싶어 하는 조반파들에게 그들이 알아들을 수 없는 은어로 말하고 턱으로 지시하며 마음대로 부릴 수 있을 때는 더욱 의기양양해졌다.

그러나 며칠 지나자 그러한 신선함은 사라졌고 군구로 와서 우리와 충돌하려는 사람들도 없었다. 군구 정문 앞은 정말로 적막하기 그지없는 고요한 상태가 되었고 보초 서는 일도 재미가 없어졌다. 더욱이 한밤중에 꿈에서 깨어나 총을 메고 쥐죽은 듯 해방군 병사와 함께 그 캄캄하고 고요한 초소로 가는 일은 몹시 참기 힘들었다. 특히나 한밤중에 군구 측문에 있는 초소에 있다 보면, 더욱 시간이 느리게 가 2시간이 일주일보다 더 길게 느껴졌다.

모두들 보초 서는 일에 흥미를 잃었고 시간에 맞춰 교대하려는 의욕도 식었다. 종종 당번 맡은 사람을 찾을 수 없어 어쩔 수 없이 임시로 다른 사람으로 대체해 놓거나 혹은 내가 직접 당번을 서기도 했다. 언제까지고 2시간 동안 정문 앞에 계속해서 멍하니 서 있게 할 수는 없었으며 또 우리가 아닌 사람들을 세워둘 수도 없었다.

나 역시 마음이 초조해졌다.

어느 날 곰보형이 왔다. 나는 황급히 그에게 이곳 일을 형제들이 하기 싫어한다고 알리고는 다른 사람들로 교체해 달라고 했다.

곰보형은 잠시 생각해 보더니 말했다.

"내일 너희들은 총부로 돌아가라. 내가 차를 보낼게. 여기는 됐다. 우리 '청근'이 이렇게 오랫동안 군구를 지켰으니 이걸로 충분해."

우리는 너무 기뻐 희희낙락하며 마지막 보초를 섰다.

장 소대장은 아쉬워하며 말했다. "어째, 그만두려구요? 에이, 가지 마십시오. 무슨 어려움이 있으면 해결해 드릴게요."

나는 난처해하며 말했다.

"지겹도록 했는지 모두들 돌아가고 싶어 합니다."

"그럼 다시 사람을 보내실 건가요? 협조해 주신다면 이곳은 더욱 안전해질 텐데요." 장 소대장은 매우 진지하게 내게 물었다.

나는 말했다. "올 사람이 있겠죠."

"그게 어떻게 됩니까? 그건 당신들의 사령이 결정하는 건가요?" 장 소대장이 눈썹을 위로 올리며 말했다.

"그렇습니다. 굳이 우리 사람이 와야 한다면 총부의 하이 사령에게 말해 보겠습니다." 나 역시 진지하게 말했다.

장 소대장은 잠시 생각하더니 손을 흔들며 말했다.

"됐습니다. 당신들의 사령에게 뭐라 말하기가 그러네요. 제가 상부에 가서 의견을 말해 보고 명령에 따르도록 하죠."

장 소대장은 매우 다정한 군인이었다. 열흘 남짓 그와 함께 생활했는데 줄곧 우리를 형제나 손님처럼 대해 주었고, 우리 요구를 최대한 들어주었다. 밤중에 취침 점호를 할 때도 관심을 가져 주었고, 모기장을 쳐 주거나 모기향을 피워 주는 등 세심하기 그지없었다. 그 열흘 동안은 매우 유쾌하게 보낸 즐거운 날들이었다.

어느 날 장 소대장이 내게 찾아와 말했다. "상부 명령에 따라 성 군구의 도서관을 대대적으로 정리해야 합니다. 류사오치·덩샤오핑·타오주 등 '문제가 있는' 책들과 '문제가 있는 사람'이 쓴 모든 책을 일소해야 합니다." 그는 나더러 군중조직을 대표해 함께 정리에 참여하거나 정리를 감독하라고 했다.

성 군구와 47군의 예닐곱의 사람들과 나는 도서관 책을 한 권 한 권 끝까지 펼쳐 보며 꼬박 이틀 동안 검토했고, 결국 산처럼 쌓인 '문제가 있는' 책들을 정리해 냈다.

눈을 어질어질하게 만드는 도서관 안의 수천수만 권의 책을 보고 나니 나는 매우 감격하여 정말이지 한 짐 짊어지고 가고 싶었다. 그러나 그렇게 할 순 없었다. 내가 앞장서 짊어지고 가면 이십여 명의 다른 형제들 역시 예사롭게 보지 않을뿐더러, 이미 정리된 도서관 장서가 또다시 큰 화를 당하게 되면 나 역시 '주모자'가 될 수 있었기 때문이다.

장 소대장이 내게 물었다. "책 보는 걸 좋아하십니까?"

나는 고개를 끄덕이며 말했다. "좋아합니다."

장 소대장이 말했다. "그렇다면 골라 가져다 보세요. 제가 대출 장부를 정리해 드리지요."

나는 장 소대장에게 빌리러 가지 않았다. 그를 통하면 모든 것이 번거로웠다. 나는 모두가 부주의한 틈을 타 두 권을 골라 몰래 도서관 밖으로 가지고 나왔다.

한 권은 『강철은 어떻게 단련되었는가』였다. 이 책은 중학교에 다닐 때 두 번 읽었지만 모두 빌려 읽은지라 그 책이 몹시 갖고 싶었다.

또 다른 책은 파데예프가 쓴 소련 소설 『청년근위군』이었는데, 순전히 호기심으로 재미있을 거라 생각했다. 나 역시 청년근위군으로 똑같은 이름의 책을 읽는 셈이었다.

이 두 권의 책이 내가 유일하게 성 군구에서 건진 '이득'이었다. 그러나 나는 결국 간직하지 못했다. 본부로 철수한 다음날 누군가가 훔쳐 갔고 누구도 이를 인정하지 않았다. 나도 어쩔 수 없었다. '책을 훔치는 것은 도둑질이 아니다'라고 중학교 교과서의 「공을기」(孔乙己)에서도 말하지 않았던가. 내가 군구의 것을 훔쳤고, 다른 사람이 또 내 것을 훔쳤으니 누구도 부끄러움을 느낄 수 없었다.

곰보형이 나와 얘기하고 난 다음 날, 정말로 우리를 총부로 데려가기 위한 차량이 왔다. 모두들 마치 대사면을 받기라도 한 것처럼 서둘러 차에 올라탔고, 열흘 가량의 '군영생활'에 작별을 고했다.

장 소대장은 떠나기 전 나를 그의 침실로 불러 정중하게 해방군의 진짜 붉은 휘장과 붉은 오성모표, 그리고 잡낭(雜囊) 군용 허리띠를 주었다. 그는 내 손을 잡으며 우리가 떠나는 것이 정말 아쉽지만 우리를 기억할 것이라 말했다. 당시 우리 젊은이들이 모두 부러워했던 물건을 특별히 내게 기념으로 주어 그 잊을 수 없는 즐거운 나날들을 기억하게 해주었다.

이러한 광경에 나는 정말로 감동했다. 또한 지금까지도 잊을 수가 없다.

그 뒤로 몇 차례의 고난을 겪으면서 붉은 휘장과 군용 허리띠는 어디로 갔는지 모르지만, 그 선홍색의 오성모표만은 지금까지도 내 서랍 속에 남아 있다.

존경하는 장 소대장님, 당신은 지금 어디에 계십니까?

〖 15 〗
조반조직 총부에 홍군 노장군 두 명이 오다

당시에는 노(老)장군 역시 군중조직 총부에서 지냈는데, 이것은
다소 이상했다.

사실 문혁 시기의 복잡한 상황 국면은 지금 사람들이 생각하는 것
처럼 그렇게 시비가 분명한 것은 아니다. 왜냐하면 문혁은 필경
마오쩌둥과 당 중앙의 명의로 발동되고 그들의 지도로 진행된 것
이기 때문이다. 정치국 사람들의 관점이 모두 엇갈렸고, 당시 정
세에 대한 지방 당·정·군 수뇌의 관점 역시 모두 제각기 달랐다.

'청년근위군'은 모두 젊은 청년들로 녹색 군복을 입고 손에는 새 소총
을 들고 있었지만 진짜 군대는 아니었다. 우두머리였던 하이 사령 역
시 진짜 군사 사령관은 아니었으며, 단지 생기와 예기 넘치는 청년들
을 이끄는 조직의 우두머리일 뿐이었다. 물론 오합지졸이라 할 순 없
었다. 필경 이 조직은 중앙 정치노선의 지휘를 받았고, 구성원의 성분
역시 비교적 분명했으며 그 참가 목적의 정치성도 매우 강했다.

그러나 '청년근위군' 배후에는 일정 기간 동안 도와준 두 명의 진짜
해방군 장군이 있었다.

창사시 무투가 시작되자 '청년근위군'은 조반파가 찬양하는 영웅이 되어 사회 전체의 주목을 끌었다.

누가 끌어온 선인지, 언제부터인지는 모르지만 중국 인민해방군의 성급 군구 부사령을 지냈고 노(老)홍군 자격이 있는 차이(蔡) 장군과 우 (吳) 장군은 갑자기 '청년근위군' 총부에서 가장 환영받는 단골손님이 되었다.

어느 날 명령에 따라 총부 건물의 계단 입구에서 근무를 서고 있는데, 왕(王)씨 성을 가진 우두머리가 내게 말했다.

"오늘 귀빈이 올 테니 경계를 엄히 하고, '청근'이 아닌 사람은 절대 들어오지 못하게 하게나."

무슨 귀빈? 이런 명령을 내릴 가치가 있나? 평소 각 조반조직의 우두머리들이 오갈 때도 우린 모두 개의치 않았고 무슨 특별한 경계도 하지 않았다.

정오가 가까워질 무렵 하이 사령과 우두머리들이 머리가 번쩍번쩍하고 마치 미륵불과도 같은 미소를 띤, 흰 셔츠와 누런 군용바지를 입은 뚱보 노인을 빼곡히 에워싸고는 웃으면서 얘기하며 위로 올라오고 있었다. 한결같이 '우라오'(吳老)라며 매우 친밀하게 부르는 것이 하이 사령과 우두머리들 모두 그 뚱보 노인을 매우 존경하고 있음을 알 수 있었다.

"우라오? 누구지?"

누군가 이 사람은 우 장군이며 원래 후난성 군구의 부사령으로 1955년에 소장 계급을 받았고, 홍군 시기에 자격을 갖춘 노(老)혁명가로 핑장 의거*와 2만 5천리 장정에도 참가했으며 지금은 은퇴해 집에 있다고 알려 주었다.

이 말을 듣자 나는 돌연 숙연해지면서 존경심이 생겼다. 홍군[紅軍：중국 인민해방군]이자 노혁명가이며 장군을 지냈던 군구 부사령이 지금 나와 이렇게 가까이 있다니, 예전엔 한 번도 없었던 일이라 불현듯 행복감이 밀려왔다.

우 장군은 은퇴 후 집에서 쉬고 있지만 국가대사에서 한순간도 손을 뗄 수가 없었다. 창사시의 문화대혁명 중 양 파벌 간의 분쟁이 일어나 위로는 성위 서기, 아래로는 가도주민위원회의 노부인들까지 저절로 두 편으로 갈라지게 되자 우 장군을 포함해 퇴임한 노인들마저 여기에서 벗어날 수 없었다.

우 장군은 현임(現任) 성 군구 룽 사령관이 군대의 힘으로 '상강풍뢰' 같은 군중조직을 진압한 행위에 대해 불만을 갖고 있었다. 따라서 그는 개인적으로 담화를 발표하여 조반파를 동정하고 지지한다고 표명했다.

우 장군은 해방군의 고급 장교였다. 성 군구의 압제를 겪을 대로 겪은 창사시 조반파들은 해방군 장군이 자신들에 대해 동정과 지지를 표명하는 것을 보고는 매우 기뻐했다. 따라서 각 조반조직은 잇달아 그를 초청해 연설을 듣고 그를 '고문'으로 모시고자 했다.

유유자적하게 지내던 우 장군 역시 이를 몹시 원했다. 몸을 움직일 수 있었고 또 국가대사에 관계된 일이니, 집에서 답답하게 있는 것보다야 나았다.

하이 사령이 우 장군을 초청했다. 그 이유는 우선 이 당시 각 조반조

---

* 1928년 7월 22일 펑더화이 등의 혁명지도자들이 후난 핑장(平江)에서 군사와 농민을 이끌고 혁명을 일으켜 이곳을 점령한 사건을 가리킨다.

직들이 '청년근위군' 총부를 가장 안전한 곳으로 여겨 종종 여기에서 조반조직 우두머리 연석회의를 개최했고, 우 장군이 이곳에 있으면 그와 관련해 언제든 가르침을 구할 수 있었기 때문이다. 두번째로 '청년근위군'은 이미 준군사조직으로 하이 사령은 아마 많은 전쟁을 겪은 우 장군의 도움을 받기를 원했을 것이다.

우 장군은 시원시원한 노인이었다. 스스로 옳다고 생각되는 일은 전력을 다해 진지하게 했다. 한동안 '청년근위군' 총부에 기거하면서 집에도 돌아가지 않고 매일 하이 사령 등 우두머리들과 함께 얘기를 나누며 어떻게 군대를 관리하고 전역을 조직하는지를 가르쳤다.

어느 날 나는 우 장군이 기거하는 방으로 갔다. 그는 마침 몇 사람과 함께 홍군 시절의 이야기를 나누고 있었다. 그는 내가 소련식 762 보병총을 메고 있는 것을 보자 총을 가리키며 말했다.

"절대 이 총이 낡았다고 싫어하지 말게나. 그때 우리는 낡은 '한양조'(漢陽造)와 몇 발의 총탄만 있으면 그렇게 기쁠 수가 없었다네."

한 사람이 물었다.

"우라오, 혁명에 참가할 당시 나이가 많지 않으셨죠?"

우 장군이 허허 웃었다. "아주 어렸지. 총보다도 작고 홀쭉했어. 지금처럼 뚱뚱한 중 같은 모습은 아니었지!"

우리는 모두 웃었다.

우 장군이 나를 세심하게 살펴보더니 친절하게 물었다.

"젊은이, 올해 몇인가?"

"열여덟입니다." 내가 얼른 대답했다.

"오, 내가 혁명에 참가할 때도 자네 나이쯤이었네. 허나 자네 체격이 당시 나보다 훨씬 더 당당해 보이는걸!"

우 장군은 여전히 즐거워했다.

장군의 과찬을 받으니 나는 매우 기뻤다.

"열심히 하게! 앞으로 자네도 군사를 이끄는 장군이 될지 모르지."

우 장군은 내 손을 당기며 만면에 웃음을 띠고 놀리듯 말했다.

"네!" 나는 정말로 감격스러웠다.

우 장군은 다시 내가 메고 있던 762 보병총을 손에 쥐며 물었다.

"이 총은 쓸 줄 아나?"

"거의 그렇습니다." 내가 대답했다.

그는 총을 보더니 다시 손으로 몇 번 만지작거리고는 고개를 들어 나를 바라보며 말했다.

"젊은이, 왜 총을 닦지 않았나? 그러면 좋지 않아요."

"며칠 동안 총탄을 쏘지 않아 닦을 필요가 없다고 생각했습니다."

순간 나는 얼굴이 빨개지면서 황급히 변명했다.

"총은 매일매일 닦아야지. 싸우든 싸우지 않든 하루라도 닦지 않으면 잘못하다 녹슬 수도 있네. 보라구. 자네 탄창부에 녹이 슬지 않았나." 우 장군은 말하면서 보병총을 내 눈앞에 보여 주었다.

과연 탄창부 근처에 옅은 황철 녹이 있었다.

나는 더욱 부끄러워 멍하니 서 있었다.

"총은 군인의 제2의 생명이야. 젊은이, 제발 이 점을 꼭 명심하게나. 총을 사랑하지 않으면 전장에서 총이 자넬 보호할 수가 없다네."

우 장군은 말을 마치자 다시 고개를 돌려 옆에 있던 우리 총부의 우두머리에게 말했다.

"총기 사용관리에 관한 지식은 자네들이 진지하게 알려 줘야 하네."

"네, 네." 우두머리는 연신 대답했다.

우 장군이 고개를 돌려 보병총을 내게 돌려주더니 다시 미소를 지으며 물었다. "자네는 노동자인가, 아니면 학생인가?"

"노동자입니다." 내가 말했다.

"중학교는 다녔나?"

"중학교를 졸업했습니다."

"어느 학교를 졸업했나?"

"제일중학교입니다."

"허, 좋아. 내 아들도 일중에 다니는데 아는가?"

우 장군이 아들의 이름을 얘기했다.

"압니다."

그러나 나는 그 친구의 부친이 우 장군이라는 사실을 전혀 몰랐다.

"지금 젊은이들은 많이 배워 식견도 갖추었고, 당시의 우리보다 훨씬 강해졌어." 우 장군은 매우 기쁜 듯 내 손을 잡으며 말했다.

"열심히 하게나! 젊은이, 좋은 앞날이 올 걸세."

우 장군은 나를 보며 당시의 자신을 상상하는 듯했다. 조반파에다 '청년근위군'에 참가하는 나를 보며 당시 홍군이 되어 혁명을 했던 자신을 생각하는 듯했다.

오랫동안 홍군의 일원이었던 노혁명가인 우 장군의 열정적인 격려를 받으니 나는 자연히 매우 흥분되었다. 왜냐하면 여태껏 이렇게 대단한 선배가 직접 얼굴을 맞대고 친절하게 가르쳐 준 적이 없었기 때문이다.

나는 더욱 우 장군을 존경하게 되었다. 그가 매번 총부로 올 때마다 그의 담소를 들으러 가길 원했고, 기꺼이 그를 위해 차를 따르고 의자를 가져다주었다.

그러나 한 달쯤 지나 우 장군은 조반파와 가까이 지내다 불운한 일을 당하게 된다.

우 장군은 용맹한 전장으로 인의의 마음을 갖추었지만 안타깝게도 당시 중국 정치에 대해선 이해하지 못했다. 그의 실수가 시작된 것은 문혁 때부터가 아니라 루산(盧山) 회의가 끝난 후 얼마 지나지 않았을 때부터였다. 좋은 마음이 오히려 비난과 처벌을 불러들인 것이다.

그 뒤 함께 불운한 일을 당한 사람은 우 장군과 함께 자주 '청년근위군' 총부에 왔던 차이 장군이다.

차이 장군 역시 1955년에 소장 계급을 받았으며, 은퇴하기 전 산시에서 성 군구 부사령을 지냈다. 원래 후난 사람이었기 때문에 은퇴 후 후난성 창사시로 돌아와 정착하고 있었다.

차이 장군이 조반파를 동정하고 도와주고 싶어 했던 이유에는 우 장군과 마찬가지로 후난성 군구가 그렇게 많은 '상강풍뢰' 사람들을 잡아들이는 것에 대한 불만 외에도 또 다른 요인이 있었다. 그의 부인 역시 조반의 흐름에 말려들어 잠시 동안 조반조직의 선전부장을 맡았는데, 그 뒤 중앙 군위에서 부대 지도자의 부인들은 모두 군중조직에서 나와야 하며 더 이상 참여할 수 없다는 지시가 내려와 그의 부인은 조반의 소용돌이 속에서 빠져나올 수 있었다. 그러나 뜻밖에 차이 장군이 다시 말려들어 가 결국 큰 해를 입게 된 것이다.

차이 장군은 우 장군보다 야무졌고, 키도 크고 말라 우 장군의 작고 뚱뚱한 미륵불의 이미지와는 정반대였다. 차이 장군은 담력과 기백이 넘치는 영리하고 일 잘하는 지휘관의 인상이었다.

처음에 나는 차이 장군에게 접근할 수가 없었다. 왜냐하면 그는 경솔하게 입을 열기보단 종종 미간을 찌푸린 채 심사숙고하는 인상이었기 때문이다. 그 뒤로 친한 사이가 되자 비로소 그가 상냥하고 친절한 사람이라는 것을 알았다. 평소 그의 엄숙한 표정은 열심히 일할 때의 습관적인 모습일 뿐이었다.

차이 장군은 일을 처리할 때 정말이지 빈틈이 없었다. 창사시 무투가 한 단계 상승하여 총과 대포의 대결이 되자 그는 군사공정병학원(軍事工程兵學院)의 조반파들에게 창사시 지형의 모형을 만들게 한 뒤, 우리 청년근위군 총부에서 펼쳐 놓고는 발생 가능한 상황에 따라 그가 구상한 일련의 군사대응 계획을 얘기하였다. 또 지휘봉을 잡고 산과 물과 가옥이 있는 창사시 모형을 가리키며 각 조반조직의 우두머리들에게 설명하기도 했다.

누군가 성 군구에서 샹강 중앙에 있는 긴 귤자주(橘子洲) 섬 위에 부대를 배치하여 '고사' 등 서쪽 지역 보수파에 대한 샹강 동쪽 지역 조반파의 무장 공격을 저지할 준비를 했다고 알려 왔다.

차이 장군은 미간을 찌푸리며 올록볼록한 모형 위를 손짓하더니 고개를 들어 말했다. "불가능하지! 이 섬 위에 어떻게 부대를 둘 수 있나? 룽수진(성 군구 사령)은 전투를 할 줄 아는 사람인데, 그런 어리석은 일을 할 리가 없지."

나중에 알고 보니 과연 그 정보는 가짜였다. 성 군구는 귤자주 섬에 한 명의 병사도 두지 않았다.

그러나 차이 장군이 조반파조직 활동에 직접 개입한 일을 중앙에서 알게 된 뒤로 적지 않은 성가신 일들이 일어났다.

어느 날 내가 호기심으로 그 모형 옆에 다가가 창사시의 익숙한 거리와 지역들을 세심하게 보고 있을 때 차이 장군이 내 곁으로 오더니 미소를 지으며 친절하게 말했다.

"젊은이, 군사 지휘관이 되고 싶은가 보군!"

나는 부끄러워 고개를 들며 말했다. "그런 재능이 있다면요."

"아니, 어찌 그런 말을 하나? 재능은 모두 배우는 걸세! 누구도 태어나면서부터 싸움을 할 줄 아는 건 아니지."

차이 장군이 의자를 잡아당겨 앉고는 여전히 웃으며 말했다.

"하지만 전 정말로 해방군이 되고 싶어요."

나는 참지 못하고 나의 꿈을 말해 버렸다.

"좋지! 지금까지의 장군들은 모두 병사부터 시작했네."

차이 장군은 여전히 기쁜 듯 웃고 있었다.

그는 또 상냥하게 나의 상황에 대해 물었다. 우리 단위에서 내가 수백 명을 이끄는 조반파 우두머리였다고 말하자 그는 다소 놀라며 말했다. "몰라 보겠는걸. 자네 정말로 대단한데!"

그는 내가 '청년근위군' 총부에서 무슨 일을 하느냐고 물었다.

나는 그저 보통 사병일 뿐이라고 말했다.

"젊은이, 좋아! 장교가 중대로 내려가 사병으로 근무하는 일은 부대에도 있지. 수백 명을 이끄는 우두머리였던 자네가 이곳에서 사병으로 있으면서도 열심히 일하다니. 정말 굉장해!" 차이 장군은 갑자기 그의 엄지손가락을 치켜들면서 진심으로 나를 칭찬했다.

나는 매우 부끄러워 고개를 숙였다.

"보아하니 조반파엔 정말로 인재들이 많군." 그는 혼잣말을 했다.

"차이라오, 절 군대에 추천해 주실 수 있으세요? 전 정말로 해방군이 되고 싶어요. 어렸을 때부터 소원이었어요." 나는 간청했다.

"걱정 말게! 군대는 자네 같은 젊은이들을 가장 필요로 하지."

차이 장군은 늠름하게 만면에 웃음을 띠며 내게 말했다.

"하지만 지금은 안 되네. 이 문화대혁명이 끝날 때까지 기다려야 해, 그때 가서 자네가 정말 그 우두머리 직책을 버린다고 한다면 내 책임지고 자넬 군대로 보내 주겠네."

"정말이세요?" 나는 몹시 놀랐다.

"틀림없네!" 차이 장군은 아주 시원스럽게 웃으며 대답했다.

"그때 가서 자네가 다시 사병이 되기 싫다고 할까 걱정이지."

차이 장군은 소리를 길게 뽑으며 농담하듯 말했다.

"아니에요. 군인이 될 수만 있다면 아무것도 바라지 않아요. 어려서부터 동춘루이(董存瑞), 황지광(黃繼光), 그리고 왕제(王杰), 어우양하이(歐陽海)를 제일 존경했어요. 제가 군인이 되면 분명 그들을 따를 겁니다." 나는 몹시 절박하게 무언가를 증명해 보이려는 듯 목숨을 버려 희생했던 영웅들의 이름을 순식간에 말해 버렸다.

"자넨 좋은 군인이 될 수 있을 거야." 차이 장군은 고개를 끄덕이며 격려해 주며 또 말했다. "젊은 시절에 수백 명의 노동자들을 이끌었으니 부대에서 열심히 하면 장군이 될 수 있을 거네." 차이 장군은 매우 진지하게 말했고 웃음 속에 진심이 담겨 있는 것 같았다.

또 나에 대해 모두 우스갯소리를 한다고는 생각지 않았다. 비록 내가 여태까지 무슨 장군을 해본 것도, 아니고 심지어 진짜 군인 근처에는 가 보지도 못했지만 말이다.

사람들은 종종 하급 관료는 대하기 어렵지만 최고 지도자는 인간미로 넘친다는 말들을 한다. 우 장군과 차이 장군 두 사람에게서 나는 처음으로 이러한 사실을 깨달았다.

나는 우 장군과 차이 장군이 자주 우리 총부로 와서 가르침을 주어, 말과 행동으로 모범을 보이는 양분을 받을 수 있길 원했다.

그러나 정세의 변화는 '청년근위군'을 난처한 상황으로 몰고 갔으며, 두 장군의 사나운 운세도 바로 '청년근위군'으로부터 시작되었다.

8월 초순 어느 날, 베이징에 있던 '청년근위군' 협상대표가 창사시 총부로 긴급하게 장거리 전화를 걸어왔다. 몇몇 주요 중앙 지도자가 '청년근위군' 대표를 포함한 후난성 조반파 우두머리를 접견한 자리에서 우 장군과 차이 장군을 비난하고, 그들이 '펑더화이(彭德懷)의 측근'이며 조반조직으로 손을 뻗는 '검은 손'이라고 말했다는 것이다. 그 후 저우언라이 총리의 연락원이 직접 '청년근위군' 총부로 전화를 걸어와 차이 장군이 여기에 있는지 알아보더니, 우 장군과 차이 장군은 '우경기회주의의 잘못을 저지르고 마음에 불만을 품은' 사람들이며 '청년근위군은 그들의 속임수에 넘어가지 말라'는 등의 경고를 다시 한번 했다.

총부의 우두머리들이 이 소식을 듣고는 순간 어찌할 바를 모르며 황급히 긴급비밀회의를 열어 대책을 의논했다.

사실 우 장군이 원래 펑더화이 원수의 부하라는 사실은 우리도 진작부터 알고 있었고 우 장군 역시 이 점을 전혀 꺼리지 않았다. 그 뒤 큰 비판을 받았던 유명한 「노조」(怒潮) 영화 촬영을 재촉한 사실도 누구나 다 아는 일이었다. 그러나 그러한 시절 속에서도 모두들 이 두 가지 사실이 무슨 대단한 것이라고는 전혀 생각지 못했다. 펑더화이 원수 휘하의 장군은 엄청나게 많았다. 그 자신이 '우경기회주의분자'로 찍히지 않는다면 누가 그를 무시할 수 있겠는가? 게다가 모든 해방군은 마오쩌둥 주석의 부하였다. 영화 「노조」는 비록 펑더화이 원수를 동정해서 비난받았지만 우리는 영화는 영화고, 우 장군은 우 장군이라고 생각했다. 그가 쓴 것은 과거의 혁명회고록인데, 설마 과거 혁명의 역사를 쓸 수도 없단 말인가? 게다가 우 장군이 과거에 이 때문에 당과 군 내에서 면직처분까지 받았지만, 무슨 '적대적 성격'의 사람이라고 공개적으로 선포되지는 않았다. 차이 장군의 상황에 대해선 우린 더욱 그렇다고 생각지 않았다. 그 역시 펑더화이 원수를 따라 홍군이 되어 혁명에 참여했고, 들리는 말에 의하면 펑더화이를 동정했다고 하지만 그건 소문에 불과했으며 공개적인 장소에서 다른 것은 말하지 않았다. 차이 장군이 은퇴 후 후난성으로 돌아온 뒤 후난성위, 성 군구에서는 특별히 그를 위해 좋고 아름다운 별장을 만들었으며 그의 편안한 말년을 준비해 주었다. 혁명에 대한 큰 공로가 없었거나, 반당분자였다면 어찌 그러한 영광과 대우를 누릴 수 있었겠는가?

그러나 과거는 과거고, 현재는 현재였다. 이 당시 누가 감히 당 중앙 지도자의 지시에 대항할 수 있겠는가?

총부 우두머리들은 신속하게 움직였다. 우와 차이 두 사람을 적발하여 비판투쟁을 진행하고 '청년근위군'과 그들 간의 구분을 명확히 함으로써 '청년근위군'이 우와 차이를 동정한다는 중앙 지도자들의 인상을 지우려 했다.

이른바 '적발'〔揪出〕이란 일종의 정치적 태도이다. 사실 당시 우 장군은 이미 청년근위군 총부에 있지 않았다. 그 전에 청년근위군에서 사람을 파견해 그를 베이징으로 호송했던 것이다. 그때 우 장군을 베이징으로 호송한 목적은 후난 조반파에서 우 장군의 중앙 군위 쪽 옛 친구들과의 관계를 통해 후난 군구의 조반파 진압에 관한 자료를 중앙에 보내고 싶었기 때문이었다. 뜻밖에 중앙 지도자가 이러한 사실을 알고 난 뒤 이에 대해 매우 민감하게 반응하면서 즉각 후난 조반파들을 호되게 비판했다. 또한 "청년근위군의 꼬마 장수들이 그들의 속임수에 넘어갔다!"고 말했다. 그 결과 베이징에 있던 '상강풍뢰' 조직 사람들은 베이징에 도착한 우 장군을 즉각 체포해 중앙에 넘겨주었다.

그러나 차이 장군은 아직 베이징에서 발생한 일에 대해 알지 못하고, 여전히 청년근위군 총부에 머물고 있었다.

결정은 신속하게 내려졌지만 누가 나서서 이 일을 집행하겠는가? 청년근위군의 우두머리들은 모두 자못 꺼림칙하게 생각하고 있었다. 청년근위군과 우·차이 장군은 그 동안 사이가 정말로 좋았는데, 이제 와서 단번에 180도 안면을 바꾼다는 것이 매우 곤혹스런 일이라고 느꼈기 때문이었다. 필경 그들 모두 노련한 정치꾼이 아니라 순수한 마음이 아직 남아 있는 젊은이들이었던 것이다.

거의 삼십에 가까운 나이의 주(朱)씨 성을 가진 우두머리가 얼굴을 내미는 이 임무를 떠맡았다. 그는 이성적이었고 '청년근위군' 우두머리들 중에 짧은 경력을 갖고 있어 결연한 태도를 보였던 것 같다. 아마 그는 신속하게 두각을 나타낼 수 있는 기회라고 느꼈는지도 모른다.

주 우두머리의 첫번째 지령이 바로 내게 떨어졌다. 총부 경호원들에게 알려 그들을 데리고 즉각 차이 장군을 잡아 오라는 것이었다.

이러한 일을 내가 어찌 태연하게 할 수 있단 말인가? 그러나 주 우두머리의 명령에 반박하는 것은 소용없는 일이었다. 나 역시 저우 총리의 연락원이 전화로 지시한 말의 의미를 깊이 알고 있었다.

주 우두머리가 청년근위군의 우와 차이 비판 '성명'을 인쇄하기 위해 사람을 보낼 것이라는 소식을 들었을 때, 나는 기지를 발휘하여 인쇄 공장에 친구가 있으니 공짜로 '성명'을 인쇄할 수 있다고 말했다. 그래서 나는 조금의 힘도 들이지 않고 내가 존경했던 차이 장군에게 총구를 겨누는 곤혹스런 임무를 떠넘길 수 있었다. 이 당시로서는 그 노인을 마주 대하는 것만으로도 내겐 형벌이었다는 사실을 알아야 한다. 나는 사람이란 언제나 양심을 지켜야 한다고 생각했다.

나는 그 '성명' 원고를 손에 쥐고 서둘러 총부를 떠났다.

인쇄 공장에서 꾸물거리며 '성명'을 인쇄하고 주 우두머리의 두번째 재촉 전화를 받고서야 '성명'을 가지고 총부로 돌아왔다. 이미 건물 앞에는 수천 명의 사람이 모였다. 주 우두머리는 귀찮아하지 않고 일일이 전화를 걸어 '청년근위군' 소속 대부분의 사람들을 모두 불렀다. 그의 계획은 수천 명의 무장 부하들을 이끌고 창사시 전역에서 차이 장군에 대한 비판투쟁 시위를 벌여 중앙과 시 전체 사람들에게 청년근위군과 우·차이 두 장군은 결코 한편이 아니라는 사실을 알게 해주려는 것이었다.

차이 장군은 장막이 없는 가즈 지프차로 압송되었고 가슴 앞에는 큰 팻말을 걸고 있었다. 그 위에 쓰인 '칭호'는 '반당분자 펑더화이의 검은 장수'[黑幹將 ; 문화대혁명 기간에 반혁명 수정주의 노선을 위해 적극적으로 활동한 유력인사를 지칭하는 말]였고, 물론 차이 장군의 이름도 빠지지 않았다. 또한 몇 개의 붉은 ×표가 난폭하게 그의 이름 위에 그어져 있었다. 기골이 장대한 몇 명의 '청년근위군' 장성들이 으스대며 왼쪽과 오른쪽으로 나누어 그를 끌어냈고 뒤에 서 있던 한 젊은이가 힘을 주어 노장군의 머리를 눌렀다.

나는 이 지프차 근처에서 분주히 걸어오다 재빨리 차 위에 있는 차이 장군을 한 번 쳐다보고는 얼른 떠나 버렸다. 내 자신이 그에게 발각될까 봐 두려웠다. 만약 그러기라도 한다면 얼마나 부끄러운가.

나는 사람들 속에서 우리 회사의 샤오류와 샤오황 등을 만났다. 샤오류는 조용히 내게 말했다.

"저렇게 한다면 '청년근위군'이 친구를 팔아먹는 일이 아닌가?"

난 쓸쓸히 웃으며 말했다. "총부 우두머리들 역시 방법이 없지. 중앙의 명령인데 누가 감히 반대하겠나!"

샤오류는 여전히 화를 내며 말했다. "무너지면 무너지는 거지. 내가 사령이라면 절대 친구를 팔아먹는 짓은 하지 않을 거야! 우라오와 차이라오가 진작부터 우리를 지지해 주었는데 '청년근위군'이 이제 와서 배은망덕하게 굴다니 정말로 추하다구!"

샤오류의 말이 맞았다. 나는 묵묵히 있었다.

샤오류가 다시 내게 말했다. "우리 조직에선 자네가 우두머리니까 자네에게 묻겠네. 이 비판대회에 참가할 건가 말 건가?"

내가 말했다. "앞에 나서지 말고 뒤에 따라가면 그만이지."

"대세에 따라 나도 안 가겠네. 말해 두지만 나는 휴가를 받은 셈으로 쳐주게. 가려면 자네들이나 가라구."

샤오류는 총을 등에 짊어지고 말을 끝내고는 가 버렸다.

나는 한 손으로 그를 잡으며 함께 '성명' 전단을 뿌리자고 말했다.

"좋아. 우리 몇 명은 시위에 가지 말자. 하지만 일은 해야 하니까 함께 차를 타고 바람이나 쐬자." 내가 말했다.

"나더러 이 더러운 '성명'을 쥐라고 하면 비행기를 타고 간다 해도 안 가네!" 샤오류는 내가 그에게 밀어 넣은 전단을 힐끗 곁눈질로 보더니 화를 내며 말했다.

샤오류는 정말로 가 버렸다. 3일 뒤 다시 총부로 돌아왔지만 그땐 더 이상 우와 차이 두 사람의 일에 대해 말하는 사람은 없었다.

나는 스스로 깨끗하다고 여기는 일을 선택해 청년근위군의 우와 차이 비판 '성명'을 인쇄해 뿌렸고, 차이 장군을 만나는 곤혹스런 상황은 피했다. 사실 지금 생각해 보면 이것 역시 영예롭지 못한 일이며 기개가 부족한 일이었다! 당시 마땅히 샤오류를 따라 가 버리고 마음을 배신하는 일은 절대 하지 말았어야 했다. 게다가 당시 누가 우리를 어떻게 할 수 있었겠는가? 우리는 일개 병사일 뿐이었다.

차이 장군은 '청년근위군'의 비판을 받은 뒤 중앙의 명령을 받은 해방군 47군에게 압송되었다. 그 뒤로 적지 않은 시달림을 당한 뒤 결국 분을 품은 채로 세상을 떠났다. 중공 11기 3중전회 후 펑더화이 원수의 억울한 사건이 누명을 벗은 뒤 우와 차이 두 장군의 명예 역시 완전히 복권되었다.

〖 16 〗
일주일간 공안국의 '간수장'이 되다

어떻게 조반파가 감옥을 관리하게 되었는가? 공안국 사람은 뭘 하고 있었던가?

중앙에서 확실한 후난 조반파 지지 문건을 내린 뒤 후난의 공안과 검찰·법원 사람들은 대부분 조반파를 반대하는 사람들이었기 때문에, 게다가 당시 중앙 문혁에서도 여러 차례 '공검법'(公檢法) 타도를 지적했기 때문에 공검법 기관은 짧은 시간 안에 진공 지대가 되었던 것이다.

후난성 혁명위원회 주비소조(성 혁주소조)와 해방군 47군에서는 창사시 무장인원에 대한 통제를 강화하기 위해, '정통' 조반파조직의 무장인원을 일괄적으로 재편하여 '창사시 문공무위(文攻武衛) 지휘부'라는 준군사조직으로 통일하기로 했다. 그리고 이를 성 혁주소조와 47군에서 직접 지도하기로 결정했다. 또한 '문공무위 지휘부'로 편성될 수 없는 무장분자들에 대해선 즉각 정리를 단행하고 총기와 탄약을 수거하기로 했다. 성 혁주소조에는 공련·상강풍뢰·정강산 홍위병 등 큰 조반조직의 우두머리들이 이미 자리를 차지하고 앉아 혁주소조 구성원의 대부분을 차지하고 있던 까닭에, '문공무위'라는 이름으로 각 조반조직의 무장을 보류하고, 조반의 기치를 내건 잡다한 조직의 무장 세력을 소탕한다는 이 계획에 대해 매우 열성적이었다. 곧 '창사시 문공무위 지휘부'의 성립이 선포되었고, 각 조반조직의 무장 세력은 철저한 조사를 거친 뒤 곧바로 '문공무위' 계열에 편입되었다.

우리 청년근위군은 당연히 '문공무위 지휘부'의 구성원에 속했다. 그러나 우리를 직접 지휘한 것은 여전히 총부의 우두머리였다. 하지만 총부 우두머리 역시 '문공무위' 영도기관에 참여했고, '문공무위'가 세우는 계획과 행동을 제정하고 집행했다.

8월 하순 어느 날 밤 우리 총부의 무장인원들은 갑자기 긴급 소집 명령을 받았다. 총부의 뤄(羅) 성을 가진 우두머리가 소집한 것이었다. 그는 '826조반종대'라고 불리는 사회조직이 있는데 구성원 모두 노동교도 단위에서 도망 나온, 각종 소매치기 범죄 전과가 있는 사람들이라고 말했다. 원래 그곳에서 처벌과 개조 교육을 받아야 하지만, 현재 '공·검·법' 기관이 기본적으로 마비된 기회를 틈타 뛰쳐나와 총기와 탄약을 탈취하고, '826조반종대'를 만들어 '조반파'의 이름으로 재물을 약탈하고 온갖 나쁜 짓을 한다는 것이었다. 이에 따라 창사시 문공무위 지휘부에서는 이들을 소탕하기로 결정했고, 구체적인 집행은 바로 우리들이 맡게 되었다.

이러한 상황을 듣고는 모두들 사기가 진작되어 이 임무가 괜찮다고 느꼈다. 위풍을 떨칠 수 있고 심지어는 총맛을 실컷 볼 수도 있었다. 또 스스로 숭고한 사명을 집행한다고 여기며 기뻐했다. 사회의 일부 경박한 건달들이 총을 차고 조반 완장을 달고 다니는 모습을 보며 마음속으로 불편했고, 스스로가 이 패거리들에 의해 더럽혀진다고 느끼고 있었는데 이제 이들을 몰아낼 수 있는 기회가 생겼으니 그야말로 좋은 일이었다.

'826조반종대' 사람들은 많지 않아 50~60여 명에 불과했다. 그러나 그들의 무기는 형편없지 않았다. 정찰 정보에 의하면 모든 사람이 소총과 권총을 갖추었을 뿐 아니라 몇 자루의 경기관총과 중기관총 한 자루도 있었다. 심지어 로켓발사기와 60포도 있었는데 단지 이 발사기와 60포를 그들이 사용할 수 있는지 없는지는 분명치 않았다.

밤 2시, 우리 백여 명의 사람들은 몇 대의 차량으로 나눠 타고 은밀하게 '826'이 주둔하는 시 수전국(水電局) 초대소로 갔다. 차에서 내려 조용히 기습해 들어갔다. 이런 부류의 사람들에겐 무슨 군사 포위전술은 쓸 필요도 없이 돌진해 들어가면 그만이었다.

'826'은 원래 두 명의 보초병을 두어 정문 앞 수위실에서 근무를 서고 있었다. 그러나 한밤중에 누군가 그들을 손봐 주러 오리라곤 꿈에도 생각지 못했나 보다. 두 명의 보초병을 둔 것 역시 순전히 영화를 그대로 모방한 것이었다. 이때 보초병 둘은 진작부터 쿨쿨 잠이 들어 있었고, 두 개의 대나무 의자에 기대 코를 골고 있었다. 손쓸 필요도 없이 우리는 두 명의 보초병을 해결했다. 그들이 정신 없어 할 때 포로로 잡았다.

얼마 걸리지 않아 '826' 사람 모두 우리에게 생포됐다. 그들의 우두머리는 젊은 여자를 끌어안고는 실오라기 하나 걸치지 않고 달콤하게 자고 있었다. 우리들은 순간 총머리로 그를 거세게 때렸고 깨어나길 기다릴 것도 없이 그를 밧줄로 꽁꽁 묶었다.

아예 무슨 총도 쏴 보지도 못하고 '전투'가 끝났다. 50~60명의 '포로'를 대충 선별하여 노동교도 사람이 아닌 십여 명의 사람은 풀어 주고, 남은 40여 명의 '826' 조직원은 모두 두 손을 묶었다. 백여 개의 소총과 권총·기관총을 비롯해 로켓발사기와 작은 대포까지 노획했다. 산더미 같은 전리품을 보고 우리는 기쁜 나머지 입이 다물어지지가 않았다. 더욱이 '광룽'(光榮)표 담배 십여 상자를 발견하자 담배를 피는 동료들이 즐거워했다. 뤄 우두머리는 현장에서 결정권을 가지고 한 사람당 담배 5갑씩 포상으로 나누어 주었고, 남은 것은 총부로 가져갔다. 나는 담배를 피우지 않지만 역시 5갑을 받았다. 샤오류가 골초라 그에게 주었다.

노획한 무기는 먼저 잡는 사람이 임자였고 나머지는 총부로 건네주었다. 그러나 모두의 손엔 총이 있었고 게다가 모두 새것이라 바꿀 필요는 없었다. 그저 권총을 갖고 싶을 뿐이었다. 그러나 권총은 십여 자루에 불과해 진작 남김없이 나눠 가졌다. 나는 산더미 같은 무기 속에서 한참을 뒤졌지만, 끝내 권총을 찾지 못해 단념하는 수밖에 없었다.

40여 명의 '포로'는 어디에 가둔단 말인가?

어떤 사람은 뭘 가두냐면서 한 대씩 흠씬 때려 주고 풀어 주면 그만이라고 했다. 그렇지 않고 그들을 가두면 먹여야 하니 헛수고라는 것이다.

뤄 우두머리는 미리 계획했던 바가 있었던지 살며시 웃으며 차를 움직이라고 명령했다. 그가 출발하자 우리가 탄 차와 포로를 압송한 차량 모두 그의 차 뒤를 따랐다.

밤의 장막이 내리고 차량 행렬은 높은 담 앞에 멈춰 섰다. 뤄 우두머리가 차에서 내리더니 높은 담 아래 문을 향해 걸어갔다. 우리는 그 문 옆에 몇 명의 해방군이 서 있는 것을 어렴풋이 보았다. 그러나 빈손은 아니었고 그들 손에는 총이 들려 있었다.

어디에 온 거지? 누구도 알지 못했다.

모두들 각자 추측했다. 누군가 여기는 군사 창고로 아마 '826' 사람들을 여기에 가두나 보다라고 말했다. 또 누군가 이곳은 47군 사령부라고 했다. 그렇지 않다면 다른 곳의 해방군은 모두 빈손인데 어떻게 이곳의 해방군은 총을 들고 보초를 설 수 있냐는 것이었다.

뤄 우두머리는 잠시 뒤돌아왔다. 그가 차에 타자 차량 행렬이 다시 움직였다. 차량 한 대씩 한 대씩 커다란 문과 높은 담 안으로 들어갔다. 곧 차량이 멈춰서더니 우리는 차에서 내리라는 명령을 받았고 '포로'들도 전부 내렸다.

차에서 내리고 보니 도착한 곳은 굉장히 널찍한 곳으로 십여 대의 차량이 주차할 수 있었다. 그러나 여기가 대체 어디인가? 사방이 어두컴컴해 아무것도 보이지 않았다.

뤄 우두머리가 뛰어와 나를 찾고는 내게 임무를 주었다.

원래 이곳은 창사시 공안국의 구치소였다! 전문적으로 범인을 수감하고 취조하는 감옥으로 모두들 들어는 보았지만 직접 볼 기회는 없었던, 바로 당시 창사시 인민들이 자주 얘기하던 '사과'(四科)였다. 왜 '사과'라 불렸는가? 나도 원래는 잘 몰랐는데 여기 와서 알게 되었다. 이른바 '사과'란 시 공안국 예심과로 이전에 이 예심과가 시 국의 네 번째 과로 정해졌기 때문에 '사과'는 예심과의 별칭이 되었다. 또 이 구치소는 당시 예심과의 관할이었기 때문에 밖의 사람들은 이곳을 '사과'로 불렀던 것이다.

뤄 우두머리는 시 문공무위 지휘부의 계획에 따라 '826'을 체포한 뒤 이들을 다시 풀어 줄 수 없고, 우선 이곳 구치소에 가두었다가 노동교도 단위의 질서가 복구되면 다시 압송해 간다고 알려 주었다. 그러나 이 구치소의 공안 관리원 대부분은 모두 '고사' 파였는데, '고사' 파는 그들 조직이 무너지자 조반파의 보복을 당할까 두려워 이미 이곳을 버리고 달아났고, 두 명의 간수만 남아 구치소 자리를 지키고 있었다. 이에 따라 47군은 해방군 한 소대를 파견해 실제 총탄으로 무장한 군인들에게 이곳을 관리하게 했다. 그러나 무기를 소지한 해방군은 이곳으로 오는 군중조직과 충돌이 발생할 가능성이 있었다. 해방군 수중의 총은 기본적으로 위협용으로 모습만 갖추었을 뿐, 함부로 총을 쏠 수는 없었다. 군중들이 총을 빼앗으려 하면 그저 빼앗길 뿐, '욕을 듣거나 매를 맞아도 대꾸하지 않는' 태도를 유지했다. 따라서 성 혁주소조는 창사시 문공무위 지휘부로 하여금 무장 세력을 파견해 해방군의 구치소 수비에 협조하게 했다. 이제 우리가 이렇게 많은 도망친 노동교도 사람들, 즉 '826' 사람을 체포해 이곳에 가두게 되었으니 갑자기 안전에 관한 구치소의 부담이 늘어났다. 따라서 말할 것도 없이 우리 청년근위군이 이곳을 지키는 책임을 맡게 되었다.

뤄 우두머리는 이 임무를 내게 맡겼다. 십여 명의 형제들을 데리고 이곳을 지키라고 하면서 내게 '간수장'을 맡으라고 했다.

"얼마 동안 합니까?" 내가 물었다.

"때가 되면 교대할 사람들이 오겠지." 뤄 우두머리가 말했다.

이곳은 우리에게 무척이나 낯설고 기괴한 느낌을 주었다. '826' 사람들을 전부 감옥에 가둔 뒤 나는 높은 담 내 곳곳을 살펴보았다. 감옥, 이곳이 사람들이 말하던 '감방'이구나 하고 생각했다. 감방은 사람들의 마음을 떨게 하는 무서운 곳이었다! 절대 가면 안 되는 곳이다! 그런데 지금 나는 이곳에 온 것이다. 그러나 나는 잡혀서 들어온 것이 아니고 반대로 사람을 잡아서 들어왔다. 또한 일순간 내가 이곳의 주인이나 다름없이 되었다. 해방군들은 단지 구치소 경비를 맡아 갇힌 범인들이 벽에 구멍을 뚫거나 담을 넘어 도망가지 못하도록 책임질 뿐 나머지 일들, 무슨 심문이니, 훈시니, 어떻게 구치소를 관리하라는 등의 일들은 모두 그들의 임무가 아니었다. 또한 범인이나 수상한 '포로'를 압송하러 오든지, 호기심에 참관하러 오거나 혹은 정말로 무슨 공무가 있어서 오든지 간에 정문 앞에 깨진 자기로 그은 흰색 경계선을 넘어오려는 사람은 모두 나의 동의를 받아야 했다. 해방군 병사들은 그들의 임무에 충실했다. 부대에서는 상급 수장의 명령에 복종했지만, 지방에선 지방 수장의 배치에 따랐다. 이제 내가 구치소의 '지방 수장'이 되었으니 그들의 존중을 받게 된 것이다.

이렇게 우리는 머무르게 되었다. 해방군 쪽 책임을 맡은 사람은 허(賀)씨 성을 가진 부소대장이었다. 그는 직접 우리에게 찾아와 자기소개를 하며 매우 환영한다고 말했다. 우선 그는 먼저 온 사람의 신분으로 우리를 위해 먹고 자는 두 가지 중요한 문제를 해결해 주었다. 먹는 곳은 바로 구치소 식당이었다. 공안 간수 간부들은 모두 도망쳤지만 식당의 취사원들은 남아 있었다. 아마 취사원들은 누가 오든지 간에 모두 그들을 필요로 하며, 그 누구라도 그들을 환영할 것이라는 것을 알았나 보다. 우리 십여 명의 사람들이 가세했지만, 밥 몇 사발 더 하고 아침에 쏸차이탕(酸菜湯) 안에 물 몇 국자 더 붓는 것으로 족했다. 먹을 게 있으니 우리는 까다롭게 굴지 않았다. 우리는 낼 양식표가 없었고, 있다 하더라도 누구도 낼 생각이 없었다. 해방군의 식사는 국가가 책임지는 것인데, 설마 우리가 지금 이런 일을 하는데 밥을 먹는 데도 자기 돈을 내야 한단 말인가? 국가의 덕을 보는 것도 아니고, 부정하게 횡재하는 것도 아니지만 스스로 손해를 볼 수는 없었다. 더욱이 우리는 손해를 볼 만한 밑천도 없었다. 그 당시 나는 견습공으로 매달 20위안의 월급을 받고 있을 뿐이었다. 다른 형제들도 중고등학생으로 평소엔 수입 한 푼 없이 집에서 부모에게 의지하고 있었다. 이 밥과 반찬 값은 총부도 좋고 성 혁주소조도 좋고 혹은 국가도 좋고, 어쨌거나 그들이 책임져야 했고 우리는 상관하지 않고 내지 않았다.

이 문제는 알릴 필요도 설명할 필요도 없이 형제들 모두 마음속으로 이해하고 있었다. 배고프면 식당에 가서 밥과 반찬을 받았다. '사지'〔買〕 않고 '받았다'〔領〕는 이 미묘한 중국어는 단번에 일의 성격을 분명하게 해준다. 나는 누가 이 '받았다'는 글자를 처음 만들었는지는 모르지만 어쨌든 이 글자대로 우리는 원하는 만큼 먹을 수 있었다.

잠은 단층 건물에서 잤다. 방은 7~8칸에 시멘트 바닥으로 단지 2~3개의 낡은 책상만 있었을 뿐, 의자도 없었으니 무슨 침대는 말할 것도 없었다. 도망가지 않은 늙은 간수는 이곳이 원래 범인을 심문하는 사무실로 의자도 몇 개 있었고 탁자도 있었지만, 다른 용도로 가져가 버렸다고 알려 주었다. 나는 왜 이렇게 많은 취조실이 있는지 궁금했다. 영화에서 국민당이 감옥 안에서 공산당원이나 진보인사를 심문하는 것을 보면 하나의 취조실로 고문용 의자가 있을 뿐이었다. 노간수는 이곳은 외부 단위, 예컨대 법원이나 검찰원 혹은 기업 단위 보위부서에서 제공하는 것으로 범인을 심문하는 데 쓰였다고 대답해 주었다. 공안국 자신들의 취조실은 예심과 외에는 모두 여기에 없고 각 분국에 있다는 것이다. 그는 또 구치소의 책임은 창고와 같아서 범인은 바로 창고 안의 화물이라고 했다. 이 화물은 결코 구치소의 것이 아니고 공안국이나 법원·검찰원 혹은 다른 '화물'을 운송하거나 보관할 권한이 있는 단위의 것이라고 말했다. 구치소는 바로 '잘 보고', '잘 지키고', '잘 가두는' 곳이라는 것이다. 나는 이 말이 굉장히 재미있어 크게 웃었다. 그러나 이 노간수는 시종 얼굴에 미소를 띠지 않았고 줄곧 무심한 얼굴이었다. 그러나 때때로 자상한 표정이 떠오르기도 했다.

해방군의 허 부소대장은 우리에게 십여 개의 짚과 몇 개의 대나무 침대를 주었다. 이것을 바닥 위에 깔고 나면 자는 문제도 모두 해결되었다. 7월 더위와 8월 혹서엔 깔개만 있으면 잠을 자지 못할까 걱정할 필요는 없었다.

먹고 자는 문제가 해결되자 무언가 일을 해야 했다.

나는 사람들이 두려워하는 이곳의 관리자가 된 것이 무척이나 기뻤다. 2월경 상강풍뢰가 진압을 당할 무렵 나는 언제인지 모르지만 스스로 감옥에 갇히게 될지도 모른다고 생각하곤 했다. 거리로 나가 투쟁할 때는 스스로 대담하다고 생각했지만, 매번 적막해질 때마다 감옥은 하나의 음영처럼 머릿속에서 무겁게 떠오르곤 했다. 그 당시 조반을 계속하다가는 내일이라도 감옥에 가게 될지 모른다고 느끼곤 했다.

이제 정말로 창사시의 그 유명한 감옥에 오게 되었다. 하지만 악몽을 꾸는 듯한 고통의 심정이 아니라 오히려 매우 영광스러웠다.

노간수는 가장 골치 아픈 일은 감옥 안 범인들에게 문을 열고 식사를 줄 때라고 했다. 범인들이 대단한 기세로 날뛰면 몹시 걱정이라고 말해 주었다. 개인의 안전은 문제도 아니며, 범인들이 기회를 노려 폭동을 일으키고 도망칠까 봐 걱정이라는 것이다. 얼마 전 해방군이 도착하지 않았을 때 범인들이 문을 열고 뛰쳐나왔는데, 구치소엔 단지 두 명의 간수뿐이라 그들을 제압하지 못했다는 것이다.

내가 물었다. "범인들이 어떻게 그렇게 대담한가요? 설마 바깥 상황을 알고는 있겠죠?"

노간수가 말했다. "모를 리가 있나! 진작부터 그렇게 많은 '상강풍뢰' 사람들이 갇혔었고 담 밖으로 조반파 선전차가 매일 선전을 해대면서 군구와 '공검법'을 욕했는데. 그러니 범인들도 알게 되고 간덩이도 커지게 된 거지. 그러니 따라서 조반을 일으킨 게 아니겠어."

"그들은 조반이 아니라 반란이죠." 나는 바로잡아 말했다.

"맞네, 맞아. 범인들은 정말로 반란을 일으키고 싶어 했지."

노간수도 얼른 말을 바꿨다.

"어제 자네들이 가둔 수십 명의 놈들도 사회에서 벌어지는 일 모두 알고 있으니 분명 소란을 피울 게야. 자네들이 준비를 해야 할 걸세."

노간수는 종이 한 장을 꺼내며 느릿느릿 말했다. 다시 납작한 깡통 하나를 꺼냈는데 안에는 연초가 있었다. 그는 익숙한 솜씨로 종이에 연초를 말아 나팔통 같은 담배를 만들었다. 그는 나는 상관도 하지 않고 그저 뻐끔뻐끔 연기를 들이 마시고 내뿜었다.

나는 반드시 조심해야 한다고 생각했다.

"해방군은 무서워합니까?" 내가 다시 물었다.

노간수는 눈을 가늘게 뜨고 하얀 안개 같은 담배 연기를 삼켰다 내뱉고는 천천히 말했다.

"갇힌 사람이 모두 범인이라면 해방군이 올 필요도 없이 내가 모두 진압할 수 있지. 허나 지금 안에 있는 범인들은 아주 복잡해요. 사회에서 벌어지는 일도 잘 알고 있고. 말끝마다 자기는 억울하다고 하면서 문화대혁명 문제로 갇힌 거라고 말하는데 해방군이라고 별 도리가 있나. 독재 조치를 써야 하는지도 잘 모르고. 범인들도 해방군이 군중에 대해서는 '욕을 듣거나 매를 맞아도 대꾸하지 않는다'는 정책을 쓴다는 걸 잘 알고 있어요. 그러니 틈만 나면 날뛰려고 하지. 실제로 해방군이 어찌 단번에 알 수 있겠나. 누가 형사범이고, 누가 정치 사범이고, 군중인지 말이야."

어쩐지 문공무위 지휘부에서 이곳을 지키라고 한 이유가 있다는 생각이 들었다.

나는 처음에 본때를 보이고 따끔한 맛을 보여 이곳을 지키는 임무를 순조롭게 진행하고 무슨 일이 발생하지 않도록 해야겠다고 결심했다.

점심 식사시간에 나는 몇 명을 데리고 실탄으로 무장한 다음 노간수와 함께 감방 안뜰로 들어갔다.

감방 안뜰은 굉장히 넓었다. 몇 개의 감방이 장방형 '입 구(口)' 자로 이루어졌는데, 세 면은 감방으로 하나씩 이어져 있었고, 나머지 한쪽은 입구로 중간에 큰 잔디밭이 있었다. 입구에는 두 짝으로 된 문이 있었는데 바깥쪽은 철난간이었고, 안쪽은 나무문이었다.

만일에 대비하여 두 자루의 경기관총을 바깥 철문 앞에 두고 네 명에게 땅에 엎드려 총을 쏠 준비를 하게 했다. 일단 범인들이 폭동을 일으켜 나오면 총을 쏘라고 했다.

"사람이 죽으면 우리에게 책임은 없나?"

한 중고등학생 동료가 내게 물었다.

"탈옥하다 죽은 범인인데 무슨 책임이 있겠어! 오히려 자넬 표창해야 할걸." 나는 입에서 나오는 대로 말했다. "절대 조심해야 해. 범인들이 뛰쳐나오면 정말로 포악하니까. 한눈 팔아선 안 돼."

"애송이들인데 무섭겠어. 총이 있는데 나오면 쏘지 뭐!"

"기관총이 울리면 범인들은 움츠려 들 거야."

"수류탄을 던져도 되나?"

"무슨 수류탄까지 던져? 기관총과 자동소총이면 되지."

"……"

동료 몇 명은 떠들썩하게 '작전' 방안에 대해 논의하였다.

그들에게 유일한 출구를 지키게 했으니 나는 안심할 수 있었다. 이곳만 확실히 지킨다면 어딜 가나 걱정할 필요가 없었고 범인 한 놈도 달아나지 못할 것이었다.

그러나 총을 쏴서 범인을 죽인다면 과연 우리에게 책임이 있는 걸까? 비록 단호하게 대답은 했지만 마음속으로는 사실 자신이 없었다. 유일하게 아는 것은 범인을 죽이는 것과 일반인을 죽이는 것은 분명 다르다는 것이다. 그러나 이 차이가 대체 얼마나 큰 것일까? 어떠한 책임이나 결과도 질 필요가 없는 것일까?

나는 노간수에게 물어보기로 했다. 그는 틀림없이 이 문제에 대해 분명히 알고 있을 것이다. 그러나 직접 물을 순 없었고 완곡하게 물어야 했다. 어쨌든 그는 '공검법'의 한 사람으로 조반파를 지지하지 않는다는 것은 그의 말투만 들어도 알 수 있었다. 오히려 보수파 쪽이었는데 그가 도망가지 않고 남은 이유는, 우리를 환영하기 위해서가 아니라 자신의 직업에 대한 강한 책임감 때문이었다. 그러므로 만약 직접적으로 물어본다면 우선 나를 깔보지 않으리라는 보장이 없었고, 둘째로 우리를 속여 상궤를 벗어난 일을 저지르게 만들 수도 있었다.

아마 나의 걱정이 지나친 것일 수도 있으나, 치밀하게 해두는 것이 좋았다.

나는 잡담을 나누는 것처럼 꾸미고는 노간수에게 물었다. 예전에 이곳에서 범인이 도망친 적이 있느냐? 평소 공안무장은 어떻게 이런 일을 제지했느냐? 공안무장은 어떻게 달아난 범인을 쫓아갔느냐…….

노간수는 매우 좋은 사람이었다. 그는 있었던 일 중에서 정책이나 한계를 하나하나 분명하게 말해 주었다.

이렇게 하여 나는 만약 범인이 철문 밖 흰색 경계선을 넘다가 총격을 입어도 우리에게 책임이 없다는 걸 확신했다. 비록 처음엔 하늘에 대고 경고탄을 쏴야 하며 첫번째 총탄은 범인의 급소 부위를 쏠 수 없다는 등의 절차가 있었지만, 이때는 비상시기라 범인의 탈옥을 막는 것이 모든 문제의 핵심이었고 절차문제는 중요치 않았다.

따라서 나는 흰색 경계선의 중요한 의미 등을 동료들에게 말해 주었고 총을 쏠지 말지에 대한 기준을 파악하게 했다.

노간수는 철렁철렁 울리는 열쇠 꾸러미를 쥐고는 감옥 안뜰로 들어갔다. 나와 대여섯 명의 동료들은 무기를 들고 따라 들어갔다.

첫번째 감방에서 우린 모두 멈췄다.

범인의 나무 밥통은 벌써 감방 문 앞에 놓여 있었다. 노간수는 익숙한 솜씨로 단번에 문 위의 철자물쇠를 열더니 문을 살며시 밀었다.

문은 갑자기 안에 있던 사람들에 의해 활짝 열렸고 빡빡머리에 백짓장처럼 허연 얼굴을 가진 몇 명의 사내가 문 앞에 서 있었다.

우리 몇 명은 황급히 총구를 감방 입구에 겨누었다.

군복은 입었지만 모표 없이 붉은 완장을 차고 있는 우리를 보며, 감방 안에 있던 범인들은 순간 꼼짝 않고 서서 우리를 뚫어지게 쳐다보았다.

"어서 밥 날라!" 노간수는 감방 안을 향해 소리쳤다.

그제서야 하나는 늙고 하나는 어린 두 명의 범인이 나와 문 앞의 나무통을 받쳐 들더니 머리를 갸우뚱하며 우리 몇 명을 쳐다보았다.

"홍위병이야!" 늙은 범인이 순간 미간을 찌푸린 듯 미소 짓더니 밥통을 들고 들어가며 큰 소리로 외쳤다.

감방 안은 순식간에 시끌벅적해졌다.

노간수는 두 명의 범인이 들어간 뒤 곧바로 '땅땅' 하며 감방 문을 닫고는 재빠르게 자물쇠를 걸었다.

우리는 이렇게 노간수를 따라 이 감방에서 저 감방으로 문을 열고 안에 있는 범인이 나와 밥을 들고 가도록 한 후 다시 문을 닫고 잠갔다. 어떤 감방에선 문이 열리자 대여섯 명의 살기 넘치는 범인들이 뭔가 하려 하다가, 문 앞에 노간수뿐 아니라 번쩍거리는 총검을 단 총들과 군복을 입은 우리들이 있는 것을 보자 갑자기 살기가 꺾이면서 순순히 감방 안으로 물러나기도 했다.

'826' 사람들이 갇혀 있는 감방 차례가 오자 우리는 더욱 조심했다. 미리 부채꼴로 흩어져 총구를 감방 문에 조준하고는 언제든 총을 쏠 준비를 하고 나서야 노간수에게 감방 문을 열어 안에서 밥을 가져가게 했다.

노간수가 문을 열었을 때 나는 매우 긴장했다. 손에 있는 보병총을 꼭 쥐고 손가락은 방아쇠에 두었다. 만일의 사태가 발생하기라도 하면 무의식적으로 방아쇠를 당길 수 있었다.

다행히 아무 일 없었다. '826' 사람들은 진작부터 감방 안에 틀어박히는 훈련을 받은 모양이다. 게다가 사회에서 구를 때도 청년근위군이 만만한 상대가 아니라는 것을 알았기 때문에, 그들을 가둔 세 개의 감방 안에서 조용히 밥을 받아 들고는 아무런 반항도 하지 않았다.

감방마다 문을 열어 밥을 모두 나눠 주고 나자 노간수 얼굴엔 웃음기가 어렸다. 나는 그에게 평소 감방도 이러냐고 물었다. 그는 오늘은 질서가 매우 좋았다고 하면서 더 이상 말하지 않고 아무 거리낌 없이 연초를 꺼내 나팔 모양으로 말았다.

나는 이곳의 상황 역시 이런 정도에 불과하며 뭐 대단한 일도 아니라고 생각했다.

순간 팽팽하게 죄었던 온몸의 근육이 모두 풀리면서 편안하고 홀가분한 기분이 저절로 들었다.

뜻밖에도 오후에 감방 안에서 일이 발생했다.

감방 안에 있던 범인들은 누가 먼저 앞장서 조직했는지는 모르지만 갑자기 노래를 부르고 구호를 외치기 시작했다.

그들이 부른 것은 우리 조반파가 자주 부르던 마오쩌둥 어록 노래였다. "마르크스주의의 이치는 수천수만 개로 뒤엉켜 있지만 결국은 한마디이다. 조반유리……." 또한 "단결은 힘이다"라는 노래도 있었다. 노래를 한번 부르더니 구호도 따라 외쳤다. "자본주의 길을 걷는 당권파를 타도하자!", "류사오치를 타도하자!" 등등이었다. 그러더니 "우리는 박해를 받고 있다! 우리는 복권을 원한다! 우리는 자유를 원한다……"라고 외쳤다.

이 노래와 구호는 원래 이상한 것이 아니었다. 우리 스스로 몇 번을 부르고 몇 번을 외쳤는지 모른다. 그러나 지금 감옥 안에 갇힌 범인들이 부르고 외치기 시작하자 우스꽝스럽게 되면서 이도저도 아닌 꼴이 되었다.

이 범인들이 어떻게 이렇게 할 수 있지?

나는 곧 알게 되었다. 이곳은 2월경 수백 명이 넘는 '상강풍뢰' 조반파가 갇혔던 곳이었다. 그 당시 우리는 그들이 감옥 안에서 노래를 하고 구호를 외치는 소리를 종종 듣곤 했다. 더욱이 담 밖에 조반파 선전차가 와서 고음의 나팔소리를 낼 때면 감방 안에서 더욱 신나게 노래하고 더욱 빈번하게 구호를 외쳤다. 뜻밖에 갇혀 있던 조반파가 풀려

난 뒤 이 '혁명전통'은 그대로 남겨져 정말로 갇혀 있어야 할 형사범들에게도 전해진 것이다.

나는 감방 안뜰로 뛰어 들어갔다. 노랫소리와 구호소리가 감방 한쪽에서 다른 곳으로 전해지고 이곳저곳에서 올라오는 것을 보고 있자니 정말로 참담한 기분이 느껴졌다.

노간수는 따라 들어왔다. 아마 내가 무슨 행동이라도 할까 봐 걱정했던지 내 곁에서 담담하게 말했다.

"상관 말게. 매일같이 해대는 짓들이야."

범인들이 노래를 하는 건 나도 원래 상관하지 않는다. 사람이 이십여 평방의 작은 공간에 갇혀 생활하다 보면 확실히 초조하게 되니 부르고 싶다면 마음껏 부르고 떠들게 하면 되었다. 그러나 내가 화가 난 것은 이놈들이 어찌 '조반유리'를 부를 수 있단 말인가! 어찌 '파시스트를 향해 발사하자'는 노래를 부르고 '자본주의 길을 걷는 당권파를 타도하자!', '류사오치를 타도하자!'라는 구호를 외친단 말인가! 이 노래와 이 구호들을 어찌 그들이 부르고 외친단 말인가! 게다가 우리가 이 구치소를 지키고 있는 지금 이렇게 공공연하게 소란을 피우다니 우리에게 시위하는 것이 아니겠는가?

나는 두 손을 허리에 대고, 노래를 부르고 구호를 외치는 감방을 하나하나 노려보면서, 장난 같기도 하고 시위 같기도 한 노래를 제지할까 말까를 마음속으로 생각하고 있었다.

나는 혼자 중얼거렸다. 이 노래를 어떻게 너희 같은 범인들이 부른단 말인가!

노간수는 담배를 한 모금 빨더니 여전히 담담하게 말했다.

"규율에 따르면 어떤 노래도 부를 수 없지."

나는 황급히 그에게 물었다. "오, 그런 규정이 있어요?"

노간수는 말했다. "최소한의 규율이지, 그렇지 않고 이렇게 떠들썩하면 감옥이라 부를 수 있겠나?"

나는 순간 마음을 정했다.

"허나 지금은 문화대혁명이니 그런 것까지 돌볼 겨를이 없지."

노간수는 말을 마치자 또 자기만 생각하며 담배를 빨아들였다.

나는 이것은 문화대혁명과는 상관없으며 중앙에서도 범인들이 문화대혁명을 하도록 허락하지 않을 거라고 하면서, 진작부터 감옥 규율이 있다면 규정에 따라 해야 한다고 말했다.

노간수는 나를 한번 쳐다보더니 아무 소리도 내지 않고 그저 담배만 빨았다.

"제가 처리하겠어요!" 나는 말을 마치자 몸을 돌려 감방 안뜰 밖으로 나가 동료들을 소집했다.

"자네, 급하게 굴지 말게. 방법을 생각해 보게나……."

노간수는 내 뒤에서 갑자기 소리치며 말했다.

"압니다." 나는 고개도 돌리지 않고 말했다.

일부 동료들이 시내로 나가 일고여덟의 동료들만 소집할 수 있었다. 해방군의 허 부소대장 역시 없었지만 감옥 안의 시끄러운 노랫소리와 구호 소리를 제지한다는 소식을 듣고는 비번으로 쉬고 있던 세 명의 해방군 병사도 나를 따라왔다. 그러나 그들에겐 총이 없었다.

노간수도 우리와 함께 있었다.

우리 십여 명은 두 개조로 나뉘어 감방 하나하나를 돌며 제지했다. 노래를 부르거나 구호를 외치는 곳이 있으면 바로 문을 두드려 안에 있는 범인들에게 멈추라고 큰 소리로 명령했다. 몇몇 감방은 우리가 문을 두드리고 소리를 치자 곧바로 아무 소리도 내지 않았다. 그러나 어떤 감방에선 아무리 소리치고 문을 두드려도 누군가 계속해서 노래를 부르고 구호를 외쳤다. 우리가 거세게 감방 문을 여는 것을 보고서야 순순히 입을 다물었다.

범인들이 노래를 부르고 구호를 외치는 것을 제지하면서 그들에게 앞으로 더 이상 노래를 부르거나 구호를 외칠 수 없다는 규정을 알려 주었다. 그리고 이를 위반하는 사람은 체면 봐 주지 않고 처벌할 것이라고 말했다.

곧 노랫소리와 구호소리가 전부 잦아들었다. 감방 안뜰은 다시 보통 때처럼 잠잠해지고 텅 빈 안뜰에는 간혹 우리 몇 사람의 말소리만 울렸다.

나는 매우 기뻐 득의양양해지기까지 했다. 노간수가 원래 매일 이렇게 시끄럽게 노래를 부르고 구호를 외친다고 하지 않았던가? 지금은 어떤가? 30분도 안 되어 우리는 성공적으로 이를 제지했고 시끄러운 소리는 이미 쥐죽은 듯 고요해졌다.

해방군 병사들도 우리를 칭찬하며 말했다.

"역시 자네들 조반파가 대단해. 우리도 소리쳐 봤지만 듣질 않더라구. 그런데 자네들이 외치니 바로 무서워 감히 부르지도 않지 않나."

왜?

이 칭찬이 나를 우쭐거리게 만들진 않았다. 이 점은 나 역시 냉정하게 알고 있었다. 해방군이라서 안 되는 것이 아니라 그들이 '진짜'로 나설 수 없도록 그들을 속박하는 정책이 있기 때문이었다. 그러나 우리는 하고 싶은 대로 아무것도 아랑곳하지 않았고 스스로 목적이 순수하고 정확하다면 때릴 수도 욕할 수도 심지어 총을 쏠 수도 있었다. 그런데 범인들이 어찌 두려워하지 않겠는가?

큰 성공을 거두었다고 생각하며 다른 사람들과 함께 철문으로 막 감방 안뜰을 나서려는 순간 안쪽에서 다시 '조반유리' 노랫소리가 들려왔다. 게다가 소리가 더욱 크고 우렁차 순식간에 감방 안뜰의 적막한 분위기를 깨 버렸다.

어떤 개자식이 이렇게 간덩이가 부었나? 순간 가슴속은 분노로 가득 차올랐다.

즉각 몇 명을 데리고 감방 안뜰로 되돌아갔다.

노랫소리는 17번 감방에서 흘러나왔다. 다행히 다른 감방은 아직 조용했다. 그러나 감방마다 난 두 개의 작은 철창문 앞에는 허연 얼굴들로 가득했다. 나는 17번 감방의 '불씨'를 때려잡지 않으면 머지않아 감방 전체로 다시 '번지기' 시작할 것이라는 걸 알았다.

17번 감방 문을 두드리며 큰 소리로 명령했지만 소용없었다. '조반유리'는 계속해서 들렸고 갈수록 힘이 났다.

나는 노간수에게 감방 문을 열라고 했다.

문이 열리자 노랫소리가 갑자기 뚝 그쳤다.

감방 안엔 십여 명의 빡빡머리 사내들이 있었다. 온몸이 창백한 범인들이었다. 날씨가 더웠기 때문에 상의는 거의 벗고 있었고, 멍하니 우리를 바라보고 있었다. 앉은 사람, 선 사람 모두 있었지만 움직이지도 소리를 내지도 않았다.

우리 십여 명의 사람들은 일고여덟 자루의 총으로 감방 입구를 막고 있었다.

내가 큰 소리로 물었다. "방금 누가 먼저 불렀지?"

범인들은 서로 바라보더니 아무도 말이 없었다.

나는 더욱 위엄 있는 말투로 다시 큰 소리로 물었다.

"누가 앞장서서 노래를 부른 거야? 용기 있으면 일어나라구!"

신체 건장하고 얼굴형이 네모져 넓은 대략 스물대여섯 가량의 청년이 크지 않은 목소리로 대답했다. "내가 불렀수."

옆에 있던 노간수가 유안범이라고 조용히 내게 말했다.

유안(流案)? 유안이 뭐지?

나중에야 '유안'이 강간 같은 건달 범죄사건의 약칭이라는 것을 알았다. 노간수의 말은 공안 간부경찰들의 용어였다. 네모난 얼굴의 이 청년이 저지른 사건을 내게 말해 준 것은 아마 상대방의 신분과 특징을 파악해 공격방식을 정하라는 뜻이었을 것이다. 사실 난 이런 것은 아예 고려하지도 않았다. 상대방이 어떤 인물이건 간에 단지 목적을 달성하기 위해 무슨 방법을 쓸 것인가만을 생각했다. 그런데 노간수는? 무심결에 튀어나온 그의 말은 아마 무의식적인 직업 본능이리라.

나는 짐짓 흉악스런 표정을 지으며 네모난 얼굴의 범인에게 물었다.

"왜 노래를 불렀나?"

네모난 얼굴의 범인이 말했다. "노래 좀 부른 게 법을 위반한 것도 아니고 또 반동적인 노래나 퇴폐적인 노래를 부른 것도 아니잖수."

놈은 다시 노래할 때의 오만방자한 기세를 보였다.

내가 말했다. "마오 주석 어록이 자네들이 부르는 노랜가?"

네모난 얼굴은 즉시 대들었다.

"감히 마오 주석 어록 노래를 부르지도 못하게 하나?"

이 녀석은 분명 들어온 지 얼마 되지 않아 사회에서의 금기들을 모두 알고 있는 것이 틀림없었다. 대드는 기세도 대단했다. 나는 꾹 참으며 슬며시 그를 훑어보았다.

"너희들은 범인이다. 노래를 부를 수 없어. 이건 규정이야!"

나는 어떤 노래는 불러도 되고 혹은 불러서는 안 되는지의 문제를 따지지 않고 강한 어조로 그에게 명령했다.

"우리가 어록 노래를 부른 건 마오 주석의 저작을 배우기 위한 것이니 감옥규정을 위반하는 건 아닌데."

네모난 얼굴의 범인이 득의양양한 기색을 보이며 말했다.

나는 고함쳤다. "함부로 혀를 놀리지 마. 다시 한번 경고하는데 여기서 노래하면 규율 위반이야!"

네모난 얼굴의 범인은 여전히 꿋꿋한 모습으로 날 놀리려는 듯 고개를 삐딱하게 하더니 우쭐거리며 말했다.

"마오 주석 어록을 학습할 권리를 누구도 박탈할 순 없지."

이 녀석은 정말 여기가 바깥도 아니고 원래 있던 단위도 아닌 감옥 안이라는 사실을 잊었나 보다!

제기랄, 뭘 더 지껄일 필요가 있나. 여긴 논쟁을 벌이는 바깥세상도 아닌걸. 나는 갑자기 생각이 났다.

나는 그를 가리키며 외쳤다. "나와!"

"사실을 얘기하고 이치를 말한 건데 왜 나오라는 거요?"

네모난 얼굴의 범인이 뜻밖에 강경하게 대꾸했다.

나는 동료 세 명에게 녀석을 끌어내라고 했다. 물론 동료들은 우선 총을 해방군 병사들에게 주고 빈손으로 들어가 안에 있는 범인들에게 총을 빼앗기지 않도록 했다.

세 명의 건장한 동료들은 두말하지 않고 들어가 네모난 얼굴의 범인을 바깥으로 끌어냈다.

안에 있던 몇 명의 범인들이 옆에서 소리치며 떠들어 댔다.

"때리지 마슈. 이치를 따져야지!"

"조용히 해! 소리치는 사람은 같이 끌고 갈 거야!" 나는 얼른 손으로 시끄럽게 떠들어 대는 범인들을 가리키며 큰 소리로 외쳤다.

필시 이 사람들은 밖에서 문혁을 한 군중들이 아니라 죄를 저지른 범인들이었다. 내가 위협하자 그들은 다시 순순히 입을 다물었다.

나는 동료 몇 사람에게 놈을 감방 안뜰 중앙으로 끌고 가 무릎 꿇게 하여 감옥 안의 모든 범인들이 쇠창살을 통해 볼 수 있게 하라고 명령했다.

노간수에게 물었다. "밧줄이 있습니까?"

나는 이 기세 넘쳐 방자하게 날뛰는 놈을 오랏줄로 묶고 싶었다.

"수갑이 있지." 노간수는 차분하게 말했다.

"수갑? 더욱 좋습니다."

수갑은 영화 속 경찰들이 자주 사용하던 아름답고 멋진 것과는 거리가 멀었고 반짝이지도 않았다. 그저 두 개의 거무스름한 쇠고랑으로, 수갑을 찰 때 나는 우아한 '쩽그렁' 소리도 나지 않았고 그저 둥근 자물쇠가 위에 걸려 있었다. 노간수는 이건 재래식 수갑이며 구치소에서는 그렇게 정교한 '서양식 수갑'은 필요 없다고 말해 주었다.

재래식 수갑도 상당히 대단하여 범인의 두 손에 채우고 나니 더 이상 꼼짝도 하지 못했다.

허나 그 네모난 얼굴의 범인은 그로 인해 고분고분해지지 않고 오히려 시끄럽게 아우성쳤다.

"내가 마오 주석 어록 노래를 하는데 니들이 왜 내게 수갑을 채워! 항의! 항의한다구! 이봐, 모두들 보라구. 저들이 마오 주석 저작을 배우지도 못하게 하고 나를 핍박한다네……"

범인의 고함소리가 감방 안뜰 전체에 울려 퍼졌다.

동료 중 한 명이 총머리를 범인의 등에 대고 누르더니 그에게 소리 쳤다. "질러 봐, 질러 보라구. 이 더러운 건달 새끼, 죽여 버릴 테다!"

네모난 얼굴의 범인은 총머리에 맞아 앞으로 엎어졌지만 여전히 수 그러들지 않고 땅에 엎드려 더욱 크게 목청을 높여 고함을 질러 댔다.

"사람을 때리네, 사람을 때려요! 문투를 해야지 무투는 하면 안 돼. 이 사람들이 내게 무투를 한다! 모두들 봤죠. 「16조」대로 하지 않는다 구요……."

웅얼웅얼대며 좀처럼 기죽지 않는 놈의 모습을 보자 나는 순간 화가 치밀어 올라 손에 있던 총을 철컥하며 가슴 쪽으로 당겨 총구를 놈의 얼굴에 겨누고는 큰 소리로 외쳤다.

"입 다물어. 안 그러면 총으로 쏴 죽일 테다!"

노간수가 황급히 내 곁으로 오더니 내 옷소매를 끌어당기며 손바닥 을 좌우로 흔들어 댔다.

그의 뜻은 나도 안다. 총을 쏴서 범인을 죽일 수는 없다.

나도 마음속으로 다 생각이 있었다. 총탄이 '철컥' 하고 울렸지만 방아쇠 안전판은 잠가 두었고 단지 범인을 위협하려는 것이었다.

공포 전술 역시 성공하지 못했다. 땅에 엎드려 있던 범인이 노간수 가 내게 손을 흔드는 것을 보고는 아마 내가 총을 쏘지 못할 것이라는 것을 짐작했나 보다. 녀석은 잠시 멈추었다가 이내 고함을 다시 지르 기 시작했다. "살려 주세요! 사람 죽여요……."

나는 화가 머리끝까지 치밀었다. 어떻게 이다지도 완강하게 날뛴단 말인가?

돌연 나는 우리 청년근위군을 사칭하는 망나니들에게는 무슨 이치를 따지지 말라는 하이 사령의 말이 기억이 났다. 사리를 구별하는 놈이라면 우리 청년근위군을 사칭해 나쁜 짓을 저지를 리 없다는 것이다. 그런 놈들에게는 그저 때리는 방법밖에 없다! 정말로 흠씬 때려 주어 고통을 받게 한다면 문제를 해결할 수 있다는 것이다.

눈앞에 있는 이 녀석도 분명 이치를 따져 항복시킬 만한 상대는 아니었다. 보아하니 하이 사령이 말했던 방법을 써야 할 것 같았다.

나는 몇 명의 동료를 불러 땅에 엎드린 범인을 힘껏 누르게 했다. 그리곤 다른 두 명의 동료들에게 군용 가죽혁대를 풀어, 짧은 바지만 입고 웃통을 벗은 놈의 등과 허리와 엉덩이를 힘껏 치라고 했다.

네모난 얼굴의 범인은 맞아서 엉엉 소리쳤고 그의 등에는 순식간에 붉은 상처가 났다.

두 명의 동료는 놈을 때리면서 큰 소리로 욕을 했다.

"이 잡귀신 같은 놈아 죽어라! 더러운 건달새끼! 더 날뛰는지 보자!"

곧 네모난 얼굴의 범인은 용서를 빌었다.

"안 그럴게요. 소란피지 않을 게요. 제발 때리지 마세요……."

그도 필경 육체의 고통이 견디기 힘들다는 것을 알았다.

놈을 반드시 항복하게 만들어야 했다. 그렇지 않다면 이 구치소에서 감시 임무를 수행하는 동안 얼마나 많은 귀찮은 일들이 생겨날지 모르는 일이었다. 이때 나는 감방 안뜰 안의 모든 쇠창살 안에서 무수히 많은 눈들이 사태를 주시하며 조용히 바라보고 있다는 것을 알았다. 그들이 앞으로 어떻게 해야 할지 알았을 것이다.

나는 범인을 일어나게 한 후 계속 꿇어 앉아 있게 했다. 그의 얼굴에선 이미 우쭐한 기색이 사라졌고 공포에 질린 듯 얼굴을 실룩거렸다.

노간수는 한쪽 옆에서 조용히 바라보며 움직이지도 아무 소리도 내지 않았다. 하지만 나는 그가 결과에 만족한다는 것을 알아챘다.

네모난 얼굴의 범인은 부들부들 떨며 비판과 다짐을 하기 시작했다.

"노래한 건 규정위반입니다 ……. 앞으로 감옥 규율 잘 지키고 다시는 노래하지 않을 게요."

녀석은 오늘에서야 감옥 안이 논쟁으로 말솜씨를 발휘하는 곳이 아니라는 가르침을 얻었다. 아마 범죄를 저지르기 전에는 꽤나 말 잘하는 재주를 지녔었나 보다. 허나 전에는 구치소에서 그를 제어하는 사람이 없었고 해방군조차 타이르거나 협박할 뿐이어서, 녀석의 간덩이가 점점 커지게 되었고 들뜬 나머지 자신의 처지를 잊게 된 것이다. 그러나 군용 가죽혁대로 '진짜' 한 대 후려치는 것만으로도 녀석을 능히 제압할 수 있었다.

이미 한 사람을 희생양으로 하여 여러 사람에게 본보기를 보인 효과를 보아 다른 범인들은 더 이상 신경쓸 필요도 없었다. 놈의 손에 차고 있던 쇠고랑은 풀어 주라고 했다. 잘못을 인정하기만 한다면 더 이상 괴롭힐 생각은 없었다. 이미 온몸에 난 상처로 붉으락푸르락한데 계속 손을 묶어 두게 하는 것은 지나친 일 같았다. 게다가 두 손을 묶어 두면 어떻게 밥을 먹고 대소변은 어쩐단 말인가?

이 소란은 결국 우리에게 '무투' 방식으로 진압하도록 만들었다.

감방 안뜰을 나올 때 몇 명의 해방군 병사가 내게 웃으며 말했다.

"세 마디 좋은 말도 채찍 하나엔 당하질 못하는걸! 어쨌든 자네 조반파들의 능력은 대단해. 한 번 때리는 걸로 문제가 바로 해결됐네."

나도 그들에게 웃으면서 말했다.

"이게 바로 각자 능력에 따라 일한다는 거겠죠. 당신들이 할 줄 아는 일은 우리가 못하고, 당신들이 할 수 없는 일은 우리가 마음껏 할 수 있잖아요. 우리의 몸과 사상을 묶어 두려는 사람이 없으니까 말이죠."

모두들 즐거운 듯 웃었다.

그날 이후 감방 안뜰은 조용해졌다. 왁자지껄한 소리도, 노랫소리도 없어졌다. 감방 안뜰의 철문으로 들어서면 초록의 부드러운 잔디만 보일 뿐, 그렇게 넓은 안뜰은 아무 소리 없이 매우 조용했다. 만약 상황을 모르는 사람이 들어온다면 이 적막한 안뜰 안에 백 명, 이백 명의 범인이 갇혀 있다는 사실을 결코 믿지 않을 것이다.

매일 식사시간마다 불상사를 막기 위해 몇 명의 동료들에게 노간수와 함께 들어가도록 했다. 그러나 이미 충분히 안전했고 매우 순조로웠다. 그러자 모두들 싫증이 났고 심지어 감옥 안의 누군가 소란을 피워 다소 할 일이라도 생기길 바랐다. 그러나 그러한 위험을 무릅쓸 사람은 없었다.

밥을 나르고, 돌아가며 당직을 서고, 해방군과 함께 보초를 서는 일 이외에는 다른 할 일이 없었다. 노간수는 예전엔 공안국이나 법원, 혹은 검찰원 사람이 범인을 심문하러 와 감옥 문이 하루에도 최소한 십여 차례 소리가 났지만, 지금은 문화대혁명으로 공검법 기관이 모두 무너져 더 이상 범인을 심문하러 오지 않는다고 했다. 또 구치소 임무가 너무나 수월해져 범인이 소란을 피우지만 않으면 매일 밥을 나르고 문을 잠그기만 하면 그만이라고 했다.

구치소에서 네모난 얼굴의 범인을 심하게 때린 일을 지금 생각해 보면 그렇게 한 것은 잘못이었고 인권을 위반한 일이다. 그러나 당시엔 그런 개념이 없었을 뿐 아니라 상황이 워낙 특수해 잘못을 저지르지 않기가 정말로 어려웠다.

어느 날 나는 노간수와 함께 감옥 안뜰의 잔디밭 가운데에 서서 한

가하게 얘기를 나누고 있었다.

난 그에게 이 구치소 안에 갇힌 사람 중에 확실히 억울한 일로 갇힌 사람이 있냐고 물었다. 바깥의 단위에서 멀쩡하던 사람이 '반혁명'으로 몰리는 일처럼 말이다.

노간수는 나를 한번 보더니 말하기 어렵다고 했다.

나는 갑자기 기묘한 생각이 떠올랐다. 우리가 어쨌든 할 일이 많지 않으니 범인들을 하나하나 자세하게 심사해서 확실히 억울하게 갇힌 사람을 선별하여 그들을 복권시켜 주고 성 혁주소조의 의견을 물어 석방할 수 있냐고 노간수에게 물었다.

노간수는 외계인 보듯 나를 한참 동안이나 아무 말 없이 바라보더니 그제서야 말을 했다. "자네가 그걸 감당할 수 있겠나?"

내가 얼른 말했다. "어쨌든 여기서 할 일도 많지 않으니, 선생님께서 앞장서 주시면 저와 형제들이 모두 선생님의 지휘에 따를 테고, 해방군들도 전부 나서서 하나하나 처리하면 되지 않겠어요?"

노간수는 도리어 기괴하게 웃으며 말했다.

"여보게, 자네뿐 아니라 나도 그렇고 수백 명의 사람이 와도 그건 판별하기가 어렵네. 왠지 아나? 모두들 법을 어긴 사람이 여기서 나가기 어렵다는 걸 알지. 허나 자네들은 몰라. 한 사람이 여기에 들어오는 일도 어렵다네! 왜냐구? 한 사람이 잡혀 들어올 때 얼마나 많은 사람의 업무를 거치고 얼마나 많은 사람의 손을 거치는 줄 아나! 범인 한 명의 심문 자료만 해도 상당해서 어떤 경우 한 자만큼이나 두툼하다네. 자료를 보고 사안을 파악하는 일만 해도 이 안에 이백여 명이나 있는데 자네들이 하다가는 까무러치고 말 거야……."

전문가의 말을 듣다 보니 내가 허황된 생각을 하고 있었다는 걸 깨닫고는 얼른 이야기를 그만두었다.

그렇게 6~7일이 지났다. 우린 전부 싫증이 나 있었다. 처음 막 구치소로 왔을 때의 신선함과 호기심은 전부 사라졌다. 고요하고 단조로운 구치소의 경비생활을 우리는 더 이상 지속할 수 없었다. 몇 명의 형제들이 나를 찾아와 근무 교대를 총부에 요청하자고 했다. 그렇지 않으면 그만둘지도 모른다는 것이다. 실제로 중고등학생이던 두 명이 내 대답을 기다리지도 않고 말도 없이 떠나 버렸고 다시는 돌아오지 않았다.

나는 총부로 사람을 보내 두 차례 말을 전달했으나, 뭐 우두머리는 이삼 일 더 참고 기다리라고 하면서 곧 사람을 보내 교대할 것이라고 했다.

대략 9일째 되던 날 밤 드디어 시 문공무위 지휘부의 명령을 받고 우리와 교대할 사람들이 왔다. 천지신명께 감사할 일로 우리는 마치 죄수가 풀려나듯 기뻐했고 즐겁게 잠자리 하나하나를 넘겨주었다.

업무를 이어받은 사람들은 청년근위군 사람이 아니라 모두 '공련' 사람들로 푸른 작업복을 입고 있었는데, 우리가 군복을 입고 있는 것을 보자 부러워했다. 그러나 우리가 처음 왔을 때와 마찬가지로 이 신비로운 곳에 자신들이 들어올 수 있다는 사실에 대해 신선함과 열정으로 충만해 보였다. 내가 데리고 가는 곳마다 매우 기뻐하며 착실하게 살펴보면서 감시 임무를 이어받았다.

우리는 해방됐고 '공련' 사람들이 기뻐하는 기색을 보자 마음속으로 웃었다. 안에 있는 범인들이 소란을 피우지 않는다면 사나흘도 되지 않아 그만두고 싶을 것이다.

그날 밤 우리는 총부에서 보낸 차량을 타고 공안국 구치소를 떠났다. 궁금하지만 오래 머물 수 없는 그곳을 말이다.

나는 밤의 장막 속으로 갈수록 멀어지는 감옥의 높은 담을 바라보며 묵묵히 마음속으로 말했다. 안녕, '사과' ─ 구치소여!

아마는 '안녕'〔再見〕이라 말하지 말았어야 했다!

십 년 뒤 조반파가 재수없게 당한 1977년, 나는 정말로 이 창사시 공안국의 구치소를 '다시 보게'〔再見〕 되었다.

그러나 두번째 구치소에 들어갔을 때는 신선함도 호기심도 없었을 뿐 아니라 이미 내겐 자유도 없었다. 난 더 이상 큰 권한을 지닌 '간수장'이 아니었고, 오히려 '사인방'과 관련된 사건을 조사하는 과정에서 시위원회의 문건 지시인 '구류심사'를 받게 되었으며, 두 명의 경찰에 의해 붙잡혀 들어온 '심사 대상'이었다. 예전에 있던 곳에 다시 돌아와 보니 경색은 여전한데 심정은 딴판이었고, 대우도 대조적이라 온갖 감정들이 생겨났다.

처음, 난 이 구치소에서 8, 9일간 '주인'이 되었다.

두번째, 나는 여기서 20개월간 '범인'으로 지냈다.

인생은 꿈만 같고 아득히 긴 여정이다. 언제나 기복으로 순탄치 않고 정말 스스로의 뜻대로 되지 않나 보다.

한 꾸러미의 열쇠를 들고, 총을 든 우리와 함께 감방 문을 열던 노간수는 내가 두번째로 그의 근무지를 방문했을 때 여전히 그곳에 있었다. 게다가 정식으로 임명받은 구치소의 부소장이 되어 있었다. 그러나 그는 잡혀 들어온 많은 조반파들 가운데 나를 알아보지 못했다. 이미 거의 십 년 전의 일이었고, 그 역시 내 얼굴에서 당시 어린애 티로 가득했던 열여덟 청년의 모습을 알아볼 리 없었다.

나는 그에게 과거의 한 페이지를 다시 들춰 보게 하고 싶지 않았다. 그저 인생이란 정말로 기묘한 구석이 있는 것이라 아득히 느꼈다.

〖 17 〗
총기반납과 총기수거

그렇게 많은 무기가 양 파벌 군중조직의 수중으로 떨어지고 난 뒤 어떻게 해결되었는가?

후난에서는 중앙의 '9·5' 명령 문건이 내려와 군사기관에서 무기를 모두 수거해 갔다. 이에 대해 아마 일부 독자들은 불가능할 것이다, 조반파 우두머리들이 그렇게 고분고분할 리 없다고 생각할지 모르겠다. 그러나 조반파가 실제로는 독립적인 성격을 띠지 않았다는 것을 안다면 결국 무기 반납이 필연이었다는 것을 이해하게 될 것이다.

후난성 혁명위원회 주비소조(성 혁주소조)가 성립된 지 한 달이 채 안되어 중앙에서는 '9·5' 무기반납 명령이 떨어졌다. 이 '명령'으로 불리는 문건은 중공중앙과 국무원·중공중앙 군사위·중앙문혁이 공동으로 서명한 것으로 어조가 상당히 강경했다. 각 군중조직은 총기류와 탄약을 포함해 장악하고 있는 모든 군용물자를 기간 내에 현지 군사기관에 반납하라는 것이었다.

그러나 당시 총기를 지니고 있던 조반파들은 결코 이 '명령'을 마음에 담아 두지 않았다. 왜냐하면 문화대혁명 이후 중앙에서는 통령이다 결정이다 해서 수없이 많은 문건이 내려왔지만 집행되느냐의 여부, 특히 기한대로 집행되느냐는 거의 상관하지 않았으며 '법이 있어도 처벌하지 않는다'는 말을 대놓고 하는 사람은 없었지만, 이 말의 뜻은 모두가 사실이라고 믿고 있었다. 그런데 그렇게 많은 사람의, 그렇게 많은 총을 정말로 '기간 내에 수거'할 수 있을까?

양 파벌이 아직 격렬하게 파벌투쟁을 하고 있던 곳, 예컨대 '천하는 이미 정해졌지만 촉은 아직 정해지지 않았다'는 쓰촨, 천지가 온통 어두컴컴해지도록 격렬하게 싸우고 있던 산시, 베트남 원조 군용물자를 탈취해 각 파벌들이 무장했던 광시 등의 지역에서는 당시 중앙의 '9·5' 명령이 종이 한 장에 불과했고 큰 효력이 없었다. 그 지역에서 조반파나 보수파의 파벌전은 한창 절정으로 치달았고, 필사적으로 군용물자를 탈취하여 자기 파벌의 실력을 강화하고자 했다. 전승해서 상대방을 무너뜨려야 하는 이때 어찌 '무기반납'을 생각할 수 있겠는가?

그러나 문혁 조반의 태풍은 전국 각지에서 고르게 진행되지 않았고 동시에 같은 모델로 진행되지도 않았다.

후난성에서는 양 파벌전이 일단락 마무리되어 조반파가 절대적인 승리를 거두었고 또한 중앙에서 임명한 성 혁명위원회 주비소조라는 임시 성급권력기관도 설립되었다. 이 임시권력기구에 들어간 조반파 우두머리들은 성장(省長) 수준의 명령을 내릴 수 있는 경험을 맛보면서 끝없이 도취해 있었다. 따라서 혼란을 청산하고 질서를 세우는 일은 이 당시 조반파 우두머리들이 바라던 바였다. 기한 내 군중 수중에 있는 총기를 수거하라는 중앙의 '9·5' 명령 조치는, 마침 혼란을 제거하여 질서를 회복하고 사회를 안정시키고자 했던 조반파 우두머리들의 심정과 맞아떨어졌다. 따라서 성 혁주소조에 들어간 조반파 각 조직의 우두머리들은 모두 총기수거 명령 집행에 찬성하며 '총을 가져 산적 우두머리'가 되는 잘못된 물질적 기반을 제거하고 싶어 했다. 각 조반 파조직 우두머리의 지지를 얻은 성 혁주소조와 해방군 47군 군부에서는 '9·5' 명령 정신에 따라 인민들의 손에 있던 군용물자를 전부 수거하고 특히 총기 탄약을 수거하는 일련의 절차를 제정했다. 우선 각 조반조직의 무장인원을 각 지역과 시의 통일된 '시 문공무위지휘부'로 재편성한다. '문공무위지휘부' 무장인원의 총기와 탄약은 등록하고 총기 소지자는 성 혁주소조가 인가한 '총기 소지증'을 발급받는다. 그리고 '문공무위' 사람들이 나서서 '총기 소지증'이 없는 조직과 사람들의 총기를 수거한다. 마지막으로 '문공무위지휘부'의 해산을 선포하고 사회치안 유지에 협조하는 '시 치안지휘부'를 별도 조직하여 소량의 무기만을 보유하도록 하는 것 이외에 '문공무위' 사람들의 총기는 '총기 소지증'의 유무에 상관없이 모두 일률적으로 반납한다.

결국 이렇게 소수의 조반파 사람으로 구성된 '치안지휘부'가 소량의 등록된 무기를 상당 기간 소지한 것 외에는, 산발적인 각종 조직이나 깡패 건달을 포함해서 사회의 각 군중조직이 총기를 장악하고 있던 국면은 더 이상 존재하지 않고 역사 속으로 사라졌다.

그러나 중앙의 '명령'이 있고 성 혁주소조와 육군 47군의 치밀한 계획과 적극적인 집행, 그리고 각 조반조직 우두머리들의 적극적인 지지가 있었지만, 이 총기수거 임무는 10월 중 몇 차례에 걸쳐 대규모 수거 활동이 진행되었고, 여기저기 흩어져 있던 다량의 총기들, 특히 권총의 수거는 매우 늦어져 수개월이 걸렸다.

이렇게 긴 시간이 걸린 것은 조반파 내부에서 '계속 조반할 것인가,

혁명을 지속할 것인가'라는 논쟁이 일어났고 총기 반납 문제는 이 논쟁의 중요한 내용이었기 때문이다. 일부 조반파, 주로 급진적인 사상의 대학생과 중고등학생 홍위병 조반파들은 성 혁주소조에 들어간 조반파 우두머리들의 만족스러워하는 태도에 불만이었고, 성 혁주소조에서 기존 성위 서기가 여전히 큰 권력을 쥐고 있는 것에도 불만이었으며, 또한 '혁명위원회'라는 권력기구의 '삼결합'이라는 구성 방식에도 불만이었다. 이들은 '모든 권력을 조반파에게 귀속'시키는, 선거를 통한 진정한 '파리코뮌' 정권 방식의 건립을 주장하였고, 모든 '구관료'들은 옆으로 물러나 새로운 권력기구에 들어올 수 없게 하고 심지어 당시 중국 공산당이라는 전체 조직을 다시 평가해서 '진정한 마르크스-레닌주의'의 새로운 형태의 정당을 건립하고자 했다. 창사시의 열여덟된 학생 홍위병인 양시광(楊曦光), 이후 유명한 경제학자가 된 양샤오카이(楊小凱)는 수만 자에 달하는 「중국은 어디로 가는가?」라는 대자보에서 이러한 관점을 놀랄 만큼 체계적으로 묘사하고 있다. 당연히 이러한 급진적인 학생 홍위병들의 '계속혁명' 사상은 당 중앙 최고 통솔자의 문화대혁명과 '프롤레타리아계급 독재 아래의 계속혁명'이라는 이론과 전략배치에 부합하지 않았고, 게다가 당시 일반적인 조반 군중들이 받아들일 수 있는 관념의 범위를 초월하는 것이었다. 심지어 일부 용감한 조반파 중견분자들조차 이들 학생 홍위병들이 제기한 급진적인 구호와 문장에 대해 곤혹감을 나타낼 수밖에 없었다.

급진적인 학생들의 '계속혁명'론은 수십만 노동자가 중심이 된 '공련' 조직 등 대부분의 조반파 군중들의 이해와 지지를 얻을 수 없었다. 그러나 '9·5' 명령에 대항하는 취지에서 그들이 제기한 '총기반납은 곧 자살'이라는 구호는 조반파 무장인원들 사이에서 공개적으로 혹은 은밀하게 공감을 얻었다. 무기를 갖고 있던 조반파는 어떤 조직이든지 어떠한 관점을 갖고 있든지 간에 수중에 있는 총기를 반납하라는 명령에 대해 어쨌든 매우 아쉬워했고 달가워하지 않았다. 누구든 영원히 총을 소지할 수 있기를 원했다. 이 바람은 자신의 안전을 보호한다는 생각에서도 그랬고 또한 여러 가지 개인적인 소망과 추구 때문이기도 했다. 예컨대 총을 기념품이나 정교한 예술품, 혹은 향후의 사냥 도구 등으로 여기고 있었다. 따라서 총기를 반납하라는 중앙의 '9·5' 명령에 완전히 저항할 수는 없었지만 모두들 어떻게 해서든지 '지연'시키려 했고, 하루를 늦추는 것이 하루 일찍 반납하는 것보다 하루 더 마음 편할 수 있다고 생각했다. 성 혁주소조와 47군에서 총기수거 조치를 몇 차례 실시한 뒤에도 상당히 긴 시간 동안 소량의 총기들이 숨겨져 있었다. 또한 누구도 총기를 반납하지 않는 것이 무슨 '대역부도'한 잘못으로 여기지 않았다. 오히려 계속 총을 소지할 수 있는 사람이 '능력' 있는 사람처럼 여겨졌으며, 또한 누구의 총기가 수거되면 모두들 유감스러운 일로 생각했다.

1968년 1월 24일, 즉 중앙이 '9·5' 명령을 내린 지 4개월여 뒤에 저우언라이와 장칭, 천보다(陳伯達), 캉성(康生) 등 중앙과 중앙문혁의 주요 지도자들은 후난성 혁주소조와 47군 수장, 그리고 조반파 우두머리들을 접견한 자리에서 급진적인 학생 홍위병과 그들이 쓴 문장과 대자보를 호되게 질책했을 뿐 아니라 급진분자들로 구성된 '후난성 프롤레타리아계급 혁명 조반파 대연합위원회'〔省無聯〕에 대한 진압을 명령했다. 또한 후난성 혁주소조와 47군이 중앙의 명령을 '우유부단하게' 집행하여 '성무련'을 진압하지 않은 사실에 노기충천하며 비난했다.

이에 따라 '성무련'의 우두머리 몇 명과 일부 급진적인 학생 홍위병 조반파가 성 혁주소조의 체포명령을 받고 감옥에 갇혔으며, 징역형을 선고받았다. 「중국은 어디로 가는가?」라는 대자보를 쓴 중고등학생 양시광은 10년 형을 선고받았다. 총기와 탄약을 철저히 수거하라는 각종 명령과 조치 역시 일순간 매우 엄격해져 총기수거는 더 이상 느슨한 '동원'이 아닌 '통첩'이 되었다. 지속적인 무기 보유는 허용되지 않았을 뿐 아니라 일종의 '범죄행위'로 선포되었다. 이렇게 되자 총기는 공개적으로 인민들의 수중에 있을 수 없게 되었고, 사람들이 갖고 있던 소량의 총기는 모두 기한 내에 수거되었다. 수거되지 않은 것들은 아마 강이나 호수·연못·우물 속으로 몰래 던져졌거나 분해되거나 훼손되었을 것이다. 그 이후 인민들이 무기를 갖는 일은 일어나지 않았고 (성 혁주소조의 허가로 조직된 소수의 '치안지휘부' 조반파는 예외) 또한 그 뒤로 오랜 세월 동안 문화대혁명 시기에 강탈한 총기를 소지한 형사범도 발견되지 않았다. 이로써 '9·5' 총기수거 명령이 느리게 집행되었지만 후난에서는 결국 성과를 보게 된 것이다.

10월 우리 청년근위군 총부의 무장인원들은 새로 개편된 '시 문공무위 지휘부' 계열로 공식 편입되었다. 모든 사람마다 '문공무위'라는 황색 바탕에 붉은 글자가 새겨진 완장과 '총기 소지증'을 받았다. 나는 너무나 기뻐 돌연 우월감마저 느꼈다. 원래 아무나 무기를 소지할 수 있었던 점이 나는 무척이나 눈꼴사나웠다. 더욱이 수염을 기르고 짧은 바지를 입고서는 말끝마다 경박하게 지껄이는 놈들까지 허리에 59식 새 권총을 차고 거들먹거리며 거리를 활보하는 꼴을 보고 있노라면 더욱 화가 치밀었다. 그러나 무슨 방법이 있겠는가? 놈들을 깡패 건달이라 할 수 있는가? 그들이 내세우는 것도 '조반'의 완장이나 홍색 홍장이었고, 무기 소지 역시 합법적이었다. 자칭 '조반' 조직 이름을 쓰고 있지만 우리는 들어 보지도 못했다. 사실 그런 너절한 놈들이 조반파의 집회나 활동에 참가할 리 없었다. 놈들은 그저 '조반'의 이름을 빌려 겉으로는 어깨를 으쓱대고 다니고, 뒤로는 몰래 못된 짓을 하면서 재물을 빼앗고 여자들을 쫓아다녔다. 놈들 수중에 총이 있어 나쁜 짓을 하기가 훨씬 쉬웠다. 이제 '9·5' 명령의 권위를 빌려 놈들의 총을 수거할 수 있게 되었으니 정말이지 잘된 일이다. 애초부터 그런 건달 망나니들에게 어찌 무기를 소지할 자격을 허락했단 말인가!

'총기 소지증'과 '문공무위' 완장이 지급된 당일 우리는 바로 거리로 나가 총을 수거했다. 7~8명 혹은 10여 명이 한 조가 되어 곳곳에 검문소를 설치하여 무기를 소지한 사람을 보면 조사하고 만약 '총기 소지증'이 없으면 바로 무기를 강제 수거했다.

나는 7~8명의 형제들과 함께 완전무장을 하고 '문공무위' 완장을 달고는 지나가는 트럭을 잡아타고 시내 번화한 도로의 길목을 선택해 차에서 내렸다. 그리고는 위풍당당하게 길목에 검문소를 설치하고 지나가는 사람들이 총기를 소지했는지 주시했다.

처음으로 우리 '망' 안에 걸려든 사람은 두 명의 학생 홍위병들이었다. 그들은 자동소총을 메고 자전거를 타고 가면서 이야기꽃을 피우고 있었는데 어디로 가는지는 모르지만 우리에게 붙잡혔다. '총기 소지증'을 보여 달라고 하자 한 학생이 눈이 휘둥그레지면서 없다고 했다.

"몰수해!" 내가 명령을 내렸다.

순간 두 자루의 자동소총은 우리의 전리품이 되었다.

"우리도 조반판데 ……." 그 중 키가 큰 학생이 황급히 해명을 하며 홍위병조직의 신분증을 꺼내 보였다.

신분증을 보니 이들 홍위병조직은 창사시의 영향력 있는 정식 조반조직으로 엉터리들은 아니었다.

왜 '총기 소지증'이 없는지 물었다.

그들은 한참을 얼버무리다가 '총기 소지증'을 아직 받지 못했다고 말했다.

보아하니 십중팔구 이 총은 그들 조직의 것이 아니라 개인적으로 따로 얻은 것인 듯했다. 왜냐하면 '총기 소지증'은 이미 일괄적으로 발급되었으며 게다가 총부에서는 회의를 열어 며칠간 불필요한 마찰을 피하기 위해 '총기 소지증'을 받기 전에는 절대 총을 들고 나가지 말라는 경고를 주었었다. 그렇지 않으면 다른 조직에게 수거당할 가능성이 있기 때문이었다. 이 경고 역시 각 조반파조직 우두머리 연석회의에서 공동으로 체결한 것이었다.

"'총기 소지증'이 없으면 수거해야 해!"

난 두 명의 학생에게 알렸다.

"항의합니다……." 키가 큰 학생이 갑자기 큰 소리로 외쳤다.

"웬 소란이야? 맞고 싶어?"

내가 입을 열기도 전에 총검을 단 총 몇 부리가 그에게 향했다. 몇 명의 우리 형제들이 그를 에워싸고는 성난 목소리로 말했다.

키가 큰 녀석이 놀라 더 이상 소리를 내지 못했다.

난 어쨌든 이 두 명은 홍위병이고 우리가 체포할 대상도 아니므로 너무 난처하게 할 필요는 없다고 생각했다.

나는 그들에게 총은 몰수하지 않겠지만 메모 한 장을 써 줄 테니 3일 내로 이 메모와 '총기 소지증'을 가지고 청년근위군 총부로 와서 찾아가라고 말했다.

그러나 이 두 명의 학생은 기뻐하는 모습이 아니라 오히려 불만에 가득한 표정으로 어쩔 수 없다는 듯 가 버렸다.

그 뒤로 다시는 이들을 볼 수 없었다. 분명 '총기 소지증'을 얻지 못해 우리를 찾아오지 못한 것이 틀림없었다.

첫 대결에서 승리했지만 우리는 기쁘지 않았다. 왜냐하면 주로 개망나니들의 총을 몰수하고 싶었지 진짜 조반파 사람들을 난처하게 만들고 싶진 않았기 때문이다. 게다가 자동소총이다, 보병총이다 뭐다 해서 이미 갖고 있는 것을 하나 더 손에 넣는다 해도 별다른 소용이 없었다. '문공무위' 지휘부에서는 각 조직원들은 총 한 자루만 소지해야 한다는 규정을 내려, 몇 자루의 장총이 있어도 숨길 방법이 없었고 더욱이 '총기 소지증'을 다시 받을 방법도 없었다. 우리가 검문소를 설치한 목적은 그런 얼토당토않은 놈들의 총을 몰수하는 것 외에 사실 이 기회에 59식 고급 권총을 만져 보고 싶었기 때문이기도 했다. 그러나 건달 망나니들이 갖고 있던 총들은 대개가 잡다한 권총이었다. 이런 권총들은 휴대하기도 숨기기도 쉬워 '총기 소지증'이 없어도 대수롭지 않았는데, 이제 '9·5' 명령이 내려왔으니 총을 갖고 싶어도 더 이상 기회가 없었다.

난 몇 달 동안 보병총을 메고 있었던 터라 권총을 허리에 차 보고 싶었다. 전투에서 사용하는 것이 아니라 그저 거리를 활보할 때 지참하는 것이라면 당연히 권총이 더 멋져 보였다.

드디어 노획물이 왔다.

상고머리에 수염을 기른 둥근 얼굴의 청년이 아직 애티를 벗지 못한 아가씨를 손으로 잡아당기며 희희낙락 걸어오고 있었다. 녀석은 여자와 장난하느라 군복을 입고 '문공무위' 황색 완장을 찬 우리는 아예 의

식도 하지 못했다.

그 시절엔 남녀끼리 손을 잡거나 서로 붙어서 거리를 다닌다는 것은 눈에 익숙치 않은 일로 쉽게 '품행이 단정치 못한 일'로 여겨졌다. 그래서 우리는 곧바로 그들을 발견할 수 있었다. 그들이 우리 쪽으로 걸어왔을 때 상고머리의 수염을 단 청년이 오른쪽 허리춤에 권총을 차고 있다는 것을 곧 알아차렸다.

"멈춰!" 몇 명의 형제들이 동시에 외치며 재빨리 에워쌌다.

총을 가진 예닐곱의 사람이 상고머리 수염 청년과 여자를 겹겹이 에워싸자 여자는 순간 몹시 놀라 두려워했고, 청년 역시 어찌할 바를 몰라 입을 벌린 채 우리를 바라보았다.

"조사할 게 있소! '총기 소지증'이 있습니까?"

내가 수염에게 물었다.

"뭔 '총기 소지증'?" 수염은 영문을 몰랐다.

말할 것도 없이 이 녀석은 정규 조반조직이 아니었다. '총기 소지증' 발급에 관한 일도 모르는 것으로 봐서 분명 정체를 알 수 없는 '오합지졸'임에 틀림없었다.

그의 권총뿐 아니라 권총 케이스, 벨트까지 모두 수거되었다.

수염은 발악하며 큰 소리로 말했다. "이봐 친구, 나도 조반파라구. 우린 안 볼 사이도 아닌데 왜 자기 편을 잡아먹으려 하나?"

그는 붉은 노트를 꺼내 내게 보여 주었다.

그 붉은 노트 안에 있는 종이카드에는 '○○○, 남, 26세, 출신 성분: 노동자, 직무: 부사령, 증명단위: 마오쩌둥사상 전무적(全無敵) 조반병단 사령부, 1967년 8월 2일'이라고 적혀 있었고, 붉은 도장이 찍혀 있었다.

척 보니 이 녀석은 난잡한 조직의 소속이었다. 무슨 '전무적 조반병단'? 조반파조직에서 몇 차례 발표했던 공동성명이나 공고 혹은 집회에 참가한 대열에서도 이 조직의 이름은 본 적이 없었다.

난 붉은 노트를 빼앗아 돌려주지 않은 채 성난 목소리로 물었다. "이건 쳐주지 않아요. '총기 소지증'이 있어야 무기를 가질 수 있습니다. 성 혁주소조의 규정인데 '총기 소지증'이 있습니까? 꺼내 보십시오."

수염은 생각해 보더니 과장되게 어깨를 으쓱거리며 두 손을 벌리더니 히죽거리며 말했다. "갖고 오는 걸 잊었네. 이봐 친구, 한번 관대히 봐 주는 게 어떻겠소? 이 아우가 나중에 감사드리지."

녀석은 우리들 나이보다 많았는데 스스로 '아우'라고 부르다니 정말이지 메스꺼웠다.

"안 됩니다! '총기 소지증'이 없으면 권총을 몰수해야 합니다!"

나는 고개를 저으며 단호하게 알려 주었다. 수염이 말했다.

"그럴 필요까지 있나? 동생, 한번 봐 주게. 우린 친구인데 이렇게 막는다면 원수가 될 수 있어요."

난 그의 협박이 두렵지 않았다. 이제까지 그 어떤 개망나니 자식들도 우리 청년근위군 사람을 어찌 해볼 수는 없었다! 방금까진 나를 '친구'라고 부르더니 이젠 또 어조를 바꿔 '동생'이라 부르다니! 흥! 좀더 뻣뻣하게 대해야 했다.

"두말할 것 없습니다. '총기 소지증'이 없으면 물러나시죠! 업무를 방해하지 마십시오." 난 그의 붉은 노트를 돌려주며 참을 수 없다는 듯 큰 소리로 말했다.

수염은 한참을 아무 소리도 내지 않으며 표독스럽게 나를 쳐다보며 흉악한 눈빛을 번쩍거렸다.

난 옆에 있는 형제들에게 지시했다.

"쳐다보지 마. 계속해서 업무들 보도록 해."

수염의 권총은 우리들 중 장(張)씨에 의해 수거되었다. 그는 좋아라 하며 그 총을 쥐고는 하늘을 향해 흔들어 보더니 해죽거리며 몹시 기뻐했다.

수염은 이를 악물고 고개를 끄덕이며 나를 향해 흉악스럽게 말했다.

"좋아. 오늘은 네 놈들이 이렇게 했지만 내일 네 놈을 기억해 주지!"

말을 마치자 그는 화기 치민 듯 옆에 있던 여자를 두드리며 큰 소리로 말했다. "가자! 오늘은 이 몸이 재수가 없어 개한테 물렸다."

이 말을 듣고 수염의 그만두려 하지 않는 꼴을 보자 나 역시 화가 치밀었다. 어깨에 메고 있던 보병총을 재빨리 받쳐 들고는 수염을 향해 외쳤다. "멈춰!"

수염이 정말로 멈춰 섰다.

"방금 뭐라고 말했지?" 내가 화난 목소리로 물었다.

몇 명의 형제들이 모두 몰려왔다. 수염의 말을 모두들 들은 것이다.

"난, 아무 말 안 했어!"

수염은 상황이 묘해지는 걸 보자 겁이 났던지 엉겁결에 부인했다.

난 일단 시작한 일이니 철저하게 해야 한다고 생각했다. 녀석을 한 번 혼내 주고 우리의 위력을 보여 주어 뭐가 '두려움'인지 알게 하지 못한다면 앞으로 얕보거나 보복을 당할지도 모르는 일이었다. 무슨 좆 같은 '부사령'인진 몰라도 무슨 능력이 있다거나 무슨 대단한 빽이 있다고는 생각지 않았다.

난 수염을 묶어 총부로 데려가라고 명령했다. 검문소도 없고 우선 이 수염을 손 좀 봐 줘야 했다. 이 녀석의 조직에 수거할 만한 총이 있을지 모르는 일이었다.

그날 밤 총부에서 우리 몇 명은 수염을 주먹으로 때리고 발로 차고 혁대로 때렸다. 놈이 이마를 땅에 조아리며 용서를 빌었을 뿐 아니라 놈의 자백도 받아 냈다. 무슨 '마오쩌둥사상 전무적 조반병단'이란 조직은 열두세 명에 불과했으며, '사령'은 약간의 명성이 있는 건달이었다. 군구 무기의 탈취 열풍을 틈타 이들 역시 총기와 총탄을 손에 얻은 것이다. 대부분 권총을 가지고 있었는데, 이들은 파벌 무투전에는 결코 참가하지 않았으며 단지 거리와 골목·찻집과 영화관을 활보하며 거만하게 횡포를 부렸던 것이다.

난 이러한 상황을 총부의 뤄 우두머리에게 보고하고는, 사람을 보내 '전무적' 병단을 조사하고 이 기회에 권총을 수거하자고 말했다.

뤄 우두머리는 수염 녀석을 직접 심문해 보더니 '전무적' 병단의 사람 수가 많지 않다는 것을 확신하고는 총부 무장인원들에게 출동을 명령했다. 백 명에 이르는 대오가 몇 대의 차량으로 나눠 타고, 수염을 데리고 '전무적' 병단이 소재한 성 상업청 건물로 갔다.

무슨 전투랄 것도 없이 '전무적' 병단이 점거한 사무실로 치고 들어가 허공을 향해 몇 발의 공포탄을 쏘자 바로 문제가 해결되었다.

'전무적' 병단엔 정말로 십여 명의 사람뿐이었다. 그 중 네다섯 명은 여자로 모두 젊은 아가씨들이었다. 우리가 돌진해 들어갔을 때 몇 명의 남녀들은 음란한 짓을 하고 있었는데, 우리 형제들에 의해 잡혀 한바탕 혼쭐이 났다. '전무적' 병단에서 삼십여 자루의 총을 수거했다. 태반이 권총이라 나 역시 59식 권총과 번쩍거리는 몇 개의 탄환을 손에 넣었다.

'전무적' 병단의 사무실 안에는 총과 탄환 외에도 어디서 빼앗은 건지 모르는 담배와 병 포도주, 맥주가 십여 박스 쌓여 있었다. 또한 바닥에는 빈 술병과 담뱃재가 도처에 널려 있었을 뿐, 등사기와 먹물병·붓 등 군중조직으로서 갖춰야 할 최소한의 기자재는 유독 보이지 않았다. 백지가 몇 묶음 있었지만 놈들은 대자보를 쓰는 데 사용하지 않고 책상 위에 깔고는 마작을 하는 데 쓰고 있었다. 보아하니 놈들은 전혀 무슨 문화대혁명에 참가하려는 것이 아니었다.

안타깝게도 '사령'이란 놈은 잡지 못했다. 마침 놈은 외출해서 돌아오지 않았는데 그렇지 않았다면 틀림없이 육체적 고통을 한바탕 맛보았으리라.

권총을 손에 넣은 사람들은 모두 '9·5' 명령 전처럼 공개적으로 자랑하지는 못했다. 그저 서로 몰래 감상하면서 감출 뿐이었다. 왜냐하면 이 권총들은 더 이상 '총기 소지증'을 얻을 수 없었기 때문이었다.

자동소총과 보병총·기관총 등 총기를 노획하여 모두 총부로 넘겨 봉합하고 다시 성 혁주소조와 해방군 47군에 넘길 준비를 하였다.

성 혁주소조와 해방군 47군은 창사시에 '총기 수거소' 몇 곳을 설치하여, '문공무위' 사람을 제외한 군중들이 보유한 무기는 모두 이 '총기 수거소'에 반납하라고 호소했다. 이 '총기 수거소'에서는 해방군과 '문공무위' 사람들이 공동으로 수비를 섰다.

난 십여 명의 형제들과 함께 창사시 제11중학에 설치된 '총기 수거소'에서 근무하라는 명령을 받았다. 이 학교는 당시 시 외곽에 위치해 있어 주위가 번화하지 않았지만, 적지 않은 공장과 기관이 있어 매일 총을 반납하러 오는 사람들로 북적였다. 대부분 단체로 조직해 반납했고 심지어 어느 단위에서는 징과 북을 두드리며 '9·5명령을 결단코 옹호하자'라는 플래카드를 내걸고 떠들썩하게 무기를 묶어 포장한 상자를 가져오기도 했다. 왜냐하면 각 조반조직의 우두머리끼리 소수의 '문공무위' 사람을 제외한 나머지 사람들의 총기는 모두 반납하기로 협정했기 때문이었다. 따라서 '공련'·'상강풍뢰' 등 조반조직의 하부단위는 모두 단체로 총기를 반납했다. 당시 조반파의 급진분자들, 특히 학생 홍위병 중의 급진분자들은 '9·5' 총기반납 명령에 대해 상당한 불만을 갖고, 이것이 조반파의 세력을 약화시킬 것이며 무기를 소지한 조반파는 마땅히 96년 전의 '파리코뮌'(1871)으로부터 배워야 한다고 생각하고 있었다. 또한 스스로 정부 상비군과 충분히 맞설 수 있는 강대한 프롤레타리아계급 '국민자위군'이 되어야 하며, 지금 성 혁주소조와 47군에 총기를 반납하는 것은 '자살이나 다름없는' 행위라고 생각했다. 따라서 그들은 도처에 표어를 붙이고 전단을 뿌리며 대자보를 쓰면서 총기반납에 반대했다. 급진분자들은 심지어 우리가 소재한 '문공무위 지휘부'가 '관방에 의해 이용당하는' 무장조직이라고 비판하기도 했다. 그들은 독립적인 파리코뮌 '국민자위군' 식의 조반파 '민간 문공무위 지휘부'의 성립을 준비하기도 했다. 급진분자의 여론공세는 맹렬했고 그들의 일부 관점 역시 많은 조반파들의 동정과 공감을 불러일으키기도 했다. 그러나 그들의 숫자는 많지 않았고 강대한 대항세력을 형성하기엔 부족했다. 또한 80% 이상의 조반파를 통솔하는 '공련'과 '상강풍뢰' 등 조직의 우두머리들은 이미 성 혁주소조의 중요한 구성원으로 급진분자들의 선전을 이해하지도 않았고, 따를 리도 없었다. 오히려 그들은 소속 기층조직에게 총기수거 명령과 규정을 적극 집행하라고 명령했다. 이에 따라 한 단위 한 단위씩 조반파는 모두 질서정연하게 무기를 각 '총기 수거소'로 보냈다.

'총기 수거소'에서의 우리의 임무는 경비를 보는 일이었다. 만약의 사태에 대비하여 총기는 우리가 수거하지 않고 모두 47군 해방군이 접수와 등록·보관을 맡았다. 다른 사람들 모두 총의 반납을 몹시 아쉬워했으나 우리는 여전히 득의양양하게 총을 멜 수 있어 알 수 없는 우월감이 저절로 생겨났다. 게다가 총기를 반납하는 조반파들의 부러워하는 눈빛을 볼 때면 끝없는 우쭐함이 더욱 생겨났다.

우리는 일주일 동안 '총기 수거소'를 지켰다. 매일 대량의 무기가 반납되는 것을 보았다. 자동소총·보병총·기관총, 심지어는 몇 대의 박격포와 60포까지 형형색색의 갖가지 종류가 다 있었다. 허나 나는 반납된 총기 중 권총이 많지 않다는 것을 알았다. 마지막 이틀 동안 근무할 때 십여 개의 권총이 반납되는 것을 보았지만 그것은 모두 크고 둔탁한 모제르총이었다. 나는 우리와 마찬가지로 조반파들 모두 자신의 총기를 갖고 싶어 할 거라고 생각했다. 장총은 숨길 수가 없으니 아마 작은 권총만을 남겨 둔 것이리라.

'총기 수거소'의 임무가 아직 끝나지 않았는데 총부에서는 모두 총부로 철수하여 합동훈련에 참가하라고 했다. 각 조반조직이 모두 하나로 편성되어 '혁명노동자대표대회'〔工代會〕나 '홍위병대표대회'〔紅代會〕에 참가했다. 농민 조반파는 '농대회'(農代會)를 조직했다. 이후로 점차 '파벌'이 평정되었고 각 조반조직은 모두 해산되어 '공대회'·'농대회'·'홍대회'의 기치 아래로 하나가 되었다. 이것은 베이징의 방식을 따른 것으로 중앙에서는 각 지역의 조반파들이 배워야 한다고 호소했다. 또한 '문공무위 지휘부' 역시 20개의 무장중대로 재편되었다. 이들 무장중대는 더 이상 어떠한 조반조직에도 속하지 않았으며 '문공무위 지휘부' 관할 직속으로 성 혁주소조에서 지도하였다. 우리 '문공무위' 사람들 역시 간소하게 재편되었다. 왜냐하면 이때 성 혁주소조는 전체 청년근위군 모두 '문공무위' 계열에 들어가는 것에 동의하지 않았고 일정 비율의 구성원만 향후 '문공무위' 요원이 될 수 있다고 보았기 때문이다. 새로운 '문공무위' 조직은 모두 20개 중대에 불과했다. 청년근위군 한 개 조직의 무장인원은 모두 이 숫자를 초과했고 더 많은 무장인원을 보유하고 있던 다른 조반파들은 더 말할 필요도 없었다. 따라서 각 조반파조직의 '문공무위' 세력은 모두 '감군'(減軍) 문제에 직면하게 되었다.

이 소식은 우리 청년근위군의 형제들을 크게 낙담시켰고 또한 분노하게 만들었다. 한동안 죽기를 결심하고 공로를 세웠다고 자임하던 형제들 역시 모두 총을 수거당하는 액운을 당해야 했다. 며칠 전까지만 해도 우쭐거렸던 우리는 순간 얼음물 단지에 뛰어든 것처럼 한참 동안 숨을 내쉴 수가 없었다.

불만과 항의·소란·푸념들이 한동안 총부에서 새어 나왔지만, 모두들 상황이 역전될 수 없다는 것을 알았다. 왜냐하면 이 방안은 성 혁주소조 관방의 명의로 발표되었지만 실제 각 조반조직의 우두머리들이 대부분 이 방안의 공동 지지자였고, 심지어 지지자들 중엔 우리 청년근위군 총부의 우두머리들까지 포함되었기 때문이다. 이들 우두머리들은 이미 시 혁주소조에 자리가 생겼거나 혹여 향후 공식적인 성 혁명위원회에서 한 자리라도 차지하고 싶어 하는 사람들이었기 때문에, 그들이 문제를 고려하는 시각은 당연히 아래 구성원들의 견해와 같을 수 없었다.

한참 동안 푸념을 털어놓고 나자 모두들 명령에 따를 수밖에 없었다. 필경 우리는 '혁명'에 참가하러 온 것이었고 언제나 조직을 염두에

두어야 했다.

총부 우두머리들은 우리 청년근위군은 한 사람이라도 더 새로운 '문공무위' 조직에 들어갈 수 있도록 노력할 것이니 우선 안심하고 훈련에 참가하라며 위로했다. 이때 훈련을 잘 받은 사람을 선발해 전문적인 '문공무위' 조직을 만들어 해방군의 '예비부대'로 삼을 것이라고 했다.

그러나 이 말은 이미 그리 큰 효과가 없었다. 우린 모두 이렇게 변화무쌍한 정세로 인해 오늘의 어떠한 약속도 믿을 수 없다고 서서히 느끼고 있었다. 당초 각 조반조직 모두 무장세력이 있어야 하고 조반파를 무장시켜 문화대혁명의 승리를 지켜야 한다고 말했지만, 그 뒤로 또다시 총기를 반납하라고 하면서 일부 무장 세력만 '문공무위'라는 기치 아래에서 활동하게 하더니, 이제 또다시 '문공무위' 인원을 감축하려고 하니 내일 이 새로 재편된 '문공무위'가 활동을 지속할 수 있을지 누가 알겠는가?

조반파의 '민병'이 되고 해방군의 '예비부대'가 되겠다는 몽상은 비누거품 같았다. 아직 터지지는 않았지만 모두들 시간문제일 뿐이라고 느끼고 있었다.

한두 주 집단훈련을 받고 나자 과연 새로운 방침이 다시 내려왔다. '문공무위 지휘부' 역시 활동을 하지 않고 공안기관 군관회의 형사 범죄 타진에 협조할 '치안지휘부'와 소량의 무기를 제외하고는, 다른 조반파 모두 반드시 무기를 반납해야 하며 한 알의 총탄이라도 남길 수 없다는 것이었다. 또한 소량의 무기를 보유한 조반파 '치안지휘부' 역시 공안기관 군관회의 지도를 받아야 했으며, 더 이상 성 혁주소조와 각 조반조직이 직접적인 지도를 행사하지 않게 되었다.

총부 우두머리들은 총기반납 동원을 진행하면서 모두에게 총기를 반납하라고 했다.

극도의 상실감에 빠졌던 형제들 모두 어찌할 도리가 없으며 수중에 있는 총을 지킬 수 없다는 걸 알았다. 이에 따라 필사적으로 하늘에 대고 폭죽처럼 쏘아 댔고, 술병이나 벽돌에 대고 사격 연습을 하기도 했으며, 아무 이유 없이 아무 영문도 없이 쏘아 대며 자신의 불만과 답답함을 발설했다. 며칠 동안 창사시 도처에서는 '탕탕탕탕' 하는 총소리가 울렸고 다른 조반조직의 무장세력 역시 약속이나 한 듯 쏘아 대기 시작했다. 처음에 일반인들은 또 어디에서 무투가 시작되었나 보다 하며 몹시 놀랐지만 나중엔 조반파가 답답한 마음을 털어 버리려 한다는 것을 알았다. 이에 따라 일반인들은 어른 아이 할 것 없이 모두 총소리를 두려워하지 않았고, 오히려 총소리가 들리는 곳으로 구경하러 뛰어가기도 했으며 아이들 역시 탄피를 주우러 뛰어왔다.

총탄을 다 쏘았거나 혹은 대충 다 쏘았는지, 모두들 아쉬워하며 그 뜨겁던 총기를 일괄적으로 보관하는 장소에 갖다 두었다.

나는 몇 개월 동안 나와 함께했던 041949 보병총을, 탄창부에서 아직 짙은 화약 냄새가 사라지기도 전에, 총부의 총기보관 임시 창고에 얌전히 갖다 두었다. 이제부터 더 이상 내 것이 아닌 소총을 보고 있자니 몹시도 슬프고 유감스러웠다.

아름다운 59식 권총은 감춰 두었다. 이러한 권총은 모두들 '장군표'라고 불렀는데, 정교하고 세밀하여 사격 시 큰 반동이 없었다. 나는 그 권총을 무척이나 좋아하며 보물로 여기고 있었다. 당시 청년근위군의 많은 형제들은 모두 권총을 얻었지만 등록하지 않았고 나 역시 마찬가지였다. 따라서 우리는 몰래 숨겨 둘 수 있었다. 나는 권총이 있으면 앞으로 스스로 방어할 수 있고 또 기념이 될 수 있을 것이라고 생각했다. 다른 사람들도 있는데 나라고 없을 수는 없다. 당시 총기반납 명령은 갈수록 엄격해졌지만 어쨌든 아직 조반파의 세상이었고, 나 역시 조반파로 총 하나를 남겨 둔 사실이 나중에 발각되더라도 날 어떻게 하지는 못할 것이었다. 꼭 반납해야 하는 것이라면 그때 가서 반납해도 되었다. 난 그렇게 계산하고 있었다.

총기와 탄약이 수거되고 파벌 간의 무투 역시 중지되었다. 직업군을 초월한 군중조직이었던 청년근위군 역시 무기를 사용할 곳이 없었다. 총부 우두머리들은 비밀리에 일부 무기를 남겨 두었고 스스로 성·시 혁명위원회에 들어가기 위한 노력을 다했지만 나는 내가 '제대' 해야 한다는 걸 알고 있었다. 사회 조반세력은 절대적인 승리를 거두었지만 나 자신의 단위에서는 아직 가서 싸워야 할 필요가 있었다.

나는 '장군' 권총을 몰래 가지고 한평생 잊을 수 없는 청년근위군과 작별하고는 내가 소속된 회사로 돌아왔다.

그러나 단위로 돌아온 지 며칠 지나지 않아 '장군' 권총은 나를 떠나고 말았다. 원래 최소한 일 년쯤은 가지고 있을 심산이었다.

키신저는 '다른 사람을 찬양하는 데는 대가를 치를 필요가 없지만, 다른 사람을 동정하려면 희생이 따른다' 고 말했다.

나의 '장군' 권총은 나의 동정심을 이용해 다른 사람이 가지고 가 버렸다.

내가 청년근위군에서 집으로 돌아왔을 때 아버진 아들이 터럭만큼의 부상도 없이 무사히 집에 돌아온 것을 보시고는 안심하며 기뻐하셨다. 게다가 더 이상 '전투' 하러 갈 리도 없었다.

철도에 근무하는 30여 세 가량의 장(張) 사부가 있었는데, 그는 우리 집에서 멀지 않은 이웃이었다. 그 역시 조반파였고 철도국의 '공련' 사람으로 평소 나와 격의 없이 얘기를 주고받았다. 그래서 나는 내 권총을 그에게 보여 주었고 자랑하고 싶기도 했다. 장 사부는 내 총을 잡고는 이쪽저쪽 살펴보며 말했다. "정말 아름답고 정교하네. 내가 썼던 모제르총보다 훨씬 멋진걸." 이 말을 듣자 나는 몹시 만족스러웠다.

뜻밖에 삼 일째 되던 날 저녁 그는 그의 집으로 오라고 하더니 우선 차를 권하고 술을 따르더니 예의를 갖추어 날 대접했다. 그러더니 근심으로 가득한 얼굴로 내게 도와달라는 부탁을 했다.

나는 내가 할 수 있는 일이라면 도와주겠다고 즉석에서 대답했다.

그는 원래 모제르총 한 자루밖에 없는데 만일에 대비하여 집에 59식 권총을 숨겨 놓았다고 직장에서 자랑을 했다고 말했다. 이제 총을 반납하라고 해서 그는 모제르총만 반납했는데, 어떤 사람이 철도 주재 해방군 군 대표에게 그가 59식 권총을 가졌다고 고발했고, 군 대표는 그를 찾아와 반납하라고 말했다는 것이었다. 그는 군 대표에게 허풍이었다고 말하며 계속 해명했지만 군 대표는 그의 말을 믿지 않았고 오히려 강경하게 설득을 하더라는 것이다. 군 대표가 지겹도록 달라붙고, 또 생각해 보니 정말로 문제더라는 것이다. 만약 총을 반납하지 않으면 나중에 사람들이 권총을 감췄다고 영원히 의심할지도 모르며, 심지어는 당안(檔案)에 기록까지 된다면 정말로 큰일이라는 것이었다.

"아우, 자네가 한번만 도와주게. 자네 권총으로 날 좀 구해 주게."

장 사부는 기어코 괴로운 얼굴로 내게 말했다.

"날 도와주면 내 평생 아우의 은혜를 잊지 않을게."

그의 말을 듣고 나자 난 멍했다. 마음속으로 후회막급이었다. 장 사부에게 총을 보여 주는 게 아니었는데!

그러나 몇 번이나 눈물을 글썽거리는 그의 근심어린 표정을 보자 난 모르는 체할 수 없었다.

"권총을 갖다 주지 않으면 평생 총기를 감췄다는 죄명을 쓰고 살아야 하고 역사 문제가 될지도 몰라." 장 사부는 또다시 탄식하며 고개를 저었다. "애초에 허풍을 떤 내 자신을 탓할 수밖에!"

나는 그가 다소 우습게 보였다.

이런 꼴로 애초에 무슨 조반파를 했는가!

됐다. 줘 버리자!

더 이상 그의 가련한 모습을 보고 싶지 않았다.

하지만 앞으로 누군가 이 총을 추궁하러 온다면 어쩌지?

"자네가 내게 준 거라고 증인이 되어 줌세!"

장 사부는 이미 계산해 두었다는 듯 얼른 가슴을 두드렸다.

그날 밤 장 사부는 내 권총을 철도 주재 군 대표에게 갖다 주었다. 그리고는 밤인데도 불구하고 우리 집에 와서 내게 총기반납 영수증을 보여 주었다.

"아우, 자네가 날 크게 도왔네!" 그는 기뻐하며 내게 말했다.

그는 홀가분해졌겠지만 나는 이유도 없이 가까스로 보관해 둔 권총을 잃은 셈이었다.

당시엔 그저 내가 장 사부보다 젊고 활동 반경도 넓어 친구도 많으니 권총 하나쯤은 더 손에 넣을 수 있으리라 생각했다.

그러나 정세의 변화로 더 이상 총을 얻을 기회는 없었다. 그 뒤로 오랫동안 일순간 마음이 약해져 장 사부에게 총을 건네준 것을 후회했다. 그가 허풍 떤 일은 약간의 처벌만 받으면 됐을 텐데 군이 그를 동정할 필요가 있었는가? 그 뒤 철도에 근무하는 다른 사람으로부터 장 사부가 총을 원한 건 무슨 허풍 때문이 아니라 단위를 위해 군 대표 앞에서 그의 공적을 드러내고, 혁혁한 이름의 청년근위군의 총도 그의 설득으로 반납했다는 자신의 능력을 과시하기 위한 것이었다는 사실을 알았다.

나는 화가 치밀어 올랐다!

장 사부는 절대 다른 사람의 말이 사실이 아니라며 또다시 내게 설명했고, 심지어 내 앞에서 만약 거짓이라면 번개에 맞아 타 죽을 거라는 맹세까지 했다.

어쨌든 간에 나는 더 이상 그와 상대하지 않았고 그때부터 단호하게 대했다.

하지만 그 뒤로 내가 숙정당할 때 우리 단위의 전안조가 그를 찾아가 내 59식 총의 행방을 추적 조사했다. 당시 그도 숙정당하고 있었지만 오히려 태도를 분명히 하면서 조금도 주저하지 않고 책임을 인정하였다. 권총은 그가 내게 달라고 했던 것이고 또 그가 어떻게 허풍을 떨어 내게 도와달라고 했는지도 진술했다. 내게 권총을 달라고 했던 상황을 애기할 때는, 내가 '기꺼이 남을 도와주는 사려 깊은' 청년이라고 말하기까지 했다는 것이다.

그 뒤로 전안조 사람이 장 사부를 찾아가 조사했을 때의 상황을 내게 말해 주었을 때 나는 돌연 그에게 감사했다. 아마 다른 사람이 그에 대해 애기한 것은 사실이 아니었을 거라는 생각까지 들었다.

〖 18 〗
'성무련' 사건의 방관과 '삼우일풍' 반대 운동

'성무련'을 비판하고, '삼우일풍'에 반대한 이 두 가지 사건은 모
두 후난성 안에 국한된 운동이었다. 그러나 이 와중에 한 명의 청
년과 한 명의 장년이 중심인물로 연루되었고, 그 뒤 각자 서로 다
른 영역에서 중국의 역사가 되었다.

이 두 인물 중 나이가 적은 사람은 양시광(楊羲光), 나이가 많은 사
람은 화궈펑(華國鋒)이다.

1968년 한 해 동안 후난의 문혁과정에서 서로 다른 내용의 두 단계의
작은 운동이 잇달아 일어났다. '성무련' 비판과 '삼우일풍' 반대 혹은
'삼홍 타도'〔炮打三紅〕 사건이다.

이 두 단계의 작은 운동은 이전의 파벌투쟁과는 현저하게 다른 특징
이 있었다. 즉 조반파들이 모두 사건 상황에 주목했지만 실제 말려들
어 간 사람은 많지 않았다. 이 운동은 주로 서로 다른 의견을 지닌 군
중조직 우두머리들 간의 투쟁이었으며 소수 급진분자들이 발동한 이
론적인 논쟁전이었다. 당시 조반파 노동자들은 이미 자신의 소속 단위
의 조반업무에 바빠 있었고, 사회에서 새로 발생하는 투쟁에 대해서는

흥미가 크게 줄었다. 따라서 2차 파벌투쟁에서는 보수파를 비판하고 공격하던 이전의 투쟁처럼 십만 명을 동원하는 군중집회를 자주 개최할 수 없었고, 심각한 무투나 파괴적인 행동도 매우 적게 나타났다. 대개는 대자보나 표어, 각종 소형집회 형식에 국한되었다.

나는 사회조직의 우두머리는 아니었으며, 당시 소속 단위로 돌아와 공장 공대회(工代會)의 부주임을 맡고 있었다. 따라서 이 두 번의 운동에 대해서는 단지 사상적으로만 관심을 갖고 있을 뿐, 실질적인 참여는 하지 않았다. 그러나 그러한 환경과 분위기 속에 처해 있었기 때문에 일부 사람들과 사건을 접하면서 많은 느낌을 받았다.

중앙에서 후난성 문화대혁명 문제에 관한 '8·10' 결정을 내리자 후난 조반파들은 모두 매우 기뻐하며 환호했다. 그러나 기쁨의 이면에는 불만도 있었고, 새로운 반대파가 생겨나기도 했다. 이러한 새로운 불만과 반대 의견에 따라 강대한 '문공'(文攻)의 새로운 파벌전이 개시되었다.

조반파 중에 사람 수는 많지 않지만, 그 에너지가 작지 않은 급진분자가 나타났다. 그들은 '공련' 조직 우두머리들의 소위 '우경' 현상에 대해 불만을 품기 시작했고, '공련' 조직 우두머리들이 '상강풍뢰' 복권을 위해 힘을 다하지 않는다고 비판했다. 나아가 중앙에서 임명한 성 혁명위 주비소조에 원래 성위 서기였던 화궈펑과 후보서기였던 장보선이 부조장의 지위를 차지하여 조반파 대표의 지위보다 높은 사실에 불만을 품었다. 특히 매우 피동적으로 마지못해 조반파를 지지했던 화궈펑을 몹시 비판하며 '화궈펑은 썩 꺼져라!' 라는 표어를 공개적으로 내걸기도 했다. 심지어 어떤 사람은 '성 혁주소조는 중간파와 기회주의자의 공동 탈권이다' 라는 대자보를 붙이기도 했다. 또한 군중조직

문제에서 그들의 관점은 더욱 급진적이었는데, '혁명은 아직 성공하지 않았고 조반 노력은 계속되어야 한다', '문화대혁명은 이제 막 시작했을 뿐이다'라고 여겼다. 후난의 군중조반조직은 아직 중앙의 요구대로 우선 해산한 뒤 각 분야별 조직(공대회·농대회·홍대회·직대회)으로 대연합하는 형태로 하지 않고 기존의 군중조반조직을 기초로 하여 연합을 진행하였다. 또한 '상강풍뢰' 조직이 연합의 핵심이 되길 희망했다.

이러한 급진분자의 요구는 당연히 위로는 중앙, 아래로는 성 혁주소조와 '공련' 계열의 조반조직 우두머리들에게 받아들여질 리 없었다. '공련' 쪽에서도 받아들이지 않았다는 것은 창사시 20여만 명의 산업 노동자를 주체로 하는 조반파 노동자가 급진분자의 편에 서지 않았다는 것을 의미한다. 예웨이둥(葉衛東)을 필두로 '상강풍뢰' 조직은 대부분 급진분자 활동에 참여하지 않았거나 아예 반대했다. 설사 그들이 마음속으로 급진분자의 일부 관점을 찬성했을지라도 말이다.

이들 급진분자들은 당시 '극좌파'로 불렸다. 이러한 호칭에 대해 급진분자들 자신을 포함해 각 분야에서 모두 인정하고 있었다.

'극좌파'는 당시 주로 두 가지 일을 했다.

첫째, '상강풍뢰' 조직에서의 급진좌익분자와 '고교풍뢰'·'홍중회' 등 각 학교 홍위병을 주체로 한 십여 개의 조직에선 각 군중조직은 업종에 따라 연합하라는 당시 중앙의 호소와 지시를 거역했다. 이들은 1967년 10월 7일 성명을 발표하며(성명의 원래 날짜는 11일이었지만 실제 7일에 대외 공개되었다), 사회 조직을 단위로 한 '후난성회 무산계급 혁명 조반파 대연합위원회'라는 명칭의 기구, 즉 '성무련'를 공동 설립할 것을 선포하였다. 또한 『상강평론』(湘江評論)이라는 이름의 '성무련' 기관보를 발행하기로 했다.

둘째, 잇달아 '극좌파'의 관점을 담은 많은 문장과 성명을 쓰고 발표하면서, 성 혁주소조와 '공련' 파에 대한 갖가지 반대 의견과 문혁운동에 대한 관점을 공표했다. 이러한 문장과 대자보에는 '후난은 대란(大亂)해야 한다', '창사는 어느 길을 따를 것인가?'와 '우리의 강령'과 '중국은 어디로 가는가' 등등이 있었는데, 계속 전진하여 조반운동을 벌이자는 관점과 '신사조'라 불리는 매우 놀랄 만한 관점들이 보였다. 그 중에서 특히 주목을 끄는 것은 '홍중회'(紅中會)조직 소속의 창사시 1중 홍위병인 '자이웨이둥'(齊衛東)과 '탈군권'(奪軍權)이라는 두 개의 전투대로, 8월 12일 저우언라이 총리를 '타도'하자는 대자보와 표어를 공개적으로 붙이면서 저우언라이를 '2월 역류와 2월 진압의 주범'으로 고발했다.

이 두 가지 사건, 특히 '신사조'의 문장과 대자보는 급기야 1968년 1월 24일 저우언라이·천보다·캉성·장칭·야오원위안 등 중앙 고위층이 비상 집단 담화를 거행하게 만들었다. 후난성 혁주소조 등 '학습반'에 참가하러 베이징에 온 사람들을 접견할 당시 중앙 고위층은 '성무련'과 이들의 관점에 대해 매우 혹독한 비판을 했다. 물론 '성무련' 조직에 대해 사형을 선고했으며, 이들을 '반(反)혁명의 잡동사니'라고 분명히 비난하였다. 그 뒤 '성무련'의 일부 우두머리와 상술한 문장과 관련된 저자들은 잇달아 성 혁주소조의 명령에 따라 체포되었다. 그 뒤 후난성 전체에서 '성무련'을 비판하는 선전운동이 전개되었다.

실제 '성무련' 조직은 느슨한 '극좌파' 연맹으로 기본 핵심은 대학생과 중고등학생 홍위병이 대부분이었다. '상강풍뢰'·'청년근위군'·'동방홍총부' 등 '성무련' 성립 '성명'에 서명한 일부 조직들은 그 뒤 모두 참가 부인 성명을 발표하면서, 그 서명은 총부의 동의 없이 개인이 한 것이라고 해명했다. '상강풍뢰' 제1우두머리인 예웨이둥과 '동방홍총부'의 제1인자인 류딩안(劉定安), 그리고 '청년근위군'의 '하이 사령'은 모두 잇달아 이 성명에 대한 서명을 인정하지 않았다.

내가 알기로 '청년근위군' 조직원들 대부분은 '상강풍뢰'를 동정하고 '공련'에 대해 반감이 있었지만(왜냐하면 '9·19'와 '육호문'의 무투에서 '공련'에 의해 많은 사람이 죽었기 때문이다), 총부 우두머리들 중에는 공개적으로 '극좌파'의 관점을 지닌 사람이 있었다. 거즈쯔(戈枝紫)라는 우두머리가 확실히 그랬다. 우리는 평소 그를 '자맥질 형'이라는 별명으로 불렀다. 그는 창사 사람이 아니라 후난 천저우(郴州)에서 왔는데 간부 자제로 유창한 표준어를 구사했고 베이징 홍위병들과도 적지 않은 연계가 있었다. 게다가 그는 언제나 거의 대머리에 가까운 상고머리로 이발을 했다. 그래서 어떤 사람은 그를 베이징의 '연동'(聯動) 분자로 의심하기도 했다.

거 우두머리는 '하이 사령'이 '성무련' 조직에 참가하지 않는다고 밝히자, '상강풍뢰'의 '극좌파' 사람이 벌인 '상강풍뢰 임시인수관리위원회'의 방식을 따라 종종 '청년근위군 군사편제위원회'라는 이름으로 '성무련' 쪽 회의에 참가했다. '상강풍뢰 임시인수관리위원회'는 실제 '상강풍뢰'에 소속된 몇 개 전단의 일부 '극좌파' 사람들이 12월 24일 총부를 봉쇄한 다음 날 '성립'을 선포한 것으로, 정말로 참가한 사람이 있었다. 하지만 '청년근위군'의 무슨 '군사편제위원회'라는 것은 단지 서류상으로만 존재했고, 기껏해야 거즈쯔 우두머리의 서명에서만 존재할 뿐, 아무것도 없으며 조직을 편성할 사람도 없었다.

그러나 '청년근위군' 총부에서 거즈쯔는 인기가 좋았다. 그는 사람들에게 친절해 모두가 좋아했고, 그의 주장에 동의하지 않는 다른 우두머리들도 '하이 사령'을 포함해 모두 그와 개인적으로 관계가 좋았다. 거즈쯔의 행위에 대해 '하이 사령'은 공개적으로 비난하면서 '밖에서 제멋대로 서명하지 말라!'고 요구했지만, '상강풍뢰' 총부의 제1우두머리 예웨이둥과 2인자 장자정(張家政)처럼 '성무련'에 반대하거나 지지하여 물과 불처럼 공개적으로 서로 싸우지는 않았다. 그 뒤 '하이 사령'이 살인 사건의 책임을 지고 수감된 뒤로 거즈쯔는 그를 구하기 위해 사방을 다니며 대책을 강구했고, 나를 비롯한 많은 사람들을 찾아다니며 '하이 사령'의 혐의를 벗기기 위한 증언을 부탁했다. 개혁개방 후 80년대에 '하이 사령'이 장사를 시작하자 거즈쯔는 일부러 창사로 와 그를 도왔고 사업자금을 마련해 주기도 했다. 이러한 우정이 있을 수 있었던 건 아마 청년근위군이 모두 젊은이들에 의해 세워진 조직으로 기성 세대들이 만든 군중조직과는 다른 점이 있었기 때문이리라.

당시 창사 조반파에는 '성무련' 문제를 둘러싸고 '공련'과 '상강풍뢰' 양대 파벌 외에도 소위 제3세력의 조직집단이 있었다. 이들은 새로 출범한 '성무련'에 열심히 참가하지 않으면서도, '공련'이 '대국의 광신적 애국주의'의 태도를 자주 드러내는 것에 대해 불만을 갖고 있었다. 이 제3세력의 대표는 중고등학생 위주의 '후난 정강산 홍위병' 사령인 셰뤄빙(謝若冰)으로, 당시 '하이 사령' 역시 '청년근위군'이 이러한 제3세력의 위치에 있길 확실히 바라고 있었다. 그러나 중앙이 '성무련'에 대한 호된 비판을 하면서 '공련' 조직에 대해 높은 신임을 보이자 제3세력 조직집단의 역할과 영향은 급속히 주변화되었다. 결국 '하이 사령'은 성 혁명위 구성원 명단에서 제외되었을 뿐 아니라, 원래 성 혁주소조 구성원으로 중앙의 비준을 받았던 셰뤄빙 역시 150여 명의 성 혁명위원 중 일개 보통위원이 되었다. 원래 모두들 성 혁명위원회가 정식으로 성립된 후 셰뤄빙이 부주임을 맡거나 최소한 상임위원이 될 거라 여기고 있었다. 왜냐하면 셰뤄빙은 조반으로 후난성 전체에서 이름난 '혁명소장'이었고, 일찍이 톈안먼 성루에서 마오쩌둥의 접견을 받았으며 게다가 여학생이었기 때문이다. 그러나 오히려 이름세와 영향력이 셰뤄빙에 훨씬 못 미치는 대학생 천융(陳勇)이 소재 대학(중남광야中南礦冶 학원) 내 조반조직 '정강산 병단'의 책임자 신분으로 성 혁명위원회에 들어가 상임위원이 되었다.

'성무련' 문제의 위태로운 결과가 당시 셰뤄빙을 비롯한 사람들의 권력배분의 운명에 영향을 준 것이 틀림없었다.

문혁 이후 나는 셰뤄빙과 '하이 사령'과 각각 이 문제에 대해 얘기를 나눈 적이 있었는데, 그들 역시 이러한 관점을 갖고 있었다. '하이 사령'은 내게 이렇게 말했다.

"방법이 없었어. (그땐) 양쪽 모두 친구였거든!"

문혁 초기 열아홉 살에 불과했던 셰뤄빙은 창사에서는 어느 집에서나 다 알고 있는 풍운의 인물이었다. 우선 그녀는 1966년 8월 18일 톈안먼 성루에서 마오쩌둥의 접견을 받았으며, 그녀의 노트에 '마오쩌둥'의 사인을 받은 홍위병이었다. 또한 그녀는 용감하게 돌진해 조반하는 중고등학생 위주의 '정강산 홍위병 사령부'를 창설하였고, 문혁 중 성위기관보인 후난일보사를 두 번이나 봉쇄하여 후난 조반운동의 서로 다른 절정의 서막을 열기도 했다.

셰뤄빙은 고급간부 집안 출신으로 부모 모두 후난성의 청(廳)급 간부였다. 순리대로라면 그녀는 원래 보수파 홍위병에 속하는 대상이었다. 그러나 문혁 초기 창사시 1중의 고등학생이었고 이미 중공 당원이었던 셰뤄빙은 학교에 주재한 문혁공작조에 의해 준 '반혁명'으로 공격을 당했고 공작조의 블랙리스트에 올랐다. 셰뤄빙의 직설적인 성격이 공작조의 미움을 샀는지 모르겠다. 아니면 그녀의 부친이 후난성 중공지하당 계열 간부의 문제에 간접적으로 관련되었기 때문인가? 어쨌든 1966년 8월 셰뤄빙은 문혁 공작조에 의해 숙정당해 베이징으로 '고하러' 갈 수밖에 없었다.

그러나 이 하소연은 효과가 있었을 뿐 아니라 위대한 지도자의 접견까지 받을 수 있었다. 더욱이 셰뤄빙의 시야를 넓혀 주었고, '반동파에 대한 조반유리'라는 홍위병의 관념을 받아들이게 되었다. 따라서 그녀는 베이징에서 창사로 돌아오자 보수적인 '홍색정권 보위군' 홍위병과 함께하지 않았을 뿐 아니라 도리어 성위와 시위에 반대하는 중고등학생 홍위병인 '정강산 홍위병 혁명조반 총사령부'를 만들었다.

문혁 조반 초기 노동자들은 아직 조반하기를 꺼리고 있었고, 단위지도자들에게 '반혁명'이나 혹은 '우파분자'로 찍히더라도 마음속으로만 불복할 뿐이었다. 따라서 당시 대학생 홍위병 조반파인 '고사'와 중고등학생 홍위병인 '정강산 홍위병 사령부', 이 두 개 조직은 후난성에서 매우 큰 영향력이 있었다. 여자 홍위병 사령으로 용감하고 씩씩하게 행동하고 늠름했던 셰뤄빙은 사람들에게 더욱 매력적이었다.

1967년 7월 후난 무투가 고조에 이를 무렵 저우언라이 총리는 직접 이름을 거론하며 명령을 내렸다. 후난에 좌파를 지원하려 들어간 47군 군부에게 사람을 보내 스무 살에 불과한 셰뤄빙을 구해 베이징으로 호송하게 하였고(당시 셰뤄빙은 '고사' 쪽에 잡혀 있었다), 후난 문혁상황을 중앙에 보고하는 대표단에 참가하도록 했다. 그 뒤 셰뤄빙은 중앙에서 임명한, 화귀평과 해방군 47군 군장 리위안(黎原)을 포함해 십여 명에 불과한 후난성 혁명위원회 주비소조의 구성원이 되었다.

성 혁명위 성립 당시 셰뤄빙은 보통위원에 불과했지만 실제 그녀는 당시 후난 문혁 정치무대의 중심에 있었다. 당시 나를 포함한 많은 조반파들은 그녀의 일에 대해 불만을 품었다. 그러나 인간사 '새옹지마'라 했던가? 이후 셰뤄빙은 부주임이나 상임위원이라는 풍운의 직책을 맡을 수 없어 개인적인 영향력은 줄어들었지만, 더 이상 문혁운동이라는 심연에 빠지지 않게 되어 그 뒤의 인생이 편안할 수 있었다.

1970년 셰뤄빙은 일련의 심사를 받은 뒤 공장에 들어가 노동자가 되었다.

1974년 소위 비림비공(批林批孔) 운동과 1976년 비등반우(批鄧反右) 운동에서 많은 조반파 노동자들은 스무 살에 불과했던 셰뤄빙이 다시 강호에 등장해 주길 바랐지만, 그녀는 줄곧 인내하며 노동자 직분에 전념하고 열심히 공부했다. 나와 당시 공청단 성위·시위 '비림비공운동사무실'의 일부 청년들이 누차 그녀를 찾아가 후난 공청단 조반파의 기수와 우두머리가 되어 달라고 부탁했지만, 그녀는 매번 웃으며 단호히 거절하였다.

이로 인해 그녀는 사인방이 무너진 뒤로도 당시 조반파 친구들이 당한 숙정의 처지에 빠지지 않고, 오히려 대학입시가 회복된 기회를 이용하여 고등전문교육을 받을 수 있었고 일찌감치 컴퓨터 공정사의 자격을 갖출 수 있었다.

그 뒤 셰뤄빙은 대형 컴퓨터 소프트웨어 회사의 사장이 되었다. 비록 IT업계에서의 그녀의 명성이 당시 '홍위병 사령'일 때보다 높지는 않지만 그녀는 무척 보람차고 즐겁게 살아가고 있다.

체포된 '성무련' 사람 중에는 그 뒤로 세상에 이름을 날린 고등학생 양시광이 있었다. 당시 그는 19세로 창사시 1중의 고등학생이었다. 당시 그가 체포되어 판결을 받은 죄명은 주로 그가 '성무련' 쪽의 '이론가'였다는 것으로 「중국은 어디로 가는가?」 등 관점이 매우 급진적인 문장을 썼기 때문이었다. 또한 1968년 1월 24일과 그 뒤 이틀 동안 계속된 접견에서 천보다와 캉성 두 명의 중앙 지도자에 의해 수차례 이름이 거론되며 비판받았다.

양시광은 문혁 전 내가 창사시 제1중에 다닐 적에 같은 학년이었다. 우리는 당시 이른바 '세 가지 부류의 자제' (부친이 혁명 간부, 노동자, 빈·하·중농인 학생)에 속했었고, 같은 층 건물에서 공부했으며 고로 학교 정치보도원 소집이 있을 때마다 함께했다. 1965년 당시 그는 러시아어를 배우는 초급78반의 공청단 지부 서기이자 교단위(校團委) 위원으로 돋보이는 인재였다. 그래서 소위 '세 가지 부류의 자제' 친구들 중에서 그에 관한 기억이 남는다. 당시 그의 부모 모두 청(廳)급 간부였지만 나의 기억 속의 그는 조용하고 검소하며 심지어 낯을 가리는 모습으로 고급간부의 자제라고는 전혀 생각할 수 없었으며, 도리어 평민의 자제와 같은 모습이었다. 성위 성 군구의 간부자제들이 모여 있는 창사시 제1중학에서 양시광의 정신 상태와 모습은 부모의 권력에 의존해 거들먹거리거나 안하무인격인 부잣집 아이들과는 달리 뚜렷한 대조를 보였다. 그때부터 양시광에겐 정치가 아닌 학문을 해야겠다는 생각이 있었을까? 이 점에 대해 그 뒤의 양샤오카이 역시 분명하게 회고하진 못한다. 그러나 1966년 그가 1중 고등학생부로 진학한 후로 전례 없는 '문혁'의 폭풍이 일어나 공교롭게도 점점 더 정치에 말려들어가게 된다. 아마 학문을 하고 싶다는 생각과 포부를 펼칠 수 있었던 곳은 혁명 조반의 대자보와 홍위병이 등사한 전단뿐이었으리라.

분명 양시광은 당시 수천만 청년들과 마찬가지로 적극적으로 '문혁'에 돌진했고 위대한 지도자 마오 주석의 말에 따르는 가장 좋은 태도를 보였으며, 혁명 사업에 참여하며 성심성의껏 혁명 승계자가 되기 위한 구체적인 행보를 했다고 보아야 할 것이다. 그들은 자신의 이상과 추구, 그리고 충성과 열정으로 가득한 청춘까지 모두 돌보지 않고 용감하게 그 뒤 '재난'이라 불리게 되는 운동에 바쳤다. 그러나 혁명을 표방한 '문혁'에서 진정으로 목숨〔命〕을 제거당한〔革〕 사람은 결국 무슨 '주자파'나 무슨 소요파, 또는 이런저런 파벌들이 아니라 오히려 그 반대로 열심히 열정적으로 충성을 다하고 희생정신으로 가득차 '문혁'에 뛰어들었던 많은 청년들이었다!

한동안 적극적으로 '문혁'에 참가했던 양시광은 이 '문혁'에 의해 먼저 운명이 바뀐 사람들 가운데 한 사람이었다.

문혁이 시작되자 양시광의 부친은 누명을 쓰고 이미 당시 중공 후난성위에 의해 '펑·황·장·저우' (펑더화이彭德懷, 황커청黃克誠, 장원톈張聞天, 저우샤오저우周小舟)의 잔당세력'으로 공격받아 숙정대상이 되었다. 이러한 상황으로 인해 양시광은 자연히 문혁 초기에 이른바 '검은 패거리' 자제 행렬에 들어가게 된다.

당시 이른바 '검은 패거리' 자제들의 생각은 분명 소위 '흑오류' 자제들의 생각과 같을 리 없었다. 그들 모두 사회에서 '천민'이었지만 여기에는 확실히 미묘한 차이가 있었다. '검은 패거리' 자제들은 또다시 불운을 겪는다 해도, 잠시 동안 중앙의 일부 지도자의 불만 때문에 자신과 자신의 집안이 '억울한 일을 당하는 것' 뿐이라고 생각했다. 잠재의식 중에는 여전히 자신을 '일순간 마오의 봉황에서 추락하여' 잠시

'닭' 무리에 머문다고 여겼을 뿐이며, 근본적으로 문혁 이전에 받았던 교육에 대한 신념이 동요될 리 없었다. 그들이 처한 고급간부 가정의 상황과 문혁 이전의 교육은 거의 모든 '검은 패거리' 자제들로 하여금 잠재의식 중 언제나 '국가대사에 관심을 가져야 한다'는 생각을 잊지 않게 했다.

따라서 문혁이 시작된 6월 그는 성위에서 파견한 학교 주재 공작조에 반대하는 활동에 말려들어 가게 되고 이로 인해 비판을 받아 그 뒤 성립된 관방홍위병조직에는 참가할 수 없게 된다. 이러한 상황은 '우경 검은 패거리' 신분인 부친을 매우 불안하게 만들어 그의 부친은 그해 8월 10일 양시광을 창사 열사공원 안의 조용한 정자로 불러내 더이상 조반 활동에 참여하지 말라고 권하게 된다. 그것은 그 자신에게 불리할 뿐 아니라 '타도' 대상에 처해 있는 부모에게도 좋지 않은 영향을 미칠 수 있기 때문이었다. 이에 대해 양시광은 확실히 부친의 말을 듣겠다는 생각으로 창사를 떠나 선양(瀋陽) 군구의 참모장으로 있는 숙부나 베이징 중앙방직부에 있는 고모 집에 머물면서 한동안 조용한 환경에서 지내고자 했다. 그러나 당시 베이징에 도착할 때는 신분증명서가 있어야 했다. 그렇지 않으면 베이징 홍위병이 찾아내 성가시게 굴수 있었다. 양시광은 학교에 홍위병 신분이 없었기 때문에, 그의 부친은 자신이 소재한 성 농간국(農墾局)에 간부 직공 자제의 명의로 상경 소개장을 발급해 주기를 부탁했다. 그러나 당시 성위에서 임시로 농간국의 행정을 결정하던 부국장이 즉각 반대하면서 "이 반동분자새끼, 감히 베이징으로 가려구. 안 돼!"라고 말했다.

베이징과 선양 모두 갈 수 없게 되었지만 얼마 지나지 않아 10월쯤 후난을 포함하여 전국적으로 '자산계급 반동노선을 비판'하는 물결이 갑자기 휘몰아치게 되었고 양시광의 처지는 역전되어 자연히 곧바로 조반파 홍위병이 되었다.

'문혁' 운동이 더 깊이 진행됨에 따라 관방 '홍위병' 조직에 참여할 수 없었던 양시광은 불가피하게 조반파 진영의 홍위병 이론전사가 된다. 그리고 피할 수 없는 짙은 먹물을 뿌리며 후난 문혁 역사의 한 페이지를 남긴다.

1967년 2월 4일 중앙문혁에서 '상강풍뢰'를 진압하라는 지시가 내려왔을 때, 양시광이 소재한 홍위병조직 역시 조반파였지만 당시에는 군대가 진압하여 체포할 대상은 아니었다. 그러나 체포되는 노동자 군중에 대한 동정과 중앙에 대한 비할 바 없는 신임으로 당시 18살이던 고등학생 양시광은 매우 분노하며 강력한 성 군구에 대항했다. 그와 몇 명의 친구들은 군대가 사람들을 마구 잡아들이고, 거리 도처에 번쩍거리는 총검들로 가득하자 이에 맞서 홍위병 '탈군권 전투대'를 조직하게 된다. 이들은 공개적으로 대자보를 붙이고 전단을 뿌리며 성 군구가 군중조직을 진압하는 것은 '잘못된 노선 방향'이라고 비난한다.

의협심을 발휘한 저항 행동의 결과 양시광은 처음으로 '감옥살이'의 맛을 보게 된다. 그는 군인에게 잡혀 시 공안국 구치소에 갇혀 한 달여 동안 수감된다.

그러나 한 달여간의 수감생활은 양시광의 투지를 꺾지 못했을 뿐 아니라 도리어 창사시의 집집마다 모두가 다 아는 영웅 같은 인물이 되어 사람들의 칭송과 탄복을 받게 된다. 왜냐하면 그는 군구의 체포에 공개적으로 반대했고, 감옥 안에서도 '감옥살이가 무슨 대수냐!'는 혁명 가곡을 앞장서 불렀을 뿐 아니라, 감옥에서 단식행동으로 '마오 주석의 저작을 학습할 권리를 달라'는 투쟁을 벌이기도 했기 때문이다.

양시광 같은 학생들에 대해 성 군구에선 자연히 체포해야 할지 풀어주어야 할지 골머리를 앓고 있었다. 결국 중앙에서 사람을 보내 개입하여 한 달쯤 지나서야 풀려날 수 있었다.

한 달여간 고난보다 낭만이 많았던 철창문 생활은 양시광을 '문혁'의 풍랑에서 빠져나오게 만들지 못했고 오히려 더욱 깊이 말려들어 가정치 문제에 대한 사고가 한층 더 새로워지게 만들었다.

1967년 하반기에서 1968년 초까지 양시광의 '문혁' 활동은 '문혁'이 전면적으로 전개됨에 따라, 그의 식견과 사고는 점차 중국의 더욱 깊은 정치와 사회문제로 방향을 돌리게 된다. '문혁'의 본질, 마오쩌둥사상에 대한 새로운 이해, 중공조직 구조 자체, 중국의 앞날과 발전 방향 등에 대해 그는 부단히 진지하게 사고하여, 당시에는 '대역부도'에 속하지만 오늘날 보기에는 다소 유치하고 성숙하지 못한 논문을 써냈다. 예컨대「창사 지식청년운동 고찰보고서」,「총자루에서 정권이 나온다」,「마오쩌둥주의 소조 조직과 건립에 관한 구상」,「마오쩌둥주의의 순수한 투쟁을 적극 보위하자」,「중국은 어디로 가는가」,「신사조를 견지하고 공고히 하는 방법은 바뀌어야 한다」등이다.

대자보와 전단으로 공개된 이것들은 대개 더 이상 파벌투쟁에 국한되지 않았고 이미 중국 전체의 사회정치문제에 대한 사고로 확장된 문장으로 양시광으로서는 엄청난 대가를 치르게 된다. '성무련'이 무너지자 그는 1968년 2월 성 혁주소조의 명령에 따라 '핵심분자'로 지목되어 캄캄한 감옥에 다시 갇히게 된다. 게다가 더 이상 빛과 낭만도 없었고 어떠한 노래도 어떠한 단식행위도 허용되지 않았다. 그야말로 어떠한 인권도 없이 말 그대로 '무산계급 독재'가 실현되는 감옥과 '노동교화소' 생활이 장장 십여 년 동안이나 지속된다.

양시광을 두번째로 감옥에 들어가게 만든 사람 중에는 훗날 거물이 되는 사람, 바로 화궈펑이 있었다.

양시광 부친의 「자술서」에 따르면 중앙 고위층의 주요 인사들이 이름을 거론하며 양시광을 비판하기 전에 당시 후난성 혁명위원회 주비소조 부조장이던 화궈펑이 양시광의 「중국은 어디로 가는가?」라는 문장을 본 뒤 곧바로 당시 성급 간부에게 알리고 문제의 성격을 규정해 버렸다는 것이다. 한번은 화궈펑이 성위 전(前) 통전부장인 관젠핑(官健平)에게 물었다. "이 문장에 대해 어떻게 보십니까?"

관젠핑은 얼른 응수하여 대답했다.

"제가 보기에 이 문장의 사상은 매우 반동적이군요."

화궈펑는 즉각 노발대발하며 말했다.

"무슨 반동사상입니까, 바로 반혁명이지요!"

이렇게 곧바로 양시광의 문장은 성 혁주소조에 의해 중앙문혁으로 전달되었다.

당시 양시광을 반혁명의 죄명으로 낙인찍은 이유는 두 가지였다. 하나는 그가 쓴 문장 때문이고, 두번째는 그가 '성무련' 의 핵심간부였기 때문이다. 사실 양시광은 당시 '성무련' 파의 관점에 속했지만 '성무련' 의 핵심간부는 아니였으며, '성무련' 의 이름으로 문장이나 대자보를 쓴 적이 없었다. '성무련' 조직에서 어떠한 직책도 없었으며 사실 그의 홍위병 '탈군권' 전투대라는 것도 그저 대자보나 문장이나 쓰는 극좌파의 '독자적 행동가' 들의 조직일 뿐이었다. 문혁 이후 원래 '성무련' 의 주요 우두머리였고 이미 내 친구가 된 저우궈후이(周國輝)는 내게 이렇게 말한 적이 있다. "양시광이 무슨 핵심분자야! '성무련' 에서 선거를 했다면 양시광은 3표밖에 얻지 못했을걸. '성무련' 에서 그와 알고 지내던 사람은 몇 사람 되지 않아. 혼자 쓴 거지."

양시광은 1968년 2월 '흠모할 만한 범인'이 되어 감옥에 들어갔고 1969년 10월 10년 형을 선고받아 후난 위에양(岳陽)의 젠신(建新) 노동 교화농장에서 '복역'했다. 당시 그의 나이 21살에 불과했다.

1978년 4월 양시광은 자유를 얻어 까마득히 오래된 집으로 돌아갔다. 이때 '사인방'과 캉성, 천보다는 이미 치욕스런 역사의 기둥에 박혀 있었다. 그러나 당시 캉성이 '흠정'(欽定)한 '반혁명'은 여전히 그대로였고 아직 '블랙리스트'에 있었다. 1979년 양시광은 몇 편의 경제학 논문을 써서 중국 사회과학원 대학원에 시험을 보았다. 몇 명의 전문가들이 그의 재능을 맘에 들어 했지만 결국 '정치심사' 경력 때문에 합격할 수 없었다.

양시광의 이름은 다시 한번 중국 고위층과 중국 당대 역사에 걸리게 된다.

양디푸(楊第甫)의 '자술서'에 의하면 당시 중공중앙 총서기였던 후야오방(胡耀邦)이 양시광 사건에 대해 중앙조직부에 직접 지시를 내렸다고 한다. "양시광 문제는 법원에서 법에 따라 처리한다."

후야오방 총서기의 지시가 있은 뒤 최고법원은 후난성 고등법원에게 양시광 문제를 다시 심리하라고 한다.

한차례의 우여곡절을 겪은 뒤 결국 1983년에 명확한 결론이 난다. 후난성 고등법원 재판위원회는 양시광의 문장이 '사상과 인식 문제에 속하는 것으로 반혁명의 목적을 갖지 않으며 범죄로 구성될 수 없다. 이에 따라 1심과 2심의 판결처리는 부당하고 모두 철회되어야 하며 양시광에 대해 무죄를 선고한다'라고 결론지었다.

결국 정부는 양시광의 결백을 인정했다.

복권되었지만 이미 이립(而立)의 나이가 지난 양시광은 정확하고 새로운 인생을 선택하여 경제학에 투신해 학습과 연구에 전념하고, 이름도 양샤오카이로 바꾼다.

이에 따라 '홍위병 사상가'인 양시광은 이미 역사가 되고 경제학자 양샤오카이가 또다시 새로운 역사의 첫 페이지에 서게 된다. 1983년 8월 이미 우한대학에서 교직을 맡은 양샤오카이는 미국 '포드재단'의 장학금을 받고 경제학 연구를 위한 유학길에 오르게 된다. 미국 프린스턴 대학에서 공부하기 시작해 부단한 노력으로 학문의 고지에 올라 호주 모내시 대학의 종신교수, 호주 사회과학원 회원, 저명한 경제학자가 되지만 불행하게도 병으로 세상을 떠나게 된다.

문혁 중 나와 양시광은 개인적으로 직접 만난 적은 없다. 우린 모두 '조반'을 했고 같은 진영에 있었지만 각자 바빴다. 80년대 중반 나는 가족을 만나기 위해 귀국한 양샤오카이를 그의 여동생 양후이(楊暉) 집에서 한 번 볼 수 있었다. 그 만남에서 양샤오카이는 자리에 있던 우리 몇 명의 학교 동창들에게 많은 새로운 견해들을 소개해 주었다. 인상에 가장 남았던 것은 해외에서는 '작은 것'을 연구하지만 국내에서는 '큰 것'을 연구한다는 차이였다. 그는 중국인들은 연구할 때 언제나 거시적인 각도에서 출발하기를 좋아하면서 자칭 무슨 역사학자다 경제학자다 하며 '클수록' 위풍이 있다고 생각하지만, 외국의 연구는 전문성이 강한 '작은 것'에 주목하며 '작은' 관점일수록 전문성이 강하고 사람들이 믿어 준다는 것이었다. 예컨대 중국인은 종종 '역사연구'를 한다고 하지만 역사의 범주는 얼마나 넓은가! 또 어찌 한 사람이 연구 성과를 낼 수 있는 것인가 말이다. 그래서 만약 역사 연구를 한다고 말하면 외국선 사기꾼으로 여길 수 있지만, 만약 중국의 '명사'(明史)

를 연구한다고 말하면 사람들이 믿어 줄 것이라는 것이다. 게다가 더욱 전문적으로 들어가 '명사' 중 '동창' (東廠)과 '금의위'(錦衣衛) 문제를 연구한다고 하면 사람들이 그 연구 성과에 대해 더욱 신뢰할 것이라고 했다.

2001년 내가 인터넷에 양샤오카이가 어떻게 문혁의 고난을 보내고 끝까지 싸우다 마침내 경제학계에서 대성했는지를 소개하는 글을 쓴 뒤 양샤오카이가 호주에서 내게 정으로 가득한 우편물과 행복한 가족 사진을 보내왔다. 또한 당시 그의 업무 상황을 알려 주면서 내가 쓴 문혁 역사에 관한 몇 편의 글을 전자메일로 보내달라고 했다. 그 뒤로 그는 폐암에 걸렸고 나는 그의 친척의 부탁을 받고 불치병을 심리적으로 치료하는 글을 써서 그에게 보냈다. 그의 답신에서는 이러한 방식의 치료에 관한 새로운 관점에 흥미가 있지만, 글의 내용 중 일부 표현에 대해서는 아직 이해할 수 없으니 천천히 생각해 보자고 했다. 불행히도 2004년 7월 그는 결국 폐암으로 고통 받다 한창 나이에 세상을 떠났고 그의 친구들 모두 이를 가슴 아파했다.

후난의 문혁 역사를 얘기하면서 양시광과 그의 「중국은 어디로 가는가?」를 빼놓을 수는 없다. 더욱이 '성무련' 사건을 얘기하면서 양시광을 떼어 놓을 수는 없다. 양시광은 후난에서 역사적으로 유명한 인물이 되었다.

1968년 1월 24일 이후 후난에서는 '성무련' 비판운동을 몇 달 동안 진행했고 '성무련의 해독을 소탕하자!'는 구호를 제기하기도 했다. 그러나 '성무련'의 많은 사람들은 필경 모두 노조반파였고, 많은 관점 역시 조반파의 입장에서 출발한 것이다. 따라서 '공련' 조직을 포함해 기층 조반파들은 '성무련'에 대해 끝까지 공격할 마음도 흥미도 없었다.

'성무련' 우두머리와 양시광 등 극소수의 사람들이 비판되고 체포된 뒤 '성무련' 조직 깃발 아래 있던 다른 사람들은 '성무련' 퇴출을 선포하거나 자신의 조직을 해산했다. 하지만 직업별로 공대회나 홍대회 등 새로운 조직에 별도로 가입하기만 하면 대부분 아무 일도 없었다. 왜냐하면 이전의 '2·4지시'에서 '상강풍뢰'를 잘못 진압했던 교훈이 있었기 때문에 성 혁주와 좌파를 지원하는 47군 역시 '성무련' 문제에 대한 공격 범위를 지나치게 넓게 잡는 것을 원치도 혹은 그렇게 할 수도 없었던 것이었다. 게다가 '성무련' 조직은 원래 정식 조직원이 그리 많지 않았다. 따라서 '성무련' 우두머리들은 후난 조반파 중 가장 불운한 사람들이 되었지만 '성무련' 사건은 결국 극소수의 노조반파들만 불행하게 되었을 뿐, 기본적으로 창사를 중심으로 한 후난성 전체 조반파 세력의 기세를 꺾지는 못했다.

단지 '성무련의 해독을 소탕하자!'는 구호는 후난의 일부 현(縣)급 조반파들에게 비교적 큰 충격을 주었고, 그 지역 보수파들이 현 무장부의 지지 아래 기회를 틈타 정치무대로 복귀해 현지 혁명위의 권력 장악자가 되었다. 몇 개월 뒤 '삼우일풍' 반대 운동 초기 성 혁명위 주임이자 47군 군장인 리위안(黎原)은 성 혁명위 제2차 전체회의 상임위 회의에서 이렇게 말했다. "수십 개 현의 보고를 듣고 크게 놀랐다. 우경번안은 53개 현이 아니라 93개 현 모두에서 있다. 소란을 피우는 완고한 보수파가 53개 현이 아닌가? 만약 소란을 피우는 보수파라면 깨부숴야 한다." 창사 등의 시에서 발생하지 않은 일들이 현급에선 적지 아니 발생했다는 것을 알 수 있다.

감정적으로 말하면 나는 당시 '성무련'을 몹시 동정했고 그들의 논조와 이론의 정확 여부에 상관없이 그들 역시 노조반파이며, 그 중 많은 사람들이 '상강풍뢰'의 복권을 위해 큰 힘을 썼던 사람들이라고 생각했다. '청년근위군' 총부가 해산되기 전 원래 '청년근위군'이던 시 7중의 몇 명 학생들과 함께 모였을 때, '공련' 쪽 노동자가 '성무련' 홍위병을 탄압하는 것에 불만을 갖고는 자발적으로 '성무련' 지지 표어를 써서 거리에 붙이고, 낙관은 임시로 '청년근위군 28단'이라는 꾸며낸 이름을 사용하여 '성무련' 홍위병에 대한 지지를 나타냈다. 썼고 붙였다. 우리는 기뻤다. 일도 끝났고 '성무련'과는 관계도 없었다. 모두들 각자의 단위나 학교로 돌아가면 그만이었다. 그러나 당시 우리 회사의 '공련' 조직 쪽 어떤 사람이 내가 '성무련'을 지지하는 표어를 붙이는 것을 보고는 내가 '성무련' 쪽이라고 여기고는 다소 긴장하였다. 그 뒤 우리 공장을 찾아온 '공련' 조반파들은 이해를 했고 내가 잠시 벌였던 행동이며 정말로 '성무련' 조직 활동을 한 것은 아니라는 것을 알았다. 왜냐하면 그때 나는 매일 공장에서 기업 관리를 해야 했기 때문이다.

실제 당시 감정적으로 '성무련'을 동정한 조반파는 상당히 많았다. 특히 기존의 '상강풍뢰' 조직원들이 그랬다. 따라서 '1·24' 중앙 지도부의 담화가 있기 전과 그 뒤 일정 기간 동안 입으로 '성무련'을 지지하는 사람이 있었고 몇 개의 표어가 나붙었는데, 누구도 이 일을 대단하게 여기지 않았다. '공련' 쪽을 포함한 기층조직의 구성원들 역시 모두 이러한 태도였다. 따라서 이러한 상황에 대해 중앙 고위층의 캉성은 노발대발했고 '1·24' 후 1월 26일과 2월 1일 후난성 혁주소조의 사람들을 접견할 때 이렇게 말했다.

"양시광의 반동적 문장과 저우궈후이의 반동적 보고서, 그리고 (성무련)『상강평론』이 하나씩 나오면서 미친 듯 우리를 향해 공격해 오는

데도 심각한 타격을 받지 않았소. 동지들 한번 생각해 보시오. 이게 무슨 문제입니까?", "성무련이 왜 창사에서 받아들여질 여지가 있소?", "그런 것들을 보면서 어찌 참고 견딜 수 있소?" 캉성은 또 1월 25일자 (중앙의 '1·24' 접견 다음날)『신창사보』(新長沙報)를 들고는 이렇게 말했다. "성무련을 반격하면서 이름도 거론 못하고 'ㅇㅇ련'이라고 하다니, 지나치게 무르고 무력한 것 아니오!"

당시 총기반납 후 단위로 돌아온 뒤 나는 공장 조반파들에 의해 공장 공대회 부주임으로 추천 선발되어 사회 활동은 그다지 참가하지 않았다. 당시 공장은 아직 정식으로 탈권되진 않았지만 이미 조반파의 공대회가 실제 권력을 행사하고 있었고 기존의 공장 당 지부와 공장장들은 일찌감치 '옆으로 물러나' 조반파의 비판을 받거나 작업장으로 내려가 노동에 참여하고 있었다. 공장 내의 권력을 쥔 공대회 부주임인 나로서는 자연히 기업 관리를 배워야 한다는 압박을 받았고 그래서 공장에서 많은 시간을 할애해야 했다. 백여 명에 불과한 작은 공장이었지만 작더라도 모두 갖추고 있어 무슨 생산이니, 행정이니, 인사니, 보안이니 등등의 각종 업무가 적지 않았다. 그래서 비공식적으로 권력을 장악한 데다가 기업을 관리해 본 경험조차 없는 우리 조반파들로서는 무척이나 바빴다. 공장 혁명위원회 설립에 관한 일은 어쨌든 해야 하는 일이라는 것은 알았지만, 당시 규정에 따라 각 단위에서 마음대로 설립을 선포할 수는 없었다. 반드시 성·시 혁명위와 같은 정권 성격을 지닌 혁명위에서 심사 허가를 내려야 했다. 당시 그 일은 아직 우리 공장에서 고려할 문제가 아니었다. 왜냐하면 성과 시 모두 혁명위를 세우지 못했고 단지 임시 혁주소조만이 있었기 때문이다.

1968년 3월 말 중앙에서는 '양·위·푸' 사건이 일어났다. 원래 중앙 지도자의 신분으로 자주 나타났던 총참모장 대리 양청우와 베이징 위수사령인 푸충비, 공군 정무위 위리진이 갑자기 실각된 것이다. 3월 27일 베이징에서는 십만여 명의 대회가 거행되어 공개적으로 '양·위·푸'의 문제를 선포하기도 했다.

사실 당시 후난에서는 성 혁명위 설립에 한창 바빠 있었다. '양·위·푸' 사건은 원래 후난과는 아무런 관련도 없었지만 갑자기 '3·30지시'가 튀어나와 '양·위·푸' 비판에 후난까지 끌어들였다. 이에 따라 1968년 후난에서는 '삼우일풍'(三右一風) 운동이 일어났다.

3월 30일 중앙 지도자 저우언라이·천보다·캉성·장칭·야오원위안 등은 후난성 혁명위의 설립을 위해 후난성 혁주소조 특별보고 관련 인사들을 접견했다. 접견 중 후난성 혁명위 설립에 관한 일을 확정지은 것 외에도 장칭은 특별히 두 가지 사건을 강조했다. 첫째 원래 후난성위 제1서기였던 장핑화의 문제를 조사하라고 하면서, 장핑화에 대한 후난성의 비판이 아직 효과가 없다고 말했다. 둘째 후난에서의 우경보수와 우경분열·우경투항을 반격하는 문제에 대해 후난 보수파의 우경번안풍(우경복권풍조, 우경분자로 비판·처분된 자들의 판결번복 및 복권 활동을 가리킴)이 아주 포악하다고 말했다.

장칭의 이러한 담화에 대해 성 혁주소조와 47군 지도자들은 즉각 따를 수밖에 없었고 장칭의 이 담화는 중앙 수장의 '3·30지시'가 되어 전체 성에 전달되었다. 이러한 전달을 먼저 들은 많은 조반파 단위에서는 재빨리 대자보의 형식으로 거리에 나붙여 모든 사람들이 이 지시를 알도록 하였다. 따라서 성 혁명위 설립 외에도 후난에서는 또 한 차례의 강력한 '삼우일풍'〔 '三右'는 우경보수, 우경분열, 우경투항이며 '一風'은 우경변안풍) 반대 선전과 운동이 일어났다. 중앙에서 베이징 '양·위·푸' 사건에 대한 선전 논조를 확정하는 중에 '양·위·푸'에게 우경투항과 우경분열의 문제가 있다고 말하자, 후난에서도 '삼우일풍'이 '양·위·푸'의 영향을 받았다고 했다. 마치 소위 '2월 역류'를 반격할 때 지방 현지의 타도대상을 중앙 탄전린(譚震林)의 대리인이라고 부르며 무슨 'ㅇ라오탄'(老譚), '후라오탄'(湖老譚)이라고 불렀던 것과 마찬가지였다.

새로운 운동이 생기기만 하면 새로운 분열이 나타났다.

비록 후난의 조반파들은 모두 '삼우일풍' 반대에 대해 좋아하고 있었지만, 이 반격은 누구를 겨냥한 것인가? 구체적으로 달성코자 하는 목적은 무엇인가? 이미 서로 다른 상황에 놓여진 조반파들로서는 분명히 각자의 계산이 따로 있었다.

이렇게 되자 또다시 새로운 파벌전이 발생했다. 그러나 이 파벌전은 여전히 조반파들 사이에서 진행된 것으로 원래 보수파들과는 직접적인 관련이 없었다. 또한 몇 개월간 벌어진 파벌전은 창사시 이외의 일부 지역과 현에서도 몇 차례의 무투 충돌이 발생하기도 했지만, 그 규모는 1967년에 있었던 무투 수준에 비하면 훨씬 작았다. 성 소재지인 창사시에서는 주로 '문공'에 치중하여 대자보나 표어, 각종 회의나 논쟁의 형식을 사용했다. 나의 중학 동창생 원윈제(文運解)가 불행히 상대편 수류탄 폭격에 죽은 '7·19' 충돌사건이 일어났지만, 정말로 '충돌'이었지 무투라 할 수는 없었다.

가장 기괴한 일은 장칭의 '3·30지시'에 따르는 '삼우일풍' 반대 운동이 이리저리 휩쓸리는 과정에서, 종국에는 이른바 '삼홍 타도'를 반격하는 승리로 변했다는 것이다. '삼홍'(三紅)이란 혁명위·해방군, 그리고 혁명위와 해방군을 옹호하는 군중조직(공대회·홍대회·농대회 등)을 말한다. 문혁운동의 상황은 복잡하고 곡절 많은 특징을 보이는데 이 사건 역시 하나의 증거라고 할 수 있다.

이 파벌전은 여전히 조반파 내부에서 발생했을 뿐 아니라 원래 '공련' 파 사람들 사이에서도 상당히 많이 발생했다.

발생 원인 역시 매우 복잡해서 각종 주장과 목적이 뒤섞여 있다. 그 중에는 물론 권력 분배에 대한 불만이 적지 않을 뿐 아니라 자신의 현재 지위에 대한 불만도 있었는데, 확실히 당시 정세에 대한 견해의 차이 때문이기도 했다.

'3·30지시' 이후, 특히 4월 8일 성 혁명위가 설립된 지 얼마 지나지 않아 후난성의 조반파들은 갑자기 다시 관점이 다른 양대 집단으로 나뉘게 된다. 후융(胡勇)과 탕중푸(唐忠富), 레이즈중(雷志忠) 등이 한편으로(후융이 다니는 공장이 '창사 자동차 전기공장'이므로 간칭으로 '기전'汽電파라 불림), 이들 편에 선 사람들로는 전(前) 성위 서기와 성 혁명위 부주임인 화궈펑이 있었다. 또 다른 편에는 예웨이둥(葉衛東), 저우궈창(周國强), 류옌성(劉炎生) 등이 있었는데(우두머리 중 하나인 류옌성이 다니는 공장 '젠샹建湘 자기 공장'에서 자주 회의가 열려 '상자'湘瓷파로 불림), 이들을 동정하는 사람들로는 전 성위 후보서기와 성 혁명위 부주임 장보선과 상임위원 양춘양(梁春陽)이 있었다.

이때 후융과 예웨이둥은 대권을 장악한 성 혁명위 부주임이었다.

예웨이둥을 필두로 한 새로운 진영에는 저우궈창·류옌성·위신첸(余信謙 ; 성 신화인쇄창 우두머리) 등과 상춘런(尚春仁)을 필두로 하는 성위 기관 조반조직 '영향동'〔永向東 ; 영원히 동쪽을 향한다는 뜻, 동쪽은 마오 주석을 가리킴〕 전단이 있었는데 원래 모두 '공련' 파의 핵심간부들이었다.

당시 이 분쟁에 말려든 홍위병들은 주로 중고등학생들이었다. 왜냐하면 당시 대다수의 대학생들은 모두 '고사' 문제로 인해 한쪽으로 물러나 '소요파'가 되었기 때문이다. 당시 창사시 제1중학에서 새로 만든 '홍3·30' 홍위병 전단은 예웨이둥 쪽의 중요한 핵심세력이었다.

후융과 탕중푸 쪽에서는 예웨이둥과 저우궈창 등이 후난 우경번안의 상황을 확대한다고 비난하였고, 성위기관의 조반조직인 '영향동'이 각급 기관 사업에서 차지하는 지위를 이용해 성과 시 혁명위의 대권을 실제로 장악하고 있다고 비난하였다.

예웨이둥 쪽에서는 오히려 후융 등이 우경번안을 무시하고 비호하였으며, 전에 있었던 '성무련' 비판 당시 상황을 확대한 것에 대한 반성이 없다고 고발했다. 쌍방은 6월에 열린 성 혁명위 제2차 전체회의 중 거리에 대자보와 표어를 붙이면서 모두 이 때문에 싸우느라 끝을 맺지 못했다.

이 기간 동안 화궈펑 역시 쌍방의 충돌이 끊이지 않는 핵심 인물이 된다.

'상자' 파에서는 성위기관인 '영향동'을 선봉으로 하여 '화궈펑을 포격하라!', 심지어는 '화궈펑을 타도하자!'는 구호를 제기했다. 화궈펑은 전 성위 장핑화의 주요 멤버로 '반동노선의 대표'이자 '후난 우경번안풍의 배후'이며 '카멜레온'이라고 하면서 화궈펑을 성 혁명위에서 '쫓아내려고' 있는 힘을 다했다.

당시 '영향동'은 성위기관의 조반파였기 때문에 화궈펑을 '포격'하라고 나선 일이 사람들에게 미친 영향은 컸다. 게다가 당시 '상자' 파는 반우경을 원하는 장칭의 '3·30지시'의 강풍을 빌려 맹렬한 공세를 취했기 때문에 화궈펑은 순간 위급한 상황이 되었다.

그러나 후융을 수장으로 하는 '기전' 파는 화궈펑을 단호히 옹호한다고 하면서 화궈펑은 '마오 주석이 성 혁명위로의 진입을 허락한 좋은 간부'이며, '화궈펑을 포격하라!'는 것은 성 혁명위를 붕괴시키는 것이라고 보았다. 후융의 조수이자 성 혁명위 상임위인 레이즈충은 한층 더 적극적으로 화궈펑을 보호했다. 성 혁명위 2차 전체회의에서 그는 분명하게 말했다. "'영향동' 너희들이 화궈펑을 타도하려 한다면 우리 노동자들이 너희 '영향동'을 포격하겠다!" 확실히 5월 13일 '기전' 파 쪽 수천 명의 학생과 노동자들이 성위기관으로 진입하여 단숨에 '영향동' 총부를 봉쇄해 버렸다.

후난 사업을 담당하던 47군 지도자들은 처음에는 어찌할 바를 몰랐으며 어느 편에 서는 것이 좋은지 알지 못했다. 왜냐하면 '상자' 파에는 장칭의 '3·30지시'라는 근거가 있었고, 더군다나 47군 군장인 리위안이 보고를 들은 후 확실히 후난의 우경번안 문제가 적지 않다는 것을 느꼈던 것이다. 그러나 '기전' 파 우두머리는 원래 중앙에서 마음에 들어 하던 인물이었고 47군 지도층과도 긴밀한 관련이 있었다. 또한 성위기관의 '영향동'이 그 지위를 이용해 몰래 성 혁명위의 대권을 장악하려 한다는 혐의에 대해서도 경계를 하고 있었던 것이다.

그러나 이번 파벌전은 주로 '문공'과 회의 형식으로 진행되었고 대부분이 고위층의 활동이었기 때문에, 창사시 기층 단위의 조반파들 중에 떠들썩한 구경을 한 사람은 많아도 실제 조직적으로 개입한 큰 공장 단위는 몇 개에 불과했다. 우리 회사에서 원래 '상강풍뢰'였던 라오이는 회사 공대회 부주임을 맡고 있었는데, '삼우일풍' 반대 이후 나를 찾아와서는 예웨이둥이 필경 '상강풍뢰'의 우두머리였으니 예웨이둥 쪽이 주최하는 보고 대회에 참가하라고 말했다. 당시 나는 이런 일은 아래에 있는 우리들이 뭘 할 필요는 없다고 생각했고, 이젠 조반파에서 실권을 장악했으니 우경번안풍 반격을 하려면 상부에서 하달한 문건 지시에 따라 하면 된다고 생각했다. 게다가 중앙의 '3·30지시'도 명백하게 있었다. 따라서 나는 우리는 표어나 붙이면 된다고 하면서 그런 회의는 미룰 수 있으면 미뤄 두고, 안심하고 자기 단위 일이나 하면 된다고 말했다. 그러나 라오이는 아마 '상강풍뢰' 우두머리들의 체면을 봐서인지 회의에 참가하러 갔다.

'기전' 파와 '상자' 양 파벌의 끝이 나지 않을 것 같은 분쟁의 결말은 8월쯤 전국적으로 비준한 중앙의 몇 개 문건에 의해 단번에 해결되어 승부가 났다.

중앙의 광시문제 해결을 위한 '7·3포고'로 인해 성 혁명위와 47군은 '상자' 파의 관점을 가진 헝양(衡陽) '우경 반대 연락망' 조직의 철로 점거 문제를 신속히 해결할 수 있었다. 또한 이 일을 해결하는 공작경험 보고가 7월 19일 마오쩌둥에 의해 직접 비준되어 중앙문건으로 전국적으로 하달되었다. 이 일로 인해 '상자' 파는 크게 낙담하였고 군심이 동요되었다.

8월 16일 윈난성 혁명위의 성립을 환호하는 『인민일보』 사설에서는 마오쩌둥의 '노동계급은 영도계급이다'라는 최근 지시를 전달하였다. 곧바로 8월 18일 중앙에서는 마오쩌둥의 지시에 따라 중앙문건의 이름으로 '골칫거리' 문제를 해결한 상하이시 혁명위원회의 노동자 선전대 파견 경험을 전달하였다. 그 경험에서는 이미 무슨 우경번안 반대니 우경보수니 하는 의미를 더 이상 강조하지 않았고, '반동의 다중심론'을 재차 비판하면서 혁명위의 권위를 강조하였다. 결국 8월 25일 야오원위안의 「노동계급이 모든 것을 영도한다」는 문장이 발표되었고, 문장에서는 또다시 노동자를 칭송하고 지식인을 비난하는 마오쩌둥의 최근 지시를 전달하였다. 마오쩌둥은 그 지시에서 다음과 같이 말하고 있다. "스스로를 '프롤레타리아계급 혁명파'라 선포한 일부 지식분자들은 노동계급이 그 소소한 '독립왕국'의 이익을 건드리기만 하면 곧바로 노동자에게 반대하기 시작한다."

'상자'파의 두 주장인 예웨이둥과 저우궈창은 하필 한 명은 중등학교 교사(창사시 제1중학)였고, 한 명은 기관 간부(시 총공회 전前간부)로 모두 노동자가 아니라 명백한 지식분자 행렬에 속했다. 반면 후융과 탕중푸 등의 우두머리는 틀림없는 산업노동자였다. 따라서 마오쩌둥의 이러한 지시가 내려오자 '기전'파에서는 '더러운 지식분자 예웨이둥을 타도하자!', '노동계급은 모든 것을 영도해야 한다!'는 표어를 거리에 내붙였다.

상부의 바람이 '기전'파 쪽에 유리한 방향으로 확실히 기울었다.

원래 '기전'과 '상자' 양 파벌의 문제를 어떻게 처리할지 몰랐지만 내심 후융과 탕중푸 쪽으로 기울었던 성 혁명위와 47군 지도자들은 즉각 마오쩌둥과 중앙의 일련의 지시에 따라 '기전'파를 단호히 지지하며 예웨이둥 등을 비판했다.

이러한 상황에 맞서 예웨이둥 역시 스스로 힘이 부족하다는 것을 깨닫고는 갈팡질팡하다 진영은 스스로 순식간에 무너졌다.

'상자'파가 이렇게 빨리 패배한 이유로는——이들의 '우경보수번안을 반격'한 원래의 기치와 선전은 일찍이 기세 넘쳤을 뿐 아니라 기층 조반파들의 동정을 얻기도 했다——주로 상술한 정세적인 원인 이외에도 인적 측면에서 돌이켜 봤을 때, 예웨이둥과 저우궈창 이 두 우두머리가 잘 결합되지 않았거나 혹은 모두 대장으로는 적합하지 않았던 개인적인 성격과 특징을 말해야 할 것 같다. 오랫동안 노조 사업을 맡았던 저우궈창은 참모 스타일의 매우 영리한 인재였지만, 교사 출신인 라오예는 하는 일을 보면 진퇴를 명확히 가를 줄 아는 통솔 능력이 없었다. 조반 초기 라오예는 백만이 넘는 '상강풍뢰'의 주요 책임자였지만, 그때는 정세가 조반조직의 발전을 이끌었던 것이지 그가 그 조직을 하나하나 키워 나간 것은 절대 아니었다. '공련' 조직과 '고사'·'성무련'이 싸우던 앞 시기와 그 뒤 '비림비공'(批林批孔), '비등반우'(批鄧反右) 운동 시기에 저우궈창은 줄곧 후융과 탕중푸 집단에서 매우 중요한 참모 역할을 했다. 그는 후융과 정책결정자들을 위해 조리정연한 계책을 세웠을 뿐 아니라 이미 결정된 정책에 대해선 성공적인 실시 방안과 집행에 적합한 인선을 신속하게 조직하기도 했다. 나의 관찰에 의하면 저우궈창과 진퇴를 명확하게 할 줄 아는 후융의 협력이야말로 환상적인 인적 조합이었고, 결정을 내릴 때 항상 우유부단한 예 선생과의 결합은 분명 큰일을 이루기 어려웠다. 그러나 저우 역시 참모의 능력을 지닌 인재일 뿐 하나의 집단을 통솔하거나 '난세영웅'적인 제왕의 기질을 지니지는 못했다. 따라서 만약 그가 통솔적 위치에서 모든 가부를 결정해야 한다면 아마 총명한 그라도 어찌할 바를 몰랐을 것이다. 그러나 당시 '상자'파 진영의 상황에서 주관적인 바람이든지 객관적인 상황이든지 간에 도리어 저우궈창을 통솔의 위치에 놓이게 만들었던 것이다.

8월 31일 성 혁명위 상임위 회의에서 예웨이둥은 자아비판을 하기 시작했고, 9월 16일 '상자'파를 지지하던 성 혁명위 부주임 장보선 역시 자아비판을 했다. 이때를 전후로 예웨이둥과 저우궈창을 포함한 '상자'파 쪽의 성·시 혁명위 위원들은 정직 처분을 받았는데 그 죄명은 '삼홍 비판'이었다. 그러나 '상자' 파의 다른 일반 조직원들은 책임을 추궁받지 않았다. 그저 잘못 말하고 잘못된 일을 한 조반파를 따른 것으로 대개 반성하는 선에서 일을 마무리 지었다.

창사시 제1중학의 '홍3·30' 홍위병 전단은 수백 명의 중고등학생에 불과했지만, '상자' 파의 홍위병 주력으로 당시 사회에서 적지 않은 영향력을 갖고 있었다. 시 제1중학은 창사시에서 후난에 이르기까지 명성이 자자한 중등학교로 문혁 중 '쟁쟁한' 풍운의 조반파 인물들이 꽤 나왔다.

'홍3·30' 홍위병 전단의 우두머리 위다촨(余大川)은 재봉 노동자의 아들로 문혁 초기 시1중에서 공작조에 반대한 몇 명의 '혁명소장' 중 하나로 1966년 '8·18' 때 '마오 주석 고향의 홍위병'으로 톈안먼에 오르기도 했다. 위다촨은 매력 있는 인물로 평소 다른 사람을 잘 믿고 따르지 않는 제1중학의 학생 모두 그를 '위 우두머리'라는 존칭으로 불렀다. 지금까지 동창들이 모여 그에 대해 얘기할 때도 여전히 '위 우두머리'라고 부른다. 위다촨의 일 처리 능력은 '삼우일풍' 반대 때 이미 두각을 나타냈다. 당시 중고등학생 홍위병들은 조반의 곡절을 몇 번 겪으면서 모두 피로한 상태였다. 그러나 창사시 1중의 '홍3·30'은 여전히 의욕이 사그라들지 않았는데, '문공'의 그 맹렬한 기세는 거의 기존의 대학생 홍위병인 '고사'에 필적할 만한 것이었다. 따라서 우경 번안 반대를 위해 성 혁명위가 소집한 '6·18' 수만인 대회에서 '상자' 파 쪽에선 성 혁명위가 입안한 대회 구호에 "'홍3·30' 혁명소장을 단호히 지지한다!"는 내용을 첨가해야 한다고 고집했다. '상자' 파가 실패한 뒤 위다촨은 비록 한차례의 비판을 면치는 못했지만, 어쨌든 '홍

3·30'은 중고등학생들이었기 때문에 결국 위다촨에겐 별 탈이 없었다. 문혁 후 위다촨은 잠시 농촌에 있던 호구가 다시 도시로 돌아왔고, 임시공의 신분으로 시 외곽 소학교의 체육교사로 있다가 갑자기 그 뒤의 마쥔런(馬俊仁)과 마찬가지로 시 외곽 지역의 학생들을 시 전체 체육모범생으로 만들었다. 이에 따라 많은 학교에서 모두 그를 정식 체육교사로 초빙하려고 서로 경쟁하였다. 그 뒤 전해 들은 바로는 어느 체육학교의 교장으로 있다가 퇴직 전에 마지막으로 맡은 일은 관할 구역이 넓은 지역의 가도판사처 주임이었다고 한다.

'홍3·30'이 창사시 거리 가득 써 붙인 표어 중 상당히 돋보였던 것은 단연 내 동창인 원원제의 걸작이다. 그가 단숨에 쓴 깔끔하고 힘차며 웅대한 기세를 지닌 큰 글자의 표어는 자주 창사시 중심 거리에 나타났다. 나는 거리에서 원원제가 쓴 표어를 볼 때마다 다가가 한쪽에 서서 보곤 했는데, 표어 구호 내용에 찬동할 뿐만 아니라 그의 필법을 감상하기도 했다. 나는 글씨를 잘 쓴 적이 없었고, 어떻게 써야 좋을지도 몰라 그의 재주를 매우 부러워했다. 그러나 뜻밖에 불행하게도 우아하고 소박했던 원원제는 당시 '삼우일풍' 반대 운동의 희생자가 되었다. 1968년 7월 19일 원원제가 '홍3·30' 선전소대를 따라 시 외곽에 있는 창차오(長橋) 중학으로 선전하러 갔을 때 다른 관점을 갖고 있던 그 학교의 홍위병 '전악풍종대'(戰惡風縱隊; 나쁜 풍속과 싸우는 종대라는 뜻)와 충돌이 발생했다. 그 와중에 '전악풍종대' 쪽의 한 학생이 사람을 놀라게 하는 자칭 '더러운 탄알'이라는 수류탄을 던졌고 불행하게 그 수류탄이 폭발하여 원원제가 죽고 만 것이다.

원원제는 이 단계의 운동에서 발생한 창사시의 유일한 희생자였다.

'홍3·30'과 '상자'파 쪽에서는 이 일에 대해 매우 분노했으며 이 일로 성 혁명위에 압력을 행사하고 싶어 했다. 그러나 때마침 중앙에서 후난성 혁명위와 47군의 헝양 철로 점거 문제의 해결을 칭찬하는 마오쩌둥의 문건이 내려와 '상자' 파의 기세를 크게 꺾어 놓았다. 따라서 원원제의 사망 사건은 어쩔 수 없이 무기력하게 처리될 수밖에 없었다.

7월 20일, 나는 1중 동창의 통지를 받고는 오전에 1중으로 가 원원제를 보냈다. 분향소는 학교 작은 강당에 마련되어 있었고 원원제의 시체는 얼음 무더기 속에 있었다. 중학교 시절의 많은 동창생들이 왔다. 모든 사람의 얼굴은 슬픔으로 가득했고 아직 한창 젊은 우리로서는 동창 중에 먼저 '간' 사람이 있다는 상황으로 인해 모종의 알 수 없는 인생의 두려움을 느꼈다.

원원제의 부모는 아마 모두 공부하는 사람들로 교사직을 맡고 있었던 것 같다. 1중에서 중학교 동창으로 있을 때 그는 처음에 반장이었다. 공부를 잘해 성적도 좋았고 친구들과 사이도 좋았다. 사람들에게도 항상 정직한 모습으로 대했고 다만 감정이 쉽게 격해지는 편이었다. 그러나 훗날 학교에서 '계급노선'이 관철되면서 반장에서 물러나 다른 간부 자제로 바뀌었고 그는 학습위원을 맡았다.

문혁 땐 1중 고등학교에 진학한, 우아하고 소박한 원원제는 역시 조반파가 되었으며, '상강풍뢰'의 일을 맡았다. '2·4'지시로 '상강풍뢰' 조직이 진압된 뒤 어느 날 거리에서 나는 원원제를 만났다. 그는 내가 '상강풍뢰'의 복권을 위한 표어를 붙이는 것을 보고는 그 역시 '상강풍뢰' 사람이라고 알려 주었다. 또 그는 한 달 넘게 감옥에 있었다.

1967년 1월말 '상강풍뢰' 총부에서는 그에게 '상강풍뢰'의 학생 몇 명을 데리고 후난 신화(新化)에 있는 큰 광산으로 가 그쪽 노동자들이 세운 '상강풍뢰' 지부를 도와주라고 했다. 결국 수백 명으로 구성된 광산 '상강풍뢰' 지부 사령부가 막 세워졌을 때 '2·4' 지시가 내려왔다. 신화현의 공안국에선 그를 '상강풍뢰 신화사령부'의 '사령'으로 여기고는 감옥에 잡아들였다. 한 달 넘게 감옥에 가둔 뒤 신화공안국에서는 그가 창사시의 학생에 불과하다는 것을 알았고, 마침 성 군구에서 체포한 학생들을 풀어 주라고 해서 신화공안국은 그를 풀어 주었다.

감옥에 잡혀 들어간 일이 무섭지 않았냐고 내가 물었다.

그는 "왜 안 무섭겠어? 무서워 죽는 줄 알았지. 문화대혁명에 참가해서 감옥에 갈 줄은 생각도 못했네"라고 말했다.

그는 또 말했다. "한 달 갇히고 나니까 오히려 무섭지 않더군. 왜냐하면 내가 한 일에 대해 저들이 심문할 때 법을 어긴 일이 하나도 없었거든. 그래서 이게 새로운 자산계급 반동노선이 온 걸까라는 생각이 천천히 들었지."

나는 정말로 새로운 반동노선이 못된 짓을 하고 있다고 말했다.

나는 또 물었다. "이번에 '상강풍뢰' 복권 활동에 참가할 거야?"

그는 웃으면서 말했다. "내가 너보다 뒤쳐졌다고 생각하나 봐?"

그가 적극적으로 '홍3·30'에 참가한 정황으로 볼 때 원원제가 '소요파'일 리는 없었다. 그저 예기치 않게 1968년 '7·19'는 그의 청춘의 기일이 되었다.

원원제의 사후 행사는 매우 성대하게 치러졌다. '홍3·30'과 예웨이 등 등 '상자'파 우두머리들은 원래 도시 외곽에 있는 '조반파 열사능원' 안에 그를 위한 웅장한 묘를 세우려고 했지만, 그의 가족들이 매우 단호한 태도로 거절했다. 단지 원원제의 시신을 가족의 이름으로 창사시 공동묘지 안에 묻는 일에만 동의했다. 당연히 원원제 가족의 의견에 따를 수밖에 없었고 장례절차는 모두 간략하게 했다.

몇 개월 뒤인 1968년 10월 나와 몇 명의 동창들이 윈윈제의 묘에 갔을 때 그 작은 보통 묘분 앞에 있던 묘비가 없어졌다는 것을 알았다. 만약 같이 갔던 저우즈자(周志嘉) 동창이 미리 윈윈제 식구들에게 묘분 번호를 묻지 않았다면 우리들은 윈윈제가 어디에 잠들어 있는지 알 길이 없었을 것이다. 저우즈자는 우리에게 원래 묘비가 있었지만 비문에 조직과 학교에 관한 내용이 있었고 '열사' 같은 말들이 쓰여 있어 가족들이 동의하지 않았다고 했다. 단지 가족의 이름으로 윈윈제를 위해 보통의 묘비를 세웠고 그래서 비문을 다시 새겼다는 것이다. 다행히 저우즈자와 윈윈제 가족끼리 친해서 윈윈제 동창들이 성묘하러 간다는 것을 알고는 묘비 번호를 저우에게 알려 주었고, 그래서 우리가 성묘를 할 수 있었던 것이다.

그 뒤 1969년 하반기부터 조반파의 무투를 비난하는 사회 여론이 갈수록 커졌고 조반파 묘분을 공격하는 일이 발생하기 시작했다. 지금은 창사시 전체에서 문혁 중 불행하게 죽은 조반파의 묘분을 더 이상 찾아볼 수 없을 것이다!

몇 년 전 1중 동창에게 윈윈제의 묘분이 줄곧 안전하게 보존되어 조용하게 그 공공묘지 안에 있다는 말을 들었다.

이 일로 윈윈제의 가족에 대해 탄복하지 않을 수 없었다. 멀리 보는 안목과 과단성, 지혜로움 말이다.

성 혁주소조와 47군은 '성무련' 비판의 승리를 틈타 2월 25일 성 혁명위원회의 성립을 선포하기 위해 중앙에 보고했지만 중앙에서 동의하지 않았다. 일부 조건이 성숙하지 못했다고 하면서 성립 시기를 뒤로 미룬 것이다. 성 혁주소조에서도 어쩔 수 없이 2월 28일 창사시 혁명위원회를 우선 세울 수밖에 없었다. '아들'을 먼저 세상에 선보이고

'아버지'의 탄생은 나중으로 미뤘다. 그 뒤 4월쯤 결국 성 혁명위 성립에 관한 중앙의 동의를 거쳤지만 뜻밖에 장칭의 '3·30지시'가 끼어들어 후난에서 '삼우일풍' 반대 운동을 벌이려 했다. 이에 따라 4월 8일 성 혁명위가 성립된 뒤 중점 사업 역시 '삼우일풍' 반대에 둘 수밖에 없었고, 각 단위에 혁명위를 세우려던 일의 진척 역시 느려질 수밖에 없었다. 그래서 8월경 '상자' 파가 실패하고 예웨이둥 등의 실각이 확실해지고 나자 성 혁명위에서는 서둘러 성 전체의 각 지역과 시, 현 혁명위 혹은 혁주소조와 지좌 부대에 「심사비준사업의 진행과 성 전체 '일편홍'〔一片紅: 붉게 물들인다는 뜻〕의 신속한 실현을 위한 통지」를 내렸다. 이에 따라 성 전체의 각 지역과 각 기업에서는 혁명위 성립의 행보를 가속화했다.

〖 19 〗
열여덟에 불과한 혁명위원회 부주임

비록 당시 중앙에서는 '혁명위원회'의 구성원은 '삼결합'(三結合)
에 따라야 하며 해방군 대표가 참가해야 한다고 규정하고 있지만,
이 '삼결합'의 원칙이란 정부권력기관에서나 실행되었을 뿐, 기업
이나 사업 단위에 세워진 혁명위에는 군대표가 참가할 필요가 없
었다. 그러나 기존의 당정 지도 간부대표가 반드시 참가해야 했기
때문에 조반파가 독자적으로 세울 수는 없었다.

전면적인 승리를 거둔 조반파는 대세가 정해지고 나자 중앙의 계획에
따라 탈권 활동의 마지막 단계로 '새로운 홍색정권'인 혁명위원회를
건립하기 시작했다. 조반파는 중앙 규정에 따라 '주자파' 모자를 쓴 일
부 간부 지도자들을 타도하고 조반파를 지지하는 간부 지도자들을 선
택했다. 여기에 해방군 대표까지 더해 '삼결합'의 새로운 정권구조를
완성했다.
　'1월 혁명'의 발원지인 '신생 홍색정권' 상하이시 혁명위원회는 전
국적인 표준이었다. 더욱이 그곳 '삼결합'의 정권구조에서는 조반파
우두머리들이 혁명위를 통솔하는 핵심이었고 정권의 주요 지도자들이

었으며, 기존의 시위원회 부서기인 마톈수이(馬天水)와 해방군 경비구 사령은 모두 조반파 우두머리 왕훙원(王洪文)의 조수에 불과해 '삼결합' 중 2위와 3위를 차지하고 있을 뿐이었다. 이러한 사실은 각지 조반파 우두머리들의 끝없는 부러움과 찬탄을 자아냈고, 이에 따라 '상하이의 길로 가자!'는 구호는 조반파 우두머리들의 염원과 추구하는 바가 되었다.

그러나 왜인지 모르겠지만 조반을 적극 호소하고 지지하던 마오쩌둥 주석은 '1월 혁명' 이후 또다시 생각과 계획이 바뀌었다. 상하이를 제외하고 중앙에서는 더 이상 다른 지역의 조반파가 '삼결합'의 혁명위원회에서 수장을 맡는 것을 허락하지 않았고, 그 지위는 세번째로 밀려났다. 혁명위원회의 1인자가 군인이 아니라면 원래 그 지역과 단위의 간부 지도자여야 했다. 물론 이 간부 지도자는 반드시 문화대혁명의 노선을 옹호하는 사람이어야 했다. 상하이시 혁명위원회를 계승한 뒤 중앙의 직접 지도 아래에 있는 베이징시 혁명위원회 역시 성립되었다. 그러나 베이징시 혁명위원회의 대권은 결코 조반파 수중에 있지 않았다. 중앙 공안부 장관인 셰푸즈(謝富治)가 시 혁명위 주임을 맡았고, 원래 베이징시 위원회 제2서기였던 우더(吳德) 등의 간부들이 부주임을 맡았다. 따라서 실제로는 이들 노(老)간부들이 베이징시의 대권을 장악하고 있었다. 전국적으로 명성이 자자했던 '수도삼사' 대학생 홍위병 조반파 우두머리이었던 콰이다푸(蒯大富)와 한아이징(韓愛晶) 등은 단지 혁명위 '상임위원'만을 맡았을 뿐, 부주임의 인연조차 없었다. 이 혁명위원회의 구성 모델은 조반파들에 의해 '베이징의 길'이라 불리웠다.

조반파 우두머리들은 탈권한 뒤 모두 '상하이의 길'을 따라 조반파를 중심으로 하는 '삼결합' 혁명위원회를 건립하길 갈망했지만, 중앙에서는 오히려 '상하이 길'이 특별한 사례라고 하면서 전국적인 기준이 되지 못하도록 했다. 도리어 중앙에서는 '베이징 길'의 혁명위원회 구성 모델을 지도할 만한 의미를 갖춘 전형이라 하면서 상하이 이외의 각 성 각 지역에서는 이 모델에 따라 새로운 권력기구인 '혁명위원회'를 건립하게 하였다.

조반파 우두머리들은 어찌할 도리가 없었다. 비록 그들이 상하이시 조반파들의 위풍당당한 지위를 몹시 부러워했고 그 뒤로 7~8년간, 즉 사인방이 전멸되고 조반파가 전면적으로 무너질 때까지 줄곧 '상하이를 따라 배우자', '상하이의 길을 따르자'라는 것을 잊지 않았는데도 말이다. 그러나 마오쩌둥의 권위를 누가 감히 업신여기겠는가? 누가 감히 그대로 따르지 않겠는가! 따라서 권력을 탈취한 조반파들은 새 정권에서 말석을 차지하고 참고 견디는 수밖에 없었다. 그것도 매우 불안정하고 험난하며 몇 차례의 기복이 있는 말석 말이다. 이러한 상황에 대해선 독자들이 아래 글을 통해 이해할 수 있을 것이다.

문혁과 관련된 많은 작품에서는 조반파의 탈권과 권력을 장악한 이후의 상황에 대해 언급할 때 모두 상하이시 조반파가 혁명위원회라는, 대권을 실제 통제한 모델을 가지고 각 지역 각 부류의 조반파들도 그랬을 것이라고 본다. 곧 다른 지역의 조반파들 역시 십 년 동안이나 위풍을 떨쳤던 새로운 귀족으로 묘사하는 것이다. 사실 이 작품들의 저자는 결코 문혁의 구체적인 역사를 진정으로 이해하지 못하며 특히 문혁 중 조반파의 운명을 이해하지 못하고 있다. 10년에 달하는 문혁 역사에서 전국의 어느 성 혹은 어느 지역의 조반파 우두머리도 상하이의 왕훙원이나 천아다(陳阿大)처럼 위세를 떨치면서 십 년 정치 무대에서 계속 춘풍을 만난 듯 의기양양하진 못했다. 베이징의 콰이다푸나 산둥의 한진하이(韓金海), 신장의 후량차이(胡良才), 허난의 탕치산(唐歧山), 후베이의 샤방언(夏邦銀), 후난의 탕중푸(唐忠富), 장시의 투례(塗烈), 광둥의 류지파(劉繼發), 저장의 윙쑹허(翁松鶴), 장쑤의 화린선(華林森) 등등을 막론하고 말이다. 비록 이들 조반파 우두머리의 정치적 운명이 결국 왕훙원과 마찬가지로 철저하게 끝장나고 말았지만 이들의 불운은 사인방이 전멸하기 전부터 몇 차례에 걸쳐 계속되었다. 이는 1976년 10월에 가서야 무너진 왕훙원과는 달랐다.

1968년 2월 28일 창사시에 혁명위원회가 성립되었다. 1인자는 해방군 47군의 사단장급 군관이었다. 시 혁명위의 각 부서 책임자 역시 모두 해방군 대표였다. 한 명은 문혁 전 공산당원이자 '모범 노동자'였던 조반파 우두머리였는데, '시 혁명위 부주임'이란 몇 자리에서 마지막 자리에 앉게 되었다.

얼마 지나지 않아 4월 8일 후난성 혁명위원회 역시 정식으로 성립되었다. 자연히 중앙에서 비준한 명단에는 해방군 47군의 리 군장이 혁명위 주임을 맡았고, 조반파의 원래 성위 서기였던 화궈펑과 후보서기인 장보선이 제2, 3인자가 되었다. 중간에는 또 원래 성 군구 사령원이었던 룽수진을 포함해 몇 명의 군인이 있었는데 역시 성 혁명위원회의 부주임이었다. '성 혁명위원회 부주임'의 명단에는 마지막으로 두 명의 조반파 우두머리인 후융과 예웨이둥, 즉 '공련'과 '상강풍뢰' 양대 조직에서 각각 하나씩 차지했다.

원래 성위 제1서기는 '류(劉)·덩(鄧)·타오(陶)' 사람으로 선포되지는 않았지만 성 혁명위원회에서 제외되고 중앙에 의해 베이징으로 불려갔다. 성위 제2서기는 비참하게도 영문도 모른 채 '반역자'라는 죄명을 썼다. 그는 '류·덩·타오'의 대리인과 '주자파'라는 두 개의 '모자'를 쓰고는 공개적으로 이름이 거론되어 타도 대상이 되었다. 새로운 류·덩 비판 노선과 원래 성위 제1서기와 제2서기 등 '주자파' 비판과 결합된 운동은 성 혁명위원회가 성립된 전후로 하여 거세게 전개되었다. 이렇게 한 목적은 '새로운 홍색정권'의 권위를 확립하려는 데 지나지 않았다.

그러나 누가 '주자파'인지, 누가 정치적으로 진정 '타도'되어야 하며 관직이 파면되어야 하는지를 확정하는 권력은 결코 조반파들이 갖고 있지 않았다. 이들은 단지 '타도' 구호를 외치거나 공격적인 대자보를 쓰는 것에 머무를 뿐이었다.

어떤 성위 서기가 '블랙 리스트'에 속하는지를 정하는 진정한 권력은 마오쩌둥과 중앙에 있었다.

문혁에서 어떠한 성위 서기도 조반파에 의해 '타도'되지는 않았다. 조반파는 단지 중앙과 중앙문혁의 의도를 실질적으로 집행할 뿐이었다. 어떤 경우 중앙의 지시가 없었음에도 조반파가 자신의 의도대로 어떤 성급 당정관료를 '타도'하려고 하면, 조반파는 곧 중앙의 제지를 받았다.

조반파가 원래 타도할 마음이 없었던 성위 제2서기는 갑자기 중앙에 의해 '블랙 리스트'에 속하기도 하고, 몇 개월 동안 필사적으로 타도하고 싶어 했던 후난성 군구 사령은 중앙에 의해 '신생 홍색정권' 성혁명위 부주임으로 확정되기도 했다. 이에 대해 조반파들은 어찌할 도리 없이 복종하는 수밖에 없었다. 왜냐하면 이러한 방법은 모두 '마오 주석의 위대한 전략배치'에 속하는 것으로, 조반파들이 이 '위대한 전략배치'에 대해 이해하든 이해하지 못하든 간에 모두 복종하는 수밖에 없었다. 그렇지 않았다간 필시 나쁜 운명이 더욱 일찍, 더욱 빨리 다가오게 될 것이었기 때문이다.

높은 산처럼 기세등등했던 조반파들은 사실 마음대로 할 수 있는 것이 별로 없었다. 신문이나 방송에서 선전하는 것만큼 위풍이나 힘이 있는 것과는 거리가 멀었다. 표면적으로는 조반운동은 역사에서 마치 뭐든 마음대로 할 수 있는 의거인 것 같았지만 실질적인 독립성을 갖추고 있지 못했다. 이들은 매 단계마다 모두 중앙과 중앙문혁의 '전략배치'의 제약을 엄격하게 받았다. 일부 머리에 열이 오른 조반파들이 "천하는 우리의 천하이고, 국가는 우리의 국가인데, 우리가 말하지 않으면 누가 말하겠는가! 우리가 안 하면 누가 하리?", "광활한 대지에게 묻노니 누가 흥망성쇠를 주관하는가?"라는 확신에 찬 호기롭고 낙관적인 정취에 빠져 있을 때 당시 저우언라이 총리는 이러한 유치한 생각에 대해 조금도 겁내지 않고 들추어 내며 경고를 주었다. 마오쩌둥이 공산주의자가 되기 전에 말했던 어록을 홍위병들이 오늘날의 행동 구호로 기계적으로 모방해서는 안 된다고 말한 것이다. 분명 저우 총리의 뜻은 오늘날의 상황과 20년대 초 중국의 상황은 서로 크게 다르다는 것이었다. 그땐 군벌이 혼란스럽게 할거해 있던 시대였고, 오늘날은 이미 공산당의 지도가 있으므로, 문화대혁명운동을 하더라도 역시 공산당의 자발과 지도 아래 진행되어야 한다는 것이다. 따라서 모든 행동은 반드시 당 중앙 마오 주석의 지휘에 따라야 하며 자기 마음대로 하는 무정부주의를 행해서는 안 된다는 것이다! 이러한 뜻을 나타낸 대자보와 전단을 나는 여러 종류 본 적이 있었는데 서로 다른 상황에서 말한 것으로 논조나 글자 역시 달랐다. 최근 쑹융이(宋永毅)가

편찬한 문혁자료집 중에서도 이러한 뜻이 담긴 두 장의 연설을 찾아볼 수 있다. 하나는 1967년 2월 17일 저우언라이가 재무계통 각 부서의 조반파 대표를 접견했을 때의 연설로 다음과 같이 말하고 있다.

"'천하란 우리들의 천하'라는 말은 주석 자신도 생각지 못한 것이네. 그 뒤 어떤 동지가 1919년 '5·4운동' 당시 『상강평론』에 실린 주석의 문장 속에 있던 말이라고 했지. 주석은 '그것은 부르주아계급 애국주의 시대의 것으로 그 시절 우린 모두 애국주의자들이었는데, 무슨 공산주의 사상이 있었다고 어찌 이 말을 마구 인용할 수 있는가?'라고 하면서 그 안엔 어떤 계급적 성격도 있지 않다고 했네. '천하란 우리들의 천하'란 말은 프롤레타리아들도 할 수 있고 부르주아계급들 역시 할 수 있는 말이네. 주석은 역사 유물주의자로 매우 엄격한 사람이라구……. 자네들이 그의 것을 마구 인용하는 것은 주석의 사상과는 맞지 않는 것이네."

두번째는 1967년 3월 1일 시안(西安) 노동자 조반 총사령부와 시안 교통대 학생들과의 접견 당시 연설로 저우 총리는 다시 한번 말하고 있다.

"마오 주석이 1920년 『상강평론』에서 '천하란 우리들의 천하다. 국가란 우리들의 국가다……'라는 말은 당시 정세에서 제기된 것으로 앞으론 더 이상 제기하지 말게."

기왕에 조반하려고 한다면 반드시 복종해야 한다. 이것이 바로 조반파가 문화대혁명에서 갖고 있던 준칙이었다.

그러나 이것은 하나의 모순이다.

따라서 조반파들은 처음부터 자신의 불운한 운명을 정했던 것이다.

내가 청년근위군에서 우리 단위로 돌아왔을 때 회사 안의 각 조반조직은 이미 각자 조직의 깃발을 내리고 하나 된 조반조직인 '공대회'(工代會)를 공동으로 만들었다. 회사 안의 원래 '공련' 조직 우두머리였던 팡다밍(龐達明)은 연합 조반조직의 책임직을 맡아 회사 '공대회' 의 주임이 되었다. 반면 우리 '상강풍뢰' 조직의 라오이는 2인자가 되어 '공대회' 의 부주임이 되었다. 내가 회사로 돌아온 뒤 라오이가 날 찾아와 그의 '자리' 를 내게 양보하고 싶다고 하면서, 내가 원래 회사 '상강풍뢰' 조직의 책임자였고 그는 단지 나의 직무를 대행하고 있었을 뿐이며, 이제 내가 돌아왔으니 '상강풍뢰' 파의 우두머리가 되어 '공대회'에 들어가야 한다고 말했다. 라오이는 또 많은 겸손의 말을 하면서 나의 패기와 능력을 과찬하면서 내가 '공대회' 부주임 직을 맡아야 한다고 적극 설득했다.

나는 라오이의 양보가 진심이며 위선적 요인이 없음을 알 수 있었다. 그러나 내 자신이 그의 자리에 앉을 수는 없다고 생각했다. 내가 회사를 떠나 청년근위군에 참가한 뒤로 회사 안의 '상강풍뢰' 조직 업무는 모두 라오이가 부지런하고 성실하게 맡아 왔다. 비록 나 역시 이따금 회사로 돌아와 정책결정회의에 참가하곤 했지만 구체적인 조직 사무는 모두 그가 지도하고 있었던 것이다. 게다가 그의 지도와 관리가 매우 좋아 '상강풍뢰' 는 시종 회사 내에서 상당히 중대한 역량을 발휘하고 있었다. 상대적으로 내가 회사 '상강풍뢰' 조직에 쏟은 힘은 이 당시엔 그에게 크게 못 미치는 것이었다. 따라서 업무 효과의 측면에서나 사람 된 도리의 측면에서나 난 라오이의 '공대회' 부주임 자리를 대신할 수 없었다. 비록 내가 그의 '상사' 였지만 이 당시엔 정세가 이미 변화되어 이러한 변화를 존중해야 했다.

나는 라오이의 호의를 사절하고 다시는 그의 '상사' 가 되지 않겠다고 고집했다. 나의 뜻이 인사치례가 아니라는 걸 믿게 하기 위해 나는 아예 회사를 떠나 내가 속해 있던 기계수리 공장으로 돌아와 버렸다.

라오이와 내가 이때 소위 '관직'이란 것을 서로 양보하던 일은 결코 겉치레의 호의가 아니며 우리 둘, 최소한 내가 무슨 고상한 품격을 지 녔기 때문도 아니었다. 가장 중요한 것은 조반에 참가한 것이지 여태 껏 '벼슬아치'를 하겠다거나 혹은 '관리'가 되는 것은 영광스러운 일 이라고 생각한 적이 없었다는 것이다. 나는 우리 세대 청년들이 태어 나 세상 물정을 알면서부터 배운 것은 '혁명'하는 것이었고, '나사'가 되어 '영웅'이 되는 교훈과 가르침이었다고 생각한다. '원수가 되길 바라지 않는 병사는 좋은 병사가 아니다'와 같은 나폴레옹의 고전적인 명언은 그 당시 우리는 들어 보지도 못했다. 누군가 읽어 보았다고 해 도 필경 '봉건주의·자본주의·수정주의'의 쓰레기로 간주할 것이며 일고의 가치도 없었다. 당시 열여덟의 나로서는 '관리'가 되는 일은 아 예 생각지도 못했다. 평소 조반할 때 그런 직무를 맡아 직함이 있었을 지라도, 시종 운동을 위해 잠시 필요한 것뿐이라 생각했으며, 결코 무 슨 '관리'가 된다고는 생각지 않았다. 당시 많은 홍위병 조반조직 지도 기관의 구성원은 종종 스스로를 '근무원'이라 불렀으며, 심지어 조직 총부의 명칭을 사령부로 부르지 않고 '총근무참'이라고 불렀다. 또한 앞에서도 서술한 바와 같이 청년근위군 총부에서 베이징 협상을 위해 대표를 파견하는 그렇게 중요하고 진지한 일에 대해서도, 모두들 아무 렇게나 한 명 선발하여 보냈지, 이 사람을 무슨 관리로 보낸다고는 생 각지 않았다. 비록 이 사람이 결국에 가서는 '관리'가 되어 시 혁명위 에 들어가 '위원'이 되었지만 말이다.

당시 특히 문혁운동 전반부에는 사상이 비교적 풍부하고 적지 않은 정치나 역사서를 읽었거나 일정한 경력을 가지고 시종 권력의 중요성을 인식하고 있던 일부 조반파 우두머리를 제외하고는, 대부분의 조반파 특히 젊은 조반파 우두머리와 홍위병 우두머리들은 대체로 문화대혁명을 생각해 본 적도 없었다. 어찌 하다 '관'과 인연을 맺게 되어 '관료' 직 하나를 건져 올리는 기회가 있었다 해도, 그 당시 대부분의 조반파 사람들은 확실히 천태만상의 직무 지위 따윈 그다지 중시하지 않았다.

내가 기계수리 공장으로 돌아온 뒤 모두들 나를 회사 내 조반파 우두머리라고 여겨 나를 기계수리 공장 '공대회' 부주임으로 추천했다. '공대회' 주임은 원래 '공련' 조직의 온후하고 충실한 나이 든 노동자가 맡았고 기계수리 공장의 혁명위원회조직을 계획했다. 당시 공장 당지부의 쑤 서기는 이미 실제로 한 쪽으로 밀려났고, 대권은 조반파의 '공대회'가 단독적으로 장악하고 있었다. 후난 문혁문제에 관한 결정이 중앙에서 내려온 뒤, 조반파가 승리하고 보수파가 무너진 대국이 이미 결정되어 우리 공장 내의 보수조직은 다시 한번 자체 해산을 선포하였다. 핵심 인원들은 잇달아 대자보를 써서 다시 한번 그들의 참회의 뜻을 나타냈으며 스스로 '주자파에게 속아 넘어갔다'고 하면서 조반파에게 투항의 뜻을 나타냈다. 더욱이 그들 중에 도망간 '적위대' 대장은 그가 '고사' 무투대에 참가했다고 의심한 회사 조반파에 의해 붙잡혀 주먹과 혁대로 한차례 호되게 맞았다. 그 뒤로 그들은 더욱 놀라 한층 더 열심히 조반파에 대해 '잘못을 인정'했다. 몹시 애처로운 모습으로 양진허 등을 찾아가 사죄하면서 과거 그를 '우파'로 잡아들였던 잘못을 용서해 달라고 간청했다. 그들이 2월 '상강풍뢰' 진압 당시 우리를 숙정하려고 기도했던 일을 빌면서, 양진허의 관대한 용서만을 바라며 자신들을 숙정하지 않는다면 시키는 일은 뭐든지 다 하겠다고 빌었다.

그 '적위대장'을 타도할 때는 마침 내가 회사로 돌아와 일을 처리할 때였다. 따라서 그의 몇 개월간의 행적에 대한 '심문'을 진행할 때 그들과 함께 있었다. 군용 벨트로 홑겹 셔츠만을 입고 있는 그의 등 뒤를 호되게 내리쳤다. 그는 맞으며 아이고 아이고 외쳐 댔고 등 위로는 한 줄기 붉은 자욱이 생겼다. 이렇게 포악한 사건은 기본적으로 쌍방의 얼굴을 보지 않는 대규모의 대진 무투를 제외하고는 전체 문혁 기간 중 우리 공장에서 파벌 무투로 유일하게 사람을 때린 일이었다. 비록 이 '적위대장'이 여론을 적극 조작하여 나와 양진허 등을 '반혁명'으로 몰아 '공안국에 갇히게 한' 일을 생각하면 분노가 치밀어 올라 그를 때리긴 했으나, 그 뒤로 그 역시 노동자일 뿐 결코 '당권파'는 아니라고 생각했다. 또한 나중에서야 밝혀졌지만 그가 도망간 이유는 '고사' 파 무장을 이끌고 회사 조반파를 공격하려던 것이 아니라, 그저 두려워서 그랬던 것이었다. 따라서 그 뒤로 나는 기회를 만들어 보일러공이었던 이 '적위대장'에게 미안함을 표시했다. 그가 무슨 일을 했든 간에 그에게 손찌검을 하고 때린 일은 하지 말아야 할 잘못이라는 걸 인정했다. 한번은 그의 고향 집에 경제적인 어려움이 생겼을 때 공장 혁명위에 그에게 보조금을 지급하라고 적극 요구했으며, 그와 함께 그의 고향으로 내려가 어려움을 해결하는 데 도움을 주었다. 이렇게나마 마음속으로 그에 대한 잘못을 메우고 싶었다. 그 뒤 이 '적위대장'은 자신을 때리는 일에 참여했던 내게 관대하게 말했다. "그건 자넬 탓할 수 없네, 그런 상황에선 나 자신이 정말 도망가지 말았어야 해." 마치 나의 잘못을 용서하는 듯했다. 또한 그 뒤로 몇 년 동안 나를 숙정하는

'일타삼반'(一打三反), '5·16 색출', '사인방 사람과 사건 색출' 운동 등이 일어났을 때 그는 더 이상 나를 숙정하는 일에 참여하지 않았고 당시 내가 그를 때렸던 일에 대해서도 언급하지 않았다. 오히려 내게 열심히 자아비판을 하고 참회하던 사람들이 우리 조반파를 숙정하는 새로운 운동이 벌어질 때 금방 안면을 바꿔 버렸다. 지금 생각해 보면 그 '적위대장'이 우리와 관점의 대립이 생겼던 것은 개인적인 요인 때문이 아니라 그가 당시 '당 조직의 말에 따르는 것이 정확하다'는 전통적인 규율을 신봉했기 때문이며 우리 조반파가 '온갖 잡귀신'이라는 공장 당 지부의 고발을 믿었기 때문이다. 사실 그 사람 자체는 성격이 시원시원하고 다소 충동적이지만 진실된 사람으로 무슨 개인적인 혹은 정치적 의도는 없었다. 그래서 문혁 이후 우리와 관점이 달랐던 많은 사람들도 정치적 호의를 얻어 입당을 하거나 간부로 선발되거나 승진하기도 했다. 하지만 우리 조반파와 있는 힘껏 대립하고 얻어맞기까지 했던 이 '적위대장'은 결국 계속해서 보일러공 일을 했을 뿐, 입당하거나 간부로 선발되지는 못했다.

1967년 8월 후난 조반파가 중앙의 지지를 얻고 상황을 통제한 이후로 보수파에 복수하지 말라는 중앙의 지시가 다시 한번 있었다. 그러나 적지 않은 단위에서는 여전히 일부 조반파들이 보수파 우두머리나 핵심 분자들을 구타하는 상황이 벌어졌다. 이러한 일이 발생한 직접적인 요인은 구타당한 보수파 핵심 분자들이 무투가 한참 벌어지던 시기에 자기 단위에서 도망쳤고, 이 단위의 조반파들은 그들이 '고사'파의 무장에 참가하러 간 것으로 생각했기 때문이다. 우리가 조반파 무장조직에 참가하러 밖으로 나간 것과 마찬가지로 말이다. 따라서 있을 수밖에 없던 '심문'은 서로 다른 정도의 구타를 가져왔던 것이다. 그러나 보수파 핵심 분자들을 구타한 진짜 이유는 많은 보수파 핵심 분자들이 대개 문혁 전기에 한두 차례 해당 단위 조반파를 '반혁명' 분자로 극력 몰아갔기 때문이다. 진작부터 그들에 대한 조반파의 원망이 깊었고, 지금은 또 '고사'파 무장에 참가했다는 혐의까지 받아 그들에 대한 원한이 더욱 깊어졌다. 고로 이번 기회에 원한을 풀려고 한 것이다.

어쨌든 사람을 때리는 일은 잘못된 일이다.

그러나 만약 이들 보수파 핵심 분자들이 정말로 한 차례, 또다시 재차 해당 단위의 무고한 노동자들을 '반혁명'으로 몰고 '우파'로 공격했던 역사적 배경을 완전히 무시해 버린다면, 조반파들이 자행했던 이러한 구타 사건에 대해 공정한 평가와 유익한 결론을 내기는 어려울 것이다.

당시 양진허는 회사 '공대회' 위원 신분으로 기계수리 공장 혁명위 주비조 업무에 참여하고 있었다. 양진허는 오래된 원한을 기억하지 않는 사람으로 이미 무너지고 참회를 표시한 상대방에 대해 '너그러운 용서'라는 말을 생각해 냈다. 그는 내게 그 사람들이 잘못을 인정하고 교훈을 얻어 앞으로 더 이상 숙정할 의사와 행동이 없다면 우리가 그들의 과거 잘못을 따져서는 안 된다고 말했다. 실제 한동안 그와 보수파 핵심 분자들은 거의 사이가 좋은 관계처럼 보였다. 심지어 그 중 일부 사람들과는 서로의 집을 방문하기도 했다. 그는 이렇게 하는 목적이 우리와 그들 간의 사상 격차를 줄이기 위함이라고 알려 주었다. 필경 그들 역시 '속아 넘어간 군중'이라는 것이다. 비록 그들이 전안조 간부로 당 지부 위원이었고, 문혁 전 정치적 지위가 양진허보다 '높은' 사람이었을지라도 말이다. 양진허는 우리가 이제 승리자이며 승리자는 마땅히 관대한 태도를 보이고 단결할 수 있는 모든 사람들을 단결시켜 혁명의 길로 나아가야 한다고 말했다.

양진허의 생각과 방법은 모두 흠잡을 데 없는 것으로 백 년이 지난 후라도 나는 그가 당시 결코 잘못을 저지르지 않았다고 생각할 것이다. 게다가 보수파 핵심 분자 모두들 사상의 짐을 가뿐히 내려놓고 우리에게 보복당할까 봐 걱정하지 않았으며, 자주 우리 앞에서 존경의 뜻과 아첨을 보일 때면 나는 양진허의 방법에 매우 감탄했다.

당시 나와 양진허는 모두 '드러내지 않고 때를 기다린다'는 말이 무슨 뜻인지 알지 못했고, 어떤 사람들은 몇 개의 얼굴이라도 가질 수 있다는 사실을 알지 못했다.

당 지부 서기 쑤중위안(蘇中原)의 태도는 시종일관 비굴하지도 거만하지도 않았다. 그러나 이때 우리가 정말로 그의 손에 있던 권력을 탈취하자 그 역시 눈치껏 더 이상 일에 관여하지 않고 스스로 작업장으로 내려가 노동을 했다. 당시 나는 그에 대해 좋지 않은 인상은 조금도 없었다. 그가 공개적으로 우리 조반을 지지한 적은 없었지만 역시 공개적으로 반대한 적도 없었다. 나는 그의 지위를 고려할 때 그렇게 하는 것도 이미 쉽지 않은 일이라고 생각했다. 따라서 기계수리 공장에 혁명위원회가 성립되면 쑤 서기도 결합하여 들어가도록 고려해야 한다고 생각했다. 그래서 공장 혁명위원회 명단을 계획할 때 나는 쑤 서기를 그 안에 집어넣었다.

그러나 쑤 서기는 공장에서 오랫동안 당 지부 서기로 있었고, 제도적인 관료주의의 풍조에 물들어 있었기 때문에 노동자 대중 사이에는 쑤 서기에 대한 원한을 가진 이가 적지 않았다. 많은 나이 든 노동자들이 우리를 찾아왔는데, 특히 비판대회에서 쑤중위안에 대한 성토 발언을 하고(예컨대 쑤 서기가 과거 나이 든 노동자들을 존중하지 않았고, 이 점에 대해 책임을 지지 않은 업무 과오에 대해 나이 든 노동자들은 심한 욕을 퍼부었다) 그의 면전에서 '조반을 일으켜 결단코 타도하자'고 했던 나이 든 노동자들은 모두 그가 혁명위원회에 들어가는 것에 동의하지 않았다. 또한 이렇게 말하기도 했다.

"한참 동안 하다가 '주자파'를 다시 혁명위원회 구성원으로 결합시키다니 어찌 옛날로 돌아가는 것이 아닌가? 문화대혁명을 헛되이 한 것이 아닌가?"

어찌할 것인가?

우리는 나이 든 노동자들의 의견을 고려하지 않을 수 없었다. 왜냐하면 우리는 그들에게서 벗어날 수 없었고, 그들의 지지가 있었기 때문에 오늘날 조반이 승리할 수 있었기 때문이다.

그러나 양심에 따라 말한다면 우리는 또 쑤 서기를 무슨 '주자파'라고 여길 수는 없었다. 그가 비록 잘못이 있긴 했지만 반당과 반마오 주석, 반마오 주석 혁명노선의 기준과 자본주의의 길을 걷는 기준과는 정말로 멀었다. 그가 조직해 양진허 등의 '우파'를 잡긴 했지만 그 일은 이 작디작은 당 지부 서기의 책임은 아니라고 생각했다. 게다가 그는 그 일 때문에 우리에게 몇 번이나 비판을 받은 적이 있었다. 그리고 쑤 서기는 시종 우리에게 공개적으로 대항하는 태도를 보이지도 않았다. 비록 그가 몰래 보수파를 지지하고 우리를 반대한다는 말이 들렸지만 우리는 이해할 수 있었다. 일개 당 지부 서기가 그를 보호해 주는 사람을 편애하는 것은 당연한 일로 이는 정상에 속하는 것이었다.

창사시엔 '웃는 얼굴엔 손을 뻗어 때리지 않는다'는 속담이 있다.

나는 쑤 서기가 그런 '웃음 띤 얼굴'을 한 사람이라고 생각했고, 그를 '주자파'로 숙정하여 타도하는 일은 정말로 할 수 없었다.

나와 양진허는 의논을 거쳐 한 가지 방안을 생각했다. 우선 쑤 서기에 대해 다시 한번 비판을 하게 하여 원한과 불만이 있는 노동자들의 분노를 풀 수 있게 해주자고 했다. 틀림없이 모두가 분노를 마음속으로 억제하고 있으니 한번 발설이 되기만 하면 마음을 가라앉히고 침착하게 그들을 설득할 수 있으리라 생각했다. 더군다나 쑤 서기가 공장혁명위에 들어가기 전에 깊이 명심하도록 만들어야 했다. 과거에 그가 공장에서 지도할 때 많은 사람들에게 정신적 피해를 포함해 서로 다른 정도의 피해를 가져다주었다는 것을 알게 해야 했다. 그렇게 해야 그가 향후 혁명위원회에서 신중하게 일을 할 것이다.

우리의 방안을 아직 실시해 보기도 전에 회사에 진주한 해방군 지좌 대표가 양진허와 나를 찾아와 회사 혁명위원회 건립에 관한 문제를 논의했다.

이른바 '지좌'(支左)란 해방군이 좌파를 지지한다는 뜻이다. 당시 조반파는 '좌파'로 인식되었기 때문에, '지좌'는 바로 조반파를 지지한다는 뜻이었다.

우리 회사 관리권은 일찍이 상하이에서 불어온 '1월 폭풍' 때 조반파 조직에서 연합으로 탈취하여 대권이 이미 회사 조반파의 '연합탈권위원회'(聯委)에 속해 있었다. 그 뒤 군구에서 '상강풍뢰'를 진압한 일이 발생했고 보수파의 반격도 가세해 '연위'에서 '상강풍뢰'가 제명되었고 탈권을 '권력감독'으로 바꾸었다. 즉 권력은 여전히 당위에 있지만 '연위'와의 협상을 거쳐야 하며 문건 발급 역시 '연위'의 부서(副署)를 필요로 했다. 3월 이후 탈권이 필요한 지방에서는 '삼결합'의 혁명위원회를 설립해야 한다는 마오쩌둥과 중앙의 명확한 지시가 있었다. 소위 '삼결합'이란 기존의 간부대표와 해방군 대표, 그리고 조반파 대표를 말한다. 따라서 회사 조반파 '연위'는 곧바로 혁명위원회 설립에 노력했다. 그러나 '고사'와 몇 개월간의 파벌전을 치루었기 때문에 대세가 정해지기 전, 혁명위 건립 일은 잠시 미뤄지게 되었다. 후난 문혁문제에 관한 중앙의 결정이 내려오게 되자 우리 회사의 '상강풍뢰'는 다시 조직을 회복하고 '연위'로 돌아오게 되었고 주요 조반파조직중의 하나가 되었다. 그 뒤 정세 변화에 따라 후난의 조반파조직은 자신들의 기치를 하나씩 내려놓고 연합을 실현하였고, 다시 '공대회'·'농대회', 그리고 '홍대회'(홍위병)라는 새로운 3대 조직으로 나뉘어지게 되었다. 우리 회사의 '연위'역시 순리에 따라 '공대회'가 되었고 그 주임은 원래 회사 '공련'의 책임자인 팡다밍이 맡게 되었다. 부주임은 우리 '상강풍뢰'의 라오이였다.

이때 혁명위원회를 건립하는 일도 의사 일정에 오르게 된다.

성·시 혁명위원회의 지시에 따라 대형기업의 단위는 혁명위원회를 설립하였는데 반드시 해방군의 지좌 요원이 구성에 참여해야 했다. 실제 이들 단위의 혁명위원회 구성원은 기본적으로 지좌 요원이 결정했고 다시 성 혹은 시 혁명위원회에 보고하여 비준받았다. 대개 해방군 지좌 요원이 동그라미로 확정한 명단에 대해 성·시 혁명위원회에서는 일반적으로 그대로 허가를 내주었고 그렇지 않으면 비준되지 않았다. 왜냐하면 당시 성·시 혁명위원회의 영도권은 대부분 좌파를 지원하는 해방군 군관의 수중에 있었기 때문이다.

우리 회사에 주둔한 해방군의 지좌 책임자는 성이 위(喩)씨로 우리는 그를 '라오위'(老喩)라고 불렀다. 그는 온화하면서도 정치원칙이 매우 강한 군인이었다. 지좌로 나오기 전 그는 해방군 정치간부학교의 정치간부로 부단급이었다. 얼마 전 지좌 업무 명령을 받고 우리 회사로 주둔해 와 회사 혁명위원회의 설립을 도왔다.

라오위는 우리에게 회사 '공대회'에서 입안한 회사 혁명위원회 명단이 이미 넘어와 심사에 들어갔다고 알려 주었다. 몇 명의 인선은 그가 보기에 부적합하거나 만족스럽지 못했다. 혁명위 주임은 원래 회사 당위 서기였던 장중취안(章忠全)을 선정했고 그도 달리 의견이 없지만 혁명위 부주임으로 뽑힌 네 명의 후보 중에 최소한 두 명은 그도 동의할 수가 없다는 것이다. 한 명은 저우(周) 성을 가진 조반파 우두머리로 문혁 이전에 경제 범죄를 저지른 적이 있었는데, 문혁 초기 조반할 때 고발에 따라 그의 개인 생활이 신중히 검토되지 않았다는 것이다. 라오위는 이 라오저우가 부주임을 맡을 수 없으며, 그렇지 않으면 혁명위원회 이미지에 영향을 줄 것이라고 말했다. 그렇지만 라오저우가 오래된 조반파이고 회사에 소속된 큰 단위의 조반파 우두머리라는 점을 고려하여 혁명위원회에 들어가 보통위원이 되는 것은 허락할 수 있다고 했다.

또 다른 사람은 바로 라오이였다.

"그를 회사 혁명위원회에 들어가게 할 수는 없소. 혁명위원회 부주임이라면 더욱이 될 수 없지."

라오위는 엄숙한 표정으로 우리를 바라보며 말했다.

라오이? 그는 왜 혁명위원회에 들어갈 수 없단 말인가?

나는 매우 놀라 머릿속으로 이런 결론을 받아들일 수 없었다. 나는 입을 열어 라오이를 위해 변호하고 싶었다. 하지만 라오위는 내게 손을 흔들면서 여전히 엄숙하게 말했다.

"일단 말하지 말고 내 얘기를 끝까지 들으면 알게 될 겁니다. 나도 당신들과 라오이의 관계가 보통이 아니라는 것은 압니다. 한 조직이었고 당신은 그의 상사이기도 했으니 오늘 내가 특별히 라오이의 문제를 알리려고 샤오양과 당신을 불렀소."

라오위는 회사 혁명위원회에 라오이가 들어갈 수 없는 첫번째 이유는 라오이가 앞 시기 성 혁명위원회를 '타도'하는 조반파 운동에 말려들어 갔기 때문이라고 했다. 이 '타도' 운동은 일부 조반파가 성 혁명위원회가 설립된 뒤 '우경' 행위와 '복귀' 경향을 보인다고 비난하면서 불러일으킨, 규모는 비교적 컸지만 대항은 격렬하지 않았던 단기간의 운동이었다. 곧바로 성 혁명위원회에서 이 '타도' 운동을 평정하였고 운동의 성격을 '잘못된 운동'으로 규정했다. 또한 성 혁명위원회에서 이 운동을 지지하는 몇 명의 구성원을 제명하기도 했다. 조반파를 '숙정'하는 이번 일은 비교적 작은 범위 내에서 통제되어 일부 사람들만 운 사납게 되었다. 그러나 기층 구성원에 대해선 일반적으로 별 다른 추궁을 하지 않았다.

나는 공장 일로 바빠 그 '타도' 운동엔 적극 참가하지 않았다. 그러나 나 역시 지지자였고, 많은 단위의 조반파 우두머리들도 모두 '타도'를 지지했지만 그 뒤 혁명위원회에 들어갈 수 있었다. 그런데 왜 라오이는 들어갈 수 없단 말인가!

나는 라우위의 저지를 이해하지 못하고 무심결에 내 생각과 푸념을 말해 버렸다.

"가장 중요한 두번째 이유는……" 라오위는 내 질문에 직접 대답하지 않고 그저 그의 말을 계속했다. 게다가 그는 화가 몹시 난 내 모습을 보고도 도리어 부드러운 미소를 내보였다.

단번에 그는 나를 무력화시켰다. 그는 나와 언쟁하지 않고 침착하게 설명하는데 내가 어찌 그와 논쟁을 벌일 수 있겠는가?

"라오이가 해방 전에 '삼청단'(三青團)에 참가한 적이 있습니다."

라오위가 말했다.

삼청단? 국민당의 삼청단? 라오이가······.

양진허와 나는 순간 놀라 어리둥절했다.

그야말로 큰일 아닌가! 만약 정말로 그렇다면 라오이가 혁명위원회에 들어갈 가능성은 거의 없었다.

"물론 이 문제는 아직 최종 증거가 없습니다. 라오이 본인 역시 이일을 인정하지 않고 그저 당안 안에 다른 사람이 고발한 자료가 있을 뿐입니다." 라오위는 다시 이렇게 말했다. 아!

나는 저절로 한숨 돌릴 수 있었다. 그게 뭐 대수란 말인가! 삼청단과 국민당 문제의 성격은 원래 차이가 있다. 1949년 이전 삼청단에 참가했던 청년들은 적지 않았다. 현재 정책은 삼청단조직에서 구(區) 분부 서기장 이상의 직무를 맡았던 사람들만 추궁하고 보통의 삼청단원들은 단지 정치·역사 문제에 속할 뿐이라고 규정하고 있다. 하물며 라오이가 정말로 삼청단이었는지 결론도 나지 않았는데, 어떻게 혁명위원회에 들어가지 못하게 제지할 수 있단 말인가!

나는 라오위에게 내 의견을 말했다.

라오위는 오히려 엄숙하게 말했다.

"'삼청단' 문제가 만약 일반 군중에게 발생했다면 굳이 따질 필요도 없습니다. 하지만 새로운 홍색정권 영도기관에 들어가는 인선에 대해선 절대 소홀히 할 수가 없겠지요. 우리 지좌 부대의 책임은 반드시 마오쩌둥의 혁명 승계자에 관한 5가지 조건에 따라 우리 회사 혁명위원회의 인선을 선택하는 것입니다. 혁명위원회에 들어간다는 것은 혁명

사업 영도권의 장악을 의미한다는 것을 알아야 합니다. 저도 압니다. 라오이가 해방 전엔 가난한 노동자로 프롤레타리아계급에 속했고 지금도 조반파의 책임자라는 것을요. 하지만 제가 앞에서 말씀 드린 그런 이유 때문에 우리는 그를 선택할 수가 없습니다. 이 문제는 반드시 원칙을 지켜야 하며 감정대로 일을 처리할 순 없습니다."

그러나 나는 라오위가 '공련' 조반조직으로 다소 기울고, 우리 '상강풍뢰' 조직 사람을 얕봐, 라오이의 삼청단인가 뭔가 하는 문제를 이다지도 심각하게 보고 '원칙'으로까지 끌어올린다는 생각이 들었다. 마치 후난성 문제에 관한 중앙의 결정 문건에서 '공련'을 혁명 조반조직이라 명명하고 '상강풍뢰'를 군중조직이라 부른 것처럼 말이다.

라오위는 내 마음속의 답답한 말을 알아차렸다는 듯이 다시 우리에게 웃으며 말했다. "제가 '공련' 쪽을 편든다고 의심하지 마십시오. 전단지 원칙에 따라 일을 처리할 뿐입니다. 당신들 조반파에서 우리 지좌 부대는 어느 한쪽을 편들고 어느 한쪽을 소홀히 하는 입장을 취할 수가 없습니다. 오히려 우리는 공평하게 일을 해야 하지요."

어찌 공평하단 말인가? 원래 네 명의 부주임 인선에서 두 명은 '공련' 조반파 우두머리이고 다른 한 명은 비록 회사의 원래 중간 간부였다고 하지만 실제론 '공련' 조직에 속하는 사람이었다. 유일한 '상강풍뢰' 조직의 인선이 라오이인데, 지금 또 그를 빼려고 하다니!

"제 생각엔 당신들 둘이 혁명위원회에 들어가야 합니다. 당신들은 젊고 능력이 있으며 출신 성분도 좋으니까 좋은 후계자입니다. 게다가 지금은 또 조반파 우두머리이니 바로 우리가 선택하려는 대상이죠." 라오위는 갑자기 두 손을 나와 양진허의 어깨 위에 걸치고는 매우 정중하게 그의 의견을 선포했다.

이 의견은 또다시 나를 깜짝 놀라게 만들었다. 나는 회사에서 기계 수리 공장으로 돌아온 뒤 다시 회사로 돌아갈 생각은 해보지 않았다. 왜냐하면 그곳엔 이미 많은 사람들이 일을 하고 있다고 생각했기 때문이다. 라오위의 이 뜻밖의 결정에 대해 나는 순간 뭐라고 말해야 좋을지 몰라 그저 잠자코 그가 계속하는 말을 듣기만 했다.

"그렇게 되어야 공평하다고 할 수 있고 처리하기도 쉽습니다. 당신들은 모두 '상강풍뢰'이고 샤오천은 회사 내 조직의 발기인이자 책임자이기도 하니까요. 그리고 말하는 김에 알려 드리지요. 샤오천에게 회사 혁명위 부주임을 맡기자는 의견은 '공련' 쪽 팡다밍이 먼저 제기한 것입니다. 보십시오. 팡다밍이 파벌도 가리지 않고 일을 잘 처리하지 않습니까! 그러니 라오이가 회사 혁명위에 들어갈 수 없는 일을 정확하게 이해하셔야 합니다. 혁명위에 참여하는 네 명의 부주임은 당신들 '상강풍뢰'와 '공련' 쪽이 각각 두 사람씩입니다. 보세요. 이건 각자의 '분파'도 고려한 것이면서도 공평한 일이잖아요. 당신 둘과 팡다밍 모두 젊은 사람들이고 또 혁명 후계자 조건에 적합하니 이게 가장 좋지 않겠습니까?"

라오위는 매우 기뻐하며 우리에게 분석적으로 들려주었다.

순간 나는 또 라오위가 정말로 사심없이 행동한다는 생각이 들었다. 그의 이런 행동은 결코 누구의 편을 드는 것도 아니고, 어떤 파벌을 싫어서 그러는 것도 아니며, 확실히 혁명 정치원칙을 실천하는 것이었다. 필경 그는 해방군의 고급 정치학교에서 온 사람으로 사람의 정치·역사 문제에 대해서는 진실대로 일처리를 하려 했다. 라오이의 '삼청단' 역사 문제에 대해 나와 양진허는 그와 논쟁을 벌일 방법이 없었다. 당시 그러한 정치적 분위기에서 출신 성분이 어떻든 간에 개인이 역사적으로 깨끗한지의 여부는 하나의 확고한 지표로 반박할 도리가 없었다. 그저 물러나 다른 출로를 찾을 수밖에.

회사 혁명위원회 부주임을 맡은 일이 나를 한껏 감격스럽게 만든 것은 아니었다. 왜냐하면 나는 원래 회사 조반파에서 가장 먼저 조반한 우두머리였고 당시 '관리'가 되는 일에 대해 확실히 많이 생각해 본 적이 없었을 뿐 아니라 이 '관직'이 조반파조직 우두머리와 마찬가지로 '근무원'에 지나지 않아 수시로 오를 수도 내려올 수도 있어 그다지 큰 신비감은 없었다. 그래서 그 '관직' 자체가 가지고 있는 실제적이고도 정신적인 특권을 도무지 알지 못했다. 따라서 그 뒤 얼마 지나지 않아 문혁 조반파가 '조'라는 각급 정권과 단위의 사무기관으로 이름을 바꾸자 순식간에 무슨 '국'이니 '처'니 '과'니 하는 것이 회복되었고 또 '국장'·'처장'·'과장'·'경리'(사장)·'공장장' 등의 칭호가 나타났을 때 나는 꽤 오랫동안 머릿속으로 이러한 낡은 것으로의 복귀 흔적이 있는 형태에 적응할 수가 없었다.

그러나 당시 라오위의 이러한 안배에 대해 나는 비교적 기뻐했다. 어쨌든 우리 '상강풍뢰' 조직 사람 두 명이 혁명위원회에 들어가 부주임을 맡을 수 있었고, '공련' 조직과 대등한 지위를 갖게 된 것이다. 그렇지 않고 라오이만을 혁명위원회 인선에서 뺐다면 나는 매우 불공평하다고 느꼈을 것이다. 라오이 한 사람만의 불공평이 아니라 우리 '상강풍뢰'에 대한 불공평이었다고 느꼈을 것이다.

라오이는? 그를 이렇게 뿌리쳐 버릴 수는 없지 않은가? 나는 다시 한번 라오이를 위해 싸워 보겠다고 결심했다.

나는 라오위에게 물었다.

라오위는 진작부터 마음속에 계획이 서 있었다. 그는 어쨌든 문화대혁명에 대한 라오이의 공로가 있지만 회사 혁명위원회에 들어갈 수는 없으니 계속해서 '공대회' 부주임을 맡게 하자고 했다. 이 '공대회'가 바로 공회[工會 : 중국의 노조를 가리킴]가 될 테니, 그가 공회 업무를 책임지고 맡는 것이 적합하다는 것이다. 또한 그가 원한다면 회사 혁명위원회에서 그를 상점이나 공장으로 내려 보내 기층 혁명위원회 구성원으로 배치할 수도 있다는 것이다.

회사 혁명위원회에 들어갈 수 없는데 어떻게 기층 상점이나 공장의 혁명위원회에 참여할 수 있는가?

나는 라오위를 바라보며 묻고 싶었지만 결국 입을 열지 못했다.

어쨌든 라오이를 위한 자리가 있는 셈이었다. 나는 그에 대한 동정에서 간신히 마음을 놓을 수 있었다.

창사시 혁명위원회에서 우리 회사 혁명위원회의 구성원을 비준하였다. 라오위의 구상대로 양진허와 나는 모두 회사 혁명위원회 부주임이 되었다. 그러나 첫번째 임명 공문서에 내 이름이 없었다. 이미 혁명위 부주임이 된 팡다밍, 팡형 역시 내가 회사 혁명위에 들어가는 것을 적극 지지했는데 만약 회사 혁명위에서 들어가지 못하게 한다면 불공평한 일이었다. 라오위는 우리를 보더니 하하 웃으며 말했다. "난 사람을 속이지 않아요. 걱정하지 마세요. 샤오천은 두번째 임명 명단에 있습니다." 과연 며칠 안 가 나를 회사 혁명위원회 부주임으로 임명하는 시 혁명위 문건이 내려왔다.

그 해 나는 겨우 열여덟에 불과했다.

어느 날 나는 홍위병이 편집한 「위대한 문헌」(偉大的文獻) 자료집에서 마오쩌둥 주석이 청년들을 격려하는 연설을 읽었다. 그 중에 이런 말이 있다. "삼국시대 저우위(周瑜) 역시 젊은이로 열여덟에 수군 도독을 지냈다! 그 수군 도독이란 바로 '해군 사령'으로 당시 저우위는 '청년단원'에 불과했지만 전쟁에서 크게 이겼다⋯⋯."

여기서 나는 또 마오쩌둥 주석의 다른 유명한 시가 생각났다. '인생이 이백 년이라 자신하면 반드시 삼천 리 수면을 칠 것이다.'(自信人生二百年, 會當擊水三千里)

읽고 난 뒤 기분이 매우 고무되어 나는 순간 스스로 '재기가 한창'인 때로 큰일을 할 수 있으며, '강산'이라도 '지점'(指點)할 수 있을 것 같았다.

우리는 회사 혁명위원회의 건립을 축하하며 성대한 경축대회를 열었다. 당시 모든 단위에서는 혁명위원회 탄생을 선고하며 축하식을 거행했다. 그래서 몇 개월 동안 날마다 거리에는 홍기를 내걸고 북과 징을 두드리며 귀청이 떨어질 듯한 폭죽을 터트리는 시위 행렬이 끊이지 않았다. 자기 단위의 혁명위원회 건립을 축하하는 표어를 들고는 즐거운 듯 고함치고 외치는 모습이 꼭 명절과도 같았다.

3천 명의 직원이 있는 우리 회사에서도 혁명위원회 우두머리들이 한바탕 경축을 벌이기로 결정했다. 마오쩌둥 주석에게 기쁜 소식을 알리는 '경축 전신' 문장을 정성껏 써서 만 장 이상 인쇄하여 붙이고 배포하였을 뿐 아니라(물론 '경축 전신'이라 하더라도 정말로 전보를 칠 필요는 없었다. 그저 여론 형식일 뿐으로 당시 각 단위 모두 이렇게 했다) 성대한 거리 경축대회도 거행했다.

나는 경축대회의 총지휘로 추천되어 수천 명의 시위대를 책임지고 배치했다. 당시엔 공장 기업이라 하더라도 자동차가 매우 드물어 우리는 다른 단위에서 몇 대의 차량과 삼륜 오토바이 한 대를 빌려 와 거리 행진 중의 의료용 차량과 음료 공급 차량으로 썼다. 바야흐로 때는 8월

한여름이었는데 시위 행렬은 도시 시내 태반을 돌아야 했다. 우리 회사에 소속된 상점과 공장은 시 전체에 분포되어 있었고, 거리행진 노선은 기본적으로 크고 작은 기층단위를 모두 지나야 했다. 때문에 음료공급이나 더위를 피할 수 있는 의료 조치가 없다는 건 상상할 수 없었다. 삼륜 오토바이는 내가 총지휘하는 전용차로 나 대신 운전하는 기사가 따로 있었다. 나는 녹색 군장을 입고 군모를 쓰고 군용 해방신발을 신어 마치 군인처럼 차려입고는 '총지휘'라는 황색 완장을 달았다. 엔진 옆 작은 칸에서 시위 행렬의 앞뒤로 계속해서 다니며 각 하부단위의 경축 행렬 지도자에게 각종 경축 사항을 지휘하거나 배치해 주었다.

난 당연히 기뻤고 심지어 도취에 빠지기까지 했다. 이 당시 난 월급 20위안을 받는 견습공에 불과했다는 것을 알아야 한다. 만일 문화대혁명이 아니었다면 거의 3천 명에 이르는 회사 직원 중에서 난 아마도 가장 이름이 알려지지 않은 사람 중의 하나였을 것이다. 사람들이 제아무리 따뜻한 눈길을 보낸다 해도 결코 일개 견습공까지 환영해 주진 않았을 것이다. 그러나 이때 난 거의 수천 명의 주목을 받는 중심에 서서 사람들에게 칭찬 받고 거론되고 흠모의 대상이 되는 스타가 되었던 것이다!

나는 갑자기 아버지가 1949년 이전에 국민당 당국에게 목을 베일 뻔한 위험을 무릅쓰고 공산당 지하 업무에 참가하여 당을 위한 사업에 분투하셨고, 지금까지도 회사 내에서 당령이 가장 오래된 노당원 중의 한 분이지만 이러한 영광을 누려 본 적은 없다는 생각이 들었다. 지금도 여전히 사람들이 그리 개의치 않는 통신원이자 잡역부에 불과했다. 반면 나 같은 애송이가 단지 일 년 남짓 조반을 했을 뿐인데 단번에 이렇게 많은 경외를 받게 된 것이다. 이 인생이란 대체 어떤 깊은 뜻이 있는 걸까?

의기양양해하다 나는 다시 다소 우울해졌다.

경축 행사는 온종일 계속되었다. 나는 하루 종일 즐거움 속에 빠졌고 명절 때와 같은 행복감에 휩싸였다.

난 돌연 감개무량했다. 그리고 처음으로 조반과 내 개인의 느낌을 연결해 보며 묵묵히 생각했다. 조반이란 정말 기묘한 일이다.

육방옹(陸放翁)의 시에선 '젊은 날에 세상일이 어렵다는 것을 어찌 알리'(早歲哪知世事艱)라고 했다.

확실히 그렇다.

열여덟의 나, 처음 인생을 겪는 나로서는 도저히 알 수 없었다. 일개 견습공이 수천 명을 거느리는 우두머리가 될 수 있었던 것은 결코 내가 무슨 능력이 있어서가 아니라(또한 그렇게 많은 능력이 있을 리도 없었다) 그저 그러한 특수한 정세 물결의 우연 속에 떠밀려 올려진 것뿐이었다. 또한 이 득의한 순간이 지나고 내 앞의 멀지 않은 곳에 펼쳐진 것은 수년간에 달하는 악몽과 같은 진창과 물구덩이였다.

〖 20 〗
회사 '혁명위원회' 기록

문혁 중 우리는 '혁명위원회' 책임자가 되었지만 말하자면 정말로 '가련' 했다. 이론적으로 이 직무를 맡은 것은 7~8년 되지만 실제로 이 직위에서 권력을 행사한 시간은 앞뒤로 끊겼다 이어졌다 해서 모두 합쳐 2년이 안 되었다. 거의 뭔가를 해볼 만한 시간도 아니었고, 얼마 지나지 않아 끊임없는 정치적 변덕 속에 빠지게 된다. 그 일이 내게 유일하게 좋았던 점은 단지 많은 일반 사람들이 갖기 어려운 풍부한 인생을 경험했다는 것뿐이다.

회사 혁명위원회 주임은 원래 회사 당위 서기였던 장중취안으로 그는 해방전쟁 당시 혁명에 참가했던 노간부였다. 이전에 부대에서 정치업무를 했고, 전역한 뒤에는 우리 회사로 와 당위 서기를 맡고 있었다. 그는 마음이 착하고 아무런 야심도 없었지만 교육 수준이 매우 낮은 지도자였다. 또한 지방 업무에 적응할 수 있는 총명함과는 분명 거리가 멀었다. 그를 '삼결합'의 대상으로 선택한 것은 라오웨이를 포함한 지좌 부대의 고려이기도 했고, 특히 팡다밍을 포함한 우리 조반파의 결정이기도 했다.

팡다밍은 나보다 열 살이 많았지만 서른을 넘지 않은 청년으로 우리들의 맏형이었다. 그런데 그는 각 분야에서 나보다 훨씬 성숙했고 상황 판단과 업무 능력이 모두 나와 양진허의 한참 위에 있었다. 그는 원래 '승리' 촬영회사의 유명한 촬영기사였다. 그는 출신 성분이 노동자이고 말도 잘하며 패기가 있어, 조반 후의 조직도 능숙하게 꾸렸다. 따라서 자연히 회사 '공련' 조직 쪽의 우두머리가 되었다. 사회적으로 '공련'과 '상강풍뢰' 양대 조반조직 간의 약간의 불일치가 있었을 때, 나와 양진허와 팡다밍 역시 서로 다른 정견 때문에 약간의 충돌을 피할 수 없었다. 하지만 그는 결코 이 때문에 우리를 공격하지 않았고 도리어 회사 혁명위원회 건립을 준비하는 인선 문제에서 지좌 부대 라오위의 선택을 확고하게 만들어 주었다.

회사 당위 서기 장중취안은 우리가 혁명위원회에 들어가도록 했다. 물론 그가 이러한 지위를 획득하는 전제는 반드시 조반파를 지지해야 한다는 것이었다. 최소한 공개적인 장소에서 이러한 의사를 표명해야 했다. 회사 당위 부서기 장산(江山)은 '주자파' 리스트에 올려져 우리가 '타도'할 것을 선포했었다. 그러나 소위 이 '타도'란 다시는 그가 회사 영도기관의 어떠한 위치에도 있지 않게 하고 동시에 회사 소속 상점으로 내려가 보통 노동자의 업무를 하라고 명령하는 것이다. 그의 당적과 간부기록, 당위 부서기로서의 봉급에 대해선 여전히 일절 건드리지 않았다. 그 당시 중앙에서는 우리 조반파에 의해 타도 선포를 당한 소위 '주자파'를 어떻게 처리해야 할지에 관한 정책이 전혀 하달되지 않았고, 조반파 역시 이런 일은 마음대로 처리할 수 없었다. 따라서 소위 '타도'란 잠시 그들이 권력을 장악하지 못하게 잠시 미뤄 둘 뿐으로, 아무것도 건드리지 않았다. 당적은 당시 중앙과 군대 계통 이외에는 전국 기층 당 조직이 모두 활동을 정지했다. 따라서 원칙적으로 누구도 입당할 수 없었고 어떤 '주자파'도 당적을 박탈당할 수 없었다. 월급은? 당시 조반파 우두머리 사이에서는 노래 한 가락이 널리 퍼져 있었다. "관직에 올라 돈을 벌지 않으면 식량은 줄어든다." 나는 원래 노동자로 국가가 규정한 직종별 식량 기준에 따라 매월 35근을 받을 수 있었다. 회사 혁명위원회 부주임이 되고 난 뒤 단지 27근의 이른바 '간부 식량기준'으로 조절되었을 뿐 월급은 누구도 건드릴 수 없었다. 왜냐하면 중앙에서 진작부터 문혁 기간 동안 모든 사람의 임금을 동결한다고 선포한 문건이 내려왔기 때문에 모두 올릴 수도 내릴 수도 없었다. 따라서 회사 혁명위 부주임이 되어도 여전히 매월 20위안의 견습공 임금을 받을 뿐이었다. 양진허와 팡다밍 역시 매월 30~40여 위안에 불과했다. 그러나 더 이상 당위 부서기가 아니었던 '주자파' 장산은 노동자로 하방되어 매월 35근의 식량과 매월 백 위안이 넘는 임금을 그대로 틀림없이 받아갔다.

물론 정신적으로야 장산과 우리는 완전히 상반된 느낌이었다. 우리는 무슨 물질적인 이득은 없었지만 스스로 승리자라고 느꼈다. 이러한 느낌이 있었으니 생활수준이 조금 더 내려간다 해도 원망의 말이 있을 리 없었다.

우리 회사 조반파는 왜 당위 부서기 장산을 타도하려고 했나?

장산은 해방 후 입당한 지도간부로, 어떠한 역사 문제도 없었고 회사의 2인자였을 뿐인데 왜 그를 '주자파'라 하고 타도하였는가?

내 생각에는 몇 가지 원인이 있었다.

첫째, 역시 가장 중요한 이유는 문혁 중의 '현행 문제'였다. 장산은 우리 조반파에 공개적인 대항을 하지는 않았지만, 지지 의사도 명확하게 나타내지 않았다. 그저 대세에 따라 우리 조반파가 어떻게 하든지 간에 내버려 두었다. 그러나 그와 회사 내 보수파 쪽 인사와의 관계는 매우 친밀했다. 당연히 이러한 밀접한 관계는 굳이 조반파의 활동에 반대하는 것이 아니라 대개는 기존의 상하 업무관계 때문에 그런 것이었다. 하지만 조반파에 반대하는 회사 보수파의 갖가지 행위와 장산과 그들의 관계에 대해서 우리 조반파는 의심하지 않을 수 없었고, 장산을 '보수파'의 배후조종 리스트에 넣게 되었다. 거기다 당위 서기 장중취안이 공개적으로 명확하게 '입장'을 밝히면서 조반파에 대한 지지를 표명한 것과는 대조적으로 장산은 조반파의 공격에서 벗어나기 어려웠다.

둘째, 장산이 비록 2인자였지만 회사에서의 이력은 그 뒤 부대에서 전역해서 온 장중취안보다 오래되었다. 또한 장산은 용감하게 책임을 질 줄 아는 사람으로 그의 업무능력은 장(중취안) 서기보다 훨씬 뛰어났다. 장 서기는 학력 수준이 매우 낮고 몸도 좋지 않아 항상 병가를 냈다. 따라서 회사에서 실제로 친히 업무를 주관했던 사람은 장산이었다. 업무를 주관했기 때문에 문혁 전 몇 년 동안 틀림없이 때로는 정확하게 때로는 실수로 사람들을 공격하거나 해를 입혀 쌓인 원망이 적지 않았을 것이다. 문혁 이후 그에게 공격이나 해를 입었던 사람들은 회사 군중간부 중 장중취안에 대한 것보다도 훨씬 많았다. 이것이 장산을 타도하자는 소위 '군중기초'가 되었던 것이다.

셋째, 중앙에서 호소한 문혁 조반운동은 어쨌든 결과가 있어야 했고 당권파들의 무슨 문제에 대해서는 대자보를 통해 '정치적 원칙의 관점에서 비판'(上綱上線)을 해줘야 했으며, '주자파'들을 색출해서 타도해야 했다. 그렇지 않으면 어떻게 문혁노선의 정확성과 필요성을 나타낸 단 말인가? 우리 회사 당위 서기와 부서기, 경리와 부경리(그 당시엔 무슨 '총경리' 같은 말은 없었고 아무리 큰 회사라도 '경리'였다) 등 몇 명의 지도자 중 병가를 낸 사람은 병가를 가고 '입장을 밝힌 사람'은 입장을 밝히더라도 이 '주자파'의 모자는 반드시 누군가는 써야 했다. 그래서 우리는 고르고 골라 장산을 타도하는 것이 가장 적합하다고 생각했던 것이다. 실제로 그의 무슨 '주자파' 죄명과 쌓인 원한 문제가 별난 특징이 있었던 것은 아니고, 조반파를 지지하는 관료를 포함해 일단 지도자가 되고 관료가 되고 나면 십 년이 넘는 세월 동안 적지 않은 원한이 쌓이는 법이었다. 따라서 대자보에서 말하는 장산의 문제란 결코 장산을 타도하는 이유가 아니라 필요한 방법이었던 것이다.

실제 문혁 중 기층 각 단위와 각 지방에서 타도당한 소위 '주자파'들이 일정 시기 동안 '타도' 당한 원인은 대체로 이와 같은 방법과 이유에서였다.

그러나 중앙에 의해 타도당한 '주자파'들의 상황은 달랐다.

분명 중앙에는 중앙 자체의 '인사변동'에 필요하기 때문에 중앙의 '타도' 기준이 있었다.

중앙 관할에 속하는 간부 관료들은 조반파들이 어찌해 보고 싶다고 해서 어찌해 볼 수 있는 것이 아니라, 반대로 중앙에서 어찌해 보고 싶어야만 어찌할 수 있는 것이었다. 예컨대 노조반파 '고사'를 포함해 후난 조반파는 처음에 모두 성위 제1서기 장핑화를 타도하고 싶어 했다. 그러나 이래저래 하다 보니 중앙에서 선포한 결정 문건에서는 제2서기 왕옌춘이 도리어 '후난의 류·덩·타오 대리인으로 후난 당내 주자파'가 되었고, 장핑화는 빠져 베이징에 머물게 되었으며 이후 다시 후난으로 돌아와 성위 서기를 맡았다. 또 예컨대 후난 조반파들이 매일 같이 '포격하고, 타도하고, 기름에 튀기자'를 외쳐 댔던 성 군구 사령 룽수진은 중앙의 한마디 지시로 조반파를 설득하여 후난성 혁명위 부주임을 맡게 하고 타도되지 않았다. 1967년 우한에서 문혁소조에 반대하는 '7·20사건'이 발생하자 전국의 조반파들은 시위 행진을 벌여 후베이 조반파에게 성원을 보내며 우한 군구 사령인 천짜이다오(陳再道)를 타도하자고 했다. 그러나 마오쩌둥이 이 사건 후 일필휘지로 '천짜이다오 동지'라고 공개적으로 부르며 명령을 내리자, 천짜이다오는 조반파의 공격에 넘어가지 않았을 뿐 아니라 조반파 역시 더 이상 천짜이다오 타도를 외치지 않았다. 오히려 우한 '7·20사건'에서의 문혁 '영웅' 왕리(王力)가 한 달 뒤 심사대상이 되어 체포되고 말았다. 문혁 중에 그렇게 많은 고위 간부들이 '타도'되었지만 상하이를 제외하고는 조반파들이 타도를 결정할 수 있는 지역은 하나도 없었다. 모두 중앙에서 정한 계획에 따랐고, 기껏해야 조반파들은 한바탕 '타도'하자는 대자보 형식의 여론을 조성할 수 있을 뿐이었다. 문혁에서 발생한 조반 활동은 군중운동의 성격이었지만, 본질적으로 말하자면 중앙문혁에 의한 '운동'이었으며, 지금 많은 사람들이 생각하던 것과 같이 하고 싶은 대로 할 수 있는 진정한 의미에서의 조반자가 될 수 있었던 것은 아니었다.

회사 혁명위원회에는 15명의 위원이 있었지만 실제로 주임과 부주임이 실권을 장악하고 있었고 나머지 보통위원의 권력은 크지 않았다. 단지 모두가 집단적으로 책임을 져야 하는 중대한 문제가 있을 때에만 회사 혁명위에서 전체위원회의를 소집하여, 각 위원에게 자신의 의견을 발표하고 가부를 결정할 표결에 참여하게 했다. 대다수의 시간은 우리 몇 명의 주임과 부주임이 결정하여 일을 처리했다.

팡다밍 형이 실제로 우리의 핵심이었고 온후한 장중취안은 우리를 통솔할 능력이 없었다. 만일 중앙과 성 혁명위원회의 규정대로 기존의 당위 책임자가 혁명위원회의 1인자를 맡지 않아도 됐다면 회사 혁명위원회 주임의 직무는 분명 팡다밍이었을 것이다.

성·시 혁명위원회의 조직 모델에 따라 우리 회사 혁명위원회 역시 4개 직능기구, 정치활동조[政工組], 생산지휘조, 사무조(辦事組), 인민보위조(人民保衛組)를 두었다. 반면 기존 회사 기관의 각종 과와 사무실은 모두 철수되었고 과장들은 모두 한쪽 편에 서서 보통간부와 마찬가지로 새로운 직능기구로 배치되거나 혹은 기층단위로 내려가 노동자가 되었다. '과'(科)를 철회하고 '조'(組)로 만든다는 것은 당시에는 일종의 혁명의 상징과도 같았다. 마치 '과장'은 구관료이고 '조장'은 혁명가와도 같았다.

네 명의 혁명위원회 부주임은 각기 하나의 '조'를 분담해 맡았다. 물론 팡다밍은 중요한 정치활동조를 장악했고 나는 부주임 겸 인민보위조 조장을, 양진허는 사무조 조장을, 원래 과급의 중간간부였던 류정샹(劉正湘)은 회사의 생산업무를 맡아 생산지휘조 조장이 되었다.

모두가 날 보위조장으로 추천한 것은 아마 내가 무투 기간 중 폭력을 휘두르기 좋아하는 청년근위군의 요원으로 '무'(武)에 대해 당연히 익숙할 거라 생각했기 때문이다. 나 역시 이 직무에 대해 처음에는 만족스러웠다. 물론 나 스스로 '문'(文)의 방면에서 남보다 뒤떨어진다고는 생각지 않았지만 말이다. 회사에서 당위에 대한 첫번째 '포격' 대자보는 바로 내가 썼다. 보수파와 각종 변론과 표어 대자보 파벌전을 격렬하게 벌일 때 나 역시 적지 않은 선전 방송원고와 문장을 썼었다. 하지만 내게 전문적으로 보위를 맡긴 것은 '비교적 큰 싸움'이었기 때문에 나 역시 기뻤다. 특히 이 직무에서 군대 같은 맛이 좀 느껴졌고 어릴 적부터 꿈이 군인이 되는 것이라 더욱 기뻤다.

회사 혁명위원회가 성립된 지 오래되지 않아 중앙에서는 기구 간소화와 '5·7간부학교' 지시를 내렸다. 헤이룽장성 류허(柳河)현에서 '5·7간부학교'를 운영했는데, 원래 현에 있던 간부였지만 신정권인 혁명위원회에 들어가지 못한 사람들을 모두 '5·7간부학교'로 집중시켰다. 학습이란 명목으로 이루어졌지만 실제 혁명위원회에서 쫓겨난 많은 간부들을 배치하는 임시 장소였다.

창사시에는 아직 5·7간부학교가 없었다. 더 속도를 낸다 해도 중앙의 지시를 따라갈 수는 없었다. 그러나 성·시 혁명위원회에서는 이를 소홀히 할 수 없었다. 과거에도 운영해 본 적은 없지만 이제부터 바람같이 신속하게 실시해야 했으며 도처에 학교 운영 장소를 선택해야 했다. 당연히 더 이상 도시에서 선택하지 않고 모두 농촌에서 운영되었다. 그렇지 않으면 '혁명화'를 구체적으로 드러낼 수가 없었다.

5·7간부학교까지는 아직 하지 못하더라도 '기구 간소화'라는 조항은 즉각 실시해야 했다.

우리 회사기관에는 원래 백여 명의 간부와 십여 개의 과와 사무실이 있었다. 십여 개의 과와 사무실이 순식간에 4개의 '조'만 남게 되었으니 그렇게 많은 간부들은 확실히 필요 없게 되었다. 게다가 우리 스스로 십여 명의 조반파 노동자를 선발하여 기관 업무를 담당하게 했다.

한차례의 연구를 거쳐 이 '기구 간소화'의 최고 지시는 반드시 구체적으로 실시되어야 했다. 따라서 팡다밍이 나서서 회사 기관에는 삼십여 명의 간부만을 남겨 두도록 했다. 나머지는 조반이든 보수든 어떤 파벌이든지 간에 모두 '간소화되어 하방' 되었다.

5·7간부학교가 없다면 어디로 보내나?

회사 아래에는 백여 개의 크고 작은 상점과 소매부와 공장 등이 있었다. 우리는 3분의 2의 기관 간부들을 그곳으로 보내어 임금과 간부 자격은 유지한 채 노동에 참가하여 보통 노동자가 되게 했다. 그러나 앞으로 회사 기관에서 간부가 필요하게 되면 그들을 우선적으로 고려하여 발탁할 수 있다고 선포했다.

이렇게 되자 '간소화' 된 간부들은 몹시 당황하게 되었다. 수십 년 혹은 십여 년을 공산당의 간부로 있었는데, 이제 갑자기 순식간에 그들더러 노동자가 되어 영업이나 하라니, 그들로서는 감내하기 어려운 것으로 체면을 크게 구기는 일이라 생각했다. 해방되고 17년 동안 간부였다면 갈수록 그 직위가 높아지기만 했지, 높은 직위에서 아래로 내려가거나 심지어 보통 노동자의 지위까지 떨어진다는 것은 극히 드문 일이었던 것이다. 설령 있었다 하더라도 틀림없이 사람들에게 무시당할 만한 잘못을 저질렀기 때문이었다. 그런데 이제 와서 높디높은 회사 기관에서 기층으로 내려가 노동자가 되라니 어찌 그들을 애타게 만드는 일이 아니겠는가!

노동자인 나로서는 당시 그들의 심정을 전혀 이해할 수 없었다. 오히려 나는 이 사람들은 정말 이상하다, 노동자가 되는 것이 뭐가 나쁘지? 왜 노동자가 되라는 말을 듣기만 하면 그렇게 괴로워할까? 정말 영문을 모르겠네!라고 생각했다.

팡다밍이 이 업무를 주관했기 때문에 결과적으로 그가 중심이 되었다. 많은 기관 간부들 모두 그를 찾아가 인정에 호소하며 자신이 '하방'에 적합하지 않다는 이유를 늘어놓았다. 특히 조반파 간부들은 원망하는 기색이 더욱 짙어 그들까지 '하방'하라는 말에 회사 혁명위원회가 '시비곡직을 가리지 못한다'고 말했다.

팡다밍은 의지가 굳건한 사람으로 그가 정확한 것이라고 믿으면 누구도 그를 바꿔 놓기 어려웠다. 하물며 이 '기구 간소화'는 마오쩌둥 주석께서 친히 지시한 중앙의 정책이었다. 그 결과 이 '간부 감축 하방'조치는 적지 않은 어려움을 만났지만 결국 완수되었다. 회사 기관 간부들의 3분의 2는 어쩔 수 없이 기관을 떠나 기층 단위로 내려가 일을 하거나 생산노동자가 되거나 혹은 영업사원이 되었다.

일 년 넘게 지나 이 간부들은 대부분 잇따라 회사로 돌아왔고, 돌아오지 못한 극소수의 간부도 기층 단위에서 책임직을 맡고 있었다. 결국 누구도 더 이상 노동자가 되거나 영업사원이 되지 않았다. 그러나 우리 몇 명의 혁명위원회 우두머리들, 특히 팡다밍은 이로 인해 그들의 미움을 사게 되었다. 한참 동안 그는 거의 회사 기관 간부들의 비난의 대상이 되었고 또한 그 뒤 매번 숙정을 당할 때마다 '간소화로 하방'되었던 회사 기관 간부들이 모두 그의 크나큰 '죄상'을 말하곤 했다.

사실 팡다밍이 그렇게 완고하게 '하방'조치를 추진한 이유는 결코 개인적인 무슨 목적이 있어서가 아니라 중앙의 정책을 성실하게 집행하기 위함일 뿐이었다.

비록 회사 혁명위원회의 부주임을 맡았지만 사실 당시 나는 기업 관리에 대해 조금의 경험도 없었다. 심지어 '영도'라는 의미에 대해서도 분명치 않았고 '권력'이라는 개념 역시 이론적인 모호한 이해만을 갖고 있었다. 당시 나의 사고와 일처리 방식은 기본적으로 여전히 군중 조직 우두머리의 입장에 놓여 있었다.

내가 맡은 보위조 업무는 기존의 회사 보위과와 민병 무장부의 직능 범위를 포괄하고 있었다. 기구를 간소화한 뒤 이 보위조는 나를 제외하고는 한 명의 전임만을 두었다. 하지만 당시 각 기층단위에서는 모두 잇달아 혁명위원회를 설립했고 역시 모두 보위 인원을 갖추었다. 따라서 회사 전체의 보위 인원은 결코 적지 않았고 모두 나의 지도를 받았다. 따라서 회사 기관 보위조에 단 한 명의 전임을 두었지만 위로 전하고 아래로 하달하는 일을 맡고 내무 관리를 하는 일이라 무슨 긴박감을 느끼지는 않았다. 실제로 당시는 민병을 훈련시킬 필요도, 훈련시킬 민병도 없었으며 민병조직이 필요한지 아닌지가 문제였다. 보위 쪽 업무는 아래에 있는 각 상점과 공장 혁명위 보위조에서 무슨 치안 문제가 생겼을 때 모두 자체 처리했으며, 단지 내게 보고만 했다. 좀도둑을 잡거나 싸움 같은 부류의 내가 보기에도 대수롭지 않은 일들은 아예 내가 끼어들 필요가 없었으며, 나 역시 가 볼 마음도 내키지 않았다.

내가 정말로 관심을 가진 일은 문혁 전 많은 대기업 단위에서 설립했던 것과 같은 경제경찰대 조직이었다. 제복을 입고 총을 찬 것이 마치 준군사조직과도 같았다. 내가 아래 단위 보위조 책임자들을 불러 회의를 열어 이 얘기를 꺼내자 모두들 기뻐하며 찬성했다. 경제경찰로서 푸른 제복을 입고 허리에 권총을 찬다면 틀림없이 위풍당당한 모습일 것이다.

그러나 이는 시 혁명위의 비준이 필요했다.

시 혁명위의 보위조 사람은 기본적으로 군인들로 나는 한 명도 알지 못했다. 하지만 시 혁명위원회 생산지휘조의 부조장과 위원들 중에는 조반파 우두머리가 있었고 그들과는 잘 알고 있는 터라 그들을 찾아가 내 바람을 얘기했다. '상강풍뢰' 총부의 원래 책임자였고 지금은 시 혁명위 상임위원인 리톄(李鐵) 형이 웃으며 말했다.

"왜, 아직도 실컷 갖고 놀지 못했나? 더 놀고 싶어?"

나는 단순히 놀고 싶은 게 아니라 상비군을 만들고 싶다고 말했다.

내 생각에 대해 그들은 그다지 흥미 없어 했고 도와줄 방법도 없었다. 하지만 시 치안지휘부에 가서 알아보라고 하면서 이제 총을 장악한 조반파는 치안지휘부 사람들뿐이라고 했다. 시 문공무위 지휘부가 해산된 뒤 일반인들 수중에 있던 총과 무기는 모두 수거되었지만 성 혁명위원회에서는 조반파가 조직한 시 치안지휘부를 비준해 주었다. 그들에게 원래 공안국의 직무를 대신하는 '시 공안기관 군사관제위원회'에 협조해 창사시의 치안을 유지하도록 했다. 실제 이들은 '군중조직'의 신분을 이용해 공안 군관회에서 하기 껄끄러운 일들을 했다. 예컨대 어떠한 증거도 없이 마음대로 사람을 잡거나 가두고, 고문으로 자백을 강요하기도 하는 일, 때리거나 가택 수색을 하는 등 법과는 먼 행위들 말이다. 당시 마오쩌둥의 최고 지시가 있었다. "독재는 군중의 독재다." 성 혁명위원회와 공안기관 군관회에서는 서둘러 최고지시를 시 치안지휘부라는 이 기구에서 구체화시켰다. 이 지휘부의 우두머리 역시 조반파로 시 혁명위의 위원이기도 했다. 구성원들 모두 조반파였고 수백 명에 달했는데 길고 짧은 총기와 자동차·오토바이, 게다가 자체에서 만든 임시 '감옥'까지 있어 그 위풍이 대단했다. 이 조직에서 임무를 집행할 때는 무슨 법이란 개념은 전혀 없었고 상대방이 완강하게 나오지만 않는다면 거의 마음대로 누구든지 잡아갈 수 있었다. 그들이 유일하게 할 수 있었던 생각은 '사람을 때려죽이지 말라'는 것이었다. 이것 외에는 거의 전부 하고 싶은 대로 했다. 따라서 시 치안지휘부에서 한편으로는 좋은 일을 했는데 당시 사납게 날뛰던 깡패와 도둑 등의 형사범들을 확실히 호되게 때려 잡았다. 다른 한편 이러한 '무법 천지'는 자주 인권을 침해하여 일반인들의 공포와 원한을 불러일으키 기도 했다.

나는 시 치안지휘부의 우두머리를 찾아가 '경제경찰'을 조직하고 싶다는 내 구상을 얘기하며, 그들의 지도를 받을 수 있다는 뜻을 나타 냈다. 이 우두머리는 나의 이러한 방안을 마음에 들어 했다. 수백 명으 로 이루어진 그들 조직이 지금 매우 바쁘기 때문에 만약 각 대기업 단 위에서 모두 무장한 치안조직을 설립한다면 창사시 치안상황에 큰 도 움이 될 거라고 말했다. 그러나 문제는 총이었다.

그는 성 혁명위원회에서는 조반파에 대한 총기 재발급에 대해 동의 하지 않을 거라 말했다. 지금 일부 단위에서 무기를 숨기고 있어 상부 에서 공안기관 군관회와 치안지휘부에게 이를 철저히 조사하여 수거 하라고 재차 재촉한다는 것이다. 따라서 이때 '경제경찰'을 조직한다 는 방안은 아마 곤란한 일이었다.

총이 없어 모든 것이 어찌할 도리가 없게 됐다.

총이 없다면 나 역시 '경제경찰'을 조직할 흥미가 없었다.

그래서 나는 한가해졌다.

회사 혁명위원회 안에서는 각자 일을 분담했다. 혁명위원회 회의나 혹은 주임, 부주임 회담에 참가하라는 통지가 아니면 나는 팡다밍 그 들의 업무를 방해하고 싶지 않았다. 그래서 도처에서 책을 찾아내 사 무실에 틀어박혀 읽기 시작했다. 물론 소설이나 시는 없었고, 찾을 수 있고 읽을 수 있는 것은 모두 마오쩌둥의 책과 마르크스·엥겔스·레 닌·스탈린의 책이었고, 루쉰(魯迅)의 책도 몇 권 있었다. 그러나 이 책들은 예전에 열심히 읽은 적이 없었다. 특히나 마르크스·엥겔스·레닌·스탈린의 책은 본 적이 없다. 따라서 이때 내게는 모두 신선한 느낌을 주었다.

마르크스-레닌주의의 책에 대한 흥미를 갖게 된 것은 조반파의 급진분자와 극좌파의 많은 글들이 천보다와 캉성 등을 포함한 중앙 지도자의 호된 질책을 받았기 때문이었다. 극좌파들이 쓴 것들은 확실히 너무 놀라워 말도 나오지 않을 정도였다. 관점이 새롭고 대담하며 모두 마르크스-레닌주의 이론으로 무장한 것이었다. 앞의 글에서 얘기했던 열여덟 된 학생 홍위병 양시광은 나의 중학교 동창으로 유명한 급진파 적극분자였다. 그가 쓴 「중국은 어디로 가는가?」는 중앙 문혁을 흔들어 놓았으며, 심지어 캉성과 같은 높은 '당내 이론가' 마저도 노하게 만들었다. 이 동창생은 자신이 쓴 글 때문에 탄압을 받아 10년 형을 받았지만 나는 그의 문장 수준에 크게 탄복하였다. 모두 열일곱, 열여덟의 청년이고 같은 학교를 나왔는데 왜 그는 저렇게 많은 것을 알고 게다가 전반적인 형세를 내려다보는 이론 문장까지 썼는데 나의 지식은 왜 이렇게 빈약하단 말인가?

나는 마르크스·엥겔스·레닌·스탈린 책에 매달리기로 결심했다.

말하자니 우습다. 중국에서 혁명 구호들이 하늘을 진동할 당시에 마르크스·엥겔스·레닌·스탈린의 책을 읽는 것이 뜻밖에도 의심과 경시를 받았다니 말이다. 비록 "마르크스-레닌주의, 마오쩌둥 사상 만세!"라는 표어와 구호가 도처에 있었는데도 말이다.

어느 날 시 혁명위원회 생산지휘조에서 해방군 군 대표를 수장으로 하는 조사연구조가 우리 회사로 업무 상황을 파악하러 왔다. 우리 몇 명의 회사 혁명위원회 부주임들은 명령대로 각자 그들에게 업무 보고를 했다. 내 차례가 되었을 때 마침 읽고 있던 『레닌선집』을 겨드랑이에 끼고 있었다. 그 군 대표는 내 보고를 대충 들은 뒤 갑자기 내 수중에 있는 두꺼운 책에 관심을 보였다. 그는 내 책을 가져가더니 레닌 얼굴이 있는 표지를 쓱 보고는 아무 데나 펼쳐보다가, 고개를 들고 의혹이 가득한 눈빛으로 나를 한참 동안 바라본 뒤에야 물었다.

"어찌 이런 책을 읽습니까?"

나는 그의 질문에 무척이나 의아했다.

그래도 대답을 했다.

"마르크스-레닌주의 이론을 깊이 연구하려고 합니다!"

군 대표는 목을 삐딱하게 하면서 눈을 흘기더니 내게 말했다.

"마르크스-레닌주의를 연구한다고? 아, 당신은 마오 주석의 저작들은 이미 확실하게 간파하고 있다는 말입니까? 마오쩌둥 사상으로는 공부하기 부족하단 말이오?"

나는 그의 말속의 뜻을 알아채고는 황급히 말했다.

"마오 주석 저작은 한평생을 배워도 충분치 않습니다. 더욱이 무슨 간파라는 건 말도 되지 않습니다."

"그럼 시간이 있는데 왜 마오 주석의 저작을 학습해서 마오쩌둥 사상을 깨달으려 하지 않습니까?" 군 대표는 얼굴에 비꼬는 기색을 드러냈다. "오히려 이런 책들이나 보는 데 시간을 쓰다니."

"마오 주석 저작은 물론 가장 첫번째로 공부해야 하지요. 하지만 마르크스-레닌 저작을 읽을 수 없다는 무슨 규정이 있습니까?"

순간 나의 조반파 기질이 올라와 즉각 반격했다. 그는 시 혁명위의 군 대표 아닌가? 난 47군 군장과 부군장 모두를 만났는데, 그런 축에도 들지 못하는 사람이. 누가 그에게 권력을 주었는데 이렇게 오만한 말투로 나와 문제를 논하려 하는가!

"마오 주석 저작은 오늘날 가장 위대한 마르크스-레닌주의의 경전이오, 마오쩌둥 사상은 마르크스-레닌주의의 최고봉입니다. 마오 주석의 저작에는 이미 마르크스-레닌주의 전체가 포함되어 있습니다. 그러니 우리가 마르크스-레닌주의와 마오쩌둥 사상을 학습하는 가장 좋고, 효과적인 방법은 바로 마오 주석 저작을 열심히 배우는 것입니다. 마오쩌둥 사상을 전면적으로 터득해야지 남다른 것을 생각하거나 또 마르크스-레닌주의 저작만을 깊이 연구해선 안 됩니다. 그렇게 하는 건 쓸데없는 일이지요." 이 군 대표는 조금의 양보도 하지 않고 엄숙한 표정으로 나를 가르쳤다.

"굳이 마르크스-레닌주의 저작도 함께 공부하려는 건 내 개인적인 취향입니다. 이게 잘못은 아니겠지요?"

내 허풍기가 올라와 조금의 양보도 없이 맞섰다.

"천 부주임, 조심하십시오! 당 중앙에 반대하는 극좌파들이 마오 주석의 저작을 믿지 않고 무슨 마르크스-레닌 저작에 빠져 수렁으로 뛰어들고 있습니다." 군 대표 얼굴은 이미 분노에 차 있었다.

극좌파의 글 중에는 확실히 마르크스-레닌 어록과 용어들이 많이 있었다.

나는 그와 싸우고 싶지 않았다. 단지 갑자기 한마디가 생각났다.

'아무리 이치에 통달한 서생도 무력 앞에서는 통하지 않는다.'

난 이치에 통달한 사람은 아니지만 마주하고 있는 사람은 분명 '군인'이었다.

그렇게 한적한 시간을 이용해 나는 결국『루이 보나파르트의 브뤼메르 18일』,『프랑스 내전』,『루트비히 포이어바흐와 독일 고전철학의 종말』,『국가와 혁명』,『경제학 철학초고』등의 마르크스–레닌 서적을 섭렵하고 거칠게 읽었다. 이로써 마르크스–레닌주의 이론 수업을 보충하기 시작했고, 내 생각을 크게 채워 나갔다.

    독서 외에 어느 날 나는 갑자기 '당안'에 흥미가 생겼다.

    중국 대륙에서 한 사람의 인사 당안이란 매우 신비한 물건이다. 그 안에는 한 사람의 출생일부터 모든 경력이 기록되어 있고 부모·형제·자녀, 심지어는 조상과 숙부·조카들의 각종 상황까지도 기록되어 있으며, 또 이 사람이 소속된 단위 지도자의 그에 대한 좋거나 나쁜 평가들이 기록되어 있다. 더욱 중요한 것은 이 모든 것에 대해 본인은 아무것도 알지 못한다는 것이다. 그러나 이러한 당안 기록은 기록된 사람 일생의 운명을 심각하게, 때론 중대하게 결정하기도 했다.

    난 종요우신이 말해 준 그의 부친에 관한 무슨 역사 문제라는 게 생각났고, 또 라오이의 무슨 '삼청단' 문제라는 것도 생각났다. 이 문제는 그들의 인생에 심각한 영향을 미쳤고 지금까지도 그들은 그 당안 속에 대체 어떤 기록이 있는지 알지 못한다!

    다소 호기심도 났고 스스로 의문도 생겨 그 신비한 세계를 노닐어 보기로 결정했다.

    난 당안을 관리하는 간부에게 열 개의 당안을 가져다 달라고 했다. 그 전에 익숙한 이름 열 개의 명단 리스트를 만들어 그녀에게 명단대로 찾아 사무실로 갖다 달라고 했다.

    당안을 관리하는 간부는 중년의 여성으로 원래 회사 정치처 간부였다. 문혁 중 중립을 지켜 조반파도 보수조직에도 참가하지 않았다. 그러나 장기간 정치 간부 생활을 했기 때문에 사상적으로 자신만의 굳은 신념이 있었다.

그녀는 두 개의 당안만을 가져왔다.

내가 그녀에게 물었다. "왜 두 개뿐입니까. 명단을 주지 않았소?"

"천 주임, 한꺼번에 열 명의 당안을 가져오라니 무슨 중대한 사건이라도 있습니까?" 그녀의 말투는 표면적으로는 겸손했지만 실제 속으로는 '바늘을 숨긴 듯한' 느낌이 들었다. 그러나 나를 '천주임'이라고 부르는 것은 그녀 개인의 아부가 아니라 모두의 관례였다. 우리 네 명의 부주임을 부를 때 '부' 자를 사용하는 사람은 없었고, 그 반대로 모두 '모주임'이라고 불렀다. 언제나 사람들은 남에게 높은 모자를 씌우는 일이 잘못될 리 없다고 여겼다. 처음에 나는 사람들의 칭호를 바로 잡아 주면서, 나는 주임이 아니고 부주임이라고 말했다. 그러나 오랜 시일이 지나다 보니 나 역시 귀찮아지고 습관이 되어 버렸다.

나는 당안을 관리하는 그녀에게 무슨 사건을 처리하려는 게 아니라 상황을 이해하려는 것뿐이라고 말했다.

"규정에 따르면 한 번에 당안 하나만 꺼낼 수 있습니다."

그녀는 이렇게 말했다.

"누구의 규정이오?" 나는 다소 불쾌해하며 물었다.

"당안 업무 규정은 이미 오래됐습니다." 그녀가 말했다.

"문화대혁명 이전의 것이오?" 내가 물었다.

"문혁 전에 있었죠……." 그녀는 조심조심 대답했다.

"낡은 규정은 문제 삼지 마오!" 나는 즉각 그녀에게 단호하게 선포했다. "그 규정에 따르면 공산당원이 아니라면 당안을 볼 수 없잖소."

난 이미 회사의 실권자 중의 하나였지만 당원은 아니었으며, 공청단원의 신분도 아니었다. 다른 두 명의 혁명위원회 부주임 팡다밍과 양진허 역시 당원이나 단원은 아니었다. 만약 문화대혁명 이전이었다면 전혀 상상할 수도 없는 일이지만, 문혁이 시작되고 조반이 일어나자 공산당원인지 아닌지의 여부는 이미 대수롭지 않게 되었고, 중요한 것은 오로지 어느 파에 선 조직 안에 있느냐는 것이었다.

나의 말과 말하는 표정에서 당안을 관리하는 그 여간부는 문득 깨달았다. 지금 권력을 장악하고 있는 건 혁명위원회지 기존의 당위원회가 아니다!

그녀는 더 이상 말하지 않고 곧바로 당안실에서 내가 원하던 열 개의 당안을 찾아와 내 책상에 두렵고 불안한 듯 올려놓았다.

당안의 위엄은 일찍부터 알고 있었지만 여태껏 당안이 어떤 모양인지 본 적은 없었다. 이제 당안이 순식간에 눈앞에 나타난 데다 내 마음대로 펼쳐 볼 수도 있으니 난 새로운 느낌과 만족감으로 가득했다.

크라프트지로 된 자루 안에는 갖가지 모양의 서식과 자료·이력서·당안 기록자 자신이 쓴 자서전과 각양각색의 기록자 경력에 관한 조사와 증명 자료와 문건이 있었다. 이 당안 자루는 '뚱뚱한 것'도 '마른 것'도 있었다. 어떤 것은 안에 들어 있는 물건으로 팽팽하게 부풀어 있었으며, 어떤 것은 크라프트지 자루 안에 아무것도 없는 것처럼 납작했다. '뚱뚱한' 것은 대부분 나이가 많고 인생 경력이 풍부하며 곡절이 많은 사람들이었고, '마른' 것은 이력이 간단한 청년 노동자들의 것이었다.

나는 이들 당안을 하나하나 펼치며 자세히 보았다. 이 당안의 주인은, 아니 주인이라고 부를 수 없다. 왜냐하면 주인은 자신의 모든 것을 가져야만 하는데 이 당안은 한 사람의 일생을 낱낱이 기록하고 있지만 기록된 사람은 당안 안에 대체 무슨 기록이 있는지 전혀 알지 못한다.

따라서 이 당안에 기록된 사람은 당안의 대상자라고 부를 수밖에 없다. 모두들 내가 잘 아는 동료들이자 그들의 상황을 알고 있었다. 그러나 성실하거나 정직하고 혹은 평소 열심히 일을 하는 책임감 있는 동료가 비밀스레 숨겨진 당안 안에서도 그런 평가를 받았는지의 여부를 알고 싶었다.

샤오(肖) 성을 가진 나이 든 노동자의 당안 안에서 나는 그의 운명에 중대한 영향을 끼치는 자료를 보았다. 그 자료의 맨 앞은 거친 황색의 당지(唐紙)로 되어 있었고 위에는 고발이라고 쓰여 있었다. 이 노인네가 항일전쟁 기간 동안 국민당의 군수공장에서 국민당 스파이[特務]조직에 가담했었다는 것이다. 고발은 붓으로 적혀 있었고 드물게 숫자가 있었으며, 말이 많지는 않았지만, 내용의 주제는 매우 명확했고, 1955년이라고 고발된 시간까지 있었다.

매우 무거운 이 당지 밑에는 붉은 도장이 찍힌 조직의 결론이 있었다. 이 결론에는 서로 다른 기관의 명칭과 서로 다른 시간이 써 있었으나 내용의 결론은 비슷했다. 이 사람의 문제는 아직 철저히 조사할 수 없으니 확실해지기 전까지 사용을 통제한다는 것이었다.

그러나 안에는 이 문제를 조사한 자료가 없었다. 아마 조사할 시간이 없었거나 아예 조사하러 가지도 않았나 보다. 왜냐하면 이 샤오 성을 가진 노인이 그 군수 공장에서 아주 잠깐 일했었기 때문에 아는 사람도 많지 않았고 또한 그 군수 공장은 항일전쟁 당시 긴박한 시국으로 일찌감치 해산되었기 때문이다. 고발장을 쓴 사람도 군수 공장에서 일했었던 사람이 아니라 그 역시 이 군수 공장에서 일했었던 사람에게 군수 공장에 스파이조직이 있었다는 얘기를 들었을 뿐이었다. 그래서 의심을 품은 고발장을 쓰게 되었고 그 군수 공장에서 일했었던 사람은 이미 세상을 떠난 상태였다.

어떤 이유에서인지 조직에서는 이 문제를 철저히 조사하지도 않고 그렇다고 풀어 주지도 않으면서 계속해서 '사용 통제'라는 결론을 내린 것이다.

이 샤오 성의 노인은 소처럼 매우 근면하고 성실하게 일하는 사람이었다. 평소에도 줄곧 그는 당 지부에서 마음대로 부릴 수 있었던 순종적 도구였다. 무엇을 하라고 하든지 그는 모두 했고 불결한 것도 피곤한 것도 개의치 않았으며 보수도 따지지 않고 어떠한 불평도 없었다. 단지 그에게는 요구사항이 하나 있었다. 공산당에 가입해 당원이 되고 싶은 것이었다. 그의 유일한 소망인 당원 가입 신청서는 이미 1955년 이전 당 지부에 제출되었다. 그 뒤로 몇 년마다 한 차례씩 그는 신청서를 제출하곤 했다. 이 신청서들 역시 모두 그의 당안에 있었다. 그러나 십여 년간의 신청은 그의 바람대로 이루어지지 않았고 시종 공산당원이 되지 못했다. 왜냐하면 이 당지로 된 고발장과 마음을 오싹하게 만드는 '사용 통제'라는 조직의 결론은 마치 큰 산과 같이 그를 가로막고 억눌러, 영원히 '공산당원'이라는 이 영광된 정치적 신분을 얻을 수 없게 만들었기 때문이다.

그러나 이 모든 것에 대해 샤오 노인은 전혀 모르고 있었다. 지금껏 공산당원이 될 수 없는 이유는 분명 당에 대한 공헌이 부족하기 때문이라고 여겼다. 따라서 그는 점점 더 열심히 조심스럽게 일했고 부지런히 단위 당 지부의 배치와 명령에 따랐던 것이다. 문혁이 시작되자 그는 조금의 주저함도 없이 완고한 보수파가 되어 당 지부와 지부 서기를 보호했다. 그는 실제 행동을 통해 당 지부에 대한 충심을 나타내고 싶어 했다.

이 당시 보수파가 산산히 와해되고 당 조직 역시 활동을 못하게 되었는데도 이 노인네는 여전히 당의 문밖에 서 있을 수밖에 없었다. 샤오 노인이 보수파를 지냈고 우리에게 열심히 반대했었지만 그 자신조차 알지 못하는 비밀을 엿보고 난 뒤로 나는 그를 깊이 동정하지 않을 수 없었다. 그래서 한 사람의 운명을 아무런 근거도 없이 몰래 결정하는 이 당안의 비밀기록 방식을 몹시 원망하기 시작했다.

7년 뒤인 1976년 봄 샤오 노인은 이미 환갑을 넘겨 퇴직을 앞두고 있었다. 이때도 그는 여전히 '당 주변의 적극분자'일 뿐이었다. 문혁 중 그와 함께 당 지부를 보호했던 사람들은 잇달아 모두 공산당원이 되었지만 그에겐 '숙련공'라는 감투뿐이었다. 다행히 새로 파견되어 온 당 지부 서기가 묵묵히 일만 하는 이 노인을 차마 냉정하게 대하지 못하고 조반파 '회사 혁명위 부주임'인 나와 의논한 뒤 이 노인이 퇴직하기 전에 당안에 있는 20여 년간의 '정치적 짐'을 벗겨 주자고 했다. 이 노인이 입당하긴 이미 늦었지만 최소한 그의 이른바 '간첩 혐의' 문제로 인해 그의 자녀들의 정치적 앞날에 영향을 주지 말자는 것이었다. 당시 '간첩 혐의'의 부친을 둔 자녀는 입당과 군 입대·간부 선발 등에서 영원히 기회가 없었음을 알아야 한다. 새로 온 당 지부 서기는 나와 마찬가지로 당안 안에 있던 그 고발장에서 말하고 있는 일을 전혀 믿지 않았다. 왜냐하면 여러 측면에서 분석해 봤을 때 있을 수 없는 일이었기 때문이다. 그러나 당지로 된 고발장이 있는 한 누구도 감히 그것을 내버려 두거나 아랑곳하지 않을 수 없었다. 유일한 방법은 그것과 대등한 증거를 찾아내 당지 추천서의 의견을 부정하는 것이었다.

양심 때문에 나는 이 일에 적극 끼어들었다.

당 지부 서기의 위탁을 받아 나는 먼저 빙빙 돌려가며 샤오 노인과 그를 '간첩'이라고 고발한 일에 대해 얘기를 나누었다. 그리고 항일전쟁 때 그 군수 공장에서 몇 개월간 근무할 당시의 증인에 대해 물었다. 이 노인은 20여 년간 다른 사람들이 자신을 '간첩'으로 여겼고, 이 때문에 입당하지 못한 상황을 어렴풋이 알게 되고는 상심한 나머지 눈물을 흘렸다.

다행히 몇 달 전 당시 그 군수 공장에서 일했던 동료가 창사시로 출장을 와서 그를 만났고 지금 일하고 있는 쓰촨 모 현에 있는 자동차운수회사의 주소를 남겼다. 샤오 노인은 황급히 이 주소를 내게 주면서 단위 조직에서 사람을 보내 조사해서 그의 '간첩' 문제를 분명히 밝혀달라고 했다.

이 주소대로 나는 해당 단위의 당원과 함께(1974년 이후 나 역시 공산당원이 되었다) 회사 당위의 소개장을 들고는 쓰촨성 모 현의 자동차운수회사에 있는 샤오 노인의 군수 공장 동료를 찾아갔다.

'간첩' 문제라는 걸 듣고는 이 쓰촨 동료는 매우 놀라며 무서워했다. 자기 자신이 연루될까 봐 샤오 노인이 '간첩조직에 참가한 적이 없다'는 증빙 자료를 쓰지 못하고 단지 '불명확하다'고만 했다.

'불명확하다'는 증거는 증거가 없는 것과 마찬가지로 샤오 노인의 '정치적 짐'은 계속 짊어지고 있어야 했다.

나는 오랫동안 충직하고 성실하게 노고를 마다하지 않았고, 그다지 배우지도 않은 이 노인이 무슨 '국민당 군통〔軍統 : 중화민국 시대의 국민당 특무기관의 하나로 국민정부군사의원회 조사통계국의 준말〕 간첩'이라고는 전혀 믿기지 않았다. 문제는 그 당지 고발장을 부정하고 뒤집을 수 있으며 사람이 죽어 증거가 소멸된 그 자료를 부정할 수 있는 문자로 된 증거를 반드시 구하는 것이었다.

나는 말장난 같은 방법을 생각해 냈다.

다시 그 쓰촨 동료를 조사 심문하러 찾아갔을 때 그에게 말했다.

"이 문제에 대해서 불명확하다 하시는 건 완전히 그럴 수 있습니다. 당시 라오샤오가 국민당 간첩조직에서 일했다는 말을 전혀 들어본 적이 없으시죠. 맞습니까?"

"맞네! 맞아! 난 라오샤오가 간첩이라는 말은 여태껏 들어본 적이 없어. 난 그저 일을 해 돈을 벌어 배를 채울 뿐, 정치적인 일은 아예 접촉한 일도 없다구." 그 쓰촨인은 얼른 내게 동조했다.

나는 이 말을 잡아 그 쓰촨인에게 군수 공장에 있던 기간 중 '샤오○○가 국민당 간첩조직 일에 참가했다는 말을 전혀 들어본 적이 없다'고 쓰게 했다. 정치에 관심이 없다는 그의 말은 쓰지 않게 했다. 만약 이 쓰촨인이 정치적인 일에는 아예 관심도 없다고 해버리면 샤오 노인이 간첩조직에 참가했다는 말을 '전혀 들어본 적이 없다'는 부정의 증거는 그 무게가 덜해지기 때문이다.

항전 기간 국민당 군수공장에 있을 때 샤오 노인의 행위를 유일하게 증명해 줄 수 있는 쓰촨 동료가 '샤오○○가 국민당 간첩조직 일에 참가했다는 말을 전혀 들어본 적이 없다'고 증언하고 이를 써 주기까지 했다면 이로써 이십여 년 전에 있었던 고발장을 부정할 수 있었다. 중공 쓰촨 ○○현 자동차운수회사 당위 정치처의 도장이 찍힌 내가 가져온 이 유일한 증거자료, 즉 말장난 같은 느낌이 나는 이 증명서에 따라 샤오 노인이 속한 단위의 당지부 서기는 '이 일은 고발이 있었지만 조사도 부실하고 고발의 내용을 부정하는 증거도 있어 원래 내정했던 의견을 철회함'이라는 새로운 의견에 서명했다. 그리고 당 지부 도장이 찍힌 이 새로운 의견은 샤오 노인의 당안 자루 속으로 들어갔고, 원래 있던 그 고발장과 각 단위 당 지부의 '사용 통제'라는 의견 자료는 꺼내졌다. 당 지부 서기는 이 사건의 결론을 샤오 노인에게 알렸다. 샤오 노인은 퇴직할 때 내 손을 잡으며 감동적으로 말했다.

"내가 쓴 억울한 누명을 벗겨 줘서 고맙네. 이젠 입당하진 못하지만 상관없네. 내 이력이 더 이상 자식들의 앞날에 영향을 주지만 않으면 마음을 놓을 수 있지!"

이제 문화대혁명은 이미 역사가 되었고 개혁개방 후 개인의 정치적인 역사는 더 이상 사람을 놀라게 하는 일은 아니다. 이제 관리가 되는 것이 아니라면 인사 당안에 대한 모두의 정치의식은 이미 희박해졌고, 심지어 대만 국민당 군정계에서 고관을 지낸 친척이 있는 것을 영광스럽게 여기기도 한다. 당안 안에 당사자의 상황을 비밀 기록하는 방식도 아마 큰 변화가 생겼을 것이다.

회사 혁명위원회가 성립된 뒤 회사 소속의 각 상점과 공장의 혁명위원회 설립이 하나하나 비준되었다.

이들 기층 단위 혁명위원회의 인선은 모두 회사 혁명위원회에서 집단 토론과 연구를 거쳐 결정했지만 기계수리 공장은 양진허와 나의 원래 직장 단위였기 때문에 혁명위원회 인선은 주로 나와 양진허가 확정했다.

우리는 생각 끝에 기계수리 공장의 혁명위원회 주임으로 원래 공장 당 지부 서기였던 쑤중위안(蘇中原)을 선발했다. 한 가지 이유는 원래 영도간부가 혁명위원회의 1인자를 맡는 것이 '삼결합' 구성에 관한 상부의 의견이기도 했고, 또 우리 역시 쑤중위안이 조반을 지지한 적이 없다고는 하지만 필경 우리의 조반 행동을 공개적으로 반대한 적이 없었으므로 그에게 기회를 주어야 마땅하다고 생각했다.

하지만 쑤 서기가 기계수리 공장의 1인자를 맡는 일은 일부 노동자들의 불안을 불러일으켰다. 왜냐하면 조반 시기 우리의 선동과 인솔하에 적지 않은 노동자들, 심지어 쑤중위안의 밑에서 수년간 일했던 일부 노동자들이 자신이 과거에 박해를 받거나 혹은 스스로 박해를 받았다고 여겨 쑤중위안을 고발하거나 비판했고, 어떤 격분한 노동자는 그의 면전에서 매섭게 욕설을 퍼붓기도 했던 것이다. 쑤중위안은 기계수리 공장에서 수년간 권력을 쥐고 있었고 사람을 숙정하는 일이 수시로 있었기 때문에 쌓인 원한 역시 적지 않았다. 과거에는 기회가 없었기 때문에 노동자들도 어찌할 도리 없이 꾹 참을 수밖에 없었지만 문혁이 시작되어 하늘이 내린 좋은 기회가 왔고, 우리들이 앞장서 조반을 일으키는 틈을 타 분노를 터트리며 쌓여 왔던 원한을 풀었다. 그 격렬한 분위기는 불처럼 뜨거워 확실히 쑤 서기를 겁이나 벌벌 떨게 만들고, 안절부절하게 만들었다. 일 년이 넘는 조반을 거치면서 지금 공장의 직원들은 조반이든 보수든 간에 대세를 좇아 모두들 쑤중위안이 틀림없는 '주자파'이며 타도하지 않으면 안 되는 인물이라고 보편적으로 여기고 있었다. 게다가 양진허와 나, 이 두 기계수리 공장의 노동자가 상급인 회사 혁명위원회의 부주임이 되었는데 쑤중위안이 어찌 정치적으로 끝장나지 않을 도리가 있겠는가? 권세를 잃은 사람에 대해서 비판하고 욕을 하면, 모두들 비판하고 욕하고 투쟁하면 되는 것이지 무슨 대수로운 일은 아니라고 여겼다. 더군다나 모두들 잘못 비판하거나 잘못 욕하고 잘못 투쟁한다고는 생각지 않았다.

그런데 이제 '신생 홍색정권'인 공장 혁명위원회에 다시 쑤중위안을 1인자로 내세우려 한다. 단지 '서기'를 '주임'으로 바꿔서 말이다.

"이 어찌 될 법한 일인가!"

일부 노동자들은 나를 찾아와 격분하며 소리를 질렀다.

확실히 쑤중위안이 투쟁 대상의 위치에서 내려와 다시 공장 혁명위원회 주임이라는 보좌로 단번에 올라선다는 것은 분명 복직이었고 이는 그에게 반대하고 투쟁했었던 노동자 대중에게는 두려운 일이었다. 특히 이전의 정치운동의 와중에 쑤중위안의 지독함을 맛보았던 노동자들은 몹시 걱정했다. 이들은 한참을 해댔어도 쑤중위안은 역시 쑤중위안이고 관료는 역시 관료인데, 이 문화대혁명을 또 할 필요가 있는가?라고 말했다. 이전에는 쑤중위안을 타도할 수 있다고 생각해, 쌓인 원한을 남김없이 모두 발산해 버리며 그를 비판하고 욕했었다. 쑤중위안이 감옥에 보내지거나 혹은 '사류분자'(반혁명분자·지주·부농·악질분자 등 4종류의 숙청대상)의 대오에 들어갈 거라고는 생각지 않았어도 그가 다시 간부직을 맡고 대권을 장악하게 될 거라고는 절대 누구도 생각하지 못했다. 그런데 지금 공교롭게도 쑤중위안이 다시 기계수리 공장의 죽이고 살리는 권한을 장악하려 하니, 일찍이 그를 비판하고 욕했던 노동자들에게 어찌 보복하거나 숙정하지 않을 수 있겠는가? 쑤중위안이 다시 대권을 잡게 되면 그에게 반대했던 노동자들은 어찌 운 사나운 날들의 시작이 아니겠는가?

이들 노동자들이 이러한 걱정을 말할 수밖에 없는 것은 매우 일리 있는 것이었다.

나 자신조차 자주 그런 생각을 했다. 우리에게 호되게 조반을 당하고 현지에서 타도됐던 이들 당권파 영도간부들이 재기하고 두 손 모아 공손히 그들에게 권력을 돌려준다면 이것은 '원상복귀' 혹은 '부활'이 아니겠는가? 이렇게 될 바에야 왜 구태여 시작을 했단 말인가? 신문이나 중앙의 문건에서는 문화대혁명 역시 '하나의 계급이 다른 계급을 뒤집는 혁명'이라고 선전하지 않았던가? '공산당과 국민당의 장기적인 투쟁의 연속'이지 않은가? '주자파'를 타도하고 '또 다리를 짓밟아 그들이 영원히 일어나지 못하도록 하자'고 하지 않았던가? 왜 이 모든 선전이 이제 와서 일고의 가치도 없이 갑자기 돌변하게 되었는가?

허나 새로운 여론과 새로 온 중앙의 문건에선 다시 우리에게 지금 해야 하는 이 모든 것은 '간부를 정확하게 다루는' 원칙의 큰 문제이고, 또 '마오 주석의 위대한 전략배치' 중의 하나라고 말하고 있다.

이 '위대한 전략배치'의 상세한 내용 혹은 대체적인 윤곽에 대해서는 누구도 그 이치를 말하지 못했다. 그러나 사상적으로 의문이 있거나 모호해질 때 바로 이 '위대한 전략배치'라는 이론 앞에 서면 자신은 우물 안 개구리가 되어 어떠한 의문도, 풀리지 않는 어떠한 고민도, 모두 자신이 '나뭇잎 하나로 눈을 가린' 식견을 가진 자인 까닭에 생겨난 것으로, 스스로를 원망할 수 있을 뿐이었다.

'린 부원수'께서도 말하지 않았던가. "마오 주석의 지시는 이해해도 집행하고 이해하지 못해도 집행해야 한다."

어쨌든 집행은 잘못이 없는 것이다.

그래도 도무지 이해할 수 없을 때 우리는 자신을 반성해야 했다. 왜 우리는 정세에 따라가지 못하는가? 라고.

중국 공산당 간부들은 수십 년간 이렇게 해왔고 바로 이렇게 사유해왔다.

문화대혁명 중의 조반파는 비록 투쟁의 목표가 마오쩌둥과 중앙 이외의 크고 작은 공산당 영도간부, 즉 이른바 '당권파'와 '주자파'였지만 결코 조반파들이 정부와 대등한 지위로 대립한 의거 조직은 아니었다. 조반파 역시 중국 공산당의 영도를 받았으며 단지 조직상 중공중앙 '총사령부'의 영도를 받았을 뿐이지 사상이나 관념적으로는 전부 당의 이론에 따랐다. 따라서 중앙을 대하는 태도나 중앙이 제정한 각종 정책을 대할 때 조반파의 사유 방식은 원래 공산당 간부와 본질적인 어떤 차이도 없었다.

따라서 이해해도 집행하고 이해하지 못해도 집행할 수밖에 없다!

왜 이해하지 못하는가? 그것은 결코 중앙의 잘못에 있지 않다. 중앙은 중앙의 논리가 있는 것이고, 우리 스스로 왜 정세에 따라가지 못하는가를 비판해야만 한다!

자신의 생각이 중앙의 방침과 다를 때는 마땅히 자신의 관점을 버리고 중앙 선전에 가까워지도록 노력해야 하고 자신의 생각을 중앙의 이론과 '마오 주석의 위대한 전략배치'에 융합시키도록 노력해야 한다.

조반 그 자체가 당 중앙 마오 주석의 호소와 발동이었고 우리가 조반파가 되었는데, 어찌 또 중앙의 방침과 정책을 의심하고 비평할 수 있겠는가! 그렇게 하지 않을 것이라면 이러한 생각 역시 매우 위험한 것이다. 왜냐하면 '삼결합'은 중앙에서 이미 정한 방침이고, 영도간부를 혁명위원회 '삼결합'의 우두머리로 내세우는 것 역시 중앙의 정책이었으므로 우리는 그저 집행하는 수밖에 없었다. 집행하지 않고 대항하는 건 '마오 주석의 위대한 전략배치'를 어기고 거역하는 것으로 결국 '잘못'을 저질러 무너지는 결과로 빠져들게 될 것이다. 요전에 일부 사람들이 성 혁명위를 '공격'한 일이 바로 중앙의 전략적 배치에 대항한 것이다. 왜냐하면 중앙에서는 조반을 허락하지 않았는데 원래 성위에 대해 조반하던 이전의 사고 방식을 갖고 새로 성립된 성 혁명위를 대했으니, 그 결과 조반도 이루지 못하고 오히려 스스로 와해되어 '삼홍 공격'이라는 죄명을 쓰게 되었고, 정직 처분(성·시 혁명위 구성원)과 비판투쟁을 받는 결말을 맞게 되었던 것이다.

팡다밍은 이렇게 분석했다. 각 수준의 혁명위원회마다 모두 조반파 대표가 있으니 그 자체가 강력한 감독 효력이 있고, 또한 문화대혁명이라는 전례 없는 시련을 거치면서 혁명위원회에 결합되어 들어간 영도간부들도 분명 교훈을 얻었기 때문에, 문혁 전처럼 그렇게 마음대로 일반 군중들을 무시할 수는 없다는 것이다.

그의 분석을 듣고 나니 일리가 없는 것은 아니었다.

나 역시 순식간에 노간부들을 전부 타도하고 새로운 사람들, 즉 우리 조반파를 새로이 기용하는 것은 도리상 얘기가 안 된다고 생각했다. 어쨌든 노간부들은 과거에 피와 땀을 흘리며 수십 년을 일했고 설산을 넘고 초원을 건너고 항전의 8년을 보낸 뒤, 다시 남과 북에서 싸우면서 총탄이 빗발치는 전투를 벌이며 갖은 고초를 겪어 이 붉은 강산의 기초를 다져 놓았다. 그런데 어떻게 이 강산을 순식간에 1~2년 조반한 우리에게 건네줄 수 있으며, 공적이 탁월한 노간부를 모조리 배제한단 말인가?

나는 '마오 주석의 위대한 전략배치'에서 문화대혁명이란 아마 도시로 들어와 권력을 장악한 뒤 관료주의가 생겨난 노간부들을 훈계하고 그들이 '수정주의'로 변하지 않도록 하기 위한 것이라 생각했다. 또 군중 조반을 시작한 목적 역시 아마 이들 노간부들을 교육시키기 위한 것이지 그들을 모조리 타도하자는 것은 아니라고 생각했다. 물론 정말로 마오 주석과 당 중앙에 반대하는 사람들이라면 타도할 수 있다. 그러나 노간부 대부분은 마오 주석과 당 중앙에 반대할 리 없었고 반대할 이유나 사상적 기초도 없었다. 따라서 마오 주석과 당 중앙 역시 그들을 모조리 타도할 리 없었고 단지 조반파들을 자극해 그들을 훈계하려는 것뿐이다. 이후 권력을 장악해야 할 사람은 여전히 권력을 장악해야 했다.

양진허와 나는 기본적으로 노동자들의 심정을 헤아린다는 측면에서 물론 쑤중위안이 타도되지 않고 여전히 간부로 있는 것을 가장 원했지만, 그가 계속해서 기계수리 공장의 1인자가 되는 것은 결코 바라지 않았다. 그러나 기계수리 공장 당 지부와 정·부 공장장 등 몇 명의 사람들 중에는 적합한 인물이 없었다. 형편없는 능력 때문이 아니라 우리가 보기에 인품들이 좋지 않았고 쑤중위안만이 개인적 인품과 능력에서 모두 적합했다. 선택의 범위가 너무 좁았다. 그렇지 않고 만약 기계수리 공장 전체 직원들 중에서 뽑을 수 있다면 쑤중위안보다 더 나은 사람을 1인자로 선택하는 일이 결코 어려운 것은 아니었다. 그러나 정책의 제약을 받았고 원래 영도간부를 1인자로 해야 하는 상부 규정 때문에, 우리는 노동자 중에서 혁명위 주임을 선발할 수가 없었다.

문혁을 묘사한 일부 작품에서는 조반파를 바라고 싶은 대로 다 이루고, 하고 싶은 대로 다 할 수 있는, 무슨 무법천지의 사람들로 묘사해 놓고 있지만 이는 사실과는 멀다. 당시 조반파는 사상과 정책적인 제약을 받았는데 실제 사람들이 상상하는 것보다 훨씬 더 컸다.

우리는 진심으로 달가워하지 않는 마음으로 기계수리 공장 혁명위원회 주임의 인선을 결정했다.

그전에 우리는 두 가지 일을 했다.

첫째, 조반 노동자들에게 되풀이해서 설명하고 해명했으며, 우리 자신의 이해력과 상상력을 동원해 설득하고 그들이 믿도록 최선을 다했다. 쑤중위안에게 공장 혁명위원회 주임을 맡기는 것이 마오 주석의 혁명노선을 위해 필요하며, 쑤중위안이 문혁이라는 시련을 겪은 뒤라 혁명군중 편에 서게 될 테니 그에게 조반했던 노동자들에게 보복할 리도 할 수도 없을 것이라고 했다. 왜냐하면 그렇게 했다간 문화대혁명을 반대하고 부정하는 것과 같게 되며, 문화대혁명에 반대하는 사람은 좋은 결말이 있을 수 없기 때문이다. 또한 쑤중위안이 날뛸까 봐 걱정할 필요도 없는 것은 양진허와 내가 그의 상사이기 때문에 감히 잘못을 저지르면 우리가 언제든 그의 관직을 파면할 수 있다고 했다.

노동자들은 더 이상 쑤중위안이 주임이 되는 일에 반대하지 않았다. 우리의 설명을 잠자코 듣더니, 얼굴 표정이 이해하는 것도 같았고 또 어쩔 수 없다는 듯도 했다.

사실 그들이 먹은 소금이나 쌀의 양이 나보다 훨씬 많았고 건너온 다리도 내가 걸어온 길보다 훨씬 길었다. 그들이 문화대혁명의 이치는 이해할 수 없을지 모르지만, 호되게 비판하고 욕했던 사람이 다시 재기해 그들 머리 위에 앉는 것이 어떤 결과를 가져올지 나보다 훨씬 잘 알고 있었다.

또 다른 일은 쑤중위안을 찾아가 얘기하는 것이었다. 큰 원칙을 얘기한 뒤, 그에게 공장 전체 직공대회에서 다시 한번 '진지한 비판'을 하는 것 외에도 역점을 두고 태도를 표명하라고 했다. 혁명 군중들의 양해를 거쳐 다시 기계수리 공장의 최고 책임자가 되면 앞으로 그를 비판했었던 노동자들을 공격하지도 보복하지도 않을 것이며 결코 앙심을 품지 않고 도리어 노동자들의 '그에 대한 교육'에 감사할 것이라고 말이다.

쑤중위안은 깊이 생각하지도 않고 바로 이 모든 일에 응답했다.

우리 조반파들은 종종 몇 마디 말과 문건 중의 몇 글자를 위해 한바탕 싸우거나 끝까지 파고들어 전승을 거두지 않으면 결코 중단하려 하지 않는다. 반면 정치 경험이 풍부한 당권파 지도 간부들은 사안의 경중과 완급을 알고 표면적인 말과 같은 사소한 일을 위해 자신의 인생 대사를 허비하지 않는다.

나는 쑤중위안이 서둘러 비판대상의 진흙탕에서 걸어 나오는 것 이상 긴박한 일은 없을 것이며 만약 대권을 다시 장악할 기회가 생긴다면 더욱 좋아할 것이라 생각했다. 그전에 비판받을 때 일부 노동자들이 그의 얼굴 위에 침을 뱉는 것도 모두 참아 냈는데, 지금 노동자와 조반파를 다시는 공격하고 보복하지 않겠다고 단지 말로만 표명할 뿐이고 이로써 비판 대상의 처지에서 벗어나 다시 관직에 복귀할 수 있는데 어찌 안 할 수 있겠는가?

모든 것이 마치 문예 프로그램의 리허설처럼 진행되었다.

쑤중위안이 전체 공장대회에서 우선 '매우 침통하게' 자아비판을 하고 난 뒤 양진허가 회사 혁명위원회를 대표하여 그에 대한 '해방'을 선포했다. 그리고 그를 공장 혁명위원회 주비소조 조장으로 임명한다고 선포한 뒤, 쑤중위안은 다시 격앙된 어조로 이를 받아들이고 '혁명 군중의 양해와 신임'에 대해 일일이 감사를 표했다.

한 달 뒤 기계수리공장의 혁명위원회가 공식 성립되었고 쑤중위안은 공장 혁명위원회 주임이 되어 기쁜 모습으로 붉은 꽃을 달고 경축대회의 주석 자리에 앉았다. 지나간 몇 달간 그는 통상 맨 앞에서 비판을 받기 위해 주석 자리에 섰을 뿐이지만 지금은 공장 전체 백여 명이 넘는 사람들의 강력한 중심이 되었다.

우리는 허우촨장을 공장 혁명위원회 부주임으로 배치했는데, 그는 '삼결합'의 조반파 대표였다. 물론 그 역시 매우 기뻐했으며 즐거움으로 가득했다. 2년 동안 조반하다 뜻하지 않게 '관료'가 되었으니 이는 두말할 것 없이 그와 우리 모두에게 기쁜 일이었다.

그 뒤로 우리가 무너질 때까지 쑤중위안과 우리는 서로 잘 지냈다. 특히 쑤중위안은 우리에 대해 항상 따뜻하고 친절한 태도로 대해 주었다. 마치 그가 예전부터 우리와 함께 일했었고 과거에 양진허를 숙정한 일이 없었으며, 우리 역시 그를 비판한 적이 없었다는 듯이 말이다.

응어리·그늘·경계, 모든 것이 마치 사라진 듯했다.

이 모든 일에 당연히 우리는 매우 기뻐했다.

그러나 필경 우리는 너무 젊었다.

일 넌여 뒤의 어느 날 쑤중위안은 무뚝뚝한 얼굴로 이미 '학습반'에 갇혀 있던 내게 훈계하는 어조로 말했다.

"자넨 조반을 정치라고 여기나? 정말로 너무 유치하고 주제파악을 못하는군. 정치운동의 지독함을 맛보지 못한다면 성장할 수가 없지!"

쑤중위안의 말이 맞다. 그 뒤 곧바로 나는 정치운동의 지독함을 깨닫게 되었다.

'계급대오 청산' 운동의 치욕과 곤혹

'계급대오 청산'이란 건 이미 수십 년의 전통이 있었지만 문혁 때처럼 전체 민중과 간부들 사이에서 대규모의 기세 드높은 운동으로 진행한 일은 거의 볼 수 없다. 옌안정풍(延安整風) 때도 그저 간부들을 심문했을 뿐이다! 그러나 문혁대운동이라는 계급성 운동으로 '계급대오 청산'의 해로움이 각 계층의 모든 군중들에게 서로 다른 정도의 파급을 미쳤다.

1968년 하반기부터 전국적으로 진행된 '계급대오 청산' 운동[*]은 창사시에서는 완전히 권력을 장악한 조반파에서 가장 먼저 주관하여 참여하며 전개되었다. 만약 조반파가 문혁에서 무슨 기층 인민을 숙정한 적이 있다고 한다면 그것이 바로 이른바 '계급대오 청산' 운동이다. 원래 조반파의 '투쟁의 대(大)방향'은 줄곧 권력을 잡고 있던 '주자파'로, 당의 영도간부와 정부 관료였다. 그러나 조반파 스스로 정권과 권

---

[*] 이 운동을 계기로 문혁운동이 대중 주도에서 당 주도로 넘어가고, 주로 문혁 중 형성된 급진조직을 공격 대상으로 삼는 정풍운동이 전개된다.

력기구인 혁명위원회에 들어가 부분적인 권력을 장악한 뒤로는 당권자의 태도가 되어 중앙의 지시를 집행하지 않을 수 없었다.

'계급대오 청산'은 '마오 주석의 위대한 전략배치'의 일환이었다. 그 해 8월 마오쩌둥은 공장기업의 문혁운동 임무에 대해 명확한 지시를 내린다.

"삼결합의 혁명위원회 건립, 대(大)비판, 계급대오 청산, 당의 정돈, 기구 간소화, 불합리한 규칙제도의 개혁, 사무요원의 하방, 공장 안에서의 투쟁·비판·개조 등 대체로 이러한 몇 가지 단계를 거친다."

이 '계급대오 청산' 운동은 베이징에서 시작되었다. 중앙에서 '6개 공장 2개 학교'의 '계급대오 청산' 경험 문건을 하달했고 '6개 공장 2개 학교', 즉 베이징의 6개의 큰 공장과 칭화대학과 베이징대학을 본보기로 하여 전국 각지에 혁명위원회가 건립된 지방에서는 그대로 따르라고 했다.

중앙의 명령이 있고 또 이 '6개 공장 2개 학교'의 본보기도 있어 후난성과 창사시 혁명위원회에서는 서둘러 성과 시 전체에서 '계급대오 청산' 운동을 전개하기로 계획했다.

이 운동은 일반적으로 모두 혁명위원회의 정치사업조에서 책임을 졌다. 성·시 정권기관과 각 상공기업과 학교, 기관 모두 그렇게 했고 우리 회사 역시 예외는 아니었다.

팡다밍이 정치사업조를 나누어 맡고 있어 이 일은 그가 책임져야 했다. 나는 보위조장으로 회사 안팎에서의 안전문제만을 책임지고 있었지 '계급대오 청산'이 나의 직무는 아니었다. 그러나 운동이 시작되자 새로운 '계급의 적'을 '구분'해야 했다. '계급의 적'에 준하거나 미심쩍은 사람은 잡아 가둬야 했고 나 역시 이 숙정운동에 말려들어 가게 되었다.

상부의 계획에 따라 우리는 공안부가 발표한 '6개 조항 규정'에서 정한 21종의 사람을 우선 해당 단위의 간부와 직원 중에서 구분해 내어 심사를 했다. 이른바 21종의 사람이란 원래 국민당 정부의 군·경계와 법조·특무 분야의 핵심 분자와 국민당과 삼청단조직의 서기장 이상의 사람, 그리고 일부 미신 종교 핵심인물과 노동개조 판결을 받았거나 노동교조를 받고 석방된 사람을 포함한다. 물론 정치적으로 '반혁명분자'·'지주분자'·'우파분자'·'부농분자'·'악질분자'로 정해졌던 사람도 빠질 수 없었다. 운동이 시작되자 처음 불행을 당한 사람이 바로 이른바 '21종의 사람'이었다.

이 사람들은 정말 가련했다. 문혁 중 보수파가 권력을 잡든지 조반파가 득세하든지 간에 '노선투쟁'('주자파' 비판은 '노선투쟁'에 속한다)이 아니라 '계급투쟁'을 강조할 때면 숙정 대상이 필요했고 그때마다 가장 먼저 비판을 당한 사람은 언제나 이들이었다. 비록 우리 조반파들 역시 자주 '반혁명'과 '우파'의 경계에 놓이곤 했지만, 우리의 깊은 관념 속에선 언제나 스스로와 이들 '21종의 사람'을 같이 놓는 데 동의하지 않았고 언제나 그들을 경계선 밖으로 구분해 내려 애썼다. 문혁 중 조반파들은 아무리 불운해지더라도 얼마간이라도 활개칠 때가 있었지만, 이들은 문혁운동에서 영원히 사회의 가장 밑바닥 층에 속한 '별종'이었다. 내 관찰에 의하면 문혁에서 가장 피해를 보고 가장 오랫동안 극심한 고통을 당한 사람은 간부도 지식인도 아니고 조반파 역시 그 대열에 끼지 못했으며, 바로 이른바 '21종의 사람'이라는 많은 무고자들이다! 그들이 문혁 전에 무슨 일을 저질렀건 혹은 억울한 사건의 피해자든 아니든 간에 이미 자신의 과거 때문에 인생의 대가를 치렀고, 문혁 중에는 더욱 함부로 말하거나 행동할 수도 없이 두려움에 떨며 지냈다. 문혁이 시작된 이후로 어떠한 성격을 띤 투쟁이건 간에 각 파의 정치세력들은 언제나 그들을 끌어내 제물로 삼거나 주된 비판 대상자와 함께 비판을 받게 했다. 1966년 8월 '노' 홍위병과 '홍색 공포대', 베이징 다싱현의 농촌 당조직 책임자, 그리고 후난 다오현의 소위 '빈·하·중농 최고법정'의 살인범들이 법 위반을 두려워하지 않고 이들을 마구 때리고 살육하고 아무 이유 없이 머리털을 치솟게 만드는 폭행을 저지른 것은, 바로 흉악범들의 눈에는 이들 '21종의 사람'이라는 '별종'이 아예 사람으로 보이지 않았고 마음대로 유린할 수 있는 무슨 '물건' 쯤으로 여겨졌기 때문이다. 확실히 이들 흉악범들이 아니라도 당시 사회의 주류적인 관념 속에 상당히 많은 인민들 역시, 모두 이들 '21종 사람'들을 불가촉 '천민'으로 여기고 이들을 경시하는 태도를 보였다. 가장 급진적인 조반파 분자라 할지라도 그들에 대한 동정을 나타낼 수 없었다. 후난일보사가 그 전신인 『신후난보』(新湖南報)사였을 때 1957년 우파로 잘못 공격을 받았던 편집기자가 문혁 중 자발적으로 조반조직을 성립하고는 이들의 억울한 사건을 복권시켜 주려했다. 자연히 이들은 사회적으로 강대한 조반조직의 지지를 얻기를 갈망했지만 이들의 희망은 허사로 돌아갔다. 감히 그들을 지지할 조반파는 없었고 심지어 조반조직에서는 '우파가 반란을 일으키려 한다!'고 말하기까지 하며 강제로 그들을 해산시켰다. '성무련' 비판 당시에는 그들을 '성무련'의 소위 '반동 기초'라고 하며 비판투쟁을 벌였다. 우파였던 신문사 편집위원 바이위안(柏原)은 당시 후난일보사의 조반파 '홍색 신문병'에게 잡혀 비판투쟁에서 잔혹한 구타를 당하고 온몸이 상처투성이가 되어 거의 목숨을 잃을 뻔하기도 했다.

1968년 여름과 가을이 교차할 때쯤 시작된 '계급대오 청산' 운동은 후난 조반파들이 인권 유린에 상당 규모로 참여한 치욕스런 중대 활동이었다.

물론 문건 의견에 따라 이들 '21종 사람'은 단지 표면상에 떠오른 공개적인 '종이 호랑이'에 불과했고 '계급대오 청산'의 목적은 그들이 아니었다. 그들을 숙정한 건 완전히 기세의 필요성 때문이었다. 진정한 목적은 우리에게 비밀스럽게 숨어 있는 계급의 적을 '깊이 파내라'라는 것으로, 영광된 자리에 있지만 실제로는 계급의 적인 사람들을 찾아내려는 것이었다. '6개 공장 2개 학교' 경험에서 소개된 베이징의 신화 인쇄공장에서는 공산당원인 공단장(工段長)급 간부를 이미 22명이나 색출해 냈다. 왜냐하면 이 22명은 구(舊) 중국 시절 모두 국민당 조직에 참가한 적이 있었고, 여태껏 국민당에 참가한 개인사가 밝혀지지 않은 사람도 일부 있었기 때문이다. 후난성 혁명위원회 해방군 신분의 한 부주임은 성 전체 '계급대오 청산' 운동 동원 보고서에서 우리에게 경고했다. 1949년 이전 후난성 전체에서 국민당의 장군급 군관이 몇 명, 교관급 군관이 몇 명, 위관급 군관이 몇 명 있었다고 하면서 원래 국민당 군관이던 이들이 현재 모두 우리 안에서 생활하고 있으니 그들이 지금 무슨 일을 하고 있는지, 공산당이나 정부 안으로 섞여 들어갔는지 철저히 조사해야 한다고 말했다.

소위 '계급대오 청산'이란 실제로 한 개인의 역사를 조사하는 것으로 '계급의 적'에 속하는지의 여부를 보는 것이다.

역사 조사 절차는 우선 당안 조사부터 시작한다. 왜냐하면 한 사람의 인사 당안에는 그의 모든 역사 경로가 기록되어 있어, 이를 검토하면 의심스럽거나 불명확한 곳이 있는지 없는지 알 수 있기 때문이다.

정치사업조의 대오가 갑자기 불어나더니 많은 전문조사요원과 전안조가 하나하나 갑자기 생겨났다.

이 시기는 조사요원들이 도처에 가득한 시기로 이들은 당시 유행하던 누런 군용자루를 메고 특별 제작한 탐문소개장을 들고는 의기양양하게 전국을 돌진하며, 이런저런 일을 조사하며 공포스런 분위기를 조장하고 사람들의 마음을 두렵게 만들었다. 사람들은 자신이나 자신의 친척이 무슨 '꼬투리'가 잡힐까 봐 걱정이었다.

회사 내에서도 '계급의 적'이 색출되었다. 한 명은 회사 내에서는 유일한 성급 모범노동자였던 노년의 여직원이었다. 어떻게 조사했는지 모르지만 그녀를 구사회 시절 기생집 주인이었던 늙은 기녀로 만들었다. 기녀를 압박하던 늙은 기녀였으니 당연히 '계급의 적' 행렬에 속했다. 또 한 노동자는 항일전쟁 당시 일본군에게 잡혀 취사원을 지낸 적이 있어 '일본 한간'(漢奸)이라는 모자가 씌워졌다. 이러한 죄명을 붙인 이유는 아주 간단하고 터무니없었다. 일본인이 자네를 믿지 않았다면 그들이 먹을 밥을 하라고 하겠나? 이렇게 일본인의 신임을 받은 사람인데 한간이 아니면 무엇이란 말인가! 그래서 '온갖 잡귀신'의 심사대기실로 끌고 들어와 내가 맡던 보위조로 넘겨 지키게 했다.

이들은 그 뒤로 모두 복권되었고, 무슨 '계급의 적'은 없었다.

회사 전체에서 소위 '21종 사람'으로 밝혀지고 적발되어 심사받거나 문제가 있다고 의심되는 사람은 백여 명이 넘었다. 각 기층단위에서는 분명하게 드러난 '21종 사람'을 각각 단속했고, 대략 20~30명의 조사가 필요한 사람은 회사 보위조에서 일괄적으로 잡아, 회사 기계수리 공장의 비어 있는 창고 안에 가두고는 이곳을 '온갖 잡귀신'의 심사대기실이라고 불렀다. 나는 몇 명의 보위요원을 선발하여 밤낮으로 돌아가며 그들을 지켰다. 그러나 그들의 구체적인 문제는 모두 회사 정치사업조에서 관리하고 보위요원은 개입하지 않았다.

'온갖 잡귀신'이라 불렸던 이 사람들 중 한 부류는 '21종 사람' 가운데 역사적으로 의심된다고 여겨지는 문제가 있는 사람이었고, 다른 한 부류는 새로 적발되어 '숨어 있는 계급의 적'이라고 여겨졌던 간부와 노동자들이었다. 이들은 심사대기실에 갇혀 집에 돌아가지도 못하고 외출도 허용되지 않았으며, 친척의 방문도 허락되지 않았다. 또한 강제로 하얀 완장을 차고 있었는데, 하얀 완장에는 붓으로 그들의 '죄명'이 쓰여 있었다. 예컨대 원래 국민당 사람이었다면 '반혁명분자'라고 쓰여 있었고, 간부대오에 속했던 국민당 간첩으로 의심되면 '간첩'으로, '지주'로 심사받으면 '지주분자'라고 쓰여 있었다. 아무튼 외부 사람이 한번 보면 그들의 '문제' 소지를 알 수 있었다. 평소 그들은 '온갖 잡귀신' 심사대기실에 머물러 있으며 끊임없이 자신의 '임무'와 '자백서'를 쓰라는 명령을 받았고, 또 한편으로는 수사 요원의 심문을 받기도 했다. 어떤 경우 불려 나와 변소 청소나 쓰레기를 치우는 더러운 일을 하기도 했다. 당시 그들은 사회적으로 가장 밑바닥 층에 있던 사람들로 정권기관 전체에서 그들을 사회 구성원으로 보지 않았다고 할 수 있다. 계속된 선전 여론에서는 어떻게 그들을 경계할 것인가를 알릴 뿐 그들을 불쌍히 여기거나 동정하지 않았다. 그들이 '겨울날의 독사'와도 같아 지금은 잠시 추워 굳었지만 일단 활력을 얻게 되면 언제든 혁명 인민을 '물'것이라고 했다.

원래 나는 어려서부터 국민당과 지주·자본가·자산계급을 증오하는 교육을 받았다. 따라서 당시 이론적으로는 이들을 뿌리 뽑는 데 완전히 찬성했으며 이들을 '자비롭고 너그럽게' 대할 수는 없다고 생각했다. 그러나 실제로 매우 가련한 이들을 마주하게 되면 나는 종종 극도의 동요가 일어나곤 했다. 이미 몸이 약해 바람이 불어도 쓰러질 것 같은 눈앞의 '온갖 잡귀신' 들을 우리가 더 추궁해 공격할 필요가 있겠는가라는 회의가 들었다. 그들은 정말로 용서할 수 없는 큰 대역죄를 저지른 사람들이란 말인가? 우리가 '주자파' 나 '보수파' 에 대해 뚝심 있는 투쟁을 벌인 것은 완전히 그들이 우리를 숙정했었고 공격했었기 때문이며, 정신적으로 시종 우리에게 졌다는 것을 인정하지 않기 때문이다. 허나 눈앞에 있는 이들 '온갖 잡귀신' 들은 십여 년 동안 지금껏 털끝만큼의 반항도 하지 않았고 조금도 거만하지 않았으며, 완전히 질겁한 상태의 불쌍한 모습이었다. 이들에 대해 동정까지는 아니더라도 나는 최소한 모질게 대할 수가 없었다.

나는 이러한 약자들과 투쟁하고 싶지 않았지만 그렇다고 나의 입장이 확고하지 않다는 공격을 받고 싶지도 않았다. 따라서 나는 되도록 그 '온갖 잡귀신' 심사대기실에 가지 않고 이들을 수하의 보위대원들에게 넘겨 관리하게 했다.

한번은 9월 9일이었는데, 창사시 전체에서 일괄적으로 소위 '홍색태풍' , 즉 '계급의 적' 의 집을 수색하는 바람이 불었다.

실제 문혁 초기 일부 자본가 집안을 포함하여 소위 '계급의 적' 인 이들의 집은 잇달아 일어난 '홍오류' 출신 홍위병과 각 단위조직의 당 · 단원들, 그리고 정치적 적극분자들에 의해 몇 번씩 수색을 당했다. 이번 수색은 이른바 '신생 홍색정권' 조직의 계급대오 청산 여론 조성으로 '적을 두려워 떨게 만드는' 또 한 번의 대행동이었다. 회사 소재 행정구역 공안기관 군관회의 일괄적인 배치에 따라 나는 저녁에 일부 보위요원을 데리고 원래 국민당 소령 군관이었던 집으로 갔다. 그들 전 가족을 한방 안으로 몰고는 이 국민당 군관의 '반동죄 증거'를 찾아내려고 샅샅이 뒤졌다. 왜냐하면 그는 우리 회사의 회계원이었기 때문이었다. 그러나 한두 시간 동안 소란을 피웠지만 아무 수확이 없었다. 상부의 계획에 따르면 우리는 피조사자를 데리고 가 가둔 뒤 재심문할 수 있었다. 그 회계원을 보니 그는 오히려 아주 평온한 모습으로 아무 표정이 없었다. 아마 이러한 일은 적지 아니 겪었기 때문에 어떻게 대처해야 할지 아는 것 같았다. 내가 막 그를 데려가자고 하려는데 갑자기 그의 아들과 딸이 가냘픈 모습으로 그들의 모친 곁에 서서 몹시 두려운 듯 우리를 바라보고 있는 모습이 언뜻 보였다. 남자 아이는 나와 비슷한 나이였지만 나보다 훨씬 작고 말랐다. 이때 그의 얼굴은 비통함으로 가득했다.

나는 잠시 생각한 뒤 손을 휘두르며 수하의 사람들에게 말했다.

"가자!"

신속히 이 불행한 가정을 떠나왔다. 그 국민당 군관을 잡아가고 싶지 않았던 것은, 그에 대한 무슨 동정 때문이 아니라 나와 비슷한 나이인 그의 아들 때문이었다. 차마 나와 비슷한 젊은 불행자에게 엎친 데 덮친 격이 되게 할 순 없었다.

어느 날 나는 '온갖 잡귀신' 대기심사실에서 회사의 전(前)당위 부서기였던 장산 역시 그 안에 있는 것을 발견했다.

매우 이상했다. 왜냐하면 장산은 우리 조반파에 의해 이미 타도대상으로 선포되어 '주자파'에 속했지만, 그것은 단지 우리 조반파 한쪽의 의견일 뿐 상부에서는 이를 인정하지 않았다. 또한 그의 당적과 간부 경력, 심지어 그의 회사 당위 부서기라는 직무 모두 누구도 선포나 공문으로 처리하지 않았다. 비록 그는 이미 권력을 잃었으나 이론적으로는 여전히 당원 간부였다. 다시 말해 나는 중앙에서 우리 조반파에게 '주자파'와 결사 투쟁을 벌이라고 호소했지만, 실제 '주자파'의 성격을 규정할 수 있는 사람은 몇 명 되지 않는다고 생각했다. 오늘 그를 '주자파'라고 말해도 내일 상부에서 그는 단지 잘못을 저지른 영도간부일 뿐이라고 선포할지 모르는 일이었다. 한 차례 교육을 거치면 다시 관직을 회복했다. 이 영도간부에게 국민당 간첩이라는 종류의 역사적인 배신의 문제가 없고 단지 '자본주의의 길을 걷는'이 명확한 기준이 없는 모자를 썼다면 그를 타도하기는 어려웠다. '중국의 흐루시초프'이자 '자본주의 길을 걷는 제1호 당권파'라는 류사오치와 같은 큰 인물도 결국 그를 규정한 죄명은 세 가지였다. 그것은 반역·노동귀족·내부의 적으로 '주자파'에는 아예 근접하지도 않는 것이었다. 이 '주자파' 모자는 당권파 수중의 권력을 일시 박탈하기 위한 탄력성이 매우 큰 추상적 기준일 뿐 사람의 평생을 규정짓는 철의 죄명은 아니었다. 이는 '반역'·'간첩'·'지주'·'우파'·'부농' 등등의 정치 모자와는 본질적으로 아주 미묘한 차이가 있었다. 어떤 사람이 일단 '반역'·'지주'·'우파'·'반혁명' 등의 부류가 된다면 그것은 이생에서는 정치적으로 끝났으며 영원히 열등한 천민이라는 것을 의미했다. '주자파'는? 오늘 투쟁의 주요 목표로 모습도 가장 형편없고 투쟁도 가장 지독했지만 내일 또다시 우쭐대며 복직될지도 모르는 일이었다. '7·20' 사건 때처럼 위로는 중앙문혁, 아래로는 후베이의 백만 조반파들이 입을 열 때마다 단호히 타도해야 한다던 '군내 주자파' 우한 군구 사령 천짜이다오는, 재빨리 마오쩌둥 주석에 의해 '동지' 신분을 돌려받고 베이징으로 발령받아 아예 타도되지도 못했다.

'주자파'는 필경 모두 공산당원으로 당의 간부였다! 따라서 관념 속에서 우리 조반파는 결국 이들과 '21종 사람'을 함께 두지 않았고 이러한 구분을 깊이 알고 있었다.

그러나 '지주'·'우파'·'반역'·'반혁명분자' 등은 타도되고 제거되어야 할 계급에 속했으며 명실상부한 계급의 적으로 '온갖 잡귀신'이었다!

당시 나는 이후 이 '주자파' 모자가 완전히 없어지고 이 모자를 정한 방법에 대한 혹독한 비판이 있을 줄 결코 알지 못했다. 그러나 역시 비록 문혁 정치이론에서는 '주자파'가 무산계급 최대의 적 중의 하나로 특히 문화대혁명 투쟁의 칼끝을 겨눠야 할 대상이지만 실제로 '주자파'는 '지주·부농·반혁명분자·악질분자·우파' 등의 지위와는 결코 같지 않다는 것을 어렴풋이 느끼고 있었다.

원래 '온갖 잡귀신' 심사대기실에 장산이 설 자리는 없었다. 단지 '온갖 잡귀신'을 비판하는 몇 차례의 각종 대회에서 장산은 언제나 각종 '온갖 잡귀신'의 '후원자'인 셈이어서 비판을 받았을 뿐이다. 어떤 경우엔 그에게 높은 종이 모자를 씌우고 '주자파'라는 큰 글자가 쓰인 팻말을 걸게 하곤 했다. 그러나 비판대회가 끝나면 장산은 집으로 돌아갈 수 있었고 다른 '온갖 잡귀신', 즉 이른바 '흑오류'와 반역, 국민당 간첩 혐의자 등의 사람들처럼 회사에 마련된 '심사대기실'에 들어갈 필요는 없었다. 그는 우리에게 타도 선포된 뒤 다른 보통간부들과 마찬가지로 기층단위로 내려가 노동할 뿐이었다. 당시 최소한 장산에 대한 우리의 목표는 그의 관직을 파면하여 당위 부서기라는 직무를 취소하면 그만이었다. 그를 '관'에서 '민'으로 깎아내리려는 것이지 다시 '귀신'으로 끌어내릴 계획은 결코 없었다. 그는 반역자도 간첩도 아니었고 그를 '온갖 잡귀신'으로 만들고 싶어도 불가능한 일이었다. 장산은 1953년에야 공산당에 가입했는데, 어디서 '반역 · 간첩' 이란 죄명을 붙이겠는가!

그러나 순식간에 회사 당위 부서기라는 높은 자리에서 떨어져 자주 비판을 받았으니 설사 '귀신' 이 아니더라도 장산의 괴로운 심정이란 가히 상상할 수 있는 것이었다. 지위가 떨어진 사람들에겐 대개 모리배식의 언어와 얕보는 표정으로 대하기 마련이었다.

나는 감시 보위요원에게 누가 장산을 '온갖 잡귀신' 심사대기실에 넣었냐고 물었다.

그들은 별명이 '홍(洪) 사령' 인 감시조 조장이 이틀 전에 데려 왔다고 알려 주었다.

'홍 사령' 은 이때 없었고 나는 우선 '온갖 잡귀신' 방안으로 뛰어 들어가 장산을 찾았다.

'온갖 잡귀신' 들은 회사 혁명위원회 부주임이자 보위조 조장인 내가 돌진해 들어온 것을 보고는 화를 입을지 몰라 '솨' 하며 전부 일어나 두렵고 불안한 듯 나를 바라보았다.

장산 역시 따라서 나무 침대 곁에 서서 나를 멍하니 바라보았다.

나는 다른 '온갖 잡귀신' 은 상관하지 않고 장산 앞으로 가서 물었다. "누가 당신을 이리로 데려왔소?"

"홍 사령의 명령으로 왔소." 장산은 낮은 목소리로 대답했다.

"제멋대로군!" 나 역시 낮은 소리로 혼잣말을 했다. 이어 정색을 하며 장산에게 말했다.

"이곳은 계급의 적이 심사를 받는 곳이오. 당신이 당위 부서기는 아니지만 그래도 당원이고 당신의 당적을 제명한 사람은 없소. 그러니 계급의 적이 아니고 여기는 당신이 머물 곳이 아니오……."

장산의 눈 속엔 반짝하고 빛이 떠올랐고, 내 말을 듣더니 감정이 격해졌다.

나는 계속 말했다. '당신의 임무는 열심히 노동에 참가해 노동자 군중들과 하나가 되도록 노력하는 것이오. 그들의 교육과 가르침을 받아들여 자신의 잘못을 깨닫고 바로잡아 조속히 마오 주석의 혁명노선으로 돌아오도록 노력하는 것이오!"

장산은 연신 고개를 끄덕이는 모습이 매우 간절했다.

나는 또 명령했다. "지금 당장 옮기시오. 당신이 이 사람들과 어떻게 함께 있을 수 있겠소!"

장산은 기쁜 듯 말했다. "당장 옮기겠소. 옮겨."

그가 막 짐을 챙기려고 준비하다가 또다시 고개를 돌려 내게 말했다. "그럼 홍 사령은……."

"홍 사령에겐 내가 말하겠소. 그는 내 말에 따라야 합니다! 당신은 옮기기나 해요." 난 큰 소리로 말했다. 하나는 회사 혁명위원회 부주임이자 보위조장인 나의 권위를 보여 주기 위한 것이었고, 또 하나는 '홍 사령'이 마음대로 일을 처리하고 이틀이나 됐는데도 보고하지 않은 것에 대한 분노의 표시였다.

장산은 짐을 끼고 들고 그의 뚱뚱한 몸을 흔들거리며 나를 따라 '온갖 잡귀신' 심사대기실 밖으로 나왔다.

그 뒤 나는 '홍 사령'을 회사 사무실로 불렀다.

'홍 사령' 역시 회사 계열의 청년 노동자로, 사람들을 따라 한바탕 조반한 뒤 그냥 따라 조반 '병사'가 되는 것만으로 불충분했는지 사회로 뛰쳐나가 사람들을 열 명 넘게 규합하더니 '청봉(青鋒) 조반사령부'라는 기치를 세워 스스로 '사령'임을 자임했다. 또 말린 두부 크기만

한 네모난 도장을 새겨 회사 소속 단위의 사무실 하나를 점거하고는 하는 일 없이 한가롭게 그럭저럭 한두 달을 지냈다. 게다가 모제르총 한 자루를 메고는 거들먹거렸다. 그 뒤 '문공무위' 지휘부에서 그의 총을 수거하고 클럽 비슷한 그의 조직 역시 와해되자, 어쩔 수 없게 된 그는 나의 수하로 들어오게 되었다.

그는 나보다 두 살이 많았지만 나의 기세가 그보다 훨씬 강했다. 따라서 그는 내 앞에서 늘 공손한 태도였다.

그는 그날 마침 장산이 '온갖 잡귀신' 심사대기실 문 앞을 지나가는 것을 보았는데, 아마 막 퇴근하는 모양으로 장산은 매우 홀가분해 보였고 표정 역시 예전의 그 수심에 찬 얼굴이 아니었다고 말했다. 그는 순간 화가 치밀어 올랐다고 했다. 왜냐하면 장산이 더 이상 회사 당위 부서기는 아니지만 백 위안이 넘는 그의 월급은 한 푼도 깎이지 않았고, 지금 하는 일도 단순해 손만 움직이고 신경을 쓸 필요가 없으니, 지내는 나날이 매우 편안하기 때문이었다. 게다가 자주 사람들을 초청해 주점에서 시권(猜拳)*를 하고 술을 마시며 즐긴다는 얘기를 다른 사람에게 들었기 때문이었다.

'홍 사령'의 월급은 불과 삼십 위안에서 5전이 부족한 액수였고, '주자파'인 장산이 오히려 그보다 즐거워 보이자 갑자기 시기심이 생겨난 것이다.

"제길, 난 밤낮으로 고생스럽게 혁명하는데 그 '주자파' 놈은 오히려 홀가분하고 편안하게 지내다니. 흥!"

---

* 술자리에서 흥을 돋우기 위해 두 사람이 동시에 손가락을 내밀면서 각기 한 숫자를 말하는데, 말하는 숫자와 쌍방에서 내미는 손가락의 총수가 서로 부합되면 이기는 것으로, 여기서 지는 사람이 벌주를 마시는 놀이를 말한다.

'홍 사령'은 화가 나 이렇게 생각했다.

그래서 그는 장산에게 한바탕 호통을 치고 회사 보위조의 이름으로 장산에 대한 심사를 선포하고, 강제로 '온갖 잡귀신' 심사대기실로 옮기게 해 '온갖 잡귀신'들과 마찬가지로 자유를 박탈해 버린 것이다.

'홍 사령'은 원래 회사에서 명성이 나 있었다. 게다가 지금은 감시 책임을 맡고 있는 보위요원의 우두머리가 아닌가. 장산은 감히 반항하지 못하고 순순히 따르는 수밖에 없었다.

"장산 그 '주자파' 놈에게 고통을 맛보게 해주려고 했죠!"

'홍 사령'은 득의양양한 듯 내게 말했다.

그러나 나는 오히려 한 차례 훈계하며 그가 중앙의 정책을 이해하지 못하고 기율도 지키지 않았으며, 제멋대로 회사 당위 부서기 신분인 장산을 처리해 버렸다고 말했다.

기율을 지키지 않고 보고도 하지 않았다는 나의 질책에 대해 그는 스스로 자아비판을 했지만, 장산을 '온갖 잡귀신'들과 한데 두지 말아야 한다는 나의 비판에 대해서는 불복했다. "'주자파'가 '온갖 잡귀신'의 우두머리 아닙니까? 장산을 '온갖 잡귀신'과 함께 가둔 것이 어찌 정책에 맞지 않는다는 겁니까?" 그는 내게 반문했다.

나는 인내심을 갖고 다시 내 견해를 얘기해 줄 수밖에 없었다. 실제 '주자파'와 '온갖 잡귀신'은 서로 별개의 것으로 비록 이론적으로는 '주자파'가 온갖 잡귀신의 총두목이지만 서로 다른 성질을 가진 모순이라고 알려 주었다.

"그건, 잘 모르겠네요. 어떻게 이론과 실제가 다를 수 있습니까."

그는 눈을 깜빡이며 말했다.

"이해가 안 가오? 더 많이 학습하시오!"

나는 화내지 않고 알려 주었다.

실제 나 역시 분명히 알지 못했다.

'계급대오 청산' 운동에서 적지 않은 '반역자'를 가려냈다. 특히 중앙에서 보이보(薄一波) 등 '61인 반역사건'*을 정하고 난 뒤 반역자 색출은 '계급대오 청산' 가운데 거의 큰 행사가 되었다. 후난에 있는 기존의 많은 중공 지하당원들이 당시 받은 압박은 특히나 심했다. 왜냐하면 당시 권력의 정상에 선 '린 부원수'가 1967년 10월 24일 후난성 혁명위원회 주비소조와 후난주둔 부대의 책임자들을 접견하며 나눈 담화에서 이른바 후난에는 '반동노선(黑線) 3개 조항'이 있다는 지시 연설을 했기 때문이다.

"첫째는 류(샤오치)·타오(주), 둘째는 펑(더화이)·허(룽), 셋째는 후난의 평화해방이 평화롭지 않았고 국민당 잔재와 잔당·반역자·간첩이 많다. 후난의 이 세 가지 반동노선은 거칠고도 길다고 할 수 있다."

명확한 숙정 대상이 있는 린뱌오의 지시는 후난을 압도했기 때문에 후난의 중공 지하당원들이 처한 크나큰 위기와 압박 상황은 가히 상상을 초월했다.

창사시에서는 중공 지하당조직에 참가했었던 적지 않은 사람들이 '반역자'나 '가짜 당원'으로 색출되었다. 1949년 이전 국민당에 체포된 적이 있던 중공 지하당원은 모두 심사 대상이었다. 모든 사건심사팀에서는 자신이 사람들을 깜짝 놀라게 할 만한 성과를 내기를 바랐

---

* 일본군이 화북지역을 공격하던 1936년 당시 국민당 베이핑(北平) 감옥에 갇혔었던 61명의 공산당원에게 반역죄를 뒤집어 씌운 사건을 말한다. 이후 문혁이 끝나고 이들은 모두 복권된다.

다. 따라서 그들은 '반역자'가 나올 수 있는 그러한 역사에 대해 특히나 흥미를 가졌다.

이에 대해 시작 당시 나는 개의치 않았다. 부친 역시 중공 지하시절의 당원이었지만 그는 체포된 적이 없었고, 체포됐던 역사가 없다면 '반역'의 실책을 저지를 수 없기 때문이다.

그러나 부친이 잘 알던 몇 명의 지하당 동료가 '반역자', '가짜 당원'으로 몰린 뒤로는 나 역시 영문을 알지 못해 긴장하기 시작했다.

셰(謝) 성을 가진 중공 지하당원이 있었는데 부친과는 잘 아는 사이로 해방 전 지하당 시절 같은 당 총지부에 속해 있었다. '계급대오 청산' 중 그는 그의 단위에 의해 '가짜 당원'이 되었고 '진짜 악질, 가짜 당원'으로 불렸다.

더욱 놀라운 사실은 우리 회사의 한 조반파 중간간부인 친(秦)모 씨 역시 회사 정치사업조에 의해 가짜 당원으로 확정되어 조반파 대오에서 제명되었을 뿐 아니라 '가짜 당원'이라 쓰여진 큰 나무판을 걸고 비판투쟁을 받은 일이다.

친모 씨는 1949년 이전에 입당한 중공 지하당원으로 비밀리에 입당한 뒤 교육을 받은 사람이라 국민당의 한 현 정부에 잠입해 들어가 군사과장을 맡았다. 해방 뒤 그는 성 공안청으로 배치되어 여전히 중공 당원의 신분을 공개하지 않는 특별공안이 되었고, 업무상의 엄호로 개인 명의의 숙박업소를 차리기까지 했다. 그 뒤 당원 신분이 공개되고 우리 회사로 발령받아 부과장이 되었다. 문혁이 시작되자 그 역시 조반파를 단호히 지지했고 조반파 대오에 섰다. 그러나 그는 회사 기관의 일부 조반파 간부들과 의견이 맞지 않았고, 이 때문에 '계급대오 청산' 당시 상대편에서 그의 입당 상황을 조사하게 되었다. 당안에서 친모 씨가 해방 전 국민당 현의 군사과장을 맡은 경력이 있다는 것을 발견했다. 허나 조직에서 파견되었다는 것을 증명해 줄 사람이 없었고, 입당 역시 증빙 자료가 없었다. 따라서 조반파들은 회사 혁명위 정치업무조를 극구 설득하여 친모 씨를 심사대상으로 집어넣었다. 이에 따라 '가짜 당원, 진짜 간첩'이라는 모자가 그의 머리 위에 씌워졌고, 비판투쟁을 받았으며 '온갖 잡귀신' 심사대기실에 갇히게 되었다. 이 친부과장은 계속해서 '억울한 누명'을 호소하며 국민당 정부의 군사과장으로 간 것은 중공조직의 비밀파견이었고, 당시 그의 지도자가 아직 성 공안청에서 근무한다고 말했다. 그러나 성 공검법조직은 이미 모두 불구상태가 되어 그의 유일한 증인도 아예 찾을 수가 없었다. 사실 친모 씨의 상황은 조사할 만한 증거가 있는 것이었다. 친모 씨의 특수한 경력 때문에 그에 관한 상황 자료가 성 공안청에만 보관되어 있고 우리 회사로 전달되지 않았다. 허나 당시 성 공안청은 이미 지좌 부대인 군이 관리했기 때문에 많은 자료들을 조사할 방법이 없었고, 더욱이 '계급의 적을 철저히 파헤치자'는 투쟁 분위기 속에서 친모 씨는 그저 억울하게 당했을 뿐 자신의 억울함을 피력할 방법은 없었다.

물론 사인방이 무너진 뒤 친모 씨는 다시 성 공안청으로 돌아와 당적을 회복했을 뿐 아니라 공안 간부의 직책도 되찾았다.

당시 나는 친모 씨와 상술한 세모 씨의 상황을 부친에게 알렸다. 부친은 매우 놀라며 연신 그럴 리가 없다고 말씀하셨다. 또 셰씨가 비적의 신분으로 나서 일을 한 것은 당 조직에서 보낸 것이라고 하셨다.

나는 물론 성격이 곧고 고된 일을 참고 이겨 내시는 사나이인 나의 부친이 무슨 '반역자'가 될 리는 없다고 믿었다. 그러나 부친의 역사에 대해 반드시 한번은 진지하게 정리하여 사람들에게 약점으로 잡힐 수 있는 불분명한 곳이 생기지 않게 할 필요가 있었다. 나는 당시 어떤 사람들의 이른바 역사 문제는 실제로 결론을 내릴 수 없는 모호한 부분이 있으며 조사요원이 이 모호한 부분의 역사에 대해 독단적인 결론을 내린다면 당사자는 억울함을 호소할 뿐 조사요원의 판결을 반박할 힘은 없다고 생각했다.

나는 나의 우려를 아버지에게 말씀드렸다.

아버지는 무척 힘들어 보였다. 그는 이리저리하다 해방 전의 혁명 사업까지 오게 된 것이고, 또 잘못을 저지른 것도 아닌데 어떻게 역사를 조사하고 묵은 일을 꺼내게 되었냐고 말씀하셨다.

그러나 아버진 나의 방법에 동의하셨다.

아버지께서는 구술하셨고 나는 우선 들었다. 그리곤 아버지의 역사를 잘 기록했다. 잠시 고향에서의 출생부터 젊은 시절, 장년시절, 해방 때까지 그리고 지금까지의 모든 경력을 상세하게 기록해 나갔다.

부친의 역사는 전형적인 '프롤레타리아계급' 화된 굳건한 혁명 경력이라고 할 수 있었다. 더욱이 지하당에 참가했던 그 2년은 흠 잡을 데가 없었다.

그러나 실수가 있었다.

지하당 시절의 '반역' 혐의는 아니었다.

1930년 홍군에 참가한 뒤 짧은 시기만 있었을 뿐 또다시 떠난 그 시절이었다.

이 '떠남'은 어찌된 일인가?

이 부분을 분명히 말하지 못하면 남들이 '혁명 배반'이란 모자를 씌울 수 있었다. 당시엔 많은 사람들이 스스로 대혁명과 동요의 시대에 태어나지 못한 걸 원망했다는 것을 알아야 한다. 그렇지 않고 홍군에 참가해 지금까지 참고 견뎠다면 장군 아니면 고급 간부가 되어 있을 텐데 아버진 홍군이 되었는데도 왜 그만두고 떠났단 말인가?

난 긴장된 마음으로 아버지에게 물었다.

아버진 담담하게 웃으시며 말했다. 당시 홍군이 되는 것은 너희들이 지금 조반파에 참가하는 것과 마찬가지야! 소비에트에서 호소하자 젊은이들이 모두 적극적으로 호응해 순식간에 앞 다투어 참가했지. 우리 장시 고향에서도 젊은이들은 거의 모두 홍군 사람이 되었단다. 홍군이 아니면 적위대였지. 소년들은 선봉대로, 부녀회로 갔어. 네 고모 둘도 부녀회와 적위대였지. 네 숙부 역시 적위대란다.

아! 난 마치 신대륙을 발견한 것 같았다.

그러나 난 장시 고향에서 무명 두건을 쓰고 맨발로 논답에서 힘든 일을 하는 그 백발성성한 숙부를, 그리고 부뚜막 앞에서 장작을 집어넣으며 연기에 줄곧 기침해 대는 늙은 고모를 은막 무대의 씩씩하고 늠름한 적위대원의 그 찬란한 이미지와 도저히 연결시킬 수가 없었다.

그러나 이 모든 것은 역사의 진실이다.

그 뒤로 장시 고향에 내려갈 때마다 그곳의 거의 모든 노인들이 대혁명 시기 동안 혁명의 한몫을 해냈다는 것을 알게 되었다. 홍군이나 적위대가 아니었더라도, 농회나 소비에트를 했거나 혹은 소년 선봉대원을 지냈던 것이다. 고향의 현(縣) 정부에서 세운 혁명열사 기념관에는 열사의 이름을 빽빽하게 새긴 기념책자가 있었는데, 그 위에 새겨진 수천 명은 모두 홍군 시기에 희생된 사람들이었다. 당시 고향에서 홍군이나 적위대를 지냈던 사람이 얼마나 많은지 알 수 있었다.

홍군에 참가한 사람 중 상당 부분은 희생되었고 또 부친처럼 여러 가지 이유로 다시 떠난 사람도 상당히 많았다. 홍군은 그들 인생의 아주 작은 역사가 되었을 뿐, 평민에서 왔다가 또 금방 이름이 알려지지 않은 채 평민의 위치로 돌아갔다. 당연히 극소수의 운 좋은 사람은 홍군이 된 것이 그들의 찬란한 일생의 시작이 되기도 했다. 원래 난징 군구의 중장급 정치위원이었던 사람이 바로 그때 우리 고향을 떠나 그 뒤 장군이 된 유일한 홍군 전사였다.

부친은 당시 홍군 홍16사 5대대에 속한 지방 홍군으로 이는 적위대에서 개편된 조직이었다. 처음에는 타는 불꽃처럼 떠들썩했지만, 그 뒤로 상부 지휘의 실수로 부대가 뿔뿔이 흩어졌고 고향 소비에트 근거지 역시 잃고 말았다. 부친은 자신의 부대를 찾지 못하고 또 국민당군이 점령한 고향으로는 돌아갈 수 없어 근처 후난성으로 도망갈 수밖에 없었다. 이때부터 후난성에서 생활하다 1948년이 되어서야 다시 중공 지하당조직에 참가할 수 있었다.

아버지의 말을 듣고 나자 나는 돌연 안심이 되었다. 이러한 '떠남'에 무슨 꼬투리를 잡을 수는 없을 테고, 우리 고향에서 이렇게 홍군을 '떠난' 사람은 분명 수천수백명도 넘을 것이다. 대오가 흩어졌는데 무슨 방법이 있겠는가? 이건 도주도 아니고 배신은 더욱이 아니었다! 하물며 부친이 그 뒤로 다시 공산당을 찾아가 죽음을 무릅쓰고 지하당 활동에 참가하지 않았는가.

그러나 지하당원인 친모 씨 등의 상황을 보고 난 뒤 나 역시 다소 긴장했고 지하당에 가입한 상황을 부친에게 몇 번이나 물었다. 아버진 매우 침착하게 그의 입당 소개인이자 지도자인 천광례(陳光烈)가 아직 살아 있어 증인이 될 수 있다고 알려 주었다. 하지만 나는 천광례 그 자신 역시 생활 태도에 관한 잘못 처리된 사건 때문에 일찌감치 숙정당했고, 이미 바람 앞의 촛불 같은 말년에 가난과 병환이 겹쳐 언제든 세상을 떠날 수 있다는 걸 알았다. 만약 그가 세상을 떠나면 그때 가서 또 누가 부친의 입당 상황을 증명해 줄 수 있단 말인가? 따라서 십대였던 나는 한동안 이 일 때문에 마음을 졸였다.

뜻밖에 어느 날 남루한 차림의 천광례 노인이 지팡이 하나를 집고 다리를 절룩거리며 우리 집에 왔다. 문으로 들어오자마자 쉴 틈도 없이 시 혁명위의 정치부 조직 사람이 그를 찾아와 그가 알고 있는 창사 지하당의 역사와 인적 상황에 대한 이해를 구했으며 그에게 자료를 쓰게 했다고 알려 주었다. 그는 명령대로 하고 보니 원래 지하당원은 지하조직의 인적 상황을 완전히 이해하지 못한다는 것이 생각났다고 한다. 지금 한창 계급대오 청산 운동이 벌어지고 있어, 그는 과거 자신이 지도했던 지하당원들이 상황이 불명확하거나 기록이 잘못되었거나 혹은 남들에게 모함을 당해 억울하게 '반역자'나 '가짜당원'의 부류로 무고하게 오인받지 않도록 증인이 되어 줄 책임이 있다고 생각했다는 것이다. 그래서 그는 시 혁명위에 썼던 상황을 등사 원지에 써서 몇 부등사한 다음 원래 지하당원들에게 나누어 주고 그들이 도움을 필요로 할 때 지하당의 상황을 분명히 설명할 수 있도록 한다는 것이었다. 오늘은 특별히 아버지께 이 유인물 자료를 전달하러 온 것이었다.

천광례는 유인물을 꺼내 한 장 빼더니 아버지께 주었다. 그가 지도했던 백여 명에 이르는 당원 중에는 한 명도 반역자가 없으며 더욱이 가짜는 없고 모두 수속 절차를 밟았다고 말했다. 그는 또 다른 자료들을 하나하나 주면서 부친과 함께 가겠다고 약속했다.

당시 접해 봤던 그 자료에서 나는 첫 부분만 볼 수 있었다. '해방 전 후난성 창사시 지하당 궁핀베이얼(工貧北二) 지역의 상세한 상황에 대해 아는 바를 다음과 같이 삼가 적습니다.' 자료에는 해방 전후 수십 명 당원에 관한 각종 상황을 분명하게 적어 한눈에 환히 알아볼 수 있도록 했다. 우리 부친의 상황 역시 그 안에 있었다. "노홍군 전사로 장정에 나선 뒤로, 장제스 일당의 박해로 의지할 곳을 잃고 돌아갈 집도 없었음. 이전에 입당한 적이 있었지만 당원 기간이 짧고 당을 떠나 있던 시간이 길어 재입당할 수밖에 없어 1948년 8월 입당했음. 도시 빈민으로 해방 후 숙박업소의 공안업무를 했고 지금은 본 시의 종합상업공사에서 일함." 부친은 홍군에 참가할 때도 실제로 공산당조직에 참가했었다. 단지 그 조직관계가 홍군 관계와 마찬가지로 너무 짧고 또 끊기게 되어 인정되지 않았던 것이다.

이 자료를 보자 난 무척 기뻤다. 부친이 지하당에 참가했었다는 천광례 노인의 이 확증만 있으면, 다른 사람이 와서 흠집을 잡으려 한다해도 두렵지 않았다. 천광례 노인은 당시 아무런 직책도 없었고, 심지어 잘못 처리된 사건으로 당적조차 박탈됐지만, 그는 필경 아버지가 있었던 당 조직의 책임자였다. 그가 쓴 증언은 의심할 바 없이 부친의 역사를 보호해 주는 강력한 무기인 것이다. 나는 상심과 애정으로 속속 배어 든 그 유인물 자료를 소중하게 보관했다. 마치 박격포를 들고 우리 아버질 해칠 수 있는 '계급대오 청산' 운동을 언제든 공격할 준비가 되어 있는 것 같았다.

천광례는 후난 샹샹(湘鄕)현 사람으로 1925년 중국 공산당에 참가한 노당원이었다. 북벌혁명 시기 그는 샹샹현 총공회의 제1비서장과 제3위원장을 지냈고, 홍군 시기 황궁뤠(黃公略)부 제3유격종대의 정치위원을 지냈으며, 장정 당시 우(烏)강을 건널 때 심각한 부상으로 명령대로 부대를 떠나 요양을 받았다. 그 뒤 후난 창사로 돌아와 지하당 사업에 종사했다. 해방 후 창사시 문예구 구장과 후난 열사공원관리소 소장을 맡았다. 1957년에는 중국 인민해방군 30주년 기념 원고모집에서 『해방군 문예』에 그가 쓴 「우강 남쪽 기슭에서 장정을 떠나다」는 회고 문장이 발간되기도 했다. 그 뒤 1960년 생활태도에 관한 잘못 처리된 사건으로 당적과 간부직 등 공직이 박탈되었고, 1980년 이후에 복권되었으며 1982년에 병사한다.

부친과 천광례 모두 이미 세상을 뜨셨다. 그러나 천광례 노인이 그날 유인물 자료를 우리 집으로 가져온 장면은 지금 생각해도 아직 눈에 역력하고 감개무량하다. 당시 이미 66세였던 노인이, 자신 역시 '어려움'에 처해 있었는데도 지하당 동지의 안전을 걱정하며 필사적으로 도처를 분주히 다니며 도움의 손길을 준 것이다. 매번 이 점을 생각하기만 하면 나의 마음은 이미 세상을 떠난 그에게 이렇게 말하고 싶다.

"어르신, 당신이야말로 진정한 공산당원이십니다!"

과연 천광례의 이 증명서가 효력을 발휘했는지는 몰라도 어쨌든 부친의 지하당 문제 때문에 여태껏 누군가 찾아와 귀찮게 하는 일은 없었고, 최소한 공개적으로 트집을 잡는 사람은 없었다. 어쩌면 부친이 노당원이긴 했지만 필경 회사의 보잘것없는 통신원일 뿐이어서 직책도 권력도 없어 사람들의 관심을 끌지 못했던 것이리라. 혹은 누군가 몰래 일을 벌이려 했지만 결국 어떠한 성과도 얻지 못했고, 부친에겐 또한 조반파 우두머리이자 회사 혁명위원회 부주임인 아들이 있었기 때문에 보통 사람들은 감히 평지풍파를 일으키지 못했을지도 모른다. 그러나 한번은 식품회사에서 일하던 지하당원 출신이었던 분이 우리 집에 찾아와 아버지와 천광례에 대해 얘기를 나눈 적이 있었는데, 그 자료 덕분에 회사 정치업무조의 추궁을 면할 수 있었다고 말했다. 그들은 그 유인물 자료를 본 다음 더 이상 그를 찾아오지 않았다는 것이다. 천광례 노인의 그 자료가 당시 확실히 지하당 출신의 동지들을 보호해 주는 역할을 했다는 것을 알 수 있다.

창사시의 '계급대오 청산' 운동은 처음에는 권력을 잡은 조반파들의 주도 하에 진행되었지만 그 가운데는 몇 가지 특징이 있다.

첫째, '전안조' 등 '계급대오 청산'을 전문적으로 책임지는 기구는 대부분 원래 보수파 사람들이 점거하도록 했다. 왜냐하면 이른바 '계급대오 청산'은 주로 한 사람의 역사를 밝히는 것으로 조사 임무를 집행하는 사람 자체가 우선 '역사적 결백', 즉 그 신분이 프롤레타리아계급 기준에 맞는 사람이어야 했다. 심지어 성·시 혁명위원회에서 하달한 '혁명의 계급대오 조직' 지시에서는 공산당원과 공청단원 신분의 사람을 전문조사 기구에 참가토록 하여 전문심사 집행요원이 되게 하는 것이 가장 좋다고 제기하기도 했다. 이에 대해 조반파에서는 어찌할 도리가 없었다. 왜냐하면 이러한 방침 역시 중앙에서 제정한 것이기 때문이었다. 당시 조반파 가운데 공산당원은 얼마 없었고, 공청단원 중에서도 조반파 사람은 많지 않았다. 원래 보수파 쪽에 공산당원과 공청단원이 많았다. 만약 예전처럼 조반만을 논한다면 보수파의 지위가 대세 흐름 속에서 분명 취약하고 남을 공격할 수도 없겠지만, 이제 다시 공산당원과 공청단원의 신분을 기용한다고 하니 자연 그들이 절대적인 우세를 갖게 되었다. 게다가 각 단위 혁명위원회에서는 기존 영도간부들의 능숙한 정치업무 경험을 빙자하여 재빨리 상부의 지시와 정신을 이용해 일찍이 자신들을 '보호'해 주었던 당원과 단원, 문혁 전 정치 적극분자들을 '계급대오 청산' 전문심사 기구 안에 들어가도록 배치하였다. '계급대오 청산' 운동이 진행됨에 따라 점차 각종 전안조와 파견조사팀, 심지어 보위조까지도 기존 보수파 사람들의 천하가 되었다. 결국 '계급대오 청산' 운동 역시 무슨 '삼청삼반'(三淸三反), '일타삼반'(一打三反) 등 명목의 운동으로 변질된 후 후난성과 창사시의 모든 전안조에는 기본적으로 더 이상 조반파 사람이 없게 되었다.

둘째, 조반파는 '계급대오 청산'에서 점차 스스로의 권세를 잃게 되었다.

'계급대오 청산'의 시작 단계에서 조반파 우두머리들은 모두 상당한 열정을 가지고 베이징의 '6개 공장 2개 학교'의 경험을 그대로 따랐다. 의욕 역시 적지 않았고 또한 '홍색태풍'을 따라 갑자기 한밤중에 '21종 사람'들의 집을 수색하는 돌격 행동에 나서기도 했다. 또한 '온갖 잡귀신'을 비판하는 각종 투쟁대회를 조직하여 와자지껄하고 시끌벅적하게 적지 않은 성과를 내기도 했다. 그러나 문혁 이전 전문심사와 관련된 일련의 정통한 조직·이론·방침 등이 조금씩 회복되고, 특히 공산당원과 공청단원이라는 특수한 신분의 역할이 점차 강조되자 조반파들 역시 점차 그 기세와 발붙일 곳을 잃어 갔다. 문혁 이전의 정통한 관점에 따르면 적지 않은 조반파 우두머리들은 역사적으로 이렇고 저런 '오점'이 있게 마련이었고, 그 신분은 정통한 당원이나 단원들과 필적하기 어려운 것이었다. 우리 회사의 한 조반파 우두머리는 우수한 인재로 그의 업무능력은 성 전체에서 이름이 나 있었다. 사람 됨됨이 역시 착했고 인간관계도 좋아 문혁 조반 이후 회사 혁명위의 위원이 되었다. 그러나 그는 1962년 몇 명의 청년 노동자들과 함께 해당 단위 당 지부에 의견을 제기한 적이 있었다. 이로 인해 당 지부에 의해 소위 '반당 소집단 구성원'으로 찍혀 공청단의 명부에서 제명되었고 게다가 징벌까지 받을 수 있었으나, 다행히 상급 당위에서 당 지부에 동의하지 않아 큰 어려움은 면할 수 있었다. 문혁으로 조반이 시작되고 그는 조반파 우두머리가 되었지만 상실된 단원 자격이 아직 회복되지 않아 완전히 기세를 펴기는 힘들었고 항상 망설임이 있었다. 이렇게 하나 하나 조금씩 조반파 우두머리들은 권력자의 위치에서 스스로 물러나거나 혹은 내던져졌다. 1970년 초 중앙에서 문건이 나오고 '일타삼반'(一打三反) 운동이 시작된 후에는 나같이 가장 깨끗하고 단순한 과거를 가진 조반파 청년까지도 어찌할 수 없는 곤경에 빠지게 되었다. 이렇게 대부분의 조반파 우두머리들은 더 이상 '계급대오 청산'의 권력자나 동력이 아니었고, 심지어 더 이상 혁명위원회의 구성원도 아니었다. 한발 한발 '계급대오 청산' 운동의 투쟁대상이 되어 갔다.

이 미묘한 정권세력 구성의 변화는 '계급대오 청산' 운동을 진행한 뒤 불과 몇 달에 거쳐 은밀하게 진행되었다. 비록 '혁명위원회'의 홍색 간판이 여전히 성·시 기관과 각 단위 입구에 높이 걸려 있었지만, 또한 '프롤레타리아계급 문화대혁명 승리 만세!'의 구호가 여전히 문건과 간행물에 눈에 띄게 새겨져 있고 방송과 각종 회의장에 울려 퍼졌지만, 문혁의 중요한 주역인 조반파는 한발 한발 자신이 설치한 '온갖 잡귀신'의 수용소로 빠져 들어갔다.

'계급대오 청산' 운동은 원래 조반파가 권력을 장악했다는 분명한 선언이라 할 수 있지만, 결국 조반파가 운 사납게 되는 신호가 되고 말았다. 최소한 이것은 후난 문혁이 상하이 문혁 상황과 같지 않은 또 하나의 차이였다.

'계급대오 청산'의 역사는 조반파들에게는 확실히 일종의 치욕이라 할 수 있다. 어제는 '주자파'가 자신을 '반혁명'과 '우파'로 몰았다고 성토하고 '모든 온갖 잡귀신을 일소하자!'는 구호에 지극히 반감을 갖고 있었으니, 스스로 권력을 잡은 오늘은 지금껏 생각지 않았던 사회 '천민' 가운데 무고자들의 억울한 사정을 씻겨 주고, 그들을 도와 사람으로서의 지위와 존엄을 회복시켜 주어야 했다. 그런데 도리어 '군중독재'의 방망이를 잡게 되자 똑같이 이른바 '온갖 잡귀신'을 손보는 일에 끼어들게 된 것이다. 사회 가장 밑바닥 층에 있는 사람들을 따끔하게 혼내 주고 그들의 인권을 불법적으로 짓밟아 조반파의 역사를 무겁게 먹칠하였고, 부분으로 전체를 개괄하는 식으로 역사를 엉터리로 엮어 내는 사람들에게 빌미를 주게 되었다.

그러나 후난 조반파의 이러한 치욕적인 상황은 결코 문혁 전체 시기에 걸쳐 관철된 것은 아니었고, 단지 조반파가 권력을 장악한 이후 반년도 되지 않은 '계급대오 청산' 단계에 발생한 것이다. 문혁 초기와 문혁 중·후반 등 다른 시기에 발생했던 '온갖 잡귀신'을 비판하고 공민 권리를 짓밟는 각종 나쁜 일들은 조반파와는 무관한 것이다. 또한 '온갖 잡귀신'이라는 말도 문혁의 각 단계마다 그것이 가리키는 대상역시 다르다. 지금 많은 작품에서는 문혁 중에 사람을 숙정했던 모든 나쁜 일은 전부 조반파의 머리 위에 씌워 놓는데, 이는 완전히 역사를 날조한 것이다.

〖 22 〗
문혁 승리를 상징하는 '9대' 이후
도리어 권좌에서 내려오다

일반적인 견해로 중공 '9대'는 문혁노선의 최고봉이라고 한다. 그러나 당시 우리는 아주 분명하게 도리어 운 사나운 방향으로 바뀌기 시작했다. 실제 문혁을 발동하고 문혁에 뛰어든 사람들의 사상이나 경력의 궤적이 모두 같은 것이 아니라 각자마다 각자의 상황이 있었다. 기층 인민에서 '조반'에 말려들어 간 사람들과 고위층에서 문혁을 발동한 사람은 사실 그 생각이나 목적이 서로 달랐다. 단지 문혁의 일정 단계에서 그들이 밀고 가던 사상이 서로 겹쳐져 하나로 합쳐졌을 뿐이었다.

1969년 4월에 소집된 중국 공산당 제9차 전국대표대회는 마오쩌둥이 문혁 승리의 성과를 점검하고 경축하는, 이정표의 의미가 있는 중요한 대회였다. 이번 대회에서 문혁노선은 다시 한번 긍정과 칭송을 받았고 고위층의 문혁노선 지도자들은(린뱌오의 군인집단과 장칭·장춘차오·야오원위안의 '문인집단'을 포함) 하나하나 모두 중앙정치국이라는 최고 권력기구에 들어가게 되었다. 심지어 왕훙원과 왕슈전(王秀珍)과 같이 문혁 이전에는 일반 노동자나 혹은 보잘것없는 기층 간부에 불과했지만 조반으로 지방 권력을 장악한 사람들 역시 우리 같은 인민들은 그저 우러러볼 수밖에 없는 중공중앙위원이 되었다. 이 모든 사실은 우리를 매우 기뻐 펄쩍 뛰게 만들었고, 조직 노선에서 문혁과 조반의 승리를 긍정하고 보증한 것으로 여겨졌다. 이제부터 우리 조반파는 근심 걱정 없이 편안할 수 있었고 원래의 당권파에 의해 무슨 '반혁명'이나 '우파' 등으로 공격받을 걱정은 하지 않아도 되었다. 심지어 우리는 하나의 '신기원'이 시작되는 것으로 여겼고 우리 조반파가 이 '신기원'의 공신들로 '개국공신'이라고 생각했다. 그러나 불과 2~3년의 조반을 한 왕훙원 등의 사람들이 어찌 중공중앙위원과 같은 '대관'이 될 수 있었겠는가? 그것은 노홍군이 설산에 오르고 초원을 건너, 천신만고 끝에 빗발치듯 쏟아지는 무수한 총탄을 무릅쓰고 구사일생으로 살아난 뒤에야 얻을 수 있는 지위였다!

현재 문혁 역사를 연구하고 묘사하는 국내외의 많은 사람들 역시 당시, 우리가 생각했던 수준과 마찬가지로 조반파가 '9대' 이후 새로운 권력 귀족으로 변해 중생들의 운명을 장악하고 새로운 관료로서 영화를 누렸다고 생각한다. 따라서 지금까지 문혁 조반파를 반영한 모든 문학 작품과 TV 영화 속에서 조반파들은 모두 남을 마음대로 부리거나 거들먹거리는 득의양양한 녀석들이 되었다.

그러나 실제 '9대'는 하나의 전환점이었다.

그 뒤로 조반파의 재난이 하나씩 잇달아 시작되었다. 전국적으로 상하이 조반파의 특수한 사례와 일부 유력자들, 예컨대 왕훙원이나 왕슈전 등 중앙위원 신분의 각 성 조반파 우두머리들을 제외하고는 '9대' 이후 1년이 채 되지도 않는 시간에 조반파들은 하나하나 잇달아 권력의 무대에서 쫓겨 내려오기 시작했다.

창사시 혁명위원회는 1968년 2월 8일 성립되었다. 이는 문혁 탈권의 성공을 상징하며 시 혁명위원회가 중공 창사 시위원회와 시 정부(인민위원회)를 대신해 시 전체의 정권기구가 된 것이다.

　　시 혁명위에는 상당히 많은 조반파 대표들, 예컨대 시 혁명위 4대 사무기구인 정치업무조·생산지휘조·인민보위조·사무조 등의 부조장은 모두 조반파 대표였다. 그러나 조장들은 전부 군인이었으며 십여 명 되는 혁명위 부주석 가운데 대다수는 역시 군인이거나 혹은 원래 간부 출신의 사람으로 조반파 대표는 노동자 한 명과 농민 한 명에 불과했다.

　　실제로 성·시 혁명위원회가 성립된 후의 인적 구성은 조반파들의 행운이 막바지에 이르렀다는 것을 예고했다.

　　중공 '9대'에서 후난 조반파의 노동자 대표인 탕중푸도 중앙위원이 되었다. 이 일은 확실히 처음엔 우리 조반파들을 한바탕 기쁘게 만들었다. 모두들 조반파가 중앙위원회에 들어갔으니 조반파는 확실한 혁명파의 결론이며, 철주처럼 단단하지 않겠는가라고 생각했다. 무슨 '우파니 반동이니 반혁명분자니' 하는 모자는 이제부터 태평양으로 던져 버리고 조반파와는 영원히 무관한 것이 되지 않겠는가?

　　그러나 단꿈이 이제 막 시작되었을 때, 액운 역시 눈앞에 닥쳤다.

　　'9대'가 시작된 그 날 시내 각 단위에서는 잇달아 경축 시위행진 활동을 조직했고, 시 혁명위에서 이를 일괄적으로 계획했다. 사실 시의 계획이 없었다 하더라도 각 단위에서 모두 자발적으로 경축했을 것이다. 왜냐하면 문혁이 시작된 뒤로 마오 주석의 최근 지시나 혹은 중앙의 중요한 정신이 발표되기만 하면 밑에 있는 단위에서는 모두 한바탕 경축행사를 조직해 왔기 때문이다. '9대' 환영 활동은 훨씬 일찍부터 오랫동안 진행되었다. '9대'가 열리기 반년 전부터 각종 경축행사가 준비되었고, '9대'를 환영하는 특별 가곡과 무용을 진작부터 배우고 연습했다. '9대' 환영 노래가 널리 불려 지금까지도 몇 소절 생각난다.

"장강은 도도히 굽이쳐 동으로 향하고 해바라기는 송이송이 태양을 향하네. 열정의 가슴 가득 9대를 맞이하네. 9대를 맞이하네. 우리는 소리 높혀 노래를 부른다……."

우리 회사 혁명위 역시 '9대'를 축하하는 시위행진을 거행했다. 수천 명의 직원이 홍기를 들고 '9대' 소집을 축하하는 붉은 천을 메고는 징과 북을 두드리며 거리로 나가 흥겹게 몇 바퀴 돌았다. 팡다밍과 양진허와 나, 모두 이것이 우리 조직의 마지막 군중 행진활동이라고는 생각하지 못했다.

'9대' 이후 얼마 지나지 않아 시 혁명위에서 우리 회사로 공작조를 파견했다. 말은 기구 간소화를 조사한다고 했지만 앞장 선 사람은 군복을 입은 단직(團職) 군관이었다. 그러나 그들은 일단 회사로 오자 혁명위원회는 거들떠보지도 않고 도처에 사람을 찾아다니며 비밀스런 얘기를 나누었다.

회사 혁명위의 정·부주임들은 모두 긴장하기 시작했다. 이 시 혁명위의 공작조가 무슨 일을 벌이는지 몰랐지만 모두들 물어볼 수 없었다. 왜냐하면 '계급대오 청산' 운동이 시작된 뒤로 안에서의 조사와 밖에서 파견 나와 조사하는 것은 일상이 되어 버렸기 때문이다. 피조사자는 '배탈 걱정 없이 대담하게 수박을 먹은' 것 같은 태도를 보이는 것이 가장 좋았다. 그렇지 않으면 남들에게 무슨 문제가 있는 것처럼 의심을 받을 수 있었다.

이와 동시에 거리에는 종종 대자보와 표어들이 붙어 모모 단위의 모모 조반파 우두머리가 각종 혁명위(성·시 혁명위에서 기층단위 혁명위까지) 안에서 맡은 직책에서 해임되었다고 선포되기도 했고, 이미 격리되어 반성한다거나 심지어는 체포되어 감옥에 갇혔다는 소식을 전했다.

무슨 문제 때문인가?

대부분 무투 와중의 일이었다. 사람이 죽은 어떤 무투 사건을 지휘했다고 혹은 잔인하게 사람을 때려죽인 흉악범이라고 고발당했다. 또한 일부 당원과 단원을 모질게 때리기도 하고 혹은 무투 와중에 사람을 때려죽이거나, 무투 중 보수파의 '포로' 살해를 허락했다고 고발당하기도 했다. 또 일부는 출신 성분이 좋지 않다는 문제로 신생 홍색정권에 섞여 들어간 '계급 이질분자'로 얘기되거나 혹은 문혁 이전에 무슨 잘못을 저질러 혁명위 구성원이 될 수 없다고 적발되기도 했다. 한마디로 문혁 이전 혹은 정상적인 상황에서의 인사 기준이 점차 다시 혁명위 구성원을 가늠하는 척도가 되었다.

전쟁 시기 만약 한 해방군 전사가 작전 중에 많은 적들을 죽였다면 그것은 전공으로 상을 받을 것이다. 문혁 중 조반파의 무투 참가자들 역시 시작 당시 스스로를 해방군과 마찬가지라고 생각해 중앙의 '문공무위' 호소에 호응하여 무투 전장에서 고난과 죽음을 두려워하지 않고 용감하게 싸웠으며, 심지어 앞 다투어 스스로 무투에서 목숨을 바치려고까지 했다. 그러나 그 뒤로 만약 자신이 사람을 죽였다면, 그것은 범죄행위로 감옥에 가거나 판결을 받게 되고 심지어 총살될 수도 있다는 사실을 누가 알았겠는가.

한 가도(街道) 공장에는 창사시에서 꽤 유명한 '옥수수 대왕'〔玉米大王〕이라는 별명을 가진 조반파 우두머리가 있었다. 그는 맨 먼저 재난을 당해 구 혁명위 부주임의 직무에서 해임되고 무투에서 살인을 획책

한 흉악범이라는 죄명으로 십여 년의 형을 선고받았다.

한 국영 전기기계 공장의 혁명위 위원 리(李)모 씨는 이 공장 보수파 간부의 사망이 바로 리모 씨가 시켜 죽게 한 것이라는 고발을 당했다. 이에 따라 리모 씨는 해임되고 감옥에 들어가 수 년간 철 족쇄와 수갑을 차고 하마터면 총살당할 뻔하다. 1973년이 돼서야 억울한 사건임이 밝혀졌고 석방될 수 있었다.

조반파들이 가장 주목하고 내 마음을 졸이게 했던 것은 내가 참가했던 조반조직 '청년근위군'의 우두머리 '하이 사령'이었다. 그 역시 그가 책임지고 있던 조직원이 무투 중 '포로'를 학살해 사망에 이르게 한 사건에 연루되어 살인죄로 시 공안국 구치소에 갇혀 심사를 받았다.

당시 우리 회사의 양진허는 마침 신혼이었는데 그의 장인이 국민당 시절 경찰을 지낸 적이 있어 누군가 그에 관한 대자보를 붙였다. 그의 계급 입장에 문제가 있으며 '국민당에 투항'했기 때문에 혁명위 부주임을 그만두어야 한다고 했다.

원래 중앙의 지시대로 하는 일이 바로 혁명 행동이고 공신이며, 조반파는 새로운 간부이자 문혁이라는 새로운 시대의 개국공신이라고 생각했지만, 풍향은 슬그머니 바뀌어 일을 판단하는 시비 기준이 다시 낡은 것으로 복귀되기 시작했다.

일정 기간이 지나서 약간의 소식이 들려왔다. 우리 회사와 다른 상업회사가 합병하고 회사 혁명위의 구성인원을 조정한다는 것이었다.

소문은 곧바로 사실이 되어 우리 회사와 그 상업공사는 합병되어 시 종합공사로 바뀌었고 두 회사의 기존 혁명위는 전부 취소되었다. 따라서 우리 회사 혁명위는 성립된 지 일 년도 되지 않아 사라지게 되었다.

내 머리에 있던 '회사 혁명위 부주임'이라는 직함도 불과 몇 달간이었을 뿐, 이른바 기구 조정 속에서 아무 소리 없이 땅에 떨어졌다.

새로운 종합공사의 혁명위는 일단 성립되지 않았고 시 혁명위에서 임명한 7인 영도소조가 회사 관리를 맡았다. 공작조의 정단직(正團職)[*] 군관이 이 영도소조의 조장을 맡았고 두 회사의 기존 혁명위 구성원에서 단지 두 명만이 새로운 영도기구에 들어갔다. 역시 조반파 구성원이라 할 수 있었지만 모두 문혁 전에 공산당원과 간부의 신분이었다. 우리 회사 혁명위 정·부주임 다섯 명은 모두 물러났다. 그 중 원래 당위 서기였고 혁명위 주임이던 장중취안은 학습반으로 옮겨졌고, 몇 달 뒤 '일타삼반'의 운동 중 시 안의 한 자동차 주차장 수위로 강직되었다. 팡다밍과 양진허는 원래 기층 단위로 내려가 노동자가 되었고, 또 다른 류(劉)씨 성의 부주임은 원래 기관 간부였는데 시 혁명위에서 다른 현에서 운영하는 5·7간부학교로 귀양 보내졌다. 나는 비록 회사 기관에 머물러 여전히 인민보위조에 있었지만 아무런 직무도 없었다. 새로 전근 온, 원래 보수파조직에 참여했던 보위과장 출신 간부가 임시 책임자를 맡았다.

다시 기계수리 공장으로 돌아가 노동자가 되지 않고 새로운 회사의 인민보위조에 남게 된 이유는, 내가 젊고 또 출신성분도 좋아 여전히 '혁명 후계자'로 고려될 수 있어서였던 것 같다. 허나 왜 나의 혁명위 부주임 직을 철회하면서, 새로운 7인 영도소조에는 들어가지 못하도록 했을까? 심지어 회사 인민보위조의 책임직조차 맡을 수 없었다. 생

---

[*] 실장·시장직을 맡은 사람을 '정직'(正職) 간부, 부실장·부시장직을 맡은 사람을 '부직' (副職) 간부라 하며, '단'(團)은 군대 조직에서 연대를 뜻하므로 '정단직'은 연대의 정직 군관을 뜻한다.

각해 보면 두말할 것 없이 내가 필경 완고한 조반파 분자였기 때문일 것이다.

그러나 이번 합병은 실제 두 회사 혁명위 가운데 조반파 구성원을 정리하여 혁명위에서 내쫓기 위해서였다. 이것이 사건의 본질이다. 그렇지 않다면 합병과 재조직에서 왜 두 회사 대부분의 혁명위 구성원이 해임되고 기층으로 쫓겨 돌아갔겠는가? 심지어 우리 회사의 원래 당위 서기였던 노간부 장중취안 역시 놓아주지 않고 그의 직책에서 해임되었는데, 그 원인은 장 서기가 공개적으로 조반파를 지지했기 때문이었다.

만약 이 일이 일 년 전에 발생했다면 우리는 대자보 등의 수단을 이용해 그 무슨 시 혁명위 공작조인가를 만신창이가 되도록 '공격' 했을 것이고, 합병회사의 방안을 아예 인정하지도 않았을 것이며, 심지어 성·시 조반파 우두머리들에게 구원병을 요청해 시 혁명위에 강한 압박을 가했을 것이다. 그러나 이때 시 혁명위에서 온 사람(역시 군인이다)의 결정 낭독을 듣고 난 뒤 두 회사 혁명위의 우리 조반파들은 그저 침묵했을 뿐 어떠한 공개적인 항의 행동도 없었다.

왜인가? 대세에 따른 것이었다.

왜냐하면 '계급대오 청산' 운동 이후 중앙에서 지방까지 조반을 지지하는 관방 여론은 점차 약화되었고, 관념이나 조치에서 조직 방침까지 구(舊)질서를 회복하려는 세력이 점차 신속히 상승했다.

양진허의 혼사 역시 사실과 맞지 않는 일이 되었다. 양은 결혼 전에 이미 지좌 해방군에게 통보를 했고, 지좌 해방군 역시 이 일에 대해 심사를 진행하고는 양의 장인 일이 그리 큰 문제는 아니라고 여겨 양의 혼사에 동의했다. 그러나 이때 이 일에 대한 시 혁명위 공작대 군관조장의 평가가 역전되어, 양의 혼인에 '엄중한 계급 입장 문제가 존재' 한다고 비난했다.

새로운 공사의 7인 영도소조에 추가된 구성원 가운데 한 명은 바로 우리 회사의 원래 당위 부서기였던 장산이었다.

장산은 우리 조반파에겐 이미 타도 대상이었지만 그가 '주자파' 인지 아닌지에 관한 결정은 우리가 고려한 적이 없었으며 이것은 상부에서 결정할 일이라고 여겼다. 단지 그가 회사 영도 직위로 다시 돌아오는 일은 절대 불가능하다고 느꼈으며, 우리 생각 속에서는 기껏해야 보통 당원이나 간부 신분으로 회사에서 일하게 하는 것이었다. 그러나 지금 시 혁명위에서는 단번에 그를 새로운 공사의 영도소조 구성원으로 임명했다. 이것은 우리와 장산을 아는 모든 회사 사람들을 크게 놀라게 만들지 않을 수 없었다. 이 문혁, 이 조반은 어찌 정말로 계획대로 되지 않는단 말인가! 2년 넘게 하늘을 뒤흔들 정도로 울렸던 '타도'의 구호 속에 타도된 '주자파' 가 정말로 쓰러지지 않고, 또다시 순식간에 원래의 지위로 되돌아올 수 있다니!

이에 대해 우리 회사 조반파 가운데 팡다밍은 그 누구보다 잘 꿰뚫어 보고 있었다. "조반파는 모두 재수없게 될 거야!"

양진허가 우리 회사 혁명위의 조반파는 거의 모두 파면되어 물러났는데 장산은 새 영도 그룹에 들어간 일에 대해 여전히 화를 내며 시 혁명위가 '우경 투항' 한다고 말할 즈음, 팡다밍은 바로 우리에게 이러한 견해를 말해 주었다. 또한 그가 알고 있는 전국 문혁의 정세와 각 지역 조반파의 상황을 동원해 그의 주장을 증명했다.

"보라구. 콰이다푸 그들은 어디로 갔지? 흔적도 없이 사라졌어!"

팡다밍이 말했다.

양진허는 그렇게 보지 않고 시 혁명위 상임위원을 맡고 있는 ○○공사의 한 조반파 우두머리가 우리 회사 사람을 밀어제쳤다고 보았다. 그는 "성에 있는 후융과 탕중푸는 그대로 성 혁명위에 있잖아?"라고 말했다.

후융은 원래 후난성 조반파 1호 인물로 문혁 전 창사 자동차전기 공장의 전기수리 노동자였다. 문혁 중 조반하여 후난 최대 노동자 조반파조직인 '공련'을 조직했고, 1968년 4월 중앙에 의해 후난성 혁명위원회 부주임에 임명되어 중공 '9대' 대표가 되었다.

탕중푸 역시 문혁 전에 창사시 한 국영공장의 노동자였다. 그는 중공당원이었는데, 이 때문에 성 혁명위의 상임위원에 불과했지만 중공 '9대'에서는 중앙위원으로 당선되었고, 이 때문에 후난 조반파의 제1호 우두머리가 되었다.

확실히 당시 후융과 탕중푸는 여전히 성 혁명위 안에 있었고 때때로 신문 기사에서 볼 수 있었다.

팡다밍은 오히려 고개를 저었다.

"시간문제야! 그들이 내려오는 것 역시 시간문제일 뿐이라구!"

"생각해 봐. 만약 위에서 모종의 지시 정신이 내려오지 않았다면 두 회사의 조반파가 어떻게 동시에 같이 물러날 수 있겠어? 어떻게 전부 혁명위에서 쫓겨나올 수 있었냐구? 그렇게 오랫동안 문화대혁명을 했는데 누가 감히 그렇게 하겠어. 모종의 지시 정신의 근거가 없다면 말이야! 또 자네들도 보지 않았나, 지금 창사시의 적지 않은 단위의 조반파 우두머리들이 뒤죽박죽이 되어 계속해서 쫓겨나고 있고, 또 어떤 사람은 감옥에까지 들어가지 않았나?" 팡다밍이 말했다.

그러나 양진허는 다르게 보았다.

"그건 그들 자신에게 문제가 있어서라구!"

팡다밍이 도리어 화를 내며 말했다.

"무슨 문제? 사람을 때리고 무투를 지휘한 것 말인가! 사람을 때리고 무투를 지휘한 건 무엇을 위해선데? 어떤 배경에서 한 거냐구? 일이 발생한 배경은 놔두고 다른 사람의 문제를 얘기하는 게 설마 마르크스-레닌주의인가? 마오쩌둥 사상인가? 저들이 사람들을 반혁명분자로 몰아서 이제 사람들이 조반하고 보복을 한 것인데, 이게 무슨 이해하지 못할 게 있나. 물론 사람을 때리는 건 잘못이지. 마땅히 꾸짖고 비판해야 해. 하지만 그들이 한 일은 어떤 장소에 숨어서 몰래 한 일이 아니라 전부 공개적으로 한 거야. 만약 문제라고 한다면 당시 혁명위가 성립될 때 왜 그들이 혁명위에 들어가도록 비준했겠나? 이제 와서 사람들의 죄를 묻고 심지어 감옥에까지 가두다니 이치에 맞는 일인가? 당권파와 보수파의 핵심들은 그때 사람들을 반혁명으로 몰면서 한평생을 망치려고 했고, 자식들까지 끌어들였다구. 조반파들은 오히려 그들에게 무슨 죄목을 정하지도 않았어. 단지 비판대회를 열고 한바탕 투쟁을 했을 뿐이지 정말로 그들에게 무슨 죄가 있다고 정하지는 않았어. 게다가 당안에도 기록하지 않았잖아. 그런데 지금 그들을 한번 때렸다고 감옥에 가두려 하다니 이게 공평한가? 최고 지시에서는 문화대혁명 역시 한 계급이 다른 한 계급을 뒤엎는 혁명이라고 말했어. 그렇다면 주자파와 보수파들의 목숨〔命〕을 한번 제거〔革〕해 봐야지. 설사 그들의 신체를 상하게 했다고 해서 그게 또 얼마나 큰 문젠가? 왜 관용을 베풀지 않고 또다시 사람을 죽음 속으로 몰아넣지 않으면 안 되냐구? 또 무투가 어떻게 된 일인지 모두들 모르나? 다른 건 말고라도 '문공무위'는 바로 장칭 동지가 말하고 호소한 거라네. 이것 역시 어느 개인의 일이 아니고 중앙의 전략적인 배치였잖아. 문공무위에 참가한 건 어떤 개인의 행위가 아닌데, 어떻게 조반파를 끝장내려 한단 말인가?"

나와 양진허는 모두 말이 없었다.

양진허가 말했다.

"다행히 우리 회사에선 맞아 죽은 일이 없어. 안 그랬으면 우리도 책임에서 벗어나지 못했을 거야."

팡다밍은 오히려 고개를 저었다.

"사태의 본질은 무슨 사람을 때려죽였느냐 아니냐가 아니라, 문혁과 조반파의 조반행위에 대해 어떻게 규정할 것인가의 문제야! 만약 아직도 문혁 중의 '조반유리' 기준으로 생각한다면 전체적인 원칙에서 조반파의 모든 행위는 기껏해야 잘못을 저질렀느냐 아니냐의 문제일 뿐이지. 중앙의 정책에 따라 일을 했느냐 안 했느냐의 문제이지, 무슨 범죄인가 아닌가의 평가 기준은 아니라구. 문혁 중 중앙정책을 위반하고 사람을 해치거나 죽인 조반파는 그저 사실에 입각하여 시비를 논하면 될 뿐이야. 그 사람이 법을 어긴 것은 개별적인 행위이니 개별적으로 처리하면 되지 조반파냐 아니냐와는 무관하다구. 그런데 지금 자네들 보라구. 이렇게 잡아들이는 사람마다 모두 문혁 조반의 기회를 빌려 어찌어찌 했다고 말하면서, 그들 개인의 문제와 조반을 연관지으려 하는데, 이게 정상인가? 또 그 중에는 억울함이 없다고 말하지 않나! 만약 조반파가 문혁 중에 한 일을 문혁 이전의 기준으로 평가하고 처리한다면 전국 조반파들은 모조리 다 잡혀 들어갈 거네! 우파분자가 아닌 사람은 한 사람도 없고, 반당행위가 아닌 게 하나도 없다구!"

난 듣고 난 뒤 다소 긴장하며 물었다.

"그럼 앞으로 우리의 운명은 매우 위험하지 않겠어?"

팡다밍이 말했다.

"만약 이런 추세로 간다면 우리 앞날은 확실히 심상치 않지!"

우리 세 사람은 잠시 서로 얼굴만 쳐다볼 뿐 아무런 말이 없었다.

"이게 단지 또 한 번의 운동의 반복일 뿐, 끝이 아니길 바랄 뿐이지."

팡다밍이 결국 한숨을 내쉬며 말했다.

1969년의 하반기는 나로서는 인생의 비통함을 절실히 느끼기 시작한 시점이었다. 당시 추진(秋瑾)의 명구 '가을 바람 가을 비로 수심에 쌓인다'(秋風秋雨愁煞人)를 읽고 깊은 공감을 했다.

회사 혁명위는 없어졌고 네 명의 우리 조반파 부주임 역시 물러났다. 그러나 지구는 여전히 돌았고 역사 역시 발전했다.

회사 각 기층단위의 혁명위는 오히려 없어지지 않았고, 단지 상급 회사 이름만 바뀌고 지도자들이 바뀌었다. 동시에 원래의 보수파 핵심들은 남의 도움을 빌려 점차 당·단원의 지위를 회복했고, 한발 한발 기층 혁명위조직으로 '자리를 메꿔' 들어가 그들이 원래 갖고 있었거나 혹은 얻기를 바랐던 권력을 다시 장악했다. 회사 기층단위 혁명위의 조반파 대표는 여전히 영도권 안에 머무르고 있었지만, 대개 당원이나 단원이라는 정치적 신분을 갖고 있지 않아 많은 회의와 활동에서 배제되었고 참가할 수도 없었다. 따라서 혁명위에서 그들의 권력이 크게 약화되었다. 또한 그 뒤 수개월간 그들은 성 식량 간부학교로 소집되어 시 전체 상업계통의 '반파(反派)성 학습반'이라는 운동에 동원되었고, 명목상 그들이 맡았던 혁명위 구성원으로서의 정치적 자본을 빠르게 박탈당했다. 1970년 봄에 시작된 전국 범위의 '일타삼반' 운동 때는 모범노동자인 개별 노동자 조반파를 제외하고는 대부분 각종 문혁 문제를 뒤집어 쓰고 혁명위에서 '완전히 제거' 되었다.

회사 혁명위 부주임을 그만두고 난 뒤, 나는 문혁 정세의 새로운 발전추세에 대해 더욱 많은 관심을 가졌다. 왜냐하면 전국 각 지역에서 문혁의 발전이 균형을 이루지 못했기 때문이다. 예컨대 후난 조반파는 이미 권력의 최고봉에서 물러나 급속하게 몰락하기 시작했지만, 어떤 성(산시)의 양 파벌에서는 아직 총포의 연기 속에서 끝을 내지 못하고 계속 싸워, 중앙에서 중공중앙의 명의로 직접 '포고령' 을 내려 그 지방의 무투를 수습할 수밖에 없었다. 또 어떤 성(후베이, 산둥)의 조반파들은 대규모의 '복귀 반대' (反復舊) 운동을 진행해 문혁 이전의 정치질서로 돌아가는 것에 저항했다. 또한 상하이의 조반파 세력은 예전처럼 '난공불락' 으로 여전히 혁명위 권력기구에서 위용을 떨치고 있었다.

후난 조반파는 1969년 하반기에 시작된, 스스로 갈수록 몰락해 가는 형세에 대해 '복귀 반대' 라는 저항을 하지 못했다. 표면적인 원인은 이때 조반파에 대한 공격이 전면적으로 단번에 이루어진 것이 아니라, 각종 개인의 문제(무투에서 사람을 죽이거나 다치게 한)와 개별적인 문제(이른바 '화를 자초한 단위')부터 착수해 하나하나 따로따로 처리됐고, 천천히 점차적으로 진행됐기 때문이다. 따라서 장장 수개월에 걸쳐 이루어진 이 과정에서 공격당한 조반파들은, 시작 당시에는 다른 사람, 다른 단위에 문제가 있는 것이지 자신과는 무관하다고 생각했으며, 팡 형처럼 사건의 본질을 꿰뚫어 볼 수는 없었다. 그 사람들에 대처하고 그들을 처리하는 문제를 인식할 수 없을 때 사용한 기준은, 이미 중앙에서 처음 제기하고 호소한 문혁 조반노선 원칙과는 완전히 어긋난 것이었다. 따라서 조반파 우두머리는 한 명 한 명 불운하게 되었고 단위 혁명위도 하나하나 조금씩 전복되어 새로운 병에 옛 술이 채워졌다. 수개월간 진행되다 마지막으로 '일타삼반' 운동이 시작되자 조반파들은 결국 모조리 끝장났다. 후융과 탕중푸 같은 성 혁명위의 조반파 우두머리들이 시작하자마자 내려온 것은 아니었다. 시작 당시엔 그들을 건드리지 못했고, 원래 그들의 부하였던 조반파 우두머리들만을 처리할 수 있을 뿐이었다. 심지어 '일타삼반'이 막 시작되었을 때도 성 혁명위에 있는 후융과 탕중푸는 당의 핵심소조 구성원과 부주임 회의에 참가할 자격이 있었고, 각 도시 혁명위에서 보고한 극형 선고를 받은 범인 명단에 대한 토론에 참여하기도 했다. 그러나 얼마 지나지 않아 인신의 자유가 없어졌고, 조반파를 숙정하는 '학습반'이 후융의 머리에까지 떨어졌다. 그는 단독으로 혼자서 한 시골의 인민공사에 격리되어 심사를 받게 되었다. 이에 대해 어떤 사람들은 후융 등의 성급 조반파 우두머리들이 '시작 당시 자신만을 돌보았기' 때문에, 조반파 숙정의 조짐이 보일 때 후난 조반파의 '복귀 반대' 운동을 지도할 수 없었다고 생각한다. 사실 이러한 관점이 정확한 것은 아니다. 왜냐하면 당시 그러한 상황에서 문혁 정세에 대한 마오쩌둥과 중앙의 구상 틀은 이미 문혁 초기와는 크게 달랐고, 정세가 평온해지고 더 이상 혼란해지지 않길 바라는 관점이 이미 '혼란이 두렵지 않다! 혼란만이 적들을 어지럽힐 수 있다!'는 전략을 대신했기 때문이다. 당시 중앙 문혁과 캉성 등의 지도자는 '복귀 반대'를 벌이는 산둥성의 조반파 우두머리 한진하이(韓金海) 등에 대해 심한 욕을 퍼부었고, 그 유명한 '수도 제3사령부' 홍위병의 우두머리 콰이다푸 등의 사람들은 이미 '블랙 리스트'에 들어간 상황으로, 이는 모두 당시의 대세를 보여 준다. 저항은 헛수고일 뿐이었다. 애초에 이른바 '주자파'들이 마오쩌둥의 호소에 응해 큰 조반을 일으킨 조반 조류에 저항하고 싶었지만, 역시 헛수고일 뿐이었던 것과 마찬가지였다. 당시 취할 수 있는 방법은 확실히 후융이 훗날 말한 바와 같을 뿐이었다. "모두가 우선 스스로를 지킬 수밖에 없었다. 하나 지킬 수 있으면 그만이었다." 자신을 지키고 이 재난을 피할 수 있다면 그 뒤는 나중 일이었다. 자신을 지키지 못하면 불운해지는 것이고, 지킬 수 있더라도 앞으로 전망이 있을지는 모르는 일로 기다리는 수밖에 없었다. 모든 것이 중앙의 문혁노선이 아직 유효한지 아닌지, '조반'의 형식이 '도리에 맞는지'〔有理〕 아닌지에 달려 있었다. 왜냐하면 조반파가 원래 처음에 얻은 조반 활동의 추동력과 그 뒤의 생존 환경은 바로 마오쩌둥과 중앙 문혁의 지시 호소와 지지에서 온 것으로, 결코 자신의 상황에서 비롯된 것이 아니었기 때문이다.

조반이 없다면 혁명위 부주임 역시 없다. 그저 견습공이 승급되어 '도제 기한을 마친' 청년 노동자가 되고 20위안의 봉급이 마침내 29위안 5전으로 증가되는 것뿐이다. 그러나 나의 머릿속에는 많은 문제가 남아 스스로에게 대답할 필요가 있었고, 따라서 지식에 대한 갈구가 새로운 주제가 되었다.

마르크스-레닌주의 서적에 대한 연구 학습에 더욱 큰 흥미가 생겼다. 당시 사상적으로 받아들일 수 있고, 실제로 읽을 수 있는 것은 마오쩌둥의 저작을 제외하고는 이 성대한 마르크스-레닌주의 서적뿐이었다. '성무련'의 급진 홍위병과 대학생들이 읽은 것 역시 마르크스-레닌주의뿐으로 당시 나 역시 무슨 사르트르나 생시몽, 칸트를 읽을 수는 없었다. 그러나 당시 마르크스-레닌의 책을 읽는 것은 확실히 나의 식견을 크게 넓혀 주는 것으로, 조잡한 수준이었지만 사회의 정치·민주·자유 등의 이치에 대해 진정으로 인식하기 시작했다. 책을 읽고 사람들과 얘기하고 교류하며 가르침을 받았다. 홍미를 갖고 함께 읽던 동창과 친구들은 그 시절 자주 왕래하는 사이가 되었고, 이로써 나의 지식은 큰 도움을 얻어 크게 향상되었다. 그러나 동시에 일부 부주의한 학습 논쟁으로 얻은 지식들은 이후 '일타삼반' 운동에서 적지 않은 번거로움도 가져다주었다. 왜냐하면 마르크스-레닌의 책들을 읽은 뒤부터 단지 정책 평가에서 뿐 아니라, 제도적인 관점에서 당시 국가의 정권 행정모델에 대한 의문과 견해가 생기기 시작했기 때문이다. 반면 그전에는 이런 쪽의 문제에 대해서는 아예 생각해 본 적이 없었다.

지금 생각해 보면 중국에서 마르크스주의의 운명은 정말로 미묘한 것이다! 스탈린의 이론은 효과는 결코 좋지 않았지만 확실히 중국 혁명에 영향을 주었다고 할 수 있다. 그러나 마르크스·엥겔스·레닌의 학설, 특히 마르크스의 이론은 항상 위패로 모셔져 중국인의 경배를 받았으나 정말로 학습되거나 운용되지는 않았다.

1949년 이전에는 말할 것도 없고 문혁 이후만을 보더라도, 사람들이 모두 매일같이 '마르크스-레닌주의 만세!'를 되풀이하고 당 규약〔黨章〕이나 헌법에도 모두 중요한 위치에 놓여져 있었지만 실제로 마르크스-레닌주의 책을 열심히 읽은 사람은 몇 사람 되지 않았으며, 이미 장군이나 중앙위원이 된 사람들 중 대부분도 이와 같았다. 따라서 마오쩌둥은 9차 2중전회, 즉 제2차 루산(廬山)회의에서 매우 탄식하며 말했다. "마르크스-레닌의 책을 읽지 않았다면 수백 명의 중앙위원은 모두 속은 것이다." 마르크스-레닌의 책을 몇 사람 읽지 않는 것은 차치하더라도, 정말 기괴한 것은 당시 그런 책을 읽으면 반역이라는 정치적 동기가 있다고 의심받아 철저한 감시를 받았다는 것이다. 따라서 그 당시 사회 아래층에서 발생해서 그 뒤 억울한 사건으로 증명된 많은 비극의 대부분은 바로 이 마르크스-레닌의 책에서부터 비롯된 것이다. 당시 이에 대한 설명은 내가 앞에서 언급한 그 군 대표의 생각 그대로이다. "지금 마오 주석의 책이 있는데 왜 또 마르크스-레닌의 책을 읽으려 하지? 무슨 동기에서냐!" 마르크스-레닌주의의 책에 대체 무엇이 쓰여 있는지는 전혀 상관없었다.

그러나 지난 세기말과 현 세기 초인 지금 상대적으로 사상이 자유로워진 시대에 이르러, 마르크스-레닌의 책은 또 많은 지식인들의 웃음거리로 변했다. 마르크스-레닌주의가 대체 어떤 것인지 전혀 알지도 못하는 사람들이 마음대로 비난하며, 인터넷이나 사적인 자리에서 마르크스-레닌 이론에 대해 심하게 욕을 퍼붓거나 혹은 스스로 옳다고 여기며 일고의 가치도 없다고 생각한다. 만약 그들에게 마르크스-레닌의 책에 무엇이 쓰여 있냐고 묻는다면 그들은 높은 곳에서 굽어보듯 한마디 내던질 것이다. "그런 건 읽어서 뭐 해!"

1997년 독일로 여행을 갔을 때 마르크스의 고향인 트리에에서 멀지 않은 곳을 지나가다 가이드에게 물었다. "방향을 바꾸어 마르크스가 살던 집을 볼 수 있겠소?" 국내에서는 유명한 대학의 대학원생으로 독일에서 유학하며 가이드를 하던 그 청년은 나를 시골뜨기 취급하며 말했다. "뭐 볼 게 있나요! 그래 봐야 마르크스 아닌가요. 자신의 이론으로 수천 수백만 명의 목을 자른, 일개 유태인이죠!" 듣자 하니 또 이런 기이한 견해가 있나 싶어 얼른 그 젊은 상하이 대학원생에게 물었다. "자넨 마르크스의 무슨 책을 읽었길래 그런 결론을 내렸나?" 그 가이드는 내게 주저하지 않고 말했다. "그런 책은 읽어 뭐 해요? 그 책 읽을 시간이 있으면 『금병매』를 읽는 게 낫죠!" 나는 아무 말도 할 수 없었다. 마르크스-레닌 책을 아예 읽지도 않은 사람과 어떻게 정상적인 대화와 교류, 토론을 할 수 있단 말인가? 1970년 루산에서의 그 중앙 위원과 장군들이 마르크스-레닌의 책을 얼마 읽지 않은 것은 확실히 그들의 학력 수준이 충분하지 못한 이유에서였다. 오늘날에 많은 지식 인들이 마르크스-레닌의 책을 읽지 않으면서도 큰소리치는 것을 조 금도 부끄러워하지 않고, 마르크스-레닌 이론을 모두 부정하는 것은 대략 모종의 '과거의 바로잡음'〔過正〕이라는 편견 때문이리라. 마르크 스-레닌 이론이 모두 정확한 것은 아니지만, 읽지도 않고 감히 욕한다 는 것 역시 정말로 창피한 일이며 실로 대답할 말을 없게 만든다!

지금 많은 사람들은 '민주'나 '자유'가 단지 자본주의 서방 국가의 사람들만 얘기하고 제창한 것이라고 여긴다. 실제 그들은 열심히 마르 크스-레닌을 읽지 않았고, 특히 마르크스의 책을 진지하게 읽지 않았 다. 인민 민주와 자유와 관련된 사상 관념은 그의 책에서 반복적으로 볼 수 있는 것으로 매우 정치하게 설명하고 있다. 예컨대 마르크스는 이렇게 말했다. "출판 자유가 없다면 다른 모든 자유는 물거품이다. 자 유의 한 형식은 다른 형식을 제약하는데 마치 몸의 일부분이 다른 부 분을 제약하는 것과 마찬가지다." 그는 또 말했다. "사상을 따지는 법 은 국가가 그의 공민을 위해 반포한 법이 아니라, 하나의 당파가 이를 이용해 다른 당파에 맞서려고 하는 법이다. 정치적 경향을 따지는 법 은 만인의 법 앞의 평등을 취소한다. 이것은 법이 아니라 특권이다."

국가 정권의 형태에 대해 마르크스는 파리코뮌 노동자 정권의 상황 을 상세하게 분석하고, 그 뒤 스탈린이 세운 국가 형태와는 서로 다른 결론을 내렸다. 문혁 중 위뤄커(遇羅克)를 포함한 많은 열혈 청년들이 민족의 지사·영웅이 된 것은 당시 그들을 이끈 이론이 주로 마르크스 주의의 것이었기 때문이지, 지금 많은 사람들이 생각하듯 그런 서구의 민주 관념은 아니다.

마르크스는 학자였다. 그가 스탈린은 아니다.

1969년 10월 상하이 지식청년 진쉰화(金訓華)가 집체 재산을 구하기 위해 물에 빠져 죽은 사건이 신문과 간행물을 통해 알려진 뒤 당시 나는 확실히 감동했다. 사회를 위해 모든 것을 헌신하는 희생정신은 오랫동안 내가 존경하던 방향이었다. 전쟁 시대의 둥춘(董存)·황지광(黃繼光)·추사오윈(丘少雲)과 소련의 마트루소프는 모두 내 마음속의 가장 대단한 영웅들이다. 문혁 시기에 내 마음속의 영웅 명단에는 또 두 명의 새로운 인물이 늘어났다.

한 명은 궈자훙(郭嘉宏)이다. 그는 1967년 초 '고발'을 위해 베이징에 있는 동안 공사현장에 난 불을 보고는, 그와는 전혀 상관없는 일이었는데도 헌신적으로 불 끄는 일에 참여해 국가 재산을 구했지만 불행히 희생되고 말았다. 궈자훙 역시 조반파로 1964년 고등학교를 졸업하고 농촌으로 내려간 지식청년이었으며, 장쑤 전장(鎭江) 샹산(象山) 원예장의 생산대장을 맡은 적이 있었다. 문혁 초기 당권파에게 조반하여 그의 지도자에게 '현행 반혁명분자'로 공격당해 수 개월간 갇혔다가 그 뒤 베이징으로 도망쳐 고발했다. 궈자훙은 우리와 비슷한 조반파 청년이었을 뿐 아니라, 그의 '사심 없고 두려워하지 않는' 사상 경지 역시 당시 우리가 추구하던 것과 꼭 들어맞았다. 따라서 3월쯤 『인민일보』 보도에서 궈자훙의 일을 높이 평가하고 난 뒤, 그의 이미지는 나의 머릿속에 뿌리 내려 오늘날까지 이르게 되었다.

또 다른 사람이 바로 진쉰화로 헤이룽장으로 내려갔던 상하이 지식청년이다.

진쉰화가 집체 재산을 구하기 위해 물에 빠져 희생된 일은 물론 탄복할 일이지만, 내가 더욱 그에게 탄복한 것은 상하이시의 조반파 홍위병 우두머리로 앞장서서 마오쩌둥의 호소에 따랐고, 아무런 사심 없이 가장 먼저 상하이를 떠나 멀고 먼 헤이룽장의 농장으로 내려갔기 때문이다. 그 뒤 집체 재산을 구한 일은 그의 정신이 구체적으로 드러난 필연일 뿐이다.

당시 신문에서 진쉰화와 관련된 보도를 보고 난 뒤, 나는 진쉰화가 있던 농장에 편지 한 통을 보내 그에 대한 존경심을 나타냈다. 얼마 지나지 않아 헤이룽장 쉰커(遜克)현 혁명위의 진쉰화 사적 선전 사무실에서 내게 답신을 보내왔다. 나의 요구에 응해 진쉰화가 생전에 지식청년 전우들과 함께 곡을 붙인 마오쩌둥 어록 노래 '우리 세대 청년'도 함께 보내왔다. 당시엔 1965년 7월 3일 마오쩌둥이 중국 청년의 역할에 관해 말한 연설이 많은 청년들에게 널리 퍼져 있었고, 확실히 적지 않은 청년들을 정신적으로 고무시켰다. 마오쩌둥이 말했다. "앞으로 수십 년간은 조국의 앞날과 인류의 운명에 매우 중요한 시간이 될 것이다! 지금 이십대 청년들은 다시 이삼십 년이 지나면 사오십 대가 된다. 이 세대 청년들은 빈궁하고 기초가 박약한 우리 조국을 위대한 사회주의 강국으로 건설하고, 제국주의를 매장시킬 전투에 직접 참가해야 하므로 맡은 바 책임이 무겁고 갈 길이 멀다. 패기와 포부를 지닌 중국 청년들은 위대한 역사적 사명의 완성을 위해 평생 분투해야 한다! 우리의 위대한 역사적 사명을 완성하기 위해 이 세대는 한평생 각고분투할 결심을 해야 한다!" 지금 실사구시적으로 말해 마오쩌둥이 평생 많은 잘못을 저지르고 그가 한 말이 모두 정확하지는 않지만 인생의 중요한 가치를 위해 열심히 노력하도록 사람들을 격려한 그의 말은 확실히 당시 중국인들에게, 특히 우리 세대 청년들에게 매우 큰 영향력을 미쳤다. 사람에겐 어쨌든 정신적인 것이 필요하다. 한 사람이 어떻게 하든 인생 조건의 많은 제약과 영향을 받게 마련이지만 국가와 사회, 그리고 인민을 위해 자신의 소임을 다하고 큰일을 위해, 영광을 위해 평생 필사적으로 사심없는 헌신 정신으로 노력하는 일은 한 국가와 한 사회에 대해, 그리고 한 개인에 대해 모두 필요한 것이라고 말할 수 있다. 신념과 정신적 가치가 없어진 국가와 민족·사회는 풍부한 물자를 지녔다 할지라도 그 사회에 있는 사람은 진정으로 행복을 얻을 수 없다. 멀고 먼 북쪽에 있던 지식청년 진쉰화가 후난에 있는 한 청년 노동자를 감동시킬 수 있었던 것은 생각컨대 정신적으로 서로 통했기 때문이리라. 문혁의 많은 것들이 좋지는 않았지만, 그 중에서 남길 만한 것이 조금도 없다고 할 수 있을까?

'일타삼반' 운동으로 숙정의 맛을 보다

자주 친구들이 장난하듯 묻는다. 원래 남에게 조반하던 사람이 나중에 결판을 보게 된 느낌이 어떤가?

사실 무슨 계급투쟁을 하면서 다른 사람을 비판하거나 다른 사람이 나를 비판하는 것 역시 조금은 괴롭지만, 이는 오히려 정상에 속하는 것으로 '예의상 오고 가는 것'이라 할 수 있다! 사상적으로도 생각할 수 있는 것이고 정신적으로도 견뎌 낼 수 있다. 가장 힘들게 하는 문제는 이 '일타삼반' 운동을 명령한 사람이 뜻밖에 우리에게 조반하라고 호소했던 같은 중앙이라는 것이었다!

1970년 봄에 시작된 '일타삼반' 운동으로 후난성 조반파가 전멸되는 액운을 맞게 되었다. 모든 우두머리와 핵심분자가 하나의 예외 없이 모두 비판과 숙정 대상이 된 상황으로 빠져들었다.

지금까지도 나는 분명히 알지 못한다. 당시 중앙에서는 왜 전국(상하이 제외) 조반파를 거의 죽음으로 몰아가는 운동을 벌였을까? 그러나 이 조반파는 당시 중앙과 마오쩌둥 주석의 호소로 일어난 세력이었다.

그 해 초 중앙에선 3·5·6호 문건을 내려 보냈는데, 모두 이 '일타삼반' 운동을 하라는 지시였다.

이른바 '일타' 란 반혁명활동에 대한 공격을 말한다. '삼반' 이란 횡령·낭비·절도에 반대한다는 것이다. 그러나 이 운동의 중점, 다시 말해 이 운동이 실제로 진행한 중점은 '일타' 였다. 이것이 각지에서는 '조반파 중의 악당을 공격' 하는 것으로 슬그머니 변했고, 심지어 실제 '조반파의 핵심분자를 공격' 하는 것으로까지 확대되었다. 그러나 무엇이 '조반파 중의 악당' 인가? '일타' 는 실제 진행 과정에서는 문혁 중 조반파의 모든 행위, 즉 문혁 이전의 기준과 맞지 않는 모든 행위를 청산하는 것이 되었다. 무투며, 사람을 때리는 것이며, 당위에 대한 조반 계략·탈권·무정부주의, 또 마르크스-레닌주의의 서적을 읽는 의심스런 행위 등등이 모두 포함되었다.

요컨대 이 '일타삼반' 의 현실에서 공격을 받은 사람은 주로 두 부류였다. 첫째는 조반파 우두머리와 핵심분자였다. 둘째는 이른바 '역사적인 반혁명' 분자, 즉 해방 전 국민당 구정권에서 당·정·군·경·특무요원이었던 사람이다. 조반파는 산 호랑이, 역사 반혁명자는 종이 호랑이였다. 따라서 실제 운동에서 타도의 중점은 주로 조반파 분자의 머리에 있었다.

'9대' 이후 얼마 지나지 않아 정세와 상부 여론은 확실히 팡다밍이 예상했던 대로 하루하루 조반파에게 불리하게 되었다. 조반파 문제를 조사하라는 여론은 갈수록 강렬해졌고, 창사시 거리에는 모 단위 모 조반파 우두머리의 적발을 환호하는 표어가 자주 나타났다. 또한 그 조반파 우두머리를 적발하면서 '문화대혁명의 또 한 번의 위대한 승리이자 풍성한 성과' 운운했다.

'일타삼반' 운동을 조직한 사람은 당연히 군대 책임자를 필두로 하여 그 위에 '자리를 메꾸어' ──즉 혁명위 성립 이후 다시 새로운 구성원을 지정하여 혁명위를 보충함──들어간 각급 혁명위 기구의 기존 영도간부와 당·단 조직 핵심인원들이었다. 소위 '삼결합'이란 해방군 대표와 영도간부 대표, 군중조직, 즉 조반파 대표가 공동으로 구성한 혁명위원회를 말하지만, 조반파 대표는 점차 사라졌다. 그들을 하나하나 문밖으로 쓸어 내고 각종 '학습반'에 가두어 반성하게 만들었으며, 심지어 어떤 사람은 감옥에 갇히기도 했다.

'일타삼반' 운동의 위엄은 가히 '죽이는' 것이었다. 이 '죽임'이란 두 가지 의미가 있었는데, 하나는 정말로 사람을 죽이는 것이었다. 1970년 2~3월 사이 창사시에서는 2회 연속 대형 '공판대회'를 열어 수십만 명의 사람이 보는 앞에서 30~40명에게 모두 사형 선고를 내렸다. 3월 17일 세번째 대회에서 또다시 수십 명을 죽이려 했지만, 다행히 형 집행 하루 전 중앙에서 이렇게 큰 처형식은 열지 말라는 긴급통지가 내려와 멈출 수 있었다. 두번째는 선전 여론에서 나타났다. 당시 시 혁명위의 기관보에서는 연속 수편의 사설을 발행하며 '잘 죽였다!'라며 환호했고, '죽여라, 죽여라, 죽여라. 죽여서 붉은 새로운 세계를 내놓자!'고 말했다.

피살자 중에는 조반파 우두머리와 핵심분자 일부가 있었는데, 기본적으로 죄명은 무투에서 사람을 죽였다는 것이었다. 또 다른 사람들은 말 때문에 죗값을 치룬 이른바 반혁명분자들이었다. 그 중에는 1957년에 우파분자로 몰렸던 원래 당위 기관 사람도 있었다.

피살된 사람이 전부 조반파는 아니었고, 조반파 분자가 차지하는 비율은 매우 적었다. 그러나 이들 조반파를 죽인 이유와 죄명은 문혁 중에 일어난 일로 결코 역사적 의미가 있는 무슨 '반혁명'의 죄명은 아니었다. 따라서 각 단위의 조반파 우두머리와 핵심분자들에겐 매우 큰 압력으로 작용했고, 조반파에 대한 원래 보수파 사람들의 반격을 북돋웠다. 실제 '일타삼반'운동 중 조반파들은 혁명위에서 거의 모두 쫓겨났으며, 권력기구의 조직인사 변동 때는 보수파 사람들이 그 자리를 메꾸고 들어갔다.

'9대'이후에도 난 여전히 회사 기관 내에 머물렀고 혁명위 인사보위조에 있었지만, 예전과 같은 환경과 분위기와는 거리가 멀었다. 원래 조반파 신분이던 나는 그곳에서 인사와 업무에 섞여 들어갈 수 없었다. 예전의 당·단 간부들이 잇달아 기관으로 들어왔는데, 그들 대부분은 본디 보수파로서의 바탕과 관념이 있어, 보이지 않게 권좌에서 내려온 이 혁명위 부주임에 대해서는 그다지 신경쓰지 않았다. 중공 노당원이라는 우리 부친의 배경 때문에 나를 너그럽게 대했고, 나를 개조시킬 수 있다는 조금의 뜻이나마 품고 있어 공개적으로 적으로 삼지는 않았다. 그러나 나는 더 이상 그곳에 머무르고 싶지 않았고, 또 머무를 수도 없었다. 매일같이 기관에 가서 보는 얼굴들이 무척이나 거북했다. 따라서 나 스스로 새로운 인사보위조 책임자에게 가서 사직하고 원래 단위였던 회사 기계수리 공장으로 돌아와 기계수리공이 되어 다시 기계조립 공구를 들었다.

1970년 '일타삼반'운동이 시작된 뒤, 나는 이에 대해 큰 반감을 느꼈고, 조반파를 숙정하려는 반동 복귀라고 생각했다. 단위 내의 일부 보수파 사람들은 나의 견해를 알고 난 뒤에 '솔직하게 고백하면 관대하게 처리하고, 항거하면 엄벌에 처한다!', '모든 온갖 잡귀신을 소탕하자!'와 같은 표어 몇 장을 눈에 띄도록 일부러 내가 속해 있던 작업장 담벼락에 붙여 나를 겨냥했다. 당시의 나는 젊고 성급했으며 세상사에 어두웠던지라, 나를 공격하는 표어에 즉각 화가 치밀었다. 그래서 그 표어들을 쫙쫙 한 줌에 찢어 버리고 돌돌 말아 버렸다.

나와 같은 신분의 사람도 이 운동에서는 절대로 숙정 대상에서 벗어나기 어려운 운명이었다. 그러나 확실히 이런 충동 때문에 내가 이 운동의 첫번째 표적이 되었다고 말해야 할 것이다. 공개적으로 운동에 대항한 죄명이 필연적으로 나의 머리에 떨어졌고, 숙청의 칼끝이 첫번째로 내게 찍혔다.

2월 19일 오후 공장의 일부 직원들에게 회사 강당에서 열리는 대회에 참가하라는 통지가 떨어졌다. 공장 혁명위의 한 위원이 내게도 가라고 통지했다. 내가 가고 싶지 않다고 말했더니, 그 위원이 "원래 자네도 회사 혁명위 부주임 아니었나. 우리 지도자였는데 어찌 회사 대회에 참가하지 않을 수 있겠나? 좋지 않은 영향이 있을 텐데?"라고 말했다. 나는 잠시 생각해 보고는 역시 가서 남의 뒷말을 듣지 않는 게 좋겠다고 생각했다.

회사 강당에 도착하고 보니 대회가 아직 시작되지 않아 나는 이곳저곳을 돌아다니며 회사 다른 단위의 아는 사람들과 얘기를 나누고 싶었다. 그 사이 나는 공장 보위조의 세 사람이 내가 가는 곳마다 따라다니고 화장실까지 따라 들어온다는 것을 알았다. 나는 조금 이상하다고 느껴 날 따라온 사람들에게 물었다. "당신들 왜 날 따라다닙니까? 무슨 짓을 벌이고 싶은 거요?" 그 몇 사람은 그저 웃으면서 말했다. "아무것도 아닙니다. 아니에요." 그러나 그들은 떨어지지 않고 여전히 따라다녔다. 내 마음은 이에 맞섰다. "따라올 테면 따라 오라지! 내가 무슨 꼬투리를 잡힌 것도 아닌데! 제깟 게 무섭겠어!"

허나 대회가 시작된 뒤 나온 첫번째 안건의 내용이, 이미 혁명위를 대신해 회사 권력을 장악한 회사 '혁명 영도소조'의 책임자가 나와 다른 15명의 사람들에게 정직과 격리 심사 처분을 내리는 것일 줄 누가 알았겠는가!

이 결정이 미처 선포되기도 전에 나를 따라다니던 그 세 명의 공장 보위조 사람들이 즉각 나를 에워쌌다. 두 사람은 양쪽에서 내 겨드랑이를 잡고 또 한 사람은 등을 끌어당기면서 옴싹달싹 못하게 만들었다. 그리고는 심사 선고를 받은 다른 15명의 사람들과 함께 손에 붉고 흰 페인트칠을 한 나무 몽둥이를 든 '노동자규찰대'(당시 각 단위의 민병 조직이 아직 회복되지 않아 당국에서 대신 '노동자규찰대'를 조직했고 간칭해서 '공규'〔工糾〕라 불림) 대원들에게 잡혀 회의장을 떠났다.

정직처분 되어 심사받은 곳은 회사 소속의 한 여관이었다. 이미 영업 정지된 곳으로 '일타삼반' 운동의 회사 전용 반성실로 쓰고 있었다. '정직 반성'의 선고를 받은 우리 15명의 사람들은 전부 여기로 압송되었다. 또한 이제부터 자유가 없으며 각 사람마다 방 하나와 침대·책상이 하나씩 주어지고, 십여 명의 '노동자규찰대' 보위원이 돌아가며 감시한다고 알려 왔다. 회사 '삼호판'〔三號辦; 당시 보편적으로 설립된 '일타삼반' 운동의 책임전문기구〕의 지령 없이는 모두 방에서 나갈 수 없었고, 그저 방안에서 '문을 닫고 잘못을 반성'하며 동시에 '삼호판' 사람의 심사를 받을 수밖에 없었다. 물론 우리들끼리 서로 연락하거나 대화할 수도 없었다.

난 이 '반성'의 장소로 온 뒤로도 오랫동안 사상적으로 적응이 되지 않았다. 물론 바깥의 정세로 볼 때 회사 우두머리 중의 하나였고 또 사회의 많은 조반파 활동에 참가했으며, 특히 총대를 메고 무투에 참가한 적이 있었던 나 같은 조반파가 이번 '일타삼반' 운동에서 숙정당할 가능성이 매우 크다는 것은 생각할 수 있는 일이었다. 그러나 일단 닥치고 보니 망연자실했고 이 일이 사실이라는 게 믿기지 않았다. 왜냐하면 지난 날 내가 했던 모든 일이 중앙에서 조반파들에게 호소하며 하라고 했던 일이 아니었던가? '문공무위'도 장칭이 호소한 일이 아니었던가? 왜 정말로 우리를 숙정하려 하는가?

스무 살의 나로선 이러한 생각과 마음 때문에 비록 '반성실'에 있었지만 성질은 여전히 죽지 않았다. 게다가 난 회사 혁명위의 부주임이었고 15명의 반성자 가운데 가장 큰 직무를 맡았던 사람이었기 때문에, '반성'을 시작한 며칠간은 원래 보수파였던 '삼호판' 사람들이 나와 마음대로 대화할 수도 없었고 나를 건드려 화를 내거나 논쟁을 벌이지 않도록 가급적 조심했다.

그러나 '일타삼반'의 정세가 갈수록 심각해지고, 특히 한차례의 공판대회가 열려 30~40명이 사형 선고를 받았는데 그 중에 조반파 사람들도 포함되자, 나에 대한 회사 '삼호판' 사람들의 태도 역시 갈수록 나빠져 우리 부친의 방문조차 허락하지 않았다.

'반성실'에서 우리는 '삼호판'의 명령에 따라 '반성문'을 썼다.

무엇을 '반성'하는가? 바로 문혁 중 무슨 일을 했는지 쓰라는 것이었다. 문혁 중 있었던 그렇게 많은 일을 쓰자면 어찌 몇 권의 책이 되지 않겠는가? 누군가 '삼호판' 사람에게 말했다.

'삼호판' 사람은 지시를 내렸다. "중요한 것을 써라. 첫째, 무투·총기강탈·구타 사건. 둘째, 사회에서 어떤 활동에 참가했는지. 셋째, 마오쩌둥 사상에 부합하지 않은 모든 행위이다."

이제는 알겠다. 당시는 아직 십 년 문혁의 중반이었기 때문에, 조반파를 숙정하고 다른 사람을 숙정하는 사람 역시 이론적으로 '조반유리'와 문혁을 부정할 수는 없었다. 따라서 '전체적인 국면은 무시하고 한 면에만 집착하여 공격'하는 방식으로 조반파에 맞섰다.

사람을 때려 연루된 사람은 많지 않았지만, 무투와 총기 강탈로 조반파 우두머리들을 거의 일망타진할 수 있었다. 왜냐하면 창사시에서는 몇 번의 큰 무투 사건이 발생했었고 또 수만 자루의 총기가 군사 단위에서 수송되어 조반파 수중에 떨어졌었기 때문이다. 이 두 가지 사건에서 모든 조반파 우두머리들은 직접 혹은 간접적으로 연루될 수밖에 없었다. 따라서 표면적으로는 '폭행·파괴·약탈' 문제를 조사하는 것이지만, 실제 목적은 이것으로 모든 조반파 우두머리를 숙정할 수 있다는 것이었다. 또한 문제의 방향 역시 '무투' 조사에서 점차 전체 조반 활동에 대한 심사로 변해 버려 조반조직이 어떻게 생겨났는지 등을 포괄하게 되었다.

따라서 '일타삼반' 운동이 조반파에 미친 실제 영향은 다음과 같다. 첫째, 표면적인 타당한 이유가 있는 것처럼 보이는 '무투'·'총기 약탈'·'폭행' 등의 문제로 사람을 숙정하면 거의 모든 조반파 우두머리와 핵심분자를 포위망에 가둘 수 있었다. 그러나 이런 '무투'·'총기 약탈'·'폭행' 등의 문제가 어떠한 배경에서 발생했는지, 어떤 원인으로 초래되었는지(일찍이 중앙문혁노선의 지지를 받은 적이 있음), 또한 어떤 성질에 속하는 것인지 논하지도 않고 고립시켜 볼 수 있단 말인가? 둘째, 무투 등의 문제를 조사하는 것에서 점차 전반기 조반 활동 전체에 대한 실제 부정으로 발전되어 '반당'·'반혁명'의 죄명이 또다시 '일타삼반' 운동 중에 슬그머니 되살아났다. 따라서 실제 문혁 초기 '우파'였고 그 뒤로 조반파가 된 사람들이 또다시 하나하나 죄인으로 전락해 나갔다. 셋째, '일타삼반' 운동의 주관자는 기본적으로 문혁 전반기 조반의 물결 속에서 격파당해 조반파에게 이미 잘못을 인정한 보수파 사람들이었다.

이에 대해 나는 '삼호판' 사람들과 논쟁을 벌이기 시작했다. "사람을 해치지도 않았는데 무슨 근거로 날 심사하십니까?"

'삼호판' 사람은 반격하듯 말했다. "사람을 해치지 않았다구? ○○○를 때리지 않았나? 이전에 '적위대장'이었고 보일러공이었던 ○○○ 말이야."

난 스스로의 생각이 틀렸음을 알았다. 사람을 때린 문제에 있어서 확실히 내게도 책임이 있었다. 그러나 이미 당사자에게 잘못을 시인하며 사과했고 당사자의 용서도 구하지 않았던가? 게다가 그를 몇 번 때리긴 했지만 ○○○에게 아무런 결과도 남기지 않았잖은가! 사건이 발생한 문혁이란 배경을 고려할 필요도 없는데, 왜 이렇게 많은 사람을 동원해 날 숙정하려 하는가?

'삼호판' 사람은 오히려 다른 문제로 전환시켰다. "무투 사건에 몇 번이나 참가한 것이 사람을 해친 것이 아닌가!"

나는 당연히 계속해서 변론했다. "그건 문공무위로 중앙에서 호소한 겁니다. 또 조반파에게 문공무위하라는 장칭 동지의 연설도 있었소. 우린 중앙의 정신에 따라 한 것인데 무슨 잘못이 있습니까? 만약 당신들이 잘못이 있다고 억지를 부린다면 중앙이 잘못했다고 공격하는 것이 아닙니까! 중앙문건을 보여 주시오. 난 중앙에서 '문공무위'에 대해 보복할 거라고는 믿지 않소!"

난 당시 중앙의 3호 문건에서 공격대상의 특징을 정하고 있다는 것을 그 후에야 알았다. "핵심 사항을 강조해야 한다. 공격의 핵심은 현행 반혁명분자다. 적과 내통한 매국 행위·폭동 음모·군사정보 정탐·기밀 절도·살인폭행·방화방독·반격, 그리고 당과 사회주의 제도에 대한 악랄한 공격과 국가재산 약탈·사회치안 파괴 등의 현행 반혁명분자들에 대해선 반드시 단호하게 진압해야 한다." '문공무위' 혹은 무투 문제 조사에 대한 언급은 전혀 없다. 그런데 왜 이 '일타삼반' 운동이 전국적 범위 내에서 (상하이시를 제외하고) 조반파 처벌 운동으로 성공적으로 변할 수 있었을까? 또 다른 무슨 특별한 중앙의 지시 정신이 있었을까? 문건에선 나타나지 않았지만 운동 속에서 관철되었을까? 최근에 읽은 전(前) 중앙정치국 위원이자 문혁 중 베이징 시위 제1서기였던 우더(吳德)의 회고록 『풍랑의 세월, 십 년의 기록』(風雨十年紀事)를 보면 1970년 베이징 시위가 '일타삼반'을 이용해 베이징시 조반파 우두머리들을 (전국적으로 유명했던 콰이다푸와 녜위안쯔聶元梓 등 홍위병 5대 영수를 포함해서) '전부 끌어내렸다'고 말하고 있다. 또한 1968년 '7·28' 당시 마오쩌둥이 홍위병의 '5대 영수'를 마지막으로 접견하면서 다른 중앙 지도자들에게 (베이징시 혁명위 주임 셰푸즈謝富治를 포함하여) 다시 한번 "콰이다푸를 숙정하지 마라!"고 말했다는 것이다. 그러나 우더와 베이징 시위는 2년 뒤인 1970년 '일타삼반'을 이용해 오히려 콰아다푸 등을 숙정할 수 있었다. 그들이 근거로 삼은 것은 또 무엇인가?

만일 중앙의 특별정신이 하달되지 않았다면 그것은 문혁 이전 기존 체제의 힘이 작용한 것이라 할 수 있다.

'삼호판' 사람은 나의 반격을 피하더니 논쟁이 벌어질 때처럼 그들에게 유리한 말만을 골라 말의 배경은 상관하지 않고 반격했다.

"마오 주석과 당 중앙에서 '문투를 하고 무투를 하지 마라', '혁명에 힘을 쏟고 생산을 촉진하라'고 하지 않았나? 자네들이 무투에 참가한 일이 문제가 없다는 말인가! 특히 출신성분이 좋지 않은 사람들은 우리 당원과 단원을 심하게 때리기까지 했는데 이건 계급 보복이 아니란 말인가?"

그들은 부친이 중공 노당원인 나 같은 조반파 우두머리에 대해서는, 온갖 방법을 다해 무투 중 사람을 죽였거나 해친 문제가 있는지를 찾아내야만 이를 빌미로 숙정할 수 있었으며, 계급 보복의 모자로 압박할 수는 없었다. 말을 할 때도 약간은 정중했다. 그러나 '삼호판' 사람들은 출신 성분이 국민당 관료이거나 소자본가 혹은 농촌 지주인 '반성' 자에 대해서는 처음부터 기세등등하게 고함을 질러 댔다. 조반에 참가해 '우파 반란'을 했다고 비난할 뿐 아니라, '얌전히 있지 않으면 무산계급의 독재는 바로 너 같은 놈들에게 행하는 것'이라며 위협적으로 말하기도 했다.

'반성실'에 대략 보름간 있었지만 나는 필사적으로 저항하며 한 글자도 쓰지 않았다. 또 나같이 확고한 출신 성분의 청년이 하나 있었는데 성이 저우(周)인 진짜배기 빈농의 아들로 그의 부친은 농촌 생산대대의 빈농협회 주임이었다. 그 자신은 다른 상업공사의 혁명위 위원을 지냈었는데 한 글자도 쓰지 않을 뿐 아니라, 하루 종일 '삼호판' 사람과 논쟁을 벌였다. 이에 대해 '삼호판' 사람 역시 그를 어찌할 방도가 없어 상부에 보고할 뿐이었다.

보름 뒤 '삼호판' 사람들이 우리 모두를 또 다른 큰 여관으로 호송하면서 '학습반'에 들어가는 것으로 바뀌었다고 말했다. 그 '학습반'에는 우리 15명의 '반성' 자뿐 아니라 백여 명의 '수강생'들도 있었다. 이 '수강생'들은 새로운 우리 공사의 조반파 우두머리와 핵심분자들로, 팡다밍과 양진허 등이 포함되었고 우리 기계수리 공장의 혁명위원회 부주임인 허우찬장 등도 있었다. 그들은 이틀 전에 미리 회사 정치 업무조와 '삼호판'의 지령에 따라 '학습'에 참가하러 온 것이다.

이른바 '학습반'이란 문혁 중에 나타난 특별한 것이다. '학습반'의 명칭 혹은 그것의 전칭인 '마오쩌둥 사상 학습반'으로만 보자면 후세 사람들은 아무리 지혜로운 사람이라도 그것이 어떤 것인지 상상해 낼 수는 없을 것이다. '공부'하는 곳 혹은 '마오쩌둥 사상을 학습'하는 곳이 아닌가? 사실 전문적인 학습을 위한 '학습반'도 있었지만, 대부분은 사람을 숙정하기 위한 '학습반'이었다. 마오쩌둥이 문혁 초기 '학습반 운영은 좋은 방법이다. 많은 문제들이 모두 학습반에서 해결될 수 있다'는 최고지시를 내린 뒤로 '학습반'은 더 이상 배우는 곳이 아니라, 더욱 많게는 전문적으로 사람을 숙정하는 장소가 되어 버렸다. 문혁 파벌 투쟁이 고조에 이르렀을 때 중앙과 중앙문혁이 베이징에서 여러 종류의 '학습반'을 운영한 적이 있었다. 어떤 경우 각 성의 파벌전을 해결하기 위해, 양측의 우두머리를 베이징으로 불러 '학습반'에 들어가게 하여 중앙의 의도에 따라 통일적인 관념을 강행하기도 했다. 또한 린뱌오 라인과 대립적인 군대 고급간부를 숙정하기 위해 '학습반'이란 이름을 이용하여 비판투쟁을 벌이기도 했다. 후난성의 파벌전에서는 조반파의 내홍 중 이미 대권을 장악한 쪽에서 이 '학습반'의 방법을 이용해 다른 조반파에 대한 비판을 진행한 적도 있었다.

'일타삼반' 운동 중의 '학습반'은 무슨 새로운 것은 아니었지만, '반'을 운영한 규모나 시간으로 볼 때 문혁 이래 최고였다. 당시 각 단위에서 운영한 각종 '학습반'엔 언제나 수백 명, 심지어 수천 명이 참가하기도 했고 한번 '학습반'에 들어가면 적게는 두세 달, 길게는 거의 일 년을 있었다.

이번 '일타삼반'에 대해 당시 중앙의 의도가 대체 무엇이었는지는 지금까지도 알지 못한다. 처음엔 군중의 조반을 호소하더니 왜 이때 조반파를 처벌하려 했는가? 당시 전국 대부분의 성에서는 권력을 장악한 군 지도자와 기존의 지방 영도간부들이 손을 잡고 모두 '일타삼반'을 조반파 청산 운동으로 바꾸어 놓았다. 따라서 상하이를 제외한 각지 조반파의 대표적인 인물들은 '신생 홍색정권', 즉 각급 혁명위원회에서 잇달아 쫓겨났고 심지어 감옥에 갇히기도 했다. 상술한 우더의 『풍랑의 세월, 십 년의 기록』에서는 그와 노간부 동료들이 어떻게 '일타삼반' 운동을 이용해 무투 문제를 처리하는 돌파구로 삼았는지를 얘기해 주고 있다. 콰이다푸와 한아이징 등 전국적으로 유명한 베이징 홍위병 '5대 영수'를 전부 '끌어내린' 동시에, 이미 시 혁명위에 들어간 노동자 조반파 우두머리들도 혁명위에서 성공적으로 쫓아냈고, 아니면 어떤 이유를 찾아내 체포하거나 하방시켜 노동자가 되게 했다는 것이다.

베이징시에서 발생한 일은 사실 전국 대부분의 성에서도 잇달아 발생한 일의 축소판이었다.

유일하게 상하이만 예외였다. 왜냐하면 상하이는 당시 여전히 중앙 고위층이었던 장춘차오와 야오원위안이 통제하고 있었고, 다른 사람이 손을 대고 관여할 여지는 없었다. 동시에 마오쩌둥 역시 여전히 장춘차오와 야오원위안을 지극히 신뢰하고 있었기 때문에 누구도 그들 두 사람을 건드릴 수 없었다.

시 전체의 '일타삼반'·'학습반'은 모두 시 혁명위의 일괄적인 배치에 따라, 상술한 베이징 '일타삼반'의 모델에 따라 진행되었다. 따라서 무투 중 조반파가 했던 일을 추궁하는 것이 '학습반'의 공격 목표가 되었다. 왜냐하면 무투 사건에서 사람을 해치고 죽였거나 혹은 어떤 말을 했고 무슨 명령을 내렸는지 등의 책임이 있다는 것을 밝혀 내야만 '주모자'로 추론될 수 있었기 때문이다. 그렇게 되면 감옥에 가두거나 최소한 비판이나 처벌을 내려 이를 빌미로 혁명위에 직책이 있는 사람을 해직시킬 수 있었다.

문혁 양 파벌 간의 투쟁으로 인해 대자보를 쓰고 표어를 붙이는 어린 아이 물장난 같은 '문공'에서 진짜 실탄이 든 총과 대포, 탱크가 일제히 나서는 '무투'로 발전하였다──실제로는 이미 작은 전쟁이었다. 마오쩌둥을 포함하여 장칭도 이에 대한 지시를 내려 무장 조반파에 대해 모두 긍정적인 태도를 보였다. 1967년 7~8월 사이 마오쩌둥은 '좌파를 무장시키자', '왜 노동자 학생을 무장시킬 수 없는가?'라고 몇 번이나 말했다. '문공무위'라는 말이 처음 나온 것도 장칭이 1967년 7월 22일 허난성의 조반파를 접견하면서 공개적으로 제기한 것이다. 따라서 양 파벌의 우두머리와 핵심들은 조반파나 보수파를 막론하고 말려들어 가지 않은 사람이 적지 않았다.

만일 정상적인 사법 기준으로 비상 시기의 행위를 판단한다고 하면 운동에 적극 참여했던 많은 사람들이 법망에 걸려 들어갈 수 있었다.

원래 성 혁명위를 건립한 뒤에 문혁 무투 중 죽거나 다친 사람 문제에 대한 정책이 있었다(물론 중앙의 관련 지시에 따랐다). 무투 중 쌍방의 대치 총격전에서 다치거나 죽은 사람에 대해서는 누가 쏜 총인지 추궁하지 않고(실제로도 조사할 수 없었다) '평화' 시기, 즉 쌍방 모두 생명의 위험이 없는 상황에서 상대편 '포로'를 잡거나 상대편 사람에 대해 비판투쟁을 벌이다 죽거나 다치게 한 사람에 대해 형사 책임을 지게 한다는 것이었다. 양 파벌의 우두머리가 무슨 대회를 열거나 어떤 말을 하여 결국 무투를 초래한 일에 대해 어떤 책임을 져야 한다고 여기는 사람은 없었다. 왜냐하면 그것은 '파벌전'이었고 문혁의 특수 상황이었으며, 또한 어떤 중앙 지도자나 어떤 중앙의 문건에서도 이 일을 비난하지 않았기 때문이다.

당시 상술한 '평화' 시기에 상대편 사람을 죽이거나 다치게 한 사람에 대해서는 조반파 우두머리들도 모두 '위법'이라고 여기고 있었다. '강호'(江湖)의 말을 빌리자면 '반격할 힘도 없는 사람을 때린 놈은 사람도 아닌' 것이다. 게다가 모든 문혁 참가자가 줄줄 외고 있는 '3대 기율과 8개 주의사항'에선 '포로'에 대해 '때리거나 욕하거나 주머니를 뒤질 수 없다'고 명확하게 규정하고 있지 않은가!

따라서 이 점에 대해 조반파 우두머리들은 성 혁명위의 군 측과 노간부들과 함께 공통된 인식을 가질 수 있었다.

그러나 '일타삼반' 운동은 사람을 죽이거나 다치게 한 문제 범위를 넓혀 문혁 중 무투를 했던 모든 사람과 행위로까지 확대했다. 주먹을 썼으면 죄가 있는 것이고, 총을 잡았으면 문제가 있는 것이었다. 또한 한 번도 무투 장소에 나간 적이 없어도, 모든 '파벌전'에서 무투가 발생했기 때문에 '파벌전'을 지휘한 우두머리들은 연대 책임이 있다고 했다. 이것이 첫번째이다. 둘째, 당시 각급 지방 정권인 혁명위에서는 기본적으로 군 측의 노간부 혹은 전체 노간부 위주로 일을 처리했고 '공무원', 즉 간부들 역시 기본적으로 '복직'되었다. 문혁 이전 지도부의 보수파 쪽 사람들이 원래 자리로 돌아와 집권했기 때문에, 이 무투 문제로 '일타삼반'의 심사 처리를 받게 된 대상은 모두 조반파였으며 보수파 쪽은 기본적으로 건드리지 않았다.

반면 문혁 무투에서 조반파 '포로'를 살해했던 보수파 우두머리와 흉악범들은 도리어 '일타삼반' 운동을 전후로 하여, 원래 조반파들이 앉았던 혁명위의 '군중 대표' 자리를 메꾸어 들어가 모두 각급 혁명위의 관료가 되었다. 문혁이 끝난 뒤 1981년 중앙에서 '세 가지 부류의 사람'을 조사할 당시에 이르러서야 후난으로 파견된 중앙공작조에서 중대한 살인죄를 저질러 민중의 분노를 크게 산 전(前) 보수파 우두머리들에 대해 법의 제재를 가했다. 예컨대 원래 문혁 보수파 우두머리였고, 국유기업인 창더(常德) 담배 공장의 당위 서기였던 돤(段)모 씨는 조사를 받고 체포되어 총살되었다.

조반파들의 무투 사건은 표면적으로 볼 때는 말할 것도 없이 반드시 추궁해야 할 문제이다. 그러나 당시 무투가 발생했던 역사적 배경을 고려한다면 이 문제를 단순히 그렇게 고립시켜 생각할 수는 없다.

누군가 사람을 때리고 신체를 상하게 했다면 당연히 추궁받아야 한다. 그러나 일찍이, 그것도 먼저 다른 사람을 이유도 없이 정치적으로 무슨 '우파'나 '반혁명'으로 몰아 (심지어는 그의 가족을 포함해서) 한평생 비인간적인 지옥과 같은 상황에서 살도록 해놓고, 이에 대해 어떠한 정치적인 처벌을 받은 적이 있는가? 없다. 다른 사람을 잘못해서 '우파' 혹은 '반혁명'으로 몰아 당적을 박탈하고 직책을 해임시켜 공직에서 제명했는데 혹시 법정으로 보내진 적이 있는가? 없다! 하나의 사례도 없다! 또한 문혁 중이었거나 오늘날에 이르기까지 무고한 군중을 '우파'나 '반혁명'으로 공격했던 사람이 공개적으로 참회한 적이 있었던가? 이로 인해 무슨 추궁을 받은 적이 있는가? 역시 모두 없었다.

그로 인해 삼십여 년 넘게 진행된 문혁 조반파의 무투 행위를 추궁하는 일과 이에 대한 선전 이데올로기는 현실에서 그저 편견을 지닌 정치투쟁이 되었을 뿐, 도덕과 법률에 의한 진정한 판단은 아니었다.

따라서 1970년 당시 '일타삼반'의 결과는 잇따른 조반파 우두머리들의 필연적인 낙마였고 모두 법망을 벗어나기 힘들었다. 그렇지 않고서야 결코 무인이 아니고 매일 그저 회의만 개최했던 베이징시의 그 홍위병 학생 지도자들이 어찌 '끌어내려'질 수 있었겠는가?

우리 신(新)공사의 '학습반'에는 대략 삼백여 명이 있었는데, 주로 회사 전체의 조반파 우두머리와 핵심분자로 무투 중 문제가 있었는지의 여부를 조사한다는 이유로 모두 심사대상이 되었다. 왜냐하면 이 중에 문혁 중 총을 들지 않은 사람이 없었고, 소속 단위에서 당권파를 비판하는 크고 작은 무투 사건이 발생하지 않은 곳이 없었기 때문이다 (영도간부에게 모자를 씌우거나 주먹으로 사람을 때리는 일을 포함해서). 게다가 이때 회사 대권을 장악한 사람은 더 이상 조반파가 아니었기 때문에 모조리 이 '학습반'에 들어가게 되었다. 그 중 백여 명은 조반파 구성원으로 혁명 '대상'으로 불리었고, 나머지 이백여 명은 소위 혁명 '동력'으로 모두 당원이나 단원, 혹은 문혁 전의 정치적 적극분자로 당연히 파벌 구분에 따라 그들 모두 보수파 구성원이었다.

'학습반'은 몇 개의 소조로 나뉘어 회사에 소속된 기층단위로 조를 나누었다. 자연히 나는 우리 기계수리 공장조로 분류되어 양진허와 허우촨장 등과 만났고, 또 기계수리 공장의 오래된 적수인 보수파 동료들도 만났다. 공장 혁명위 주임, 즉 원래 공장 당 지부 서기였던 쑤중위안 역시 와서 '학습반'의 조장을 겸임했다. 그는 나를 보더니 아무 말도 하지 않고 얼굴을 돌렸으나 그래도 고개는 끄덕였다. 2년 전 우리에게 비판받을 당시의 가련한 모습과 공장 혁명위로 결합하라는 우리의 선고를 받을 당시의 겸손한 모습은 이미 찾아볼 수 없었다. 그러나 그 뒤로 한번은 소조 회의에서 다른 사람이 전혀 근거도 없이 나를 꾸짖을 때, 그는 화난 나의 얼굴을 보더니 윗사람의 말투로 끼어들며 말했다. "기분 나빠하지 말게. 자네들이 날 비판할 당시를 생각해 보라구. 자넨 또 어떤 태도였나? 내 솔직히 말하지. 자넨 아직 젊어 뭐가 정치운동인지 모른다구! 자넨 정말 너무 유치했고 자기 분수를 몰랐어. 정치운동의 무서움을 맛보지 않는다면 자랄 수가 없지! 자넨 아직 멀었다구! 앞으로 천천히 배우도록 하게. 내가 경험자야. 빈말로 자넬 억누르는 게 아닐세."

당시 쑤중위안의 이 말에 대해 나는 그리 큰 느낌은 없었고, 유일하게 느낀 것은 그의 의기양양한 모습이었다. 그저 생각뿐이었지 방법이 없었다. 이렇게 그들은 또다시 우리 조반파를 이겼다. 그러나 그 뒤 문혁의 상황이 변하면서 스스로 많은 풍랑을 겪게 된 후에야 쑤중위안의 말의 무게와 의미를 천천히 깨달을 수 있었다. 안타깝게도 당시는 기가 드센 소년기로 '세상사'로 여겨지는 모든 말은 듣기 싫었다. 때문에 그 뒤로도 정치적 관념이 성숙해지기 위해 많은 학비를 내야만 했다.

'학습반'에서 가장 먼저 한 일은 심사받는 사람, 즉 '대상'들이 우선 '학습반'의 '동력'들에게 무슨 총을 썼는지, 총은 어디서 구했는지, 그 뒤에 총은 반납했는지 등을 포함하여 문혁 무투 사건의 과정과 관련된 상황을 여러 번 거듭 설명하는 것이었다. 또 그 뒤로 모든 조반 활동을 보고하게 하여 '동력'들이 의심 갈 만한 문제를 발견하도록 했고, 다시 '대상'들에게 진술한 일들을 쓰게 하였다. '동력'들 역시 모든 진술 자료를 자세하게 심사하였다. 당시 시 안에서 벌어진 '일타삼반' 운동은 이미 수십 명을 죽인 '공판대회'를 이용해 여론을 만들고 있었기 때문에 '학습반' 안은 매우 긴장된 분위기였다. 가장 우스운 일은 매번 살인공판이 열리기 전에 중형자의 명단과 그 문제에 관한 자료를 먼저 시 전체 각 단위에 보내, 명단 안의 사람이 무슨 형을 받아야 하는지를 논평하게 했다는 것이다. 우리 회사 '일타삼반'의 '학습반' 안에서도 이 규정대로 진행되었다. 우리 피심사자들은 한쪽에서 '교육을 받아야' 했다. 따라서 그 '혁명동력'들이 논평 중에 한쪽에서 '죽여라' 하고 소리를 지르면 명단 안의 사람을 모조리 사형에 처했고, 심지어 다른 사람이 그 명단 안에 있는 사람의 문제를 다 읽기도 전에 기다릴 것도 없이 '죽여! 죽여! 죽여!'라고 외치기도 했다. 그런 분위기에서 나타난 증오와 공포는 매우 극심하여 '학습반'을 정신적으로 크게 압박했다. 게다가 '학습반' 안에 무투에서 보수파 사람을 죽인 혐의를 받은 두 명의 청년 노동자가 공안국에 잡혀갔다는 소문이 있어(그 뒤 비림비공 운동에서 억울한 사건으로 판명되어 복권되었다) 피심사자인 우리로서는 더욱 공포감을 느꼈다. 스스로 무슨 무투 문제가 있을 리 없다고 여겼던 사람들도 모두 긴장하기 시작했고, 자신이 어떤 말을 해서 어떤 무투 사건에 대해 책임을 지거나 처벌을 받을지 몰랐다. 또한 추궁받는 문제의 범위 역시 무투에서 조반 활동 전체로 확산되었다. '학습반'의 주관자들은 조반운동이 잘못이라고는 말하지 않았지만 피심사자의 조반 동기에 문제가 있다고 강조하면서, '조반유리'〔造反有利 ; 조반으로 이익을 봄〕에 속하거나 '조반으로 반란을 일으켜' 공산당 영도에 반대하는 것이라고 말했다. '반당'이란 죄는 어떤 조반파도 깨끗이 벗어날 수 없는 것이었다. 왜냐하면 문혁 '조반'은 바로 각급 당위와 당권 '주자파'에게 반대한 것이었기 때문이다. 가장 우스운 일은 조반에 참가한 모든 사람이 '류사오치·덩샤오핑의 반혁명 수정주의 노선'의 여론을 조성하여 문화대혁명의 급선봉을 파괴하고 '제(국주의)·수(정주의)·반(혁명)의 별동대'라는 것이었다!

'학습반'은 피심사자의 자유가 없어 외출할 수도 귀가할 수도 없었으며 전화를 하거나 피심사자끼리 대화를 나눌 수도 없었다. 게다가 주야(晝夜) 할 것 없이 계속해서 파상공격으로 압박해 왔고, 밤낮으로 회의를 열어 추궁해 댔으며, '대상'의 특징을 겨냥하여 몇 명 혹은 십여 명이 에워싸고 폭격하듯이 자백을 강요했다. 만약 잠을 잘 잤다면 '고의로 홀가분'한 척 대항한다고 비판했고, 만약 밤새 괴로워 잠을 이루지 못했다면 '대나무 통에서 콩 쏟아 내듯' 모두 솔직하게 털어 놓았으면 잠을 못 잘 리 없다며 계속해서 압박했다. 새롭지는 않았지만 견딜 수 없었던 '자백 강요' 과정에서 어떤 사람, 특히 청년 노동자들은 정신적으로 참을 수 없어 아무렇게나 자백하는 일도 일어났다. 청년 노동자였던 장주홍(張九宏)은 사회 양대 파벌전에 참가했었는데, 이어지는 정신적 폭격을 받고는 결국 '어떤 무투에서 포로 하나를 단독 살해한 뒤 시체를 근교 모 산에 묻어 버렸다'고 자백하였다. '동력'들은 매우 기뻐하며 드디어 큰 건수를 올렸다고 여기고는 황급히 상부에 보고하고 팀을 꾸려 장주홍을 끌고 살인과 매장의 현장으로 갔다. 결과는 당연히 아무것도 없었다. 장주홍은 한바탕 호되게 비판을 받았고, 자백을 강요했던 '동력'들 역시 상부의 꾸짖음을 받았다.

가장 분노케 만든 것은 일부 단위의 '일타삼반 학습반'에서 문혁 무투에서 죽은 조반파까지 가만 두지 않고 관을 부수고 시체를 들어 올린 일이었다. 내 친구 녜창마오(聶常茂)와 그와 같은 조직에 있던 십여 명의 젊은 동료들은 손에 '노동자규찰대' 나무 방망이를 든 회사 '학습반' 혁명 '동력'들에게 무기를 감추었다는 의심을 받아, 그들 조직에서 무투 중 싸우다 죽은 허(賀)씨 성의 청년 무덤을 '동력'들의 질타와 압박과 감시 아래 파헤쳤다. 그 관을 비틀어 열고는 이미 부패한 허모 씨의 시체를 꺼내어 관 속과 허모 씨의 몸을 수사했다. 그들은 함께 묻은 아무런 무기류도 없다는 것을 발견하고서야 대충 허모 씨의 시체를 구덩이 속에 던지라고 명령하더니, 제멋대로 흙을 덮어 다시 매장해 버렸다. 그 관은 산산조각이 나 한쪽에 버려졌다. 그 혁명 '동력'들은 허모 씨가 무투 분자로 죽어 마땅하며 '기러기 털보다 가벼운' 가치 없는 죽음이므로 사후에도 관이 어울리지 않는다고 여겼다.

창사시에는 문혁 무투가 절정에 이르렀을 때, 조반파들이 남쪽 외곽에 있는 산에 묘지구역을 세워 무투 중에 싸우다 죽은 조반파 사람을 매장해 주는 곳이 있었는데, 대략 이삼백여 개의 무덤이 있었다. 무덤은 각 조반조직에서 각자 세웠으며, 각자 다르게 반원형의 시멘트 봉분을 세우고 묘비도 만들어, 조반파조직의 사망자와 그 가족들을 추모했다. 그러나 '일타삼반' 운동 중 이 묘지구역은 전부 불도저로 밀려 평평하게 되었고 모든 봉분은 더 이상 존재하지 않게 되었다. 결국 죽은 자들의 마지막은 비참한 결과를 맞아 행방을 알 수 없게 되었다.

죽은 후에도 관을 열어 죄를 추궁하는 이야기는 역사책에도 있고 중국과 외국 모두 발생한 적이 있다. 영국 부르주아계급 혁명의 크롬웰 장군도 최후에는 왕당파에게 이와 같은 액운을 당하고서야 반동자들의 원한을 풀 수 있었다. '일타삼반' 중에 발생한 대규모의 묘지 훼손 사건은 역사의 무게를 깨닫게 해준다. 이렇게 하는 것은 무엇을 의미하는가? 문혁과 조반은 상부에서 호소한 것이고, '문공무위' 역시 중앙 지도자가 호소한 것인데 이들 참가자에게 또 무슨 잘못이 있는가? 그들이 역사적 잘못을 저질렀다 하더라도 일찍이 젊은 생명으로 그 댓

가를 치렀는데, 하느님도 너그러이 용서할 수 있는 이 젊은이들을 어찌 다른 세계에서 편안하게 쉴 권리조차 박탈할 수 있단 말인가!

나 역시 당연히 문혁 무투에 참가했던 과정을 포함해 문혁 중에 일어난 일을 모조리 셀 수도 없이 해명했다. 처음에는 이를 기회로 스스로의 문제를 깨끗하게 하여 나의 결백을 증명할 수 있으리라 여겼다. 그러나 그 뒤로 저들은 나의 결백을 원하는 것이 아니라, 나의 '죄행'을 바란다는 것을 천천히 깨달았을 때 나는 많은 시간을 침묵으로 상대하곤 했다. 내가 이렇게 할 수 있었던 요인은 두 가지였다. 하나는 스스로 법을 어기지 않았다고 굳게 믿었다. 왜냐하면 누군가를 죽이고 해쳤는지는 나 자신이 가장 잘 아는 일로 마음속으로 양심에 부끄러운 일은 하지 않았기 때문에 두렵지 않았다. 두번째는 출신 성분이 좋기 때문에 스스로에게 문제가 없다면, 다른 사람도 어찌할 도리가 없다고 생각했다. 사실 당시 난 무척이나 유치하여 세상에 억울한 일이 있을 수 있다는 것을 몰랐고, 그저 억울한 일이 날 휘감지 않기만을 바랐을 뿐이었다.

'학습반'에서 지내던 몇 달간은 정말로 견디기 힘들었다. 신체적 자유도 없었고 집에 갈 수도 없어 연로한 부친을 뵐 수도 없었으며, 또한 나와 얘기하는 사람도 없었다. 어쩌다 식당에서 밥을 먹을 때 팡다밍과 양진허 등을 만났지만 모두들 서로 눈빛으로 안부를 나눌 뿐 대화를 하진 못했다. 기계수리공장 '학습' 소조에서 허우촨장 역시 나와 얘기를 나눌 수 없었는데, 그렇지 않았다간 질책을 받고 '소학습반', 즉 개인 혼자 반성하는 곳으로 보내질 거라는 위협을 받았다.

깊은 고독감을 느끼던 나는 밤에 자주 혼자 눈물을 흘리며 가족에게 부끄러움을 느낄 뿐이었다.

난 내가 연약한 사람이라고는 생각지 않았다. 사상이나 태도로 볼 때 시종 모두 저항의 정신을 갖고 있었다. 그래서 '학습반'의 '동력'들도 내게는 큰소리치지 못했다. 반면 그들은 다른 '대상'들에게는 종종 천하를 호령하듯 꾸짖었다. 아마 그들 역시 만일 이 문혁운동이 뒤집어진다면 개인적인 미움을 사게 되어 향후 호된 보복을 당하게 될까 봐 걱정했을 것이다.

솔직히 처음엔 내 자신이 쉽사리 마음 아파하며 눈물 흘리는 것을 보고는 스스로 부끄러웠다. 왜 이러지? '남자는 가벼이 눈물을 흘려선 안 된다'고 하지 않았던가! 이러고 싶지 않은데! 난 정말로 스스로가 강인한 사람인 줄 알았다!

왜 그랬는지는 그 후에 과학적 지식으로 똑똑히 알았다. 눈물을 흘리고 흘리지 않고는 사람의 유전자와 관련이 있는 것이지, 성격의 유약함 혹은 강인함과는 관련이 크지 않다는 것을 말이다.

대략 5월말쯤 '학습반'은 해산되고 대부분의 '대상'들도 자유를 얻었다. 왜냐하면 그들에게 무슨 문제가 있다고 밝혀낼 수는 없었지만 조직에서(권력에서), 또 정신적으로 이미 충분히 조반파의 기세를 소멸시켰기 때문이다. 허우촨장같이 아직까지 회사 기층단위 혁명위에 있던 조반파들도 '학습반'에서 기계수리 공장 혁명위 부주임 직의 철회를 선고받았다.

난 여전히 자유를 되찾지 못하고, 회사 '학습반'에서 기계수리 공장으로 돌아온 뒤에도 또다시 독방에 들어가 계속해서 '반성'을 요구받았다. 나는 몇 번이나 물었다. "무투 당시 무슨 위법 문제가 있다는 걸 밝히지 못했는데 왜 내 자유를 돌려주지 않는 겁니까?"

대답은 오히려 이랬다. "아직 자백하지 않은 중대한 문제가 있다. 무투 문제가 아니다."

나는 말했다. "무슨 문젭니까? 난 몰라요. 난 없습니다!"

대답은 이랬다. "그럼 안에서 잘 반성해 봐! 자네가 자백하기를 원할 때 다시 얘기하도록 하지."

나는 화가 나 미칠 지경이었지만 어찌할 방도가 없었다. 그저 '반성실'의 창문에서 거리의 새파란 오동나무 잎이 천천히 짙은 녹색의 부들부채로 자라나는 것을 바라볼 뿐이었다.

그 뒤로 그들의 말 속에서 내게 '반동사상'이 있다는 것을 천천히 알게 되었다. 왜냐하면 누군가 우리 집 세계지도 아래 '노동자에겐 조국이 없다!'라고 쓰여 있는 작은 표어를 폭로했기 때문이다. 이 어찌 우리 노동계급을 공격하는 것이 아닌가? 우리 사회주의 조국을 공격하는 것이 아닌가? 두번째는 기계수리 공장의 누군가가 내가 그들에게 왜 우리 노동자의 임금이 우리가 창출한 경제 이익보다 적은지를 설명하면서 '국가가 잉여가치의 방식을 이용해 노동자를 착취한다'고 말했다고 폭로했다. 또 내가 '노동자 민주 선거를 실현하는 파리코뮌만이 진정한 사회주의이다' 등등의 말을 했다고 적발했다. 세번째는 친구 소개로 알게 된 샹탄(湘潭) 모 군수공장에서 일하는 위안(袁)모 씨가 그들 공장 안에 독서회를 만들었는데, 나중에 '반동소집단'으로 공격받은 일이다. 이 위안모 씨는 평소 그가 보아도 이해가 되지 않는 마르크스-레닌 저작의 해석을 나에게 들었기 때문에 독서회에서 토론할 때 수차례 내 이름을 거론하며 내가 '수준이 있다'고 운운했던 것이다. 그 결과 그들 공장에서 '일타삼반' 운동을 주관하는 '삼호판'들이 우리 단위로 상황 통보를 전해 와, 내가 무슨 '독서회' 등을 조직하지 않았는지 조사해 보라고 알려 주었던 것이다.

　세번째 문제는 당시 문혁 활동과 무관한 것으로, 문혁 전 '반동 소조직' 류의 사건과 비슷하다. 무투 문제에서 형사 죄명으로 끌어들일 무슨 문제를 찾지 못하게 되자, 단위의 '삼호판' 들은 다른 쪽에서 철저하게 날 깨고 싶어 했다. 당시 사회 전체의 생활은 모두 비교적 엄숙하여 낭만이라고 할 만한 게 없어, 나같이 젊고 또 정치활동에 말려들어 간 사람은 생활 태도에서 빈틈을 찾을 수 없었고 더욱이 경제 쪽에서도 공격할 만한 이유를 찾지 못했다. 따라서 '삼호판' 은 '반동 소조직' 이란 측면에서 나의 새로운 문제를 찾아내기로 결정했다. 나중에 한 '동력' 핵심이 내게 알려 주어 상황을 알게 된 것인데, 처음 '삼호판' 의 제군들이 내가 '반동 소조직' 사건과 관련이 있다는 것을 듣고는 순간 크게 기뻐하며 나를 제압할 수 있으리라 생각했다고 한다. 그러나 나와 빙빙 돌려가며 수차례 얘기를 나눈 뒤로는 그들이 상상했던 것처럼 그렇게 쉽게 나의 죄를 정할 수 없다는 것을 발견했다. 왜냐하면 내가 하는 말은 그들이 생각했던 '반동 말' 이 결코 아니었고, 모두 근거 있는 마르크스–레닌주의로 책에 모두 출처가 있는 것이기 때문이었다. 또한 나의 해석도 무슨 타당하지 않은 곳이 없는 것 같았다. 예컨대 '노동자에겐 조국이 없다' 는 말에 대해 이것은 마르크스가 한 말로 나의 강령이 아니며, 『공산당 선언』이라는 책 몇 페이지에 나오는 것으로 전 세계 노동자는 한 가족이며 민족과 국가를 구분하지 않는다는 뜻이라고 알려 주었다. 그리고 '노동자에겐 조국이 없다' 는 말을 세계 지도 아래 붙인 건, 중국 노동자들이 세계혁명의 뜻을 품고 있다는 것을 나타내는 것이라고 했다. 또한 무슨 '잉여가치' 관념이란 것은 왜 노동자가 자기가 노동한 것을 전부 얻지 못하는가를 설명하며 사용한 것으로, 모두 마르크스의 『고타강령비판』 등의 책에 있는 원래 무정부주의 사상을 비판하는 뜻이라고 설명했다. 샹탄의 위안모 씨가 무슨 책을 읽었고 어떤 일을 했는지에 대해서는 나와 전혀 관련이 없었다. 왜냐하면 모두 합쳐 봤자 위안모 씨를 몇 차례 만났을 뿐이고, 더욱이 그들의 군수 공장에는 가본적도 없었기 때문이다.

몇 달간 계속되고 난 뒤 내가 '반동 소조직'에 참가했다는 죄는 성립될 수 없었고, '반동사상'이라고 정했던 일 역시 증거가 없었다. 도리어 조사하기만 하면 모두 마르크스-레닌주의의 말들이었다. 회사와 공장 '삼호판'은 그만둘 수밖에 없었다. 그러나 무투 중의 문제를 밝혀내지 못하면 '사상범' 역시 입안되기 어려운데 어떻게 하나? 그들은 아마 어찌해도 모두 적절하지 않다고 생각했나 보다. 내 자유를 되돌려줄까? 그러나 만약 설명이 없다면 조반파 우두머리인 내가 앞으로 무슨 반격 사건을 일으킬지 모르는 일이었다. 필경 문혁운동 중 왔다 갔다 번복되는 곡절이 앞으로 다시 발생할 리 없다고는 누구도 장담할 수 없었다. 나를 숙정하고 싶었지만 확실한 자료가 없었고, 당시 성과 시의 조반파에 대한 가장 불리한 정책 기준에 따를 때도 나를 숙정할 방법은 없었다.

따라서 그들은 가장 오래된 방법을 택했다. 시간을 끄는 것이다. 시간을 끌면서 날 숙정할 만한 문제를 찾을 수 있을지 없을지 방법을 찾는 것이었다.

내게 문제가 없다고 말하지는 않았지만, 나는 확실히 자유를 되찾았다. 그러나 '반성'은 철회되지 않아 나는 여전히 죄를 기다리는 몸으로 이전에 적극 조반했던 '채무'를 갚을 수밖에 없었다. 단지 나에 대한 감시가 엄격하지 않게 되어 때때로 나는 '반성실'을 빠져나왔다. 그들 역시 못 본 척했고 상관하지 않았다. 실제 두 달 동안은 반(半)자유 상태에 있었다.

그러나 그렇다 하더라도 손해를 보는 건 여전히 나였다. 뭘 근거로 내가 완전한 자유의 상태에 놓이지 못한단 말인가? 내게 무슨 문제가 있다면 숙정하거나 잡아들이거나 판결에 처하면 된다. 증거를 가지고 하면 된다 말이다. 없다구? 그렇다면 당연히 나를 풀어 줘야 한다!

'삼호판' 사람은 내 질문에 대해 허허 하면서 말했다.

"자네 문제는 곧 밝혀질 테니 참고 기다리게. 만약 문제가 없다면 뭐가 급한가? 뭐가 두려워?"

1970년 10월이 되자 시의 일괄적 배치에 따라 회사는 후난대학에 비어 있는 기숙사와 교실을 빌려 또다시 '학습반'을 운영했다. 당시 대학생들은 모두 배치받아 갔고, 신입생 모집 준비를 하지 않았기 때문에 학교 전체가 텅텅 비어 있었다. 이번에 회사에서 운영하는 '학습반' 역시 '일타삼반'의 연속이었고 단지 '삼반'의 경제문제가 중점일 뿐이었다. 또한 회사 내부 사람끼리 속사정을 봐 줄까 봐 시에서는 해방군 군관과 외지 간부로 구성된 '공작조'를 파견해, 경제문제 해결에 협조하도록 했다. 원래 '일타삼반 학습반'에 들어갔었던 조반파 핵심분자들은 문제가 아직 분명하게 밝혀지지 않았거나, 혹은 '학습반'을 나온 뒤 자신이 해명했던 문제에 대해 인정하지 않고 '번안'(飜案)을 요구해 또다시 농간을 당했다. 나는 문제가 아직 밝혀지지 않은 자의 범주에 속해 '반성실'에서 또다시 '학습반'에 들어가게 되었던 것 같다.

그러나 이번 '학습반'에서 보낸 날들은 반년 전의 '학습반'에 비해 훨씬 수월했다. 하나는 사업의 중점이 이미 우리 조반파에 있지 않고,

'학습반'에 들어간 사람들의 경제문제(예컨대 국가재산 횡령과 절도)를 추궁하는 것으로 그 대상의 파벌을 구분하지 않았던 것이다. 순수한 문혁 조반의 문제자는 대부분 동행해 '학습'했을 뿐이었다. 둘째, 하늘이 날 도왔다. 8~9월 9차 2중전회에서 천보다를 '가짜 마르크스주의 사기꾼'으로 비판했기 때문에, 11월 동안 상부에서는 마르크스-레닌을 배우고 마르크스-레닌의 책을 읽으라는 '최고 지시'가 내려왔다. 이렇게 되자 내가 원래 마르크스-레닌 저작을 읽어 유발됐던 문제들이 정통한 것이 되어 더 이상 누구도 이 일을 갖고 얘기하지 않았다. 오히려 '삼호판' 사람들까지도 내게 그들이 읽어도 이해하지 못하는 마르크스-레닌 저작 중의 말을 설명하라고 요구했다. 이렇게 되자 나는 '학습반'에서 마르크스-레닌을 공부하는 유행에 앞선 사람이 되었다. 당시 우리 학습소조에 주재한 '공작조' 간부 라오슝(老熊)은 나의 상황을 이해한 뒤로 내게 무척이나 호감을 갖고 있었다. 그는 몰래 알려 주며 나를 타일렀다.

"자네 일은 모두 알고 있네, 지금 자넨 주로 태도 문제야. 자넨 스스로에게 문제가 없다고 여기지만 회사에선 오랫동안 '학습반'을 운영했네. 자넨 '학습반'을 운영한 사람들에게 사과라도 받고 싶은 겐가? 불가능하지! 난 오랫동안 간부로 지내 자네보다 많이 안다네. 이건 정치운동이야. 정말로 큰 잘못을 저질렀다고 무슨 사과를 할 게 아니라구. 사죄하려 해도 지금은 불가능하네. 진지하게 반성문 한 장 쓰게나. 어서 '해방'되어 집으로 돌아가야지."

나는 라오슝의 말이 맞다고 생각했다. 그의 진심과 선량함을 느낄 수 있었다. 그러나 지난번 '학습반'에서도 자아비판을 하지 않았나? 그렇게 많은 페이지를 썼어도 '류사오치 수정주의 노선의 앞잡이'라는, 지극히 황당한 모자를 내게 마음대로 씌워 버렸다. 다시 쓴다고 저들이 통과시켜 줄까?

라오슝은 이렇게 말했다. "지난번과 이번은 상황이 다르네. 이번 '학습반'의 중점은 경제문제를 캐내는 것으로 문혁 중에 있었던 일은 그 다음이야. 게다가 자네는 마르크스-레닌주의도 훌륭하게 공부하지 않았나. 집안 출신도 노당원이고 자네에 대한 공작조의 인상도 좋으니 이번에 반성만 하면 통과될 수 있다고 내 보장하지."

라오슝의 말은 과연 현실로 됐다. 원래 썼던 반성문을 살짝 고쳐 스스로에 대해 죄명을 씌워 버렸다. 예컨대 스스로 마오 주석의 저작을 잘 배우지 못하고 류·덩 노선의 앞장이가 되어 모르는 사이에 제(국주의)·수(정주의)·반(동파)의 별동대가 되었다는 것을 인정한다 등등이다. 소조회와 대회에서 한번 읽고 나니 모두 순조롭게 통과되었고 즉각 '학습반' 주재 공작조 책임자의 '해방' 선포를 받았다. 때는 이미 1970년 12월말이었다.

1970년 2월 19일 '정직처분과 반성'이 선포되어 자유를 잃은 뒤부터 1970년 12월말까지, 거의 일 년에 이르는 '일타삼반' 운동은 결국 끝나게 되었고 다시 자유가 찾아왔다. '학습반'이 끝날 때쯤 나는 만스물하나였다.

일 년 동안 나는 세상사에 대해 많이 알고 깨닫게 되었고 또 많이 자랐다. 또한 보이지 않게 얻은 것도 있었는데, 내가 겪은 문혁 사건에 대한 기억이 크게 강화되었다는 점이다. 게다가 그 후로 1971년 '5·16' 운동과 1976년 '사인방'이 몰락하고 난 뒤, 또다시 심사를 받아 그런 일을 썼기 때문에, 지금까지도 과거 그 세월을 회상하자면 많은 일들의 세세한 부분이 모두 여전히 눈앞에 역력하고 뚜렷하다. 심지어 내가 문혁 중에 사용했던 반자동 보병총의 번호 041949까지도 모두 틀림없이 기억하고 있다. 왜냐하면 그 '학습반'에서 쉴 수도 없이 추궁을 받으며 기억을 짜내야 했고, '삼호판' 사람들의 무자비한 대조 확인이 있었으며 반복적으로 문혁 과정에 대한 자료를 쓰라고 명령받았기 때문이다. '삼호판' 사람이 거기에서 문제를 찾아내려 했기 때문에 내 자신이 문혁에서 겪었던 일에 대해서는 영원히 그 무엇과도 비할 바 없이 뚜렷한 기억으로 남아 있게 되었다.

〖 24 〗
하마터면 ‘5·16’ 분자로 잡힐 뻔하다

‘5·16’ 체포 운동 역시 문혁 중의 괴이한 일이다. 수천수만의 홍위병들이 조반하도록 내버려 뒀지만 수십 명의 광적인 극좌 홍위병의 활동은 어찌된 영문인지 갑자기 중앙고위층에게 오랫동안 관심을 끌었다. 이 일로 인해 전국이 한바탕 혼란스러웠고 많은 무고한 사람들이 연루되었다. 특히 국내 정세는 이미 평온해지는 1971년을 향하고 있었는데 다시 전국적인 색출 운동이 벌어지게 되자, 그 기세는 더욱 크고 더욱 넓은 범위로 진행되어 정말이지 사람들을 어리둥절하게 만들었다.

‘일타삼반’ 운동이 끝난 후, 나는 신체의 자유를 얻어 공장으로 돌아와 계속 기계수리공 일을 했다. 그러나 몇 개월 되지 않아 또다시 ‘5·16’ 분자 색출 운동이 시작되었는데, 이 역시 중앙의 지시였다.

이른바 ‘5·16’ 이란 처음엔 불과 수십 명으로 이루어진 베이징의 급진 ‘극좌’로 ‘모든 것을 의심하고 모든 것을 타도하자’ 라는 사상 경향을 가진 대학생 홍위병 소조직이었다. 그들은 1967년 7~8월경 베이징에 ‘저우언라이를 공격하라’ 는 내용의 대자보와 전단을 붙였고, 다시 베이징강철학원의 ‘5·16’ 홍위병단 총부에서 타지에서 온 몇 명의 관점이 같은 홍위병이 참가하는 '공격' 배치 회의를 개최하였다. 또 회의에서는 조직 발전을 준비하는 각 '방면군'(方面軍 : 홍군 시기의 '방면군'을 모방하여 만듦)의 명단을 작성하기도 했다. 사실 그 명단의 각 '방면군'이라는 것 역시 모두 몇 명이나 십여 명의 홍위병에 불과했다. 예컨 대 이른바 '제8방면군' 구성원은 베이징으로 혁명의 교류를 왔다가 우연히 '베이징강철학원회의'에 참여하게 된 창사시 1중의 학생 홍위병 몇 명에 불과했다.

문혁 조반과 홍위병의 활약 시기 동안 무슨 '사령부'니 '전단'이니 '병단'이니 하는 홍위병과 군중조직 기구의 구성원은 상당 부분 종종 몇 명 내지 십수 명에 불과했다. 혁명의 깃발로 사람을 위협하고 기만하는 일은 문혁 중 늘 있었던 풍조로, 세 명이 모여 '병단'이라 부르기도 했고, 다섯 명이 모이면 스스로를 '사령'에 임명했다. 이른바 이 '5·16 홍위병단'이라는 것 역시 그랬다.

그러나 그 뒤 마오쩌둥은 '5·16'이 공개적으로 저우 총리를 공격한 일에 대해 몇 마디 하면서 모든 것을 의심하고 타도하는 '5·16'의 잘못을 비난했다. 야오원위안 역시 『타오주를 평가하는 두 권의 책』에서 마오의 이와 같은 지시를 전했는데, 이렇게 되면서 이 작디작은 '5·16'은 오히려 전국적으로 이름을 날리게 되었다.

실제 이 수십 명의 '5·16 홍위병단' 구성원들이 1967년 8월 베이징에서 또다시 저우 총리를 공격하는 대자보를 붙일 때, 중앙에서는 셰 푸즈가 주관하는 공안부에 지시를 내려 이들을 모조리 잡아갔다. 또한 이 학생들은 공안부 구치소로 압송되어 거의 1년 동안 갇혀 참회하며 잘못을 인정한 후에야 풀려날 수 있었다. 따라서 진짜 '5·16 홍위병단'의 수명은 이렇게 몇 달에 불과했다.

그러나 베이징에서는 이로 인해 일찍부터 ‘5·16 색출’ 운동이 벌어졌다. ‘5·16’ 을 잡는 이번 운동의 기원과 종결에 대해 베이징 시위서기였던 우더의 『풍랑의 세월, 십 년의 기록』 책에서는 다음과 같이 말하고 있다.

1968년 외국어학원의 ‘홍기’ 조반파 구성원인 장한즈(章含之)는 마오쩌둥에게 편지를 써, 시에 있는 셰푸즈를 고발했다(셰푸즈는 당시 베이징 혁명위 주임을 겸임하고 있었다). 그녀는 셰푸즈가 지지하는 ‘6·16 병단’ 은 저우 총리에 반대하는 것으로, 저우에 반대하고 셰를 보호하는 것이며 ‘5·16’ 과 한편이라고 하면서, 해군선전대가 외국어학원에 주둔한 뒤로 오히려 ‘6·16 병단’ 편에 섰다고 말했다. 장한즈는 마오쩌둥에게 영어를 가르쳤다. 마오쩌둥은 당시 그녀의 편지에 대해 지시를 내렸다. 지시의 대략의 내용은 베이징시가 ‘5·16’ 을 잡지 않으면 이 문제를 해결하기가 쉽지 않고, 저우 총리가 나서서 외국어학원의 문제를 해결해야 한다고 말했다는 것이다. 마오 주석은 또 ‘5·16’ 은 극좌에서 극우로 건너갔다고 말했다.

그 뒤 또 한 번은 왕둥싱(汪東興)이 나(우더)를 찾아와 시의 베이징사범대 관련 보고에 관한 마오쩌둥의 지시를 열람했다. 마오쩌둥의 지시에선 또 베이징시를 비판하며 ‘5·16’ 을 잡지 않는다고 말했다. ‘일부 조반파는 나쁜 놈들로 아마 ‘5·16’ 분자일 것이다’ 라고 언급한 베이징시의 보고서에서 마오쩌둥은 그 옆에 ‘이래야 맞다’ 라고 썼다. 이렇게 되자 셰푸즈는 매우 긴장했다.

그 뒤로 장칭과 셰푸즈는 시 혁명위 각 부서 회의를 열어 ‘5·16’ 분자를 잡으라고 동원했다.

1968년 중앙에는 '5·16' 색출 전문 영도소조가 성립되었고, 천보다가 조장을 맡았고, 셰푸즈와 우파셴(吳法憲)이 구성원이었다.

베이징에선 저우 총리에 반대하는 '5·16' 조반 병단이 있었다. 1967년 5월말 베이징 강철학원의 장젠치〔張建奇(旗)〕를 우두머리로 하는 '베이징 강철학원 5·16 병단'이 성립되었다. 6월 2일 장젠치는 저우 총리를 책문하는 23개 문제를 제기하는 '공개서한'을 써서 여러 곳에 대자보를 붙였다. 이어 대략 6월 14일쯤 베이징 외국어학원 '6·16 병단'의 우두머리 류링제(劉令楷)와 장젠치 등은 베이징 외국어학원에서 '수도 홍위병 5·16 병단' 성립을 계획했다.

그러나 대체 엄밀한 절차를 거친 '5·16' 반혁명조직이 있는가? 이것은 조사 과정에서 발생한 의안(疑案)으로 아마 자백을 강요하여 자백을 믿은 결과물인 것 같다.

무엇이 '5·16' 분자인가? 아마 저우 총리 반대를 내걸고 실제로는 '군내 한 줌의 무리를 붙잡는' 문제를 포함한, 이른바 '삼지향'(三指向)의 사람인 것 같다(운동 중 창끝을 프롤레타리아계급 사령부, 해방군, 혁명위원회에 겨냥한 사람). 한 가지 항목에라도 속하면 모두 '5·16' 분자라고 본 것이다.

'5·16' 성격 규정의 확대로 인해 '5·16' 문제는 끝도 없이 확산되어 전국적인 문제가 되었다.

'5·16' 문제는 갈수록 심각해져 소위 '5·16' 반혁명조직문제는 갈수록 어지럽게 되었다.

1970년 3월 27일 중앙에서는 또다시 「5·16' 반혁명 음모 집단 조사에 관한 통지」를 내놓았다. '5·16' 반혁명집단이 아예 존재하지 않는다는 인식은 완전히 잘못이라고 지적하면서 핵심 분자와 배후의 조종자를 조사하고, 중점적으로 적발하라고 요구했다. 마오쩌둥은 우더를 '5·16' 체포 판공소조 조장으로, 공안부의 리전런(李震任)을 부조장으로 지명했다.

그러나 회의를 몇 번 개최해도 무슨 등록표나 조직상황 등의 단서를 발견할 수 없었다.

우리는 '5·16'을 조사하면서 '일타삼반'도 진행했다.

이 와중에 누군가 익명으로 마오 주석에게 편지를 써, 내가 조반파를 공격하며 반동으로 돌아가려 한다고 고소했다. 마오 주석은 편지를 내게 전하며 편지에 붉은 연필로 지시를 내렸다. "'5·16'은 극소수로 진작에 잡아들였다. 정책을 주의해서 보지 않았나? 시위에서 참작하길 바람."

우리는 의논하며 말했다. "'5·16' 체포를 확대했으니 우리는 이 잘못을 인정할 수밖에 없다. 이제는 마오 주석의 지시 정신에 따른다. 정책을 바로 실행해 '5·16' 분자의 모자를 모두 제거해야 한다."

'5·16' 체포는 마오 주석이 극소수라고 했고 '왕(王)·관(關)·치(戚)'는 이미 잡혔다. 그러나 일단 시작되자 그렇게 되지 않고, 마오 주석은 장한즈의 편지도 비준하고 베이징사범대학의 보고 역시 비준했다. 장칭과 셰푸즈는 나서서 회의를 소집해 '5·16'을 체포하라고 동원했다. 베이징시에서는 잡기 시작하더니 40일간 극좌를 비판했다. 마오 주석은……

상술한 우더의 책에서는 '5·16' 문제에 관한 중앙의 경위에 대해 기본적으로 잘 얘기하고 있다. 지금까지도 여전히 불확실한 문제는 이 무슨 '5·16' 색출 운동이란 것은 1967년 8월에 시작했는데, 왜 몇 년 동안 엎치락뒤치락했는가이다. 중앙 역시 몇 년간 자주 이 문제의 지시 문건을 하달했고 1971년 2월에 또다시 마오쩌둥이 13호 지시 문건을 내려 이 일을 진행했다. 또한 중앙에서는 '5·16' 전문 연합소조를 만들어 지속적으로 조사했다. 조사의 중점을 베이징이라고 강조했어도, 실제 이 운동은 이미 전국 모든 곳에서 전개되었다.

1971년 4~5월 동안 중앙의 또 한 번의 지시에 따라 전국적 범위에서 기세 드높은 '5·16분자 색출' 운동이 전개되었다. 군대를 포함하여 모든 업종에 걸쳐 예외는 없었고 피할 수 있는 곳도 없었다. 그 결과 전국적으로 십만에 달하는 '5·16분자'를 색출해 냈다.

이른바 '5·16분자'는 기본적으로 '5·16 홍위병단'이 무엇인지도 모르는 무고한 사람들이었다. 그런데 그들이 '5·16분자'가 된 것은 완전히 그들의 단위 지도자들이 중앙의 지시를 집행하기 위해 평소 '문제가 있는' 사람들에게 다시 '5·16분자'라는 모자를 씌웠기 때문이었다. 이 '5·16분자'라는 말은 1971년 9월 이전에 이미 하나의 '광주리'가 되어, 모든 '문제가 있는' 사람은 이 안에 '담겨'졌다.

창사시가 '5·16분자' 색출 운동을 시작하자마자 다시 한번 원래 조반파의 핵심분자들의 머리 위로 방망이가 떨어졌다. 왜냐하면 '5·16분자'의 근거가 '조반'·'홍위병'·'공격' 등을 특징으로 하기 때문이었다. 따라서 원래 '일타삼반 학습반'에 들어갔었던 많은 조반파 분자들이 또다시 심사대상이 되었고, 심사받은 내용 역시 문혁 중에 조반한 그 사소하고 진부한 일들이었다.

'일타삼반' 운동이 끝나 자유를 얻어 기계수리 공장으로 돌아가 근무한 지 반년이 채 못 되어, 나는 또다시 회사 공장 전안조의 '5·16분자' 혐의대상이 되었다. 이번엔 무슨 '반'(反)이란 건 없었지만 나에 대한 이른바 '안팎의 조사'가 또다시 암암리에 시작되었다. 후에 알게 된 것이지만 이번의 중점은 베이징의 홍위병과 무슨 연계가 있었는지를 조사하는 것이었다. 왜냐하면 평소 내가 공장 안에서 문혁 홍위병에 관한 일을 얘기할 때 무슨 콰이다푸니, 한아이징이니, 왕다빈(王大賓)이니, 탄호우란(譚厚蘭)이니, 또 무슨 수도 홍위병 제1사령부〔一司〕니, 제2사령부〔二司〕니, 제3사령부〔三司〕니 하는 상황을 모두 얘기했기 때문이었다. 단위에 있는 당과 공청단의 핵심과 정치 적극분자들도 이러한 얘기는 생소한 것으로 그들 역시 알지 못했고 또한 그러한 상황이 홍위병 소식지나 전단 등의 자료에서 알 수 있는 것이라고는 생각지 못했다.

한참을 조사했으나 당연히 그들이 원하는 것은 나오지 않았다. 그러나 당시 성 전체의 '5·16분자' 색출 운동은 한 단계 확대되었고, 곳곳에선 또다시 기세 높은 표어가 나붙어 '5·16분자' 조사를 선전했다. 이미 허우촨장 등의 조반파 분자들을 모두 쫓아내고 문혁 이전의 당지부 구성원과 정치 적극분자로 바뀌어 구성된 공장 혁명위 역시 공장 안에서 몇 번의 비판대회를 했다. 나와 허우촨장 등은 다시 한번 비판의 표적이 되었고 비판의 내용은 여전히 '일타삼반' 당시 비판했던 것들로 우리가 '프롤레타리아계급에 조반했다'는 류의 얘기였다.

시 안에는 전문적으로 '5·16분자'를 조사하는 이른바 '마오쩌둥 사상 선전대'라는 것이 조직되어, 중점단위라고 생각하는 곳에 각각 이들 '선전대'를 파견하여 그들이 주재한 단위의 조사운동을 지도했다. 이 뭔 '마오쩌둥 사상 선전대'라는 것은 실제 문혁 이전의 전통적인 정치 '공작대'로 이름 뜻 그대로의 무슨 '선전대'는 아니었다. 작디작은 우리 기계수리 공장도 행정 소재 지역 내의 중점이 되어 7~8명의 '선전대'가 파견되었고, 공장 혁명위와 함께 우리 공장 안의 '5·16분자' 문제를 조사했다. 물론 중점은 또 나였고, 나 한 사람을 위해 일주일 동안 '학습반'이 운영되었다. 일군의 사람들이 나를 에워싸고는 매일같이 내게 '문제'를 자백하라고 했다. 그 뒤 비림비공 운동 때 원래 공장 작업장 주임이었던 '선전대' 대장이 내게 알려 주기를, 그들이 우리 공장에 올 때 이미 내가 '비상 목표'라고 했다. 왜냐하면 나와 베이징의 '5·16'이 직접적 관계가 있으며, 사람들이 내 입에서 베이징 홍위병에 관한 많은 상황을 들었기 때문이다. 또한 베이징 '5·16' 병단의 무슨 '제8방면군'이란 것은 창사시 1중의 홍위병 '제위동' 전투대였고, 내가 원래 창사시 1중을 졸업했으니 나와 1중 홍위병은 긴밀한 관계가 있을 것이며, 또 「중국은 어디로 가는가?」라는 문장을 쓰고 중형을 선고받은 고등학생 홍위병 양시광 역시 나와 1중 동창이고, 더욱 중요한 것은 나는 원래 회사 혁명위 부주임을 지냈던 조반파 우두머리로 '노동자에겐 조국이 없다'는 '반동적인 관점'을 살포한다는 등등의 이유였다. 따라서 그 '선전대'의 공격 목표 역시 바로 나였다.

조사든 비판이든 '학습반'이든 당시 나는 모두 상관없었다. 어쨌든 이것 역시 개인적으로 무슨 나쁜 일이나 추악한 일을 한 것이 아니라 전체 조반파의 일이며, 나의 자유를 박탈하는 것이 아니라면 마음대로 하게 했다. 게다가 이런 비판은 '일타삼반'을 거치면서 진작부터 들어도 무감각해져서, 스스로에게 그렇게 많은 심리적인 타격을 주지는 않았다.

틀림없다. 일찍이 창사시에서 문혁 중 많은 영향력을 발휘했던 창사시 1중 홍위병 중 일부는 확실히 내 중학교 시절의 동창들이었고, 양시광 역시 나와 같은 학년의 동창으로 당시 그들의 관점에 대해 나 또한 일부 찬성했다. 그러나 동창은 동창일 뿐, 그 당시 우리는 확실히 어떠한 연계도 없었다. 그들은 홍위병운동에 바빴고, 나는 조반파 노동자 일에 바빴다. 교류를 할 수 있었던 것은 단지 그들에 대한 정신적인 관심뿐이었다. 따라서 '선전대'가 내게 그 일에 대해 빙빙 에둘러 물어도 나는 모두 솔직하게 사실을 얘기해 주었다. 물론 처음엔 믿지 않았다. 그러나 나는 그들이 조사를 거친 뒤에는 어떻게 해도 나를 '5·16'의 범주 속으로 집어넣을 수는 없을 것이라고 믿었다.

그러나 그 뒤 발생한 두 가지 사건은 이미 불안해진 나의 상황을 악화시켰다.

첫번째 사건은 부주의하게도 중국 탁구 코치인 쉬인성(徐寅生)의 이름과 약간 관련이 있다.

그해 4월 어느 날, 봄 햇살이 아름답게 비출 때 나와 그 뒤 작가가 된 한사오궁(韓少功)의 형과 제부 그리고 또 다른 친구들과 함께 창사시 교외에 있는 웨루산(岳麓山)에서 만나 따스한 봄을 만끽하자는 약속을 했다. 그 중 한 사람인 허칭화(賀卿華)는 한(韓) 형의 대학 동창으로 이양(益陽)에서 일하고 있었다. 나는 한 형이나 허칭화같이 나보다 나이가 많고, 또 나보다 지식이 많은 사람들과 교류하는 것을 무척이나 좋아했다. 확실히 그들에게서 많은 지식과 학습 방법을 얻을 수 있었기 때문이었다.

그날 우리는 그 뒤 웨루산 산정이 된 윈루궁(雲麓宮) 앞에 모여 돌 비석 옆에 앉아 한정 없이 얘기를 나누고 있었다.

누가 일본어의 화제를 꺼냈는지는 모른다. 마침 허칭화가 일어를 배우고 있어 그는 단숨에 화제의 주인공이 되었고, 옆의 사람들은 그에게 질문하는 학생이 되었다.

우리가 한창 얘기하는 도중에 한 무리의 사람들이 작은 삼각기를 들고 뭔가 소곤소곤 얘기하며 걸어왔다.

그 사람들이 우리 앞을 지나갈 때 마침 허칭화가 한 형의 물음에 대답하고 있었다.

누군가 또 물었다. "듣자 하니 '빠가야로'는 일어가 아니라는데?"

허칭화가 설명했다. "'빠가야로'는 정식 일본어는 아니지만 일본 방언인 것은 맞아. 사람을 욕하는 말이지. 마치 우리 창사인들이 자주 입에 거는 '○바보자식' 같은 상스러운 말이야."

허칭화가 이런 말을 하고 있을 때 그 사람들 중 카메라를 들고 있던 키가 크고 마른 사람이 마침 우리 앞을 지나가고 있었다. 그는 허칭화를 몇 번 쳐다보면서 순간 멈칫했지만, 아무런 의사 표시도 없이 가 버렸다.

조금 지나 여전히 허칭화가 우리에게 일어 지식을 얘기하고 있을 때 그 카메라를 들고 있던 마르고 키 큰 사람이 갑자기 다시 왔다. 그는 우리 앞에 오더니 허칭화를 가리키며 성난 소리로 물었다.

"방금 뭐라고 말했소?"

허칭화가 쓱 보더니 영문을 몰라 말했다.

"별 말 안했는데, 왜 그러슈?"

그 마르고 키 큰 사람이 다시 물었다.

"방금 누가 '빠가야로'라고 말했소?"

우리는 그 반갑지 않은 사람을 보면서 모두 아무런 소리도 내지 않고 대꾸하지 않았다. 마르고 키 큰 사람은 갑자기 노트 하나를 꺼내더니 우리에게 자신만만하게 말했다.

"나는 신화사 기자요. 당신들 방금 누가 '빠가야로' 라고 했소? 왜 '빠가야로' 라고 말했는지 내게 분명하게 말해 주시오. 당신들 잡아뗄 생각은 말아요. 내가 직접 들었으니까."

신화사 기자라! 우린 순간 모두 멍해졌다.

허칭화는 잠시 '쇼크' 를 받은 뒤 황급히 그 기자에게 그가 말한 '빠가야로' 의 전후 사정에 대해 변명했다.

그 기자가 다 듣고는 다시 물었다.

"당신들은 어떤 사람들이오?"

우리는 얼른 그에게 알렸다.

"노동자들이오."

사실 한 형 등은 지식청년이었지만, 그 사람이 지식청년이라는 꼬투리를 잡아 기사를 쓰면서 왜 지식청년이 농촌으로 가지 않고 도시 안에 남아 있는지 집요하게 물을까 봐 걱정이 되었다. 왜냐하면 당시 지식청년들은 이미 '시골사람' 이 되었으며 정책에 따라 '시골사람' 은 마음대로 도시로 들어올 수 없었고, 인민공사 생산대대 이상 조직의 허가증이 있어야 정정당당하게 도시 안에 머무를 수 있었기 때문이다.

무리 중 누군가가 기자를 부르자 그가 우리에게 말했다.

"당신들 모두 가지 말고 있어요. 좀 있다가 다시 물어볼 테니."

그는 특별히 허칭화를 가리켰다.

"당신은 절대 갈 수 없소!"

그 기자는 말을 마치고는 무리가 있는 쪽으로 뛰어갔다.

우리는 잠시 어찌해야 좋을지 몰랐다. 내가 말했다.

"갑시다. 기자인지 아닌지 무슨 상관이에요. 우리가 또 무슨 일을 저질렀다 해도 무슨 권리로 우리더러 가지 말라고 하죠?"

한 형 역시 말했다.

"갑시다! 무슨 일이든 삼십육계 줄행랑이 상책이오."

허나 허칭화는 동의하지 않았다. 그가 말했다.

"왜 갑니까? 우리가 떳떳하고 정당한 데다 무슨 못 들 만한 일을 하지도 않았는데. 가고 나면 우리가 그런 것처럼 보일 거요."

한 형이 말했다.

"허칭화, 순진하게 생각하지 마시오! 신화사 사람입니다. 무슨 계략이 있는지 누가 압니까? 무슨 수로 그와 맞서겠소?"

허칭화는 가지 않겠다고 고집했다. 나와 다른 몇 명의 친구들 역시 허칭화가 칭찬과 지지를 받을 정도로 바른 사람이라고 생각했다.

모두들 가지 않겠다고 하자 한 형 역시 우리와 함께 계속해서 얘기하는 수밖에 없었다.

그 무리의 사람들은 대강 원루궁을 보고 난 뒤 다시 돌아 원래 길로 내려왔다.

이번엔 우리가 그 무리 중에서 다소 일본인같이 생기고 영화나 신문 사진에서 본 낯익은 사람이 있다는 것을 갑자기 발견했다. 중국의 유명한 탁구 코치 쉬인성(徐寅生)이었다!

우리 몇 명은 모두 똑똑히 보았다. 쉬인성이었다.

그 사람들은 탁구와 관련 있는 사람들이 틀림없었다.

허칭화가 기쁜 듯 말했다.

"보라구. 쉬인성이야!"

말인즉 쉬인성이 그의 탁구 동료들과 함께 있고 틀림없이 그 기자가 수행하는 것일 테니 우리에게 무슨 일이 있겠냐는 뜻이었다. 우리 역시 안심했다. 왜냐하면 우리가 본 사람은 쉬인성이었고 탁구 코치였기 때문이다.

중단됐던 우리의 유쾌한 기분이 천천히 돌아왔다. 지식 교류를 위한 잡담이 계속되었다. 도중에 몇 사람이 화장실에 가면서 자리를 떴다.

뜻밖에 잠시 뒤 붉은 금장을 두르고 녹색 제복을 입은 경찰의 삼륜 오토바이 두 대가 돌연 우리 앞에 서더니, 대여섯 명의 경찰과 그 신화사 기자가 오토바이에서 내려 곧바로 허칭화 앞으로 걸어왔다. 기자가 허칭화를 가리키며 말했다.

"바로 저 사람입니다!"

두 명의 경찰은 즉각 허칭화의 팔을 등 뒤로 비틀어 올렸다.

허칭화가 크게 소리쳤다.

"당신들 뭐하는 거요? 내가 무슨 법을 어겼소? 어찌 사람을 마구 잡는 겁니까!"

한 경찰이 그에게 말했다.

"소란 피우지 말고 우선 우리와 분국으로 갑시다. 무슨 법을 어겼는지 알게 될 거요!"

또 다른 경찰이 나와 한형에게 말했다.

"당신 둘도 꼼짝 말고 우리와 갑시다!"

한 형이 말했다.

"물어봅시다. 우리가 무슨 법을 어겼다고 우리를 잡아가는 거요?"

그 경찰은 귀찮다는 듯 말했다.

"분국에 가 보면 알 거요."

그 기자는 사방을 둘러보더니 내게 물었다. "다른 몇 사람은?"

내가 황급히 말했다. "진작에 돌아갔소."

기자가 뭔가를 물어보려 할 때 한 경찰이 다가와 그에게 뭐라고 말하자 그 기자가 경찰을 따라갔다.

두 경찰은 나와 한 형을 보더니 더 이상 말을 하지 못하게 했다.

잠시 뒤 경찰들은 허칭화와 한 형, 그리고 나 세 사람을 각각 삼륜 오토바이 차에 타게 했다. 나와 한 형이 함께 탔고 허칭화는 다른 차량에 탔다. 그러더니 삼륜 오토바이는 번개처럼 빠르게 산 아래로 내려 갔다.

공안분국에 도착한 뒤 우리 세 사람은 각각 심문을 받았다.

날 심사한 사람은 나이가 있는 경찰로 표정이 냉담했고 말도 많지 않았지만 말투는 온화했다.

그는 묻고 나는 대답했다. 그의 질문은 무척 간단했다. 우리가 산에서 대체 무슨 말을 했냐는 것이다. 내 대답은 모두 사실이었다. 물론 허칭화가 말한 '빠가야로'의 전후 사정에 대해 중점적으로 말했다.

그 경찰은 내게 말했다.

"일본 탁구 대표단이 왔을 때 무슨 '빠가야로'라고 말하는 건 국제 관계를 파괴하는 일이오!"

나는 얼른 해명했다. 첫째, 우리는 지나가는 사람이 일본 탁구 대표 단 사람인지 몰랐다. 둘째, 허칭화가 '빠가야로'라고 말한 것은, 그 일본인을 겨냥한 것이 아니라 우리 몇 사람에게 일어를 설명한 것이다.

그 경찰은 내 말을 듣고 나서 눈을 가늘게 뜨며 물었다.

"당신 말은 그 기자가 허 씨의 말을 다 듣지 못했다는 것이오?"

내가 말했다. "그렇습니다."

그 경찰은 더 묻지 않고 조사 기록에 서명하라고 하고는 가 버렸다.

나 혼자 그 취조실에 남았다.

대략 두 시간 뒤 그 경찰이 다시 와서는 내게 말했다.

"됐으니 가 보시오!"

난 무의식적으로 물었다. "제 친구들은요?"

경찰은 내게 손을 내저었다. "당신이나 가면 그만이지. 다른 사람은 당신하곤 상관없으니 물어보지 마시오!"

내가 말했다. "그래도 함께 왔는데……."

경찰의 얼굴 표정이 굳어졌다. "여기 더 머무르고 싶소?"

난 얼른 고개를 돌리며 문을 나섰다.

그 뒤로 한 형 역시 곧바로 돌아왔지만 허칭화는 돌아올 수 없었다.

나중에야 알았지만, 허칭화는 그가 속한 이양시 공안국에 압송되어 반년간 갇힌 뒤에야 집으로 돌아올 수 있었다. 그를 가둔 이유는 첫째, 그는 사태의 주범으로 '빠가야로'는 그가 말한 것이다. 둘째, 억울하다고 느낀 허칭화의 태도가 시종 공안국을 만족시킬 수 없었다. 따라서 결국 이 '빠가야로' 사건이 어떻게 된 일인지 분명해졌지만 그를 몇 달간 가두었던 것이다. 법 제도 하나 없던 시절, 경찰이 무고한 사람을 체포하는 일 역시 자주 있던 일이다. 설령 공안국이 완전히 잘못했다 하더라도 그들은 잘못을 인정할 리 없었고, 억울함을 당한 사람만 공연히 비난받을 뿐이었다.

허칭화의 이 '빠가야로' 사건은 '비림비공' 운동과 그 뒤 사인방 타도 이후에야 모두 복권될 수 있었다. 그는 곧바로 대학원 시험에 합격하여 기계전기를 전공하였고, 지금은 중점대학의 교수로 있다. 또한 연간 이윤이 억대가 넘는 대학 주도의 지능기계 회사에서 이사장을 맡고 있다. 그는 결국 재능을 펼칠 곳을 찾았다.

웨루산에서 발생했던 일에 대해 나는 다른 사람에게 말하고 싶지 않았다. 왜냐하면 몇 마디로 말할 수 있는 것이 아닌 데다, 사람들이 듣고 나면 '공안국에 잡혀갔었다'는 사실만 기억할 것이기 때문이다. 이런 일은 당시로서는 사람들을 무섭게 만들기 충분한 것이었다. 얘기하지 않는 것만 못했고, 어쨌든 고난 역시 이미 지나가 버렸기 때문이다.

우리 공장에서 어떻게 이 일을 알았는지는 지금까지도 잘 모르겠다. 아마 당시 공안국에서 공장으로 전화를 걸어 내 상황을 물어보고 공장에 통보했나 보다.

공안국에선 더 이상 성가신 일을 찾아내지 못했지만, 공장의 전안조는 이를 폭탄으로 삼아 나를 '5·16' 분자로 폭격하려 했다. 전안조와 공장 혁명위의 책임자들은 공장 내 비판대회를 따로 열어 내게 죄명을 씌우려 했다. '내력이 의심스러운 사회 소집단에 침투하여 우호적인 중일관계를 파괴하려 시도할 때, 현장에서 공안인원에게 잡혀갔고 프롤레타리아계급의 독재를 받았다'고 비난했다. 또한 공장 안의 군중들에게 이와 같이 선포했다.

"'5·16'이란 바로 이와 같은 음모집단이다."

이 점에 대해 당연히 논쟁을 벌였다. 그러나 내 말은 내 말이고 그들이 날 비판할 때는 전안조의 의견대로 말했다. 또한 나의 자료를 비판했는데 거기에 뭐라고 써 있는지 알 수 없었다. 그 뒤 비림비공 운동 당시 내 문제를 복권해 주면서 이 자료를 내게 내주었는데, 나는 정리하기 귀찮아 군중대회 때 모조리 태워 버렸다.

두번째 사건은 나 혼자 일으킨 일인데, 지금 생각해 보면 다소 황당하다.

'5·16' 조사가 고조에 이른 어느 날 국영식품공사의 녜창마오가──'청년근위군' 시절의 동료로 좋은 친구이다──그의 단위에 있는 삼십대의 왕(王)모 씨를 데리고 날 찾아와 도움을 청했다. 원래 왕모 씨는 문혁이 한창일 때 수집하는 습관이 생겼는데, 특히 홍위병과 군중조직의 완장과 휘장 수집을 좋아했다. 아마 그는 당시 이것들이 문물가치가 있으리라 생각했나 보다. 어디에서 '후난 5·16 병단'이라는 붉은색 바탕의 노란 글씨 휘장을 구했는지 모르지만, 결국 단위의 '5·16' 조사 전안조에게 발각되어 이 휘장의 출처를 추궁당했다. 그러나 문혁 고조기 때 수집한 거라, 누가 그에게 준 것인지 그 역시 분명치 않았다. 전안조는 "당신이 잘 모르면 스스로 죄를 인정하는 것이다. 언제 어디서 누구의 소개로 이 '후난 5·16'에 가입했는지 자백하라!"고 말했다.

나이 많은 청년 왕모 씨는 문혁 중 녜창마오의 직장 동료였고, 녜창마오가 이끄는 '청년근위군 강삼련(鋼三連)' 소속이었다. 그는 집안 출신 '성분'이 좋지 않았는데 아마 자본가 부류였을 것이다. 따라서 정치적으로 무슨 성가신 일이 생기면 그는 아주 두려워했다. 내력을 말하지 못하는 무슨 '후난 5·16병단' 홍색 휘장 문제라는 것도 그를 매우 불안하고 긴장하게 만들었다. 스스로 반혁명의 '5·16' 분자와 똑같이 될까 봐 무서워했다. 그래서 그는 그보다 나이가 일고여덟이 어린, 그의 수령 녜창마오를 찾아가 도움을 청했다. 사실 녜창마오의 부친은 노동자였지만 역사적으로는 한동안 국민당원이기도 했다. 따라서 비록 그 조직의 실제 책임자였지만 명의상으로는 조역이었고, 일인자는 프롤레타리아계급 출신의 청년 노동자였다.

녜창마오는 즉시 내게로 왔다. 왜냐하면 그와 나는 정치적으로도 일상생활에서도 매우 가까운 절친한 친구였고, 우리 부친이 중공 노당원이라는 사실은 그들 모두 알고 있었기 때문이었다. 녜창마오가 내게 말했다.

"왕모 씬 출신이 좋지 않아 이 '5·16' 휘장 문제 때문에 힘들어질지도 몰라. 까딱 잘못하면 '5·16'의 본보기로 감옥에 잡혀 들어갈 수도 있어. 자네 부친은 확실한 노당원이니 저들도 자넬 어쩌지 못할 거야. 그 휘장은 자네가 준 것이라고 해서 왕씨가 '벗어날 수 있게' 하면 어떻겠나?"

내가 물었다. "왕씨는 어떤 사람인데?"

녜창마오가 말했다. "나의 좋은 친구고 강철 조반파야."

사실 당시 나는 창사에 무슨 '후난 5·16 병단'이 있으리라고는 생각지 않았다. 그건 단지 중앙의 호된 '5·16' 비난에 불만을 품은 창사시의 일부 급진홍위병들이 위화감을 느껴 고의로 대항하는 허구 조직을 만들어 냈고, 그 와중에 정치적 관점을 따지지 않고 다른 사람의 주목을 끄는 것만을 좋아하는 '소수파'의 장난 행위까지도 배제할 수 없다고 굳게 믿고 있었다. 왜냐하면 당시 문혁운동의 발전 상황에 대해 주목하던 나 역시도, 거리에서 무슨 '후난 5·16병단'의 활동 흔적이라고는 아예 본 적이 없었으며, 심지어 들은 적도 없었기 때문이었다. 그 반대로 진짜 베이징 5·16 병단 소속조직인 '제8방면군'의 중학생들, 즉 창사시 1중의 홍위병 '제위동' 전투대는 원래 모두 공개적으로 활동했지만, 그들의 깃발은 '1중 제위동'이었지 '5·16'이라고는 쓰지 않았다.

'소수파'(少數派)로 유행에 따라 놀면서 결코 진지하지 못한 사람들은 문혁 중 항상 있었다. 문혁 초기 후난대학의 홍위병 조반이 첫번째 회합에서 막 승리를 쟁취했을 때, 난저우(蘭州)대학 부중의 왕(王)씨 성을 가진 학생 홍위병이 창사까지 '혁명의 교류'로 와서는, 직접 나서서 후난대학 홍위병에 반대하는 '소수파'가 되었다. 그는 「'후난대' 사령부를 포격하라」는 대자보를 쓰고, 공개적으로 후난대학 홍위병과 당시 주류 관점에 도전하여 성위와 시위를 위해 변호했다. 당시 홍위병은 마오쩌둥의 호소에 호응하여 각급 당정 지도기관의 '사령부'를 '포격' 했으나, 이 꼬마 용사는 오히려 조류와는 반대로 후난대학 홍위병의 '사령부'를 '포격'한 것이다. 일순간 이 왕씨 성의 학생은 즉각 성위·시위 지도자들 마음속의 혁명 홍위병이 되었다. 그들은 이 학생을 힘껏 찬양했을 뿐 아니라, 그를 위한 대자보를 전단으로 바꾸어 붙였고 무상으로 인쇄공장에 신속하게 보냈다. 또한 사람을 보내 이 홍위병과 연락까지 취했으니, 창사에서 이 '혁명의 교류' 학생은 그의 위력을 충분히 과시할 수 있었다. 그러나 그 뒤 후난 문혁에서 그의 흔적은 사라졌다. 왜냐하면 다 놀고 나자 가 버렸기 때문이다.

후난 조반이 고조에 이르렀을 때 후난대학에서도 인물이 나왔다. 한 대학생으로 '홍색독전대'(紅色獨戰隊)의 이름으로 시 중심에 사람들을 놀라게 만드는 많은 대자보와 표어를 붙였다. 그 대자보에는 '현재 자료로 근거해 볼 때 장평화는 절대 주자파가 아니라 마오 주석의 좋은 간부이다!'라고 썼다. 당시 성위 제1서기 장평화 '타도'는 각 조반조직의 공통된 인식이었을 뿐 아니라 이미 중앙의 지지도 받고 있었는데, 공교롭게 누군가 반대 논조를 부르짖으며 즐거워한 것이다. 당연히 소수파의 장난을 즐긴 이 대학생은 그 뒤 문혁의 무슨 반조류조직도 만들지도 않고 곧바로 소리도 없이 사라졌다.

심지어 이 허장성세의 속임수는 나와 청년근위군의 동료 사이에서도 있었다. 예컨대 앞에서 말한 바와 같이 '성무련'에 대한 동정과 지지를 나타내기 위해, 나와 시 제7중학의 홍위병 몇 명은 잠시 흥분하여 '청년근위군 제28단'의 이름으로 거리에 '성무련' 지지 표어 몇 장을 붙인 적이 있다. 그러나 이 '청년근위군 제28단'이란 것은 순전히 우리 몇 명이 잡담을 나누다 갑자기 생각해 낸 것이지 정말로 만든 적은 없었다. 게다가 표어를 다 붙이고 나자 이 허구 조직의 임무는 끝이 났다. 왜 '28단'이란 이름을 붙였을까? 당시 린뱌오 부원수가 홍군 정강산 시기 홍군 제28단을 지도한 적이 있다고 들어 이를 차용해 쓴 것이었다. 그 뒤 누군가 청년근위군 총부에 조직 서열에 들어 있지 않은 '청년근위군 제28단'이 거리에 나타나 마음대로 '성무련'을 지지한다고 알려와, 총부에서 사람을 보내 조사했다. 원래 우리 총부의 '홍색 돌격대' 사람들이 한 일이라는 것을 알고는 한바탕 훈계를 내렸다.

따라서 왕모 씨가 가지고 있던 '후난 5·16병단'의 홍색 휘장이라는 것도 무슨 큰 문제라고는 생각지 않았다.

이렇게 왕모 씨의 상황을 알고 난 뒤, 나는 녜창마오의 요구를 들어줘 '후난 5·16병단' 홍색 휘장의 출처에 대해 책임을 지기로 했다. 당시 이미 공장 안에는 나의 전담팀이 만들어졌으니, 머리에 '이' 하나 더 생긴다 해도 상관없다고 여겼다. 어쨌든 난 확실히 무슨 '5·16'은 아니었고 또 나를 정말 '후난 5·16병단'으로 만들 수 있으리라고는 생각지 않았다. 가짜가 진짜가 될 수는 없으며, 휘장 하나 많아진 일로 나를 정말 '5·16'으로 공격할 순 없을 거라 생각했다. 그래서 왕씨 단위에서 그의 자백에 따라 나를 조사하러 왔을 때, 그 휘장은 내가 왕씨에게 준 것이라고 말했다.

왕씨는 벗어날 수 있었지만 자연히 성가신 일은 내게 달라붙었다. 왜냐하면 단위 사람들 모두 내가 문혁 고조기에 사회 홍위병조직들과 왕래가 많았으며, 그 당시 누군가 내게 홍색 완장과 휘장을 준 일이 너무 많다는 것을 알고 있었기 때문이다. 내 손에는 지금도 많은 홍위병 완장이 있다. 예컨대 '정강산'·'풍뢰사'(風雷師)·'홍조회'(紅造會)·'홍중회'(紅中會) 등 조직의 것으로 모두 사람들에게 보여 주었고, 어떤 것은 누군가 가져갔다. 모두들 재미로 그런 것이지 결코 그 조직 사람은 아니었다. 따라서 공장 전안조가 내게 물었을 때도 나는 매우 당연하다는 듯, 그 휘장은 왕모 씨가 내게서 가져간 것으로, 누가 내게 주었는지는 나도 기억이 나지 않는다고 했다. 전안조는 일순간 나를 어찌하지 못했지만 이 일은 나의 현안이 되어 내 당안에 기입되었다. 만약 그 뒤 중앙에서 또다시 '5·16' 조사 문제를 부정하지 않았다면 이 일은 과거 이른바 '스파이 혐의'와 마찬가지로 평생을 따라다닐 것이었다. 실제로 그 뒤 전안조 사람이 이 휘장 일은 공장 안에서 내가 확실히 '5·16' 혐의분자로 판정받을 수 있는 중요한 증거라고 알려 주었다.

그러나 우리 창사에서 진행된 전체 '5·16' 조사 운동은 '일타삼반' 운동에 비해 훨씬 온화했다. 우선 이 '조사'는 대부분 전안조에서 활동을 진행했고, '학습반'도 며칠 운영하고 비판대회도 두어 번 열렸지만, 그 분위기는 '일타삼반' 때의 긴장감과는 거리가 멀었다. 공개적으로 사람을 잡거나 이 때문에 사람을 죽이는 일은 없었다. 둘째, '5·16'과 관련된 사람은 '일타삼반'에 비해 훨씬 적었다. '일타삼반' 때는 거의 모든 조반파 핵심분자와 우두머리들이 연루되었지만, '5·16' 조사의 중점은 나같이 조반파에다 마르크스-레닌의 책을 가끔 읽었으며, 전국 문혁 정세에 관심이 있는 소수의 조반파 핵심분자였을 뿐이다. 물론 운이 나쁜 다른 조반파 핵심들 역시 함께 엮이기도 했다. 예컨대 어떤 조반파 핵심이 소재한 단위에서는 실제 '5·16'과 사소한 관련이라도 있는 사건을 찾아내지 못해 이들에게 손을 대기도 했다. 원래 '일타삼반' 운동 때 이미 쉴 수도 없이 말했던 조반 활동을 다시 자백하라고 하거나, 혹은 어떤 근거도 없는 일을 엮어 '5·16'의 해독(害毒)이라 하며 비판하기도 했다. 우리 공장에 청년 노동자가 있었는데 역시 조반파였다. 홍콩의 생활 상황에 대해 누구에게 들었는지 모르지만 공장 안에서 허풍을 떨면서 '홍콩의 쓰레기통에서 주운 옷이 여기 새 옷보다 더 값이 나간다'는 말을 하고 다녔다. 그 결과 '자본주의를 미화하고 자본주의를 응원했다'는 모자가 그의 머리에 씌워졌고, '5·16'의 해독으로 집어넣어져 비판을 받았다.

그 뒤 자료를 보고 안 사실은 군대 내의 '5·16' 조사 상황은 지방보다 훨씬 더 심해, 많은 고급군관들 역시 '5·16' 분자라는 것이 되어 조사받고, 구류되고, 부대에서 쫓겨나기도 했다는 것이다. 이로써 처음엔 불과 수십 명의 베이징 홍위병이 일으킨 장난이 마오쩌둥 곁에서 '정보원' 역할을 하던 여장(女將)들의 과장된 보고를 거친 뒤 갑자기 전국을 크게 흔드는 사건이 되어, 수십만 명의 사람들이 아무런 이유도 없이 서로 다른 정도로 심각한 피해를 입었다.

'5·16' 조사 운동은 어쨌든 다행히 몇 개월 하지 않고 깃발을 내리고 그만두었다. 왜냐하면 '5·16'보다 더 심각한 사건이 일어났기 때문이다. 바로 1971년 9월 13일 린뱌오(林彪) 사건이다.

1971년 10월 어느 날 성 혁명위에서 거행하는 긴급회의에서 주방 일을 보던 친구가 나를 포함한 친구들에게 몰래 알려 왔다.

"중앙에 큰일이 났어! 큰 인물에게 문제가 생겼나 봐!"

문제가 생긴 큰 인물이란 누구일까? 그러나 그는 말하지 않고 그저 웃으며 말했다. "조만간 신문을 뒤져 보면 알게 될 거야."

며칠 지나지 않아 린뱌오에게 일이 생긴 것을 모두 알게 되었다.

린뱌오 문제에 관한 중앙문건은 당시 급별로 한층 한층 엄격하게 내려와 전달되었다. 전체 군중들이 그 전달을 들을 수 있었을 때는 이미 거의 모든 전국의 인민들이 알고 있었다.

그러나 나는 그 전달 보고에서 대체 뭐라고 말했는지 지금까지도 모른다. 왜냐하면 공장 안에서 나를 전달을 들을 수 없는 몇 가지 부류의 사람으로 구분했기 때문이다. 즉 사류분자·우파분자·역사반혁명분자, 그리고 중대한 정치문제가 있는 분자였다.

아마 나는 '중대한 정치문제가 있는 분자'에 속했었나 보다.

그날 공장 안에서 대회를 열어 소식을 전할 때 원래 나도 회의장에 앉아 있었는데, 공장 혁명위의 정치업무조장이 갑자기 선포했다. "다음과 같은 사람은 이 회의에 참가할 수 없습니다. 즉각 퇴장해 주십시오." 그리고는 잇달아 일부 사람들의 이름을 읽었다. 이른바 사류분자와 우파분자 그리고 몇 명의 조반파 출신 노동자들이었는데, 그 중에 내가 있었다. 많은 사람들이 주시하는 가운데 퇴장하는 사람들은 당연히 주눅이 들었고 무척이나 난감해했다. 나 역시 이런 기분을 피할 수 없었고 동시에 분노가 치솟았지만 어쩔 수가 없었다.

따라서 당시 린뱌오 사건에 대해 들은 전달 보고는 모두 동료들이나 친구들이 내게 '2차 전달'한 것으로 정통한 원액 그대로는 아니다.

린뱌오 사건의 발생은 문혁 중 숙정당하고 타도당했던 노간부들에게는 확실히 좋은 일로 그들 운명의 큰 전환점이 되었다. 실제 린뱌오 사건은 당시 숙정 상황에 놓여 있던 우리 조반파들에게도 중대한 전환을 가져다주어, 1973년과 74년 전국적인 범위에서 조반파들의 큰 반격이 한차례 있었다.

린뱌오 사건은 당시 우리 같은 일반인들에게는 정말 마른 하늘에 벼락과도 같았다. 그 소식이 전해졌을 때 믿을 수 있는 사람은 거의 하나도 없었다. 정말로 예상을 뛰어넘는 일이었다! 그 뒤 린뱌오 문제의 자료가 하나하나 아래로 전달된 뒤에야 모두들 천천히 정신을 차리면서, '린 부원수' 역시 반당과 매국의 무리로 변했음을 받아들일 수 있었다.

그러나 린뱌오 문제의 문건 자료 중, 정말로 말로 표현할 수 없이 깜짝 놀라게 만든 것은 바로 그 「571 공정기요」*였다. 그 자료에는 마오쩌둥을 욕하고 국가와 당시 사회제도를 공격하는, 이전에는 보지 못했던 많은 어구들이 나타나 있다. 심지어 자료 원문대로 문건을 읽는 사람조차 놀라 목소리가 작게 변했다.

예컨대 「571 공정기요」에는 '계속혁명론은 실제 트로츠키의 영구혁명론이다', '중국의 국가 장치를 서로 잔인하게 죽이고 배척하는 고기가는 기계식으로 변하게 만들고, 당 내부와 국가·정치생활을 봉건 전제 독재식의 가부장제 생활로 바꾸었다'라고 쓰고 있다. 그리고 마오쩌둥은 '당대의 시황제'이고 '마르크스-레닌주의의 외피를 빌려 진시황의 법을 집행하는 중국 역사상 최대의 봉건 폭군'이라고 분명히 공격하고 있다. 또한 '당내의 장기적 투쟁과 문화대혁명 중 배척당하고 공격당한 고위 간부들이 격분하고 있지만 감히 말도 못한다', '농민 생활은 먹고 입을 것이 부족하다. 청년 지식분자들의 상산하향은 노동개조와 마찬가지다. 홍위병은 초기에는 속아서 총알받이로 이용되다가 나중에는 억압받는 속죄양으로 변했다. 기관 간부의 간소화로 5·7간

---

* 「571 공정기요」(五七一工程紀要)의 '571'(五七一)은 무장기의와 중국어 발음이 같다.

698 문화대혁명, 또 다른 기억

부학교에 간 것은 실업이나 마찬가지다. 노동자(특히 청년 노동자)의 임금 동결은 착취와 마찬가지다' 등등이었다. 솔직히 말하면, 당시 우리 조반파 분자들을 포함한 적지 않은 사람들은 이런 말들이 당시 사회 현실을 보여 주는 것이라 암암리에 생각하고 있었다. 이렇게 되자 원래 린뱌오 문제에 대해 아랑곳하지 않고 보통 인민들과는 무관하다고 생각한 사람들도, 린뱌오가 정말로 '다르다'고 느꼈다. 비록 린뱌오를 비판하는 각종 장소에서 모두들 '린 도적놈을 타도하자!'라고 소리 높여 외쳤지만 말이다. 린뱌오나 린리궈(林立果)가 어떤 수작을 부렸든 어떤 죄를 지었든 간에 「571 공정기요」에서 했던 말들로 인해 확실히 수억의 사람들은 1949년 이래 처음으로 누군가 당시 사회와 마오쩌둥의 행위에 대해 공개적으로 적나라하게 반대한 것을 보게 되었고, 처음으로 누군가 마오쩌둥과 문혁노선에 대해 통렬한 비판을 하는 것을 보게 되었다고 말할 수 있다. 많은 사람들, 특히 나같이 젊은 사람들은 당시 사회제도 문제에 대해 사상적으로 처음으로 크게 동요했는데, 아마 이 무슨 「571 공정기요」라는 것이 가져다준 것 같다.

지금까지도 나는 잘 이해가 가지 않는다. 당시 마오쩌둥이 왜 그 자신을 악랄하게 욕한 「571 공정기요」를 중앙문건 자료로 삼아 하달해 전체 인민 모두가 보는 데 동의했는지 말이다. 당시 다소 '반동'적인 문장을 비판할 때는, 일반적으로 비판 문장에서 밑도 끝도 없이 몇 구절, 선택적으로 보여 주어 살짝 드러내 보일 뿐이지, 이렇게 '반동' 문장 전체를 공표한 일은 절대 없었다는 사실을 알아야 한다.

마오쩌둥을 연구하는 어느 역사학자는 말한다.

'마오쩌둥은 다변적이면서도 또 완강하고, 극히 현실적이면서도 파악할 수 없고, 예측 불가능한 역사적 위인이다.'

그 자신을 공격한 「571 공정기요」를 세상에 공표한 일은 확실히 마오쩌둥의 이와 같은 특징을 잘 보여 주는 것이다.

린뱌오 문제는 조반파와는 무관했기 때문에 「571 공정기요」 우리 조반파들에게 변신〔翻身; 해방이라는 뜻. 특별히 역사적으로 예전의 봉건적인 구체제에서 압박받던 농민들의 해방을 일컫는다〕의 소식을 가져다줄 수는 없었다. 그러나 린뱌오 사건은 '비림비공' 운동을 불러왔고, 다시 한번 조반파들에게 확실히 마지막 빛을 발할 수 있는 기회를 가져다주었다.

〖 25 〗
'비림비공' 운동으로 인한 조반파의 두번째 영광

문혁 중 어떤 일들은 확실히 후세 사람들을 알 수 없게 하거나 곤혹스럽게 만든다. 예컨대 '비림비공' 같은, 고위층에서의 린뱌오 집단 문제에 관한 조사 운동이 어떻게 또 한 번 기층 조반파의 '성대한 축제일'로 변할 수 있었는가?

전체 문혁이 발생했던 것과 마찬가지로 틀림없이 위에서는 위대로의 어떤 생각이 있었던 것 같고, 아래에선 아래대로의 요구가 있었던 것 같다. 마침 양자가 결합되어 결코 단일한 원인이 아닌 힘을 합친 운동이 형성되었다.

지금 사람들은 문혁운동을 한 파벌의 관점 대 다른 한 파벌의 관점으로, 위에서 아래, 중앙에서 지방까지 모두 그렇다고 여긴다. 사실 이것은 오해로, 사정은 결코 이렇게 간단하지 않다. 실제 문혁 중 발생한 상황은 매우 복잡할 뿐 아니라 각 지역의 상황 역시 고르지 않았다. 특히 문혁에 대한 이해와 요구·바람에 있어 위와 아래에서 생각한 것은 종종 별개의 일로, 단지 운동 과정에서 동일한 것을 추구하는 것처럼 보였을 뿐이다.

비림비공 운동은 이러한 이치를 가장 선명하게 보여 준다.

고위층에서 비림비공은 첫째, 사람들을 곤혹스럽게 만든 린뱌오 사건에 대해 사후적인 보충 설명을 함으로써 린뱌오가 어떻게 홍기를 갖고 홍기에 반대했으며, 어떻게 세상 사람들을 속였는지를 증명하기 위함이었다. 두번째는 문혁을 부정하며 구체제로 복귀하길 기도하는 어떠한 사람들에 대해서, 린뱌오 사건으로 인해 이론적으로 노출된 틈을 막으려는 것이었다.

반면 사회 아래층에서 수 년간 압박을 받은 조반파들은 고위층의 '반(反)복귀, 반(反)후퇴'라는 이번 기회를 이용하여, 또한 상하이의 왕훙원 같은 조반파 우두머리가 중공중앙의 부주석이 된 특별한 상황을 이용하여 성공적으로 대반격을 진행하고, 이로써 스스로의 '복권'과 해방의 목적을 다시 한번 달성하고자 했다.

현재 많은 사람들은 문혁 중의 조반파가 문혁에서 생겨났고, 문혁을 옹호한 특별한 정치세력으로 분명 문혁 중 영화를 누리고 거들먹거렸을 것이라 생각한다. 그러나 역사의 진실은 사람들의 상상 같지 않았고, 많은 상황들은 오히려 정반대였다. 전체적으로 보면 문혁 십 년 동안 조반파들에게 가져다준 고난이 영광보다 훨씬 많았다. 상하이라는 특수한 지방을 제외하고는, 베이징을 포함해 전국 각 성(구)에서는 중공 '9대' 이후 '일타삼반'과 '5·16' 체포라는 두 가지 운동이 진행됨에 따라, 조반파의 핵심 분자들이 잇달아 다시 숙정되고 탄압받는 상황으로 빠져들었다. 문혁 초기 그들은 '우파'·'반동분자'·'작은 덩퉈' 등의 정치 모자를 썼던 적이 있었는데, 대부분 또다시 '반혁명분자', '폭행·파괴·약탈의 악질분자', '5·16분자'의 죄명으로 독재 대상의 항렬에 들어가게 된 것이다. 문혁 중 조반운동으로 생긴 이른바 신생 홍색정권인 '혁명위원회'는 여전히 권력을 행사했지만, 그 구성은 '삼결합' 중의 군대 수장과 지방 영도간부만이 남게 되었고, 원래 있던 조반파 분자들은 모두 쫓겨나갔다. 또한 역시 '혁명위원회'의 이름으로 조반파에 대한 대규모의 숙정을 진행했다.

1969년 4월 중공 '9대' 이후 장춘차오와 야오원위안의 특별 비호를 받아 지속적으로 권력을 장악할 수 있었던 상하이의 왕훙원 등을 제외하고, 전국 각지의 조반파들이 잇달아 숙정되고 무너졌다고 볼 수 있다. 1974년 초 '비림비공' 운동을 시작할 때는, 이미 고난의 진창에 빠진 지 3~4년이란 시간이 흐른 뒤였다.

재집결과 반격으로 다시 한번 번신하길 바라는 후난 조반파 분자들의 행동은, 실제 당시 후난의 주요 정치가인 부잔야(卜占亞)가 린뱌오 문제로 실각되고 비판을 받은 시기에 전개된 것이다.

'비림비공' 운동 전에는 단지 '천(보다) 비판 정풍, 린(뱌오) 비판 정풍' 운동으로 성·시 급 당정관료 내부 수준에 국한되었고, 아래층 인민들과는 아무런 관련이 없었다. 그러나 후난의 조반파들은 여기에서 스스로 처한 상황을 개선할 수 있는 기회를 찾을 수 있다고 생각했다. 왜냐하면 몇 년간 성 전체 업무를 책임지고 있던 핵심 지도자 부잔야가 '비림정풍' 도중에 실각되었기 때문이다.

후난성의 성위 서기이자 성 혁명위 제1부주임인 부잔야는(성위 제1서기와 성 혁명위 주임직은 이미 중앙으로 파견된 화궈펑이 여전히 겸직하고 있었음) 원래 군인 출신으로, 그의 중요한 신분 중의 하나는 광저우 군구 부정치위원이다. 그러나 바로 이 대(大)군구의 부정치위원이라는 신분으로 인해 영문도 모르게 린뱌오 계열 사람이 되어, 린뱌오 사건 이후 조사

과정에서 연루되었다. 1972년 10월 그는 린뱌오 사건의 관련자로 판정되어 재난의 굴속으로 떨어지게 되었고, 중앙에서 모든 직책을 철회하고 그에 대한 심사를 진행했다.

부잔야에게 문제가 생기자 문혁 중에 늘 있던 운동 관례대로 아래에서 까발리면 위로 연결되고, 위에서 연합하면 아래까지 이어지는[下揭上連, 上聯下串] 일들이 생겨났다. 1972년 말 시작된 후난의 '비림정풍' 운동은 갑자기 '비림(린뱌오 비판)·비부(부잔야 비판)' 운동으로 변했다. 1974년 초 전국적인 '비림정풍'이 '비림비공'이라는 대규모 운동으로 전환된 뒤 후난의 '비림·비부'는 공식적인 '비림비공, 부잔야 비판' 활동이 되었다.

후난성 성도인 창사시에서 비교적 오랫동안 시 혁명위 주임을 지낸 징린(景林) 역시 군인으로 성 군구의 부정치위원이었다. 당시 성, 지급시, 현 혁명위의 일인자들은 대부분 군대 간부였다. 따라서 부잔야나 징린, 이 두 성·시 혁명위 우두머리에 대해 사람들은 평소 회의를 하든 보고를 하든 혹은 사적으로 그들 둘에 관한 얘기를 나누든 간에, 모두 '부 부주임'이나 '징 주임'이라고 부르지 않고 '부 부정치위원', '징 부정치위원'이라고 불렀다. 왜냐하면 부잔야는 징린과는 밀접한 직접 상관이었기 때문에, 조반파가 성공적으로 여론을 만들어 후난의 '비림·비공·비부' 구호를 '비림비공·부잔야 비판·징린 적발'로 확대 전개할 수 있었다. 이로써 변신을 꾀하고 다시 한번 조반 투쟁의 칼끝을 부잔야와 징린 이 두 '부정치위원'에게 겨냥할 수 있었다.

당시 무슨 조반파 군중조직이라는 것은 이미 없어졌고, 원래 있던 모든 군중조직은 혁명위 성립을 전후로 하여 해산되었다. 그렇다면 조반파들은 어떻게 집합하여 다시 조반을 진행할 수 있었는가?

첫째, 합법적인 조직 형식을 이용하여 각 단위의 조반파 적극분자와 핵심분자들을 규합하고, 강대한 정치활동 역량을 재집결했다. 둘째, 대자보가 다시 한번 여론 역할을 발휘해 조반파 사람들을 부르고 연락하였으며, '비림·비부' 정세에 영향을 미쳐 공개적으로 중앙에 조반파 소식을 전달했다.

이 합법적인 조직 형식은 시 '공대회'(工代會)라는 조직을 이용한 것으로 실제 시 '공대회' 는 새로운 조반사령부로 변했다.

이른바 '공대회' 의 전체 명칭은 '혁명노동자대표대회'로, 원래 문혁 중반 모든 조반파조직을 해산할 때 중앙의 지시에 따라 노동자 조반파는 일괄적으로 새로 설립된 '공대회' 에 들어갔고, 문혁 전에 있었던 '총공회' 를 대신해 '공대회' 는 순수한 공회〔工會 : 중국의 노동조합을 가리킴〕조직이 되었다. 따라서 모든 군중조직을 해산시키고, '일타삼반' 과 '5·16' 조사 운동을 거치면서 모든 조반파를 숙정했지만 이 '공대회' 란 기구는 여전히 남아 있었다. 그러나 '공대회' 로 어떻게 공회를 대신할지 그 방법에 대해 중앙에선 줄곧 지시를 내릴 수 없었다. 따라서 시 '공대회' 는 아무 일 없이 조반파에게도, 관방에게도, 거의 모든 사람들에게 잊혀졌다. 단지 시 혁명위 건물 뒤편에서 멀지 않은 작은 골목에 크지 않은 두 칸짜리 사무실이 있었고, '시 공대회' 라는 아주 작은 나무 간판을 걸어 놓고 두 명의 근무자가 그곳을 지키고 있었다.

1972년 말부터 이 작디작은 두 칸의 시 '공대회' 사무실은 점차 조반파들이 은밀하게 연락하여 모이는 장소가 되었다. 원래 성이나 시 혁명위원회에서 상임위원이나 위원 신분이었던 조반파 우두머리 노동자들 역시, 이따금 여기에 나타나 모여 있는 조반파들에게 '비림·비무' 관련 소식을 전해 주고 비밀 행동지령을 발표했다. 이런 일을 할 수 있었던 이유는, 조반파 우두머리 중의 노동자들이 기본적으로 모두이 '공대회'의 주임이니 상임위원이니 뭐니 했기 때문이다. 따라서 그들은 이런 신분을 이용해 이 '공대회' 사무실로 모였고, 이곳은 다시한번 조반 활동을 진행하는 '사령부'가 되었다.

이와 동시에 대자보 역시 거리에 걸렸다. 당연히 대다수는 조반파들이 한 것으로 주로 부잔야와 징린을 비판하는 것이었다. 내용은 그들이 린뱌오 노선의 후난 창사 대리인이라는 것이며, 그들이 조반파를숙정할 때 발표했던 지시와 연설들을 '마오 주석 혁명노선에 대항하여문화대혁명을 부정'하며 '군중을 짓누르며 진압한 부르조아 계급 반동노선' 등등이라고 비난하는 것이었다.

'린뱌오 노선 비판'이라는 기치를 들었지만, 당시 부잔야 문제는 상부에서 '끄집어' 낸 것이지 결코 군중들이 적발해 낸 것이 아니었다.따라서 조반파들의 이번 반격에 대해 성·시위와 성·시 혁명위의 당권자들은 마음대로 진압할 수 없었고, 조반파들이 연합하여 대자보를 공개적으로 거리에 붙이도록 내버려 둘 수밖에 없었다. 게다가 문혁 초기 학생 홍위병에 대한 진압으로 인해 비판받는 상황을 초래했던 기억이 여전히 남아 있어, 그들은 이러한 문제 처리에 관한 가장 좋은 방법은 중앙의 명확한 지시가 하달되기 전까지 방관하며 아무 행동도 하지않는 것이라고 여겼을 것이다.

그 당시 나 역시 두 칸짜리 시 '공대회' 작은 방의 단골손님이었다.휴일이나 혹은 퇴근할 때면 그곳에 들러 구경하고 듣기도 했으며, 어떤 때는 성·시급 조반파 우두머리들과 시국에 관한 견해와 취해야 할행동 조치에 대해 토론을 나누기도 했다. 그곳에서 나는 가장 젊은 사람이었다. 각 단위 조반파 노동자 우두머리들은 당시 대부분 서른, 마흔 이상의 나이들이었고 나는 불과 스물을 갓 넘었기 때문에 '공대회' 모임의 조반파들은 모두 나를 문혁 초기의 중학생 홍위병으로 여기고 있었다. 나는 그들에게 난 이미 8년의 연공〔工齡〕을 가진 노동자이며, 수천 명 규모의 회사에서 혁명위 부주임을 지냈다고 알려 주자 모두들 다소 놀라워했다. 왜냐하면 그들 모두 내가 그 시기에 쓰고 붙인 대자보를 보면서 나를 '문장을 쓸 줄 아는' 지식 청년으로 여겼고, 따라서 나를 전(前)홍위병이라고 오인했기 때문이다. 어쨌든 문혁 전반의 고조기에 일반 요원으로 '청년근위군'이라는 사회 활동에 참가한 것을 제외하고는 대부분의 시간을 소속 단위에서 조반을 하며 지냈고, 성·시급 '공대회' 우두머리들과는 기본적으로 많은 왕래가 없었다.

내가 써서 시위 건물 밖 담에 붙인 「무엇을 할 것인가?」라는 장편의 대자보 문장은 당시 많은 파문을 일으켰다. 매일 수천 명이 에워싸며 구경했고 많은 관람자들의 메모와 지지를 얻었다. 그 대자보는 실제 후난으로 돌아와 성위 서기직을 다시 맡은 장핑화에게 쓴 진언으로, 그에게 창사 조반파의 '일타삼반'과 '5·16' 조사 당시 숙정당한 상황을 알리면서 조반파의 압박받는 처지를 해결해 줄 것을 희망하는 내용이었다.

문혁 전 장핑화는 후난성위의 제1서기였다. 문혁 초기 '우파를 잡자'는 그의 보고서는 일찍이 수천수만의 보통 군중과 간부들에게 잠시 동안의 불행을 가져다주었다. 조반운동이 시작된 후 그는 자연히 조반파들의 핵심 비판대상이 되었다. 그 뒤로 중앙에서 그를 베이징으로 불러 몇 넌간 조사를 한 후, 1973년 3월 또다시 후난으로 파견하여 성위 서기를 맡아 업무를 주관하게 했다.

대자보가 붙고 난 뒤 날 위해 걱정해 주는 친구도 있었다.

"조반 때문에 1970년에 그렇게 오랫동안 숙정당했는데, 지금 또다시 조반을 하면 결과가 어떻게 되겠어? 불안하기 짝이 없네."

당시 나는 중대한 인생의 선택을 해야 한다고 생각했다. 마치 준(準) '사류분자' 처럼 이렇게 살아가느니, 한바탕 싸워 당연한 인권을 쟁취하는 게 낫겠다고 말이다. 게다가 나 역시 이러한 이치는 거의 우리 편에 있다고 느꼈다. 우리가 조반한 것은 마오쩌둥과 당 중앙의 호소 때문이 아닌가? 그렇게 많은 중앙 문건과 마오 주석의 지시가 증거로 있지 않은가? 그런데 왜 또 우리를 사지로 몰아넣으려 하지? 조반파를 숙정한 사람들은 실제 마오 주석에 반대하고 문화대혁명의 새로운 형식을 반대하는 부르주아계급 반동노선이 아닌가?

나의 활동과 내가 쓴 대자보의 영향으로 인해 나는 나도 모르는 사이에 조반파 활동분자들의 책임자가 되었다. 왜냐하면 우리는 시 '공대회' 의 작은 방에 자주 모였을 뿐만 아니라, 원래 시위 제6건물 강당이었던 곳에서 열린 수천수백인 대회에서 부잔야와 징린 비판 선전에 더욱 많은 시간을 보냈기 때문이다. 따라서 나는 다른 사람들에게 이른바 '6건물파' 의 핵심분자로 인식되었다. 당시 원래 시위 건물이었던 제6건물 강당은 비어 있는 시간이 비교적 많아 그곳에서 대회를 개최했고, 시위 사무실 사람들 역시 우리를 상관하지 않고 우리 마음대로 활동하도록 내버려 두었다. 그래서 우리들은 '6건물파' 사람으로 불렸고, 당시 실제로 반격할 수 있는 성 전체 조반파의 선봉부대가 되었다. 우리가 대자보를 쓰거나 대자보 형식으로 대회 통지문을 붙일 때면, 몇 개 공장 기업 단위의 '혁명노동자' 라는 낙관을 찍고 서명을 했다. 서명된 기업에선 실제 불과 몇 명이 왔을 뿐이었고, 심지어 그 기업의 노동자나 간부 한 명뿐인 경우도 있었지만 소재한 기업의 이름을 써 넣었다. 따라서 수백 명의 '혁명노동자'가 참가한 대회에서는 백여 개 기업단위의 '참가'자가 길게 쓰여진 대자보 명단을 볼 수 있었다. 시 전체에서 이름이 나 있던 공장 대기업은 거의 모두 그 모습을 드러내 그 기세가 잠시 동안 떠들썩했고, 미처 대회에 참가하지 못한 조반파 들의 믿음도 커졌다. 자연히 이로 인해 당권자들은 어찌할 바를 몰랐 으며 우리를 쉽사리 탄압할 수도 없었다.

이렇게 선생도 없이 혼자 터득한 조직 선전 방법과 그로 인한 적극 적인 효과에 대해 우리 우두머리들은 매우 만족스러워했다. 문혁 이후 한번은 중공당사 자료를 읽다가 자전적 성격의 문장을 본 적이 있다. 원래 중공 제6대 중앙후보위원이었던 탕훙징(唐宏經)이 어떻게 항일전 쟁에서 승리한 그 두 달 동안 혼자의 힘으로 모래알처럼 흩어진 뤼다 (旅大)시의 20만 노동자를 순식간에 조직했는지, 또한 어떻게 항일 소 련 홍군 점령 당국의 승인을 신속히 받아 시 총공회를 만들었는지가 쓰여 있었다. 그의 조직 속성법을 자세히 보니 우리 '6건물파'의 방법 과 비슷했다. 아니다. 마땅히 우리가 스스로 터득한 방법이 노동운동 의 선배인 탕훙징의 길과 같았다고 말해야 할 것이다! 그 당시 탕훙징 역시 그가 잘 아는 노동자 친구들을 한데 모았고 다시 그들이 각자 아 는 친구들을 모았다. 탕훙징은 설령 한 명의 노동자가 왔다 할지라도, 대회에 참가한 노동자들이 모두 그들이 소재한 기업의 노동자를 대표 한다고 선포했다. 그리고 탕훙징은 이들 기업의 노동자 대표 명의로 소련군 당국에 시 총공회 설립을 신청했다. 그렇게 많은 공장기업의 노동자 대표가 참가한 것을 보고는, 소련 당국은 자연히 노동자가 조 직되기를 바랐고 즉각 비준과 지지를 나타냈다. 시 총공회의 이름이 생기자 자연히 신속하게 수십만 노동자가 공식적으로 조직되었고, 항전 후 동북지역에서 공개적으로 설립된 중국공산당의 첫번째 시급 공회기관이 되었다. 이에 따라 뤼다시를 '인수 관할' 한 국민당 사람들도 힘이 미치지 못해 탄식할 뿐 어찌할 도리가 없었다.

수십 년 후의 우리들이 무의식적으로 이러한 노동운동의 속성조직법을 배우게 될 줄은 생각지 못했다.

실제 우리의 활동이 성 전체 조반파의 선봉이었기 때문에 제9대, 제10대 중앙위원인 탕중푸와 성 혁명위 부주임인 후융과 예웨이둥, 그리고 시 혁명위 부주임인 쉬신바오(許新寶) 등 성·시급의 조반파 우두머리들이 모두 잇달아 내게 관심을 보였고, 수차례 열린 시 전체 조반파 우두머리 비밀회의에 참가하라고 했다. 나는 당시 회의에 참가한 조반파 우두머리 중에서 가장 젊었고, 또 당시 활동 영향력이 매우 큰 '6건물파' 책임자였기 때문에 모두에게 좋은 평가를 받았다. 또한 후난과 창사시에서 이름이 나 있던 거의 모든 조반파 우두머리들을 사귀게 되었고 그들 중 일부와는 오랜 친구가 되었다.

그러자 바로 나의 활동 역시 관방에서 주시하고 감시하는 범위 내로 들어갔다. 그러나 당시 문혁은 여전히 중앙의 인정을 받고 있었고 문혁 전반 고조기에 발생했던 갖가지 '조반유리' 일들이 여전히 사람들의 머릿속에 각인되어 있던 터라 관방에서도 나를 어쩌지는 못했다. 단지 우리가 무슨 대회나 활동을 거행하는지 주시했고, 과격해질 때마다 누군가 조용히 내게 타이르는 말을 하며 자신들이 시위 사무실 사람이라고 알려 주었다. 당시 창사시로 파견된 시위원회의 장(張) 서기는 원래 문혁 중 조반파를 지지했던 영도간부〔亮相; 대중 앞에서 자신의 입장을 분명히 밝힌 간부라고 불렸음〕로, 그는 조반파들의 불행한 처지를 동정했지만 통제할 수 없는 국면이 나타나면 성으로부터 질책받지 않기를 바랐다. 따라서 어떤 경우 그는 조반파를 지지하여 성시 조반파 우두머리들의 존경을 받기도 했지만, 시위 간부들을 데리고 거리로 나와 우리가 붙인 대자보를 떼어 내기도 했다. 다른 사람들은 감히 떼지 못하는 것을 그는 제일 먼저 앞장서서 떼어 냈다. 우리가 대회를 열 때 그는 시위 사무실의 간부들을 데리고 와서 마치 우리 조반파가 당권파 회의에 맞서는 것과 마찬가지로 회의 진행을 제지하기도 했다. 그의 행동으로 인해 우리는 한바탕 난처했고 화가 치밀었다. 누군가 성을 내며 말했다. "아예 대자보를 '장 영감'(장 서기를 가리킴) 집에 갖다 붙이자구! 그래도 우리 대자보를 떼나 보게 말이야." 그와 싸우자고? 그는 확실히 조반파를 지지했던 '양상간부'인지라 성에 있는 조반파 우두머리들은 동의하지 않았다. 우리 대자보를 마음대로 떼어 내고 우리 대회를 중단시키도록 봐 두자고? 그건 또다시 한번 힘을 다해 조반의 열기를 불어넣고 싶어 하는 우리의 계획을 방해하는 것이었다. 그 뒤로 사람을 보내 그에게 달라붙는 방법으로 대처할 수밖에 없었다. 대자보를 붙이고, 대회를 열면 사람을 배치하여 장 서기가 나타나면 이들이 가서 그에게 달라붙어 아무 일도 못하게 만드는 것이다.

지금 생각해 보면 당시 장 서기는 좋은 마음에서 그런 것으로 우리에게 무슨 일이 일어나기를 바라지 않았던 것이다. 그러나 그는 이렇게 많은 우리 조반파가 또다시 '반혁명'·'악질분자'로 찍히고, 사류분자와 비슷한 처지로 빠져들어 다시 한번 조반으로 스스로를 구제하지 않으면 안 되는 상황이라는 것을 생각하지 못했다. 문혁이 시작된 뒤 우리 모두는 한 가지 터득한 바가 있었다. 중앙의 지시에 대해 만약 스스로 힘을 다해 실천하지 않으면, 남들이 주동적으로 우리를 고려해

주지 않는다는 것이다. 당권자 대다수가 우리에게 조반을 당한 영도간부들인데, 그들이 어찌 기쁜 마음으로 우리의 복권을 바라겠는가? 또한 중앙의 지시는 실제 시효가 있는 것으로, 실행해야 할 때 실행하지 않고 일정한 시간이 지나고 나면, 그 지시는 다시 실시할 수가 없게 된다. 그래서 당시 성 혁명위 부주임이자 조반파 우두머리인 후융이 다음과 같은 결론을 얘기한 적이 있다. "중앙의 정책을 실행하는 것은 농구 게임과도 같다. 시간 규정이 있어 현장에서는 힘을 쓸 필요가 없으며, 시간이 되어 호루라기가 울리고 해산되면 아무 일도 할 수 없다. 정책 역시 시기가 지나면 폐기될 것이다!" 따라서 우리는 장 서기를 존중하기는 했지만 결코 그의 말에 따를 수는 없었다.

장 서기는 두 차례 사람을 보내 그의 사무실로 와서 얘기를 나누자고 했다. 상황을 이해하자는 것이었고 더욱이 그가 난처해지지 않도록 우리를 설득하기 위함이었다. 우린 당연히 무성의하게 그를 대할 뿐 그와 부딪힐 수도 그의 말을 들을 수도 없었다. 그러나 내가 보기에 장 서기는 확실히 관대한 연장자로 말이 아주 솔직했다. 틀린 말을 해 비판하면 그는 우선 논쟁을 벌였지만, 스스로 부적절하다고 생각하면 나 같은 어린 사람에게도 직접 사과를 했다. 우리가 그를 '장 영감'이라 불러도 그는 화내지 않고 빙그레 웃곤 했다.

당시 장 서기가 보낸 날들은 당연히 편치 않았다. 왜냐하면 그는 중간에 끼여 성위에선 우리를 탄압하는 데 힘을 쏟지 않는다고 그를 비판했다. 그는 우리에게 지나치게 대하는 것을 원치 않았고, 조반파들의 원망을 사지 않길 바랐다. 게다가 우리는 가끔 그를 공격하기도 약을 올리기도 했다. 사실 당시 성도인 창사시의 시위 서기 위치에 있는 사람이라면 누구도 편안한 날을 보낼 수 없었다. 왜냐하면 위로는 중앙의 비림비공 운동 지시가 있었고, 아래로는 억울한 일 때문에 노기 충천한 조반파들이 있었기 때문이었다. 중간에 낀 영도간부들은 양쪽 모두에게 미움을 살 순 없었다. 따라서 당시 많은 영도간부들은 병가를 핑계로 스스로 간부직을 포기하고, 병원 안에 숨어 기회를 보아 가며 행동하곤 했다. 사인방이 무너진 뒤 장 서기는 후난에서 조반파를 지지한 '사인방'의 '검은 손'으로 찍혀 당적과 간부직을 박탈당하고 7년 형을 선고받았다. 그 후 매달 몇백 위안의 생활비만을 받다가 1991년 초 병으로 세상을 떠났다. 그의 투병 기간 동안 병원에 병문안을 간 적이 있다. 그 후 그는 내게 퇴원한 뒤에 고향인 산시 원수이(文水)로 돌아가고 싶다고 말했다. 당시 그러한 상황에서 그런 나이에 그런 몸으로는 앞으로 먼 길을 떠날 수 있을지 모르기 때문이었다. 그는 1937년 팔로군 유격대에 참가하여 군을 따라 남하한 뒤로 한 번도 고향에 돌아가 본 적이 없다고 하면서, 이제는 정말로 가 보고 싶다고 얘기했다. 산시 원수이는 류후란(劉胡蘭)이란 여성 영웅을 배출한 곳이기도 했다. 그는 산시에서 창사로 돌아온 뒤 원수이 특산이라고 하면서 내게 원수이 술 두 병을 주었다. 그 뒤로 한바탕 열창했던 「자오청산」(交城山) 가사에 나오는 '자오청에 붓지 말고 원수이에 부은' 맛 좋은 물로 제조한 것이라고 했다.

사실 난 장 서기의 인생이 아주 억울하다고 생각한다. 문혁 이전에 그는 지방위원회 서기였고, 문혁 중에도 무슨 초과 승진 없이 그대로 시(지)위 서기였다. 또한 그가 조반파를 지지한 것도 완전히 통제력을 잃지 않기 위해 나서서 지원한 것이지, 결코 무슨 몸을 팔아 영달을 얻으려고 했던 것은 아니었다. 당시 그가 조금만 교활했거나 혹은 책임감이 그렇게 강하지만 않았다면, 조반파를 지지하더라도 그저 겉으로

만 그런 척했을 것이다. 정말로 나서서 상부에 꼿꼿하게 버티지만 않았다면 그의 결말이 그렇게 비참하지는 않았을 것이다. 당시 병가를 냈던 수많은 영도간부들은 그 뒤 모두 하나하나 호화롭게 되었고, 구구절절 무슨 '사인방'과 투쟁을 벌였다고 얘기들을 했다. 실제 그들은 마땅히 나서서 혼란스런 국면을 힘껏 막아야 하는 사건을 피했던 것이다. 당시 장 서기가 그들처럼 병가를 내 병원에 입원했거나, 창사에서 좀더 먼 곳으로 전근을 보내달라고 성에 부탁해 정치적 풍운을 피할 수 있었다면, 그의 남은 반평생은 무사평안했을 것이다.

장 서기의 산시 고향 사람 중의 한 명이 바로 화궈펑이다. 장 서기는 원수이 사람이고 화궈펑은 원수이에서 가까운 자오청 사람이다. 그러나 그 뒤 내가 자료에서 보았을 때 장 서기 역시 자오청 사람이었다. 나는 장 서기가 내게 원수이 사람이라고 말했던 것을 확실히 기억하는데 내가 잘못 들었을까? 아니면 장 서기의 고향은 원래 자오청현이었는데 그 뒤로 원수이현으로 바뀌었을까? 그러나 어찌되었든 장 서기와 화궈펑은 매우 친밀한 '동향이자 전우'였다. 1949년 장 서기와 화궈펑이 함께 남하하여 후난으로 왔을 때 장 서기는 후난 리링(醴陵) 현위 서기로, 화궈펑은 후난 샹인(湘陰) 현위 서기로 임명되었다.

훗날 화궈펑이 요직으로 나가 주석이 되었을 때 「자오청산」이란 옛 민요가 한차례 크게 불려졌다. 노래에는 '자오청의 산, 자오청의 물, 자오청에 붓지 말고 원수이에 부어라'라는 가사가 나오는데, 장 서기와 화궈펑 두 사람에게 있어 자오청의 물은 원수이의 장 서기에겐 혜택이 가지 않았다. 두 사람은 원래 사이가 매우 좋았다. 후난에서 20여 년을 함께 일했고 문혁 중 화궈펑 역시 조반파를 지지했었다. 화궈펑은 한동안 장 서기와 같은 진영에 속한 사람으로 문혁 중 장 서기의 상황에 대해 틀림없이 잘 알고 있었다. 사인방이 무너진 뒤 중앙 주석직에 있었던 화궈펑은 사실 손쉽게 장 서기를 구해 줄 수 있었다. 장 서기에 대한 처분을 경감해 주길 바란다는 아무 말이나 보내면 후난 당국에선 명령에 따를 것이었다. 굳이 장 서기를 처벌한다고 해도 그렇게 비참하게까지 당적이나 간부 당적을 박탈하고, 실형을 선고하지는 않았을 것이다. 최소한 실형을 선고하지 않고, 간부 당적을 보류하여, 신분에 따라 임금을 받고 공금으로 치료도 받으며 여생을 보낼 수 있었을 것이다. 그러나 화궈펑은 이렇게 사소한 노고도 하지 않았다.

비림비공 운동 초기, 시 안에서 조반을 선동하던 우리들 외에도 '복권'을 원해 조반을 일으킨 세력이 있었다. 그들의 책임자는 지(紀)씨 성을 가진 노동자였다. 지모 씨는 구(區)에서 운영하는 한 공장에서 일했는데, 역시 오래된 조반파로 '일타삼반' 운동 때 숙정을 당해 죽다 살아났다. 따라서 그는 조반에 대한 적극성이 매우 높았으며 또한 연설 선동 능력이 매우 뛰어났기 때문에, 시 건축노동자 클럽 안에서 자주 노동자 조반파들을 모을 수 있었다. 그러나 그의 '파벌'과 우리 '6건물파'는 달랐다. 그는 완전히 한 사람의 조직능력으로 사람을 모았지만, 우리의 배후엔 중공중앙위원 신분이자 성·시 혁명위 부주임과 상임위 수장직(물론 당시엔 실권이 없었다)을 맡고 있는 조반파 우두머리들이 있었다. 따라서 우리가 붙인 대자보에 우리가 얼마나 많은 공장 기업의 노동자들을 대표하는지를 얘기할 때, 과장된 부분이 없진 않았지만, 확실히 상당한 대표성을 가지고 있어 시 전체 조반파 노동자의 신분으로 발언을 할 수 있었다. 왜냐하면 우리의 배후에는 정말로 성·시 급 조반파 우두머리들의 지휘가 있었기 때문이었다.

그러나 지모 씨의 발언은 확실히 전체 조반파의 이익을 대표하고 있었지만, 조직 성격에서 보자면 당시 그의 집회에 참가하던 수백 명의 참가자만을 대표할 수밖에 없었다. 안타깝게도 지모 씨는 당시 이러한 점을 인식하지 못했다. 따라서 우리가 사람을 보내 두 세력을 합쳐 함께 조반 활동을 벌이자고 했을 때 지모 씨는 오히려 이를 바라지 않았다. 첫째, 그는 조반파의 중앙위원 탕중푸 등의 우두머리들이 '지나치게 우경'이며 우리 '6건물파' 역시 탕중푸 등의 우두머리를 추종하는 세력이라고 생각했다. 둘째, 그는 아마 정세를 잘못 판단하여 비림비공 운동이 또 한 번의 문혁 고조의 시작이며 조반파들이 다시 한번 '양산박(梁山泊) 영웅들의 자리 배치'처럼 새로운 기회를 잡아야 한다고 생각했던 것 같다. 혼자만의 힘으로도 이렇게 많은 노동자를 모을 수 있는 능력을 발휘했으니 아마 스스로에 대한 평가도 매우 높았을 것이다. 따라서 그는 협력을 바라지 않고 그대로 노동자 클럽을 그의 '사령부'로 삼아 단독적으로 조반 활동을 벌였다.

그러나 비림비공 운동은 필경 문혁 전반기의 조반 고조기 정세와는 달랐다. 마오쩌둥과 중앙 모두 또다시 전국적으로 혼란이 발생하길 바라지는 않았다. 노동자 조반파들의 활동을 허락한다 해도 새로운 질서 아래에서만 진행될 수 있었고, 당위와 혁명위의 명의와 지도 아래 진행되었다. 최소한 관방의 각급 총공회 지도 아래에서 전개될 수 있었다. 당시 이미 많은 조반파들이 성급 혁명위의 구성원으로 부주임과 상임위원 등의 직책을 적지 않게 맡고 있었다. '일타삼반' 운동으로 권력 무대에서 쫓겨났을지라도 그들의 직책은 중앙에서 비준한 것이고, 중앙에서도 명확하게 문건을 내려 그들의 직책을 철회하지 않았기 때문에 언제든 실권이 없어지면 노동자가 되었지만, 이러한 이름뿐인 직함으로도 혁명위에서 조반의 역할을 발휘할 수 있었다. 따라서 운동은 하지만, 통제력을 잃어 혼란스러워지는 것은 원치 않던 중앙의 이러한 정신을, 대다수의 조반파 우두머리들 역시 그대로 따라 집행했다.

지모 씨는 이러한 점을 보지 못했다. 그는 혼자 힘으로 했기 때문에 중앙문건과 관련된 정신을 보지 못했고, 우리는 중앙위원과 성·시 혁명위에 있던 조반파 우두머리들을 통해 알 수 있었다. 따라서 지모 씨의 조직 활동은 종종 진퇴의 정도를 모르고 여전히 과거의 주관적인 조반 선례를 재연했다. 그 결과 권력을 잡고 있던 관방이 좋아하지 않았을 뿐더러, 정통한 조반파 우두머리들도 좋아하지 않았다. 결국 1973년 말 대규모의 비림비공 운동이 공식적으로 막이 오르던 즈음에 고립무원의 지모 씨는 정통한 조반파 우두머리들의 묵인 아래 관방 공안에게 잡혀갔고, 그가 이끌던 '파벌'은 해산되었다. 지모 씨가 감옥에 잡혀 들어간 뒤로 그가 바라던 소망, 즉 숙정되고 탄압받던 노동자 조반파들의 복권은 중공중앙 부주석인 왕홍원의 연설 정신에 따라 탕중푸와 후융 등 조반파 우두머리들의 지도 아래 대규모로 진행되었다. 이러한 바람을 위해 힘을 다해 노력했던 지씨는, 오히려 사회 교란의 죄명으로 법원에서 2년 형을 선고받았다. 그 상황은 정말 '듬성듬성한 가지가 고생스런 환경에 서서 모든 꽃 앞에서 웃었지만'(疏枝立寒窓, 笑在百花前) 결국 '봄이 왔으나 도리어 시들고 만'(春來反雕殘) 격이니 정말이지 탄식하지 않을 수 없었다.

개인적으로 지모 씨의 상황은 확실히 억울해 보였다. 그러나 한 조직의 우두머리로서 그는 방향을 잘못 잡아, 정확하게 시기와 형세를 판단하지 못했다. 역사적인 균형을 인정해야 할 때, 도리어 정세에 따르지 못하고 개인의 힘으로 새로운 조직을 만들겠다고 역행했으니 그 결과 조반파들의 공격에 부닥치게 된 것이다. 이렇게 의견 때문에 약간의 불화가 생겨 별도의 파벌을 만드는 일은, 문혁 군중조직 활동 고조기 때 자주 있었던 일로 사람들 역시 대수롭지 않게 생각했다. 그러나 일반적인 상황에서 분열해 나간 사람들이 새로운 분위기를 만들어 내기란 종종 쉽지 않았으며, 원래 조직을 동요시킬 수도 없었다. 게다가 사회적으로 '안정'〔治〕을 원하고 더 이상 '혼란'〔亂〕의 형세를 원치 않는 상황에서, 대세에 따르지 않고 별도로 파벌을 만든 사람은, 특히나 새로운 성과를 거두기 어려웠고 종종 같은 성격을 지닌 조직세력의 탄압을 받기도 했다. 문혁 고조기 중 후난에서 발생했던 '성무련' 사건이나 비림비공 운동 초기에 나타난 지모 씨의 '작은 파벌' 사건이 이를 증명해 준다.

집안 싸움은 본디 마음 아픈 일로 한스러운 일이다. 그러나 같은 집안 안에서 각자 따로 나팔을 불며 하나되지 않는 것 역시 견딜 수 없는 일로, 항상 쉽사리 깨고 싶은 마음이 생기고 역사의 비극이 나타난다. 이러한 현상은 문혁뿐 아니라 자고 이래로 있던 일로 지금도 중단되지 않고 나타난다.

그러나 지모 씨가 탄압받은 일 외에 후난 조반파의 '비림비공' 운동 중에 나타난 중요한 특징이 또 하나 있었다. 바로 후융과 탕중푸를 필두로 하는 원래 '기전' 파의 조반파 집단이, 뜻밖에도 원래 그들에 의해 공격받던 '상강풍뢰' 파벌과 '상자' 파 조반파들을 모두 성공적으로 단결시키고 공동으로 조반파의 해방을 쟁취한 것이다. 후융 등의 우두머리들은 '상강풍뢰' 파와 '상자' 파의 우두머리들에게 나서서 임무를 맡게 했을 뿐 아니라, 그들에게 적절한 자아비판을 하며 과거 그들을 대했던 수법이 다소 '지나쳤던' 점을 사과했다. 이에 따라 예웨이둥과 저우귀창 등 원래 얼어붙어 있던 조반파 우두머리들 모두 재기하여 성·시 혁명위의 직책으로 복귀되었고, 후난 조반파의 정책결정 층으로 다시 진입하여 조반 활동을 벌였다.

심지어 감옥에 간 지 수 년이 지난 '상강풍뢰' 파와 '상자' 파의 일부 조반파 우두머리들, 예컨대 우리 '청년근위군'의 하이 사령을 비롯해 '상강풍뢰'의 왕모 씨, 샹탄 '상자' 파 우두머리 선구이화(沈桂華) 등이 모두 후융 등의 배려로 일거에 보석으로 풀려났다(하이 사령을 포함해 이들 출감자들은 그 뒤 정세의 급변과 문제가 신속하게 해결되지 않아 일부는 다시 감옥으로 돌아갔다).

이렇게 1974년 후난 조반운동에서는 조반파들이 다시 조직되어 공전의 단결된 행동을 보여 주는 독특한 형세가 나타났다.

1974년 2월 2일 베이징 『인민일보』에서 발표한 사설 「비림비공 투쟁을 끝까지 해내자」에서는 이 운동을 '투쟁'이라 부르고 있어 사람들은 다시금 정세 방향에 대해 관심을 갖지 않을 수 없게 되었다.

그러나 후난 조반파들을 정말로 감격하고 흥분하게 만든 것은 결코 이 『인민일보』 사설 때문이 아니라 각종 공식적, 비공식적 루트를 통해 전달되어 내려온 왕훙원의 담화 때문이었다. 신임 중공중앙 부주석이 된 왕훙원은 1월 중, 중앙에서 열린 농공간부 독서반에서 새로이 중앙위원 혹은 성급 기관 책임자로 당선된 '군중대표'들을 대상으로 한 담화에서 '반조류'의 조반정신을 크게 찬양하며, 조반파 분자들을 힘껏 등용해 각급 영도기관으로 들어갈 수 있게 해야 한다고 말했다. 또한 삼십여 세의 대군구 부사령원을 발탁해, 젊은 간부 발탁의 모범으로 삼겠다고 구체적으로 말하기도 했다. 그 뒤로 과연 전바오다오(珍寶島)

자위 반격전에서 큰 공을 세운 변방부대 대장 쑨위궈(孫玉國)라는 삼십 여 세의 청년 군관이 '로켓을 탄 듯' 직위가 올라 선양 대군구의 부사 령원으로 승진되었다.

이렇게 정치적 지향이 뚜렷한 왕훙원의 연설을 듣고는 후난의 관방 지도자와 조반파 우두머리 쌍방 모두 공통된 소통의 장을 찾은 것처럼 느꼈다. 따라서 조반파가 이끌고 대체로 조반파 뜻에 따르는 새로운 복권과 비판운동을 '비림비공'이라는 기치 아래 성위와 조반파가 공 동으로 만들며 높은 기세로 전개해 나갔다.

성위 지도자들은 자연히 왕훙원의 담화에서 모종의 무게를 감지했 다. 비록 마음속으로는 왕훙원에 대해 호감이 있을 리 없었지만, 이 당 시의 왕훙원은 더 이상 상하이 조반파 '공총사'의 우두머리가 아니라 중공중앙의 부주석이자 마오쩌둥의 후계자였다. 그의 말은 더 이상 조 반파 우두머리들이 종종 내뱉는 허장성세의 '훈령'이 아니라, 이미 거 역할 수 없는 중앙 지도자의 지시였던 것이다. 이에 대해 성위 지도자 들이 어찌 감히 따르지 않을 수 있겠는가? 게다가 후난의 '일타삼반' 과 5·16 색출'은 이제 막 후난으로 돌아와 성위 서기를 다시 맡아 업 무를 주관하던 장핑화에겐 전혀 아무런 책임이 없었고, 모두 부잔야가 권력을 잡을 당시의 문제였다. 아마 예전에 조반파의 입장을 지지하지 않아 결과적으로 타도당할 뻔했던 교훈을 생각했기 때문인지 장핑화 는 이번에 조반파에게 미움을 사지 않고, 새로운 조반운동에서 비판받 지 않도록 조심조심했다. 게다가 이번엔 관방 최고층의 의견을 대표하 는 중공 부주석 왕훙원의 담화 정신까지 내려왔으니, 조반파에 따르겠 다는 장핑화의 생각은 더욱 확고해졌다.

1974년 3월 11일 성위에서는 탕중푸를 필두로 하여 후난 성 총공회와 창사시 총공회가 공동 개최하는 십오만 명 규모의 비림비공 대회를 비준하였다. 그 뒤 탕중푸(唐忠富)와 후융(胡勇), 레이즈중(雷志忠) 세 명의 성급 조반파 우두머리가 '푸융중'(富勇忠)이라는 공동 필명으로『후난일보』에 「프롤레타리아계급 혁명 조반정신 만세」라는 긴 지면의 문장을 발표했다.

이에 따라 후난의 '비림비공' 운동 초기에는 거의 관방 전체가 조반파 일변도로 쏠리는 국면이 나타났다. 각급 당위는 모두 공개적으로 조반파에 대한 지지를 나타냈고 조반파 복권 문제를 신속하게 해결했다. 심지어 앞에서 상술했듯이 감옥에 갇혀 있던 일부 조반파 우두머리들, 예컨대 원래 '상강풍뢰' 우두머리였던 왕모 씨와 샹탄 '홍조련'(紅造聯)의 우두머리 선구이화는, 복권 자료가 아직 준비되지 않은 상황에서 성위 상무위에서 조반파들의 요구에 동의하여 우선 그들을 보석 석방하고 다시 얘기하기로 했다. '우선 차에서 내린 다음 표를 끊은 것이다.'

동시에 많은 단위의 원래 보수파 인사들 역시 조반파에 대항하지 않고 순종하는 입장을 보여, '일타삼반'과 '5·16 조사' 중에 그들에게 숙정당했던 조반파들의 보복을 받지 않도록 했다.

이렇게 되자 후난에선 순식간에 '각파가 단결하여 함께 조반하자'는 기쁨에 들뜬 떠들썩한 분위기가 나타났다. 조반파들은 비교적 순조롭게 복권되어, 단위에서 자신을 숙정하던 '검은 자료'를 또다시 태워버렸으며 혁명위 직책으로 복귀되었고 입당할 수도 있었다. 반면 보수파들은 조반파들의 보복을 받지 않고, 조반파 숙정 당시 얻은 당적과 간부직을 위협받지 않으며, 그들을 '대신해' 혁명위에 들어간 사실의 승인이 보류될 수 있길 바랐다. 각급 당위 지도자들은 이번에 다시 조반파들의 비판을 받을 필요 없이, 오히려 조반파와 같은 '전선'에 서서 가볍고 순조롭게 이 새로운 조반운동을 넘기며 기뻐했다.

많은 조반파들이 중공당조직에 가입하고 어떤 사람은 공식적으로 당내 영도간부로 승진되기도 했지만, 일부 보수파들의 공개적인 불만을 받기도 했다. 원래 '고사'파 쪽이었던 여섯 명의 사람들이 공개서한을 써서 거리에 붙이며, 당시 성위가 조반파의 일부 의견에 따르는 것에 깊은 불만을 나타내기도 했다. 또한 어떤 사람은 '충즈청'(窮志誠)이란 명의로(조반파 우두머리 '푸융중'이란 필명에 견주어) 도시 중심광장에 조반파 관점에 반대하는 표어를 붙이기도 했다. 그러나 이러한 공개적인 반대는 매우 미약했고, 창사시에서 공개적으로 나서서 이렇게 할 수 있는 사람은 매우 적었다(성 아래 어떤 지역은 조금 많았다). 공개적이고 조직적인 조류는 전혀 될 수 없었고 이들 표어는 종종 조반파 쪽의 표어로 재빨리 덮여지거나 찢겨졌다. 심지어 당시 중공 창사시위에서는 시 전체 영도간부대회를 소집해 '충즈청'이란 명의로 활동하는 보수파를 비난하는 문건을 발표하기도 했다.

조반파들은 당연히 왕훙원의 담화에서 자신들이 어떻게 해야 할지를 깨닫고는 즉각 조반의 다음 '전망'을 내다보았다. 각급 영도기관으로 다시 들어가되, 이번에는 복권문제를 깨끗이 해결할 뿐 아니라 단순히 '조반파'의 명의가 아닌 중공당원의 신분으로 당권자 항렬에 들어가길 바랐다.

그러나 처음에 조반파인 우리들이 비림비공 운동을 이용해 해결되길 바랐던 문제는 단지 '일타삼반'과 '5·16 수사' 때 숙정받았던 일(또 반혁명분자·악질분자·5·16분자 등으로 공격받던 일)이 복권되어 기본적인 인권을 되찾기를 바랐을 뿐이었다. 무슨 입당이니 관직이니 하는 것은 처음에는 확실히 생각지도 못했다. 그러나 왕훙원의 담화로 인해 우리는 스스로 완전히 복권될 수 있는 최적의 길을 보았다. 그것은 스스로 중공당원이 되고 중공 관료가 되어, 향후 권력을 장악한 '주자파'와 보수파 분자들에 의해 수시로 숙정당할 위험에 빠지지 않는 것이었다.

이에 대해 조반파들은 전술적인 구호를 이용해 이를 구체화했다. 혁명의 기세를 이용해 '일타삼반'과 '5·16 수사' 중 조반파를 진압했던 전체 노선을 뒤엎고 조반파의 복권이 이루어지길 바랐을 뿐 아니라, 마오쩌둥과 중앙에서 1969년 초에 제기했던 '세대교체'를 완성하려 했다. 즉 조반파를 프롤레타리아계급 혁명의 선봉분자로 삼아 중공당 내로 '신선한 혈액'을 주입시킨다는 방침이다. 또 '조직 노선과 동시에 마오 주석의 프롤레타리아계급 혁명노선과 문화대혁명 승리의 성과에 충실히 따라야, 정치 노선에서 진정으로 마오 주석의 프롤레타리아계급 혁명노선과 문화대혁명의 승리를 보장할 수 있고, 언제나 조반파가 숙정당하는 운명에서 영원히 벗어날 수 있다!'고 제기했다.

이러한 전술의 구체적인 방법으로 인해 각급 당 조직에선 신속히 조반파의 핵심분자들을 받아들였고 또한 그들을 각급의 지도자의 위치로 발탁했다. 문혁 중 수정한 당 규정에서는 새로 입당한 사람은 예비 시험기간이 필요치 않고, 입당 즉시 정식 당원이 될 수 있다고 규정하였다. 따라서 조반파 핵심분자들은 입당한 뒤로 곧바로 당위 영도기관에 들어갈 수 있었다.

조반파들이 이 일을 벌일 땐 방침을 시행하는 집단적 힘을 발휘하여 당연히 더 이상 군중조직의 '사령부'와 같은 파벌을 만들 수 없었다. 그렇게 했다간 결코 중앙의 동의를 얻을 수 없었기 때문이다. 만약 당위의 동의가 필요한 일이라면 어느 것이든 조반파들의 요구가 받아들여질 거라 기대하기는 힘들었다. 왜냐하면 당시 어느 급의 당위에서도 조반파가 다시 돌아오는 것을 좋아할 리 없었고, 조반파들이 합법적으로 각급 당위 기관에 들어와 새로운 형태로 부분 탈권을 이루는 것도 달가워하지 않았기 때문이다. 비록 왕홍원의 담화가 있었고 기세 역시 대단했지만, 중앙정책에 대해 지방에서는 진작부터 쉽게 처리하는 익숙한 면종복배(面從腹背)의 방법이 있었다. 만약 일정한 압력이 없다면 왕홍원이 제기한 '세대교체'는 지방에선 빈말이 될 수 있었다. 이러한 점을 잘 알고 있던 후난 조반파들은 아주 교묘하게 성·지·시·현과 모든 기업·사업 단위의 당위 체제 아래 '비림비공 운동사무실'('운동사무실'로 간칭) 기구를 만들었고, 또 이 사무실을 '운동사무실'의 기반으로 삼아 성·지·시·현과 각 단위 당위와 교섭하였다. 상술한 목표를 달성하기 위해 압력을 행사하거나 흥정하기 위한 지휘부로 삼았고, 사실상의 압력 단체로서 실제 운영 중 각급 당위와 함께 공존하며 당내 설치된 합법적인 특수 기관이 되었다.

이 '운동사무실'은 기본적으로 조반파에 의해 좌우되었지만 당위의 공작기구로 힘이 아주 컸다. 당내 각급 '운동사무실'의 지휘 아래 4월경부터 조반파를 위한 복권 활동과 거의 동시에 진행된 대규모 조반파 핵심분자들의 중공 당조직 가입 활동이 불꽃처럼 맹렬하게 전개되었다. 이렇게 문혁 전반기 각급 당위에 '반대'했던 조반파 분자들은 7년 뒤 또다시 대규모로 중공당원이 되고자 요구했고, 어떤 경우 당위원회 기관의 요원이 되기도 했다. 예컨대 창사 항만사무국의 조반파 우두머리 자오(趙)모 씨는 복권되고 입당한 지 얼마 지나지 않아, 해당 국의 당위원회 부서기로 임명되었다.

이때 중앙 역시 조반파 중앙위원 탕중푸를 중공 성위 상무위원으로 임명했고, 후융은 성위 위원 행렬에 들어갔다.

사람들은 당시 조반파들이 당위에 반대하면서도 또 당원이 되길 바라는 것은 모순이며, 우스운 일이라 여겼다. 만약 상술한 문혁운동 전반기의 우여곡절의 상황을 분명히 알지 못한다면 절대 이해할 방법이 없었다.

물론 1974년 비림비공 운동 중에 중공에 가입했던 조반파는 사인방이 무너진 뒤 전부 '돌격 입당'이라 비판받고, 당적을 모두 인정받을 수 없다고 선포받았다.

나 역시 우리 회사 '운동사무실'의 부주임이 되었다. 당시엔 원래 합병 재편되었던 신(新)공사는 없어지고 원래 체제의 회사로 복원되었다. 1974년 3월 아주 짧은 시간 안에 시위와 상업국 당위에서 문건을 내보내, 우리 회사 혁명위의 정·부주임 몇 명에 대한 복권과 회사 혁명위 정·부주임의 직책 회복을 선포했다. 또한 시 주차장으로 강등시켜 대문을 지키게 했던 장중취안을 회사로 다시 돌려보내, 회사 당위 서기 겸 혁명위 주임을 맡도록 했다. 물론 회사의 이른바 '주자파'였던 장산 역시 계속해서 회사 당위 부서기를 맡게 하여 2인자가 되었다. 또한 '일타삼반'과 '5·16 조사' 때 우리를 숙정했던 당안 자료도 돌려주었다. 일부 당안 자료는 다른 사람의 고발로 인해 본인에게 돌려주지 않고 복권 대회에서 대중 앞에서 태워 버렸다. 그 자료들이 타는 것을 보면서 나는 매우 기뻤다. 마음속으로 드디어 '사류분자'와 같은 진흙 구덩이 속에서 뛰쳐나올 수 있게 되었다고 생각했다! 하지만 왜인지는 모르지만 일종의 걱정이 저절로 생겨났다. 앞으로 또다시 불순분자로 분류되지 않을까?

과연 몇 년 지나지 않아 사인방이 무너진 뒤 이렇게 태워진 물건들은 또다시 누군가에 의해 정리되어 나의 '당안 자루' 속에 넣어졌다.

내 이름 역시 다시 한번 블랙리스트에 올랐다.

나의 입당 진행은 매우 순조로웠다.

그러나 입당이라는 이 일은 3개월 전, 즉 왕홍원의 중앙 독서반 담화정신이 하달되기 전에는 나를 포함한 조반파 중 그 누구도 생각지 못했던 일이었다. 따라서 창사시위 시 항만사무국에서 먼저 조반파 우두머리의 입당을 시범적으로 받아들였고, 심지어 조반파 입당을 적극 추진하라는 문건을 하달했다. 우리는 1969년에 불었던 '세대교체' 바람이 정말로 다시 왔다는 것을 느꼈다.

난 이미 회사 혁명위의 부주임이었지만, 조직 원칙에 따라 나의 당적은 내가 소속된 기계수리 공장 당 지부에서 해결되어야 했다. 그래서 나는 기계수리 공장 당 지부에 입당신청서를 냈다. 기계수리 공장의 당 지부 서기와 전체 지부위원, 그리고 지부 전체 당원들은 모두 만장일치로 나의 입당에 동의했고, 이에 따라 1974년 4월 8일 나는 드디어 중공당원이 되었다. 문혁 기간 중앙의 새로운 규정에 따르면 중공 신당원은 예비기간이 필요하지 않았고, 입당 즉시 정식으로 당적을 얻을 수 있었다. 따라서 나는 입당 즉시 피선거권을 가진 정식 당원이 되었다.

물론 나는 평소 기계수리 공장에서 사람들과의 관계가 좋았지만, 당원들이 모두 진심으로 나의 입당에 동의하지는 않을 것이라는 걸 알고 있었다. 그 중에 특히 문혁 중 보수파 핵심들과 '일타삼반' 운동 때 입당한 적극분자들은 나 같은 조반파 우두머리의 입당을 몹시 달가워하지 않았다. 하지만 당시는 마치 문혁 초기 조반 열풍 때와 같은 비림비공 운동 시기였던 터라 그들은 감히 반대할 수 없었다. 그들은 두려워했고, 이번에 또 줄을 잘못 서서 보수파가 될 수는 없다고 생각했다. 따라서 나의 입당 일은 어떠한 장애도 없었다.

비록 회사 혁명위 부주임 직에 복귀되었지만 이때 나의 관심은 공청단 쪽에 쏠려 있었다. 상업국에서는 새로운 공청단위원회를 준비하고 있었다. 당시 나는 24살에 불과했지만 회사 혁명위 우두머리인 데다가 중공당원까지 되었으니, 새로운 공청단위원회의 건립계획에 참가하라는 초청을 받았다. 직접 국 공청단의 '운동사무실'을 조직 지도하고 성·시 공청단위원회의 '운동사무실'과 연락하라는 것이었다. 나는 기층단위에서 조반 관점을 갖고, 정치적 포부도 있으며 말도 잘하는 공청단원을 선발하여 국 공청단위 '운동사무실'에서 일하게 했다. 또한 그들을 점차 국에 소속된 회사 공청단위 서기로 육성할 생각이었다. 나의 지기인 녜창마오(聶常茂)는 또 다른 회사 소속 콩제품 공장의 혁명위 위원이었는데 조반파 우수분자로 입당을 했다. 그 역시 내가 국 공청단위로 초청하여 나의 보조가 되었고, 새로운 국 공청단위원회조직을 함께 계획했다. 이렇게 되자 국 공청단 '운동사무실'을 지도하는 일은 나의 주요 업무가 되었고, 회사 혁명위의 업무는 돌볼 겨를이 없었다. 사회에서 조반한 경험이 있었기 때문에, 얼마 지나지 않아 우리 상업국의 새로운 공청단위(내가 주요 책임자를 맡고 있었다)와 '운동사무실'은 시와 성 안에서 빠르게 이름을 날렸다. 성·시급 조반파 우두머리들은 상업국 공청단위의 이 '만만치 않은' 새로운 홍위병조직을 알게 되었고, 내가 지도한다는 것도 알게 되었다. 따라서 그 뒤로 나는 조반파 '예비조'의 대표 및 책임자로 인식되어 성·시 조반파 우두머리의 핵심회의에 자주 참가 초청을 받았다.

그러나 비림비공의 형식으로 진행된 문혁의 제2차 조반 열기는 얼마 가지 않고 4개월여 만에 끝나게 되었다. 왜냐하면 비림비공 운동에 대한 마오쩌둥의 생각이 아래에 있던 조반파들의 의도와는 확연히 달랐고, 사람들은 더 이상 대조반과 대탈권 운동을 하고 싶어 하지 않았기 때문이었다. 이어서 8월 말이 되자 후난 비림비공 운동에 대한 중앙의 '8조' 문건이 전해졌고, 그 중에 마오쩌둥의 최근 지시가 전달되었다. "문화대혁명은 이미 8년이 되었다. 지금은 안정과 단결을 하는 것이 좋다." 생산을 강조했고, 질서를 강조했다. 그 뒤 왕훙원 역시 중앙 업무를 총괄하는 위치에서 내려오고, 그 대신 덩샤오핑이 주관하게 되었다.

정세의 미묘한 변화로 많은 조반파 핵심분자들이 미처 당 조직에 들어가지 못했고, 이른바 돌격 입당이라는 활동 역시 갑자기 정지되었다. 이미 당 조직에 들어간 사람은 들어간 것이고, 들어가지 못한 사람은 '입당신청서'도 다 써 놓았지만 입당이 막혀 허락되지 않았다. 사실 이러한 긴급 제동에 대해 무슨 중앙문건이 내려온 것은 아니었지만, 관방이든 보수파든 조반파든 간에 모두가 이에 대한 공통된 인식과 예감을 가지고 있었다. 문혁 중 일어났던 몇 차례의 역사가 말해 주듯, 하지 말라고 하는 일은 중앙에서 잘못된 일이라 생각하는 것이고 최소한 더 이상 할 수 없다는 뜻이었다. 이제 마오쩌둥이 왕훙원을 더 이상 일선에서 일하지 못하게 했고, 또 '지금은 안정과 단결을 하는 것이 좋다'라고 말했으니 그렇다면 조반파와 관련된 모든 일은 분명 다시 재고할 수 있게 된 것이었다.

순간 성·시위와 각급 당위에선 더 이상 조반파 입당 건을 우선적으로 처리하지 않았고, 조반파들 역시 눈치로 알고 더 이상 입당하겠다고 말하는 사람은 없었다. 모두들 정세의 변화를 보면서 다시 얘기하자는 생각을 품고 있었다.

기계수리 공장에 솜씨가 매우 뛰어난 샤오(肖)라는 조반파 출신 목공이 있었는데 공장 혁명위 부주임이었다. 원래 당 지부에서 그의 입당 문제에 관해 토론을 마쳤지만 어떤 지부 위원이 조심스럽게 문제를 제기했다. "듣자 하니 샤오 사부의 고향 친척 중에 지주분자가 있다고 하는데 입당신청서에 써 넣지 않았어요. 실행해도 됩니까?" 당시 난 이미 입당한 상태였고 또 회사 혁명위 부주임이었기 때문에 기계수리 공장 당 지부에서는 나의 의견을 구하며 어떻게 처리해야 좋을지 물었다. 나는 이런 사소한 일은 쉽지 않나? 샤오 사부 고향으로 사람을 보내 조사하면 진상이 밝혀지지 않을까?라고 생각했다. 사실 당 지부 부서기가 내 의견을 물었을 때, 내가 샤오 사부의 기입사항을 근거로 우선 입당을 허락하고 나중에 다시 얘기하자고 했다면 그들 역시 동의했을 것이다. 하지만 그때 나는 분명하게 조사하는 것이 다른 사람들의 쓸데없는 말도 듣지 않고, 이런 대세에 며칠 일찍 혹은 며칠 늦게 입당한다고 해서 샤오 사부에게 큰 지장은 없을 거라고 생각했다. 개인적인 자리에서 내 의견을 샤오 사부에게 말해 주었다. 샤오 사부는 다소 불쾌한 듯했지만 그 역시 "며칠 늦어진다면 며칠 늦게 입당할 수밖에 없지"라고 하며 납득했다. 아직 조사인원이 공장으로 돌아오지 않았는데 뜻밖에 위에서의 풍향이 갑자기 돌변하여, 각급 당위에서는 모두 새로운 당원 입당 비준 업무를 중단했다. 마침 샤오 사부는 바로 그때 막혀 버려 입당 일이 허사가 되었다.

이에 대해 한동안 샤오 사부는 나를 몇 번이나 원망했는지 모른다. 내가 입당하고 나니까 아래 있는 형제들은 돌보지 않는다고 말하면서,

내 한마디면 당 지부를 설득할 수 있었고 심지어 굴복시켜 입당 문제를 해결할 수 있을 것을 무슨 외부 조사를 해야 한다면서 ─ 외부조사에서 돌아온 뒤 그 지주는 샤오 사부 가족과 무관하다고 했다 ─ 입당을 가로막았다는 것이었다. 이 때문에 나는 그에게 수차례 사죄와 유감의 뜻을 전하면서, 대세를 지나치게 낙관적으로 보아 잘못을 저질렀다는 것을 인정하지 않을 수 없었다. 그 뒤 1976년 '비등반우'(批鄧反右) 운동 때 기회를 틈타 있는 힘껏 샤오 사부의 입당을 돕고 싶었다. 그러나 '비등반우' 운동은 며칠 하지도 않고 조반파들은 사인방의 실각에 따라 전부 전멸하고 말았다. 결국 샤오 사부의 입당 건은 가망이 없어졌고, 나의 당적 역시 날아가 버렸다.

마오쩌둥이 다시 덩샤오핑을 기용한 뒤로 조반파들에게는 비림비공 때와 같은 위풍이 있을 수 없었다. 즉 덩샤오핑이 등장한 뒤 진행된 1975년의 대정돈과 '파벌의식 비판'으로, 일부 조반파 우두머리들은 한바탕 기가 꺾였던 것이다. 그러나 전체 문혁에 대해선 당시 누구도 부정할 수 없었기 때문에 조반파 활동 역시 단지 잠잠해진 것뿐이지, 결코 끝장난 것은 아니었고, 더군다나 당권자들이 마음대로 조반파 분자를 처리할 수는 없었다. 따라서 1년 뒤 전개된 '비등반우' 운동 때 조반파가 다시 얼굴을 내밀었다.

1974년 말 비림비공 운동이 완전히 끝나면서 신문에서는 덩샤오핑의 소식이 갈수록 늘어갔다. 반면 왕훙원은 드물게 아랫면에 등장했고, 정통한 관방의식 역시 천천히 회귀되었다. 국 공청단위에 있든 회사 혁명위에 있든, 나는 압박감을 느꼈고 1969년 '9대' 이후의 복귀 상황을 떠올렸다. 그래서 나는 나의 '보금자리'인 기계수리 공장의 작업장으로 돌아가 다시 기계조립 기술을 잡기로 결정했다. 기계수리 공장에서도 여전히 국 공청단위 책임자와 회사 혁명위 부주임의 신분이었고, 게다가 공산당원이기도 했기 때문에 나는 오히려 정신적인 우월감을 느꼈고 자유롭게 누구도 나를 상관할 수 없었다.

비록 다시 기계수리 공장으로 돌아왔지만 비림비공 운동은 내 인생의 지위를 상당히 바꾸어 놓았고, '일타삼반'과 '5·16 수사'가 가져다준 그늘과 암울함에서 벗어날 수 있게 해주었다.

1974년 말 누군가 광저우에서 「사회주의 민주와 법제에 관하여(서언)─마오 주석과 4기 인대에 바침」이라는 기괴한 대자보를 전사(轉寫)해 왔다. 이 대자보는 「중국은 어디로 가는가?」와 다소 비슷한 느낌으로 광저우에서 매우 큰 논란을 불러일으켰다. 이 대자보를 쓴 필자로 전해지는 '리이저'(李一晢 ; 당시 우리는 이 '리이저'가 세 사람이라는 것을 결코 알지 못했다) 역시 관방에 의해 잡혀갔고, 나중에야 석방되었다. 창사에서 이 대자보는 끝내 공개되지 못했고 대자보로 쓰여져 거리에 나붙여지지도 못했지만, 조반파 중 비밀리에 이 대자보 자료를 본 사람이 적지 않았다. 비록 '리이저' 대자보의 많은 부분이 모두 조반파를 위한 말이었지만, 후난 조반파의 상층 우두머리들 대부분은 그것이 '극좌'파에 속한다고 생각하면서 높이 평가하지 않았다. 왜 그랬을까? 후난 조반파의 상층 우두머리들은 문혁과 조반에 대해 시종 어떤 입장을 취했는데, 그것은 마오쩌둥과 중앙에서 지정한 범위 내에서 '춤을 출 뿐' 이 이데올로기에 도전하는 어떠한 일도 결코 생각하지 않는다는 것이었다. 이것은 일종의 사유였을 뿐 아니라 실천적 결론이기도 했다. 왜냐하면 당시 주류 의식에 도전하는 사람은 모두 좋은 결과가 있을 수 없었다. 반면 지정된 '무대'에서 ──이 '무대'가 변경되거나 위험이 있다 하더라도 —— 활동하기만 한다면 마오쩌둥과 중앙에 의해 '다른 부류'로 간주되어 강등될 리 없었고, 이미 다소 변동된 기존 체제 안으로 진입할 수도 있었다. '리이저' 대자보는 문장 제목에서부터 국가 정치체제라는 큰 문제를 건드리고 있었고, 문장 중에는 '체계'·'민주', 그리고 '법제' 등의 이론적인 평가도 포함되어 있었다. 따라서 후난 조반파의 상층 우두머리들은 사상적으로 뿐만 아니라 문장에서도 '리이저' 대자보가 가져올 신사조를 받아들일 수 없었다. 다만 '제2의 양시광'이 되어 「중국은 어디로 가는가?」의 재판이 될까 두려워했을 뿐이었다.

그러나 당시 '리이저' 대자보로 인해 우리 일부 청년 조반파 핵심분자들은 일정 정도 계몽 사상의 영향을 받았다. 이로 인해 우리들은 문혁 이후 일들에 대해 처음으로 새로운 인식이 생겨나게 되었고 더 이상 과거의 '파벌' 관점에 국한되지 않았다(양시광의 「중국은 어디로 가는가」 등의 대자보 역시 여전히 '파벌' 관념의 흔적이 남아 있었다). 그 중 사회주의 '법제' 관념은 특히 이 대자보의 영향을 받아 처음으로 나의 사상에 인식되고 확립되었다. 원래 개인적으로 사회 '민주'와 '자유'에 대해 어느 정도 인식하고 체득할 수 있었지만, '법제'와 그 의미에 대해선 정말 거의 아는 바가 없었다. 당연히 '리이저' 대자보에서의 많은 훌륭한 논조들이 내 머릿속 깊이 각인되었다. 예컨대 '두렵지 않은 다섯 가지'〔五不怕〕란 대목에서 "왕훙원 동지의 보고에선 사람들에게 '두렵지 않은 다섯 가지'를 발휘하여 조류에 반대할 것을 호소한다. 그러나 지금 상황에선 '큰 인물' 혹은 중앙 간행물의 인가와 선전이 없어, 어떠한 사조도 조류를 형성할 수 없고 특히나 기세등등한 조류를 형성할 수 없다. 고금 이래로 중국에는 언제나 말을 하기 위해 죽음조차 두려위하지 않은 사람이 있었다. 루쉰(魯迅) 역시 당연히 죽음을 두려워하지 않은 사람이다. 그러나 루쉰조차 일본 친구가 있는 곳에 가서 문장을 발표할 수 있었는데, 오늘날 '두렵지 않은 다섯 가지'의 사람들은 또 어디 가서 그들의 문장을 발표할 수 있단 말인가?" 이 말은 확실히 당시 사람들을 크게 각성시켰으며 감개무량하게 만들었다!

〖 26 〗
'비등반우'의 1976년, 깊은 모순과 우려를 느끼다

1976년의 이른바 '비등반우' 시기 그렇게 많은 군중들이 '사인방'에 반감을 가지고 있었는데, 우리는 어떻게 또 조반파를 할 수 있었을까?
어떤 경우 사람들은 자기 뜻대로 되지 않는 상황으로 빠져들 수 있었다.
우리는 원래 결연한 조반파였는데, 그 뒤 어떻게 정치적 관점에서 톈안먼 사건 군중과 대립되는 쪽에 서게 되고, 실제로 '사인방'의 보황파가 되었던 것일까?

1976년은 십 년 문혁의 마지막 해로 역시 조반파가 존재했던 최후의 해였다.

이 해 중국에선 갑자기 많은 큰일들이 발생했다. 다시 복귀되어 업무를 주관한 지 2년도 되지 않은 덩샤오핑에게 다시 '타도'가 선포되었고, 저우언라이와 주더(朱德)·마오쩌둥 이 세 명의 역사적 거물들이 잇달아 이 해에 세상을 떠났다. 사인방과 마오쩌둥을 겨냥한 제1차 '톈안먼 사건'이 발생했고, 사인방이 순식간에 무너지자 중공중앙 주석의 지위는 뜻밖에도 화궈펑이 맡게 되었다.

1975년 말 조반파 우두머리가 통제하는 성 총공회 —— 중공중앙 위원이자 성위 상무위를 겸직하고 있던 탕중푸와 성 혁명위 부주임 직함을 갖고 있던 후융은 각각 이 기관을 지도하는 1·2인자로, 즉 주임과 부주임이었다── 의 루트를 통해, 후난 조반파들은 마오쩌둥이 칭화대학에 회답하는 한 통의 편지에서 또다시 덩샤오핑에 대한 불만을 나타냈다는 것을 재빨리 알게 되었다. 또한 칭화대학과 베이징대학 두 개 학교 학생들의 잇달은 덩샤오핑 비판 대자보에 대해 1976년 2월 6일 『인민일보』에 게재된 문장 「프롤레타리아계급 문화대혁명의 지속과 심화──칭화대학 교육혁명 대토론이 파도를 헤치며 전진하는 것을 기쁘게 바라보다」에서는 문혁을 부정하는 우경번안풍에 대한 반격이 '문화대혁명의 심화와 지속'이라고 썼다. 이렇게 되자 작년(1975년) 덩샤오핑이 조반파 활동에 대해 단행한 '파벌성 비판' 풍조에서 성위의 냉대와 조롱·압박을 받았던 후난 조반파 우두머리들은 또다시 노동자 조반파를 집결시키고, 성 총공회를 지휘부로 하고 시 총공회를 집합장소로 삼아 성위 서기 장핑화와 성위를 겨냥한 새로운 대규모 비판대회를 발동시켰다. 3월 사이 중앙에서 화궈펑이 중앙정치국을 대표하여 발표한 덩샤오핑 비판과 '주자파' 문제가 있는 사람에게 호소하는 '에두른' 담화를 하달한 뒤, 조반파 역시 덩샤오핑의 복귀 노선을 공격해야 스스로 정치판에서 패하지 않는 지위를 보전할 수 있다고 느꼈다. 또한 덩샤오핑의 반(反)문혁노선을 비판하는 마오쩌둥과 당 중앙의 명확한 태도는 조반파들을 더욱 고무시켰고, 스스로 중앙과 동일선상에 서게 되었다고 느끼게 만들었다.

나는 다시 기계수리 공장에서 상업국 공청단 위원회 사무실로 와 공청단위 회의 개최를 주관했다. 조직 활동과 덩샤오핑의 반문혁 복귀노선을 비판하는 것 외에 구체적으로 하고 싶었던 일은 1974년 비림비공 운동에서 아직 끝내지 못한 활동을 재개하는 것이었다. 중점적인 일 가운데 하나는 조반파의 관점에 따라 상업국의 공청단조직을 문혁 조반노선을 철저하게 옹호하는 청년대오로 만들어 공청단원들을 선발·배치하고, 이들을 국에 소속된 각 회사 공청단위의 서기로 임명하는 것이었다. 국 안에 있던 원래 공청단위의 전문 간부는 성실한 사람으로 품행이 단정했으며 규율을 잘 지켰다. 그러나 초등 학력 수준에 사상이 비교적 진부하여 관점 역시 '보수' 편향이었다. 그의 주위에는 항상 '일타삼반'과 '5·16색출' 운동 중에 선발되어 올라온 공청단위 간부들이 모여 있었다. 그러나 대세 측면에서 우리는 항상 진격 상태에 있었고 나 자신과 집안 출신 모두 흠잡을 데 없었으며, 또한 나는 회사급 혁명위의 부주임이었기 때문에 관점이 보수적인 공청단위 간부들과의 관계를 기본적으로 평화롭게 유지할 수 있었고, 대체로 나의 요구를 밀고 나갈 수 있었다. 1976년 5월 4일 나는 국 공청단조직의 단결을 위해, 국 소속 공청단 간부 대오 수백 명을 인솔하여 기차를 타고 마오쩌둥의 고향 사오산(韶山)으로 참관하러 갔다. 이로써 상업국 전체 수천 명의 공청단원 중에서 나의 영향력은 더욱 강화되었다.

창사시 전체의 국(局)급 공청단조직 중에서 당시 우리 상업국 공청단위에서만 완전히 조반파 세력이 장악하고 있었다. 다른 국의 공청단위와 공청단 시위에선 조반파 활동에 대해 기본적으로 모두 방관하며 동향을 살피는 태도였고, 아래 공청단위의 일부 단원 청년들만 '조반'을 소곤거리고 있었다. 공청단 성위의 정·부서기는——모범노동자에서 전근해 온 두 명의 여성으로 모두 당 성위 상무위원이었다——자연히 더욱 애매하게 공개적으로 반대하지는 않았지만 절대 나서서 지지하지는 않았다. 그래서 우리 공청단위는 더욱 후난 고위층 조반파 우두머리들의 총애와 주목을 받게 되었다. 그 뒤 나를 공청단 성위 부서기로 선발해 새로운 공청단 중앙으로 올린다는 소문이 나돌았다.

성위 서기 장펑화 등이 강제로 참가한 덩샤오핑 비판 대회에서, 나는 청년 조반파 대표로 지목되어 장펑화에 대한 일대일 비판 발언을 하게 되었다. 회의에서 나는 장펑화가 또다시 '주자파'의 오류를 저지르고 있다고 질책하면서 입장을 전환해 조반파를 지지할 것을 촉구했다. 내 옆에 앉아 있던 장펑화는 내 발언에 대해 화를 내지도 원망하지도 않으며, 도리어 성실한 태도로 진지하게 그에 대한 비판을 들었다. 당연히 그 뒤 사인방이 실각된 뒤로 나는 이 회의에서의 발언 때문에 엄중한 대가를 치러야 했다.

1976년 조반파가 직면한 정세는 1974년 비림비공 운동 때의 정세와 표면적으로 볼 때 거의 비슷했다. 또한 기본적으로 관방 당권파에서 조반파와 강경하게 대치하는 상황은 없었다. 왜냐하면 문혁노선의 보위를 강조하는 중앙의 태도는 1974년 왕훙원 담화 때의 상황보다도 훨씬 더 뚜렷했기 때문이었다. 심지어 마오쩌둥의 담화와 중앙의 문건에서는 모두 '부르주아계급이 공산당 내에 있다'는 전례 없이 뚜렷한 관점을 제기하였다. 이로써 조반파와 '주자파'의 투쟁은 이론적으로 더욱 합리적인 근거를 갖게 되었다. 그러나 이상한 점은 이번엔 전체 지방 관료당국에서 도리어 1974년 비림비공 운동 초기 때와 같은 두려움이 나타나지 않았다는 점이다. 비록 당권자들이 공개적으로는 조반파에 반대하지 않았지만, 조반파들의 갖가지 요구에 대해 귀머거리인 척 벙어리인 척하는 태도를 취했다. 비판을 하든 대자보를 붙이든, 대회를 열어 공격하든 그들은 모두 소극적으로 저항했다. 성과 시 총공회의 지휘와 조직 아래 조반파들은 잇달아 세 차례 수십만 명이 참가하는 '비등반우, (성위 서기) 장평화의 자세 낮추기 촉구' 대회를 개최했다. 장평화와 성위 지도자들은 시종 정면으로 명확한 태도를 나타내지 않고, 기껏해야 대충 적당히 대했다. 그러나 각급 권력기관은 그들이 장악하고 있어 재야에 있는 조반파들로서는 어찌할 방법이 없었다. 결국 조반파 우두머리들은 중앙위원 탕중푸가 몇 명 데리고 베이징으로 가서 중앙과 왕훙원에게 보고·고발하고, 성위와 장평화에 대한 중앙의 엄한 질책을 바라는 수밖에 없었다.

당시 중앙에선 비록 '비등'을 외쳤지만 장평화를 질책하지도, 또한 공개적으로 후난 조반파에 대한 명확한 지지를 표명하지도 않았다. 장평화는 시종 조반파에 대해 맞서지도 상관하지도 않는 태도를 취했다. 조반파들이 대회를 열어 대자보를 붙이면 성위에선 기본적으로 탄압하지 않았다. 조반파들이 장평화에게 후난 비등반우 운동에 대한 지지와 동의를 요구해도, 장평화는 그저 허허 웃으며 중앙 간행물에 있는 대원칙을 얘기할 뿐 구체적으로는 얘기하지 않았다. 이에 대해 조반파들은 당시 장평화에 대해 매우 불만이었다. 만약 장평화를 타도하는 것이 허락된다면 모두들 기꺼이 원하고 있던 바였다.

그러나 이상하게도 훗날 내가 읽은 『류순위안전』(劉順元傳)이란 책에서는 문혁 후 중앙의 어떤 부서에서 1979년 6월 7일 후난성위 장평화 등에 대한 평가를 이렇게 쓰고 있었다.

"전(前) 후난성위 책임자(장평화)는 1973년 후난으로 돌아온 뒤 점차 조반파에 기울었고, 후난을 떠날 당시 자아비판도 하지 않아 간부와 군중들의 비판이 보편적으로 거셌다."

이 결론이 어떻게 나온 것인가? 장평화와 '정면으로 맞서 일했던'

조반파로서 공정하게 말하자면 이 평가는 장펑화에게 억울한 일이다.

1973년 장펑화가 다시 후난으로 돌아온 뒤, 특히 1976년 '비등반우' 중 어찌 무슨 '점차 조반파에 기우는' 일이 있었던가! 장펑화는 당시 조반파를 진압하지 않았지만 그것은 그가 하고 싶지 않았던 것이 아니라 중앙에서 하고 싶지 않았던 것이다. 그러나 그의 사상과 행동으로 볼 때 모두 조반파에 기울지는 않았다. 비록 1974년 비림비공 중 성위에서 일부 조반파 우두머리들의 복권을 허락하고 일부 조반파 핵심들의 입당을 허용했지만, 그것은 분명 장펑화의 본래 뜻이 아니었으며 당시 전국적인 정치적 정세 때문에 그런 것이었다. 중공중앙의 부주석조차 조반파 우두머리 왕훙원이 맡고 있었는데, 지방의 일부 조반파 우두머리의 입당이 어찌 '대세'가 아니었겠는가? 그러나 장펑화가 1976년 조반의 비판에 뻔뻔스럽게 맞서며 큰 사건의 발생을 기다렸던 것은 확실히 사실이다. 따라서 당시 후난 조반파 고위층 우두머리들이 장펑화를 평가하며 이렇게 말했다. "이 장펑화 노인네는 겉으로는 허허 웃지만 내심으론 우리 조반파가 미워 진흙 속으로 차 버리고 싶은 심정일 거야. 정말로 교활한 여우지!" 확실히 1975년 5월 파벌 문제를 비판할 때 장펑화는 즉각 주동적으로 당시 철도부장이었던 완리(萬里)를 초청해, 후난 주저우(株洲) 철도부 직속 톈신(田心) 기관차 차량 공장에서 기세 드높은 '파벌 비판' 대회를 열었다. 그 대회에서 철도부장과 성위 서기는 서로 맞장구를 치며 톈신 기관차 공장의 몇 명 조반파 우두머리들을 망신스러울 정도로 비판했다. 게다가 이 기회를 이용해 성 전체에서 여론을 형성하여 조반파의 파벌성, 소위 '조반정신'이란 것을 크게 비판했다.

이전에 두 차례 있었던 문혁 조반 정세와는 다른 비정상적인 국면에 대해, 나와 팡다밍과 녜창마오는 자주 생각하고 분석하며 정세를 해독할 수 있는 열쇠를 찾기를 희망했다. 그러나 9월 9일 마오쩌둥의 서거와 사인방의 실각 후에야 우리는 비로소 깨달았다. 원래 장평화 저들이 이날을 기다리고 있었구나! 왜냐하면 마오쩌둥의 위중한 상황에 대해 실제 성 이상 고위층 당정지도자들 사이에선 몇 달 전부터 암암리에 알고 있었다. 7월경 중앙 판공청에서 특별 문건을 내려 보내 성급 이상 당정 지도자들에게 마오쩌둥의 병세에 대해 비밀리에 통보했기 때문이었다. 따라서 조반파들이 아무리 소란을 부리고 어떻게 다그쳐도, 그들은 감정을 얼굴에 드러내지 않고 '몸을 구부리지'도 않으며 대항하지도 않고 그저 인내심을 갖고 일의 결과, 즉 마오쩌둥의 위급한 병세가 변화되는 결과만을 기다리고 있었다. 만약 마오쩌둥이 1971년 병세가 위급했을 때처럼 위험에서 벗어나 무사했다면, 그들은 화궈펑의 경고 담화 정신 등 중앙의 지시에 따라 진지하게 '몸을 구부리며' 덩샤오핑을 비판하고 조반파의 활동을 지지했을 것이다. 허나 만약 다른 상황이 발생한다면 또 다른 처신의 태도, 즉 후에 발생한 역사처럼 그렇게 했을 것이다.

가련한 조반파들은 매일같이 마오쩌둥과 마오쩌둥 문혁노선의 옹호를 외쳐 댔지만, 마오쩌둥의 중앙은 누구도 그들에게 당시의 엄준한 상황에 대해 통보해 주지 않았으며, 더욱이 조직적으로도 조반파들이 권력을 장악하지 못하게 했다. 반면 중공중앙위원인 탕중푸가 7월경 사람들을 데리고 베이징으로 가 중앙에 보고를 할 때도, 화궈펑은 그들을 만나지 않았고 왕훙원조차 그들을 접견하러 나오지 않았으며, 단지 사람을 보내 그들의 상황을 반영한 자료를 접수하기만 했다. 화궈평과 왕훙원 두 사람 중 한 사람은 원래 후난에서 조반파를 지지했었고 또 후난에서 올라가 후난성 제1서기를 겸직하고 있었던 사람이었으며, 또 한 사람은 전국 조반파의 총대표였으나 그들 모두 후난에서 온 조반파 중앙위원을 거들떠보지도 않았다. 도리어 탕중푸 등이 중남해 대문 앞에서 중앙 지도자와의 접견을 요구한 일은 사인방 실각 후 화궈펑에게 '중남해 공격'이라고 비난받았다.

이미 제9, 10대 중공중앙위원인 조반파 우두머리가 직접 베이징으로 건너가 비등반우 운동 중에 나타난 성위 지도자들의 비정상적인 상황을 중앙에 보고하였다. 조반과 덩샤오핑 비판을 호소하던 중앙문혁과 '사인방' 무리들은 뜻밖에 아무도 이를 중시하질 않았다. 이론적인 탁상공론을 할 때는 뛰어난 경륜을 발휘하며 마오쩌둥의 권위가 존재할 땐, 종종 안하무인 격으로 고집스런 태도를 보이던 이 지도자들이 정치투쟁의 실제 조작 능력은 어쩌면 이토록 떨어진단 말인가! 그래서 그 뒤 '사인방'이 마오쩌둥 서거 후 어느 날 밤 간단하게 일거에 체포되었으니 그 또한 필연이 아니겠는가.

탕중푸 등이 베이징으로 간 지 십여 일이 지났지만 중앙으로부터 어떠한 소식도 전해 듣지 못했다. 성 혁명위 구성원인 조반파 우두머리들은(대부분 노동자였고 기관 간부도 소수 있었다) 회의를 열어 토론을 하며, 중앙에 상황을 보고하는 힘이 부족한 것이 아닌가 하고는 한 무리 한 무리씩 더 베이징으로 보내야 중앙의 주목을 끌 수 있다고 생각했다. 마치 1967년 양 파벌 간의 무투와 탈권 형세 때처럼 중앙에 계속해서 성 문혁운동 상황을 보고하고 중앙의 지지를 얻은 것처럼 말이다. 따라서 탕중푸에 이어 후난 조반파의 두번째 보고단이 또다시 베이징으로 갔다. 보고단은 다섯 명의 성 혁명위 위원으로 구성되었다(네 명은 노동자였고 한 명은 성 직속기관의 간부였다). 나와 내가 지도하던 상업국 공청단위는 당시 조반파 사이에서 상당한 영향력이 있었기 때문에, 그들은 나를 당시 조반파가 적었던 공청단조직의 대표로 이 보고단에 참가하라고 초청했다. 나는 나의 보조이자 지기인 녜창마오 역시 같이 가야 더욱 대표성이 있다고 제기했다. 그들 역시 동의했다. 그래서 일행은 모두 일곱 명으로 기차를 타고 베이징으로 갔다.

베이징에 도착한 뒤 우리는 몇 번이나 타이핑(太平)거리 갑(甲)8호에 있는 중앙 접대소로 갔다. 접대소 사람에게 후난성 혁명위 위원의 신분임을 알리고는, 면전에서 후난의 비등반우 상황을 전달하고 중앙 지도자를 직접 만나 보고하고 싶다고 했다. 또한 접대소 사람의 요구에 따라 그들에게 문자로 된 보고 자료를 건네주었다. 접대소 사람은 우리의 얘기를 들은 뒤 아주 진지하게 쉬지 않고 물었고, 계속해서 기록했다. 그러고 난 뒤 우리를 국무원의 무슨 초대소라는 곳으로 안내하며 소식이 오길 기다리라고 했다. 그 기간 동안 우리는 또 푸유(府右)거리로 갔다. 그곳은 중남해의 서쪽 문으로 역시 중공중앙의 접대소였고, 거기에서도 같은 보고 자료를 전달했다. 하지만 그곳에선 우리와 얘기를 나누려는 사람은 없었고 그저 자료 접수를 맡고 있었다. 당시 푸유거리 전체는 매우 조용했고, 아무도 다니지 않았으며 가끔 한 사람씩 지나다녔다. 틀림없이 엄밀한 감시 아래 놓여 있는 것이 분명했다. 그곳에서 걸을 때 적막한 공기가 우리를 긴장하게 만들었고, 심지어 말소리조차 크게 낼 수 없었다. 비록 우리 일행이 후난성에서는 모두 자칭 하늘도 땅도 무섭지 않고 성위 서기도 두렵지 않은 조반파였지만, 푸유거리의 고요함은 우리 앞에서 은근한 위엄을 나타냈다.

베이징에서 십여 일 머무르면서 얻은 소식은 중앙 접대소의 통지뿐이었다. "당신들 보고 자료는 이미 전부 올렸소. 지금 중앙 지도자들이 모두 바빠 당신들 만날 시간이 나지 않을 것 같으니, 성으로 돌아가 비등반우를 계속해서 잘하시오. 중앙에서 무슨 새로운 지시가 있으면 우리가 즉각 통보해 주겠소."

베이징에 있는 동안 나와 녜창마오는 시간을 내 베이징대학에 한번 갔다.

베이징대학은 문혁 중 전국 조반운동의 선구자였다. 이번 '비등반우' 역시 베이징대학 당위 부서기인 류빙이(劉冰一)가 츠췬(遲群)과 셰징이(謝靜宜)를 고발한 편지에서 비롯되었다. 또한 이번에 중앙에서 일으킨 비등 운동의 불 역시 베이징대학에서 처음으로 점화되었다. 『인민일보』 사설에서는 이번 베이징대학에서 일어난 '대토론'과 대자보는 또다시 베이징대학의 큰 변화를 가져왔다고 했다. 따라서 우리 둘은 베이징대학을 보러 가기로 결정한 것이다.

그러나 베이징대학에 도착했을 때, 베이징대학의 역사와 지위가 우리로 하여금 우러러보게 만들었지만, 『인민일보』에서 비할 바 없는 혁명의 격정으로 가득찼다고 과장하던 대자보난에서 우리가 본 것은 드문드문 시들어 가는 경관 일뿐, 교정 안에서는 문혁 초기의 그러한 기세는 볼 수 없었다. 내용을 보아도 역시 평소에 보던 가식적인 거리 담벼락의 '선전' 벽보와 같았으며, 대부분 구호와 같은 '비판'과 형식적인 것으로 자세히 볼 만한 내용은 없었고 또한 그 안에서 진정한 투지를 느낄 수도 없었다.

이것이 오늘날 베이징대학 학생운동의 면모란 말인가? 이것이 문혁의 지속과 발전을 구현할 베이징대학의 위풍이란 말인가?

불안한 심정은 갈수록 강렬하게 내 마음속에서 솟구쳤다.

우리의 베이징대학 참관을 안내한 사람은 장(蔣)씨 성의 여학생으로, 그는 녜창마오 동료의 여동생으로 마침 베이징대학 중문과에 다니고 있었다. 내가 그녀에게 물었다.

"베이징대학의 대자보는 이것뿐입니까?"

장 학생은 원래 많았지만 어디나 있었던 것은 아니고, 우리가 상상했던 것처럼 교정 가득 붙어 있진 않다고 말해 주었다. 또한 대자보를 쓴 것은 모두 과에서 각 반에 임무를 나누어 준 것이지, 자발적으로 쓴 것은 몇 개 되지 않는다고 했다. 그녀가 말했다.

"우리가 쓸 수 있는 게 뭐가 있겠어요? 위에서의 일은 우리도 모르고 학교 안의 일도 잘 알지 못합니다."

당시 베이징대학의 학생은 모두 '공농병(工農兵) 학생'으로 각 단위에서 추천하여 보내졌고, 시험을 거쳐 들어오지 않았다(문혁 중 이미 대학입시가 취소되었다). 따라서 어떠한 시기와도 모두 다른 특수한 이들 대학생들에게 진정한 학생운동을 벌이기를 기대한다는 것은 당시 우리의 지나친 요구였다.

때는 마침 7월 한여름이었지만 베이징대학 교정 안에서 뚜렷이 볼 수 있었던 거짓된 혁명 기운은 나와 녜창마오로 하여금 깊은 한기를 느끼게 하였다.

당시 나는 처음으로 베이징대학에 들어가 본 것이었다. 비록 베이징대학 교정에는 풍성하고 아름다운 경관이 펼쳐져 있고, 중국 문화인들이 모두 동경해 마지않는 독서 선계(仙界)였지만, 내 머리 속에서는 아무것도 남아 있지 않다. 왜냐하면 당시 이미 시들고 무너진 대자보난의 모습은 이미 내 머릿속에서 일종의 중압감과 걱정으로 남아 베이징대학에 대한 다른 기억을 희석시켜 버렸기 때문이다.

베이징의 민족호텔에서 우리는 중국 노동자 대표단을 따라 마침 알바니아로 떠나려고 하는 후융을 만났다. 그는 후난성 혁명위원회 부주임의 신분으로 중앙에 의해 거명되어 이번 중국 노동자 알바니아 방문 대표단의 부단장이 되었다. 그는 우리의 보고를 들은 뒤 탕중푸 일행도 아직 중앙 지도자를 만나지 못했다고 말했다. 보아하니 우리는 스스로에게 의지할 수밖에 없었다. 우선 후난의 비등반우 운동을 힘차게 전개해 성과를 내야 중앙의 인정을 받을 수 있었다.

창사로 돌아온 뒤 탕중푸는 나와 베이징에 함께 갔던 또 다른 성 혁명위 위원을 그의 거처로 불렀다(당시 그는 병으로 입원 중이었다). 그는 세세하게 우리의 베이징 행에 대해 물은 뒤 낙담한 모습으로 고개를 저으며 말했다. "나조차 중남해에 들어가지 못했는데, 자네들이 어찌 중앙의 수장을 직접 만나고 올 수 있었겠나!"

정치적 지위로 말하자면 탕중푸는 중앙위원이었고 후난 조반파 중에서는 제1인자였다. 그러나 실제적인 능력과 재능으로 말하자면 2인자인 후융이 그보다 훨씬 강했다. 탕중푸의 말은 각자 세력을 갖고 있던 조반파 우두머리들 모두가 반드시 따르지는 않았지만, 후융의 말과 일 처리는 과감하고 단호하여 조반파 우두머리들이 대개 인정하지 않을 수 없었다. 또한 내 관찰에 의하면 후융은 확실히 형세를 좌우하는 귀재였다. 내가 참가했던 회의에서 조반파 우두머리들의 의견이 일치되지 않아 각자 으르렁거리며 말할 때마다 후융이 주석 자리에서 위엄 있게 혹은 조화롭게 말을 하면, 회의장은 금방 조용해지고 의견 역시 점차 후융의 관점에 근접해 갔다. 따라서 사실상 후융이 후난 조반파들이 중시하던 첫번째 인물이었다. 후융 역시 드물지 않게 조반파들의 화를 불러일으켰지만 문제에 대한 고려가 비교적 온당했고 일 처리 역

시 논리정연해 대체로 당시 중앙의 의도에 정확하게 부합하는지 헤아
릴 줄 알았다. 또한 급진분자들의 간섭을 효과적으로 막아 확고하게
중앙의 의도에 따랐다.

후융은 원래 노동자에 불과한데, 그의 군중 지도자로서의 이러한 재
능은 어디에서 온 것일까?

내 생각으로는 첫째 아마도 천부적인 것이고, 두번째는 문혁이란 난
세에서 단련된 것이다.

문혁 중 후난에선 조반과 보수의 양대 파벌 투쟁이 10년 동안 몇 차
례 기복을 거듭했고 되풀이되었다. 후융을 대표로 하는 조반파들은 점
차 정치 형세가 일어났다 무너졌다 반복되는 상황에 적응하는 소질을
연마해 냈다. 곤경에 빠졌을 때는 우연히 얕은 못을 만난 강한 용처럼
스스로를 위안하며 북돋울 수밖에 없었고, 번성 시기엔 시종 천하가
아직 정해진 것은 아니라는 점을 잊지 않고 수시로 과거로 복귀될 수
있음을 경계하고 있었다. 어려움 가운데 재기할 수 있다는 것을 절대
잊지 않았고, 득의해 있을 땐 함부로 가볍게 적수를 무시하지 않았다.
후융 등 후난 조반파들의 당시 심정은 오늘날 비즈니스계 '마이크로소
프트' 회사의 총재인 빌 게이츠의 바로 그 명언과도 같다.

"반드시 경계해야 한다. 마이크로소프트 회사는 실패와의 거리가 항
상 18개월에 불과하다!"

상하이의 왕훙원 무리와 비교하자면 크게 다르다. 상하이방은 1967
년 1월 조반으로 탈권한 뒤 기복을 겪지 않고 거의 10년간 권력을 장
악했다. 한차례의 투쟁으로 마오쩌둥의 신임을 받고 있는 장춘차오와
야오원위안 이 두 사람의 지지라는 우연한 요인 때문에 성공을 거둔
것은, 왕훙원의 행운이었다. 그러나 반복적인 시련을 겪지 않은 사람

이 어떻게 복잡한 국면에 대응해 진짜배기 능력을 갖출 수 있겠는가? 따라서 중공중앙 부주석까지 지낸 왕훙원이었지만, 마오쩌둥 서거 이후 불가피하게 맞수에 의해 격파되어 영원히 복귀될 수 없는 함정으로 빠졌다.

훗날 나는 결코 존재하지 않는 역사의 가설 문제를 생각하곤 한다. 정치투쟁의 실제 작동 측면에서 보았을 때 만약 1976년 중앙에서 부주석을 지낸 사람이 왕훙원이 아니라 10년 문혁 동안 몇 차례의 시련을 겪었던 후융과 같은 사람이었다면 10월 6일 당일 일망타진된 사람이 여전히 '사인방'이었을까? 물론 역사에는 어떠한 가설도 일어나지 않는다.

1976년 9월 9일 마오쩌둥의 서거 소식이 전해진 뒤 후융과 후난 조반파들은 즉각 긴장하기 시작했다. 정세에 대한 연구 분석이 잇달아 진행되었고 최적의 대책을 찾는 회의가 후융의 주관 아래 수차례 열렸다. 주위들은 소식 중 전해져 오는 '피비린내 나는 바람 속에서의 승계'에 관한 마오쩌둥의 담화가 이때 조반파 우두머리들에 의해 여러 번 논의되었다.

왕훙원은 당시 무엇을 하고 있었는가?

명함판 사진을 찍느라 바빴고, 비서에게 그가 중앙 대권을 장악한다는 통지를 각 성에 보내라고 했다. 천하의 대세가 이미 정해진 것이라 여기고 권력과 지위가 안정적으로 그들에게 속할 것이라는 거만한 태도로 대재난이 곧 들이닥칠 것은 전혀 모르고 있었다.

분명 후융과 후난의 크고 작은 조반파 우두머리들이 모두 걱정하고 있던 일을 군복을 입고 높디 높은 곳에 있던 왕훙원 등은 생각조차 하지 못한 것이다.

최근 20여 년간의 중국의 진보는 덩샤오핑 개혁의 덕을 입은 것이다. 사인방 타도는 덩샤오핑의 복권을 위한 조건을 만들어 주었다. 그런 의미에서 보면 사인방 분쇄는 확실히 역사 진보에 부합하는 요구였다. 그러나 훗날 '범시파' (凡是派)의 정치적 관점에서 그들은 덩샤오핑이 추진한 중국 진보의 사회개혁 구상이 없었다. 권력을 장악한 뒤 그들의 방침은 오로지 '조반유리'를 부정하는 것 외에 다른 분야에서, 특히 계급투쟁노선을 견지하는 마오쩌둥의 잘못된 정책을 계승했다.

따라서 만약 덩샤오핑 등의 노력이 없었다면 사인방 타도는 기껏해야 정치적 사건에 불과했을 것이다.

가장 흥미로운 것은 개혁개방 후 당시 급진적이었던 많은 조반파들, 그리고 필사적으로 덩샤오핑 타도를 외쳤던 많은 조반파들이 갑자기 모두 개혁개방의 옹호자와 수혜자가 되고 덩샤오핑 노선의 든든한 지지자가 되었다는 점이다. 비록 덩샤오핑은 문혁 중 조반파였던 사람들에게 또 한 번의 정치 참여를 결코 허용하지 않았지만, 더 이상 계급투쟁을 하지 않고 원래 조반파 분자였던 사람을 포함해 모든 중국인들이 경제활동에 참여하여 돈을 벌어 부자가 되는 길을 갈 수 있게 했다. 따라서 원래 조반파들에게 정치 참여의 문은 시종 굳게 닫히게 됐지만 다른 넓은 인생의 공간은 그들에게도 개방되었다. 또한 더 이상 동요와 투쟁은 없었다. 오히려 많은 사람들이 큰돈을 벌어 과거엔 생각지도 못했던 생활을 하게 되었다. 그러나 만약 덩샤오핑이 활동을 재개하지 않고 화궈펑 등의 '범시파'가 계속해서 집권했다면, 조반파들은 새로운 '우파분자'나 '사류분자'라는 비인간적인 운명으로 완전히 빠져 들었을 것이다.

많은 사람들이 조반파 분자에게 발생한 이러한 사상의 역사적인 전환에 대해 알지도 이해하지도 못하는 것은, 그들이 문혁 중의 조반 활동을 이해하지 못하고 발생 원인과 그 성격에 대해 알지 못한 채, 단순히 마오쩌둥 문혁노선의 지지자로 귀결시켜 버리기 때문이다.

2진으로 구성된 조반파의 베이징 행은 모두 빈손으로 돌아왔고, 그저 장핑화와 성위를 겨냥해 이른바 '몸 낮추기 촉구' 사업을 할 수밖에 없었다. 탕중푸와 후융 등 조반파 우두머리들의 공세 아래 성위는 결국 후퇴하여 성위 상임위 확대회의를 개최하는 데 동의했다. 성 혁명위 상임위와 각 지역과 시의 서기, 청(廳)·국(局)장 서기들을 모두 소집해, 후난에서 어떻게 중앙의 비등반우 지시를 충실히 행할지에 관한 구체적인 문제의 토론을 준비했다. 창사시위는 성의 정신에 따라 솔선해서 시위 상무위 확대회의를 개최했고 또한 각국 당 조직과 당위원회 역시 잇달아 그대로 모방해 같은 성격의 회의를 소집했다. 조반파들로서는 이번 회의에서 해결되길 바라는 문제가 두 가지였다. 첫번째는 과거 조반파 숙정은 잘못이라는 것을 인정하는 것이다. 두번째는 조반파의 입당을 허용하고, 각급 지도 그룹에 다시 들어갈 수 있는 '조직노선'을 실현하는 것이었다.

8월 중순 우리 상업국은 시 외곽의 한 호텔에서 당위 확대회의를 열었고 회의 참가자는 거의 백 명에 달했다. 나는 우리 회사 혁명위 당원 부주임의 신분으로 참가했다. 회의에서 국(局) 당위는 당위 서기에서 모든 당위 구성원에 이르기까지, 모두 매우 성실한 태도로 마오 주석과 당 중앙의 말에 따라 덩샤오핑 노선과 분명하게 선을 긋고, 덩샤오핑 비판과 '우경번안풍 반격'을 단호히 실행하자고 했다. 또한 조반파에게 배우고 조반파가 각급 영도기관에 들어갈 수 있도록 하자고 지지

했다. 1938년 혁명에 참가했던 국 당위의 한 지도자는 날 찾아와, 나 같은 젊은이들이 그와 같은 노혁명가들에게 '많은 의견을 제기' 하여 '노선투쟁의 수준을 향상' 할 수 있도록 '도와줄' 것을 '희망' 한다고 말하기도 했다. 성과 시 안의 당위 상무위 확대회의가 어떤 상황인지는 몰랐지만 우리 국 안의 당위 확대회의는 매우 성황리에 열렸다. 최소한 표면적으로는 매우 우호적이었고 의견 모두 거의 일방적으로 조반파의 관점에 동의하고 지지했다.

몇 달 동안 시종 모르는 체하며 수수방관하던 성위 서기들이 왜 갑자기 태도를 바꾸어 조심스럽게 조반파와 소통하며, 조반파의 문제 해결에 유리한 성위 상무위 확대회의 개최에 동의했을까? 훗날 알게 된 상황으로 분석해 봤을 때 아마 당시 그들은 이미 마오쩌둥이 곧 세상을 떠날 것이라는 것을 알고 있었던 것 같고, 화궈펑과 왕훙원을 우두머리로 하는 중앙문혁노선파가 대권을 장악하리라 거의 확신하고 있었던 것 같다. 덩샤오핑은 이미 소리 없이 자취를 감춰 거의 재기할 수 없는 상태였고, 덩샤오핑을 지지하던 예젠잉(葉劍英) 원수는 연초 병가로 인해 군대를 주관하던 대권을 박탈당했다. 『인민일보』 '7·1' 사설에서는 '투쟁 중 당을 건설하자' 는 화약 냄새 가득한 표제가 사용되기도 했다. 따라서 시대의 요구에 따르는 것이 최상인지라 재빨리 적절한 조치를 취하며 정세에 적응했다. 마오쩌둥 서거 후 성위 서기 장평화는 특별 전보를 보내며 '경애하는 장칭 동지에게 깊은 위로를 표한다!' 고 강조하기까지 했다. 사실 지금 사람들은 화궈펑 역시 문혁의 수혜자였지만, 사인방과는 결코 같은 편이 아니라는 사실을 이미 알고있다. 그러나 1976년 당시 성위 급 지도자들은 화궈펑과 마오쩌둥의 경호장관인 왕둥싱(汪東興)이 사인방과 한 통속이 아닐 뿐 아니라 일찍이 사인방을 어떻게 체포할지에 대한 기밀을 의논했다는 사실을 결코 알 수 없었다! 만약 장평화가 이러한 사실을 알았다면 조반파가 그를 아무리 압박해도 절대 '경애하는 장칭 동지'라는 위로 전문을 보내지 않았을 것이며, 더욱이 덩샤오핑 비판을 위한 성위 상무위 확대회의를 소집하는 데 결코 동의하지 않았을 것이다.

1976년 8~9월 후난의 정세는 분명 조반파에게 유리한 방향으로 발전하고 있었다.

그러나 1976년 중국의 정세는 문혁 중 그 어떠한 해보다도 조반파들에게는 비할 바 없는 근심의 해였다. 왜냐하면 1976년은 비록 조반파가 다시 우위를 점한 한 해였지만, 마찬가지로 조반파가 우세에 놓여 있던 1967년과는 분명 크게 달랐기 때문이다!

첫째, 1976년 조반파 활동은 기본적으로 조반파 우두머리와 핵심분자들의 활동으로 변했고, 대부분의 조반파 군중들은 그저 방관하며 적극적으로 참여하지 않았다. 반면 1966년과 1967년의 조반 물결은 거의 반 이상의 도시 군중들이 말려들어 가 활발히 참가하거나, 혹은 열정적으로 지지하며 소위 '주자파', 즉 권력을 잡고 있는 당정 지도자 관료들을 비판하며 상당히 많은 사람들이 '분노를 토로하는' 격정으로 충만했다. 그러나 1976년 대부분의 사람들은 덩샤오핑의 '3개항 지시 강령'(즉 생산을 강조하며 국민경제를 향상시키자는 방침) 비판에 대해 이해하지도 지지하지도 않았으며, 도리어 '덩샤오핑이 생산을 강조하는 게 뭐가 잘못이지?'라고 여기고 있었다. 또한 8~9년간의 문혁을 거치면서 당정 관료들 역시 더 이상 문혁 전반기와 같은 전횡을 부리지 않았고, 원래 관료주의의 압박에서 원망하던 인민들도 기본적으로 벗어나 '주자파' 문제에 대해 1967년 때와 같은 분노는 없었다. 따라서 원래 조반파였던 많은 군중들은 1976년의 '조반' 활동 재개는 그저 '관료가 된' 조반파 우두머리들의 일일 뿐, 그들과의 관련은 그리 크지 않다고 여기고 있었다. 이에 따라 1976년 조반은 이미 소수인의 '혁명'이 되어 버렸다.

이러한 변화는 실제 반영되어 1976년 후난 조반파들은 예전처럼 한 사람이 외치면 많은 사람이 호응하여 수십만 명의 대형 군중집회를 조직하는 것이 더 이상 어려웠다. 그저 중점을 각종 회의에 두고 성과 시위 및 각급 당위와 맞붙을 수밖에 없었다. 가까스로 조직한 군중대회 역시 수만 명에 불과했고 소수의 조반파 우두머리와 핵심분자를 제외하곤 참가자 대부분은 구경하러 온 사람들로 예전과 같은 투지는 결코 없었다.

둘째, 1976년 4월 저우언라이 총리 추모를 기점으로 발생한 '톈안먼 사건'의 창끝은 분명 사인방을 겨누고 있었고 덩샤오핑을 지지했다. 심지어 마오쩌둥을 직접 겨누며 참가한 인민 군중들도 수십만, 수백만에 달한다는 사실이 나를 포함한 모든 조반파들을 순식간에 경악하게 만들었다! 어떻게 이런 일이 발생할 수 있는가? 우리 조반파들은 기층 인민의 이익을 대표한다고 자임하며 관료주의자들과 투쟁을 벌인다고 여기고 있었다. 그래서 관료주의자들의 총두목인 덩샤오핑을 비판했던 것이다. 그러나 왜 베이징의 군중들은 오히려 덩샤오핑을 지지하는가? 1966년 조반 당시 그랬던 것처럼 왜 중앙의 문혁파 지도자들에게 있는 힘껏 반대하는가?(당시엔 사인방이란 명칭을 모르고 있었다)

우린 베이징에서 대체 무슨 일이 벌어졌는지 몰랐으며 왜 '비등반우' 운동이 갑자기 수도에서 이러한 상황으로 변했는지 몰랐다. 그러나 심리적으로 우리는 또 자연스럽게 군중 편에 서서 톈안먼 광장의 군중들을 진압하기 위해 출동한 경찰과 민병들에 대해 반감을 느꼈다. 또한 그 뒤 전국적으로 '소문 잡기' 운동이 벌어졌고, 무슨 '저우언라이 유언'이라면서 장칭과 사인방을 비난하는 갖가지 루머를 추적한다고 했다. 추적의 핵심 역시 보통 군중에게 떨어졌고 심지어는 조반파 군중의 머리 위에까지 떨어졌다. 공안국 기관까지 동원해 추적하는 상황은 우리를 더욱 분노하게 만들었다. 그러나 우리 자신의 경험과 체득으로 총괄해 볼 때 당시 우리는 절대 덩샤오핑을 지지할 수 없었고, 조반파를 응징한 이른바 '참회할 줄 모르는 당내 최대 주자파'를 지지할 수는 없었다. 그러나 '톈안먼 사건'에 직면하면서 갖가지 모순이 한데 섞이게 되면서, 우리는 정말 어찌할 바를 몰랐으며 스스로 어떻게 해야 할지 몰랐다.

혹시 베이징의 군중들이 덩샤오핑 파벌의 정치가들에게 이용당한 것일까? 그러나 누구에게 수백만 사람들이 분출하는 격정을 움직여 이용할 수 있는 능력이 있겠는가! 마치 1966년과 1967년의 기세 드높던 조반의 풍랑처럼 만약 공화국 17년이란 기간 동안 군중 사이에서 쌓인 갖가지 원한들이 없었다면, 어찌 마오쩌둥 한 사람의 호소 때문에 모두가 적극적으로 행동할 수 있었겠는가?

그러나 당시 난 '톈안먼 사건'의 발생이 결코 우리가, 최소한 우리 후난 조반파들의 1976년 조반 활동이 잘못이라는 것을 증명할 수는 없다고 느꼈다. 왜냐하면 '일타삼반'과 '5·16 색출', 파벌 비판 등의 운동에서 조반파들은 확실히 당권파들의 대대적인 공격과 핍박을 받았기 때문에, '비등반우'를 지지했던 것이고 문혁노선을 지지한 것이었다. 스스로 정상적인 사람의 지위를 얻어 블랙리스트에 오르지 않고 반혁명분자의 모자를 벗어던져, '사류분자'와 같은 비인간적인 처지에 빠져 들지 않기를 바랐던 것이다.

지금 보면 1976년에도 활동하고 있던 조반파 우두머리들은 당시 나아갈지 후퇴할지를 자유롭게 선택할 수 없는 상황으로 빠져 들어, 거의 진퇴양난의 모순된 처지에 놓여 있었다. 계속해서 해나가자니 자신도 모르게 대다수 군중의 뜻과는 대립된 역사의 반대편으로 나아갈 수 있었다. 문혁 역시 십 년이 지났고 충분히 많은 사회적 불만과 분노를 모아 당국과 한바탕의 대충돌이 발생했었다는 것을 알아야 한다. 1976년의 조반파는 마오쩌둥과 중앙의 편에 서 있었는데, 이는 '당국' 쪽에 선 것이나 마찬가지였다. 그러나 나와서 그만둬 버리면 지방 당국의 당정 지도자들의 손안에 들려 있는 '반혁명모자'가 언제든 기회를 틈타 '일타삼반'이나 '5·16 색출'과 같은 형태로 우리 머리 위에 쓰여지고, 문혁 초기 우리가 그들에게 했던 '조반'에 보복할 수 있었다.

그 중 가장 슬픈 것은 1976년 조반파 우두머리들의 이익이 이미 많은 군중들의 이익과는 조금의 상관도 없어졌다는 점이다. 조반파 우두머리들이 자신의 정치적 앞날과 인생의 편안함을 위해 싸우고 있을 때, 원래 조반 활동을 지지하던 군중들의 이른바 '주자파'에 대한 분노는 수 년간의 문혁을 거치며 이미 다 소진되었고, 새로운 조반운동은 내재적 추동력을 잃고 말았다. 문혁의 교훈을 겪으며 '주자파'들 역시 문혁 전처럼 그렇게 민중을, 민중과 괴리된 안하무인 격의 태도로 대하지 않았다. 따라서 이른바 '비등반우' 운동 역시 더 이상 군중들의 열정을 불러일으킬 수 없었다. 한 단위에서 수가 적은 조반파 우두머리들은 오히려 다시 권력을 잡은 당정 지도자가 되었고, 기회가 생기면 언제라도 쉽게 '상대방의 잘못을 기다렸다가' 보복을 하고 공격할 수 있는 빌미를 주었다. 단지 1976년 10월 전의 정세는 아직 판별하기 힘들었고 불분명했다. 심지어 중앙 고위층의 표면적인 소식으로 볼 때는 거의 문혁노선이 여전히 우세를 차지하고 있었다. 따라서 이른바 '주자파', 즉 성 이하에서 권력을 잡고 있는 당정 지도자들은 겉으로는 조반파의 환심을 사서, '비등반우' 와중에 몇 년 전과 같은 문혁 상황처럼 조반파의 '조반'으로 권좌에서 쫓겨나지 않기 위해 애썼다.

국 당위 확대회의에 나와 팡다밍과 양진허는 모두 우리 회사 혁명위 당원 부주임의 신분으로 참가했다. 녜창마오 역시 그의 회사 당위에서 당원 중의 특별 대표로 초청되어 참가했다. 따라서 우리는 회의 기간 동안 자주 함께 모여 은밀히 시국에 대해 논했다. 우리는 정세의 앞날에 대해 모두 매우 걱정했다. 표면적으로는 시끌벅적했고 국 당위와 각 회사 당위 서기들은 모두 이상할 정도로 우리에게 우호적으로 대했으며, 크고 작은 회의의 발언은 모두 조반파를 지지하는 말들이었다. 그러나 우리는 당위 서기들이 내심으론 결코 굴복하지 않으리라는 것을 잘 알고 있었다. 전국적인 대세가 장기적으로 현재 상태를 유지한다면 그들도 어쩔 수 없이 인정할 수밖에 없을 것이다. 그렇지 않고 기회가 온다면 그들은 내일이라도 다시 우리를 지옥으로 빠져 들게 할 수 있을 것이다!

회의 기간인 어느 날 잠을 이루지 못하던 팡다밍이 마찬가지로 침대에서 생각 중이던 내게 말했다.

"아무리 생각해도 현재 이렇게 좋은 정세가 미덥지 않아."

내가 물었다. "왜지?"

팡다밍이 말했다. "톈안먼 사건을 생각해 봐! 듣자 하니 신문에서 애기하는 십만 명이 아니라 수백만의 군중이 참가했다잖아! 이것 역시 조반 아니야? 군중들의 방법이 우리가 1966년 말 조반하던 때와 같지 않냐구! 표적도 아주 명확하게 장칭과 장·야오, 그리고 마오 어르신네를 겨누고 있어. 거리로 나온 사람이 백만이 넘는다구!"

내가 말했다.

"나 역시 걱정돼. 이렇게 되면 우리가 보황파가 되는 게 아니겠어?"

팡다밍이 말했다. "정말로 보황파(保皇派)라면 오히려 걱정할 필요는 없지. 문제는 우리의 이른바 '보호'[保]라는 것이 그저 마오 어르신 쪽과 문혁파 쪽에 섰다는 거야. 그런데 지방과 단위에서 우린 또 권력이 없고 '주자파' 밑에서 행동해야 하잖아. '주자파' 앞에서 우리는 보황파가 아니라 그들과 싸웠던 틀림없는 진짜 조반파지. 그들이 언제라도 우리에게 보복을 가할 수 있는 대상이라구!"

내가 말했다. "중앙 문혁파가 어떻게 이런 상황을 만들었지? 이렇게 되면 덩샤오핑 저들도 기뻐할 테고, '주자파' 역시 기뻐할 텐데."

팡다밍이 말했다. "그러게 말야. 과거 우리 조반이 믿은 것은 군중들의 지지였어. 우린 군중의 이익을 대표해 말했고, '주자파'를 성토하고 비판해 군중들의 분노를 풀 수 있었다구. 하지만 이젠 베이징이 그쪽으로 넘어갔으니 가장 중요한 군중의 지지를 잃고 말았어. 이렇게 가다간 상황이 위험해. 우린 언제라도 재수없게 될 가능성이 있어. 생각해 보라구. 톈안먼 사건에서 만약 관료들의 지지가 없었다면 시작 당시 군중들이 모일 수 있었겠어? 콰이다푸가 중앙 문혁의 지지 없이 설득력 있는 말재주로만 무슨 역할을 할 수 있었겠냐구?"

나는 그렇다고 생각했다.

우린 이 심각한 현실에 짓눌려 무척이나 답답한 마음이었다.

팡다밍이 또 말했다. "우린 확실히 아주 위험해! 관료가 된 '주자파'

는 우릴 증오하고 만약 군중 역시 우릴 지지하지도 이해하지도 않는 상황에서 중앙 무대의 형세가 한번 변화되기만 한다면, 우리는 즉각 지옥의 문으로 다시 들어가게 될 거야. 어느 날 무슨 중앙의 문건이 날아와 천보다나 왕·관·치(王·關·戚)처럼 갑자기 '장춘차오, 야오원위안 반당집단'의 죄행을 선포하고 그들을 속죄양으로 삼을지도 모르지. 그렇게 되면 우리가 여기서 논의하는 무슨 당위 확대회의 결의라는 건 즉각 뒤집어지고, 우리에 대한 평가 역시 방향을 바꿔 다시 '일타삼반' 같은 방법이 나올지 몰라."

나는 확실히 그렇다고 생각했다.

그러나 이미 이 배에 올라타 역사의 격류 속을 항해한 지 10년이 지났는데, 우리가 이제 내릴 수 있겠는가?

1976년 후난 조반파 분자들의 활동 기세와 능력은 이미 크게 감소하였지만, 보수파 쪽의 활동 또한 여전히 조반파 진영보다 훨씬 작았다. 성 아래 일부 지역의 시와 현에서 공개적으로 조반파에 반대하는 조직 활동을 벌이는 것을 제외하곤, 성도인 창사시에선 조반파에 반대하는 표어를 붙이는 모든 보수파 군중들의 세력 역시 여전히 반(半)지하 활동 상태에 처해 있었고, 공개적으로 조직적인 반대 조류는 형성하지 못했다. 그러나 7월 20일을 전후로 하여 아마 논의를 거친 뒤 아래 쪽에 있는 사오양(邵陽) 지역의 일부 보수파 노동자 천여 명 가량이 갑자기 창사시로 들어와 거리에 전단을 뿌리고 표어를 붙이며, 그들의 창사시 전우들을 지지하고 조반파에 강렬히 반대했다. 또한 이들은 성위 안마당까지 들어가 성위에게 압력을 가하며, 조반파에 유리한 '비등반우' 성위 상무위(확대) 회의 개최 준비에 반대했고, 조반파가 각급 당위와 영도기관에 들어가는 것에 반대했다. 이에 대해 창사시 조반파들은 당연히 즉각 반격에 나섰다. 대규모 조반파 노동자를 조직해 역시 성위 안마당으로 들어갔고, 또 조반파가 주관하는 노동자 민병 세력을 동원해 사오양의 보수파 노동자들을 포위했다. 작은 충돌이 이미 시작되어 한차례의 큰 무투가 불가피한 것처럼 보였다. 그러나 때는 필경 1976년이었지 1967년이 아니었다. 이 당시 성위의 권위는 이미 상당한 역할을 하고 있었다. 결국 성위가 나서서 각 측과의 협상을 진행했다. 사오양 쪽의 사람들 역시, 그들이 마주한 사람 수가 많아 확실히 그들에게 불리하다고 생각했고, 또한 그들의 조반파 동향인 수천 명이 즉각 '죽자'며 달려들자 성위 앞마당에서 철수하기로 동의하고 돌아갔다.

당시 난 베이징에서 막 돌아왔을 때였다. 명령대로 조반파 공청단원들을 인솔하여 서둘러 성위 안마당으로 갔을 때, 마침 상황을 관찰하던 조반파 우두머리 레이즈충을 만났다. 그는 내게 이번 조반파의 목적 중의 하나는 사오양 보수파를 성위 안마당에서 내쫓는 것이고, 두 번째는 그들을 창사에서 내쫓아 그들의 '성위 상무위, 성 혁명위 상무위 연석확대회의' 개최 방해를 막는 것이라고 알려 주었다. 물론 이 두 가지 목표는 우리 조반파가 곧바로 실현하였다.

'사인방'이 실각된 뒤 이번에 창사 성위로 들어온 사오양 사람들은 곧바로 영웅이 되어 크게 표창을 받았고, 그들의 우두머리는 무슨 국인가의 국장으로 발탁되었다. 허나 개혁개방 시기가 되자 훗날의 일은 다소 희극 같아졌다. 원래 조반파였던 친구에게 듣기로는 이 과거의 보수파 우두머리가, 감금된 적이 있던 사오양의 조반파 우두머리와 악수하며 화해한 후, 절친한 친구가 되었다는 것이다. 종종 함께 술을 마시고 애기도 나누며 문혁 중 서로의 일에 관해 말하면서도 격한 감정 없이, 마치 남의 역사 이야기하듯 한다는 것이었다. 모두들 이것은 샤오양 사람들의 호쾌하고 시원스런 성격 탓이라고 말한다.

'비림비공'과 '비등반우' 두 차례의 운동 중 창사시의 보수파 인사들에게 샤오양 사람처럼 용감하게 돌진하는 정신은 없었다. 조반파에 반대하는 몇 장의 표어를 쓰면서도 정정당당하게 공개적으로 하지 않고, 사람이 많지 않은 상황에서 붙이고 곧 도망가곤 했다. 물론 당시엔 성위에서도 조반파를 어찌 할 수 없었으니 완전히 소심하다고는 말할 수 없을 것이다. 게다가 그들은 '사인방'이 실각되었다는 소식이 공식적으로 전달된 후로는 수백 명의 사람들을 신속하게 조직하여 조반파가 주관하는 성·시 총공회를 뒤지고 부쉈다. 조반파 우두머리 탕중푸 등을 잡아 비판하는 동작 역시 무척이나 날랬다.

'사인방'이 실각되고 얼마 지나지 않아 한번은 한 친구의 소집단 모임에서 후난 보수파 쪽의 류(劉)씨 성의 거물을 우연히 만난 적이 있었다. 그는 창사시 모 공장의 노동자로 군중조직의 '부사령'을 지내기도 했다. 이 류 선생은 내가 조반파 분자라는 것을 알고 난 뒤에 매우 신기해하며 말했다. "자네 같은 어린애는 아무 일 없어! 내 보장하지! 이번에 건드리는 건 거물들이야. 탕중푸나 후융 말이네." 그는 또 득의양양해하며 말했다. "이젠 우리 '고사'나 '홍련파'가 환영받는 시절이 왔어! 성 혁명위 부주임이나 상무위 자리에서 분명 탕중푸나 후융의 몫은 없다고. 이제 우리 형제들이 앉을 차례야!"

한 연장자가 웃으며 말했다.

"그렇다면 류 자네가 이번에 혹시……."

류 선생은 웃으며 대답이 없었다.

그러나 류 선생의 소망은 물안개 속에 핀 꽃처럼 되어 아무 일도 발생하지 않았다. 탕중푸와 후융 등은 당연히 모두 실각되었지만, 성 혁명위 부주임과 상무위 자리를 메꿔 들어간 사람은 더 이상 '군중조직의 대표'가 아니라 완전히 '늙은 장수들이 제자리로 돌아갔다.' 즉 원래 성·청급 지도 간부들이었다. 당정 지도간부의 선발기제 역시 문혁 이전의 질서로 회복되었다. 기층에서는 단지 보수파 쪽 인사만이 선발될 기회가 있었다. 또한 시대는 이미 전진하여 무슨 '파'니 하는 것은 더 이상 환영받지 못했고, 어떤 '파'에 속하지 않았던 소요파들이 가장 환영받았다. 하물며 인재를 선발하는 기준은 이미 점차 학력과 지식으로 변해 갔다.

〖 27 〗
1976년 10월 :
마음을 놀라게 하고 넋을 뒤흔든 최후의 날들

1976년 그 해는 정말로 기괴했다. 순식간에 너무 많은 큰일들이 발생했고 정국 변화 결과도 마찬가지로 기묘하게 예상을 뛰어넘는 것이었다. 그러나 우리들로서는 그저 진작부터 걱정했었고 정말로 일어나지 않았으면 했던 일이 결국 현실이 되고 말았다. 게다가 우리의 상상을 훨씬 뛰어넘는 것이었다. 그러나 우리는 필경 상하이는 아니었다. 일어난 일들에 대해서는 확실히 '전통적' 방식대로 꿈쩍도 안 하고 기다리는 수밖에 없었고, 대항이라는 어떠한 계산도 있지 않았다.

1976년 9월 9일 정오, 집에서 밥을 먹고 난 뒤 마침 낮잠을 잠깐 즐기려고 하는데, 갑자기 회사 당위사무실의 한 간부가 황급히 집으로 뛰어 들어와서 내게 당위 서기의 통지를 전해 주었다. 오후 3시 이전에 상부에서 중요한 전달이 있을 예정이니, 오후 2시 전까지는 반드시 회사로 오고 다른 일은 하지 말라는 것이었다. 왜냐하면 당위 서기는 내가 국 공청단에서 업무를 보고 있으며 성·시 조반파 우두머리들과도 자주 만난다는 것을 알고 있어, 그때 가서 날 찾지 못할까 봐 일부러 사람을 보내 알려 온 것이다. 그때 전화는 단위에만 있었고 개인 집에는 없었다. 따라서 무슨 중요한 일이 있으면 사람을 보내 전달하는 수밖에 없었다.

처음엔 또 무슨 중앙문건이 내려오나 하고 생각했다. 그러나 다시 불가능하다고 생각했다. 왜냐하면 만약 새로운 중요한 중앙문건이 전달된다면 대개 성 안의 조반파 우두머리들이 먼저 알게 될 것이고, 탕중푸와 후융 등은 중앙위원이 아니라 성위 위원이기 때문에 당 조직 문건 전달 절차에 따라 무슨 중앙문건이 내려오면 일반적으로 시급 단위의 당위보다 더 먼저 알기 때문이었다. 조반파에 유리하거나 혹은 불리한 중앙의 담화와 문건이 있다면 그들은 재빨리 각 단위 조반파 우두머리의 회의소집을 비밀리에 통고하여 조반파들이 각종 상황에 잘 대응할 수 있도록 준비를 할 것이다. 나도 이런 회의에 자주 참가했었기 때문에 오늘 회사 당위에서 하달한다는 중요 정신은 중앙문건이라 하더라도 조반파와는 그리 큰 관련이 없을 것이라 예상했다.

그러나 이번에 들은 소식은 마치 마른 하늘에 날벼락같이 우리 조반파들 모두를 몹시 당황하게 만들었고, 정신이 혼란스러워지면서 어찌할 바를 모르게 만들었다.

오후 3시 우리 회사 당위 전체 당위 위원들과 회사 혁명위 당원 부주임들 모두 회사 회의실로 모여들었다. 당위 장(章) 서기는 국에서 또 통지가 왔다고 하면서, 오후 4시 정각에 우리를 포함해 회사 전체 기관 간부 모두가 중앙인민방송국의 중요 방송을 일제히 들어야 하며 누구도 빠져서는 안 된다고 말했다. 또한 회사 기층단위 당 지부에도 통지하여 소속 단위의 직공 간부들 모두 듣게 해야 한다고 했다.

무슨 방송이길래 이렇게 장중하단 말인가? 자연히 모두들 논의를 하며 장 서기에게 물었지만 그 역시 무슨 내용인지 모른다고 했다. 그저 국 당위의 통지를 써 있는 대로 전달할 뿐이라고 했다.

누군가 말했다. "지진과 관련된 중요한 소식일까?"

정말로 7월경 탕산(唐山)에서 대지진이 발생한 뒤로 관방과 언론매체에서 모두 훗날에야 알게 된 사실의 진상을 상세하게 설명하지도 보도하지도 않아, 한동안 도처에서 지진에 관한 헛소문이 떠다니고 있었다. 심지어 우리 후난 창더(常德)의 많은 사람들이 지진을 피해 고향에서 뛰쳐나와 창사에 숨기도 했다. 창더에 곧 대지진이 발생할 거라는 소문 때문이었는데, 성위 성 혁명위에서 별도로 회의를 열어 이러한 헛소문을 제지한 뒤에야 민심이 안정될 수 있었다.

그러나 나는 지진일 리 없다고 생각했다. 지진은 필경 국부적인 문제일 뿐 이런 일로 이렇게 전국적인 방송을 할 필요는 없었다.

양진허가 "『인민일보』에서 또 무슨 중요한 사설을 발표하려는 걸까?"라고 말했다.

팡다밍은 바로 고개를 저으면서 말했다. "불가능해! 사설을 오후 시간에 방송할 필요가 어디 있어? 저녁 8시 뉴스 시간에 방영하지 않을 거라면 이렇게 많은 사람을 동원해 조직적으로 듣게 하겠어? 분명 무슨 큰일이 난 거야."

내 생각도 팡다밍과 마찬가지라 "전쟁을 하려나?"라고 말했다.

팡다밍은 또다시 고개를 저었다. "지금 전쟁할 게 뭐가 있어? 전쟁을 한다면 사전에 조짐이 있게 마련인데. 미 제국주의나 소련 수정주의가 갑자기 습격을 한다든지 하는 항상 큰 정세의 전조가 있게 마련이라구. 독일이 소련을 침공할 때도 봐. 갑자기 공격한 침략이라고 하지만 실제로 사전에 쌍방 모두 적지 않은 전쟁 준비를 했다구. 지금은 어떠한 전쟁의 그림자도 전혀 찾아볼 수가 없어."

모두들 팡다밍의 말을 듣고는 일리 있는 얘기라고 생각했다.

그러나 오후 4시 정각 중앙 인민방송국에서는 우리에게 무엇을 들려줄 것인가?

4시 정각 수수께끼가 풀렸다. 마오쩌둥이 서거했다.

라디오에서 중앙방송국 남자 아나운서의 중앙의 부고를 알리는 무겁고 느린 목소리가 들렸을 때, 당위 회의실에서 방송을 듣고 있던 우리 모두는 순식간에 놀라 어리둥절해졌다. 누구도 이렇게 굉장히 큰일이 일어나리라고는 생각지 못했다. 이성적으로는 누구나 오래오래 백 세까지 살 수 없고 더욱이 만수무강할 수도 없으며, 마오쩌둥 역시 예외는 아니라는 것을 분명 알고 있었다. 그러나 평소 의식 속에선 확실히 마오쩌둥도 인간 세상을 떠나는 날이 있을 거라는 것을 한 번도 생각지 못했다. 따라서 방송을 듣고 난 뒤에도 내 머릿속에선 한참 동안이나 아나운서 목소리가 맴돌고 있었다.

마오쩌둥 추모 활동은 방송을 듣고 난 뒤 명령에 따라 즉각 진행되었다. 마오쩌둥의 추모 영정이 회사 작은 강당 안에 재빨리 설치되었다. 회사 전체 당위 위원과 혁명위 위원은 모두 회사로 소집되어 추모 활동을 지휘하는 갖가지 임무를 나누어 맡았다. 당위 정·부서기와 우리 몇 명의 혁명위 부주임들은 2인 1조로 돌아가며 회사에서 주야로 당직을 섰고 각종 추모 활동들의 처리를 맡았다.

모든 사람들이 한 시대가 끝났다는 것을 깨달았다.

다만 이 사건에 대한 사람들의 감정과 인식과 이해에는 차이가 있었다. 특히 마오쩌둥 이후에 어떤 시대가 나타날지에 대해, 정치에 참여하고 있거나 관심이 있는 사람들은 마음속이 어지러웠다.

마오쩌둥 추모 기간에 나와 팡다밍·양진허 세 사람은 자주 함께 모여 마오쩌둥 이후 시대가 어떤 상황이 될 것인가라는 화제로 조용히 얘기를 나누었다. 당연히 이 논의는 우리 세 사람 사이에서만 진행될 수 있었다. 왜냐하면 당시 이것은 금기였기 때문이다.

마오쩌둥이 말했다는 '아마 피바람이 몰아치는 와중에 승계가 이루어질 것'이란 소식은 오랜 시간 동안 시종 악몽과도 같이 나를 옥죄었다. 따라서 마오쩌둥 서거 소식을 들은 뒤 이 악몽은 나의 뇌리 속에서 더욱 강렬하게 번뜩였다. 한번은 나와 팡다밍 두 사람이 함께 있을 때 그에게 이러한 걱정을 말한 적이 있다.

내가 말했다. "중앙 문혁파가 무사히 승계를 이을 수 있을지 몰라. 누가 중앙 주석직을 이어받게 될까?"

팡다밍이 한숨을 쉬며 말했다.

"앞날은 점치기 어렵지! 주석이 말했다는 그 '피바람 속에서 승계가 이루어질 것'이란 말이 아마 출처가 없진 않을 거야."

'피바람 속에서 승계가 이루어진다'는 것은 피를 흘리고 사람을 죽이고 최소한 사람을 숙정하는 일이 발생한다는 것을 의미했다. 게다가 중앙 고위층에서 말이다. 그러한 상황을 생각하니 나는 두려움에 몸서리가 쳐졌다.

팡 형이 또 말했다.

"관건은 바로 중앙 문혁파가 승계를 받을 능력이 있는지 없는지야."

그러나 중앙 고위층의 인사에 대해 나 역시 다소 환상을 가지고 있었다. 팡 형에게 말했다.

"중앙정치국원 16명의 신분 서열에 따르면 화궈펑, 왕훙원, 장춘차오, 장칭, 야오원위안, 지덩쿠이(紀登奎), 우더(吳德), 천시롄(陳錫聯), 왕둥싱, 천융구이(陳永貴), 그리고 쉬스유(許世友)가 있지. 모두들 문혁노선에 있어. 왜냐하면 그들 모두 문혁 중에 승진되어 오늘의 자리까지 올라간 사람들이잖아. 쉬스유가 조반파를 지지하는지 아닌지는 모르겠지만, 그는 원래 1973년 대군구 사령원에서 교체될 때 마오 주석에게 태도를 표명한 적이 있지. 만약 중앙에서 수정주의가 나타나면 무조건 주석을 따를 거라고 말이야. 다른 몇 사람, 류보청(劉伯承)은 실제로 상관하지 않고 오랫동안 병으로 누워 있었지. '늙은 우파'의 대표인물인 예젠잉 역시 병가로 있어 군권이 없고. 웨이궈칭(韋國淸)은 광시 조반파를 진압한 인물이니 분명 조반파를 지지할 리 없어. 하지만 마오 주석에 대해서는 그도 아마 충성을 다할 거야. 그렇지 않았다면 그가 정치국원으로 선발될 리 없었겠지. 리셴녠(李先念)은 중간에서 우파 편향적이라 조반파를 지지하지 않겠지만, 조반파를 진압했다는 기록도 없어. 오로지 일심으로 생산을 촉진하기만 했지. 리더성(李德生)은 12군 지좌에서 올라온 사람이니 분명 조반파를 지지할 거야. 단지 '10대'에서 부주석으로 선출되었는데, 왜 스스로 사직했고 주석 역시 그를 정치국원으로 강등하는 데 동의했는지 모르겠어. 허나 어찌됐든 그는 문혁의 수혜자이니 문혁에 반대할 리 없겠지. 이렇게 보면 중앙 정치국의 세력 비율에선 문혁파가 절대 우세야. 16명 중에 최소한 10명이 문혁파이고 쉬스유나 리셴녠 두 사람은 최소한 문혁파에 반대할 리 없으니까. 그리고 네 명의 정치국 후보위원에서 우구이셴(吳桂賢), 니즈푸(倪志福) 두 사람은 모범노동자니까 구이 어른(천융구이)과 마찬가지로 당연히 주석 노선에 따르고 중앙 대다수 사람의 의견에 복종할 수밖에 없겠지. 쑤전화(蘇振華)와 싸이푸딩(賽福鼎) 두 사람은 면모가 확실치는 않지만 틀림없이 문혁노선에 반대할 수는 없을 거야. 정말로 단호하게 덩샤오핑을 지지하는 사람은 아마 예젠잉 한 사람밖에 없어!

예젠잉이 앞장서서 반대한다 해도 기껏해야 리셴녠·웨이궈칭·쑤전화 몇 사람밖에 얻지 못할 거야. 세력 대비가 확연한데 무슨 물결이 일어날 수 있겠어? 게다가 지금 군권도 녜(聶)의 손에서 천시롄에게 넘어갔는데 말야."

팡 형이 말했다. "네 분석은 좋아. 이치대로 따진다면 문혁파가 중앙에서 절대적인 우세를 차지하고 있지. 하지만 생각해 봤니? 문혁파가 일치단결한 파벌일까? 문혁파 스스로 내홍이 발생하지 않을까? 1967년 때처럼 아무 이유없이 왕·관·치(王·關·戚)를 속죄양으로 만들고, 우한 7·20사건 후엔 왕리(王力)를 영웅으로 만들더니 며칠 지나지 않아 또 그가 반군의 죄인이라고 말했잖아."

팡 형이 말한 이러한 상황은 확실히 우리들을 걱정스럽게 만들었다.

팡 형이 또 말했다. "톈안먼 사건도 아무리 생각해도 좋은 조짐 같진 않아. 얼마나 많은 사람들이 덩샤오핑을 지지했어! 왜 그 문혁파 수재들이 군중들을 진압하고 자신들의 기반을 파헤쳤냐구! 많은 군중들의 지지와 옹호가 없는데, 어떻게 권력을 장악할 수 있겠어!"

톈안먼 사건 얘기를 꺼내니 내 정신은 아득했고 모순과 걱정으로 가득찼다.

생각해 보니 또 화궈펑이 있었는데, 주석은 왜 그를 중앙 제1부주석으로 선택했을까? 그는 후난에서 확고하게 조반파를 지지한 사람이 아닌가! 화궈펑이 조반을 지지한다고 '공개적인 입장을 밝힌 것'은 우리 조반파가 밀면서 간 것으로 당시 대세에 따른 것이다. 실제로는 특히 그 뒤 '일타삼반' 운동에서, 그는 결코 후난 조반파에 대해 어떠한 관대한 조치를 베풀지도 무슨 감정을 얘기한 적도 없었다. 지금도 그는 특별히 후난 조반파에게 도움이 되는 말을 한 적이 없다. 만약 그가 중앙주석의 지위를 이어받는다면 앞으로 조반파에게 유리하게 될까?

팡 형이 말했다. "마오 노인네가 화궈펑에게 제1부주석을 맡긴 것은 틀림없이 중앙 인사에서 균형을 잡고 싶었기 때문일 거야. 또 왕훙원 역시 만만한 인물로 1974년 비림비공 때 단지 몇 달 동안만 위세가 있었지 더 이상 무대에서 어떤 활약도 못했잖아. 그러니 덩샤오핑에게 인수인계를 했지. 그 뒤로 덩샤오핑이 실각되자 다시 화궈펑이 올랐지만, 여전히 왕훙원은 1인자가 되지 못했어. 왕훙원의 능력이 주석 앞에서 다소 깎였다는 걸 알 수 있지. 그러니 아마 왕훙원은 잠시 중앙주석이 되지 못할 거야. 하지만 화궈펑이 주석 자리를 이어받는 것은 우리 조반파들에게 문제가 그리 크지 않아. 필경 그가 문혁의 기득권자로 후난 조반파를 지지할 수 없다 하더라도, 최소한 문혁이라는 길에서 집안을 일으켜 가야 할 걸. 그 자신을 부정할 수도 없고 또 우리를 어쩌지도 못할 거야. 게다가 왕훙원이나 장춘차오 같은 사람들이 그곳에 있다면 말야. 문제는 그들 간에 내홍이 생길까 봐 걱정이지. 결국 무슨 이유든 찾아내 운동을 일으켜 아래에 있는 우리 조반파까지 위급하게 만들고 우리 조반파를 희생물로 만들까 봐 걱정이야."

내가 말했다. "화궈펑에게 한동안 임시로 중앙 1인자의 지위를 맡기고 그 뒤 저우 총리처럼 왕훙원을 보좌하게 해서 결국 왕훙원에게 중앙 주석을 맡기지 않을까? 왜냐하면 화궈펑은 분명 실무주의 지도자이지만 1인자로서 갖춰야 할 지도자의 도량은 없기 때문이지. 9월 18일 추모대회를 왕훙원이 맡아 주관하지 않았어? 주석이 왕훙원을 중앙으로 선발한 건, 분명 그의 사물을 보는 안목과 일처리 기백 때문이라구. 그렇지 않았다면 일개 보통의 조반파 간부가 어떻게 중앙으로 뛰어올라 부주석이 될 수 있었겠어? 아마 왕훙원에겐 우리가 모르는 몇 가지 능력이 더 있을 거야."

팡다밍이 웃으며 말했다. "주석의 결정은 지금껏 '하늘도 묻기 힘들었지!' 자네 말도 일리가 있어. 자네 말이 맞기를 바라야지."

나도 웃었다. "그냥 추측일 뿐이야."

마오쩌둥 추모 기간 동안 우리는 각종 형식과 조직으로 진행되는 마오쩌둥 추모 활동으로 바빴고, 또 한편으로 나의 마음속에서는 마오쩌둥 시대 이후에 대한 갖가지 우려가 끊이지 않고 출렁거렸다. 1970년 '일타삼반' 운동 중에 있었던 나의 어두운 세월은 정말이지 잊기 어려웠다. 이제 문혁을 발동하고 '조반유리'를 호소한 마오쩌둥이 가 버렸으니, 우리 조반파 역시 함께 순장될 것인가?

나와 녜창마오가 이 문제를 토론할 때 그 역시 나와 비슷한 걱정을 하고 있었다. 한번은 내 앞에서 두 손을 모아 하늘을 향해 기도했다.

"하느님, 우리 조반파를 지켜 주시고, 중앙에서 절대 흐루시초프 같은 수정주의 인물이 권력을 잡지 못하게 해주십시오!"

9월 18일 베이징에선 마오쩌둥을 추모하는 전국적인 대회가 거행되었다. 비록 마오쩌둥을 추모하는 선전이 멈추지 않았고 각종 추모 표어와 화환 역시 철수되지 않았지만 추모 활동으로 거의 정지되었던 일들이 천천히 회복되기 시작했다. 영화상영 등의 문화·오락 행사는 열릴 수 없었지만, 음주가무 등의 일은 천천히 열렸다.

국경절이 지나고 팡다밍은 함께 시 외곽에 있는 진(鎭) 공급판매합작사[供銷社]에 가자고 했다. 8월 국 당위 확대회의에서 결의되어 며칠 지나 그곳에서 거행될 회사 당위 확대회의를 준비하자는 취지였다. 나는 국 공청단위 역시 이런 회의를 열어야 한다고 했다. 비록 공청단위 서기직의 임명장이 아직 공식적으로 내려오진 않았지만 국 당위에서 내게 몇 번이나 공천단위 업무를 맡으라고 했고, 내가 공청단위의 확대회의를 주관해야 하기 때문에 회사 회의에는 참가할 수 없다고 말했다. 팡다밍은 회사에 우리와 의논해야 할 일들이 많을 거라고 하면서 공청단위 회의를 열고 바로 오는 게 좋겠다고 말했다. 나는 팡 형이 있으면 어떤 일도 다 정할 수 있으니 내가 가고 안 가고는 문제가 아니라고 했다. 팡 형은 내게 "농담하지 마! 잊지 마. 공청단위 회의가 끝나면 바로 건너와야 해"라며 서둘러 말했다.

회사 확대회의가 열리기도 전에 중앙의 문건이 내려올지 누가 알았겠는가.

10월 8일 밤 9시가 넘은 시간에 마침 집에서 소련의 스치멘코가 쓴 『전쟁 시대의 총참모부』라는 책을 읽고 있었다. 회사 보위과의 한 부과장이 차를 타고 우리 집에 와서는 당위에서 즉시 회사 긴급회의에 참가하라고 했다며 알려 왔다. 얼마 전 회사 당위에서는 내게 회사 보위와 민병, 공청단위 3가지 업무를 나누어 맡기로 이미 결정했었다. 따라서 보위과의 일도 처음엔 내게 보고를 했다. 하지만 그 부과장은 보위 업무 쪽 일이 아니라 무슨 중앙 문건이 전달되는 것이라고 말했다.

나는 얼른 생각했다.

"지금 중앙 문건이라면 무슨 일을 얘기할 수 있을까?"

회사 회의실 안에는 이미 당위 위원과 혁명위 당원 부주임들이 모두 모여 있었고, 내가 마지막으로 회의에 참석했다.

회사 당위 장 서기가 말했다.

"이제 장산 동지가 중앙의 문건을 낭독하겠소."

장산은 현재 회사 당위 부서기로 원래 우리 조반파가 타도해야 할 대상이었고 회사 '일타삼반' 운동 역시 그의 주관 아래 진행된 것이었다. 그러나 1974년 비림비공 운동 이후 그는 우리와의 관계를 개선하였고, 우리 역시 더 이상 그를 공격하지 않았다.

장산이 낭독하는 중앙 문건은 매우 짧아 몇 구절 되지 않았다. 허나 예삿일은 아니었다.

> 중공중앙의 화궈펑 동지를 중국 공산당 중앙위원회 주석과 중국 공산당 중앙군사위원회 주석으로 임명하는 결의에 관하여
>
> 위대한 지도자이자 스승이신 마오쩌둥 주석의 생전의 계획에 따라 중공중앙 정치국은 화궈펑 동지를 중국 공산당 중앙위원회 주석과 중국 공산당 중앙군사위원회 주석으로 임명하는 데 만장일치로 통과시키고, 향후 중앙 전체회의에서 추인받기로 제청한다.
>
> 1976년 10월 7일
>
> 중공중앙

들고 난 뒤 즉각 한 가지 생각이 들었다. '오늘이 8일인데 중앙의 7일 날 결정이 벌써 우리에게 전달됐네. 이번 중앙 문건의 전달이 이렇게 빠른 것은 다소 심상치 않다! 조금 이상해.'

문건이 다 낭독되자 장 서기가 말했다. "중앙의 이번 결정에 대해 개인적으로 단호하게 옹호합니다! 모두들 의사를 표시해 주십시오."

장 서기는 말을 마치더니 당위 야오 비서에게 모두의 발언을 기록하게 했다.

당위 위원들의 발언은 매우 활기찼고, 모두들 중앙의 결정을 옹호하는 태도를 보였다. 각자 산더미만 한 말들을 했지만 모두들 틀에 박힌 말들로 답답하고 무미건조했으며, 어떠한 격정도 없이 순전히 공무 처리와도 같았다. 우리 세 사람의 조반파 혁명위 부주임은 발언할 때 무언가를 표현하고 싶었지만 분명하게 말하기도 어려웠고 필경 이것은 공산당의 일급 당위회의이지 조반파들이 되는 대로 지껄이는 조반회의는 아니었다.

팡다밍이 말했다.

"중앙의 결정에 대해 우리는 분명 옹호합니다. 옹호할 수밖에 없지요. 개인적인 의사로 중앙의 이 결정을 옹호합니다. 끝입니다."

내가 말했다. "화궈펑 동지가 중앙 주석을 맡은 것에 대해 개인적으로 약간의 의견이 있습니다. 왜냐하면 그는 후난에서 올라갔고 과거 후난에서의 일들, 예컨대 '일타삼반' 같은 경우는 그에게도 다소 책임이 있기 때문입니다. 하지만 중앙에서 이미 결정했으니 무조건적으로 조직에 복종하고 옹호합니다."

양진허가 말했다. "화궈펑 동지가 중앙주석을 맡은 일엔 이견이 없습니다. 단지 그가 마오 주석의 말에 따라 일편단심으로 마오 주석의 유지를 계승하고, 비등반우 운동이 끝까지 진행될 수 있도록 잘 이끌수 있기를 바랄 뿐입니다. 입으로만 혁명파가 되지 말고요."

우리의 발언에 대해 당위 위원들의 얼굴은 놀라움으로 가득찼다. 아마 그들은 우리 조반파가 당위 회의에서 국가의 중대한 문제에 대한 발언에 어떤 개성을 보이는지 처음으로 가장 진실된 모습을 보았을 것이다.

회의가 끝나고 내가 살짝 팡다밍에게 말했다.

"중앙주석 선출 같은 성대한 일을 왜 정치국에서 간단하게 결정하고 끝내 버리지? 말해 봐. 왜 중앙 전체회의가 열리지 않냐구. 중앙 전체회의에서 시끌벅적하고 성대하게 선출을 결정한 뒤에 신문에 내고 한바탕 경축해야지, 이렇게 대충 일을 끝마쳐? 당 규약 규정에 따르면 중앙주석은 반드시 중앙 전체회의에서 결정해야 해. 지금 또 시간이 없는 것도 아닌데, 전체회의를 여는 것이 어려울까?"

팡다밍이 말했다. "그러게! 나도 조금 이상하다고 생각해. 새로운 중앙주석의 임명인데. 과거 황제 제위처럼 그렇게 겉치레로 할 순 없지만 우린 분명 이렇게 큰 정당인데. 새 주석 임명 역시 필요한 의식이 있어야 장중함을 나타낼 수 있지 않나. 헌데 이번에 화 주인이 주석이 되는 데 왜 이리 서두르지? 무슨 대회라도 열고 권좌에 올라야 하는 거 아냐? 이렇게 몇 마디의 문건으로 주석이 된다면 공식적인 것이 아닌 거나 마찬가진데. 듣기 좋은 말은 아니지만 당시 우리같이 사소한 혁명위 부주임의 경축대회만도 못하니 말이야."

내가 또 말했다. "또 이상한 건 왜 마오 주석의 유언은 공개하지 않고, 서둘러 중앙주석의 인선만 선포하는 거지? 베트남의 호치민이 서거했을 땐 그의 유언을 우선 발표하고 나서 한참 후에야 새로운 중앙주석을 확정했잖아."

팡다밍이 고개를 끄덕이며 말했다.

"'위대한 지도자이자 스승인 마오쩌둥 주석의 생전의 계획에 따라'라는 이 애매한 구절이 유언 같지는 않아. 만약 유언이라면 분명 구체적인 계획에 대한 말이 있을 거야. 어쨌든 이번 일은 좀 이상하다."

그러나 생각은 생각일 뿐 우리에겐 알 수 있는 능력도 정보원도 없었으며, 훗날 알게 된 사실을 상상하기만 했다.

팡다밍과 양진허 두 사람 모두 회사 당위 확대회의에 참가하러 교외에 있는 공급판매합작사로 갔다. 나는 국 공청단위로 가서 공청단위 확대회의의 소집을 조직했다. 공청단위 확대회의는 3일간 열려 10월 12일에 끝났고, 국 당위의 한 노간부를 초청해 지도 담화를 들었다. 이 노간부는 시간에 맞춰 와서는 회의에 참가한 공청단위 위원들에게 상투적인 말로 가득한, 판에 박힌 격려 연설을 했다.

회의가 끝나자 국 당위 지도자가 나를 한쪽으로 데려가더니 10일자 『인민일보』 사설 「무수한 인민의 공동 염원」을 학습했냐고 물었다. 나는 보았다고 말했다.

그는 알 수 없는 웃음을 지으며 말했다.

"무슨 중요한 정신을 보았나?"

그 『인민일보』 사설은 나도 물론 보았다. 마오 주석 기념당 건설과 마오쩌둥 전집 출판이라는 두 가지 일을 환호하는 것이 아닌가? 무슨 중요 정신이 있었나? 무슨 마르크스-레닌주의니 광명정대니 하면서 원래 마오쩌둥 지시에 몇 마디 덧붙인 게 아닌가? 솔직히 말하면 나는 별다른 것을 알아채지 못했다. 허나 설마 독서와 학습 모두에서 나의 열의와 의욕에 미치지 못하는 노간부가 나같이 젊은 사람보다 『인민일보』 문장에 대한 이해능력이 더 깊단 말인가? 나는 믿지 않았다. 아마 그가 아무것도 아닌 일을 대단한 것처럼 보이게 하려고, 내 앞에서 술수를 부렸나 보다.

내가 대답했다.

"가르침을 주시지요. 제가 학습을 잘 하지 못해서요. 사설에서 어떤 쪽의 중요한 정신을 전달하려는지 확실히 알아채지 못했습니다."

국의 지도자는 그저 기묘하게 웃으며 말했다.

"허허……, 그렇다면 집에 가서 다시 한번 그 사설을 자세히 연구해 보라고 권하겠네. 분명 알게 될 거라고 믿네."

그는 말을 마치자 몸을 돌려 곧장 갔다.

8월경에 있었던 국 당위 확대회의 기간 동안 그는 내게 쑥스러울 정도로 공손하게 대하며 구구절절 노선투쟁의 수준을 향상시키는 데 도와달라고 했었다. 헌데 지금은 왜 순식간에 사람이 변했는가?

나는 그 국 당위 노간부의 뒷모습을 보며 이해가 가지 않았다.

다음 날인 10월 13일 아침 나는 국 공청단위 확대회의에 관한 일을 얘기하려고 녜창마오 집으로 갔다. 그는 그의 회사 당위 확대회의 참가로 바빠 국 공청단위 회의에는 오지 않았기 때문이다. 그는 나를 보자마자 말했다. "마침 자네를 찾아가려 했네!"

내가 물었다. "무슨 일이야?"

당시 그의 집에는 친척이 와 있어서 그와 다른 일을 얘기했다. 그가 친척에게 말했다. "자네 일은 며칠 지나 다시 얘기하지."

친척을 보낸 뒤 그가 황급히 내게 말했다.

"자네 아나? 나쁜 일이 일어났어!"

내가 의아한 듯 물었다. "무슨 일인데 이렇게 허둥거리나?"

그가 말했다.

"중앙에서 우파 쿠데타가 일어났어! 장칭이 잡혀갔다구!"

내 머리는 순간 멍했다.

내가 황급히 물었다. "누구한테 들은 건데?"

녜창마오는 그의 회사의 한 조반파 우두머리가 '미국의 소리'를 듣는데 거기서 방송했다고 알려 주었다.

당시 '미국의 소리'를 듣는 것은 허용되지 않았고, '적의 방송을 듣는 것'이라는 비난을 받았다. 한번 조사가 나와 상황이 가벼우면 비판받고 청취자의 인사 당안에 정치적 잘못이라고 기록되었으며, 만약 사태가 심각하다면 공안국에 잡혀가 조사를 받았다. 허나 그렇다 하더라도 실제로는 몰래 청취하는 사람이 항상 있었고, 국내에선 공개되지 않는 많은 소식을 간접적으로 얻곤 했다.

녜창마오 역시 어젯밤 일부러 청취했는데, 과연 '미국의 소리'에선 계속해서 이쪽에 관한 소식과 평론이 방송되었다고 말했다. 보아하니 이번 사건은 아마 진짜인 것 같았다!

내가 물었다. "장칭 말고 다른 사람도 잡혔어? 누가 잡았어? 무슨 이유로 잡았대?"

녜창마오가 말했다. "'미국의 소리'에선 장칭을 우두머리로 하는 문혁파가 잡혔다고만 했어. 예젠잉, 그들이 잡았대."

예젠잉이 잡았다는 말을 듣자 나는 순간 생각이 들었다.

'끝장났다!'

내가 황급히 다시 물었다.

"잡힌 사람 중에 화궈펑과 왕훙원도 있었어?"

녜창마오는 구체적인 사실은 잘 모른다고 했다.

나는 거듭 생각한 뒤 녜창마오에게 말했다.

"어서 시 총공회 쪽에 가서 알아보자. 상황을 분명하게 알아야 이 사건이 우리에게 어떤 영향이 있는지 얼마나 영향이 큰지를 판단할 수 있을 거야. 그런데 '미국의 소리'에서 장칭을 잡고 문혁파를 잡았다고 했다니, 우리에겐 십중팔구 좋지는 않을 거야!"

오전 10시 우리가 서둘러 시 총공회로 갔을 때, 총공회 안마당 안에는 이미 도처에 사람들이 서 있었다. 모두 조반파 노동자들로 삼삼오오 모여 있었다. 지나가며 들으니 모두 베이징에서 장칭을 잡은 일에 관해 말하고 있었지만 말의 판본은 각기 달랐다. 어떤 사람은 장칭 한 사람만 잡았다고 하고, 어떤 사람은 중앙의 모든 문혁파가 잡혀 화귀펑과 우더까지도 잡혀갔다고 말했다. 또 베이징대학과 칭화대학에 군대가 주둔하여 츠췬(遲群)과 셰징이(謝靜宜) 두 사람 역시 잡혀갔다고도 했다. 허나 모든 말들 중에 한 가지 단어는 일치했는데 바로 '중앙에서 우파 쿠데타가 일어났다'는 것이었다. 모든 사람들이 예젠잉이 앞장서 잡아갔다고 여기고 있었다. 왜냐하면 그가 군권과 관련이 있었고, 그만이 원래 분명하게 덩샤오핑을 지지하고 있었기 때문이었다. 당시 왕둥싱(汪東興)이 이번 체포의 참여자이자 핵심인물이 될 거라곤 그 누구도 생각하지 못했다. 왜냐하면 조반파들은 한 번도 왕둥싱과 접촉해본 적은 없었지만, 왕둥싱이 마오쩌둥 신변의 경호대장으로 마오쩌둥이 매우 신임하는 인물이라는 것은 알고 있었기 때문이다.

역시 조반파 노동자인 시 총공회 우두머리 몇 명을 만났는데, 모두들 뜨거운 가마 속의 개미들처럼 서로 들은 소식을 맞춰 보고 있었다. 원래 활동 능력이 강했고 꽤나 명성이 나 있던 우두머리가 내게 말했다. "잘못하다간 우린 산으로 올라가 유격 준비나 해야겠어!"

만약 정말로 문혁파를 체포하는 '우파 쿠데타'가 일어났다면 우리의 앞날은 확실히 마오쩌둥이 예언했던 것처럼 '피바람이 몰아'칠지도 모른다고 생각했다.

원래 시 전체 조반파 지휘부였던 시 총공회 소회의실은 이미 텅 비어 아무도 없었다. 내가 몇 명의 우두머리들에게 물었다. "탕중푸와 후융은요? 지금 이런 상황에서 왜 모두 앞에 서서 얘기하지 않죠? 진짜 상황을 설명해 주고 앞으로의 방침도 빨리 결정해야죠."

그들은 그들 역시 탕중푸와 후융 등을 찾았지만, 성 총공회에 있는 탕중푸의 사무실 역시 비어 있었고 아무 데서도 그들을 찾을 수 없으니 어디로 갔는지 모른다고 했다.

허나 누군가 말했다. "당신들 뭘 허둥대는 거야? 상황이 아직 공식적으로 밝혀지지도 않았는데 '외국방송국'에서 들려온 소문에 이다지도 감정을 억제하지 못하다니! 상황이 다시 나빠지면 마오 주석이 말했던 것처럼 다시 징강산(井岡山)으로 가면 되잖아!『인민일보』7·1 사설에서도 투쟁 중에 당을 건설하자고 진작부터 얘기했잖아!"

사실 이 말을 한 사람은 상황을 이해하지 못하고 있었다. 무슨 징강산에 다시 오르자는 것과는 관계없는 일이다. 말하기는 쉽다. 가뿐한 마음으로 산에 오르고 유격 공격을 하고. 허나 사실 이것이 무엇을 의미하는지 아는가? 아마 그는 이것이 몇 마디 구호를 외치고 대자보 몇 장 붙이는 일일 뿐이라고 생각했나 보다.

13일과 14일 이틀 동안 나와 녜창마오 두 사람은 모두 머리 없는 파리들처럼 도처를 누비며 사방으로 소식을 알아보았다. '미국의 소리'도 듣고, 베이징 상황을 알 것 같은 모든 사람을 찾아다니며 상황을 물었다. 소문은 점점 많아져 조반파들의 마음은 모두 한결같이 혼란스러웠다. 또한 점차 화궈펑이 잡히지 않았을뿐더러 오히려 '화궈펑과 예젠잉이 손을 잡고 체포했다'는 소식이 들려왔다. 또한 붙잡힌 사람은 장칭뿐만이 아니라 왕훙원·장춘차오·야오원위안 모두 잡혀갔다는 것이다. 그리고 선양 군구와 허베이 주둔 38군, 쉬스유와 천시롄 등의 사람이 장칭 체포에 반대했고 화궈펑과 예젠잉에게 석방을 요구하는 군사통첩을 보냈다는 소문이 들려왔다. 또 상하이에선 이미 긴급 상황에 들어가 '장칭을 돌려달라!', '장춘차오를 돌려달라!'는 등의 구호가 붙여지고 이미 군사 대항준비가 끝났다고도 전해졌다.

상황이 기본적으로 밝혀진 뒤 내가 녜창마오에게 말했다.

"이렇게 되면 정말로 위험하겠어! 그 몇 사람이 중앙에서 어떻게 된 일인지 모르겠어. 어떻게 소수였던 우파가 이런 쿠데타를 일으키고 사람들을 몽땅 처리할 수 있지?"

녜창마오도 말했다. "아마 상황이 아직 끝나지 않았을 거야. 장춘차오와 야오원위안을 잡는 건 가능해. 허나 주석의 시체가 아직 차가워지지도 않았는데 장칭을 잡다니. 설마 아래 군대의 지지를 받을 수 있을까? 내가 보기에 군사 내전이 일어날 수도 있을 것 같아."

나도 이럴 가능성이 있다고 보았다.

사실 우리는 중앙 고위층의 진짜 상황을 전혀 알지 못했고, 제멋대로인 장칭의 태도가 고위층에서 얼마나 많은 원한을 샀는지에 대해서도 전혀 모르고 있었다. 또 아직 권력과 지위가 있던 고위층 사람들이 마오쩌둥이 일으켜 고위층의 관료 이익을 해친 문혁운동에 대해 매우 큰 불만과 반감을 가지고 있었다는 것은 더욱 알지 못했다. 과거 고위층 인사들이 마오쩌둥의 거동에 대해 감히 어떠한 반대도 나타낼 수 없었으니, 당연히 마오쩌둥의 부인인 장칭의 미움을 살 수는 없었던 것이다. 그러나 이제 마오쩌둥이 없어졌으니 장칭의 후원자도 없어졌다. 이러한 때에 각지를 전전하며 싸우던 장군들이 누가 장칭의 환심을 사려 하겠는가!

14일 오후 성 총공회 조반파의 연락 담당원이 나를 찾아와 지령을 전달했다. 저녁에 나를 후 '사령', 후융이 소재한 공장 소회의실로 데려가 중요한 비밀회의에 참가하게 하라는 것이었다. 그러면서 나 혼자만 가야 하고 절대 외부에 이 사실을 알리면 안 된다고 했다.

저녁 8시가 넘어 나는 '연락관'을 따라 후융이 있는 공장 소회의실로 갔다. 그곳엔 후융 외에 두세 명뿐이었는데 후융은 내가 들어오는 것을 보더니 친절하게 앉으라고 했다. 이른바 비밀회의란 것은 사실 후융이 각 분야의 사람들을 잇달아 만나 조반파의 사상적인 측면의 상황을 이해하려는 것이었다. 청년과 공청단 쪽의 대표로 나를 부른 것이 분명했다.

회의장에 있던 사람들이 하나하나 상황을 얘기하는 것을 듣더니, 후융은 위에서 사인방이 잡힌 일은 말하지 않고 지시만 했다. 첫째, 장칭 그들을 잡은 것에 대해 공개적으로 반대하지 않는다. 왜냐하면 그들은 당 중앙의 이름으로 움직인 것이므로 우리는 조직에 우선 복종해야 한다. 둘째, 주동적으로 장칭·장춘차오 등과 우리 조반파를 동등하게 보지 않는다. 장칭·장춘차오는 장칭·장춘차오고, 그들은 결코 우리 조반파를 대표하지 않는다. 왜냐하면 1970년 '일타삼반'과 1971년 '5·16 색출' 당시 조반파를 숙정한 일이 발생했을 때 장칭과 장춘차오는 정치무대에 있었으나 결코 우리 조반파를 위해 좋은 말로 후원해 주지 못했기 때문이다! 이는 그들과 우리 조반파가 결코 하나가 아님을 설명해 준다. 셋째, 사실 화궈펑 역시 문혁파다. 비록 그가 후난에 있을 때 별로 좋지 않았지만 최소한 그는 문혁노선을 지지했고, 조반파를 지지한다는 '공식적인 입장을 밝혀' 중앙에 오르게 된 것이다. 따라서 지금 그를 필두로 하는 당 중앙에서 장칭과 장춘차오를 처리한 것을 두고 문혁파가 와해되었다고는 말할 수 없다. 당시 왕·관·치가 실각되었을 때도 결코 문혁파가 끝장난 때가 아니었다. 따라서 정세의 추이를 좀더 두고 봐야 한다. 넷째, 자신의 조직 대오를 안정적으로 유지하고 정세의 발전을 조용히 살핀다. 전쟁도 하기 전에 미리부터 혼란해지면 안 된다. 다섯째, '보수파 쪽'〔保字號〕에서 이 기회를 틈타 우리를 반격하는 것에 대비해 사상적으로 준비해야 한다.

이러한 상황에서도 후융은 당황하지 않고 조리정연하게 말해, 나는 무척이나 탄복했다. 그가 말한 이 몇 가지 지시성 의견은 회의장에 있던 우리 역시 아주 일리 있는 말이라고 느껴졌다. 순간 나는 현재 상황에서의 일 처리에 구체적인 방침이 생겼다고 느꼈다.

그러나 후융을 포함해 누가 세상 사람들 앞에서 장칭·장춘차오와 우리 조반파를 분명하게 선을 그을지, 그건 아마 하기 어려운 일이었다. 왜냐하면 장칭과 장춘차오는 명실상부한 '중앙문혁소조'의 우두머리로 조반파를 지지한다는 사실은 누구나 알고 있었기 때문이다. 또한 그들 자신 역시 조반에 의지했기 때문에 중앙에 갈 수 있었던 것이다. 특히 왕훙원은 누구다 다 아는 상하이 조반파 우두머리였다.

따라서 후융이 말한 '남들이 어떻게 생각하든지 우리 스스로 이 모자를 우리 머리에 씌워서는 안 된다'는 방식은 문혁 파벌전에서 항상 사용하던 무기 중의 하나였다. 1966년 말 '상강풍뢰' 성립 당시 다행히 중공중앙 상무위원인 타오주(陶鑄)를 조직고문으로 모셨지만, 며칠 지나지 않아 타오주가 중앙문혁에 의해 타도되었다. 자신들의 조직이 타오주의 대오가 아니라는 점을 증명하기 위해 '상강풍뢰' 총부는 황급히 성명을 발표하고 타오주를 고문직에서 '박탈'한다고 선포했다. 그리고 서둘러 명확하게 선을 긋고는 자신들의 조직과 타오주는 격렬한 투쟁을 벌이기도 했다는 등의 말을 했다. 지금 후융의 이런 말 역시 어쩔 수 없이 체면을 무릅쓰고 버티자는 것이다. 허나 현실은 이번에 이런 방식이 아무런 소용이 없다는 것을 증명해 준다. 왜냐하면 '사인방' 체포로 가져올 결과의 의미는, 문혁 중에 있었던 이 사람이 실각되고 저 사람이 권좌에 오르는 종류의 일과는 멀기 때문이었다. 또한 전체적으로 문혁노선이 전복되었고, 심지어 '사인방'을 체포한 화궈펑과 왕둥싱 등도 얼마 버티지 못하고 역사 무대에서 퇴장하지 않을 수 없기 때문이다.

15일 오전 나는 장칭과 장춘차오 등의 체포 사실을, 시 외곽 공급판매합작사에서 열리는 회사 당위 확대회의에 참가하고 있는 팡다밍 등에게 알려 주기로 했다. 당시 사인방의 체포 소식은 아직 후난 창사의 상층 관료들과 조반파 우두머리들 중에서만 비공식적으로 흘러나온 것이었고 말들도 제각각 달랐다. 또한 당시 전화 통신이 매우 낙후되어 시 지역의 전화 연락만 생겼지, 장거리 전화는 우편전신국에 가서 해야 했다. 따라서 창사에서 수십 킬로미터 떨어진 공급판매합작사의 사람들은 세상 밖에 있는 것이나 마찬가지였다.

팡다밍과 양진허를 만나자마자 내가 말했다.

"자네들 아나? 지금 정말 안 좋은 큰일이 벌어졌어!"

그 두 사람이 황급히 물었다. "무슨 일인데?"

나는 장칭과 장춘차오 등이 체포된 소식을 말해 주었다.

그들은 어안이 벙벙해졌다.

팡다밍은 길게 한숨을 쉬며 말했다.

"악몽이 정말로 사실이 될 줄은 몰랐군!"

나는 그가 두 달여 전에 있었던 국 당위 확대회의 기간에 중앙에서 장춘차오와 야오원위안을 반당집단으로 만들 수 있다는 '육감'을 가지고 있었다는 것을 알고 있었다. 헌데 지금 나타난 상황은 그의 예감과 걱정보다 훨씬 심각했다.

양진허가 걱정없다는 듯 말했다. "우리까지 연루되진 않겠지?"

팡다밍이 쓴웃음을 지었다. "어찌 연루뿐이겠나! 마오 어르신이 장 칭에게 보낸 편지에 있는 말로 하면 우린 분쇄될 준비가 되어 있는데!"

우리 세 사람은 곧바로 회사 당위 확대회의를 주관하는 당위 장 서 기에게 이 상황을 통보하며, 이 확대회의를 즉각 중지하고 집으로 돌 아갈 것을 제안하자고 의논했다. 왜냐하면 이렇게 큰일이 벌어졌으니 우리 회사의 당위 확대회의는 이미 그 의미가 없어졌고 어떻게 조반파 간부를 새롭게 선발할 것인가, 어떻게 조반파를 신당원으로 발전시킬 것인가 등의 계획도 이를 실천할 수 있는 정치적 기초가 모두 사라졌 기 때문이었다.

여태껏 조반파를 지지했던 당위 장 서기는 내가 말한 상황을 듣고 난 뒤 한참 동안 아무 소리도 내지 않다가 결국 천천히 말했다.

"그렇다면 장춘차오는 장추차오(張秋橋)로 변했네. 가을이 지나야 결 산을 할 수 있겠지!"

장 서기가 말한 '장추차오'는 장춘차오의 동생을 가리키는 것이 아 니라 하나의 비유로 그의 운명이 '봄'에서 '가을'로 바뀌었다는 것을 나타냈다. 즉 추수 후 결산에 임박한 액운이 도래했다는 것이다. 당시 우리 모두는 장춘차오에게 정말로 장추차오라고 불리는 동생이 있다 는 것을 모르고 있었다.

그날 오후 회사 당위 확대회의는 잠시 중단을 선포했고, 언제 열릴 지는 다시 얘기하기로 했다. 장 서기는 회의 참가자들에게 베이징에서 발생한 일을 얘기하지 않고, 국에서 가까운 시일 내에 중요한 일이 배 치될 것이라는 점만 얘기하면서 회사 당위 책임자들 모두 회사의 명령 을 기다리라고 했다.

회사의 화물 트럭을 타고 시내로 돌아왔더니 시 중심 광장에서는 이미 '화궈펑 주석을 필두로 하는 당 중앙을 맹세코 선혈로 보위하자!', '수정주의·음모·분열을 기도하는 자는 좋은 결말이 있을 리 없다!'는 표어가 나타났고 서명은 '창사 혁명 노동자'로 되어 있었다. 분명 보수파가 붙인 것이었다. 왜냐하면 장칭 등의 체포 소식이 아직 공식적인 루트로 전달되지 않았기 때문에, 이런 표어 역시 단지 에둘러 말할 뿐 명확하지 않았다. 그러나 베이징의 상황 소식을 알고 있는 사람들은 이러한 표어 뒤에 있는 진실된 의미를 알 수 있었다.

화물차 뒷칸에 타고 있던 양진허가 '화궈펑 주석을 필두로 하는 당 중앙을 맹세코 선혈로 보위하자!'는 표어를 가리키며 말했다.

"정말로 역겹군! 이렇게 빨리 주석의 시체가 차가워지기도 전에, 마오 주석에게 쓰는 언어를 저 사람에게 아부하는 데 쓰다니!"

팡다밍이 그에게 말했다.

"양 동생, 그게 바로 정치야! 이제야 안 건 아니겠지?"

난 마음속으로 줄곧 생각했다. 이것이 바로 톈안먼 사건이 장칭 무리에게 가져다준 보복이구나! 허나 이 보복의 나쁜 결과는 오히려 큰 고난으로 변해 우리도 불가피하게 입게 되었고 이 고난이 얼마나 클지는 아직 가늠할 수 없었다.

10월 19일 공식적인 중앙 문건이 내려왔다. 하나는 '사인방' 문제 해결에 관한 중앙의 통지였고, 다른 하나는 화궈펑·예젠잉·왕둥싱 등 중앙 지도자의 사인방 체포 상황에 관한 몇 가지 담화였다.

회사 당위 전체위원과 우리 세 사람의 당원 혁명위 부주임은 함께 부서기 장산의 담화 전달을 듣고 명령에 따라 입장을 표명했다.

사인방 체포 관련 상황과 우리가 각종 루트를 통해 이미 알고 있던 소식의 내용이 크게 다르지 않았다.

우리 조반파의 운명과 관련된 두 가지 소식이 나의 관심을 끌었다. 첫번째는 예젠잉의 담화에 있는 '문혁 중의 일에 대해 전면적으로 부정하지 않는다. 더러운 물을 버릴 때 대야 안에 있는 어린아이까지 버리지 말아야 한다. 문혁의 신생 사물은 여전히 보호해야 한다'는 말이었다. 두번째는 지덩쿠이와 우구이셴이 말참견을 하면서 역시 중공중앙위원인 허난 조반파 우두머리 탕치산과 우리 후난의 탕중푸의 이름을 거명하며 이들에게 문제가 있다고 말한 것이다. 이 두 가지 소식은 하나는 좋고, 다른 하나는 좋지 않은 것이었다.

문혁 중 2월 역류 이후 조반파들은 예젠잉을 '우경 인물'의 대열 속에 넣었고 이번 비등반우 운동 때는 특히나 이와 같이 보았다. 그러나 이 담화로 인해 나는 일순간 예젠잉이 아마도 비교적 객관적인 인물일지 모른다고 느꼈다. 그가 불만을 갖고 반대한 것은 장칭·장춘차오를 비롯한 사인방과 문혁 중 나타났던 격렬한 상황이었지, 결코 이렇게 문혁 전체를 보지는 않았던 것이다.

우구이셴의 말참견이 우리 조반파에 미친 압력은 매우 컸다. 왜냐하면 그녀는 지덩쿠이가 정저우(鄭州) 철도국의 탕치산을 비난할 때 '또 후난의 탕중푸도 있지요'라며 말참견을 했고 그 말뜻은 탕중푸와 탕치산 상황의 성격이 같다는 것이기 때문이었다. 이렇게 되자 우리 후난 조반파들이 직면한 상황은 순식간에 매우 심각하게 변해 버렸다. 당시 우리는 우구이셴이 모범 노동자에 뽑혀 중앙으로 발탁되었고, 야오롄웨이(姚連蔚)·이쑤원(李素文; 전국인대 부위원장)·쑨젠(孫健; 부총리) 역시 모두 그 뒤에 올라간 것이라는 건만 알고 있었지, 그들이 조반파인지 아닌지는 전혀 모르고 있었다. 후난에서도 모범노동자 몇 명이 성급

부문의 지도자가 되었다. 그 중에는 조반파를 지지하던 사람도 있었고 몰래 반대하는 입장에 섰던 사람도 있었다.

지덩쿠이의 상황에 대해서 우리 후난 조반파들은 잘 이해하지 못했다. 대체로 그가 화궈펑과 마찬가지로 문혁 중 허난성에서 위로 올라갔고 조반파를 지지하는 '공개적 입장을 밝힌' 간부라는 것만 알고 있었다. 그러나 화궈펑은 후난 조반파의 마음속에서 그리 높은 점수는 아니었고, 언제나 조반파에 대해 단지 표면적인 지지만을 하지 내심으론 결코 그렇게 생각지 않는다고 보았다. 또한 다른 성위 지도자 장보선이 공개적으로 조반파를 지지했던 단호한 태도와는 아주 큰 차이가 있다고 생각했다. 그렇지 않다면 후난에서 '일타삼반'과 '5·16 색출'이 일어났을 당시 조반파를 그렇게 지독하게 숙정할 리 없었다. 왜냐하면 화궈펑은 당시 줄곧 후난성위의 제1서기, 성 혁명위 주임이었기 때문이다. 지금 지덩쿠이가 이렇게 주동적으로 허난의 탕치산을 비난하는 것은 지덩쿠이와 화궈펑이 동일한 성격의 이른바 '공개적 입장을 밝힌' 간부라는 것을 말해 주는 것이었다.

중앙문건과 중앙 지도자의 담화를 읽고 난 뒤, 회의를 잠시 쉬고 다시 중앙문건의 규정에 대해 입장을 표명했다. 이른바 입장표명이라는 것은 틀림없이 각자 몇 마디의 '옹호'성 발언을 하는 것이었다. 일이 이 지경에 이르렀는데 또 누가 다른 말을 할 수 있겠는가. 자리에 있던 사람들의 심정과 표정은 물론 각기 달랐다. 당위 장 서기를 빼놓고 다른 당위 위원 모두 회사와 회사 소속 단위에 있던 기존 지도 간부들이었는데, 이때 그들은 홀가분해 보였고 흥분을 억누르지 못하는 듯했다. 공식적인 입장표명 발언이 아직 시작되지 않았지만 그들 얼굴에는 이미 득의양양한 기색이 떠올랐고, 서로 담배를 권하며 차를 따르는 등 눈과 입가에는 모두 환한 미소가 걸렸다.

유일하게 우리 세 사람의 혁명위 부주임만 비굴하지도 거만하지도 않은 태도를 유지하려 노력하는 수밖에 없었다. 짐짓 기뻐하는 척하려 해도 실제로 연기가 되지 않았고, 실패로 기가 죽은 심정은 원래 적수였던 이들 앞에서 절대 노출시키고 싶지 않았다. 이전엔 최소한 표면적으로라도 우리 조반파에게 '투항'을 인정하고 거의 '귀순'할 것 같던 사람들이, 갑자기 쉽사리 우릴 철저하게 압도하는 승리자가 되고 미리부터 벼슬할 마음에 우리 앞에서 서로 경축하는 말들을 하는 것을 보니 나의 마음은 순간 뭔가에 막힌 듯 견디기 힘들었다.

회사 정치처의 한 당위 위원은 결국 기쁨을 참지 못하고 갑자기 그 옆에 앉아 있던 사람에게 유쾌한 듯 큰 소리로 말했다.

"이렇게 위에 있던 뿌리가 모두 철저히 뽑혀졌으니, 아래 어떤 놈들이 감히 반당활동을 하는지 두고 봐야겠는걸!"

모든 회의참석자들이 이 당위 위원의 말을 듣더니 상당히 많은 눈길이 순간 팡다밍과 양진허, 그리고 내게로 모아졌다. 우리가 무슨 말을 할 수 있는가? 이땐 그런 심정이었다.

팡다밍은 혼자서 어디서 배웠는지 모르는 경극을 흥얼대기 시작했다. "성루에 앉아서 산의 경치를 바라보네……."

10월 20일 나는 녜창마오를 찾아가 국 공청단위의 일을 의논했다. 이미 이렇게 큰 변고가 생겼으니 공청단위 업무를 개조하려던 원래 계획은 자연히 더 이상 할 수가 없었다. 도리어 변화에 대응할 많은 일들을 준비해야 했다.

자연히 녜창마오도 매우 침울한 심정이었다. 그가 내게 말했다.

"정말로 하늘이 변하는 날이 올 줄은 몰랐어!"

네창마오는 오랫동안 사회 기층에 있던 청년 노동자다. 정직하고 배우길 좋아했고, 앞으로 나아가길 바라며 남을 위해 의리 있는 말을 잘했다. 그의 부친은 상점 영업원에 불과했지만 1949년 이전에 국민당에 입당했었기 때문에 네창마오는 오랫동안 단위의 '혁명 승계자' 명단에서 제외될 수밖에 없었다. 문혁 중 그 역시 '우파'인 단위 동료가 공격당하는 것을 동정하여 분연히 조반을 일으킨 것이다. 1974년 비림비공 운동 중 그는 조반파 적극분자로 공산당에 가입했다. 얼마 후 그의 회사 당위 확대회의에서는 그를 회사 당위 부서기로 선발하기로 결의했고, 국 공청단위 자리에서 그 역시 내가 있던 공청단위에서 일하는 동료가 되어 부서기가 될 예정이었다. 그러나 이제 이 모든 것이 분명 불가능하게 되었다. 또한 사정이 '더하기 빼기 영'에 그치는 것이 아니라 '영' 이하로 떨어질 것이라 예측할 수 있었다.

사인방이 실각된 후 조반파들의 이른바 '유격전' 발언은 실제로 조금의 사상이나 실천 기반도 존재하지 않았다. 왜냐하면 조반파들의 조반은 결코 공산당에 반대하는 것이 아니었고, 더욱이 조반파는 반공 국민당이 아니었기 때문이다. 단지 이른바 '주자파', 즉 당권 관료들에게 조반하는 것일 뿐 줄곧 당 중앙의 지도 아래 진행해 왔고 스스로 역시 일개 공산당원임을 영광스럽게 생각하고 있었다. 따라서 조반파가 많은 고관들에게 조반할 순 있어도 당 중앙에 대항한다는 마음이나 사상은 전혀 있길 않았으며, 전형적으로 '탐관에게 반대할 뿐 황제에게 반대하지 않는'는 식이었다. 따라서 사인방이 무너졌지만 사인방을 잡은 것은 당 중앙의 명의로 진행된 것이기 때문에, 조반파들이 이에 대해 갖가지 불만이 있다 하더라도 기본적으로 '당 중앙 반대'의 횡보를 주동적으로 할 순 없었다. 정세에 새로운 변화가 발생하지 않는 한, 또 누군가 별도로 당 중앙의 기치를 들어야만 조반파들이 새로운 선택을 할 수 있었다. 그러나 10년 동안 조반파가 권력을 장악하고 있던 상하이조차 화궈펑을 중심으로 하는 새로운 중앙을 옹호한다고 하는데, 다른 지방의 어떤 사람이 감히 공개적으로 대항할 수 있겠는가? 당시 조반파들이 유일하게 할 수 있던 일은 사상 준비를 포함해 각종 변화에 잘 대처하고, 불가피한 새로운 숙정 상황에서 당할 수 있는 재난을 최소화하는 것이었다.

나와 녜창마오는 의논 끝에 국 공청단위 핵심층 회의를 개최하기로 결정했다. 이른바 '핵심층'이란 사실 공청단위에서 조반파 관점을 가지고 있던 일부 핵심위원들이다. 우리 두 사람은 당시 청년 대열에 속해 있었지만, 이 공청단위 위원들은 우리보다 나이가 더욱 어려 모두 스무 살 가량이었다. 이 회의를 소집한 목적은 우리보다 훨씬 젊은 새로운 조반파들에게 닥칠지도 모르는 숙정에 사상적으로 잘 대비하게 하기 위한 것이었다. 매일 '시련을 겪어야 세상 물정을 안다', '질풍노도 속에서 단련된다'라는 말들을 해왔는데, 이제 그들이 진정으로 자신의 구호를 실천하고 시련을 겪어야만 하는 때가 온 것이다.

회의는 당일 밤 비밀리에 진행되었다. 장소 역시 국 공청단위 사무실이 아니라 어느 공청단위 위원의 집이었다. 십여 명이 모인 회의는 자못 신성함까지 느껴졌다. 왜냐하면 곧 닥칠 폭풍에 직면했지만 공청단위 위원들의 투지는 오히려 줄어들지 않았고, 전체적으로 전쟁에 임하는 비장한 분위기였기 때문이다. 어떤 공청단위 위원이 말했다.

"난 끝까지 조반할 겁니다. 누가 날더러 자아비판하라고 하겠어요? 단념하라 하십시오! 전 죽어도 그렇게는 안 합니다."

녜창마오가 말했다. "그렇게 말하면 안 되고, 그렇게 생각해도 안 됩니다. 여러분을 소집한 우리의 뜻은 두려움 없는 희생을 하라는 것이 아니라, 사상적인 준비를 잘 하고 어떻게 해서든 낮은 자세로 행동해서 가급적 평안무사하게 이 난관을 지나가자는 겁니다. 하늘 가득한 이 검은 구름이 마침내 완전히 걷히게 되면, 다시 새로운 인생 여정을 밟아 갈 수 있도록 말입니다."

나도 말했다. "'일타삼반'과 '5·16 색출' 때 우린 모두 자아비판을 했습니다. 하지 않으면 안 됐죠. 왜냐하면 우리가 마주한 것은 국민당이 아니라 모두 공산당 기치를 든 사람들입니다. 우리가 한 일은 단지 누가 옳고 누가 그른지를 가르는 노선투쟁일 뿐, 목숨 걸고 싸우는 계급투쟁이 아닙니다. 우리가 '주자파'를 비판할 때 그들 역시 자아비판을 했습니다. 하지 않으면 대항한다는 뜻이기 때문입니다. 이제 우리 역시 대항할 필요는 없으며 일시적으로 누가 옳고 누가 그른지 아무것도 증명할 수 없습니다. 하지만 기억해야 할 것은 함부로 말해서는 안 된다는 것입니다. 특히 자신들의 동지를 팔아서는 안 됩니다. 자아비판이 비겁하다는 것을 증명하진 않습니다. 허나 함부로 지껄이는 것은 당신의 비열함을 보여 줍니다. 이런 일로 과거 어떤 사람은 친구를 잃기도 했습니다. 여러분 모두 이번 시련에서 과거와 앞으로의 우리보다 훌륭하게 대처하시길 바랍니다."

두 명의 공청단위 위원이 즉각 태도를 표명하면서, 분명 우리보다 잘해 낼 수 있을 거라 믿는다고 말했다.

당연히 나와 녜창마오는 매우 기뻤지만 그들의 이러한 태도가 유치함을 나타낼 뿐이란 걸 알았다. 우리 역시 더 말할 필요도 없었고 실제 인생이 그들에게 모든 것을 알려 주리라.

그 와중에 나는 또 그들에게 감당하기 힘들 때는 완강하게 버티지 말고 무슨 일이나 책임을 추궁당하면 전부 나와 녜창마오에게 미루라고 말했다. 하나는 우리가 우두머리로 마땅히 책임을 져야 했고, 두번째는 우리가 그들보다 그런 일에 대처할 수 있는 경험과 감당 능력이 있기 때문이었다.

21일 중앙인민 방송국에서는 과거 당내 문건을 전달하는 시간 순서를 지나 베이징의 '사인방' 타도 경축집회의 실황 목소리를 공개적으로 생중계했다. 후난 창사에서도 이에 호응하여 성·시위 조직의 경축대회와 시위활동을 한바탕 흥겹게 거행했다.

며칠 동안 창사시 거리에선 매일같이 징과 북소리, 폭죽소리가 울렸고 도처에선 즐거운 노랫소리와 웃음소리가 들렸다. 성·시 각급 기관과 각 단위에서는 잇달아 중복해서 경축행사를 거행했고, 거리엔 활보하는 인파들로 가득했으며 환호하는 구호도 끊이지 않았다. 이러한 광경은 마치 몇 년 전 조반파들이 '탈권' 승리를 경축했던 것과 마찬가지로 모두 성대한 경축일을 맞이한 것 같았다. 그저 휘휘 부는 가을바람은 여전했지만 이미 '세상이 바뀌었다.'

경축활동 모두 관방에서 조직했고 이전의 시끌벅적했던 조반파의 조반과 탈권 활동의 자발적인 성격과는 결코 달랐지만, 이번의 많은 군중들의 심정이 진심으로 원하지 않는 것은 아니었다. 오히려 많은 사람들은 확실히 덩샤오핑에 대한 마오쩌둥과 중앙문혁의 비판에 불만을 품고 있었고, 덩샤오핑의 '유생산력' 조치 비판에 불만을 품었다. 1974년 당시 마오쩌둥 자신 역시 이미 알고 있었고, 중앙 지도자들에게 '문화대혁명이 이미 8년이 되었으니 지금은 안정과 단결이 좋겠다'고 경고하기도 했다. 하지만 1976년 또다시 모든 사람들의 마음과는 반대되는 '비등반우' 운동이 일어났고, 이에 따라 마오쩌둥과 장칭에

직접 반대하는 제1차 톈안먼 사건을 불러왔다. 따라서 화궈펑과 예젠
잉이 함께 장칭 등 '사인방'을 일거에 타도했을 때, 조반 동란을 극도
로 증오하던 거의 모든 관료계층의 옹호를 얻었고 또한 상당히 많은
군중들의 직접적인 지지를 받았다. 동시에 대다수 군중들이 관방에 대
해 원래 갖고 있던 불만과 원망은 이미 몇 년간의 조반 열풍을 거치면
서 모두 발산되어 소진되었다. 또 다른 측면에서 관방 당권자들에 대
한 조반파들의 끊임없는 조반 공격 때문에 군중들 사이에서 새로운 불
만이 아직 많이 쌓이지는 않았다. 따라서 '사인방' 실각과 마오쩌둥에
대한 명망이 실제 훼손되고 떨어져도 아랑곳하지 않았다. 게다가 관방
조직의 활동은 모든 사람의 '업무' 성격에 속하기 때문에, 이러한 경축
시위 참가에 대해서도 기본적으로 급여가 포함된 오락으로 간주했다.
원래 보통 조반파였던 청년들을 만났는데, 그들은 모두 기쁜 듯이 경
축활동에서 폭죽을 터뜨리고 징과 북을 두드리며 마치 예전에 조반파
탈권을 경축하는 듯했고, 우리 회사 혁명위원회 성립 활동과 마찬가지
로 적극적으로 전력을 다했다.

　거의 연속 보름 동안 진행된 경축활동 기간 사회 기층에서 가장 참
기 힘들었던 사람은 바로 우리 조반파의 크고 작은 우두머리들이었다.
왜냐하면 우리는 이번 관료 당권자들과의 새로운 힘겨루기에서 갑자
기 패배했을 뿐 아니라, 분명 다시는 해방될 날이 없는 영원한 실패를
했기 때문이다! 왜냐하면 원래 우리의 공격을 두려워하고 불안해하던
관방 당권자들이 일순간에 승자로 변해 버렸기 때문이다! 반면 우리
스스로 관료계층에 들어가 누차 숙정받는 상황을 바꾸려는 목표 역시
물거품처럼 빠르게 사라져 버렸다. 그 중 가장 애통한 일은 이번에 우
리들은 실패한 소수자가 되었다는 것이다! 문혁 10년 동안 비록 몇 번

이나 숙정당하는 상황이 있었지만, 조반파는 사회기층의 군중들로 서로 다른 단계에서 언제나 기층 군중의 이익과 정서를 대표했기 때문에, 과거 숙정당할 때마다 언제나 군중들의 많고 적은 동정과 지지를 얻을 수 있었다. 그러나 이번의 이른바 '비등반우' 운동에서 우리가 대표할 수 있었던 것은 불과 우리 자신뿐이었다.

일부 군중들은 투쟁의 본질을 이해하며 오랫동안 우리 자신을 보호하기 위해서는 나아갈 수 있을 뿐 물러설 수 없는 우리의 유일한 길을 동정했다. 왜냐하면 십 년간의 조반을 거치면서 우리는 이미 전체 관료계층에게 극도의 미움을 샀지만, 군중조반을 호소한 마오쩌둥과 중앙문혁은 오히려 조반으로 타도된 관료들을 잇달아 하나하나 원래 위치로 복귀시켜 대권을 장악하게 했기 때문이다. 문혁 중의 '조반'은 역사적인 의미로 왕조가 바뀌는 것이 아니었고, 어떤 '주자파'도 진정으로 타도될 수 없었다. 실제로 문혁 중 어떤 관료가 타도될 수 있었던 것은 모두 마오쩌둥과 중앙문혁의 뜻이지 구호를 외치던 조반파가 아니었으며, 단지 마오쩌둥과 중앙문혁이 조반파를 이용해 기존의 관료들을 공격하고 한 번 두려움에 떨게 만들었던 것뿐이다. 따라서 관료들을 공격하고 떨게 만들었던 우리 민간 감독세력은, 불가피하게 '조반' 당해도 시종 넘어지지 않은 관료들이 조만간 없애 버려야 할 대상이 되었다. 일단 조반파를 발동시키고 조직하며 지지하는 요인이 사라지고 나니 액운이 조반파들에게 떨어졌고, 특히 처음으로 그 충격이 크고 작은 우리 조반파 우두머리들의 머리 위로 떨어졌다.

문혁은 아마도 개인의 권력을 공고히 하기 위한 마오쩌둥의 바람과 사회정치개혁 시험을 진행하고 싶은 유토피아, 이 양자가 혼합된 산물인 것 같다. 그 와중에 마오쩌둥은 어떤 때는 개인의 권위를 위해 운동을 했고, 또 어떤 때는 지금까지 그 누구도 해본 적이 없는 사회개혁적 몽상을 이루려고 했다. 국가 원수 지위에 있는 지도자가 순전히 개인 권력을 위해 투쟁하는 사람이라면, 관료사회의 많은 무기를 사용할 수 있고 또 기존의 관료체제를 쉽게 이용하여 숙청을 진행할 수 있다. 예컨대 스탈린이 국가기구를 이용해 소련 공산당 내에서 대숙청을 진행했듯이 말이다. 허나 마오쩌둥은 문혁 동란이란 형식으로 뜻밖에도 자기가 지도하던 국가를 주동적으로 혼란스럽게 만들었고, 사회 기층의 역량에 호소하여 전체 '관료주의 계급'과 그가 정적이라 여기던 자들에 맞섰던 것이다. 그러나 분명 마오쩌둥 역시 결코 조반파로 기존의 관료들을 대체하길 바라지 않았고, 단지 관료들을 공격하고 떨게 만들길 바랐을 뿐이며, 그들이 모두 실각되고 다시 조반파들이 그 자리를 대신하길 바라지는 않았다. 오히려 그는 조반파의 위상을 아마 수시로 관료계층을 공격할 수 있는 '반대파' 압력단체로 규정했을 뿐, 조반파 전체를 집권 대열에 넣고 싶어 하진 않았던 것 같다. 즉 극소수의 조반파 대표를 선발해 관료 위치로 오르게 하는 것 역시 조건이 있었던 것이다. 마오쩌둥은 1976년 초 청·장·노년 세 연령대의 사람들로 권력층을 구성해야 한다고 하면서 명확하게 말했다. "'청년'은 좋아야 한다. 콰이다푸나 녜위안쯔 같은 사람이어선 안 된다." 허나 콰이다푸나 녜위안쯔 두 사람은 바로 문혁 조반파 우두머리의 전형적인 대표였다. 마오쩌둥이 그들을 버린 것은 바로 전체 조반파 역할에 대한 그의 진정한 마음을 보여 준다. 다른 한편 마오쩌둥은 또 다른 사람이 전체 '조반파'에 대한 함의를 부정하는 것을 결코 용납하지 않았다. 왜냐하면 문혁 '조반'은 바로 그가 가장 먼저 발동한 것이고, 이러한 태세가 계속 유지되어 나가기를 여전히 바라고 있었기 때문이다. 비림비공과 비등반우 두 차례의 운동 때처럼 그는 수시로 조반파 세력을 기용하여 관료계층을 위협하길 원했다. 그러나 누차 숙정당했지만 권력의 보호를 받지 못한 조반파들이 어떻게 그 세력을 오랫동안 유지할 수 있을 것인가? 따라서 마오쩌둥이 세상을 떠나자마자 마지막 조반파인 우리들은 매우 쉽게 대권을 장악한 당정 관료들의 칼 아래 놓이고 말았다.

'사인방' 타도를 경축할 때 원래 참패하여 뿔뿔이 흩어졌던 보수파 세력들이 조반파가 했던 방식을 그대로 배워, '혁명 노동자'의 이름으로 즉각 신속하게 조직된 수백 명의 사람들이 성·시 총공회로 진격해 부쳤다. 왜냐하면 그곳은 후난 조반파의 지휘부였기 때문이다. 동시에 성 총공회 주임이자 중앙위원이며 조반파 우두머리인 탕중푸를 잡아 '사인방 앞잡이'의 팻말을 걸더니 큰 트럭을 몰고 다니며 거리에서 행진을 벌였다. 많은 조반파들이 모두 이 장면을 목격했지만 우리는 누구도 앞으로 나아가 저지할 수 없었다. 이렇게 적군이 병력을 총동원한 상황에서 누구에게 무슨 방법이 있겠는가? 반대로 만약 한 달 전이었다면 보수파들 중 누가 이러한 일을 벌일 수 있는 담력이 있겠는가? 그러나 지금은 이미 그때가 아니었다. 보수파들이 성 총공회를 뒤지고 부술 때 나는 일부러 가서 보았다. 물론 그들에게 저항하러 간 것은 아니었고, 나 역시 그만 한 힘도 없었다. 갑자기 역사의 한 페이지에 대한 호기심이 생겨 보수파들이 무슨 일을 하는지 보고 싶었던 것이다. 왜냐하면 보수파들이 성 총공회를 부순다는 소식을 들은 후 나는 즉각 1927년 창사의 '마일(馬日)사변'*이 떠올랐다. 그 해 성 총공회 역시 반

---

* 1927년 5월 21일 국민당 군관들이 후난 총공회 등의 혁명기관과 조직을 급습하여 노동자 규찰대와 농민 자위군을 무장 해제시키고 모든 토호열신들을 석방한 반동 사건을 말한다.

공 세력에 의해 부쉈졌고, 공회를 부숴 버린 그 사람들은 훗날 우리 역사 교과서에서 이른바 '노동자의 적'으로 비난받았다. 10년의 문혁을 거치면서 나는 무엇이 '노동계급의 적'인지 알게 되었다. 다른 정치적 관점을 가진 노동자들 역시 마찬가지로 틀림없는 노동자 신분인 노동계급이었지 만화에서 종종 이마에 네모난 검은 고약을 붙이고 나오는 무슨 '노동자의 적'은 아니었다. 1976년 성 총공회에서 다시 연출된, 뒤지고 부수는 상황을 보며 나는 불현듯 1927년 당시의 한 장면을 떠올리며 역사적 체험을 했다. 비록 양자 간의 성격은 확연히 다르지만, 그 광경은 확실히 이후의 역사 체득과 이해에 도움을 주었다.

11월 이후 절정에 오른 '사인방' 타도 경축활동은 점차 쇠퇴했고, 중국 사회의 모든 활동이 마치 기존의 순서에 따른 원래 궤도로 돌아온 것 같았다. 하지만 나와 같은 조반파 우두머리들은 다시는 원래의 자리로 되돌아갈 수 없었다. 예상할 수 있는 숙정은 잠시 닥치지 않았지만 우리들은 이미 토막 나길 기다리는 우리 안의 동물과도 같았다. 회사 당위에서는 더 이상 팡다밍과 양진허, 그리고 나 세 사람의 혁명위 부주임에 대해 업무를 배분하지 않았고 다른 조치도 취하지 않았다. 그저 우리에게 '사인방' 비판 중앙문건을 학습하라고만 했다. 회사 당위에서도 우리 세 사람에 대한 새로운 숙정이 불가피하다는 것을 알고 있었고, 그들은 단지 상부의 일괄적인 명령만 기다리고 있을 뿐이었다.

〖 28 〗
나의 문혁, 2년간의 심사를 받은 후 끝나다

나 개인적으로 말하자면 문혁은 12년이었다.

1976년 10월 '사인방' 이 실각된 후 우리 세 사람(팡다밍과 양진허, 그리고 나)은 주변의 이상한 눈초리 속에서 죽은 것도 산 것도 아닌 것처럼 몇 달을 보냈고, 안절부절못하며 집에서 1977년의 설을 보냈다. 당시 많은 단위의 조반파 우두머리들은 이미 '정직 반성' 처분이 선포되어 자유를 잃었기 때문에, 우리 몇 명은 설을 지낼 수 있는 것만으로도 이미 큰 행운이었다.

설이 지나자 우리에게 각자 '학습반' 에 들어가라는 통지가 왔다.

이러한 '학습반' 에 대해 우리와 당위 지도자들 모두 무슨 뜻인지 알고 있었다. 10년 문혁을 지나면서 이 '학습' 이란 이름이 내포하는 뜻에 대해 모두들 너무나 잘 알고 있었다. 그러나 이번은 쌍방 투쟁의 결과는 결코 아니었다. 따라서 회사 당위의 친구들은 우리들에게 여전히 정중하게 대했고 원한도 많지 않았다. 이러한 '학습반' 운영에 대해 우리 세 사람 역시 이번엔 확실히 회사 당위의 뜻이 아니란 걸 알고 있었다. 왜냐하면 앞 시기 우리와 그들은 이미 거의 '동지' 가 되었고 많은 일에 대한 처리방식에 공통된 인식을 갖고 있었기 때문이다.

팡다밍과 양진허, 그리고 내가 각자 들어간 '학습반'은 각각 서로 다른 농촌 지방에 설치되어 있었다.

'학습반'에서 보낸 날은 길지 않고 한 달여 남짓이었다. 허나 수십 일의 낮과 밤 동안 정신적으로 받은 쳇바퀴 같은 자백 강요는, 몇 번이나 '학습반'에 들어갔었던 나 같은 사람조차도 매우 견디기 어려워, 다시는 인생의 희망이 없을 거라 여길 정도였다. 1970년 '일타삼반' 때 조반파를 숙정한 죄명은 대부분 '무투 참여'라는 이유로 형법을 뒤집어씌워 사람을 사지로 몰고 간 것이었지만 스스로 사람을 죽이거나 해친 일이 없다면 그다지 당황하지 않았다. 하지만 이번에 '화 주석을 악독하게 공격'한 첫번째 대죄는 거의 모든 조반파 우두머리들을 형법 추궁의 궁지로 몰아넣었다. 왜냐하면 당시 베이징에서 '사인방' 체포 소식을 듣고 난 뒤 그것이 '우파 쿠데타'라는 식의 말을 하지 않은 그 어떤 조반파 우두머리도 없었기 때문에, 이것은 '화궈펑을 주석으로 하는 당 중앙을 악독하게 공격한 것'이며 따라서 이른바 '악랄한 공격'〔惡攻〕 대죄라는 것이었다. 문혁에 있었던 전례에 따르면 '악공자'에 대한 징벌이 매우 심해 심지어는 총살에 처할 수도 있었다. 따라서 삽시간에 시 전체에 있는 수백 명의 조반파 우두머리들은 이 죄명으로 감옥에 갇히게 되었다.

나 역시 이로 인해 '다행히' 20개월 동안의 감옥 생활을 맛보게 되었고 스스로의 인생에 특별한 느낌과 체험을 보태게 되었다.

흥미롭게도 교묘하게 일치한 점은 내가 갇힌 감옥이 바로 문혁 무투 고조기였던 1967년 당시 내가 일주일 동안 임시 '간수장'을 맡았던 곳이었다. 10년 전 난 그곳의 최고 임시 관리소장이었는데, 10년 뒤엔 일개 죄인이 되어 버렸다. 10년의 세월은 그곳에 아무런 변화도 가져다 주지 않았다. 심지어 무투 고조기 때 자신의 직책을 버리지 않았던 노간수는 여전히 그곳에서 충직하게 일하고 있었다.

감옥은 원래 사람들이 손쉽게 드나드는 곳이 아닌데 나는 완전히 상반된 신분으로 두 번이나 같은 감옥을 들어가게 되었다. 정말로 인생이란 기묘하고 하늘의 뜻은 묻기 힘든가 보다.

팡다밍도 그 뒤에 따라 들어왔지만 양진허는 다행히 모면하여 '학습반'만 다니게 되었다. 세 명의 혁명위 부주임 중 두 사람은 감옥에 들어가 심사를 받았지만 완전히 들어간 것은 아니었고, 정책상의 '구분 대상'인 셈이었다.

나를 '학습반'에서 감옥에 들여보낸 방식 역시 특이해, 사법 기관이 아니라 중공 시위의 '결정'으로 진행된 것이었다. 이 '결정'에서는 '사인방'과 관련된 사람과 사건을 조사하기 위해, 시위에서 나에 대한 '구류 심사'를 결정한다고 했다. 더욱 재미있는 것은 내가 감옥에서 조사받던 20개월 동안에도 매월 당비를 납부해야 했고(당시 나의 당적은 아직 취소되지 않았다), 물론 월급 역시 그대로 받아 한 푼도 빼놓지 않았다.

1979년 1월, 역시 설 전이었는데 누군가 내게 시위의 '결정'을 낭독했다.

"심사를 거쳐 문제가 모두 밝혀졌으니 심사 해제를 결정한다."

따라서 자유가 다시 내 곁으로 돌아왔다.

사실 우리를 심사한 명목은 '사인방과 관련된 사람과 사건 조사'였지만, 실제로 우리에게 '사인방'과 비교될 수 있는 '자격'이 어디 있겠는가! 비등반우 운동 당시 철두철미한 중앙위원이었던 탕중푸조차 베이징에 가서 왕훙원을 만나지 못했는데, 우리 같은 조반파 조무래기들이 사인방 문제라는 것을 어찌 알 수 있었겠는가! 따라서 '심사' 내용은 여전히 원래의 조반 활동이었고, 또 1966년 문혁 초기부터 시작해 다시 한번 우리를 평가하며 재차 되풀이해 깨알같이 사소한 지난 일들을 진술하게 하고 심사하였다. 물론 이번엔 비림비공과 비등반우 활동이 보태졌다.

이번에 회사 당위 친구들은 인도주의를 발휘했다. 원래 나와 팡다밍에 대한 수사를 종결하는 시위 결정 문건은 설 이후에야 집행할 수 있었던 것이었는데, 그들은 기왕 사람을 풀어 줄 일이라면 굳이 감옥에서 '설을 보내게' 할 필요가 있겠냐고 말했다. 따라서 섣달 그믐 하루 전날 회사 당위에선 사람과 차를 보내 나와 팡다밍을 마중 나왔고, 우리는 다행히 집으로 돌아가 인생에서 가장 즐거운 설을 보낼 수 있었다.

나는 다시 노동자의 위치로 돌아왔다.

다시 일 년여의 시간이 지난 1980년 9월 시위에서 문건이 내려와 정식으로 나의 문제를 처리했다. 시위 결정에선 나의 문제가 '심각한 정치적 오류에 속하므로 당원 자격을 취소하고 모든 직책을 철회하며 생산노동직분으로 돌아간다'라고 했다.

사실 노동자 직분으로 있은 지 벌써 일 년이 넘게 지났으며 당 조직의 어떠한 회의도 진작부터 내게 통지하지 않았다. 나는 일이 이미 이렇게 되었고 시련을 겪었는데, 다시 출발점으로 돌아가 '반혁명'이 아니라 무사하게 노동자가 될 수 있는 것만으로도 천만다행이라는 것을 눈치로 알고 있었다.

그 뒤 1986년 '문혁 중 잘못을 저지른 사람들을 정확히 다루어야 한다'는 후야오방(胡耀邦)의 지시가 있었다고 한다. 시위에서는 우리 조반파 문제에 대해 다시 '재심의' 문건 지시를 내렸고 그 중 나의 상술한 결론에서 '정치'라는 두 글자를 빼 버렸다.

들리는 말에 의하면 이것은 경감 처분이라고 했다. 그러나 나는 '심각한 정치적 오류'와 '심각한 오류'라는 양자 간의 차이가 무엇인지 정말 모르겠다. 중요한 것은 '당원 자격을 취소하고 모든 직책을 철회한다'는 부분이 여전히 그대로라는 점이다.

1980년 당시 회사 당위 정치처에서 나에 관한 시위의 문건을 낭독해 준 뒤 내게 문건 뒷면에 서명하라고 했다.

나는 서명을 거절했다.

나는 당위 정치처 사람에게 말했다. "우리가 문혁 조반에 참가한 것은 결코 개인적 행위가 아니라, 당시 마오쩌둥과 당 중앙의 호소에 따라 그렇게 한 것으로, 모든 행동 역시 중앙 정신을 지도로 한 것입니다. 이제 와서 '문화대혁명'이 좌경적인 엄중한 착오였다고 말한다면, 마오쩌둥 주석에게 주요한 책임이 있는데 왜 밑에 있는 참여자의 책임을 추궁하고 우리를 처벌하려 합니까? 당의 역사에서 정치운동을 했던 역대 적극분자들은 그 운동이 후에 정확했든 혹은 잘못으로 밝혀지든 간에 모두 집행자의 책임을 추궁하지 않았는데, 왜 분명 당 중앙의 호령에 따라 조반한 우리에게 책임을 지우고 처벌을 받게 합니까?"

당위 부서기 겸 정치처 주임은 웃으며 말했다.

"자네 말이 일리가 없진 않아. 하지만 이건 우리 회사 당위가 대답해 주거나 해결해 줄 수 있는 문제가 아니라네. 내가 보기에 자네가 말한 내용을 쓰는 것 역시 자네의 태도지!"

나 역시 이런 것을 말하고 쓰는 것 모두 아무런 소용이 없다는 것을 알고 있었다. 그러나 정치처 주임 말이 맞다. 비록 소용은 없지만 이것은 일종의 역사기록이다. 그래서 나는 내가 한 말들을 내 문제에 관한 그 시위 문건의 답신 서류에 써넣었다.

나로서는 문혁이 드디어 끝났다.

그러나 십 년이 아닌 십이 년이었다.

우리 조반파는 결국 이런 형식으로 종말을 고하게 되었다. 또한 상당히 많은 사람들이 훗날 '샤하이'(下海) 때문에 장사로 돈을 벌어 편한 생활을 보낼 수 있었다. 당연히 덩샤오핑이 개척한 개혁개방방침의 덕을 보았다고 말해야 할 것이다. 특히 중공 11기 3중전회에서 우선 '계급투쟁 강령'의 잘못된 정책을 중단하고 중국의 중점을 경제건설에 둔 영민한 조치의 덕을 입었다고 볼 수 있다. 만약 화궈펑을 대표로한 '범시파'들이 계속 권력을 장악했다면, '계급투쟁 강령'은 지속적으로 유효한 방침이 되어 우리 마지막 문혁 조반파들은 '사류분자'라는 비참한 처지로 빠져들게 되었을 것이라고 생각한다.

문혁 10년 동안 우리는 무수히 많이 '덩샤오핑 타도'의 구호를 외쳤다. 문혁 말기의 '비등반우' 운동은 덩샤오핑을 더욱 철천지원수로 보게 만들었다. 그러나 개혁개방이란 이 20여 년의 세월 동안 나는 자주 생각했다. '다행히 마오쩌둥 이후 화궈펑이 아니라 덩샤오핑이 중국의 앞날을 좌우하게 되어, 국가가 강대하고 번성하게 되었으며, 인민의 생활이 크게 향상되고 우리 역시 인생의 액운에서 벗어날 수 있게 되었다. 하느님이 안목이 있으시지!'

역사 발전에서 사람의 예상을 뛰어넘는 일이란, 때론 정말 이루 말할 수 없을 정도로 절묘한 것인가 보다.

후기

『문화대혁명, 또 다른 기억』에서 서술하고 있는 사실은 평범한 인물의 문혁 경험일 뿐 무슨 경천동지할 만한 거대한 역사적 사건은 아니다(비록 그 속의 사실들이 종종 거대한 정세의 배경 아래 놓여 있지만). 또한 기본적으로 나 개인의 역사적 기억이다.

우리는 실제 많은 상황에서 지난 일에 대한 회상엔 종종 착오나 실수가 일어날 수 있으며, 심지어 어떤 회상은 역사적 사실과 상반되는 경우도 있다는 것을 안다. 그렇다면 삼십여 년 전에 경험했던 일에 관한 한 사람의 기억을 얼마만큼이나 믿을 수 있을까? 거기에서 얘기하고 있는 사실은 진실된 역사와 또 얼마만큼의 거리가 있을까?

이런 질문에 대한 어떠한 확증적 답변도 헛수고이며, 의미가 없다.

사람은 신선이 아니기에 사람의 기억은 착오를 피하기는 어렵다. 이 책에서도 이러한 폐단을 피하려 노력했지만 틀림없이 예외는 아닐 것이다.

단지 여기에서 나는 독자들에게 말하고 싶은 것이 있다.

첫째, 문혁 10년 동안 나는 수차례 피심사자의 신분으로(1976년 '사인방' 실각 후의 재심사를 포함해서) 이른바 전안 '학습반'에 강제로 들어갔다. 그 '학습반'에서 셀 수 없는 추궁과 회고 압박과 문혁 과정에 참가했던 자료를 쓰라는 명령을 반복적으로 받아 왔고, 각 시기마다 전안조 요원들은 그 중에서 문제를 찾아내려 했다. 이로써 나는 문혁 중의 일들에 대해 상당히 강한 체계적인 기억을 갖게 되었고, 오늘날까지도 과거 그 세월을 회상하면 많은 세세한 일들까지 여전히 눈앞에 역력하게 또렷이 나타난다.

내가 그러한 '학습반'에 들어간 상황에 대해서는 독자들이 이 책의 내용을 읽으며 상세하게 알 수 있을 것이다. 이러한 독특한 상황은 역사를 회고하는 대부분의 사람들이 모두 가질 수 있는 것은 아니라는 점을 믿는다. 따라서 이 책은 역사의 원래 모습에 더욱 가까울 것이라고 믿는다.

둘째, 이 책은 수십 년 전에 발생했던 일들을 서술하고 있다. 그 중에는 구체적인 어떤 사람과 사건에 대해 잘못 기억할 수도 있으며, 어떤 사건에 대한 견해 역시 반드시 정확하지 않을 수도 있다. 하지만 나는 문혁운동에 오랫동안 그리고 깊게 휩쓸려 들어갔고, 또 마침 젊은 시절이었기 때문에 독자들에게 바치는 당시의 역사적 소회에 관한 서술과 체험한 사건에 대한 묘사들은 일종의 진실임을 자부한다.

마지막으로 세번째, 이 책의 저술 과정에서는 가능한 한 역사적 자료를 이용하여 기억의 서사가 역사적 사실의 틀에 부합할 수 있도록 하였고, 최대한 시공간적 착오를 피해 서술하는 일의 역사적 배경 상황을 분명히 하도록 노력했다. 기본적으로 큰 잘못은 없을 것이다.

이 책의 맨 처음 생각은 문혁 역사를 쓰려던 것이 아니었다. 왜냐하면 그렇게 방대한 저작을 이 책에서 감당할 수 있는 것이 아니기 때문이다. 이 책의 목적은 단지 내가 친히 경험하고 친히 들었던 것들, 즉 개인적인 문혁 경험의 세세한 사건들을 가능한 한 진실되고 정확하게 풀어 놓음으로써, 문혁 당시 중국 사회 기층의 역사적 상황의 분위기나 장면을 다소나마 재현하여, 오늘날과 앞으로의 독자들이 이 평범한 인물의 '이야기'로 구성된 사회적 측면의 역사 혹은 진실과 근접한 줄거리 속에서 역사의 입체적인 느낌을 찾아내고, 그 역사를 전체적으로 이해할 수 있도록 돕는 것이다.

물론 현재의 많은 사람들이 생각하는 이유 때문에 모든 사람이 그 시절의 역사를 회고하길 원하거나 혹은 그래야 할 필요가 있는 것은 아니다. 또한 모든 사람이 그 시절 역사 속에서의 자신을 세상 사람들에게 보이길 원하거나 혹은 그럴 필요가 있는 것도 아니다. 따라서 그들을 존중하기 위해, 또한 이 책의 등장으로 인해 그들과 그 가족들의 평온한 생활을 방해하지 않기 위해 이 책에서 언급된 내 주변의 인물들(친구와 동료들을 포함해서)은 그들의 신분이 시급 이상의 역사적 인물에 속하지 않고, 거대한 역사적 사건이 발생한 곳에 있지 않았다면 이 책에서는 그들에 대해 대부분 이름을 바꾸고 그들이 소재한 단위 명칭 역시 다른 이름을 사용하였다.

이 점에 대해서는 따로 설명을 해 독자들의 이해와 양해를 구한다.

그러나 이러한 처리 방식이 이 책의 신뢰도를 높이면 높였지 결코 떨어뜨리지 않았음을 믿는다. 왜냐하면 이 책에서 서술하고 있는 얘기들과 관련된 사람들은 모두 이야기 속에서 그들의 그림자를 볼 수 있고, 그들이 했던 언행들을 다시 돌아볼 수 있기 때문이다. 따라서 그들 모두 책 속에서 묘사하고 있는 상황이 과거의 진실과 벗어나 있는지 아닌지를 분명하게 알 수 있을 것이다. 또한 역사의 어떠한 허튼소리도 그들 앞에서 모두 호된 비평과 질책을 받게 될 것이다.

이번 기회를 빌려 나와 함께 그 세월을 걸어왔던 모든 친구들과 동료들에게 안부를 전하고 싶다. 모두들 행복한 노년을 보낼 수 있길 기원하며!

저작 과정에서 후난 출신 작가 한사오궁(韓少功) 선생이 큰 힘이 되어 주었다. 또한 나의 요청에 응해 흔쾌히 이 책의 '추천사'를 써 주었다. 그의 침착하고 지혜로운 글과 입론은 이 책을 더욱 빛나게 해주었다. 지면을 빌려 특별히 한사오궁 선생에게 깊은 감사의 뜻을 전한다!

또한 홍콩 중문대학출판사에서 이 원고를 출판해 주어 오랜 심원 하나를 드디어 이룰 수 있게 해준 점에 대해서도 감사드린다.

2006년 7월 16일
천이난

'문혁'은 왜 끝났는가?

'문혁' 발생 원인에 대해 사회에서는 주류적인 공통된 인식이 있는 것 같다. 누군가는 중국의 전제주의 전통을, 또 누군가는 스탈린주의의 영향을 제기하며 러시아 대혁명과 프랑스 대혁명의 시비(是非)와 공과(功過)까지 거슬러 올라갈 것이다. 훨씬 더 많은 사람들은 아마 그렇게 번거롭게 천천히 따져 보지 않고 아예 '문혁'을 '권력투쟁'이나 혹은 '전 인민이 미쳤다'는 탓으로 돌리며 한마디로 정리할지 모른다.

이러한 결론에 대해 잠시 논평하지 않겠지만 다른 문제로 바꾸어 보아도 무방할 것이다. '문혁'이 왜 끝났는가?

기왕 '발생'에 대해 사색해 보았다면 '결과'도 회피할 순 없을 것이다. 발생에 원인이 있다면 결과에도 반드시 원인이 있을 것이다. 예컨대 서구의 어떤 인사가 단언했듯이 폭정이 자동적으로 역사 무대에서 물러날 수는 없으며 반드시 무력으로 이를 제거해야 한다. 이것이 바로 현재 미국과 영국이 이라크전쟁을 발동한 논리이기도 하다. 그러나 통상 폭정이라고 간주되어 온 '문혁'은 이러한 논리 밖에 있다. 왜냐하면 '문혁'은 각지의 조반으로 끝난 청말 왕조 같지도 않고, 또한 2차 대전 시기 외국 군대의 점령으로 끝난 일본군 정부 같지도 않기 때문이다. '사인방'(四人帮) 분쇄는 기본적으로 총 한 방 쏘지 않았고 전체 과정이 평화적이었다. 철저한 '문혁' 종식을 표방했던 중공 11차 3중 전회(中共十一次三中全會)는 단지 '진리표준'이란 대토론에 의존해 한두 차례의 회의를 거쳐 실제권력을 이양하고 평온한 과도기를 완성한 것이다. 이로써 '문혁' 종식은 행동비용이 가장 낮은 한차례의 자아갱신과 위기 제거라 말할 수 있겠다.

그 원인은 무엇인가? 만약 '권력투쟁'과 '전 인민의 발광'(全民發狂) 때문이었다면 권력투쟁과 발광이 왜 굳이 이때 중단되었는가? 만약 '전제주의'나 '스탈린주의' 때문이었다면 왜 이러한 것은 이때에 효력을 잃게 되었는가? 그것은 어떠한 힘에 의해 극복되고, 어떻게 극복되었는가?

모든 전환은 사회 대세에 따라 모여 생겨나고, 조건이 성숙되면 이루어진다. 역사적 과정에서 개인의 역할은 확실히 중요하지만, 면적이 방대한 국가에서 보자면 그 상대적인 효용성은 아마 매우 작을 것이다. 정치노선 역시 역사과정에서 매우 중요하지만 종종 기초 조건과 관련된 많은 배치들이 필요하며 심지어 어떤 경우엔 생산기술의 조용한 혁신과 떼어 놓고 생각할 수 없다. 예컨대 1970년대 전반 '크고 작은 화학비료' 공장의 배치와 건설이 없었다면, 잡종강세수도(雜交水稻)를 대표로 하는 우량종의 확대는 없었을 것이고, 훗날의 농가생산책임제도 아마 충분한 잉여 농산물을 갖기 힘들었을 것이다. 그렇다면 고기표(肉票)·직물표(布票)·양식표(糧票)의 잇따른 취소와 훗날 도시 인구의 급증, 시장경제의 갑작스런 흥기도 모두 상상하기 힘들었을 것이다. 이러한 종류의 큰 사건들 모두 소홀히 다룰 수 없다. 그러나 여기에선 정치·사상적 측면에서 두 가지 점만 얘기하고자 한다.

신사조(新思潮)의 탄생

1976년 4·5 톈안먼 운동을 대표로 하는 전국적인 항의 물결은 갑자기 하늘에서 떨어져 내려온 것이 아니라 민의가 쌓여 폭발한 것으로 '문혁'이란 대세가 이미 지나갔음을 보여 준다. 이전에도 1973년 광저우(廣州) 리이저(李一哲) 대자보에서의 민주 호소, 1974년 장톈민(張天民) 등의 영화 「창업」(創業)에서의 '고발장' 문제와 같이 체제 안팎에서의 서로 다른 항쟁들은 일찍이 많이 볼 수 있었다. 최근 몇 년간 발표된 자료를 보면 당시 전국 각 지역에서 모두 많은 이단사상들이 활약하고 있었다. 예컨대 베이징(北京)엔 거우루성(郭路生) 등이 만든 문학단체〔食指〕가 있었고(더우더우多多 글 참조), 상하이(上海―숭융이宋永毅 글 참조), 후베이(湖北―왕샤오광王紹光 글 참조), 허난(河南―주쉐친朱學勤 글 참고), 쓰촨(四川―쉬유위徐有漁 글 참조), 구이저우(貴州―첸리춘錢理群 글 참조) 등의 지역에선 각종 지하 '독서소조'(讀書小組)가 있어 정치와 사회에 대해 비판적 사고가 퍼져 있었다. 천이난 선생의 『문화대혁명, 또 다른 기억』역시 생생하면서도 상세하고 확실한 체험담을 제공해 준다. 조반파 노동자의 심정을 기록하는 것뿐만 아니라, 사상적인 방황과 최종적 깨달음을 기록하고 있다. 이러한 것은 모두 당시의 톈안먼 사건이 결코 고립적인 사건이 아니며, 그 배후에는 드넓고 깊은 민간사상의 해방운동이 있었고, 다양한 색채의 사상가들이 불꽃을 피워 만들어 왔음을 보여 준다.

신사조는 민주와 자유·법제(法制)·인도(人道)·사회 공정 등의 가치를 핵심으로 하며 그 발생은 대략 세 가지 상황에서 비롯되었다.

첫번째는 '반대형'으로 '문혁'에 대한 강한 저항으로 나타난다. '문혁'의 독재 체제와 정치적 열광 아래 위뤄커(遇羅克), 장즈신(張志新), 린

자오(林昭), 류사오치(劉少奇), 허룽(賀龍), 펑더화이(彭德懷)의 날조·오심 사건 등이 누차 발생하고 인권 박해가 끊임없이 일어나자 많은 사람들이 정치와 사회체제에 대한 성찰을 하게 되었다. 공산당 내의 적지 않은 고위층 인사를 포함하여 '문혁' 이전 각종 정치운동의 신봉자와 추종자들, 그리고 권력 복종에 익숙했던 사람들은 피해를 당해 피부에 와 닿는 고통과 마음속 깊은 치욕을 느낀 후에야 의구심을 떠올리게 된다. 후야오방(胡耀邦)은 훗날 당내 '민주'의 제창자가 되었으며 저우양(周揚)은 당내 '인도주의'의 제창자가 되었는데 필시 그들이 박해당한 경력과 관련이 있다.

두번째는 '소원형'으로 '문혁'에 대한 약한 저항을 보인다. 당시 직접적인 정치적 박해를 당하지 않은 많은 사람들 역시 '문혁'에 대한 갈등이 날로 깊어지고 의구심이 늘어났는데, 그것은 '문혁'이 그들의 개인적이고 일상적인 욕망에 지장을 주었기 때문이다. 이들은 일반적으로 강렬한 정치적 의식이 없고 직접적인 정치적 행위를 하지 않았지만 '문혁'에 대해 더욱 광범위하고 거대한 가치 원심력을 형성하였다. 1970년대 중반엔 청년들의 '혁명 환속' 이후 '독학열'과 '예술열', 심지어는 '세간살이 열풍'〔傢具熱〕까지 나타난다──상하이 상표의 손목시계와 자전거 역시 시민들이 몹시 사고 싶어 하는 것들이었다. 후난의 유명했던 '행복단'(幸福團)은 간부 자제들로 구성되어 향락을 추구하고 아무런 구속도 받지 않으며, 재즈음악을 듣고, 사교춤을 추고, 싸움과 구타를 일삼고, 심지어는 부녀자를 희롱하기까지 했다. 작가 왕쉬오(王朔)가 『햇빛 찬란한 날들』(陽光燦爛的日子)에서 묘사했던 군간부 자제들 역시 이러한 개인주의와 퇴폐주의·허무주의의 상태에 가깝다. 이는 당시 집권진영 내부에서도 금욕과 교조가 깨지고 세속적인 관심사가 점차 회복되어, '문혁'의 동요와 해체를 가속화했다는 것을 증명한다.

세번째는 '계승형'으로 '문혁' 속의 일부 적극적 요인에 대한 차용과 변통 및 이용으로 나타난다. '문혁'은 매우 복잡한 역사적 현상으로 전체적으로 볼 때 혁명적 이상과 독재체제라는 두 가지 지향이 서로 교차하고 점차 증감하는 특징을 갖고 있다. 양자는 줄곧 내재적 긴장과 잦은 진동을 형성해 해방과 속박 모두 비정상적인 절정으로 나타났다. 1966년 마오쩌둥은 주요 정적들이 세력을 잃은 후에도 여전히 운동을 일으켰는데 이는 '권력투쟁' 설로는 해석하기 어렵다. 그의 '계속혁명'과 '조반유리'(造反有理), '광대한 군중을 발동하여 우리의 어두운 면을 폭로하자'는 제창으로 2년 안에 대부분의 국민들은 고도의 결사자유와 언론자유, 전국적인 대교류, 기층 자치를 누린다. 비록 그 최종 목표에 대해 지금까지도 의혹이 풀리지 않고 논쟁은 끝이 없지만, 민주의 급진적 정도는 서구 인사들도 도저히 따라잡을 수 없는 것이었다. 훗날 그의 정책이 진퇴를 모르고 변덕스러워져 갈수록 독재적인 폐단의 궁지로 빠져 들었지만, 사회 전체로 보면 모반 정신과 평등 목표의 합법성이 애매하게 연속되어 나타났다고 할 수 있다. 예컨대 대자보 등의 수단이 법적 보호를 얻게 되었고, '반조류'(反潮流) 정신도 정책적 독려를 받았다. 극히 모순적인 이러한 상태와 과정은 '문혁' 종결에 활로를 남겨 주었다. 「인터내셔널가」가 울려 퍼진 4·5 톈안먼 사건과 그 뒤 금지된 '민주벽'은 역사가 앞으로 반 보 나아간 것에 지나지 않지만 '조반유리'의 변형체였다.

이러한 측면에서 보았을 때 '문혁'은 일반적인 독재화된 숙정과는 다르다. 예컨대 1968년 전국적인 대란이 중단된 이후 이단사조는 여전히 전국적으로 계속 활약하며 고조되었는데, 이는 1950년대 말 '반우'(反右) 이후 모든 사람들이 침묵했던 상황과는 크게 구별된다. 또한 이러한 관점에서 '문혁'에 대한 반대 역시 일반적인 서구식 민주와는 다르다. 예컨대 신사조는 결코 BBC나 혹은 VOA(Voice of America)를 그대로 답습한 것이 아니며 중산계급의 사회적 지지 없이 중국 역사와 현실에 뿌리박은 일종의 중국 특산품이다. 위뤄커와 리이저, 양시광(楊曦光; 후엔 양샤오카이楊小凱로 이름을 변경한다), 장즈양(張志揚) 등 이름을 날린 이단 인물들의 경력이 증명하듯 그들은 '반대형' 상태에서 '문혁' 중 부정적인 경험 자원을 획득하기도 했고 또 '계승형' 상태에서 '문혁' 중 긍정적인 사상 자원을 얻기도 했다. 그들의 각종 문체에서는 홍위병 혹은 조반파의 신분 배경을 어렴풋이 엿볼 수 있고 마르크스-레닌주의 이론의 유전자도 명확하게 나타난다.

바로 이런 이유 때문에 많은 연구자들이 '문혁' 중엔 민주가 없었고 최소한 진정한 민주가 없다고 여긴다. 왜냐하면 조반은 모두 중앙의 '전략적 배치'에 복종한다는 전제 하에 진행된 것이며 이단사조라 할지라도 종종 공산주의 담론의 흔적을 띠고 있기 때문이다. 이러한 얘기가 일리가 없는 것은 아니다. 그러나 역사는 지금까지 무균 상자 안에서 발생하지 않았으며, 민주는 여태껏 모범이 되는 기준이 없었다. 러시아 예카테리나 2세(Ekaterina II)의 계몽은 전제(專制)라는 전제(前提) 아래의 계몽이었다. 프랑스 나폴레옹 3세(Napolén III)의 개혁도 전제적 전제를 단 개혁이었다. 허나 사람들이 이러한 이유로 단번에 역사를 무효로 보거나, 그들의 계몽이나 개혁에 대해 관심이 전혀 없는 것은 아니다. 그리스의 민주제와 노예제는 양위일체(兩位一體)로 적지 않은 폐단이 있었지만 훗날 사람들이 그것이 민주가 아니라고 말하진 않는다. 사실 '문혁' 역시 그렇다. '임금의 명을 받든 것'은 한 가지 측면이며 혁명 기치 아래 많은 작품과 명분이 나온 것은, 일부 서생들이 가장 이해하기 어려운 역사적 상황으로, 소홀히 다룰 수 없는 또 다른 한 측면이다. 후자의 측면에서 모반 정신과 평등목표는 합법성을 얻었고 일종의 사회 전체의 심리적 대세로 고착화되었다. 예컨대 맹렬히 달리는 열차가 독재의 궤도를 벗어날 가능성이 없진 않다. 당시 많은 이단 인사들을 회고해 보면 우리는 서구의 그 어떤 가장 오만하고 까다로운 관점을 사용한다 해도 그들이 홍색의 태생적 흔적을 지녔기 때문에 민주와 무관하다고 판단할 수는 없다.

'문혁'이 끝나고 몇 년 후 시장화 과정에서 많은 군중들의 집단행동〔群體性〕이 발생했다. 노동자들이나 농민들은 마오쩌둥의 초상화를 높이 들고 혁명시대의 노래를 부르며, 일부 지방의 빈부격차와 권력부패에 항의하며 지도자와 군중 간의 소득격차가 매우 적었던 과거, 심지어는 양식표와 직물표가 동일하게 많았던 날들을 그리워한다. '문혁'의 유산 중 하나인 이러한 '옛일을 회고'하는 현상이 광범위한 논쟁을 불러일으키는데, 단순히 전부 긍정하거나 혹은 전부 부정하기는 어렵다는 것이다. 아마도 '포스트 문혁' 시대에 나타난 다양한 사회 사조는 일정 정도 '문혁' 시대의 다양한 사회 사조들을 중시했기 때문이며 우리에게 역사를 관찰하는 거울을 남겨 주었기 때문인지도 모르겠다.

구(舊)진영의 회복

'문혁' 중의 일부 급진파들은 마오쩌둥이 '낡은 국가기구를 철저하게 부숴 버리지' 못했고 '관료주의 계급'에 대해 지나치게 유약하고 관용을 베풀었다고 원망했다(양샤오카이의 1967년 문장 참고). 이는 다른 측면에서 한 가지 사실을 보여 준다. 당정 관료와 많은 지식인들로 구성된 상층 엘리트집단이 당시 중대한 좌절을 겪었다 하더라도 결코 소멸되거나 심지어는 관직을 떠나지도 않았다는 점이다. 사실 천이난이 이 책에서 묘사하고 있듯이, 1968년에서 1969년 전국적인 질서 회복 시기, 각급의 '삼결합'(三結合) 권력 재편 과정에서는 타격을 입었던 당정 관료들이 실제적인 주체가 되었으며 전부 실각되지는 않았다. 설령 실각한 당정관료와 지식인이라 할지라도 1972년 이후 일정 기간 동안의 하방(下放) 노동을 거치면서 대다수가 잇달아 업무에 복귀했으며 다시 국가기관으로 들어갔다. 정치적 역량과 문화적 역량이 풍부했던 이들 집단이 홍색 폭풍 아래 다행히 생존할 수 있었던 것은 이후 '문혁' 종결의 중요한 조건이 된다.

20세기는 '극단의 시대'로(역사가 홉스봄이 말했듯이) 정치는 많은 의심과 광적 열기, 그리고 잔혹함을 특징으로 갖는다. 소련 당국의 대숙정 기간 동안 중앙위원과 후보위원 중의 태반과 15명의 군구 사령 중 13명과 85명의 군급 간부 중 57명을 포함해 소련군의 원수와 고위관료 대다수가 잇달아 처단되었다. 1960년대 인도네시아 쿠데타는 미국과 영국, 호주 정부의 지지를 얻어 거의 백만에 가까운 좌익인사들을 연이어 도살했다. 인도네시아 주재 미국 대사가 직접 동그라미를 쳐, 잡아 죽인 대상만도 수천에 이른다. 잘린 머리를 거리에서 참시할 당시 군인과 이슬람 극단 조직이 연합하여 2년 동안 매일 최소한 1,500여 명의 공산당 혐의분자를 살해했다는 것을 알 수 있다(1999년 7월 호주 『시드니 조간신문』 Mike Head의 연속보도 기사와 당안자료 공표를 참조). 이렇게 핏자국이 낭자한 세기의 한 부분으로, 중국 '문혁' 시기 역시 비정상적으로 인구가 대량 감소되었다. 한동안 인명이 잡초처럼 다뤄졌는데 일부분은 국가 폭력에 의해, 일부분은 국가 통제를 잃은 시기 민간의 폭력에 의해서였다. 하지만 장기적인 이데올로기의 영향으로, 후자의 폭력 역시 체제의 필연성을 노출하고, 다른 폭력과 함께 독재화되는 과정에서 가장 어둡고 가장 피비린내 나는 역사의 한 페이지를 구성하게 되었다. 그러나 전체적인 상황에서 보았을 때 혼란과 피비린내는 당시 사실의 전부는 아니다. 홍위병 '연동'(聯動)조직의 살인행위는 사법적인 추궁을 받았고, 광시(廣西)·후난(湖南)·장시(江西) 등 일부 농촌의 살인태풍은 군대에 의해 긴급 제재와 탄압을 받았다. 그렇다고 이러한 이야기가 거론할 만한 가치가 없는 것은 아니다. 많은 상층 엘리트들의 명예 회복이나(예컨대 천이陳毅 등) 권력 회복(예컨대 덩샤오핑鄧小平, 완리萬里, 후야오방 등) 역시 '문혁' 종결 이후에 발생한 것이 아니다. 소련이나 인도네시아의 현상과 구별되는 이러한 실질적 힘의 보존이나 심지어 기묘한 복귀는 혁명 시기 '포로를 학대하지 않는다' 는 전통적인 정책의 연속 때문일까? 혹은 중국 사회의 심층적인 '중용'이나 '화합'이라는 유연한 문화 전통의 유산 때문일까? …… 이러한 문제는 역사가에게는 아마 불필요한 말인지도 모른다.

'문투(文鬪)를 하고 무투(武鬪)를 하지 말자', '간부와 군중들의 95%가 단결하라', '하나도 죽이지 말고 대부분 체포하지 말자' 등등은 이러한 사람들을 겨냥한 관방의 율령이었다. 재미있는 것은 다년간의 주류적인 '문혁' 서사에서 이러한 율령이 일부 지방에서는 유명무실해져 대개 흐릿해졌고, 어떤 지방에서는 대체로 효과적이었지만, 막상 손을 대는 경우가 적었다는 점이다. 마찬가지로 20세기 역사적 사실이었던 소련의 적색공포는 집집마다 거의 모두 알고 있지만, 인도네시아의 백색공포는 이미 소리도 없이 자취를 감춘 것처럼 말이다. 이를 정상적인 여론이라고 말하기는 사실 힘들다. 실제 기본적인 사실 중의 하나는 만약 중국 역시 소련이나 혹은 인도네시아처럼, 만약 덩샤오핑 등의 많은 고위층 인사들이 지노비예프나 카메네프·트로츠키·부하린·파타코프와 마찬가지로 살육에 처해졌거나 혹은 어떤 외국대사에 의해 체포살인명단에 들어갔다면, 훗날 대거 세상에 나와 관리가 될 수 없었을 것이고 '문혁' 종결 시간도 크게 늦춰졌을 것이다.

훗날 회고에서 보면 상층 엘리트들이 가장 많이 얘기하는 '문혁' 경험은 '하방'이다. 여기엔 당정관료와 지식인들이 하층 직급으로 떨어지거나 혹은 직접 농촌이나 공장, '5·7간부학교'로 들어가 학습과 노동에 참가한 것을 포함한다. 약 이천만 지식청년들의 상산하향(上山下鄕) 역시 이와 관련 있는 방대한 배치였다.

'하방'은 분명 징벌적 효과를 갖고 있다. 당사자의 사회적 지위가 낮아질 뿐 아니라, 종종 경시·모욕·공포·고통·가족과의 이별·전문 지식 낭비 등의 폐해 또한 뒤따랐다. 이러한 압박을 경험한 당사자들의 '문혁'에 대한 합리적인 원망은 훗날 항쟁에 뛰어드는 심리적인 근원이 되었다. 이들 마음이 원한으로 가득 찼을 때 전안조(專案組)의 냉랭함과 대자보의 전횡이 유일하게 그들의 시야에 들어온 것이었음을 상상할 수 있다. 일찍이 시류를 쫓아 몸을 던져 투쟁에 뛰어들었던 웅대한 포부가 반드시 그들의 기억에 오랫동안 남아 있을 리 없다. 또한 합작의료·교육보급·농촌에 끼친 문화적 영향·자력갱생·각고분투 등의 혁명의 반짝임 역시 그들을 감동시키기 어렵다. 여기에서 기억의 시각이 점차 자리를 옮겨 방향을 정하게 된다.

한편 강제로 농촌으로 보내지거나 체포되어 감옥에 갇히게 된 소수의 사람들을 제외하고는 표준적인 정의에서의 '하방'자는 절대 다수가 간부적과 당적까지 보유하고 있었고, 심지어는 높은 임금도 유지하고 있었다. 이 점은 대다수 당사자들의 훗날 회고록에서 모두 마음에 두지 않고 있던 폭로였다. 『지난 일은 연기 같지 않다』는 책 중의 피해자들이 화장과 연극 감상, 연회 참석으로 바빴던 '지난날'과 비교해 보면 이때의 액운은 물론 충분히 괴로웠을 것이다. 하지만 '하방'은 단순한 징벌 같지는 않았다. 어떤 의미에서 본다면 기가 꺾인 대다수의 '하방'자들도 여전히 민중들로부터 다소간의 존경과 약간의 흠모, 아첨, 심지어 질투까지도 잃지 않았다. 그들은 여전히 잠재적인 사회 주류를 형성하였다. 허나 권력을 다시 얻기 전에는 한차례의 냉각기를 겪었고 기층으로 들어가 단기적인 교육을 받았다. 당국은 마치 사회계층구조의 조정을 위해 상층 엘리트와 하층 민중의 융합을 실험하고 싶어 하는 것 같았고, 혁명화라는 '5·7 노선'의 가능성을 시험해 보는 것 같았다. 이미 실패한 한차례의 민주 대약진 이후 이 역시 또 한번의 존귀함이 깎인 인민주의 대약진으로 세계사에서 사람들을 깜짝 놀라게 만들었다.

그러나 당국의 예측과는 달리 혁명에 대한 민중의 결코 오래 지속되지 않는 감은(感恩)의 의무는 오히려 점차 독재 폐단에 대한 염증과 불만으로 바뀌었고, 물질적·문화적 욕구 역시 금욕화된 강국노선과 첨예하게 충돌했다. 민중들은 '하방'자들에게 '문혁'을 옹호하는 재교육을 하지 않았을 뿐 아니라, 오히려 그들에게 현실을 의심하게 하고 현실에 저항하는 용기를 주입시켰다. '하방'이 가져다준 풍부한 경험은 훗날 항쟁이 더욱 생기 있는 활력으로 넘치도록 만들었다. 문학을 예로 들면 '문혁' 문학에 대한 비판에서 작가들은 대부분 '백성을 대표해 청원하는' 태도였다. 설령 개인화된 표현이라 하더라도 대부분 농민과 노동자·기층 간부들의 심정과 공명했고, 넓은 인간적 배려와 사회적 시야를 보여 주었다. 이러한 시야 역시 개인적 정서가 여과된 모종의 변형이라 할지라도 최소한 하층 민중을 시종 동정과 감동, 존경과 동경의 대상으로 삼고 있다. 마치 영화 「목마인」(牧馬人)에서 표현한 것처럼 말이다. 이는 1990년대 이후 문학에서 비교적 보편적으로 나타나는 자기 연민과 냉담과는 분명한 대조를 이룬다. 1990년대 비판은 여전히 계속되고 심지어 심화되고 있는 것 같지만, 일부 문학 엘리트들이 일단 '하방' 과정 중에 쌓였던 사상과 감정을 완전히 방출하고 나자, 그들의 기뻐 들뜬 눈초리는 분을 바른 얼굴과 주방으로 모일 수밖에 없었고 기껏해야 다시 가세와 권위를 되돌아볼 뿐이었다. 예컨대 '최후의 귀족'과 같은 화제에 대해 흥미진진하게 이야기하거나 봄날에 시집보내면 돈을 벌 좋은 시기를 놓친 것이라는 등의 신문에서 만들어 낸 웃음 소재 말이다. 그들은 자신도 모르는 사이에 사회 등급제 재건을 눈부신 목표로 삼으면서 민중과의 계층 격차를 만들고 있다. 이러한 사정을 '문혁' 후기 민중과 긴밀한 관계를 맺었던 하방자들과 비교해 본다면, 현재 엘리트의 비판은 맛이 변하거나 변형되었고, 심지어 정반대로 가는 것은 아닐까? 만약 그들이 지향하는 계층 격차가 한층 더 확대된다면, 만약 독재주의에서 벗어난 결과가 불과 사회의 중·하 계층을 독재주의의 감옥으로 떨어지게 하는 것에 지나지 않는다면 혁명, 더 나아가 민중의 '문혁'에 대한 그리움의 충동이 예정대로 도래하지 않을까?

집권 당국은 '문혁' 중 민중의 불만을 과소평가했고, 더욱이 엘리트들의 표면적인 복종 이면의 불만을 얕잡아 봄으로써 중국 국내외 역사상 보기 드문 '하방' 운동은 실패를 가속화하게 되었다. 엘리트들이 민중이 있던 곳에서 하나하나 돌아와 그들의 이름이 잇달아 신문과 회의에 다시 등장하기 시작했을 때 '문혁' 반대파는 실제로 이미 화로에서 나온 검처럼 체제 내의 우세한 역량을 형성하여 정치·경제·문화·과학기술·교육·외교 등 각종 중요한 자리에 퍼져 있었다. 이때 신사조도 이미 등장했고, 새로운 것 가운데에 낡은 것이 있었다. 구(舊) 진영은 역시 원래 위치를 회복했고, 낡은 것 중에 새로운 것이 있었다. 각종 사회 조건은 복잡하게 재편되었으며, 겉보기에 강대한 것 같았던 '문혁'은 이미 파손된 번데기 껍질 같았다. 1974년 이후 '비림비공'(批林批孔)과 '우경번안풍(右傾飜案風) 반격'은 뜻대로 되지 않았고 도처에서 면종복배(面從腹背)의 제압을 받아 이미 흐릿한 결과를 예고했다. 일단 시기가 오자 개혁 지도자들은 민의에 따랐고 이들의 도움을 빌려 중국의 4개 현대화를 실현하자고 호소했다. 4·5 톈안먼 사건에 의존하여 첫번째는 민의라는 카드를, 두번째는 실천이란 카드를 들고 마르크스주의화된 거대한 도덕 권위와 정치적 공세를 형성했다. 이 과정에서 그들은 따로 다른 방도를 세우지 않고 현존하는 제도의 자원과 경로를 이용했다. 예컨대 '사인방' 체포와 상하이 쪽을 꺾은 계책은 '하급이 상급에 복종한다'는 집권 원칙을 이용한 것으로 화궈펑은 당시 최고 지도자였고 전당·전군·전국(全黨·全軍·全國)이 모두 복종해야 했다. 예컨대 11기 3중전회 개최도 '소수가 다수에 복종한다'는 민주적 원칙에 따른 것이었다. '범시파'〔凡是派 ; 덩샤오핑 중심의 개혁파와 대립하는 화궈펑을 중심으로 하는 중국의 정치그룹〕가 당시 당·정·군 거의 모든 최고 직위를 장악하고 있었지만 다수인의 의지를 존중하지 않을 수 없어 실무개혁파에게 실권을 내주고 말았다.

이렇게 '민주집중제'(民主集中制)란 때로는 권력이 집중되고 때로는 민주적인 탄력적 방법으로, 제도라기보다는 제도의 미완성품 같고 때로는 비제도적인 임시운동 같기도 하다. 만약 그것이 효과적으로 동원되어 나라를 구하고 혁명의 난국에 대처했다 하더라도, '문혁' 재난의 발생을 저지하지는 못했을 것이며 결국 독재화와 극단화된 악성이 나타나 공포와 근심이 사라지지 않았을 것이다. 따라서 구 진영이 성공적으로 위기를 종식시킨 이후 만약 계속 앞으로 나아간다면, 또 만약 인구 대국을 전면적으로 흥성시키는 완전히 새로운 사명을 맡게 된다면 제도 개선과 제도 혁신이라는 거대한 난제에 부딪히지 않을 수 없게 된다.

이러한 난제는 미래에 남겨졌다.

맺음말 : 이치로 설명하기 어려운 '문혁'

'문혁'에 대한 단순화된 서사는 거의 되돌리기 어렵다. 많은 신세대와 외국인들이 일부 '상흔' 식의 작품에 의해 세뇌된 후 중국의 '문혁'에 대해 말한다면, 그저 한마디 냉소로 고개를 젓거나 눈을 부라리며 '이치로 설명하기 어렵다'고 한탄할 수밖에 없을 것이다. 이것이 바로 오늘날 주류의 '문혁' 서사가 실패했음을 증명해 준다. 이치로 설명한다는 것이 무엇인가? 이치로 설명한다는 것은 바로 인식이다. 우리는 자연과학이 필요한데, 바로 자연과학이 종종 납득할 수 없는 자연적인 현상을 이치로 설명해 줄 수 있기 때문이다. 우리는 인문사회과학이 필요한데, 바로 인문사회과학이 종종 납득하기 어려운 인문사회현상을 이해할 수 있게 명시해 주기 때문이다. 우리는 '문혁'을 말할수록 기묘하고 기괴한 것, 이치로 설명하기 어려운 것이라고 할 수는 없다. 이러한 인식의 블랙홀을 스스로 성공을 얻는 훈장으로 삼아야 한다.

‘문혁’은 십억이 넘는 살아 있는 사람들이 정말로 존재했던 10년이며, 각종 사건 모두 특정한 조건과 내재적인 논리에 따랐던 10년의 기간으로 결코 한 무더기의 황당한 미치광이들의 경험도 아니고, 게다가 진기한 궁중투쟁 신화도 아니다. 편견을 강요받지 않거나 기억을 왜곡하지 않는다면 한 가난한 대국이 몹시 절박하게 발전하는 과정에서 생겨난 재난으로, 우리 곁의 어떠한 사랑이나 미움보다, 또한 우리 곁의 어떠한 가까운 사람이나 이웃보다 이해하기 어렵지 않다. 기본적으로 그들은 신이나 요괴가 아니다. ‘문혁’은 바로 생생하게 살아 있는 사람들이 참여하고 밀고 나간 일로 결국 끝이 나고 말았다. 오늘날 ‘문혁’은 종결된 지 30년이 지났고 이제 사람들이 또렷하게 관찰할 수 있는 거리를 확보했다. 우리는 각기 다른 시각과 입장을 가진 많은 작가들이 ‘문혁’에 대한 서사, 또한 이치로 설명하기 어려운 ‘문혁’ 중국의 면모를 확장시키고 풍부하게 해주길 바란다. 이렇게 한다면 ‘문혁’ 비판의 난이도를 증가시킬 수 있고, 비판이 더욱 정확하고 힘이 있어야 진정한 비판이 될 수 있다.

　‘문혁’에 대한 철저한 부정은 수년 동안 관방 정책과 주류적인 관념이 되어 자연히 세세한 은원(恩怨)과 전체 국면 전략의 조정이란 긍정적 측면을 헤아리지 않았다. 바꿔 말해 이러한 부정의 의도가 만약 독재체제와 갖가지 폐단을 뿌리 뽑는 데 있다면, 아무리 ‘철저’하게 해도 지나치지 않을 것이다. 당사자들이 약간 의기소침해졌다 해도 인지상정에 속하는 일이다. 그러나 이렇게 하는 것의 의도가 더 깊은 사유를 멈추게 하고, 학술 금지구역을 확정하는 것으로 과거 10년에 대한 논의를 회피하고, 금지하고, 욕하게 하는 것이라면 요괴화에 귀신화된 양극단의 서사는 분명 거대한 인식 혼란과 인식 장애를 초래할 것이다. 장장 10년 동안 독재와 관련이 크지 않았던 사물(예컨대 인민에게 혜택을 주는 제도와 건설)과 독재에 대해 마모되고 지체되고 변천되고 극복된 사물(예컨대 계몽된 민주와 혁명)은 아마 바이러스와 함께 사망해 버리는 귀중한 생명이 될 수 있고, '문혁' 종결의 생생한 과정과 역사적 의의는 영원히 부족해져 버릴 수도 있다. 이렇게 역사적으로 서로 알면서도 편견을 가지고 논쟁을 벌이는 시합은 결코 영광스럽지 못하다. 이는 어떠한 환상과 과장된 홍색 '회고' 물결의 유혹을 가져다줄 수 있을 뿐 아니라, 더욱이 서구 냉전 이데올로기 앞에서 싸우기도 전에 미리 혼란스러워지거나 스스로 입을 막아 버리고, 맹목적으로 시류에 따르며 자주적인 실천 능력을 잃게 만들 수도 있다.

바로 이러한 의미에서 '문혁'은 오랫동안 이치로 설명하기 어려운 상태에 놓여 있었고, 하나의 큼직한 절연체가 되어 과거와 미래가 통하지 않게 만들었다. 이 절연체는 분명 사람들이 '문혁'이라는 반세기 전의 혁명을 인식하는 데 방해가 될 것이다── '문혁'은 바로 거기에서 점차 자라 나왔다. 이 또한 사람들이 '문혁' 이후 거의 30년에 이르는 개혁 개방을 인식하는 데도 방해가 될 것이다. '문혁'은 후속 역사로 대체할 수 없는 모태로 훗날 각종 예기치 못한 성공과 뜻밖의 위기를 낳았다.

중국이 세계적으로 화제가 되고 있는 지금 '문혁'을 우회하여 지나갈 수 없고 더욱이 20세기의 국가 상황을 쉽게 인지할 수 없게 하는 하나의 녹슨 자물쇠로 만들어선 안 된다.

2005년 9월

한사오궁(韓少功)

옮긴이 후기

이 책『문화대혁명, 또 다른 기억 : 어느 조반파 노동자의 문혁 10년』은 문화대혁명 당시 평범했던 한 노동자가 조반운동에 참가하며 겪은 이야기를 진술하게 쓴 회고록이다. 이 책의 원제는『청춘무흔: 어느 조반파 노동자의 십 년 문혁』(靑春無痕 : 一個造反派工人的十年文革)이지만, 그동안 우리 사회에 소개된 문혁과 관련된 문학작품 대부분이 지식인의 입장이나 상층부의 권력 투쟁적 관점에서만 다루어져 왔다는 사실에 비추어, 중국 민중이 기억하는 문화대혁명의 또 다른 측면을 보여 준다는 점에서 이렇게 제목을 달리 붙였다. 사실 우리 사회에서 문혁에 대한 논쟁은 많았지만 별로 알려진 것은 없다.

과연 우리에게 잘 알려져 있지 않은 문혁의 내용은 무엇이며, 특히 그 속에서 숨 쉬고 살아가던 중국의 일반 민중들은 문혁을 어떻게 기억하고 있을까?

1949년 사회주의 혁명에 성공한 중국은, 1956년 소유제 개조를 완료하면서 사회주의의 전망을 둘러싸고 지도부 안에서 갈등이 나타나기 시작한다. 1958~1959년의 대약진 운동이 실패한 이후 류사오치의 주도로 경제조정 정책이 실시되는데, 이 시기에 주로 관료적인 위계구도가 강화되고 효율과 경제발전이 강조되면서, 사회주의 방식을 둘러싼 갈등이 더욱 첨예하게 부각된다. 1963년에 들어서자 마오쩌둥은 사회주의 대 자본주의의 '두 가지 노선'이 존재한다는 비판을 제기하면서 사회주의 교육운동(사청운동)을 진행한다. 이 운동은 농촌 기층 관료들의 부패를 비판하는 정풍운동이었지만, 점차 도시의 공장과 기업으로 확대되었고, 운동의 방식과 숙정대상 등과 관련해 자행된 부당한 탄압이 문화대혁명 시기의 파벌 대립 구도로까지 이어진다.

문혁은 우선 문예논쟁에서 시작해서 정치적 영역으로 확대되었고 다시 학교로, 공장으로 확대되어 대부분 중국인들의 일상의 삶 속으로까지 파고들었다. 우한이 쓴 「해서파관」을 비판하는 야오원위안의 문장이 발표될 때까지만 해도 중국의 일반 민중들은 문화 영역에서의 비판운동이 또 다른 정치운동의 하나일 뿐으로, 신중국 이후 반복되어 왔던 매우 정상적인 정치적 현상이라고 인식하고 있었다. 1966년 여름 톈안먼 광장에서 대대적으로 벌어진 마오쩌둥의 홍위병 접견이 되풀이되자, 민중들은 문혁이 지금까지와는 다른 차원의 운동이라고 느끼기 시작했으며, 정말로 관료가 득세하는 계급사회가 아닌 이상적인 사회주의를 건설하기 위한 전면전이 시작되었나 보다라고 생각했다.

문혁의 공식 문건인 '5·16통지'는 1966년 5월 베이징에서 개최된 정치국 확대회의에서 결정된 문혁의 강령적 문헌으로, 이 '통지'에 따라 정치국 상무위원회 아래 중앙문화혁명소조를 두어 문화대혁명을 전개하기로 결정한다. 이로부터 구사상·구문화·구풍속·구습관의 이른바 '4구' 타파를 주창하는 프롤레타리아 문화대혁명이 시작된다. 5월 25일 베이징대학에서는 녜위안쯔 등이 당위원회 서기와 학장을 비판하는 대자보를 붙이고, 대학 당국이 바로 '삼가촌' 일당이라고 비판한다. 이에 중앙에서는 기존의 방식과 마찬가지로 각 대학과 중고교, 전국 각지의 문교단위에 공작조(대)를 파견한다. 공작조는 1960년대 전반 사청운동 때에도 파견되었던 운동 방식이었다. 공작조에 의한 운동 지도는 7월 28일 마오쩌둥이 모든 공작조의 철수를 결정할 때까지 약 50일간 진행된다. 이 기간 동안 조반 민중과 공작조의 갈등이 격화되어, 이후 문혁 시기 갈등의 씨앗을 남긴다.

사실 극히 소수의 지도자를 제외하곤 처음엔 모두들 문혁이 또 다른 맹렬한 반우파운동에 지나지 않는다고 생각했고, 따라서 기존 방식대로 당 통제 아래 운동이 진행되었다. 그러나 문혁은 그 직전에 있었던 사청운동을 그 성격 측면에서 계승하는 동시에 또 다른 양상으로 확대·발전된다. 특히 운동의 형태나 방법, 범주 등은 현저하게 달랐다. 마오쩌둥의 시각에서 보면 문혁은 사청운동을 통해 해결할 수 없었던 문제를 해결하려고 했던 것이라 할 수 있다.

6월 중순 칭화대학 부속중학에서 처음으로 홍위병이 등장한 것을 시작으로 하여, 이후 마오쩌둥이 조반을 지지하는 발언(造反有理)을 한 이후 홍위병이라는 명칭은 순식간에 알려졌다. 초기 홍위병은 이른바 '홍오류'(紅五類) 출신인 고급간부의 자제가 중심이었고, '혈통론'은 이들이 홍위병의 리더가 되는 것을 합법화하는 논리였다. 그러나 이 혈통론은 곧이어 비판을 받고 홍위병조직은 대중화된다. 당 중앙은 처음엔 노동자·농민·군인의 개입을 금지하지만, 1966년 12월 두 개의 문건을 제출하면서 문혁은 공장과 농촌으로까지 확대된다. 그렇다면 이러한 조반 이념이 대중에게는 어떻게 받아들여졌고, 어떻게 대중에게까지 확대된 것일까?

문혁 조반이 일반 대중에게까지 급격히 확산되었다는 사실은 당시 중국 사회가 안고 있던 현실적 모순의 심각성을 잘 보여 준다. 사실 사회주의 제도 자체에 문혁의 원인이 내재하고 있었다는 점에서 문혁의 기원은 1957년과 1959년의 반우파투쟁으로까지 거슬러 올라갈 수 있는데, 이 당시 우파로 숙정당한 사람들은 문혁 초기 대부분 조반을 지지하게 된다. 신중국 성립 이후 17년간 억울한 일을 당한 사람이 많았기 때문에 조반에 가담하게 되는 경우들은 많았다. 1950년대 말 우파로 몰렸던 간부나 노동자들, 신중국 성립 이전 중공군 지하당원이었지만 건국 이후 정당한 대우를 받지 못한 이들, 1950년대 말 3년 재난 시기에 농촌으로 하방되었던 젊은 청년들, 1960년대 초 경제조정 시기 강제로 농촌에 보내졌던 사람들, 또한 엘리트 교육 위주로 신분 상승이 좌절되었던 학생, 계약공·임시공 등 불평등한 대우를 받고 있던 노동자들, 관료주의에 불만을 품고 있었던 각 지역의 대중들 등이다. 특히 문혁 이전 '사청' 운동 때 공격을 받았거나 '사청'에 적극 참가했던 사람들이 대거 조반에 참여하게 된다. 많은 지방에서는 사청운동이 문혁으로 이어져 '사청' 공작대가 초기 문혁운동을 직접 주도하기도 했다. 베이징 대학의 조반 영수 녜위안쯔가 대표적인 사례로, 사청운동 당시 당위 서기에 의해 격리·정직 처분을 당하고, 이후 문혁이 시작되자 이러한 조치를 취했던 당위 서기에 조반한다.

　　조반운동이 일반 대중에까지 확산된 또 다른 원인은 바로 중국 사회를 통제하는 '당안'(檔案)제도에 있었다. 문혁 초기와 앞서 있었던 사청운동 시기에 비판을 받았던 사람들은 주로 '역사 문제'(예컨대 국민당 정권 아래에서 일했던 경험이 있는 사람)가 있거나 '출신 성분이 좋지 않은' 보통 간부와 군중들이었다. 이들은 이후 파벌 형성에서 조반에 가담하여 운동을 주도하는데, 대부분의 이유는 소위 '검은 자료' 때문이었다. 조반파들이 처음 공격 대상으로 삼은 것은 자신들의 경력이나 사상적 경향을 기록한 문서인 당안이었다. 당안은 공산당의 사회 지배의 중요한 근간으로 출신과 계급을 정하는 척도이자 통제의 근거가 되는 개인의 역사 기록물이다. 당시 계급 사회였던 중국에서 우파분자로 찍힌다는 것은 인간으로서의 삶이 끝장나는 것과 마찬가지였기 때문에, 자연히 이후 조반파로 나서게 된 사람들은 자신을 '우파분자'라고 낙인찍은 문서를 없애는 데 필사적이었다. 더구나 지방 각 단위의 당 조직 책임자들은 혁명대중을 지지하라는 중앙의 지시에도 '뱀을 동굴 밖으로 유인하는 것'뿐이라며 자료를 소각하지 않았고, 반면 조반파는 중앙 결정을 근거로 필사적으로 자료를 태우려 했다.

물론 조반이 사회적으로 더욱 확산된 이유는 조반에 대한 중앙의 입장 변화 때문이기도 하다. 문혁이 시작되자 조반에 대한 복권 조치가 두 차례에 걸쳐 이루어진다. 1966년 10월 시작된 복권운동은 각급 당위와 공작조에 의해 '반혁명'으로 몰려 정직 처분을 받거나 격리심사 혹은 감독 하에 노동개조에 참여했던 군중들을 복권해 주는 것이었다. 그리고 1967년 4월에 시작된 복권운동은 각 지역 주둔군과 공안기관에 의해 '반혁명'으로 몰려 감옥에 갇혔던 군중들을 위한 복권이었다. 중앙의 첫번째 복권으로 각급 당정기관이 무너졌고, 두번째 복권은 각 지역의 '공검법'(公檢法) 기관에 대한 타도 물결을 일으켰다. 물론 두 번에 걸친 복권 조치가 있었기에 대규모의 민중이 조반에 참여할 수 있었지만, 다른 한편으로는 당시 각 지역에서는 반혁명으로 몰렸거나 반동조직으로 몰린 단체들의 끊임없는 거센 항의가 이어졌기 때문에, 중앙으로서는 이들에 대한 명예회복을 해주지 않으면 안 되는 상황이었다. 중앙의 일관되지 않은 정책 변화에 따라 사회 조반세력의 구도가 달라지지만, 중요한 것은 중앙의 정책에 휘둘리기보다는 지역 자체 내에서 자발적인 운동이 진행되었다는 점과 이러한 과정을 통해 혁명의 정신을 다지고 저항의식이 형성되었다는 점이 중요하다.

그러나 1967년 소위 '2월 역류'가 시작되면서 조반파 역시 분열하기 시작한다. 그 원인 중의 하나는 군대의 개입 때문인데, 군대에 대한 입장에 따라 군을 환영하는 '옹군파'와 군에 반대하는 '반군파'로 나뉜다. 중앙에서는 각 지역의 군대를 지방에 개입시켜 좌파를 지원하게 하지만, 누가 '좌파'인지 엄격한 기준이 없었기 때문에 각 지역의 군대는 그들이 '좌파'라 생각되는 조반파조직을 선택한다. 학생 홍위병은 역사 문제가 있을 리 없어 손쉽게 군대의 지지를 받아 '옹군파'로 기울었고, 일부 조반파 홍위병은 노동자 조반파조직과 함께하여 맞섰다. 따라서 지방군구 지도부는 '좌파 지지'가 아닌 오히려 좌파 탄압에 의한 질서 회복에 나섰고, 우한·지난·칭하이 등의 군구 사령관들은 반혁명 진압이라는 미명 하에 조반파를 탄압한다. 군구가 홍위병과 조반파를 지지한 예는 신장자치구 등 극히 예외적인 경우에 불과했고, 대부분 현지 실권파를 지지한다.

조반파 분열의 또 다른 중요한 이유는 노동계급이 운동의 중요한 위치로 부상되어 학생 홍위병과의 관계 설정을 두고 대립했기 때문이다. 노동자 조반이 학생 홍위병의 도움으로 각 지역의 조직을 설립할 수 있었지만, 이후 주도권을 둘러싸고 두 파벌로 갈라져 무투를 전개한다. 이 과정에서 무너졌던 보수파는 대개 분열된 조반파조직 중 한 파벌로 들어가 그 조직을 서서히 새로운 보수파로 개조시키고, 군대 역시 그 과정에서 일정한 역할을 발휘하게 된다. 또한 우한 사건으로 충격을 받은 중앙은 이후 새로운 권력기관으로 조반파를 포섭하면서 질서 회복으로 입장을 선회하지만, 한편으로는 1967년 7월 22일 장칭이 제기한 '문공무위'가, 이후 무투가 사회적으로 확산되는 정당한 근거가 된다.

조반이란 기존 권위에 대한 모든 반대를 의미하지만 이것이 실제 생활에서는 마오쩌둥 사상에 맞지 않는 모든 사람과 일에 대해 반대하는 것으로 나타났다. 마오쩌둥 사상과 어록은 혁명과 전쟁이라는 특수한 역사적 배경에서 나온 것인데, 이를 역사적 맥락과 분리해 글자 그대로만 본다면 아전인수 격으로 해석할 수 있는 위험이 상존했다. 이는 결과적으로 조반파 사상 분열의 근거로 작용한다. 결국 문혁은 이념적으로는 대중의 자기해방 운동이었다고 할 수 있지만, 현실적으로는 마오쩌둥의 권위와 해방군의 무력에 의해 한계 지어졌다고 볼 수 있다. 또한 조반파 역시 예비 특권층으로 파벌 사이의 대립을 극복하지 못한 채 자멸한다. 더구나 당시 진정한 소수파(사류분자 등 당시 천민으로 인식되던 계층)와는 선을 그음으로써 소수자의 인권을 위한 운동은 벌이지 못한다.

한편 헤이룽장에서는 전역군인들의 조반조직과 적위대라는 보수파를 군의 힘으로 탄압해 혁명위원회를 성립시킨다. 이후 당 중앙이 이를 곧바로 승인하면서 혁명대중·해방군 대표·혁명 간부의 '삼결합'에 의한 임시권력기구로 환영받는다. 각급 혁명위원회를 건립할 때, 조반파들은 자신들의 조반 공적을 강조하면서 자신들의 몫이 보수파보다 많길 원했으며, 혁명위 부주임 한 명을 선출할 때도 자신들의 대표가 맡아 주길 바랐다. 그러나 이러한 시도는 보수파를 지지하는 군대와 지방 간부에 의해 저지되고 만다. 처음 혁명 대중에 의해 권력을 탈취한다는 꿈도, 간부와 군 대표가 참여하는 삼결합 방식이 굳어지면서 군중조직 대표의 지위는 삼결합 중 3위로 밀려나게 된다.

마오는 상하이 코뮌에 대해 처음에는 긍정적인 태도를 보이다 약 한 달 뒤 자신의 입장을 수정하여 혁명위원회라는 형식을 고집한다. 이유는 코뮌체제와 당 조직, 그리고 국가 체제 간의 관계 문제 때문이었다. 즉 코뮌이 당을 대체할 수 있을 것인가? 마오는 코뮌을 꿈꾸었지만 결국 현실적으로는 당의 지도를 선택했다. 그것은 이미 통제 불가능해진 조반파끼리의 탈권 투쟁과 무장투쟁을 끝내야 했으며, 부족한 관리능력을 메우기 위해선 결국 구(舊)간부의 힘을 빌릴 수밖에 없었기 때문이다. 더욱 중요한 것은 군대 문제였는데, 코뮌의 형식은 군의 해체 문제와 관련되었고, 이는 군 주류파의 저항을 받을 것이 분명했다. 게다가 상비군의 해체란 당시 중국의 내외정세로서는 불가능한 일이었다. 당시는 중·소 대립이 격화되기 시작했고, 여전히 국민당과의 대치 상황이었으며 국경을 마주하고 있는 베트남전쟁에 대한 위협이 현실로 다가오던 때였다. 한편 인도네시아에서는 9·30 운동의 실패로 공산당 조직이 괴멸되어 중국의 위기감은 더욱 커졌다.

따라서 마오는 '2월 역류' 사건이 일어나면서 군 보수파를 질책하지만 동시에 이들의 의견을 받아들인다. 그러나 혁명위 방식에 의한 문혁의 수습에 대해 급진적인 조반파는 저항한다. 대표적으로 후난 성무련의 양샤오카이가 쓴 「중국은 어디로 가는가」에서는 보수적 입장으로 돌아선 마오의 태도를 비판하고 있다. 문혁이 개별 당권파에 대한 파면에 그칠 것이 아니라, 홍색 자본가계급 전체를 뒤엎어 민선으로 행정장관을 선출하는 파리코뮌원칙을 실행해야 한다고 주장한다. 물론 이를 주장한 양샤오카이는 체포되지만 이러한 사조는 베이징과 상하이·우한·광저우 등 많은 지방으로 퍼져 나가고, 또한 저우언라이 총리를 비판하는 '5·16병단' 조직도 등장하게 된다.

조반파조직은 문혁 무대에서 약 2년간 활약했으며, 그 중 1년 반 정도는 '내전'을 일으켰다. 처음 대자보나 표어로 싸웠던 운동 방식은 총과 대포가 등장하는 무투로 변했고, 초반 군중조직이 보여 줬던 역동성은 무질서로 변하며 의미없는 희생을 낳고 말았다. 1967년 9월 무투에 의한 혼란을 수습하기 위한 방안으로, 마오쩌둥은 대연합의 호소를 받아들이지 않고 투쟁을 확대시키려는 조직을 '극좌파'로 탄압하기 시작한다. 결국 조반파는 1968년 여름부터 마오쩌둥에 의해 다시 정치 무대로 복귀한 간부와 각 지역의 군대에 의해 무참히 진압당한다.

소위 '마오쩌둥 주석의 전략적 배치'에 따라 조반파조직들은 대부분 해산하게 되지만, 질서 재건의 최대 장애는 일부 지역에서 여전히 벌어지고 있던 무투와 이를 합리화하는 문혁의 조반 무드였다. 이러한 조류의 원흉으로 '5·16병단'이 비난받는다. 1968년 하반기부터 시작된 '계급대오 청산'과 '5·16분자' 색출 운동, '일타삼반' 운동 등 일련의 대중운동은 적발 범위가 부당하게 확대되어 폐해가 많았으며 많은 억울한 사건을 낳게 되는데, 이 과정에서 대부분의 조반파가 희생당하고 각 단위 보수파를 중심으로 대대적인 반동이 시작된다. 전안조가 주축이 된 계급청산 운동의 초점이 무투 과정에서의 살해 행위에 대한 조사에 맞춰지면서 기층 조반파가 완전히 밀려나게 된다. 왜냐하면 과거의 역사 문제를 조사하는 과정에서, 문혁 이전의 기준이 다시 정통한 것이 되고 공산당원을 중심으로 하는 신중국의 보수층이 부활했기 때문이다. 2년 넘게 타도 대상으로 외쳐졌지만 이들 보수파는 9차 당 대회 이후 다시 권력층으로 돌아온다. 그것도 아주 단번에 높은 직위로. 보수파는 원래 당·단원, 모범노동자, 적극분자들을 중심으로 하는 문혁 이전 당이 키워 낸 인물들로, 질서 회복이 강조되면서 다시 각 지역과 단위에서 권력을 장악하게 된다.

한편 제도적인 측면에서 문혁 시기에는 이른바 '3대 차별'을 극복하기 위한 많은 실험이 있었다. 물론 당시의 많은 제도적 실험들은 처음으로 제기된 것이 아니라 대약진 운동 시기인 1950년대 말 이미 시도된 적이 있었던 것이다. 교육 제도나 하방정책, 농촌의 공업화 실험 등이 1950년대 말 시도되지만 이후의 경제위기로 좌절되고 경제조정 정책으로 잊혀지게 된다. 그러나 문화대혁명이 시작되면서 이러한 방침들은 다시 시도되고 더욱 진보된 형태로 발전하게 되어 마오쩌둥의 혁명 이상을 실현하는 제도와 정책으로 나타나게 된다.

11중전회에서 채택된 「중공중앙의 프롤레타리아계급 문화대혁명에 관한 결정」(「16조」)은 그 자체에 커다란 모순을 내포하고 있지만, 그 안에 담고 있는 이념이 구체적인 제도로 실천되면서 대중에게 광범위한 호소력을 지니게 되었다. 예컨대 노동자와 농민에게도 배울 수 있는 기회를 주었고, 교육과 생산노동의 결합을 강조했을 뿐만 아니라, 가난한 농촌에 의료혜택 보급을 확대하였다. 이 과정에서 강조되는 고귀한 자기희생 정신은 당시 많은 중국 청년들의 마음을 움직였다. 혁명을 위해 사는 것이 가장 멋진 삶이었고, 헌신적이고 도덕적인 삶은 사회적으로 가장 먼저 추구해야 하는 가치가 된다. 이들은 사회주의 이상을 진지하게 받아들이며 사회주의 하에서의 불평등과 관료주의라는 잘못된 현실을 비판하기도 한다.

이러한 제도적인 실험은 엇갈린 평가를 가져왔는데, 예컨대 지식을 노동현장에 응용한다는 목표로 진행된 지식청년의 하방은 실제 농촌의 교육보급을 높였다는 평가와 함께 청년들을 농촌으로 추방하는 데 그쳤다는 비판도 있다. 또한 1970년부터 시작된 공농병(工農兵) 대학생 모집과 육체노동과 정신노동의 차별을 줄이기 위해 시도된 다양한 형식의 교육혁명제도는 대중교육을 확대시키고 실용적인 효과를 가져왔다는 평가와 함께, 일부 노동자들만의 지위상승을 허용했다는 비판도 받고 있다. 그러나 권위란 언제든 뒤집을 수 있는 것이고 지식권력과 관료권력을 노동자계급의 힘으로 제어할 수 있다는 제도적 경험은, 오늘날 노동자는 아무 쓸모없게 되었다는 불만 속에 뚜렷하게 대비되는 기억으로 각인되어 있다.

문혁의 핵심 지도자인 린뱌오의 죽음은 문혁의 커다란 전환점이 된다. 1969년 진보도 중·소 무력충돌 사건으로 소련의 위협에 대한 안전보장을 위해 마오쩌둥과 저우언라이는 대미노선의 완화를 모색하기 시작한다. 마침 1969년 1월 재선에 성공한 닉슨 대통령은 중국 봉쇄를 완화할 방침을 표명한다. 저우언라이의 질서회복 노선에 대항하려던 린뱌오와 천보다는 1970년 8~9월 루산에서 열린 9기 2중전회에서 비판을 받는다. 미제에 반대하고 소련의 지지를 도모하던 린뱌오 집단은 점차 궁지에 몰리자 쿠데타를 일으키려 하고, 결국 발각돼 도망치다 비행기 사고로 죽는다. 그가 작성했다는 「571 공정기요」에서는 마오쩌둥의 봉건적·독재적 가부장체제를 비판하며, 홍위병은 마오에게 이용되고 그 후 제거되었다고 토로하고 있다.

이후 중국은 문혁의 혼란에서 벗어나려는 빠른 움직임을 보인다. 마오쩌둥 역시 린뱌오 사건이라는 위기를 극복하기 위해선 간부의 단결에 호소할 수밖에 없다는 현실주의적 선택을 한다. 저우언라이는 구간부 복귀와 함께 경제정책에 주력하면서 기업 관리와 노동규율을 강화한다. 이러한 저우언라이의 대대적인 복귀 정책은 문혁파의 반발을 불러와, 린뱌오와 공자사상 비판에서 이름을 빌렸지만 사실은 저우언라이를 암묵적으로 비판하는 '비림비공' 운동이 일어난다. '비림비공'·'비등반우' 등 일련의 운동이 다시 일어나자 조반파들은 이를 계기로 혁명위원회에 있는 간부와 군 계열의 사람들을 비판함으로써 자신들의 명예를 복권하려 했다. 9차 당대회가 열렸던 1969년에서 1974년 사이 조반파는 점차 권력의 핵심층에서 배제되고 추락하게 되는데, '복귀 반대'와 '우경화 반대'를 외치는 비림비공 사건은 다시 한번 스스로의 복권과 해방의 목적을 이룰 수 있는 좋은 기회였다. 또한 조반파들은 이후 보수파에 의해 다시는 숙정당하지 않는 가장 확실한 방법은 당원이 되는 것이라 생각하여, 비림비공 운동 시기 이들의 중공 당조직 가입활동이 맹렬히 전개된다. 그러나 대중들이 보기에 조반파가 당위에 반대하면서 또 당원이 되길 바라는 것은 모순이며 우스운 일이었다. 또한 조반파 스스로 당원이나 관료가 되면서 우선 지켜야 하는 철칙은 조직에 대한 복종이었고, 이는 조반이라는 정신과는 위배되면서 조반 자신의 정체성과 점점 멀어져 갔다. 게다가 비림비공 운동은 문혁 초기 있었던 자발적인 운동이라기보다는, 이미 혁명위라는 신생 권력기관 안으로 포섭된 상태에서 진행된 운동이었기 때문에 조반파는 스스로 대중으로부터 고립되는 길로 빠져들고 있었다.

1975년 10기 2중전회에서 덩샤오핑은 당 부주석으로 선출되면서 경제 분야의 전면적 정비를 단행한다. 덩샤오핑은 해방군에 대한 커다란 영향력을 장악하면서 당을 정비했으며, 파벌성의 극복을 최대 목표로 삼는다. 그러나 마오쩌둥은 문혁을 부정하는 덩샤오핑의 일련의 정책을 용인할 수 없었고 덩샤오핑은 다시 실각된다. 이에 따라 덩샤오핑을 대대적으로 비난하는 우경번안풍 반대 운동이 대중적으로 전개된다. 그러나 이때는 이미 문혁 초기가 아니었고, 조반파의 일부 사람들이 권력층으로 들어가면서 대중들에게는 조반파가 또 하나의 권력의 상징으로 비쳐진다. 따라서 저우언라이의 죽음을 애도하기 위해 모인 대중들이 일으킨 4·5 톈안먼 사건을 계기로 마오쩌둥에 대한 평가를 달리하는 첨예한 정치의식을 가진 대중이 확산되기 시작한다. 이미 1974년 11월에 '리이저'(李一哲)라는 이름으로 마오쩌둥을 시황제에 비유하며 그의 신격화를 비판하는 대자보가 등장하기도 한다. 1976년 9월 마오쩌둥이 사망한 뒤 군 보수파와 화궈펑의 주도로 10월 '사인방'이 체포되면서 문혁이 종결된다.

이 책의 내용은 아직 중국 사회에서 공식적으로 알려지기 꺼려 하는 많은 사실들을 알려 준다. 조반파에 가담한 사람들이 검은 자료에 시달리거나 이를 동정했던 평범한 사람들이라는 점, 파벌의 갈래가 보수 조반 구도가 아니라 정세 변화에 따라 갈라지고 섞여 들어가는 복잡한 과정이었다는 점, 지역 문혁 상황에서 지좌를 둘러싼 군대의 갈등 과정, 처음엔 문투였던 상황에서 어떻게 총과 대포까지 오가는 무투로 변해갔는지의 과정, 조반파 내에 조직적인 전투부대가 있었다는 사실, 또한 잔인한 폭력이나 분열과 동시에 단결·전우애가 공존하는 역설,

1968년부터 보수파와 관료들이 복귀되면서 진행되는 조반파에 대한 숙정 과정, 전안조의 실제 전모 등등이다. 또한 혁명과 인민을 위해 목숨 걸고 싸우다 죽는 것을 영예롭게 알았던 조반파였지만 죽은 뒤 무덤이 파헤쳐지고 불도저로 밀려 흔적도 없게 되었다는 사실, 따라서 문혁이 끝나고 간부들은 대부분 복권되지만, 무투 중 억울하게 사망한 조반파들은 지금까지도 복권되고 있지 않다는 쓸쓸한 사실 등도 알려준다. 그런 면에서 나는 이 책이 중국 민중의 입장에서 경험한 문혁의 역사적 사실을 가장 생동감 있게 전달해 주는 진심 어린 고백서라 생각한다.

밖에서 보면 광기 어린 대중이 한 목소리로 지식인과 간부를 공격하고 핍박한 것으로 묘사되지만, 각 직장 단위와 지역·간부·학생·노동자에서부터 심지어는 군대와 군 관련 계통의 기관까지도 보수와 조반 세력 간의 대결구도로 나뉘어 역동적인 흐름과 변화로 운동을 주도해 나갔다는 사실을 알 수 있다. 즉 마오나 중앙문혁에서 지방문혁과 조반조직의 행동지침을 지시하기도 했지만, 지방과 각 기층 단위의 조반파들은 자신들의 활동과정에서 필요한 '후견'을 적극 모색했다. 다시 말해 마오가 자신의 의도대로 사회운동을 조정했다기보다는 사회 조직이 자신들의 정당성을 입증하기 위해 마오가 필요했다고 할 수 있다. 마오는 일관된 행동을 보이지는 못했지만 당 조직보다는 대중을 우위에 두고자 했는데, 이러한 대중운동 우선 방침은 중국 혁명역사의 전통이자 중국 체제의 정당성을 확보하는 필수불가결한 부분이었다. 때문에 중국의 대중운동은 폭발적인 에너지를 분출할 수 있었다.

문혁에 대한 철저한 부정을 전제로 출발한 개혁은 문혁을 혼란과 대재난의 상징으로 여기며 공식적으로나 비공식적으로나 중국사회에서 거론되는 일이 거의 없었다. 그러나 1990년대 들어 개혁으로 인한 문제들이 나타나기 시작하고 빈부격차가 벌어지면서 다시 문혁의 상징인 마오쩌둥이 등장하기 시작했다. 노동자들은 국유기업 민영화 과정에 항의하며 마오쩌둥의 초상화를 높이 들고 당시의 구호들을 외치며 집단행동을 벌였다. 1990년대 중·후반 각 지역의 노동자들이 집단행동을 벌이며 자주 했던 말은 '문혁을 한번 더 해야 해'였다. 어떤 이들은 당시엔 아무것도 모르고 문혁을 했지만, 이제야 마오쩌둥이 왜 문혁을 일으켰는지 알 것 같다는 얘기도 한다. 이렇게 문혁은 오늘날 중국 민중들의 기억 속에 여전히 뚜렷하게 살아 있고, '홍기를 들고 홍기에 반대하는' 투쟁 방식은 중국의 문혁이 남긴 지속적인 유산이 되었다. 마오는 새로운 사회주의 국가를 건설한 통치자이기도 하지만, 봉건주의와 자본주의·제국주의에 맞서 한평생을 살아간 반란의 주동자였다. 중국 노동자들은 이러한 저항의 이미지를 갖고 있는 마오쩌둥과, 개혁정부가 아직까지 포기하지 않고 있는 사회주의 이데올로기를 이용해 그들의 생존권을 쟁취하기 위한 투쟁을 지속시켜 나가고 있다.

민중들은 왜 문혁에 대해 당의 공식적인 입장과는 확연히 상반되는 의견을 가질까? 그것은 문혁에 대해 서로 다른 기억을 갖고 있기 때문이다. 그런 점에서 당에 의해 공식적으로 정리되고 개혁의 최대 수혜자인 지식인들에 의해 정당화된 문혁은 '관방의 기억'이자 '선택된 기억'이다. 중국 사회에서 문혁에 관한 공식 입장은 '문혁 재난[浩劫]론'이다. 대재난은 문혁 조반파가 만든 것이며, 재난을 당한 것은 중화 문화·지식인·당의 좋은 간부라는 것이다. 물론 문혁의 최대 피해자가 지식인이고 문화에 대한 파괴가 대대적으로 일어난 것은 틀림없는 사실이다. 허나 1966년 문혁 초기에 발생했던 이른바 '사구 타파'[破四

舊)는 주로 학생들이 저지른 일로 문혁 시기 군중 조반운동과는 별 상관이 없다. 왜냐하면 군중 조반운동은 1966년 11월에 가서야 발생했고 지식인, 문화계 인사에 대한 핍박은 8월에서 9월 사이에 일어났기 때문이다. 특히 타도에 가담한 학생들은 대부분 고급 간부의 자제들이었다. 그러나 많은 문학작품이나 회고록에선 이 모든 일을 조반파가 일으킨 것으로 묘사한다. 문혁 초기 당정기관이나 공작조, 보수파 홍위병들이 저질렀던, 그리고 문혁 중·후반 군관위, 혁명위, 전안조, 공선대, 군선대 등이 자행했던 나쁜 일들은 모두 '조반파'의 행위로 인식되고 있다.

지식인들이 이렇게 기억하는 이유 중의 하나는 그들이 겪었던 아픔의 경험 때문이기도 하겠지만, 문혁 이후 관방에 의해 정리되고 선전된 문혁에 대한 일방적인 기억이 강요되었기 때문이다. 과거에 대한 부정을 통해 현재의 정당성을 구축하려 한 현 정부가 조반파를 사악하고 나쁜 존재로 해석하기 때문에 오늘날 사회 저층을 이루고 있는 이들에 대한 지식인의 관심은 매우 희박하다. 즉 중국 지식인의 사회비판과 소수자 이익 대변의 노력이 극히 드문 이유는, 1990년대 이후 지식인이 권력 엘리트층으로 빠르게 흡수된 이유 외에도, 부패한 간부에 대항하는 군중들의 저항하는 모습을 문혁의 혼란과 연결 짓는 당의 선전 때문이다. 때문에 많은 지식인들은 기층 민중의 저항과 어려움에 종종 수수방관하는 태도를 보인다.

그러나 노동자들이 그리워하고 다시 불러내는 문혁은 당연히 마오쩌둥·군대·지방 간부·보수파·고급간부 자제 출신의 홍위병 등의 문혁이 아니라 바로 그들 스스로가 주체가 되어 기존 권위와 체제에 저항했던 '민중의 문혁'이다. 문혁이 관료주의를 겨냥한 운동이었다면 여전히 아직 끝난 것이 아니며, 체제의 근본적인 구조와 계급문제를 건드린 것이라면 이러한 모순은 개혁 이후 더욱더 두드러지게 나타났다. 사실 조반은 아래에서 위로가 아닌 위에서 아래로 이루어졌기 때문에 처음부터 위와 아래에서 조반을 일으킨 목적이 각기 달랐다. 조반이 추구하던 목표는 실패했지만, 조반파들은 권력층에서 밀려나면서 숙고의 시간을 가진다. 1970년대 초반 다양한 독서회 활동을 통해 중국 상황에 대한 진지한 고민을 하기 시작했고, 이는 1980~90년대로 이어져 많은 사상적 조류를 낳게 된다. 또한 기존에 당 조직 중심으로 움직이던 중국 사회는 문혁으로 해체되기 시작했고, 문혁은 이후 다양한 집단행동의 기원으로 자리 잡게 된다.

이 책에서 얘기하고 있는 문혁에 대한 또 다른 기억이 한국 사회에 던져 주는 의미는 무엇일까? 사실 우리 사회에서 논쟁은 많았지만, 문혁에 관해 알려진 사실은 거의 없었다. 중국 연구자들조차 문혁에 대한 중국 공산당의 공식적 설명을 무비판적으로 받아들이고, 역사가 결핍된 연구를 대량 생산하고 있다. 이 책을 통해 나는 우리가 기존에 알고 있었던 사실이 가짜였다는 것이 아니라 기존에 알고 있었던 사실을 역사의 전체라고 믿게 만드는 우리 사회의 편협한 이데올로기와 비합리적인 맹목성을 성찰하는 계기가 되었으면 한다. 그것이 리영희의 문혁 정신이 아닐까.

이 책의 저자는 당시 출신 성분으로 보았을 때 보수파에 섰어야 하지만, 결국 조반의 입장에 섰고 끝까지 변치 않고 조반의 관점을 지켜냈다. 자신의 입신을 생각했다면 도중에 입장을 바꿀 기회는 얼마든지 있었겠지만 동료에 대한 신뢰를 지키며 끝까지 조반의 입장을 버리지 않았다. 결국 사회적 투쟁에 있어서 어느 편을 드느냐 하는 문제가 한 인간이 지니는 사상 내용을 완전히 결정하는 것은 아니며, 인간에 대한 믿음과 사랑이 그를 끝까지 지켜 준 것이 아닌가라는 생각이 들었다. 쉽게 관념에 젖고, 습관적으로 자기합리화를 하며, 해보지 않고 머릿속에서 쉽게 패배감을 느끼는 나 자신을 반성하게 만들어 준 천이난 선생님께 마음속 깊이 존경과 감사의 말씀을 드리고 싶다. 또한 이 책을 번역해 보자고 제의해 주시고 즐거운 연구의 참맛을 느끼게 해주신 백승욱, 이희옥, 장영석, 안치영 등 문혁 연구팀 선생님들께 감사드리며, 그린비 출판사의 김현경 주간님과 강혜진, 주승일 씨에게도 고개 숙여 감사드린다. 마지막으로 무심한 내게 한결같은 사랑과 지원을 아끼지 않는 종화와 채빈에게도 고마운 마음을 전하고 싶다.

2008년 10월

장윤미

문화대혁명, 또 다른 기억

어느 조반파 노동자의 문혁 10년

靑春無痕 : 一個造反派工人的十年文革

Copyright ⓒ The Chinese University of Hong Kong 2006
Originally published by The Chinese University Press
The Chinese University of Hong Kong
Sha Tin, New Territories, Hong Kong

문화대혁명, 또 다른 기억 : 어느 조반파 노동자의 문혁 10년

초판 1쇄 발행 _ 2008년 10월 10일
초판 2쇄 발행 _ 2016년 7월 10일

지은이 · 천이난 | 옮긴이 · 장윤미

펴낸곳 · (주)그린비출판사 | 등록번호 · 제25100-2015-000097호
주소 · 서울시 은평구 증산로 1길 6, 2층 | 전화 · 702-2717 | 팩스 · 703-0272

ISBN 978-89-7682-507-0 04900
       978-89-7682-506-3 (세트)
이 도서의 국립중앙도서관 출판시 도서목록(CIP)은 e-CIP홈페이지(http://www.nl.go.kr/ecip)에서
이용하실 수 있습니다.(CIP제어번호: 2008003026)

이 책의 한국어판 저작권은 신원에이전시를 통해
中文大學出版社와 독점계약한 도서출판 그린비에 있습니다.
저작권법에 의해 한국 내에서 보호를 받는 저작물이므로 무단 전재와 무단 복제를 금합니다.
책값은 뒤표지에 있습니다. 잘못 만들어진 책은 서점에서 바꿔 드립니다.

그린비 출판사 **나를 바꾸는 책, 세상을 바꾸는 책**
홈페이지 · www.greenbee.co.kr | 전자우편 · editor@greenbee.co.kr